丽水年鉴

2023

丽水市地方志研究室　编

方志出版社
Publishing House of Local Records

图书在版编目（CIP）数据

丽水年鉴. 2023 / 丽水市地方志研究室编. --
北京 : 方志出版社, 2023.12
ISBN 978-7-5144-6008-7

Ⅰ. ①丽… Ⅱ. ①丽… Ⅲ. ①丽水－2023－年鉴
Ⅳ. ①Z525.53

中国国家版本馆CIP数据核字(2023)第253127号

责任编辑：刘方圆
责任校对：张玉霞
责任印制：梅中英
出 版 者：方志出版社
地　　址：北京市朝阳区潘家园东里9号（国家方志馆4层）
邮　　编：100021
网　　址：http://www.zgfzcb.cn
发　　行：方志出版社图书营销中心（010-67110500）
印　　刷：丽水市旺盛印刷有限公司
开　　本：889毫米×1194毫米　1/16
印　　张：29.25
字　　数：1026千字
版　　次：2023年12月第1版
印　　次：2023年12月第1次印刷
定　　价：200.00元

丽水市地方志编纂委员会

主　任：朱林森

副主任：张　赟　　蓝伶俐　　何卫宁　　周和平

委　员：（排名不分先后）

金志红　　刘云华　　王　剑　　叶祖平　　李伟立　　李志伟　　陈志斌

余群勇　　吴新伟　　李　舜　　范寿仁　　周瑞琛　　周显荣　　吴飞飞

李建军　　刘志伟　　顾锦杰　　张恩成　　张　妍　　王国锋　　潘　伟

周鸿飞　　田健晖　　王　益　　李　锋　　梁海刚　　蓝景芬

办公室主任：余群勇

办公室副主任：邱理平　　项　啸　　朱晓亮

《丽水年鉴》编辑部

主　　编：余群勇

执行主编：朱晓亮

副 主 编：吕露莹

编　　辑：王　利　　魏吉利

校　　对：陈良东

各县（市、区）编辑室

莲都区	吕春耀	郑永波
龙泉市	胡观胜	
青田县	虞向国	赵国新
云和县	张盼星	李成东
庆元县	王丽青	姚德龙
缙云县	卢　飚	叶小妃
遂昌县	肖陈明	华金芽
松阳县	黄金花	李宗训
景宁畲族自治县	何伟东	吴　伟

编辑说明

一、《丽水年鉴》是由中国共产党丽水市委员会、丽水市人民政府主办的地方综合年鉴，逐年记载丽水经济建设、政治建设、文化建设、社会建设、生态文明建设基本情况，为各级党政机关、研究机构，以及社会各界人士了解和研究丽水提供丰富、翔实的地情资料。

二、《丽水年鉴(2023)》(以下简称本卷年鉴)是1996年首次编纂出版以来的第28卷。本卷年鉴以马克思列宁主义、毛泽东思想、邓小平理论、"三个代表"重要思想、科学发展观、习近平新时代中国特色社会主义思想为指导，坚持辩证唯物主义和历史唯物主义的立场、观点和方法，全面反映丽水奋力创建全国革命老区共同富裕先行示范区，以永做新时代"挺进师"的奋斗实干奋力推进中国式现代化的丽水探索与实践，全面建设绿水青山与共同富裕相得益彰的社会主义现代化新丽水的奋斗历程。

三、本卷年鉴记述时限为2022年1月1日至12月31日，根据需要，个别事项的记述时间适当上溯或下延。

四、本卷年鉴采用分类编辑法，主体内容分为类目、分目、条目三个层次。全书框架在上年的基础上，结合年度热点和丽水实际情况，对部分类目名称、排列顺序、所辖分目做了适当调整。"民主党派 工商联"类目调整为"民主党派"，增加"致公党省直丽水市基层委员会"分目。"文化 广电 体育"类目调整为"文化 广播电视"和"体育"，"国内贸易"类目调整为"商贸服务业"，"媒体"类目调整为"融媒体"，"县(市、区)"类目调整为"县(市、区)概览"。

五、本卷年鉴数据主要以《丽水统计年鉴(2023)》公布的数据为准，入鉴内容资料及保密问题经各供稿单位审核。凡在文中直书月、日的，均指2022年内的日期。

六、本卷年鉴中"党"特指中国共产党，其他党派名称用全称或规范化简称。市直属单位和相关单位名称根据有关文件规定使用规范化简称。文中的"景宁县"指"景宁畲族自治县"。

七、本卷年鉴中数字用法、标点符号用法分别采用国家标准《出版物上数字用法》(GB/T 15835—2011)、《标点符号用法》(GB/T 15834—2011)，计量单位采用国家技术监督局1993年12月发布的《量和单位》系列国家标准。

八、本卷年鉴中"特载""专记"及"附录"中的工作报告内容照原文登载，不做编辑规范方面的处理。

九、《丽水年鉴》历年资料载入丽水史志网。

钱江源—百山祖国家森林公园百山祖园区万里山峦

（刘康弟 摄）

钱江源—百山祖国家森林公园百山祖园区

钱江源—百山祖国家森林公园百山祖园区位于丽水市南部龙泉、庆元、景宁三县(市)交界地区，是中亚热带森林生态系统的典型代表，生物多样性异常丰富，珍稀濒危物种集聚度极高，是中国野生大型真菌种质资源重要分布区。园区内已经发现维管束植物2102种，其中国家重点保护植物34种;野生脊椎动物416种，国家重点保护动物48种;大型真菌632种。

1 2

1. 2022年12月8日，全球濒危物种“百山祖冷杉”保护成果发布暨国际传播纪录片《百山祖》开机仪式在浙江丽水举行　（市府办 提供）

2. 2022年发现新物种——百山祖元蘑　（周勇 摄）

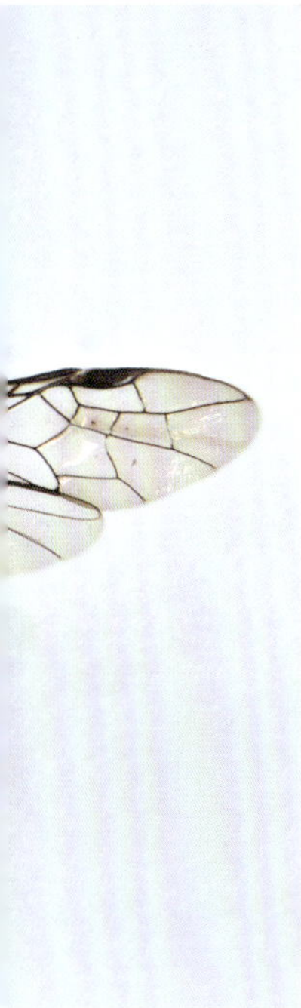

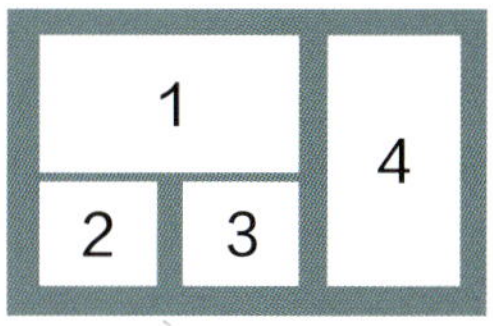

1. 百山祖冷杉 （陈祖培 摄）
2. 2022年发现新物种——华大花忍冬
（钱江源—百山祖国家森林公园百山祖管理局 提供）
3. 2022年发现新物种——凤阳巨基叶蜂，是全球第一种以“凤阳山”命名的叶蜂新物种 （李泽建 摄）
4. 2022年发现新物种——浙南沙参
（钱江源—百山祖国家森林公园百山祖管理局 提供）

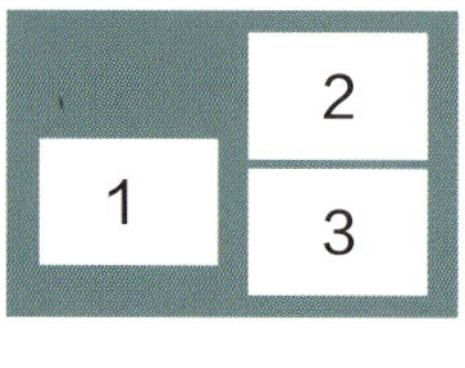

1. 2022年8月12日，中华穿山甲回归自然（肖立武 摄）
2. 护林员组织开展园区巡查（钱江源—百山祖国家森林公园百山祖管理局 提供）
3. 2022年8月12日，百山祖国家森林公园龙泉片区放生国家一级保护野生动物中华穿山甲（钱江源—百山祖国家森林公园百山祖管理局 提供）

KEEP RUNNING
2022"百山祖国家公园杯"庆元古道徒步赛
2022"百山祖国家公园杯"庆元古道徒步邀请赛

1 2 3

2022年9月4日，百山祖国家公园杯庆元廊桥越野赛在百山祖国家森林公园举行

（庆元县文广旅体局 提供）

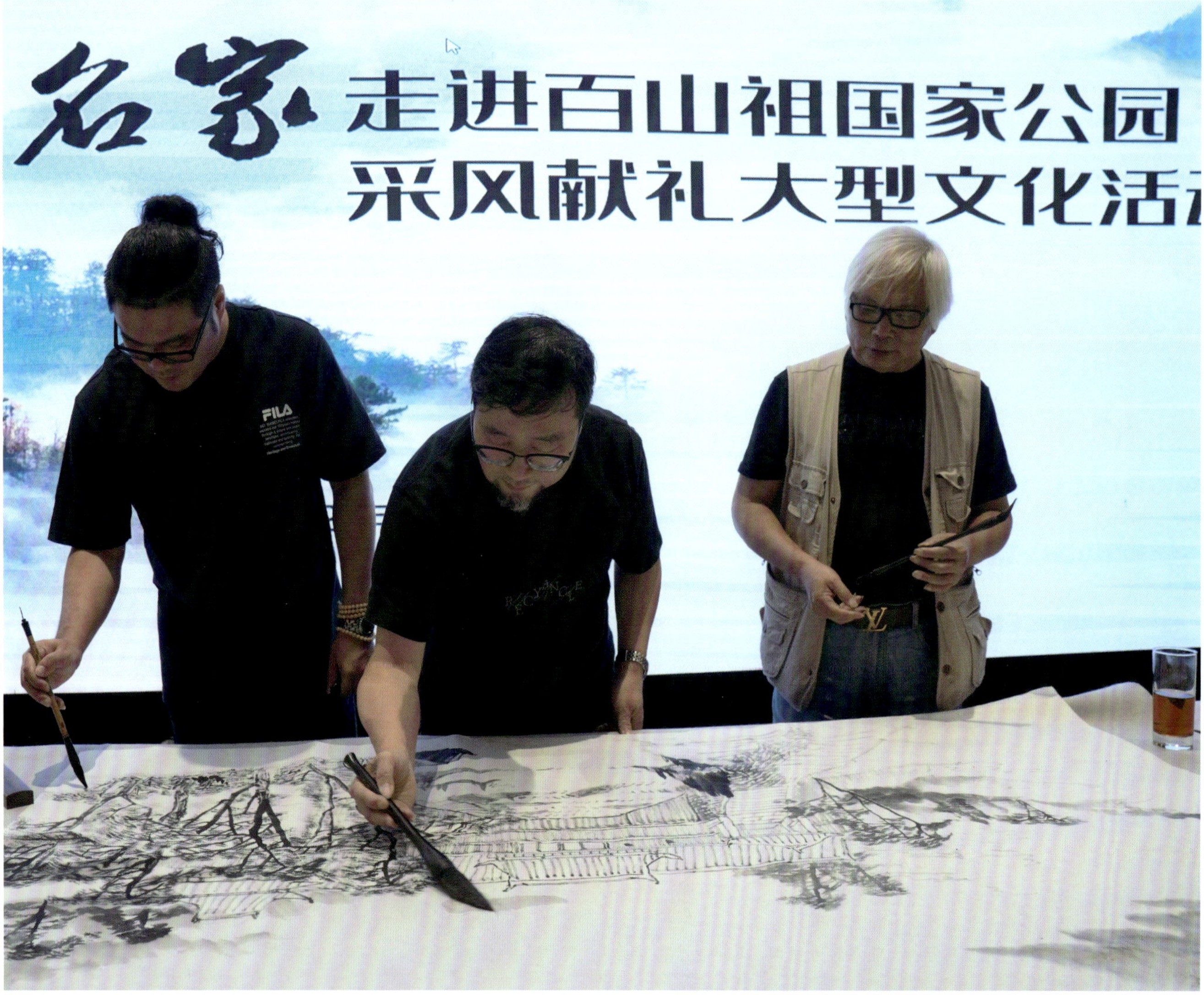

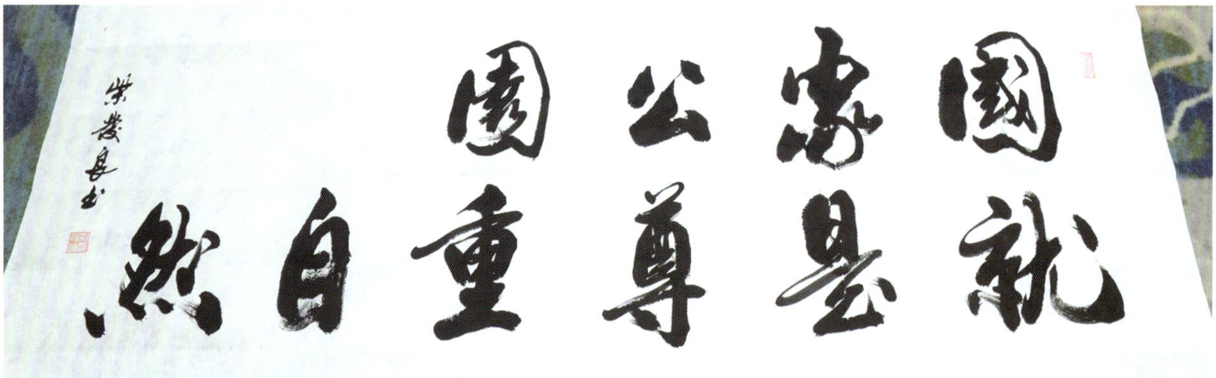

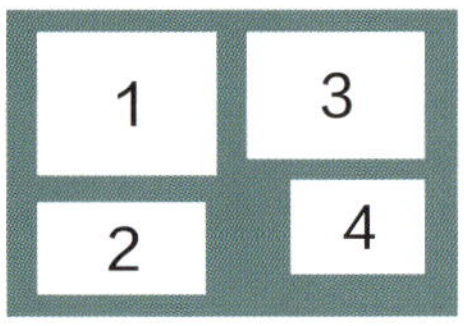

2022年9月12—15日，“江南书画名家走进百山祖国家公园采风献礼大型文化活动”在百山祖园区举行，书画名家们感受并展示百山祖园区的山水之美、自然之美和文化韵味

（钱江源—百山祖国家公园百山祖管理局 提供）

丽水珍稀鸟禽

1. 棕腹柳莺 （温超然 摄）
2. 红翅鵙鹛 （温超然 摄）
3. 棕腹大仙鹟 （温超然 摄）

国家一级保护野生动物黄腹角雉

（温超然 摄）

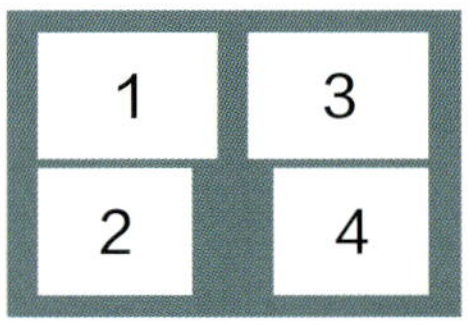

1. 高山短翅蝗莺 （温超然 摄）
2. 红角鸮 （温超然 摄）
3. 普通夜鹰 （温超然 摄）
4. 白斑尾柳莺 （温超然 摄）

青年发展型城市

2022年，丽水市提出建设青年发展型城市。把青年发展摆在全局工作突出位置，纳入城市发展总体布局，建设开放开明的青年向往之城、宜创宜业的青年圆梦之城、成长成才的青年发展之城、安心安居的青年友好之城、向上向善的青年风尚之城，推动青年与城市双向奔赴，青年发展与城市发展互促共进。

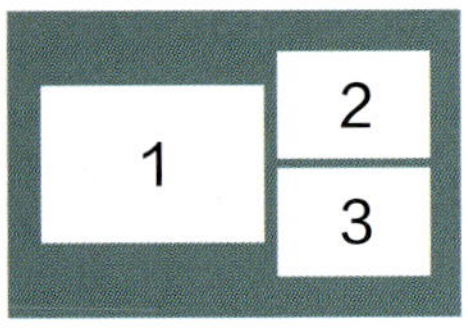

1. 2022年11月15日，第十一届“智汇丽水”人才科技峰会在丽水开幕（周晓峰 提供）
2. 2022年11月，首届革命老区好物节暨丽水市人才科技好物节现场，青年积极参与咖啡体验（杨哲熙 提供）
3. 2022年3月，市人力资源和社会保障局在湖南科技大学召开高端装配、新材料、电子类专场招聘会（游 佳 提供）

咖啡体验规则
志愿者证

湖南科技大學
Hunan University of Science and Technology
唯实惟新 至诚致志
才聚山区·助力共富
唯实惟新

丽水人才科创公园
Lishui Talent Park

1
2 3

1. 丽水人才科创公园一角

（杨象恩 提供）

2. 2022年11月，“有young不设限”丽水后浪·潮音乐节现场，青年热情参与

（杨象恩 提供）

3. 2022年5月20日，青年人才在华东药用植物园参加相约丽水·爱在莲都 2022年“免单又免单”暨“亲青恋”联谊活动

（团市委 提供）

联合国
粮食及
农业组织
保护共同农业遗产，促进全面乡村振兴
Agricultural Heritage for Rural Prosperity

全球重要农业文化遗产大会

2022年7月17—19日，全球重要农业文化遗产大会在丽水市青田县召开，习近平总书记向大会致贺信。大会以“保护共同农业遗产，促进全面乡村振兴”为主题，探讨全球重要农业文化遗产与粮食系统韧性、乡村可持续发展、农民生计改善等重大议题。（青田县委办　提供）

全球重要农业文化遗产公园（青田方山）俯瞰图

（青田县委办 提供）

青田稻鱼共生
首批全球重要农业文化遗产
The First Batch of Globally Important
Agricultural Heritage Systems

浙江青田稻鱼共生系统

青田县稻田养鱼历史悠久，鱼为水稻除草、除虫、翻松泥土，提供肥料；水稻为鱼提供良好的食物来源和庇护场所，实现系统自身循环。浙江青田稻鱼共生系统是全球首批、中国首个重要农业文化遗产。

| 1 | 2 |
| 3 | |

1. 全球重要农业文化遗产公园（青田方山）景观（杭州魅力新故乡信息科技有限公司 提供）
2. 2022年12月10日，青田稻鱼共生系统博物馆开馆（杭州魅力新故乡信息科技有限公司 提供）
3. 青田稻鱼共生系统（市委宣传部 提供）

"我要上村晚"

2022年1月9日，全国乡村春晚百县联盟2022"我要上村晚"暨全国乡村春晚"百县万村"网络联动启动仪式在松阳县石仓村举行，图为直播现场。

（松阳县文化馆毛牦 摄）

紫氣東來
福照華堂慶有
家居寶地春常
福
福

目　录

特　载

专　记

大事记

市情概览

中国共产党丽水市委员会

丽水市人民代表大会

丽水市人民政府

中国人民政治协商会议丽水市委员会

中共丽水市纪律检查委员会丽水市监察委员会

民主党派

群众团体

法　治

军　事

经济管理

对外经济贸易

丽水经济技术开发区

农　业

林　业

工业化信息化建设

商贸服务业

金融业

旅游业

交通　水利

城市建设　环保

区域发展

电子政务　信息　邮政

科学技术

教　育

文化　广播电视

融媒体

卫生健康　医疗保障

体　育

人力资源和社会保障

社会生活

县（市、区）概览

人物　荣誉

附　录

索　引

特　载

革命老区重点城市对口合作工作方案

（2022年5月19日）

为贯彻落实《国务院关于新时代支持革命老区振兴发展的意见》有关部署，建立发达省市与革命老区重点城市对口合作机制，深化区域合作协作，推动革命老区振兴发展，经国务院同意，制定以下工作方案。

一、总体要求

以习近平新时代中国特色社会主义思想为指导，全面贯彻中共十九大和十九届历次全会精神，完整、准确、全面贯彻新发展理念，按照党中央、国务院决策部署，支持革命老区重点城市与东部地区部分城市建立对口合作机制，促进结对城市优势互补、互惠互利、共谋发展，支持革命老区巩固拓展脱贫攻坚成果，衔接推进乡村振兴和新型城镇化，激发内生动力和发展活力。

二、结对关系

按照国务院批准的《“十四五”特殊类型地区振兴发展规划》，推动革命老区重点城市立足特色资源和产业基础，结合与东部城市间既有协作、合作、交流等情况，建立以下对口合作关系：

1. 赣州市（赣闽粤原中央苏区）——深圳市

2. 吉安市（赣闽粤原中央苏区）——东莞市

3. 龙岩市（赣闽粤原中央苏区）——广州市

4. 三明市（赣闽粤原中央苏区）——上海市

5. 梅州市（赣闽粤原中央苏区）——广州市

6. 延安市（陕甘宁革命老区）——无锡市

7. 庆阳市（陕甘宁革命老区）——天津市

8. 六安市（大别山革命老区）——上海市

9. 信阳市（大别山革命老区）——苏州市

10. 黄冈市（大别山革命老区）——宁波市

11. 百色市（左右江革命老区）——深圳市

12. 巴中市（川陕革命老区）——金华市

13. 郴州市（湘赣边革命老区）——佛山市

14.张家界市（湘鄂渝黔革命老区）——南京市

15.恩施州（湘鄂渝黔革命老区）——杭州市

16.遵义市（湘鄂渝黔革命老区）——珠海市

17. 长治市（太行革命老区）——北京市

18. 汕尾市（海陆丰革命老区）——深圳市

19. 临沂市（沂蒙革命老区）——济南市

20. 丽水市（浙西南革命老区）——宁波市

对口合作工作期限为2022年至2030年。

三、重点任务

（一）传承弘扬红色文化。结合对口合作，把革命老区红色资源作为坚定理想信念、加强党性修养的生动教材，积极支持赴革命老区重点城市开展学习交流，大力弘扬伟大建党精神，传承弘扬井冈山精神、苏区精神、长征精神、遵义会议精神、延安精神、抗战精神、太行精神、大别山精神、沂蒙精神、老区精神等伟大精神。鼓励共同开展革命文物保护利用，共同传承弘扬红色文化，共同搭建红色文化和旅游融合发展平台，合作促进红色旅游高质量发展。加强革命老区红色遗址保护和旅游基础设施建设，打造红色文化传承项目及载体，规范有序开展以红色文化传承为主题的研学实践活动，建设红色旅游目的地。

（二）衔接推进乡村振兴和新型城镇化。结合对口合作，积极支持革命老区重点城市全面巩固脱贫攻坚成果，做好易地扶贫搬迁后续扶持，加大就业和产业扶持力度，推进乡村振兴。持续加强消费帮扶，推进革命老区特色农产品产销对接。鼓励开展劳务合作，支持革命老区农村低收入群体就业技能培训和外出务工，提高收入和生活水平。支持革命老区重点城市推进以人为核心的新型城镇化，因地制宜建设区域性节点城市、重要交通枢纽、现代产业基地、商贸物流中心等。

（三）完善基础设施和基本公共服务。结合对口合作，积极支持革命老区重点城市提升交通、能源、水利、信息、市政等基础设施项目建设、运营、管理水平。以数字经济为引领，鼓励城市间在5G、智慧城市、电子商务、人工智能、大数据、区块链等领域加强合作。支持开展义务教育、职业教育、高等教育合作交流，合作共建特色学科和创新平台。充分发挥"互联网+教育"作用，鼓励共建共享优质教学资源。支持开展重点医院对口合作，共建中西医优势专科，加强康养产业合作，支持共建专科联盟和远程医疗协作。

（四）促进生态环境保护修复和绿色低碳发展。结合对口合作，积极支持革命老区重点城市推动山水林田湖草沙一体化保护和系统治理，开展生态产品价值实现机制探索，推进生态保护补偿。支持合作开发碳汇项目，全面提高资源利用效率，大力发展绿色经济。在保护好生态的基础上，支持革命老区因地制宜利用沙漠、戈壁、荒漠以及采煤沉陷区、露天矿排土场、关停矿区建设风电和太阳能发电基地。坚持绿色发展，支持革命老区强化品牌意识，培育绿色食品、有机农产品、地理标志农产品，建设绿色农产品供应基地。

（五）共同建设产业合作平台载体。结合对口合作，积极支持革命老区重点城市承接产业转移，加强科技创新和产业合作，促进产业转型升级，建设特色产业园区、产业集群和高新区、创新研发基地等平台载体，做大做强清洁能源、有色金属、装备制造、纺织服装、生物医药、电子信息、农产品加工等特色产业及配套产业。鼓励东部地区国家级新区、国家级经济技术开发区、国家级高新技术产业开发区与革命老区各类园区加强合作，通过多种形式共建产业园区，引导支持东部城市社会资本到革命老区投资兴业，积极探索跨地区利益分享机制。

四、保障措施

（一）完善工作机制。结对城市和所在省（区、市）人民政府要加快建立健全革命老区重点城市对口合作工作的领导、协调和推进机制，革命老区重点城市和所在省（区、市）要积极主动做好工作对接，强化组织协调、明确工作分工、优化政策环境，东部结对城市和所在省（区、市）要在深化产业合作、重大项目建设、人才培训交流等方面给予大力支持。支持结对城市政府间开展互访与交流，共同研究推动重点工作。鼓励结对城市依托对口合作推进干部人才双向挂职交流和学习培训，促进观念互通、作风互鉴、办法互学。支持其他革命老区市县主动对接东部、中部地区城市，比照本方案建立对口合作关系。鼓励相关省（区、市）结合实际建立省域内结对帮扶革命老区市县工作机制。

（二）编制实施方案。结对城市要共同编制对口合作五年实施方案，由结对城市所在省（区、市）人民政府联合印发，并及时送国家发展改革委备案。结对城市可根据实际制定重点领域合作专项实施方案和对口合作年度工作计划，进一步细化对口合作重点领域、重点任务、重大项目、工作时序和保障措施。

（三）加大政策支持力度。有关部门要加强对革命老区对口合作工作的指导，在规划编制、政策实施、项目安排等方面给予倾斜支持。中央财政、中央预算内投资通过既有专项加大对革命老区振兴发展重点领域的资金支持力度。对纳入国家重大项目清单的项目以及省级人民政府确定的革命老区单独选址重点建设项目，实行用地计划指标重点保障。鼓励政策性金融机构结合职能定位和业务范围加大对革命老区支持力度，鼓励商业性金融机构通过市场化方式积极参与革命老区振兴发展。

（四）加强评估督促。国家发展改革委要加强对革命老区重点城市对口合作工作的统筹协调，会同有关部门跟踪工作进展，组织开展工作成效评估，对于积极主动开展工作并取得明显成效的省（区、市）和城市，给予通报表扬并通过适当方式予以鼓励，对于工作进展缓慢的，要提出明确整改要求并督促改进落实，重大问题及时向党中央、国务院报告。各结对城市和所在省（区、市）要建立年度评估和督促落实机制，确保将各项任务落到实处。

学习贯彻省第十五次党代会精神 努力创建革命老区共同富裕先行示范区的决议

（2022年8月25日）

中国共产党丽水市第五届委员会第二次全体会议，坚持以习近平新时代中国特色社会主义思想为指导，认真学习贯彻省第十五次党代会、市第五次党代会精神，动员全市上下以新时代"挺进师"的奋进姿态坚毅笃行“丽水之干”，全力创建革命老区共同富裕先行示范区，在跨越式高质量发展中推进“两个先行”在丽水的生动实践，开创社会主义现代化新丽水建设新局面。

全会指出，省第十五次党代会是浙江省迈上高水平全面建设社会主义现代化、高质量发展建设共同富裕示范区新征程的关键时刻，召开的一次重要会议。大会深入贯彻习近平新时代中国特色社会主义思想，科学描绘未来五年浙江发展的宏伟蓝图，选举产生新一届省委班子，是一次高举旗帜、继往开来、求是创新、催人奋进的大会。省委书记袁家军代表中共浙江省第十四届委员会所作的报告，通篇贯彻“高举习近平新时代中国特色社会主义思想伟大旗帜，忠实践行‘八八战略’，坚决做到‘两个维护’，在高质量发展中奋力推进中国特色社会主义共同富裕先行和省域现代化先行”的鲜明主题，全面总结过去五年浙江感恩奋进、实干争先取得的九方面历史性成就和八方面规律性认识，系统阐述习近平总书记对浙江工作重要指示精神，明确今后五年的总体要求、奋斗目标和主要任务，是指导浙江走好新时代赶考路的行动纲领，必将凝聚和振奋全省上下万众一心、勇毅前行、走在前列的磅礴力量。

全会强调，学习贯彻省第十五次党代会精神，全市上下要深刻领悟其丰富内涵和实践要求，切实把思想和行动统一到省第十五次党代会作出的各项决策部署上来，以推进跨越式高质量发展的生动实践推动社会主义现代化新丽水建设不断迈出新步伐、取得新成绩。要深刻把握“五大战略指引”“十一方面重要遵循”所蕴含的思想内涵，尤其在实践中要与贯彻习近平总书记对丽水的系列重要指示精神结合起来，与全面系统落实市第五次党代会要求的“八个必须坚持”贯通起来，奋发有为书写贯彻落实习近平新时代中国特色社会主义思想的丽水新篇章。要深刻把握“两个先行”“八个高地”所锚定的奋斗坐标，将其全面融入市第五次党代会确定的“永做‘挺进师’、建设新丽水”奋斗主题和目标要求中去，体现到“五个新丽水”指标体系和任务举措中去，更好地统领社会主义现代化新丽水建设。要深刻把握“五大工作导向”“十个着力”所明确的方法方向，进一步强化创造性张力，开拓发散性思维，将其有针对性地创造性转化为指引丽水未来发展的具体战略要求，扎实推进在“十个着力”主要任务方面的各项工作，落实好“迭代建设金衢丽现代化产业带”“支持丽水创建革命老区共同富裕先行示范区”“‘一县一策’推动山区高质量发展”等事关丽水长远的重要决策部署，确保丽水发展不断取得新突破。要深刻把握加强党的全面领导和全面从严治党的具体要求，认真贯彻新时代党的建设总要求，大力弘扬伟大建党精神，切实加强和改进党的全面领导，纵深推进全面从严治党，积极构筑新时代山区党建统领高地，努力把各级党组织和党员队伍锻造得更加坚强有力。

全会认为，创建革命老区共同富裕先行示范区，是省第十五次党代会赋予丽水发展的崭新定位。这一定位集中体现省委对于丽水大力弘扬践行浙西南革命精神、率先推进革命老区振兴发展的充分肯定和积极支持，明确赋予丽水在“两个先行”全省大局中新的历史使命。作为浙西南革命老区所在地，作为全省唯一全国革命老区重点城市，丽水在推进革命老区共同富裕上先行实践、打造示范，既是对丽水落实“两个先行”的必然要求，也是丽水围绕全省打造“重要窗口”目标所必须肩负的义不容辞的责任。全市上下要站在守护“红色根脉”、传承红色基因的政治高度，从推动新时代革命老区振兴发展和全省推进高质量发展建设共同富裕示范区双重背景和两大战略出发，深刻认识创建先行示范区的重大现实意义，以更高的政治站位和强烈的历史担当，全力以赴推动先行示范区创建。

全会指出，创建革命老区共同富裕先行示范区，集中反映老区所需、丽水所能、群众所盼，与市第五次党代会确定的奋斗目标、作出的战略部署完全契合。就奋斗目标来看，市第五次党代会确定了“全面建设绿水青山与共同富裕相得益彰的社会主义现代化新丽水”总的奋斗目标，明确要求“必须坚持把共同富裕确立为现代化建设的首要目标”。同时强调“丽水作为革命老区，推进老区振兴发展、实现人民共同富裕，是沉甸甸的历史责任也是政治责任”。创建先行示范区既是为实现这一奋斗目标而必须采取的具体行动，也必然成为有力推动。就战略部署来看，创建先行示范区与市第五次党代会提出的“三大跃迁”发展任务一脉相承。全市上下要把落实这一新的定位与贯彻市第五次党代会精神统一起来，努力在弘扬革命精神、传承红色基因上开展变革性实践，在践行“绿水青山就是金山银山”理念上打造标志性成果，在创新引领打造“金色”新增长极上取得突破性进展，形成“三大跃迁”协同并进、“红绿金”融合协调发展的新格局。

全会强调，创建革命老区共同富裕先行示范区，具有丰富深刻的内涵。“革命老区”明确创建工作的政治意义，赋予“共同富裕”重要的历史和现实意蕴，决定“先行示范”的必然要求；“共同富裕”是创建工作的核心要义，凸显“革命老区”的初心使命，确定“先行示范”的基本内容；“先行示范”是创建工作的根本要求，体现“革命老区”的精神追求，明确“共同富裕”的实现策略。全市上下要本着实践至上的精神和态度，深刻理解和正确把握“革命老区、共同富裕、先行示范”三者之间相互作用、相互依托、贯通融合、高度统一的内在逻辑关系，深入研究并系统谋划创建方案，以重点领域先行实践带动全局示范创建。要突出创新引领，坚定“老区也能搞创新、老区共同富裕更须搞创新”的自信和决心，坚定不移地把推动老区振兴发展、实现共同富裕的主要着力点放在创新上，努力打造长三角地区特质鲜明的创新型活力城市，坚定“工业强市”方向不动摇，联动实施人才科技强市战略和“双招双引”战略性先导工程，努力在推动经济高质量发展上先行示范。要优化城乡关系，树立“城就是城、乡就是乡”城乡差异定位理念，以县城为承载推进新型城镇化，以乡镇差异化发展优化城乡发展格局，以深化乡村集成改革推动城乡平等发展，努力在以县域为单元推进城乡融合发展上先行示范。要聚焦富民增收，着眼于提高收入水平、缩小收入差距，深入谋划增收新变量，精准打好“扩中”关键仗，灵活运用“提低”工具箱，努力在构建以共同富裕为导向的持续增收机制上先行示范。要围绕生态富民，以更高标准推动生态产品价值实现机制改革从先行试点迈向先验示范，以促进要素融合拓宽产业化实现路径，以探索市场交易打通市场化实现通道，以强化数字赋能构建数字化实现手段，努力在推进生态产品价值转化上先行示范。要深化对口合作，牢固树立合作意识，精准把握合作重点，叠加落实合作政策，聚焦人才科创和产业平台合作共建、战略性新兴产业协作共育、优质民生资源互惠共享、革命精神互鉴共荣等方面开展深度合作，努力在革命老区高水平开放发展上先行示范。要弘扬革命精神，不断创新和丰富弘扬践行活动，持续擦亮革命底色，不断凝聚精神共识，汇聚形成强大伟力，努力在塑造城市精神气质上先行示范。

全会指出，创建革命老区共同富裕先行示范区，是事关丽水未来发展的重大战略，必须全面贯彻新时代党的建设总要求，大力弘扬伟大建党精神，以党的建设新成效为创建先行示范区提供坚强保证。要加强党的全面领导，以“两个维护”的政治自觉认真贯彻落实习近平总书记重要指示批示精神，优化升级以“七张问题清单”为牵引的党建统领工作机制，强化重大决策落地、重大项目推进、重大战略实施。要系统重塑组织体系，大力推进变革型组织建设，深入实施“红耀绿谷、强基共富”工程，推进干部理念、能力、作风系统性重塑，以组织体系整体重塑缩小人力资源差距，全面增强塑造变革能力。要全面深化清廉丽水建设，压紧压实全面从严治党主体责任，全面加强监督执纪，持续正风肃纪反腐，以严明纪律和优良作风为先行示范区创建提供政治保障。

全会强调，全面建设社会主义现代化新丽水，希望在于青年；创建革命老区共同富裕先行示范区，重在青年有为。要坚持党管青年原则，践行青年重点发展理念，把青年发展摆在全局工作更加突出的战略位置，纳入城市发展总体布局，以事业后继有人、兴旺发达为目标，在经济社会发展全过程和各方面给予青年成长进步以有力支持，推动青年与城市双向奔赴、青年发展与城市发展互促互进。全市上下要充分形成重视青年、关注青年、成就青年的思想共识，凝聚起建设青年发展型城市的强大合力。

全会号召，全市广大党员干部群众要认真贯彻落实省第十五次党代会、市第五次党代会精神和本次全会的工作部署，奋发有为开展工作，努力以坚毅笃行“丽水之干”创造出更加优异的成绩，迎接党的二十大胜利召开。

建设青年发展型城市的决定

（2022 年 8 月 25 日）

青年工作是党的全部工作中一项具有承前启后性质的重要工作，促进青年更快进步、更好成长是事关我市长远发展的基础性、战略性希望工程。城市因青年而兴，因青春而活。在建设现代化的时代新征程上，青年是我市加快跨越式高质量发展、推动“两个先行”创新实践的新生代“挺进师”和中坚力量。全市上下务必把青年发展摆在全局工作更加突出的战略位置，纳入城市发展总体布局，以事业后继有人、兴旺发达为目标，推动青年与城市双向奔赴、青年发展与城市发展互促互进，为全面建设绿水青山与共同富裕相得益彰的社会主义现代化新丽水注入洋溢的青春活力。中国共产党丽水市第五届委员会第二次全体会议专题研究部署建设青年发展型城市工作，作出如下决定。

一、总体要求

1. 指导思想

坚持以习近平新时代中国特色社会主义思想为指导，认真贯彻落实党和国家关于青年发展战略部署及省第十五次党代会、市第五次党代会精神，坚持党管青年原则，践行青年重点发展理念，高度关注青年的特点、利益和需求，在经济社会发展全过程和各方面给予青年成长进步以有力支持，全面提升城市功能品质与青年发展的契合度，实现“丽水对青年更友好，青年在丽水更有为”的城市愿景，激励广大青年永做跨越式高质量发展道路上奋勇向前的新时代“挺进师”，为丽水全面建设社会主义现代化、扎实推动革命老区共同富裕先行示范集聚更多青年才俊、汇聚强大青春力量。

2. 基本原则

坚持青年为本。突出青年主体地位，尊重青年成长规律和发展特点，以青年需求为导向，全面优化青年成长成才服务，为青年提供更多筑梦圆梦空间，促进青年在投身建设社会主义现代化新丽水的实践中放飞青春梦想、实现全面发展。

强化全面统筹。坚持系统观念，加强统筹协调，从全局和战略高度谋划青年发展事业，并将其纳入经济社会发展总体布局，实现政策一体构建、资源有效整合、工作高效协同，推动形成同心共促青年发展型城市建设的整体合力。

突出担当作为。把提供发展服务与鼓励建功立业紧密结合起来，完善青年就业创业的政策体系、平台功能和激励机制，为青年成长进步提供更多机遇、创造更好环境，促进广大青年人人努力成才、个个奋斗实干，成为加快跨越式高质量发展的生力军。

注重精准施策。针对青年发展型城市建设的重点领域、关键环节，聚焦吸引更多青年才俊和促进青年成长成才等方面存在的突出问题，精准施策，加强制度创新和体制机制改革，有效解决青年群体面临的实际困难，促进青年健康成长。

3. 主要目标

到 2025 年，青年发展战略深入人心，青年成长空间和发展环境明显优化，青年人口数量稳步增长，“青年丽水”成为全社会共识和城市闪亮名片。到 2035 年，丽水成为长三角地区优秀青年集聚、青春特质鲜明的创新型活力城市。

——建设开放开明的青年向往之城。城市的发展定位、功能环境、形象气质与青年的追求高度契合，城市对青年的吸引力承载力和青年对城市发展的参与度贡献度显著提升。青年常住人口数量逐年增加，到 2025 年，青年常住人口占全市常住人口比重达到 25%。

——建设宜创宜业的青年圆梦之城。服务青年就业创业体系不断完善，环境更加优质，青年创新创造创业活力显著提升。青年就业人口增长率、就业人口占全部就业人口比例稳步提高，青年“双创”平台、市场主体数量持续增加，城镇青年调查失业率控制在较低水平。

——建设成长成才的青年发展之城。青年身心健康水平稳步提高，受教育权利得到更好保障，成长成才的发展环境全面优化。到 2025 年，高等教育毛入学率达到 70%，新引进高校毕业生人数稳步增加，青年在高技能人才中的占比逐年提高，青年人才入选市级重点人才工程比例超过 50%。

——建设安心安居的青年友好之城。全社会积极普遍关心青年成长，青年品质生活空间不断拓展，切身合法权益得到有效保障。青年住房、交友、婚恋、育儿、医疗等公共服务需求能够有效满足，必需的保障要求为社会保障体系所充分覆盖。青年群体安全感、归属感、幸福感、获得感明显提高。

——建设向上向善的青年风尚之城。青年思想政治素质和文明素养明显提高，青年社会组织健康发展，社会深度参与的渠道和方式更加丰富，青年在社会各领域勇担重担、引领风尚的主体作用进一步凸显。到 2025 年，青年注册志愿者人数超过 35 万人，青年成为城市文明建设的主力军。

二、优化功能定位，涵养城市青春气质

4. 完善城市青年发展规划体系。将青年重点发展理念全面贯彻和充分融入各类发展规划，从城市总体定位、功能布局、产业发展、基础设施、公共服务等各方面充分考虑青年发展需要，在城市规划、建设、管理全过程中充分展现青年元素，助推和促进丽水加快建设长三角地区特质鲜明的创新型活力城市。以前瞻理念和未来眼光高标准编制青年发展型城市规划，从理念、目标、思路、举措、机制等各方面推进顶层创新、进行系统设计、作出科学安排。其他各类规划要与青年发展型城市规划有机衔接，实现“多规合一”。按照“人产城”融合发展的原则，统筹城市未来发展空间，优化中心城市“一脉三城”功能组团，以青年发展视角和现代城市理念谋划建设瓯江新区、开发碧湖新城，建设富有青春气息和创新活力的现代化新城区。

5. 建设城市青年发展设施。加强现代社区建设，迭代升级城市社区单元，统筹营建可供青年进阶成长、社交互动、品质生活的青年主题街区、青年未来社区、青年发展大厦，开展社区服务阵地提升行动，完善教育培训、文体休闲、现代商务、综合交通等方面基础设施，打造全方位、多层次、可持续的青年发展空间。按照公园城市理念，将公园形态与城市空间有机融合，建设丽水青年公园、人才公园，改造提升城市老公园，布局一批科创型、人文型、运动型、山水型等城市主题公园，塑造开放多元智慧绿色的城市生活空间。围绕青年工作和生活需求，谋划建设以新文化、新艺术、新运动为主要内容的青年社交综合体，在城市公共设施中嵌入式打造兼具多种功能的青年之家、青年驿站。

6. 塑造青春活力城市形象。围绕青年特点，加强城市设计和色彩、景观风貌管控，推进街道设计、建筑设计、城市主景与视觉焦点打造，优化城市空间组合、建筑表达、景观廊道，塑造充满青春活力的城市界面。主题化开发和举办一批紧跟潮流和青年喜爱的大型城市活动，塑造青春时尚动感的城市生活场景，打造具有鲜明丽水印记的青年活动品牌。构建青年发展型城市视觉形象系统，设计推出城市形象标识、主视觉和动态演绎，创作主题音乐、主题宣传片，以多媒介融合塑造城市整体形象。

三、突出产业赋能，拓宽青年发展空间

7. 打造适宜型科创和产业平台体系。积极推进平台青年适宜型改造建设，在省级以上开发区、高新区嵌入体现青年特点的配套设施，布设适应青年需求的生产生活空间，显著提升平台对青年的吸引力与承载力。布局建设一批吸引和集聚大量青年的数字经济产业园、未来产业园、科创产业园，量身打造青年创业孵化平台，谋划建设留学生创业园，提升绿谷信息产业园、数字经济双创园等平台双创能级。统筹打造浙西南科创走廊系列科创平台，加快建设一批国家级科技孵化器、高校研究院、现代产业学院和青年创新中心，整合各类创新创业载体赋能青年发展。

8. 提升现代产业与青年发展的契合度。坚定“工业强市”方向不动摇，积极发展面向青年、面向未来的战略性新兴产业，聚力打造半导体全链条、精密制造、生物医药、时尚产业、数字经济五大现代产业集群，形成青年与产业协同发展的良性互动。实施传统产业改造提升计划2.0版，推进数字经济与制造业深度融合，以“产业大脑+未来工厂”推进产业基础再造和产业链提升，打造“年轻态”工厂空间，吸引更多青年投身制造业。大力引育创新型领军企业、“链主型”企业、专精特新“小巨人”企业，推动产业建链延链强链，拓展青年就业转换与晋升空间。

9. 培育活力四射的新兴业态。突出“年轻态、活力范、时尚感”，大力培育创意、电商、研学、美食、美妆、潮玩等新经济新业态新模式，建设一批电商直播园区、特色美食街区、美妆经济体验区、夜经济消费区和网红打卡点。发展非遗农业、特色民宿、摄影旅拍、露营越野、户外运动、文创手作、红酒咖啡、茶艺陶舍等业态，丰富青年灵活就职、弹性工作、兼职兼业等就业形态。积极引进优质市场主体、知名品牌，开发更多沉浸式、体验式、互动式的年轻业态，满足青年多元化个性化消费需求。

四、支持就业创业，助力青年筑梦圆梦

10. 以超常规力度招引青年人才。深入实施“双招双引”战略性先导工程，落实“绿谷鲲鹏”“绿谷精英”“绿谷英才”“绿谷工程师”计划，开展“智汇丽水·共富同行”系列活动，完善青年人才“引育留”全链条服务体系，以“来了，就是丽水人”的开放胸怀广迎四海青年，大力集聚“丽水发展合伙人”。构建多层次多渠道招引机制，加强与高等院校、中介机构等引才合作，完善丽水籍在外大学生常态化联系机制，创新“好年华·聚丽水”全国大学生双选会等主动引才模式，探索开展东西部人力资源对口合作，谋划建设浙西南人力资源市场。全面落实企业引才、用才和人才评价自主权，对企业急需紧缺的工程师、技术能手、营销骨干等中高端青年人才探索实行一站式、团队式引进。提高在丽高校专业设置与本土产业发展的契合度，大幅提高毕业生留丽率。鼓励丽水籍在外青年、华侨青年回丽发展。支持外籍青年在丽创业。

11. 大力提升青年就业创业能力。强化职业教育市域统筹，推进职业学校“双高”建设，引进就业创业在地转化的多种职业教育门类，深化产教融合、校企合作，提高职业教育在地转化率。实施技工院校发展五年计划，把丽水技师学院建设成为全国一流技师学院。实施青年工匠培育工程，推进新生代产业工人在职学历提升“圆梦计划”，开展十万技能人才共富能力提升行动，“一县一品”推进青年职业技能培训，促进职业技能等级与人才政策有效衔接，畅通青年职业发展通道。构建“创业园+孵化基地+导师”青年创业孵化体系，组建青年创业梦想导师团，实施青年企业家赋能计划，搭建汇集培育、实训、孵化、对接、展示、交流等功能的青年创业服务平台，支持各类创业平台举办青年创业沙龙、组建创业青年俱乐部。

12. 完善青年创业金融支持体系。推出“青创贷”“电商贷”等更多符合青年需求实际的普惠性金融产品，落实创业担保贷款及贴息政策，为青年创业提供优质便利的融资服务。探索建立“青春有价”人才估值平台，为在丽创业青年量化赋值，依托政策性融资担保公司提供担保服务。加大政府产业基金对青年创业实体的支持力度，探索设立青年创业基金，每年遴选一批符合条件的优秀青年创业项目给予引导投资支持，带动社会资本扶持青年创业。开发符合青年创业特点的保险产品。

13. 优化青年就业创业生态。落实就业创业相关政策，探索构建支持青年创业的梯度化政策体系，建立青年就业创业信息发布平台，提升“丽创荟”创业服务品牌，迭代升级“人才码”，为青年就业创业提供全周期服务。建立就业困难青年精准帮扶机制，对离校未就业高校毕业生实行“一人一档一策”跟踪扶持，帮助有工作意愿的困难毕业生实现就业。培育敬业、精益、专注、宽容的创新创业文化，办好“青鸿鹄”数字经济创业创新大赛，鼓励各级党政机关、企事业单位举办多种形式的青年双创大赛、青年创投会、青年创业成果展。实施劳动关系“和谐同行”行动，优化公平就业环境，有效保障网络主播、快递人员、网约车司机等新就业形态青年劳动权益。

五、完善公共服务，促进青年安居乐业

14. 努力保障青年基本住房需求。实施青年安居工程，坚持实物配租与货币补贴并举，加大力度面向青年建设、筹集和供应公共租赁住房，发展共有产权住房，统筹政府和社会力量建设青年公寓等保障性租赁住房，多渠道解决青年住房突出问题。推动住房保障体系向本科以下学历青年群体覆盖，兼顾灵活就业、自主创业的无房青年，扩大青年住房保障覆盖面。探索建立租购并举的青年安居保障机制，规范住房租赁中介服务，切实保护承租人合法权益，逐步实现租购住房在公共服务上享受同等权利。

15. 提高服务青少年身心健康水平。深化健康丽水建设，推进公共体育“一场两馆”建设，加强城市体育公园和绿道网络建设，发展青少年体育俱乐部和体育赛事，促进青少年培养体育爱好、养成锻炼习惯。完善青少年体质健康监测体系，以健康科普、公益讲座等形式普及身心健康知识，加大青少年近视和肥胖预防控制力度。引导青少年积极参与爱国卫生运动，养成文明健康生活方式。加强青少年心理健康教育和服务，健全心理健康筛查和危机干预机制，支持专业心理健康辅导机构和社会组织发展。

16. 完善优婚优生优养优教全链条服务。加强青年婚恋观、家庭观教育和引导，优化适龄青年婚恋交友、婚前保健、婚姻登记服务。落实积极婚育政策，提升妇幼保健机构服务能力，完善公共场所母婴设施，发展成本可负担、方便可及的普惠托育和婴幼儿照护服务，支持幼儿园发展托幼一体化服务，探索新建小区配套建设托育服务中心，减轻生育养育费用负担。开展社区(村)家庭教育指导服务规范化建设，创建一批家庭教育亲子活动实践基地。深化教育提质行动，实施教育项目双百亿、优质学校内培外引、县中崛起、名师名校长培养工程，增加中小学、幼儿园优质学位供给，落实随迁子女入学待遇同城化政策，缓解青年的子女教育后顾之忧。

17. 丰富青年精神文化生活。实施公共文化服务提升工程，建设丽水音乐厅，嵌入式打造城市书房、文旅驿站、非遗工坊等符合青年审美追求的最美文化空间。举办丽水文化艺术节、青年文化季、青年读书月等系列活动，用青年喜闻乐见的方式触及不同领域、不同圈层的群体，培养青年健康向上的生活情趣。实施青年文艺人才培养计划，引育文学、音乐、舞蹈、戏曲、影视、摄影、书法、美术等各领域青年文艺人才和优秀创作团队，支持青年从事动漫、微电影、短视频、网络文学等生产创作。

18. 加强青少年合法权益保护。开展“青春护航”行动，完善政府、学校、家庭、社会多元维权网络，健全青少年权益保护机制。加强青少年法律援助，鼓励法律服务机构、社会组织依法为青少年提供公益性法律服务。加强青少年法治宣传教育，增强法治观念和法律意识，深化保护未成年人“守护明天”工程，切实预防青

2022年11月24日，丽水首届艺术节万象市集　　（何俊华　提供）

少年违法犯罪。加强青少年生命教育、性与生殖健康教育、安全教育，增强青少年自我保护意识，引导青少年珍视生命、热爱生活。建设清朗网络空间，遏制不良信息对青少年的渗透影响，严厉打击网上侵害青少年权益行为。

六、推动社会参与，引导青年主动作为

19. 组织发动青年立足岗位建功立业。开展青年建功行动，加强“青年突击队”“青年文明号”“青年岗位能手”等品牌建设，引导青年在改革发展攻坚、重大项目建设、急难险重任务中担当重任、实干创新。开展青年技能大赛，鼓励设立青工技能工作室，培养青年技术能手。深化“两进两回”工作，培育乡村振兴青年先锋，引导青年投身品质农业发展、花园乡村建设，在全面推进乡村振兴中积极作为、做出贡献。鼓励青年在丽创新创业，对扎根丽水并取得突出成绩的青年颁发“光荣在丽创新创业纪念章”。

20. 团结动员青年引领社会文明风尚。实施青年马克思主义者培养工程，建设“新时代挺进师”学习小组，打造“丽水青年说”等理论宣讲平台，用习近平新时代中国特色社会主义思想武装青年头脑，动员青年在坚守“红色根脉”、担当时代使命中走在前列。引领青年有序政治参与，积极开展社会主义协商民主实践。引导青年做社会主义核心价值观的积极践行者，主动投身新时代文明实践和全国文明典范城市创建活动，积极参与志愿服务，热心支持慈善事业，自觉传播社会文明新风尚。规范发展青年社会组织，壮大青少年事务社工队伍，搭建青年参与社会治理、公益实践平台，充分发挥青年在城市建设、社会治理等方面的主人翁作用。

21. 完善“丽水青年榜样”荣誉激励制度。定期推选“丽水杰出青年”，选树在经济发展、改革创新、科技攻关、社会公益等各领域各行业取得突出成绩，广受社会和群众好评的优秀青年代表，营造崇尚荣誉、追求卓越的社会风尚。完善“五四青年奖章”“向上向善好青年”“丽水新青年”等青年荣誉体系。鼓励各地各单位、各行各业、各类组织机构结合自身实际构建青年争先创优载体，选树青年榜样。大力宣传青年奋斗典型，讲好青春奋斗故事，激励青年奋斗实干。

七、建立协同有力的推进机制

22. 强化组织领导。市委、市政府成立建设青年发展型城市工作领导小组，每年召开2次会议，及时研究制定青年发展型城市政策规划、行动方案，部署落实重大事项。完善青年工作联席会议制度，加强对日常工作的研究和组织落实，及时协调解决各类问题。建立“工作项目化、项目清单化、清单责任化”推进机制，推动青年发展型城市各项建设任务全面落实。培育青年发展新型智库，加强相关领域理论研究和实践总结。将建设青年发展型城市工作纳入年度综合考核，考核结果作为评优评先的重要依据。各县（市、区）要联动推进青年发展型县域建设。

23. 加大政策支持力度。市政府及时出台支持青年发展专项政策，制定切实可行的政策实施细则。将青年发展型城市建设经费纳入市、县两级财政预算，统筹财力给予优先保障，多措并举加大对普惠性青年民生实事项目的财政支持力度。对推动青年发展的重大平台、重大项目、重大工程，整合土地、资金、税收、金融等要素给予重点支持。广泛动员社会力量积极参与，形成政府引导、多方投入的资金支持机制。

24. 加强监测评估。建立青年发展统计监测指标体系，设立“丽水青年发展指数”。结合数字化改革，建立概念明确、口径统一，涵盖青年健康成长、青年就业创业、青年社会参与以及青年发展环境等方面的青年大数据共享平台，即时反映青年发展现状和趋势，为制定和调整青年发展的政策措施提供依据。将青年发展核心指标纳入政府部门统计序列，定期进行统计分析。

25. 营造良好氛围。建立信息互联互通机制，搭建互学互鉴平台，及时通报交流各地各部门的好经验好做法，促进形成青年发展型城市建设百花齐放、比学赶帮的良好氛围。充分发挥主流媒体和新媒体矩阵作用，全方位宣传青年发展型城市建设的重大意义、政策方案、进展情况、经验成效、先进典型，使其家喻户晓、深入人心，引导和动员全社会关心支持青年发展。

青春孕育希望，青年创造未来。让我们积极行动起来，以对事业和未来高度负责的精神全面加强青年工作，加快建设青年发展型城市，团结和激励广大青年坚定理想、实干拼搏、奋勇争先，用青春的能动力和创造力激荡起跨越式高质量发展的澎湃动能，用智慧和汗水打拼出更加美好的社会主义现代化新丽水！

专　　记

老区共富示范区创建

支持浙西南革命老区振兴发展，是党中央、国务院新时代支持革命老区振兴发展的重大战略决策，丽水作为全国唯一一个共同富裕示范省中的革命老区市，高质量打造共同富裕先行示范老区样板，既是丽水当前一项严肃的政治任务，又是一项重大的经济任务。亟须坚持全市“一盘棋”，深入谋划、久久为功，全力抢抓浙西南革命老区振兴发展重大战略机遇，占据要素竞争制高点，加快推动浙西南革命老区蓄势突破，跨越式高质量发展。

丽水“创建革命老区共同富裕先行示范区”是省委赋予丽水的崭新定位，是丽水在“两个先行”全省大局中新的历史使命，是丽水抢抓国家革命老区政策的突破性抓手。丽水市委五届二次全体(扩大)会议审议通过《中共丽水市委关于认真学习贯彻省第十五次党代会精神努力创建革命老区共同富裕先行示范区的决议》，全力推动丽水在革命老区共同富裕上先行实践、打造示范。

(一)坚持舆论先行，在扩大浙西南革命老区影响面上下好“先手棋”

2022年，丽水市以“央视老区行”为契机，积极争取央媒、省级媒体支持，针对丽水浙西南革命老区开展多维度的持续宣传。央视新闻频道推出《走进老区看新貌丨走向共同富裕的浙西南革命老区》，1小时直播介绍丽水；《人民日报》头版显著位置刊发《浙江丽水市发挥品牌效应助力老区振兴》，2个整版刊发《浙西南革命老区——生态富民 旧貌换新颜》等5篇重点报道；《新闻联播》、农业农村频道、中国之声、“央视新闻”等各频道、栏目和新媒体，集中推出系列直播活动，直播收视率排名同时段全国上星卫视第一。5月以来，《人民日报》、新华社、中央广播电视总台、《浙江日报》、浙江卫视等40余家中央、省级媒体持续报道浙西南革命老区，全网相关报道及消息超1500条，累计直播观看、阅读量2.6亿人次。同时，连续四年央地协同举办浙西南革命精神论坛，来自北京、湖北、河北、福建、江西等省内外的50多名专家到会，汇集党史、军史、革命史等领域国内权威专家学者，《红色浙西南》历史读本在论坛上正式编发。11月11日，首届革命老区好物节暨丽水市人才科技好物节在浙江丽水举行。浙江丽水、广西百色、陕西延安、福建三明、四川巴中、湖北恩施、河南信阳、湖北黄冈等12个全国革命老区重点城市自愿联合发起成立“革命老区人才科技联盟”。革命老区互动来往密切，龙岩、三明、信阳等革命老区城市陆续来丽交流学习。

(二)坚持项目承接，在用好革命老区政策红利上打好“主动战”

2022年8月，丽水市委五届二次全体(扩大)会议审议通过《中共丽水市委关于认真学习贯彻省第十五次党代会精神努力创建革命老区共同富裕先行示范区的决议》，全面吹响丽水创建革命老区共同富裕先行示范区号角。2022年以来，已先后三次召开市级层面的革命老区要素争取推进会，两次召开“革命老区共同富裕先行示范区”专题研讨会，系统谋划跑部进厅对接争取事项。截至2022年底，我市已成功争取到2022年中央专项彩票公益金支持革命老区社会公益事业发展项目资金9150万元，以及中央革命老区转移支付资金8000余万元；瓯江源头区域山水林田湖草沙一体化保护和修复工程获中央财政支持20亿元，丽水公立医院改革与高质量发展示范项目获得中央财政支持5亿元；遂昌革命老区示范区项目获中央彩票公益金支持5000万元；在原有四条国道线的基础上成功新增两条国道线，即原温岭至常山公路(青田经莲都、松阳至遂昌)调整为G637台州至上饶的部分路段，原庆景青公路调整为G638青田至厦门的部分路段,将推动丽水市形成全长600公里的“一带三区”普通国道环线;杭丽铁路取得突破性进展,被纳入国家铁路网“十四五”规划;签订近30项重大合作协议。“争创浙西南革命老区共同富裕先行实践区”纳入政协系统“请你来协商·三级齐会商”平台。

(三)坚持系统推进,在创建工作上用好“组合拳”

组建“一个高规格的领导小组”。按照“市级统谋、市县一把手主抓、核心部门联动”原则,成立示范区创建领导小组,实行双组长制,市委书记、市长任组长。同时,领导小组下设办公室,明确副市长朱磊作为办公室主任,切实提高办公室统筹协调层级和效率,宣传、发改作为领导小组办公室副主任单位,实现传承践行浙西南革命精神和推动浙西南革命老区振兴发展两大任务体系无缝对接。高质量推进课题研究。实施方案总体框架可以概括为“14630”。“1”为一个总的定位,即全国革命老区共同富裕先行示范区。“4”为四个领域目标定位,即创新践行“丽水之赞”,形成高质量绿色发展的丽水路径;坚毅笃行“丽水之干”,形成“红绿金”融合协调发展的丽水实践;系统重塑“丽水之变”,形成数字化改革与生价改革双跨融合的丽水经验;加快实现“丽水之美”,形成绿水青山与共同富裕相得益彰的丽水模式。“6”为六大先行示范,即在推动经济高质量发展、以县域为单元推进城乡融合、构建共同富裕为导向的持续增收机制、推进生态价值转化、革命老区高水平开放发展、塑造城市精神气质等6个方面先行示范。“30”为围绕六大先行示范,部署实施30项具体任务。同时,实施方案专门拟定了保障措施和示范区指标目标表。其中,保障措施具体包括坚持和加强党的全面领导、建立健全工作推进机制、加大要素保障力度、积极开展示范推广等四个维度。其中,要素保障重点争取国家、省在资金、人才、用地、用能等方面的保障支持。示范区指标目标表包括67项指标任务。系统分解创建方案。在系统研究革命老区政策体系的基础上,市县联动座谈研提示范区创建重点任务,按照强化向上要素争取导向,细化编制重大项目、重大改革、重大政策、重大协议等四张清单,逐项明确要素争取责任单、时间表。

(四)坚持对口合作,在实施方案编制上画好“同心圆”

6月7日,国家发展改革委发布《革命老区重点城市对口合作工作方案》。方案提出,建立丽水—宁波对口合作关系,推动革命老区重点城市发展,对口合作期限为2022—2030年,并要求结对城市共同编制对口合作五年实施方案,第一轮编制期限为2022—2025年。此后,书记胡海峰率丽水市党政代表团赴宁波市学习考察,召开“甬丽革命老区重点城市对口合作暨山海协作工作座谈会”,会上签订了《新时代支持浙西南革命老区振兴发展对口合作框架协议》,有关重点部门已与宁波方对接联系合作事项。《宁波市与丽水市(浙西南革命老区)对口合作工作(2022—2025年)实施方案》立足“丽水所需、宁波所能”,充分发挥宁波市和丽水市特色资源优势,提出构建“1530”对口合作工作体系,即坚持“红色引领、绿色共富”的合作理念,有效落实“传承弘扬红色文化、推进乡村振兴和新型城镇化、完善基础设施和基本公共服务、促进生态环境保护修复和绿色低碳发展、共同建设产业合作平台载体”五大工作任务,落实30项对口合作事项,促进双方合作共赢。 (张译心)

招商引资工作

2022年,丽水市高举“丽水之干”奋斗旗帜,以永做新时代“挺进师”的奋进姿态,深入实施“双招双引”战略性先导工程,举全市之力推进招商引资大会战,全年招引大项目数、制造业大项目数、10亿元以上大项目数、合同总投资额、制造业占比等指标创历史新高,百亿级制造业项目实现零的突破。

一、兵团会战,提升招引效能

(一)深入实施“一把手”招引工程。高规格举办全市招商引资战略性先导工程再推进大会,市委、市政府领导集中开展专题调研,直接指导推动工作有序开展。压实各级党政“一把手”招引职责,全年各县(市、区)主要领导、丽水经开区负责人外出招引350余次。

(二)持续迭代“一盘棋”赛马机制。突出“招大引强”导向,创新重大产业项目综合考核“一票评优”,坚持“月通报、季晾晒、年考核”赛马比拼,激励各地各部门“拼尽全力跳起来摘桃子”,全年引进大项目203个(制造业大项目165个),合同总投资额729.4亿元,其中10亿元以上大项目28个。

(三)系统重塑“1+4”运行体系。按照变革型、中台型组织建设要求,高标准打造“一部四中心”。“一部”充分发挥指挥部、参谋部、保障部和作战部作用,建设线索收集、信息研判、项目调配中心。“四中心”积极发挥“前哨”“桥梁”作用,“触角”深入北上广深等重要城市,全年省外招引项目占比提高至39.9%。

二、找准跑道,积蓄招引势能

(一)锚定产业赛道优布局。各地

围绕主导特色产业，主攻细分赛道，形成相互支撑、优势互补产业格局。生物医药产业方面，形成了以丽水经开区医药制剂和流通、庆元生物科技、龙泉中成药制剂、松阳现代中药制剂、缙云医药包装、遂昌中草药深加工为代表的生物医药产业赛道。未来产业方面，形成了青田宇宙，松阳智慧交通，莲都、缙云、遂昌新型储能产业，丽水经开区、景宁机器人和高端机床产业等新兴产业战略布局。

（二）紧盯产业链抓招引。聚力“5+5”现代化生态经济体系和“1315”产业链集群，绘制全市“三优+产业链”“作战图”，对“链主型”项目和关键项目开展“建链、延链、补链、强链、扩链”行动，全年招引产业链项目占比约50%。坚持“以产业定位科技，以科技索引人才”，加大高层次人才、技能型人才、科技型企业和高水平创业创新团队招引力度，推进产业链、创新链、人才链“三链”融合，引进科技型大项目43个，是前两年总和的2.2倍。

（三）深化模式创新强配套。组建“双招双引”主题基金，强化基金招商，如丽水经开区运用产业基金引进东旭光电、中欣晶园、广芯微等大好高项目，莲都通过基金先后招引落地格派、威固等重大产业项目，松阳通过基金成功引进于万科技智驾工厂等制造业大项目。推进各县（市、区）在重点城市科创飞地布局，持续推进与上海洲铂科技、东方龙、毕马威、普华永道等优质平台合作，深化“双招双引”一张图系统建设，新增新能源、新材料、工业互联网三条产业链资源，滚动更新产业招商云图，持续推进疫情下“云”招商。

三、内育外引，增添招引动能

（一）搭建平台激发活力。承办2022浙商全国500强峰会、“投资浙里”跨国企业走进丽水活动，组织举办生物医药推介会（杭州）、精密智造推介会（上海），各地召开“双招双引”乡贤春节座谈会，在中国仙都祭祀轩辕黄帝大典和浙报集团作丽水招引推介，持续扩大丽水招商引资“朋友圈”。

（二）优化环境增强引力。深化“最多跑一次”改革，简化优化相关审批流程，打造营商环境软实力，2022年新招引大项目中，“二次投资”项目共计49个，新上规制造业企业65家、同比增长16%，人才科技企业——云中马在上海证交所主板上市，缙云华洋、阿文特、遂昌宇恒等企业积极筹备上市。

（三）锻造队伍提升能力。选优配强招引工作力量，将懂经济、懂项目、会谈判的优秀干部抽调充实到招引队伍中。高规格举办全市“双招双引”业务培训活动，邀请省市专家专题授课辅导，全市300余名招引干部参加。利用省市县各类平台开展培训实训，着力提高干部综合素质和实战能力。（祝卿甫）

招才引智工作

2022年，丽水市紧紧围绕缩小人力差距核心目标，认真贯彻落实人才科技强市战略，全力推进“人力三量”工程，大力推进人才科技融合发展，奋力打造“两山”发展人才创新创业高地。突出“双招双引”的战略地位和创新驱动的核心地位，召开市委人才科技工作——招才引智战略性先导工程再推进大会，系统性回顾成绩、梳理问题，进一步明确新时代丽水人才工作方向。

一、构建人才工作新体系

（一）高标准出台新政。推出丽水史上最有竞争力的“人才科技新政38条”，出台12项配套办法和73个操作细则。落实新政各项任务，建立人才职称“直通车”评价机制，试点下放中级职称评审权限，在9家重点人才科技单位设立“人才科技处”，举行首批人才科技企业产品购买补贴兑现仪式，26家企业购买人才科技产品1419万元，补贴金额85.29万元。

（二）高精度编制规划。率全国之先将人才工作和科技工作“合二为一”，编制出台《丽水市人才科技发展“十四五”规划暨产业发展人才科技支撑规划》，培育壮大优势特色产业集群，推动创新链产业链资金链人才链融合共生。发布丽水市重点产业紧缺人才需求目录，按照产业及企业用工需求索引人才。

（三）高站位谋划“破零”。实施重点人才科技工作破零攻坚行动，项目化培育高层次人才和高能级平台，推动从无到有、从有到优。10项破零攻坚项目中，省级以上人才项目、省领军型创新创业团队、实体化研究院、人才科技企业上市、高技能人才等8项取得突破。

二、实现人才引育新突破

（一）推动青年人才发展格局。深入贯彻落实“双招双引”战略先导工程和青年发展型城市建设要求，大力聚焦主导产业和战略新兴产业集聚青年人才。围绕“人才有感”目标，建立完善青年人才“引育留”全链条服务体系，打造集聚青年人才“强磁场”。2022年，丽水入围“中国最具95后人才吸引力城市”前50强，排名第49位。

（二）提升高层次人才创新动能。全年入选省级以上重点人才26人，其中国家级重点人才9人，超过往年入选数总和。遴选“绿谷精英”项目184个，落地76个，遴选第一批“绿谷英才”190人。

（三）夯实技能人才共富基数。创新实施十万技能人才共富能力大提升行动并纳入市十大民生实事，开展技能提升14.56万人次，新增技能人才3.54万人、高技能人才1.46万人，分别为2021年的1.97倍、4.42倍，高技能人才增幅列全省首位，相关做法获中组部《组工信息》刊发。

三、搭好人才成长新平台

（一）深入实施“梧桐树”计划。编制《丽水市重要人才科技平台名册》，梳理归纳全市9个部门56类平台，明确平台成长上升路径。大力构建浙西南人才科创体系，浙西南科创产业园等“十子连珠”人才科创平台有序推进。新增专精特新“小巨人”企业14家、主板上市企业1家，新建实体化研究院5家、省级新型研发机构1家，获批省级科技领军企业1家。

（二）深入实施“一体两高”战术。在丽水开发区设立全国首家全产业链半导体工匠学院和丽水滚动功能部件产业学院，全市首个实体化研究院——杭州电子科技大学丽水研究院成功落地。推动丽水学院与4个县、5家企事业单位共建产业创新平台。

（三）深入推进飞地扩量提能计划。以杭州丽水数字大厦为试点，与余杭区建立人才飞地高层次人才互认机制，推动飞地更好发挥作用，2022年全市已建成人才科创飞地13个，正式投入使用4个，入驻落地企业220家。

四、擦亮人才生态新名片

（一）创新举办人才科技周。市县两级签约93个人才科技项目，揭牌成立9家人才科技平台，“金色窗口”作用进一步显现。成功举办首届革命老区好物节暨丽水市人才科技好物节，与陕西延安等11个革命老区重点城市联合成立人才科技联盟，邀请全市各地及老区160余家企业的400余种产品参展亮相。

（二）优化创新创业要素保障。设立全国首个人才科技保障法庭，解决人才科技服务诉求280余件，受理涉相关民商事案件248件，审理期限远低于一般案件、自动履行率远高于一般案件，相关做法获省组部肯定推广。成立人才金融服务综合平台“人才金融港”，发布全省首批人才科技保险公司标准及产品，完成人才科技产业基金项目投资。

（三）升级全流程人才暖心服务。建立丽水市人才科技服务十件实事机制，建设“人才之家”、人才科创公园等十件实事均取得实效，在租房补贴、购房补贴、学历提升补助等方面提档升级，放宽政策受益群体，设立颁发“处州聚星奖”，举办院士寄语丽水活动，获徐冠华等6位知名院士寄语鼓励和肯定。（杨哲熙）

2022年，丽水人才之家　　（《丽水年鉴》编辑部　提供）

大 事 记

1月

5日 省委、省政府举行全省扩大有效投资重大项目集中开工活动。活动以视频形式举行，市委书记胡海峰在丽水分会场向省主会场汇报丽水市参加此次集中开工活动的情况。丽水市参加全省扩大有效投资集中开工项目共30个，总投资193亿元、年度投资30亿元，其中城市有机更新项目和社会民生项目各占13%、基础设施项目占17%、产业项目占57%。

6日 丽水市发布全国首个《清廉文化建设指南》市级地方标准。

7日 省妇联、省民政厅、省关工委指导、省妇女儿童基金会、丽水市关工委、丽水市妇联联合开展的“温暖来敲门”暖冬关爱行动在丽水市特殊教育学校启动。

同日 《学习时报》整版刊发《市域社会治理现代化的“丽水实践”》一文。

9日 全国乡村春晚百县联盟2022“我要上村晚”暨全国乡村春晚“百县万村”网络联动启动仪式在松阳县石仓村举行。

10日 景宁县被列入2021年全国全域森林康养试点建设县。

11日 浙江高速首个自主职业技能等级认定中心落户云和县。

12日 “丽水市打好招商引资组合拳，推进招商引资提质增效”“丽水经济技术开发区创新‘基金+飞地’模式，打造‘双招双引’山区样板”2个案例入选《浙江创新招商方式优秀案例集》。

19日 《浙江日报》4版刊发《丽水：努力建设成为共同富裕美好社会山区样板》一文。

20日 《浙江日报》、浙江新闻客户端推出“市委书记说共富”栏目，请11个市的市委书记围绕“共同富裕”主题，结合各地实际，谈思路举措、话目标愿景。丽水市委书记胡海峰表示，要以缩小地区差距、城乡差距、收入差距这“三大差距”为主攻方向，以跨越式高质量发展为根本要求，加快打造共同富裕美好社会的山区样板。

21日 市委召开全市领导干部会议，传达学习省十三届人大六次会议精神和省政协十二届五次会议精神。

25日 丽水率先在全省制定出台《取水设施建设与管理技术规范》。

26日 全国爱卫会印发《全国爱卫会关于2021年度国家卫生城镇复审结果的通报》，参加复评的270个城市中，丽水市以全国第七名的成绩通过复审，并获全国爱卫会通报表扬。

28日 市纪委四届七次全会在丽水举行。

29日 丽水军分区党委召开八届九次全体（扩大）会议。

1月 浙江省人民政府批复设立庆元经济开发区、遂昌经济开发区、松阳经济开发区3个省级经济开发区。至此，丽水市省级经济开发区由原来的4个增加至7个，形成1个国家级、7个省级的经济开发区建设格局。

2月

8日 省发改委印发《数字社会案例集（第五批）》，全省有20个数字社会多跨场景应用入选，丽水市发改委推选的丽水市“一码通丽水”应用名列其中。

15日 缙云抽水蓄能电站国内首次成功实践TBM掘进技术。

16日 省生态环境厅与丽水市人民政府签订共同推进丽水加快跨越式高质量发展合作协议。

同日 2022年浙江省文化和旅游重大项目集中开工仪式在杭州市余杭区省考古与文物保护基地项目现场举行，全省10个设区市分会场以视频连线方式同步开工。其中，丽水集中开工的重大文旅项目11个，总投资96.2亿元，项目重点聚焦乡村度假、低空飞行、民俗康养、电竞数字等特色业态。

18日 丽水市召开市委经济工作——招商引资战略性先导工程再推进大会，总结丽水市2021年经济工作，全面部署2022年经济工作。

22日 全国技工学校首家以培养半导体全产业链技能人才为主的二级工匠学院——“中欣晶圆半导体工匠学院”揭牌成立仪式在丽水技师学院（筹）举行。

同日 全国首批生物多样性体验地在丽水开馆。

23日 市政府与农发行浙江省分行举行战略合作签约仪式。

24—27日 中国共产党丽水市第五次代表大会在丽水召开。

28日 全省数字化改革推进大会在杭州召开，现场表彰2021年度浙江省改革突破奖，丽水生态产品价值实现机制改革项目获银奖、“浙丽保”推动共同富裕美好社会山区样板建设项目获铜奖。

同日 省“智慧医保”在丽水上线。

2月 云和获全国首张岛屿和酒店“碳中和”证书。

2月 省农业农村厅发文公布2021年省级稻渔综合种养示范基地名单（第二批），丽水市龙泉市童家统家庭农场、云和县清江生态龟鳖养殖专业合作社、松阳县云洲家庭农场3个基地名列其中。至此，全市创建省级稻渔综合种养重点示范县1个（青田县）、省级稻渔综合种养示范基地10个。

2月 莲都区大港头镇大港头村、龙泉市宝溪乡溪头村、青田县方山乡龙现村、云和县石塘镇小顺村、庆元县黄田镇黄田村、缙云县舒洪镇仁岸村、遂昌县新路湾镇蕉川村、遂昌县湖山乡湖山村、松阳县四都乡陈家铺村、景宁畲族自治县大均乡大均村入选浙江首批未来乡村建设试点。

2月 遂昌拍摄的微电影《坚守》获2016—2020年全国党史和文献部门优秀科研成果一等奖。

3月

2日 丽水市水生态产品价值实现机制被列为全省地方水利改革创新最佳实践案例。

3日 丽水市人民政府发布《关于2021年丽水市人民政府质量奖的通报》，授予浙江华洋赛车股份有限公司、浙江云中马股份有限公司、浙江鸿星文具有限公司3家企业“2021年丽水市人民政府质量奖”；授予浙江三田汽车空调压缩机有限公司、浙江万寿建筑工程有限公司、丽水华宏钢铁制品有限公司3家企业“2021年丽水市人民政府质量奖创新奖”。

7日 全省首支县级网络巾帼护卫队在云和县成立。

10日 中国·丽水首届时尚合成革创新创意设计大赛启动。

同日 全省首个“证侨之家”在莲都区挂牌成立。

11日 全市首届精品二十四节气节庆活动评选会在市图书馆举行。

14日 市委召开全市领导干部会议，传达学习全国两会精神，研究部署全市学习宣传贯彻工作。

同日 全市首个消费领域调解工作室成立。

17—18日 省政协副主席吴晶率队到丽水市开展中小企业惠企助企政策落实情况专项民主监督和富余劳动力再就业专题调研。

21日 丽水海关签发丽水市首份《区域全面经济伙伴关系协定》项下输往马来西亚的原产地证书。

22日 丽水市援建的新疆维吾尔自治区阿克苏地区新和县工厂化循环水水产养殖基地投入试运行，成为南疆首家工厂化循环水养殖基地。

同日 丽水创业创新学院成立暨签约授牌仪式在丽水广播电视大学举行。

23—24日 省委书记袁家军到丽水指导学习贯彻全国两会精神，考察调研山区26个县高质量发展和基层治理工作。

27日 第十五届中国茶商大会·松阳云上香茶节在“云端”开启。专场活动累计在线观看人数超100万人，销售额破1000万元。

28日 丽水蚂蚁链产业创新中心揭牌仪式在丽水数字经济双创园举行，标志着首家数字经济头部型企业落地莲都区。

29—30日 省政协主席黄莉新率队到丽水，围绕山区县高质量发展推进共同富裕开展专题调研。

3月 丽水市2022年“百博入百企”“百博入乡镇”人才计划（统称“双百”人才计划）启动。

3月 省委农村工作领导小组公布全省乡村振兴创新实践案例名单，其中，青田传承发展“稻鱼文化”赋能乡村振兴入选乡村振兴十佳创新实践案例，缙云“幸福清单”赋能低收入农户增收入选乡村振兴创新实践优秀案例。

3月 全省首个“放心供电示范网点”在莲都区挂牌成立。

4月

2日 丽水市以平安考核全省第二的成绩连续17年被省委、省政府命名为“平安市”，市委书记胡海峰在大会上作典型发言。丽水市9个县(市、区)均被命名为“平安县(市、区)”。

7日 丽水市举行“两小”(小超市、小宾馆)创业通平台上线仪式。

9日 “智汇丽水·共富同行”全国大学生空中双选会(丽水)直播带岗活动在丽水人力资源服务产业园举行。此次“直播带岗”活动现场累计点播20.8万人次,评论区留言1300余条,简历投递1500余份。

9—12日 中国人民政治协商会议第五届丽水市委员会第一次会议召开。

11—13日 丽水市第五届人民代表大会第一次会议召开。

12日 《浙江日报》头版刊发《生态系统生产总值成地区考核重要指标 丽水首个GEP综合考评结果出炉》一文。

13日 国家知识产权局商标局发布注册公告,“丽水山泉”集体商标注册成功。这是继“丽水山耕”之后,丽水市培育成功的又一个区域公共品牌。

19—21日 省长王浩到丽水专题调研推动公共服务优质共享。

20日 省推进“四大建设”工作联席会议办公室公布全省第二批八大类26颗耀眼明珠名单,丽水市仙都风景名胜区、凤阳山—百山祖、括(栝)苍古道3个项目分别被命名高能级景区类、名山公园类、森林古道类耀眼明珠。

21日 全市新的《信访工作条例》宣传会在丽水召开。

22日 科技部火炬中心公布2021年度国家级科技企业孵化器名单,丽水经济技术开发区科技孵化园、绿谷信息产业园上榜,实现丽水国家级科技企业孵化器零的突破。

23日 丽水市区中山公园开园。中山公园位于市区城北路上,东临中山邸,西临括苍邸,南接丽嘉花苑,是丽水首个以“市花”杜鹃为主题的城市公园,总用地面积14488平方米,总建筑面积5261.7平方米,其中地上建筑面积1174.8平方米,地下建筑面积4086.9平方米。

24日 全国首单区域公用品牌综合保险落地丽水。

26日 丽水市发布《丽水市人才科技发展“十四五”规划暨产业发展人才科技支撑规划》。

28日 《丽水市基本公共服务标准(2021版)》发布,这是丽水市首次制定标准,推进基本公共服务优质共享。

29日 2022年全市宣传思想工作会议召开,深入学习贯彻全国宣传部长会议、省委文化工作会议、全省宣传思想工作会议精神,贯彻落实市第五次党代会和市两会部署,总结成绩、分析形势,研究部署2022年工作。

4月 在2021年度法治浙江(法治政府)建设考核中,丽水市及遂昌县、缙云县、云和县、景宁畲族自治县获优秀单位。在2021年法治浙江建设社会满意度调查中,丽水满意度位居全省第一,其中景宁畲族自治县、松阳县、缙云县、莲都区、遂昌县、龙泉市6个县(市、区)进入全省前十。

4月 丽水发布全省首个市级GEP(生态系统生产总值)综合考评结果。

4月 丽水莲都区大港头镇、云和县崇头镇入选首批“浙江省摄影之乡”。

5月

6日 市委全面依法治市委员会第四次(扩大)会议暨创建全国法治政府建设示范市工作推进会在丽水召开。

7日 《人民日报》头版刊发《浙江丽水市:发挥品牌优势 助力老区振兴》;6版要闻版整版刊发《浙西南革命老区 丽水生态富民路正宽》,以及《流动医院进村 医疗服务到家》《一支小铅笔 做出大产业》和一线感悟《聚民心 暖人心 筑同心》3篇新闻报道和1篇一线感悟;7版视觉版以图配文形式,展现丽水“传承红色基因,推动绿色发展”的生动实践。

11日 丽水发布全国首个《红色乡村评价规范》市级地方标准。

同日 中国气象服务协会公布首批“天气气候景观观赏地”名单,松阳县大毛岘背星空和云和县梯田云海两地入选。

12日 全市建设平安丽水暨市域社会治理现代化试点工作推进会在丽水召开。

同日 丽水召开“十万技能人才共富能力大提升行动”培训暨动员部署会。

14日 丽水首家“经核准出口商”认定获批。

15日 浙江省文物局公布浙江省乡村博物馆第一批认定名单并授牌。其中,缙云县锯博物馆、景宁畲族自治县望东垟科普馆、莲都区鱼跃博物馆、庆元县百山祖国家公园自然教育中心、松阳县茶叶博物馆、遂昌县九龙山科教馆上榜。

16日 全市巡察工作会议暨五届市委第一轮巡察工作动员部署会在丽水召开。

同日 莲都区、龙泉市、松阳县三地入选全省首批农房盘活数字化场景试点。

19日 2022年丽水市“永做挺进师 建设新丽水·青年说”宣讲比赛暨“喜迎二十大 奋进新时代”微型党

课决赛在丽水举行，来自全市各条战线的60名青年参加。大赛评出特等奖10人、一等奖20人、二等奖30人。

同日 共青团丽水市第五次代表大会在丽水大剧院举行。

20日 中央广播电视总台社会与法频道播出《平安中国2022》专题系列片第五集《人民至上》，用长达12分钟的时间，深入报道丽水市委、市政府近年来大力推进“大搬快聚富民安居”工程，以智能化手段赋能大平安建设，实现更高水平的安全、更高质量的发展，交出一份平安建设优秀答卷的典型经验。

25日 第五届“中国创翼”创业创新大赛丽水市选拔赛暨2022年丽水市“奇思妙想 创赢绿谷”创业创新大赛决赛在丽水举办。

同日 丽水市举行大企业税收服务沙龙暨全市首家大企业税收遵从协议签订仪式。

26日 五届市委全面深化改革委员会第一次会议暨全市数字化改革推进会在丽水召开。

27日 浙江省召开共同富裕现代化基本单元建设推进会，公布全省首批未来社区、未来乡村和城乡风貌样板区名单。丽水市青田县方山乡龙现村、缙云县舒洪镇仁岸村、遂昌县新路湾镇蕉川村3个未来乡村，景宁畲乡之窗县域风貌样板区1个县域风貌样板区名列其中。

同日 省高质量发展建设共同富裕示范区领导小组办公室公布浙江省高质量发展建设共同富裕示范区最佳实践（第一批）名单，丽水市5项案例入选，入选数位居全省第二。其中，丽水市《推进“大搬快聚”实现富民安居》、缙云县《发展“五彩农业”探索地理标志富农新路径》入选城乡区域协调发展先行示范类最佳实践；丽水市《开展司法公正感受度提升工程让人民群众对公平正义更有感》、莲都区《创新“村级事务阳光票决制”探索山区基层治理新路径》入选社会治理先行示范类最佳实践；庆元县《培育壮大甜橘柚产业探索山区农民增收致富新路子》入选收入分配制度改革先行示范类最佳实践。

同日 丽水市莲都区大港头镇大港头村、缙云县新建镇河阳村入选首批浙江省美育示范村名单。

30日 市委书记胡海峰在丽水接见“时代楷模”钱海军先进事迹报告团成员。

同日 丽水市第五次妇女代表大会举行。

同日 丽水市发布全国首个《清廉村居建设规范》市级地方标准。

5月 丽水市首项获评国家级专业技术人才高级研修项目。

5月 丽水市首个国家农产品地理标志保护工程（遂昌三叶青）项目通过验收。

5月 云和拓宽“两山”转化通道入选国家典型案例。

5月 全国首家石雕抖音电商直播基地——青田抖音电商直播基地在青田石文化产业共富园投入运营。

5月 浙江省非遗主题旅游线路发布，丽水3条线路入选，分别为“古村探秘 芒种开犁——松阳云和乡村非遗精品路线”“帝王印石文化之旅——缙云青田非遗路线”“一‘剑’钟情从‘瓷’开始线路”。

6月

1日 浙江省科学技术协会、丽水市人民政府共同主办的2022浙江省乡村振兴战略论坛暨丽水“百名博士助百企·百名专家连百乡”活动在丽水举行。

1—2日 “好年华 聚丽水 助共富 向未来”浙江丽水百校千企万岗毕业生集中巡回引才系列活动暨丽水人才科技政策环境系列宣讲活动率先在丽水学院、丽水职业技术学院启动。

2日 市委常委会召开会议，传达学习习近平总书记重要讲话精神以及中央、省稳经济系列会议精神，听取当前丽水市经济运行情况的汇报，研究丽水市贯彻落实工作。

6日 丽水“银龄卫士”场景应用入选省数字社会典型案例。

7—9日 省人大常委会党组书记、副主任梁黎明到丽水调研。

9日 市委书记胡海峰接受浙江卫视《浙江新闻联播》的《闪亮“浙”五年·市委书记专访》栏目采访。

同日 国务院办公厅发布《关于对2021年落实有关重大政策措施真抓实干成效明显地方予以督查激励的通报》，丽水市河（湖）长制工作推进力度大、成效明显，受到通报表彰，是此项工作全省唯一上榜的市。

10日 丽水市召开全市数字文化系统建设工作推进会，深入贯彻落实省委数字化改革工作推进会、全省数字文化系统建设工作推进会和市委数字化改革工作推进会部署要求，检视前阶段工作成效，研究当前重点难点问题，对数字文化系统建设进行再聚焦、再部署、再落实。

13日 丽水市交通运输局和丽水市行政服务中心联合举办丽水市内河船舶“多证合一”改革推进会，颁发丽水第一本内河船舶综合证书和电子证书。

同日 遂昌县、松阳县获评2021年度浙江省“四好农村路”省级示范县。至此，丽水市先后创成“四好农村路”省级示范县4个，分别为云和县、龙泉市、遂昌县、松阳县。

14 日　丽水首个百亿级重大制造业项目奠基仪式在丽水经济技术开发区举行。

16 日　松阳县建成全省首个对外开放的高速公路安全教育培训基地。

同日　丽水市出台《丽水市强服务稳企业促发展攻坚行动方案》。

19 日　以“践行浙西南革命精神　打造共同富裕老区样板”为主题的2022浙西南革命精神论坛在丽水举行。本次论坛收到学术论文80余篇。浙西南革命精神宣演剧《挺进》在论坛开幕式上首演。论坛子活动包括“风展红旗如画”国旗展开展仪式、“党的好儿女”中国民族歌剧经典选段音乐会、刘英烈士牺牲80周年纪念活动、全国弘扬践行革命精神红色宣传联盟走进浙西南革命老区采风活动、“风展红旗如画”巡展活动等。

2022年6月19日，“风展红旗如画”国旗展开展仪式在市行政中心举行

（廖依敏　提供）

20 日　丽水获批全国积极应对人口老龄化重点联系城市。

24 日　省发改委公布第四批“万亩千亿”新产业平台培育名单，丽水经济技术开发区特色半导体产业平台上榜，成为全市首个入选的全省“万亩千亿”新产业培育平台。

25 日　浙江省历史学会抗日战争史研究会、丽水市侵华日军细菌受害者史料研究会、丽水市中心医院团委、丽水职业技术学院团委在莲都区图书馆召开纪念浙赣会战爆发80周年座谈会。

28 日　丽水市组团参加在杭州举办的浙江省山区26个县农产品出口产销对接推介活动，并同步举办市农业产业招商对接活动，以农业产业招商为全市乡村产业振兴、农民丰产丰收注入一汪清泉，共签订招商项目11个，总投资额达43亿元。

同日　省委、省政府举行全省促进经济稳进提质重大项目集中开工暨三门核电二期开工仪式。丽水市34个项目参加集中开工，总投资375亿元，年度计划投资63.6亿元。实现9个县（市、区）、丽水经济技术开发区全覆盖。

28—30 日　全国政协副主席兼秘书长李斌率全国政协人口资源环境委员会“推动完善生态产品价值实现机制”专题调研组到丽水调研。

29 日　“丽水莲都，云领智行”华为（丽水）数字经济创新中心启动仪式举行。

30 日　浙江省山区26个县生态产业电子商务提升发展行动启动仪式暨2022年景宁畲族自治县电子商务高质量发展论坛在景宁举行。

6 月　工信部公布第三批专精特新“小巨人”企业名单，丽水市2家企业榜上有名，分别是浙江锯力煌工业科技股份有限公司和浙江三田汽车空调压缩机有限公司。至此，丽水市有国家级专精特新“小巨人”企业8家，其中国家级专精特新“小巨人”企业3家；省级隐形冠军企业12家，省级专精特新中小企业58家。

6 月　财政部、国家卫生健康委下达2022年中央财政支持公立医院改革与高质量发展示范项目补助资金预算，丽水市入选全国15个地市之一，成为全省唯一入选的地市，被确定为全国公立医院改革与高质量发展示范项目城市，获中央财政补助资金近5亿元（分三年下达），首批下达预算2亿元。

6 月　丽水市对口支援帮扶合作高端智库成立。

6 月　“丽水山路·山民共富”自驾游公共服务协同应用入选全省数字文化系统第二批优秀应用名单。

7月

4 日　“贯彻党代会精神　喜迎二十大召开——挺进新丽水　共富看变迁”大型全媒体新闻行动启动，旨在深入宣传贯彻省第十五次、市第五次党代会精神，推动全市新闻战线新闻工作者深入一线，全方位、立体化呈现新丽水的新变化、新成就。

4—5 日　丽水市党政代表团到

宁波学习考察，对接山海协作工作。

5日 全省首个“亚高原运动基地”在庆元县启用。

5—7日 省人大常委会副主任李学忠带队到丽水调研推动山区26个县高质量发展工作。

5—7日 省人大常委会副主任史济锡带队到丽水开展《中华人民共和国就业促进法》贯彻执行情况检查。

8日 在全省建设新时代美丽浙江推进大会暨生物多样性保护大会上，公布2021年度全域“无废城市”建设评估名单，并为达到三星级标准的4个设区市和16个县（市、区）颁发“清源杯”，云和县名列其中，被授予全域“无废城市”建设“清源杯”，系全省首批、全市首个、山区26个县唯一。同时，云和县还被评为2021年度美丽浙江建设（生态文明示范创建行动计划）工作考核优秀单位。

9日 丽水市开展“博聚浙西南·智汇共富路”百名博士丽水行活动。

11日 浙江省科技创新大会在杭州举行，表彰全省科技创新工作优秀单位，缙云县获2021年度省“科技创新鼎”和省市县党政领导科技进步目标责任制考核优秀单位称号，捧得山区26个县唯一一个省“科技创新鼎”。

12日 丽水市召开争创全国文明典范城市工作推进会，贯彻落实省第十五次党代会精神，总结工作、分析形势、查找短板、狠抓落实，纵深推进创建工作。

同日 省生态环境厅印发《关于开展浙江省生物多样性体验地建设的通知》，公布全省首批4个已建成和15个培育的省级生物多样性体验地，其中，龙泉市住龙生物多样性体验地、庆元县坑里生物多样性体验地上榜建成名单，景宁毛垟苔藓文化园、景宁中学生物馆上榜培育名单。

13日 百个侨团“跨洋宣讲”省第十五次党代会精神暨丽水（青田）华侨华人“双招双引”推介会、意大利青田同乡总会第七届换届活动在丽水经开区华侨经济总部（万侨国际）举办。

15日 产业助力共同富裕——2022丽水市生物医药产业“双招双引”推介会在杭州举行。

同日 云和县政府选送的流动供销致富车项目获评《全国农业社会化服务典型》30个案例之一，系全市唯一，浙江省仅2例入选。这是继丽水市流动供销致富车项目获评全国县域流通网络建设典型案例后，再次获国家部委颁发的荣誉。

同日 丽水市工会第五次代表大会在市工人文化宫举行。

17—19日 农业农村部和浙江省人民政府共同举办的全球重要农业文化遗产大会在青田县举行。中共中央政治局委员、国务院副总理胡春华宣读习近平主席贺信并致辞。本次大会采用线上、线下相结合的方式进行。伊朗、意大利、日本、秘鲁、韩国、泰国等15个农业部部长，联合国粮农组织总干事，19个国家驻华使节，相关专家学者和民营企业代表等来自32个国家和国际组织的200余名代表出席会议，分享农业文化遗产保护利用的实践经验。

同日 丽水市来料加工巾帼共富工坊（学堂）暨现代社区妇女儿童驿站在丽水对外开放。

20日 浙江省文化和旅游厅、丽水市人民政府主办，以“万户旅游共富·万家共建共享”为主题的浙江省乡村旅游高质量发展大会暨万户农家旅游致富计划启动仪式在遂昌县举行。

21日 浙江省经信厅、丽水市人民政府主办的“设计+营销”赋能高质量发展助力共同富裕地方行活动在丽水举行。

25日 丽水市经信局、市科技局、市数发公司共同发起的2022年丽水市数字经济“绿谷精英·创新引领行动计划”项目集中签约暨产品发布会在绿谷信息产业园举行。

26日 全市首家国家级自然保护区博士后工作站——浙江九龙山国家级自然保护区管理中心博士后科研工作站挂牌成立。

同日 丽水市上报的“畅游美丽大花园”多跨场景应用入选全省数字化系统第三批优秀应用名单。

30日 丽水白云山、遂昌九龙山入选省新十大名山公园。

31日 市政府召开第一次全体（扩大）会议暨全市经济稳进提质大会。

7月 丽水市政协在杭州举行高端智库特聘专家见面会暨聘任仪式。市政协党组书记、主席任淑女为首批9名高端智库成员颁发聘任证书。

7月 省经信厅公布2022年浙江省“五个一批”重点技术改造示范项目计划，全省有508个项目入选，其中丽水市28个，总投资34.65亿元，2022年计划投资近12.93亿元，分别是数字化（智能化）改造示范项目11个、新兴产业示范项目4个、产业基础再造示范项目6个、绿色制造示范项目5个、高端化（服务型制造）示范项目2个。

7月 《2021年丽水市生态环境状况公报》发布，丽水成为全国唯一水、气环境质量排名同时进入前十的地级市。

7月 省文化和旅游厅发布山区26个县第一批“造月工程”培育名单，丽水瓯江风情旅游度假区、云和梯田景区、遂昌金矿国家矿山公园景区、景宁畲族风情旅游度假区榜上有名，培育目标为国家AAAAA级旅游景区或国家级旅游度假区。

7月 浙江省经信厅、浙江省人力社保厅公布首批浙江省正高级工艺美术师职务任职资格人员名单，全省42人，其中，丽水市胡小军、周康有、周正武等14人榜上有名。

8月

1日 丽水开放大学挂牌成立。

5日 全市首家“党建美术馆”在古堰画乡开馆。

6日 2022中国（丽水）超市创业创新高峰论坛暨丽水市商超联合会成立大会在丽水举行。

10日 丽水首批政策性开发性金融工具落地。

同日 丽水入选全国首批气候投融资试点城市。

10—11日 2022两岸（丽水）品质农业高峰论坛在缙云县举行。

11日 丽水市全面启动市区高等级景区城创建工作，力争2022年创成浙江省AAAA级景区城，并为日后创建浙江省AAAAA级景区城打下基础。

同日 丽水首个健康驿站启用。此次丽水市区健康驿站项目改造19幢楼房，合计1200套房间，其中隔离观察房间1000套、医护人员用房200套，改造（含新建）面积达53650平方米。

同日 丽水首笔政府性融担支持外综服企业汇率避险业务落地。

17日 莲都区成立全省首个律师事务所侨联——浙江大猷律师事务所归国华侨联合会。

20日 以“铸牢中华民族共同体意识的理论逻辑与浙江实践”为主题的2022年浙江省铸牢中华民族共同体意识专家研讨活动在丽水举行。

22日 “浙江省社科院丽水研究院刘基文化研究中心”揭牌仪式在青田举行。

2022年8月6日，2022中国（丽水）超市创业创新高峰论坛暨丽水市商超联合会成立大会举行
（吴松平 提供）

24日 市委举行“‘浙’十年·丽水”主题新闻发布会。此次发布会创新形式，以“一本国旗证书、一枚芯片、一瓶丽水山泉、一座梯田模型、一张机场效果图、一份医保结算单、一个吉祥物、一杯咖啡”8件具有特殊意义和丽水辨识度的物品，展示丽水在新时代各项事业取得的成就变革，以及在新征程接续奋斗的生动实践。

25日 市委五届二次全体（扩大）会议在丽水举行。全会审议通过《中共丽水市委关于认真学习贯彻省第十五次党代会精神努力创建革命老区共同富裕先行示范区的决议》和《中共丽水市委关于建设青年发展型城市的决定》。

27—28日 2022年全国首届桨板瑜伽锦标赛在青田县举行。此次赛事吸引200余名运动者参赛，赛事设桨板瑜伽、持桨瑜伽、桨板技巧、桨板体适能四个大项。

30日 云和县木玩行业、松阳县不锈钢管行业、青田县金属熔炼和延压加工行业入选全省首批中小企业数字化改造试点县（市、区）。

8月 省文化和旅游厅、省农业农村厅公布全省首批金AAA级景区村庄培育名单，松阳县四都乡陈家铺村、缙云县壶镇镇联丰村、庆元县隆宫乡莲湖村入选。

8月 丽水市召开国家公立医院改革与高质量发展示范项目动员会，贯彻习近平总书记关于深化医药卫生体制改革的重要指示批示和讲话精神，明确丽水市公立医院改革和高质量发展的主要任务，全面启动国家公立医院改革与高质量发展示范项目建设工作。

8月 浙江省发改委公布数字社会系统场景应用在线路演成绩，丽水市“浙丽保”场景应用居全省数字社会应用入选省数字社会第八批案例集。这是2022年丽水市继“花园码”一码通丽水、银龄卫士应用之后，第三个入选省数字社会典型案例的应用。

8月 全国农技中心公布第二批国家农作物品种展示评价基地名单。坐落于莲都区碧湖镇的华智生物技术有限公司丽水分公司基地成功上榜，成为全国60个展示评价基地之一，是此次全省唯一获评的水稻作物类型国家级农作物品种展示评价基地。

8月 遂昌、松阳两地被列入全省首批县域商业体系建设试点县，并各获2022年度中央服务业发展专项资金1000万元。

8月 省发改委发布《关于新建衢州至丽水铁路衢州至松阳段项目可行性研究报告的批复》。

8月 丽水出台全国首个生态产品区域公用品牌金融业务操作指引。

9月

5日 丽水市出台《丽水市区促进房地产市场平稳健康发展接续政策》，释放六项政策“红利”，进一步促进丽水市房地产业良性循环和健康发展。

7日 丽水重点援疆项目新和县丽水中学建成投用。新和县丽水中学建设项目总投资1.41亿元，由丽水援疆资金全额援建。该校位于新和县城北大门附近，总建筑面积4.7万平方米，是一所54个班级的全寄宿制初级中学，可容纳新和全县2700名学生就读。

9—11日 中国体育彩票2022年全国航海模型锦标赛在丽水南明湖举行。来自全国15个省、市25支代表队的300余名航海模型运动员参加。最终决出22项个人项目，2项团体项目的航海模型项目的奖牌。

13日 全市数字化改革工作推进会召开，深入贯彻落实全省数字化改革推进会精神，坚持问题导向，查漏补缺、争先进位，推动改革提质扩面、行稳致远。

同日 丽水旅游学校新校园落成启用。丽水旅游学校新校区位于市区教工路与欣苑街交叉路口东北侧地块，占用地面积79020平方米，总投资5.92亿元。

16日 丽水市召开深化除险保安百日攻坚行动推进会，贯彻落实近期省委领导系列指示和全省深化除险保安百日攻坚行动推进会精神，分析研判当前全市除险保安形势，对下阶段全市除险保安百日攻坚行动重点工作进行再部署再落实。

18日 浙江省人力资源和社会保障厅主办，浙江省职业介绍服务指导中心、丽水市人力资源和社会保障局联合承办的“才聚山区，助力共富”浙江省山区26个县“共同富裕”招聘活动暨丽水市就业援助“暖心活动”专场招聘会在市人力资源市场举办。

同日 丽水发布全国首个溯溪活动服务规范团体标准。

19日 丽水市人民医院举行东城院区试运行启动仪式，这标志着丽水市人民医院这家有着85年历史的三甲综合性医院，正式开启“一院两区”运行新模式。东城院区建设共分三期，本次搬迁并投入服务的区域为一期工程，占地面积5.17万平方米，建筑面积15.28万平方米，包含门诊部、医技部、急诊医学中心、住院部、行政及后勤保障部门、餐厅、地下停车场等。

同日 丽水的“稻香鱼肥、共品秋味”秋季丰收体验之旅线路入选全国乡村旅游精品线路。

20日 丽水市中心医院、宇恒电池股份有限公司2家单位获批国家级博士后科研工作站。至此，丽水市国家级博士后科研工作站已达7家。

23日 丽水—新和对口支援引进项目新和县华侨进口商品城开业。

26—28日 市委副书记、市长吴舜泽带队到上海开展招商活动，参观考察上海联泰科技股份有限公司、瑞金医院肿瘤质子中心、原能细胞科技集团、上海安路信息科技股份有限公司，调研丽水国际科创中心，考察位于该中心的礼新医药研发基地、青煜医药研发基地和泽璟制药研发基地，与企业、机构围绕重点产业布局、重大项目落户交换意见、洽谈合作，并详细了解“飞地”招商成果，为丽水跨越式高质量发展积蓄新动能。

28日 以“高质量发展农村电商奋进中实现乡村振兴”为主题的第六届中国（丽水）农村电子商务大会在丽水市举办。会上，丽水市人民政府与中国国际电子商务中心、美团分别举行战略合作签约仪式。同时，大会发布《中国农村电子商务发展报告（2021—2022）》。

29日 景宁抽水蓄能电站、松阳抽水蓄能电站获浙江省发展改革委核准。

9月 浙江省经济和信息化厅公布2022年第一批智能工厂（数字化车间）名单，丽水市有5家企业工厂车间入选，分别为龙泉市新劲新能源汽车热管理系统智慧型膨胀阀数字化车间、青田县钜丰智能纸制品数字化车间、遂昌县菲立全自动压滤过滤器数字化车间、松阳县云中马革基布数字化车间和丽水经济技术开发区闽锋化学合成革数字化车间。

9月 浙江省文化和旅游厅、浙江日报传媒有限公司联合举办的“首届浙江省最美公共文化空间”活动评审结果出炉。丽水市5个项目榜上有名，分别为缙云县图书馆西桥分馆

（阳冰书房）、云和县童话书房、景宁畲族自治县畲族博物馆、青田县青田稻鱼共生系统博物馆、庆元县月山春晚展览馆。

9月 中国人民银行联合银保监会、发展改革委、财政部、农业农村部、证监会和乡村振兴局向浙江省人民政府印发《浙江省丽水市普惠金融服务乡村振兴改革试验区总体方案》，丽水市获批普惠金融改革“国字号”试点。

10月

4日 省人民政府主办的壬寅（2022）年中国仙都祭祀轩辕黄帝大典在缙云县举行。

6日 国际灌溉排水委员会第73届执行理事会在澳大利亚阿德莱德召开，2022年（第九批）世界灌溉工程遗产名录公布，浙江省松阳松古灌区申报成功。2014年，丽水通济堰被授牌列入首批世界灌溉工程遗产名录。至2022年，丽水是全国唯一一个拥有两项世界灌溉工程遗产的地级市。

9日 丽水市在全省率先印发“一老一小”整体解决方案。

10—11日 省人大常委会党组副书记陈金彪到丽水调研人大工作。

17日 市发改委选送、由市卫生健康委建设的“救在丽水”场景应用入选《数字社会最佳案例集》（第九批）。这是丽水市继花园码“一码通丽水”、银龄卫士、浙丽保场景应用之后，2022年第四个入选省数字社会最佳案例的应用。

25日 丽水市召开市委常委会会议和全市领导干部会议，传达学习中共二十大精神和全省领导干部会议精神，审议通过《关于全面学习宣传贯彻党的二十大精神广泛开展“六学六进六争先、‘丽水之干’谱新篇”学习实践活动的实施方案》等，并对学习宣传贯彻中共二十大精神进行部署。

25—27日 全国人大华侨委委员、省十二届人大常委会党组书记、副主任王辉忠率全国及省人大调研组一行到丽水调研侨务工作。

26日 中国非物质文化遗产保护协会公布2022年“全国非遗与旅游融合发展优选项目”名录，松阳县明清古街入选。

27日 高水平推进美丽丽水建设暨全国生物多样性保护引领区创建大会在丽水召开。

同日 浙江省碳达峰碳中和工作领导小组办公室公布全省第二批低（零）碳乡镇（街道）、村（社区）及减污降碳协同试点创建单位名单。青田县稻鱼共生减污降碳协同试点、丽水经济技术开发区协同试点入选全省8个减污降碳协同试点；松阳县古市镇、云和县崇头镇、景宁县大均乡3个乡镇入选全省低（零）碳乡镇（街道）试点；另有42个村入选全省低（零）碳村（社区）试点。

29日 省委改革办（省数改办）会同省委政研室、省人大常委会法工委、省市场监管局和省大数据局开展2022年浙江省数字化改革“最佳应用”“最强大脑”“最优规则”“最响话语”的“最系列”成果评选。其中，丽水市的浙丽保应用、益林共富应用入选“最佳应用”，《生态产品价值转化数字化应用研究——以浙江丽水为例》入选“最响话语”。

30日 丽水市委宣传部、浙江小百花越剧院共同出品的主旋律越剧现代戏《绿水青山》在丽水大剧院首演。

31日 全国首个乡村氢能生态示范工程在缙云县投运。

10月 浙江省第四批专精特新“小巨人”企业名单出炉，丽水市的钢一控股集团有限公司、丽水市杰祥科技有限公司、浙江青风环境股份有限公司等14家企业上榜，成为国家级专精特新“小巨人”企业。至此，丽水市有22家国家级专精特新“小巨人”企业。

10月 龙泉投保全省首单商业性竹林碳汇价格指数保险。

10月 丽水市发布全省首个《优质稻生产技术规程》。

10月 丽水市人民政府与衢州市人民政府签订《高质量共建衢丽花园城市群合作框架协议》。

11月

1日 丽水市召开争创全国文明典范城市工作推进会。

2日 省委、省政府举行全省稳进提质金融工具重大项目集中开工活动，市委书记胡海峰在丽水（景宁）分会场向省主会场汇报丽水市参加此次集中开工活动的情况。此次活动，全市四季度加速推进开工竣工项目143个，总投资1121亿元，年度计划投资137亿元。

同日 全省首个红色文化遗址律师护宝团在丽水成立。

3日 为期5天的2022年全国赛艇锦标赛在市区南明湖水上运动训练基地开赛。来自北京、上海、浙江、广东等省（市）队以及国家队23支队伍1000余人参赛，包括运动员751人、比赛舟艇362艘。

4日 “浙江庆元林—菇共育系统”被认定为“全球重要农业文化遗

产”，成为全球首个食用菌领域的重要农业文化遗产。

5—10日 第五届中国国际进口博览会在国家会展中心（上海）举行。丽水市组织224家企业（单位）参加，现场意向成交金额超过3500万美元的采购业务，涉及数字化工厂、移动设备、医疗器械、其他消费品等领域。

6日 为期2天的2022中国桨板公开赛暨“云缦杯”云和县首届水上运动休闲节在云和县举行。来自全国各地的水上专业运动员和爱好者200余人参加。本次赛事分为公开组、大师组、青少年组三个组别，设立200米技巧赛、1500米竞速赛、6000米长距离赛和200米龙板赛等项目，总奖金15万元，是云和县首个国家级桨板赛事。

9日 支持山区26个县疗休养发展暨第三届秀山丽水疗休养区域协作活动在丽水举行。

11日 首届革命老区好物节暨丽水市人才科技好物节在市区两湖公园举行。其间，革命老区人才科技联盟在丽水成立。

同日 2022全球减贫伙伴研讨会上发布第三届全球减贫案例征集活动104个获奖案例名单。其中，“信息赋能助力传统村落保护——丽水宝藏村落案例”入选最佳案例名单。

同日 青田成立全国首支县级海外仓建设队伍。

11—12日 市委副书记、市长吴舜泽率丽水市党政代表团到泸州对接东西部协作工作。

12日 “好年华·聚丽水”第三届全国大学生双选会在市体育中心举行。1000余家企事业单位在现场设点，为来自省内外高校的1万余名高校毕业生推出2万余个岗位。同步开展的线上招聘吸引全国330余所高校35万人次的关注。

2022年11月12日，“好年华·聚丽水”第三届全国大学生双选会在丽水举办

（吴松平 提供）

同日 全市首个人才科创主题文化公园——丽水人才科创公园开园。

15日 “智汇丽水”人才科技周在丽水举行。

17日 省人力资源和社会保障厅、丽水市人民政府主办的浙江省首届返乡入乡合作创业大赛暨项目对接会在景宁县举行。

17—21日 2022世界摄影大会在丽水举行。

18日 中国·丽水首届“三茶统筹 助力共富”活动暨丽水荒野茶发布仪式在丽水举行。

19日 丽水市在江西南昌举办的第十届中国生态文明论坛上捧回“国家生态文明建设示范区”国字号“金字招牌”，庆元县获评“绿水青山就是金山银山”实践创新基地。

22日 省经济和信息化厅发布《关于同意丽水市“向企业精准推介惠企政策”改革试点的批复》，试点期限为批复之日起至2023年5月31日。

23—24日 省老年活动中心、省老年事业发展基金会、丽水市卫生健康委员会（市老龄办）、云和县人民政府主办的“共同富裕与健康老龄化”研讨会暨全省首届老年木玩比赛在云和县举行。

23—25日 省委常委、统战部部长邱启文到丽水调研统战工作。

24日 首届丽水艺术节“处州万象夜”星火点亮仪式在市区应星楼举行。

同日 全省首个跨省产业农合联在庆元县成立。

24—27日 浙江省第七届民族传统体育运动会在景宁畲族自治县体育馆举行。全省有12个代表团包含33个民族成分的657名运动员参加，设珍珠球、蹴球、民族健身操等10个竞赛项目，竞技类、技巧类、综合类等三大类表演项目。丽水代表团以34个一等奖和91块奖牌，分别位列一等奖数第一和奖牌总数第一。

24—27日 第五届浙台婚姻家庭文化之旅在丽水举行。

29日 丽水市人民政府与浙江省民政厅签署《关于共同推进“浙丽长寿·山区颐养”行动合作备忘录》，标志着丽水市成为全省唯一山区养老创新试点市和厅市养老合作地级市。

同日 丽水入选首批全国林业

碳汇试点市。

29日至12月1日 市委书记胡海峰率丽水市党政代表团到湖州市、嘉兴市开展山海协作交流。

30日 全国首份地市级生物多样性保护白皮书在丽水发布。

11月 丽水市创成全国法治政府建设示范地区。

11月 丽水市青田县方山乡龙现村、松阳县三都乡上田村入选第四批全国乡村旅游重点村名单。至此，丽水市有7个村成为全国乡村旅游重点村。

11月 《丽水市居家养老服务条例》经省第十三届人民代表大会常务委员会第三十九次会议审议批准，将于2023年3月1日起施行。

12月

1—2日 副省长刘忻一行到丽水调研农业产业和农村共富工作。

4日 纪念丽水中学建校120周年大会在丽水中学举行。

8日 全球濒危物种百山祖冷杉保护成果发布暨国际传播纪录片《百山祖》开机仪式在丽水举行。

10日 全球首个重要农遗主题公园(青田方山)在青田揭幕。

12日 丽水市龙财通、惠明茶"一件事"2个应用入选2022年度省数字经济系统最佳应用；生态合成革产业大脑入选2022年度省数字经济系统产业大脑优秀案例。

15日 全省首家跨地市"莲北情•高山菜"三关六码头共富工坊项目建设签约仪式在莲都区举行。

17日 浙江省政府办公厅公布2022年新增和调整省级重要湿地名录，其中新增12处省级重要湿地，丽水市松阳县松阴溪省级重要湿地、遂昌县荷花地高山沼泽省级重要湿地进入新增名录。至此，丽水市有省级重要湿地9处。

19日 丽水市首个水利类全流程电子化招投标项目——缙云县溶江乡皂坑堰坝建设与改造工程项目，完成远程不见面开标。这也是以2022版施工招标文件范本和计价清单为标准，在全省率先开展的水利类"市县一体化"全流程电子标。

20日 丽水市召开全市领导干部会议，传达学习贯彻省委十五届二次全体(扩大)会议暨省委经济工作会议精神。

同日 丽水市残疾人联合会第八次代表大会在丽水举行。大会宣读《中共丽水市委丽水市人民政府关于表扬丽水市自强模范暨助残工作成绩突出集体和个人的通报》文件，对60个助残模范集体以及10名自强模范、100名"最美残疾人"、10名助残模范个人进行表扬。

23日 中国(丽水)2023年"千名外商进丽水"启动仪式暨重点产业跨国采购对接会在丽水举办。境外采购商、汽摩配和智能短途交通企业等120余人参加启动仪式和首场线下对接会。

26日 市委五届三次全体(扩大)会议在丽水举行。全会审议通过《中共丽水市委关于全面学习贯彻党的二十大精神以永做新时代"挺进师"的奋斗实干全面建设社会主义现代化新丽水的决定》。

同日 丽水市"丽即兑——政策找企业"系统启用。

同日 市委办、市府办印发《丽水市优化生育政策促进人口长期均衡发展的十条措施》，自2023年1月1日起实施。

同日 丽水山耕入围"2022中国区域农业形象品牌影响力指数TOP100"，位居总体排名第二、地市级排名第一。同步获评"新时代区域农业品牌十年•卓越影响力品牌"。

27日 以"爱卫70载 健康中国行——倡导文明健康绿色环保生活方式 助力常态化疫情防控"为主题的2022年度全国爱国卫生运动大会在北京举行。丽水作为全国仅有的3个、浙江省唯一的受邀城市参加本次大会，在大会的健康城市主题分会作"倡导文明健康 助力健康城市建设"典型经验分享。

28日 衢丽铁路(衢州至松阳段)项目开工仪式在遂昌县举行。

29—30日 丽水市第五届人民代表大会第二次会议在丽水大剧院举行。大会以无记名投票方式，选举产生31名丽水市出席浙江省第十四届人民代表大会的代表。

30日 浙江省人民政府办公厅公布第六批省级特色小镇命名名单，丽水市龙泉宝剑小镇、青田石雕小镇、缙云机床小镇入选，命名数居全省第二。至此，丽水市已命名省级特色小镇5个。

12月 《丽水市建设"全国生物多样性保护引领区"行动方案》发布。

12月 松阳"客货邮融合示范"项目、庆元"打造'三色'交通美丽富裕路"、云和"四好农村路"两专管养新模式3个项目入选省第一批交通服务"共富"试点名单。

12月 丽水生态合成革质量检验中心通过省级认证。

（《丽水年鉴》编辑部）

市情概览

自然地理

【地理位置】 丽水市位于浙江省西南浙闽两省接合部。市境位于北纬27°25′—28°57′，东经118°41′—120°26′。东南与温州市接壤，西南与福建省宁德市、南平市毗邻，西北与衢州市相接，北部与金华市交界，东北与台州市相连。中共丽水市委、市人民政府驻地莲都区。距省会杭州292千米，距上海512千米、温州126千米、金华122千米、台州218.7千米、衢州185千米。

【地形地貌】 丽水市位于浙闽隆起区组成部分，山脉属武夷山系，主要有仙霞岭、洞宫山、括苍山，呈西南东北走向，分别延伸西北部、西南部和东北部。海拔1000米以上山峰3573座，1500米以上山峰244座。其中，龙泉市凤阳山黄茅尖海拔1929米，庆元县百山祖海拔1856.7米，分别为江浙第一、第二高峰。地势由西南向东北倾斜，西南部以中山为主，间有低山、丘陵和山间谷地；东北部以低山为主，间有中山及河谷盆地。最低处为青田县温溪镇，海拔7米。

【江溪湖泊】 区域内有瓯江、钱塘江、飞云江、椒江、闽江、赛江，被称为“六江之源”。溪流与山脉走向平行。仙霞岭山脉是瓯江水系与钱塘江水系的分水岭，洞宫山山脉是瓯江水系与闽江、飞云江和赛江的分水岭，括苍山山脉是瓯江水系与椒江水系的分水岭。两岸地形陡峻，江、溪源短流急，河床割切较深，水位受雨水影响暴涨暴落，属山溪性河流。瓯江发源于庆元县、龙泉市交界的洞宫山锅帽尖西北麓，自西向东蜿蜒过境，干流长388千米，境内长316千米，流域面积12985.47平方千米，占全市总面积的78%，是全市第一大江。位于瓯江上游的紧水滩电站水库，也称仙宫湖。位于瓯江中游的开潭电站水库——南明湖，面积5.6平方千米，相当于杭州西湖水域面积。2008年4月29日，位于瓯江支流小溪中游河段的浙江省第二大水库——滩坑水库下闸蓄水，这是继新安江电站之后全省最大的水电建设项目，拥有库区水面70余平方千米。2009年7月10日，滩坑水电站3台发电机组全部投产发电，总装机容量60万千瓦，年发电量10.35亿千瓦时，成为浙江省第二大常规水电站。2010年8月，滩坑水库更名为千峡湖，是全市第一大、全省第二大湖泊。　（《丽水年鉴》编辑部）

【气候特征】 丽水市在气候区划中隶属于中亚热带季风气候带，在区位上临近东海，受海洋影响较大，具有较明显的亚热带海洋性季风气候特征。地势多中山丘陵地貌，具有较显著的山地立体气候特征。亚热带海洋性季风气候与丘陵山地立体气候的叠加造就丽水优越的气候环境，是“中国气候养生之乡”和首个“中国天然氧吧城市”。丽水气候总体特征为“四季分明、冬暖春早，降水丰沛，雨热同步，垂直气候、类型多样”。全市常年（1991—2020年，下同）的年平均气温18.3℃，最低的1月平均气温为7.1℃，最高的7月平均气温为28.5℃。各地呈南高北低分布，最高的青田为19.0℃，最低的遂昌为17.5℃。历年极端最高气温43.2℃（2003年7月31日出现在莲都），历年极端最低气温−10.7℃（1977年1月6日出现在缙云）；全市常年的年平均降雨量1635.5毫米，一年中有80%的降水出现在3月至9月，其中6月最多为308.4毫米，10月最少仅55.9毫米。各地大致自南向北减少，最多的庆元为1758.2毫米，最少的莲都为1460.8毫米；全市常年的年平均降水日数164.6天，6月最多为18.8天，10月最少为7.7天。各地来看，南部略多于北部，最多的云和为174.2天，最少的莲都为157.0天；全市常年的年平均日照时数1606.2小时，7月最多为211.4小时，1月最少仅91.8小时。各地差异不大，最多的庆元为1693.0小时，最少的莲都为1557.5小时。丽水市的风速总体都较小且盛行东北偏东风，全市常年的年平均风速在0.8—2.2米/秒，在地区分布上，自东南向西北地区减小。丽水市是气象灾害的多发和频发区，气象灾害的种类多，每年暴雨、台风、寒潮、大雪、低温、大风、冰雹、雷击、高温、干旱等各类气象灾害都会发生，容易引发流域洪涝、小流域山洪、山体滑坡、泥石流、森林火灾等次生或衍生灾害。（周国华 吴丽君）

【自然资源】 丽水市自然资源比较丰富，生态环境优越，被誉为“浙江绿谷”。生态环境质量位居全省第一、全国前列，生态环境质量公众满意度继续居全省首位。2004年，全国生态环境质量评价研究报告显示，丽水市9个县（市、区）均为优秀，列全国前50位，被称为华东地区最大的“天然氧吧”和“全国生态环境第一市”，其中4个县列前十位，庆元县列第一位，成为“中国生态环境第一县”。2014年7月22日，丽水市成为第一批国家生态文明先行示范区建设地区。2015年，景宁、缙云县分别通过国家级生态县创建技术评估和现场验收。2019年，世界低碳城市联盟大会暨低碳城市发展论坛举办，发布丽水（云和）空气质量健康指数，成为全国内地首个政府官方发布环境空气质量健康指数的地区。2020年，丽水市出台“三线一单”生态环境分区管控方案，优先保护区面积居全省首位，占全市总面积的75.7%；在全省率先开展全域生物多样性本底调查，编制浙江省首个市级生物多样性保护与可持续利用发展规划并发现全球两栖动物新物种——百山祖角蟾；在全省首次研发林业碳汇核定技术方法学，并完成全国首笔公共机构会议碳中和交易。2022年，丽水生态环境状况指数连续19年位居全省第一，生态环境公众满意度跃居全省第一，连续两年唯一水、气环境质量排名同时进入全国前十城市，被生态环境部授予“国家生态文明建设示范区”称号，美丽浙江考核获得省委省政府优秀市表彰。全市9个县（市、区）细颗粒物$PM_{2.5}$平均浓度范围为17—20微克/立方米，均达到并优于国家二级标准35微克/立方米；69个地表水市控及以上断面Ⅰ—Ⅲ类水比例、跨行政区域河流交接断面水质达标率、县级以上集中式饮用水水源地水质达标率实现“三个100%”。城镇生活垃圾无害化处理率达100%。9个县（市、区）生态环境状况指数均为优。

土地资源 根据2022年度国土变更调查显示，全市总面积1727519.55公顷，其中，湿地794.95公顷，耕地121913.42公顷，园地79655.50公顷，林地1382725.24公顷，草地5775.10公顷，城镇及工矿用地47166.37公顷，交通运输用地10358.61公顷，水工建筑用地1179.61公顷，水域39894.16公顷，其他土地38056.59公顷。

森林资源 丽水市素有“浙南林海”之称。2002年开始，实施生态公益林、千里绿色长廊、退耕还林建设。至2022年，全市林业用地面积138.4万公顷，其中森林面积138.1万公顷，活立木总蓄积量11318.5万立方米，森林覆盖率79.9%（含非林地森林）。森林资源的特点，以针叶树最多。经过长期的植树造林，于1994年消灭宜林荒山，1999年实现绿化达标。2010年12月23日，省关注森林组委会正式授予丽水“浙江省森林城市”称号。2012年7月9日，丽水市被全国绿化委员会、国家林业局正式命名为“国家森林城市”。2015年12月31日，国家林业局《关于2015年试点国家湿地公园验收情况的通知》批准同意浙江丽水九龙国家湿地公园试点建设正式通过验收，成为丽水市首个国家湿地公园。2017年9月25日，国家林业局授予丽水“全国森林旅游示范市”称号，丽水白云森林公园获“国家级森林公园”称号。2019年12月25日，国家林业和草原局印发《国家林业和草原局关于2019年试点国家湿地公园验收情况的通知》，浙江云和梯田国家湿地公园试点通过国家林草局验收，成为继丽水九龙国家湿地公园之后丽水市第二个国家级湿地公园。至2022年底，丽水市有省级（含）以上自然保护地32个，总批复面积130172.85公顷，其中，国家级自然保护地11个，面积77637.32公顷；省级自然保护地21个，面积52535.53公顷。

矿产资源 丽水市黑色金属、有色金属、贵金属、稀有金属及冶金辅助原料、化工原料、建材原料、非金属矿产、矿泉水、地热等矿产资源较为丰富。至2022年，探明金（银）、铅锌、钼、稀土、叶蜡石、萤石、沸石、高岭土、珍珠岩、陶瓷黏土、花岗岩、建筑用凝灰岩等矿种57种，其中金属矿25种，非金属矿30种，水气矿产2种。大型矿床14个，中型矿床35个，小型矿床145个，矿点421个。探明资源储量和开采的矿产26种，潜在经济价值近千亿元，其中金（银）、钼、叶蜡石、高岭土、沸石等储量居全省首位，缙云县沸石矿为全国三大沸石矿之一。

水力资源 丽水水电资源十分丰富，全市可供开发常规水电资源327.8万千瓦，约占浙江省可开发量的40%。2004年，景宁畲族自治县被水利部授予“中国农村水电之乡”称号。2006年11月，丽水市被水利部命名为“中国水电第一市”。至2007年

底，小水电(5万千瓦以下)装机总容量122.59万千瓦，成为全省乃至全国首个实现超百万小水电装机的地级市。全市各县(市、区)均实现农村水电电气化。至2012年底，全市建成水电站797座，总装机251万千瓦，发电量71亿千瓦时(其中农村水电794座，总装机153万千瓦，发电量50亿千瓦时)。“丽水水电”成为丽水一张金名片。2020年11月20日，国际小水电中心在丽水市举行“绿色水电丽水示范区”授牌仪式，丽水市成为国际小水电中心在中国设立的第7个示范基地(区)。至2022年底，全市建有水电站802座，总装机容量282.7万千瓦，发电量65.2亿千瓦时(其中农村小水电站798座，总装机173.2万千瓦，发电量43亿千瓦时)。2017—2022年，通过绿色水电国家认证总数135座，通过率占全国的14%，占全省的52%。创建生态水电示范区3个，累计创建20个，占全省的30%。

生物资源　2022年，全市分布陆生维管植物223科1207属3687种，其中蕨类植物41科96属339种，裸子植物有7科32属66种，被子植物有175科1079属3282种。全市大型真菌22目94科2040种。全市已知野生动物有3243种，陆生脊椎动物32目129科635种；陆生昆虫23目322科2608种。水生生物45目143科642种。国家重点保护野生植物有78种，国家重点保护野生动物有138种。国家一级重点保护野生植物有百山祖冷杉、东方水韭、南方红豆杉、中华水韭4种；国家二级重点保护野生植物有角莲、柳杉叶马尾杉、莼菜、九龙山榧等74种。百山祖冷杉、九龙山榧、景宁木兰为丽水市独有。野生动物有725种，其中，国家一级重点保护野生动物有黑麂、金雕、白鹳、黄腹角雉、白颈长尾雉、鼋等23种；国家二级重点保护野生动物有藏酋猴、黑熊、中华鬣羚等101种。

旅游资源　2014年，丽水市以“生态•休闲•养生”为主题，以瓯江流域和自然山水为主线，创建“秀山丽水、养生福地、长寿之乡”的生态、绿色、养生、休闲旅游品牌，相继被命名为“中国优秀旅游城市”“中国优秀生态旅游城市”“国家卫生城市”“全国文明城市”“美丽山水城市”“国家水生态文明城市”。

丽水市山清水秀，风光秀丽，是长三角地区的一块净土，有国家AAAAA级旅游度假区缙云仙都景区、国家全域旅游示范县松阳县、全国农业旅游示范点松阳卯山、全国工业旅游示范点龙泉宝剑厂、省红色旅游经典示范区王村口镇、省首家国家矿山公园遂昌金矿、省五星级农家乐经营点松阳四都寨头摄影休闲园。全市有国家AAAAA级旅游景区1家，为缙云仙都景区，国家AAAA级旅游景区24家，分别是莲都东西岩风景区、丽水市古堰画乡景区、龙泉山景区、龙泉青瓷小镇•披云青瓷文化园景区、龙泉宝溪景区、中国青田石雕文化旅游区、青田石门洞、缙云黄龙景区、遂昌南尖岩景区、遂昌金矿国家矿山公园、遂昌县神龙飞瀑景区、遂昌千佛山、中国畲乡之窗景区、景宁云中大漈、云和梯田景区、仙宫景区、庆元百山祖景区、庆元巾子峰景区、松阳箬寮原始林景区、松阳大木山茶园、松阳松阴溪景区、松阳双童山景区、缙云河阳古民居景区、龙泉住龙景区；国家AAA级旅游景区44家，AA级景区7家；省级旅游度假区5家，分别为浙江丽水瓯江风情旅游度假区、景宁畲族风情省级旅游度假区、云和湖省级旅游度假区、松阳田园风情旅游度假区、龙泉青瓷文化旅游度假区。2022年，全市有省级以上森林公园14个，其中国家级森林公园6个，省级森林公园8个；全市获省级森林康养基地4个，省级特色产业示范县1个，省级森林人家10个，浙江森林氧吧13个。风景区内不仅广布奇峰、异洞、幽谷、流泉，还有众多的摩崖题刻、古建筑群、宗教寺观等人文景观。瓯江流域人工湖泊众多，景观如同天成。仙宫湖，周围有“夏洞天”“八仙洞”“九潭十八湾”等景观；滩坑水库(千峡湖)拥有千峡环湖壮丽景象，湖光山色美不胜收。

丽水9个县(市、区)均为革命老根据地县，全市有红色旅游景点22处，分别为岱后中共丽水县委旧址、浙西南革命根据地中心区域(松阳)遗址、龙泉市革命烈士陵园、景宁畲族自治县寨山烈士陵园、缙云县革命烈士陵园、中共缙云县第一次代表大会旧址、庆元县革命烈士陵园、缙云雪峰村革命历史展示馆、住溪苏维埃政府旧址廖家祠堂、浙西南革命根据地纪念馆、松阳革命烈士陵园、季步高烈士故居(龙泉)、庆元后坑桥(红军桥)、遂昌王村口红色古镇(中国红军王村口纪念馆)、粟裕墓(遂昌)、周恩来视察纪念碑(云和)、上田战斗纪念馆(龙泉)、万象山革命烈士纪念碑、红军挺进师斋郎战斗指挥部旧址(庆元)、中共南乡区委旧址(丽水老竹)、庆元革命老根据地县纪念碑、景宁中共第一党支部党史陈列馆等。

2006年5月，松阳高腔、青田石雕、龙泉青瓷烧制技艺、龙泉宝剑锻制技艺入选国务院第一批国家级非物质文化遗产名录。2008年6月，刘伯温传说、青田鱼灯舞、木拱桥传统营造技艺、畲族医药(痧症疗法)、畲族三月三、畲族民歌、遂昌昆曲十番被列入第二批国家级非物质文化遗产名录。2009年9月，在联合国教科文组织保护非物质文化遗产政府间委员会第四次会议上，龙泉青瓷传统烧制技艺被列入人类非物质文化遗产代表作名录，成为全球第一个且是唯一一个入选人类非遗的陶瓷类项目；包括庆元在内的浙闽两省联合申报的中国编梁木拱桥营造技艺被列入急需保护的非物质文化遗产名录。2011年5月，遂昌班春劝农、七夕习俗（缙云张山寨七七会）、缙云轩辕氏祭典、缙云迎罗汉被列入第三批国家级非物质文化遗产名录。2014年12月，丽水鼓词、畲族婚俗、青田百鸟灯舞被列入第四批国家级非物质文化遗产名录。2016年11月，联合国教科文组织将中国申报的包含遂昌班春劝农等在内的“二十四节气——中国人通过观察太阳周年运动而形成的时间知识体系及其实践”列入人类非物质文化遗产代表作名录。2021年5月，彩带编织技艺（畲族彩带编织技艺）、传统面食制作技艺（缙云烧饼制作技艺）、农历二十四节气（梅源芒种开犁节）被列入第五批国家级非物质文化遗产名录。至2022年底，全市累计有人类非遗项目名录3项，国家级非遗项目名录21项，省级非遗项目名录104项，市级非遗项目名录304项，省非物质文化遗产旅游景区（非遗主题小镇和民俗文化村）19个，市级非遗主题小镇16个，市级民俗文化村18个，市级非遗展示体验点53个。

至2022年底，全市累计有全国重点文物保护单位17处（近200个点），省级文保单位77处，市县级文保单位446处，第三次全国文物普查登录不可移动文物8000余处，总量排名全省第四位。丽水市全国重点文物保护单位有丽水南明山摩崖题刻、莲都通济堰、浙江大学龙泉分校旧址、青田石门洞摩崖题刻、云和银矿遗址、庆元西洋殿、缙云河阳村乡土建筑、遂昌好川遗址、大窑龙泉窑遗址（含上垟窑址）、景宁时思寺、缙云仙都摩崖题记、处州廊桥、松阳延庆寺塔等17处。国家级、省级历史文化名城名镇名村56处。国家级历史文化名城有龙泉市，省级历史文化名城有丽水市、松阳县；国家级历史文化名镇3个，名村5个，街区1个；省级历史文化名镇8个，名村28个，街区8个。中国传统村落257处，浙江省首批省级传统村落198个（不含国家级名单）。古有明御史中丞兼太史令刘基读书处、松阳兄弟进士牌坊、龙泉剑池遗址、缙云独峰书院等人文景观，近有革命遗址遂昌县王村口红军挺进师旧址群、龙泉市水塔村中共浙西南特委驻地、莲都区厦河村中共浙江省委机关旧址、青田县东源镇周恩来题词纪念碑及畲族风情、龙泉登山、仙都攀岩、青田石雕等。丽水摄影和“巴比松”油画独具魅力，“中国摄影之乡”的称号使丽水成为摄影艺术中一颗耀眼的明珠。全市逐渐形成以畲乡文化、侨乡文化、剑瓷文化、黄帝文化、摄影文化、红色文化为主要载体的特色文化旅游。 （《丽水年鉴》编辑部）

历史人文

【历史沿革】 据龙泉市牛门岗、松阳县阴岗山、莲都区后甫及遂昌县好川遗址出土文物鉴定，新石器时代就有人类繁衍生息。

在现丽水市境内，东汉建安四年（199年）始建松阳县，东汉建安二十三年（218年）建置遂昌县。

隋开皇九年（589年）置处州，开皇十二年（592年）改为括州，隋大业三年（607年）改为永嘉郡。唐武德四年（621年）复改括州，唐天宝元年（742年）改为缙云郡，唐乾元元年（758年）复改为括州，唐大历十四年（779年）改为处州。元世祖至元十三年（1276年）改为处州路，元至正十九年（1359年）改为安南府，不久改为处州府。明景泰三年（1452年），处州府辖丽水、松阳、缙云、青田、遂昌、龙泉、庆元、宣平、云和、景宁十县，始有“处州十县”之称。清宣统三年（1911年）十一月，辛亥革命后成立处州军政分府。民国元年（1912年）撤销处州军政分府，由浙江省都督府直辖县，民国3年（1914年）属瓯海道管辖，民国16年（1927年）撤销瓯海道改省直辖县，民国21年（1932年）6月设第十一、十二县政督察区管辖，民国24年（1935年）6月改为丽水行政督察区，民国25年（1936年）4月改为第九行政督察区，民国37年（1948年）4月改为第六行政督察区，同年7月改为第七行政督察区，辖丽水、松阳、缙云、龙泉、庆元、宣平、景宁、云和8个县。

1949年4—5月，丽水全境解放。8月，设浙江省人民政府第七专区。10月，改为浙江省丽水专区。1952年1月，撤销丽水专区，各县分别划归温州、金华、衢州专区。1963年5月，恢复丽水专区，辖丽水、青田、缙云、遂昌、云和、龙泉6个县。1968年11月，改为丽水地区。1973年7月，恢复庆元县。1982年1月，恢复松阳县。1984年6月，设立景宁畲族自治县。1986年3月，撤销丽水县，建立丽水市。1990年12月，撤销龙泉县，建立龙泉市。2000年5月，撤销丽水地区，设立地级丽水市，同时撤销县级丽水市，设莲

都区；7月18—19日，莲都区与丽水市先后挂牌。（《丽水年鉴》编辑部）

【区划地名】 2022年，丽水市下设莲都区，辖青田、缙云、遂昌、松阳、云和、庆元、景宁7个县，代管龙泉市1个市。景宁县是全国唯一的畲族自治县。9个县（市、区）均为“革命老根据地县”。全市有88个乡（畲族乡6个）、54个镇（畲族镇1个）、31个街道办事处。（王巧荣）

【人口】 2022年，全市人口总户数1097517户，比上年增加655户，总人口数2693048人，比上年减少6637人，人口增长率为-2.45‰，平均每户2.45人，人口总量持续减少。其中，男性1379634人，女性1313414人，性别比为105.04（女=100）；总人口最多的是青田县568792人，第二是缙云县466638人，第三是莲都区426757人。全市城镇人口934067人，乡村人口1758981人，分别占总人口的34.68%和65.32%。城镇人口数比上年增加4905人，呈稳步上升趋势。9个县（市、区）中，莲都区、青田县、缙云县城镇人口数位列前三名，分别是201034人、168472人和152281人。全市出生14830人，其中男7607人，女7223人，性别比为105.31（女=100），出生人数比上年减少3136人，出生率5.50‰，减少1.16个千分点，出生率呈下降趋势。出生率较低的3个县（市、区）依次为遂昌县、景宁畲族自治县、青田县，分别是4.49‰、4.68‰和4.92‰；出生率较高的3个县（市、区）依次为莲都区、龙泉市和缙云县，分别是7.41‰、5.63‰和5.43‰。全市死亡人口18027人，其中男10981人，女7046人，死亡率6.69‰，同比减少0.03个千分点。全年自然净增人口-3197人，人口自然增长率-1.18‰。全市省内、省外迁入8361人，迁入率3.10‰，减少0.09个千分点；迁出11834人，迁出率4.39‰，减少1.57个千分点。其中人口迁入最多的县（市、区）是莲都区3922人，人口迁出最多的县（市、区）是青田县2306人，迁出人数和迁入人数均有所减少。全年机械减少人口3473人，人口机械增长率-1.28‰。全市0—17岁481348人，占总人口的17.87%，比上年减少20073人；18—34岁500666人，占总

2022年丽水市行政区划一览表

表1 单位：个

县（市、区）	街道	镇	乡	社区	行政村	乡镇、街道名称
全　市	31	54	88	152	1890	—
莲都区	6	4	5	42	235	紫金街道、岩泉街道、万象街道、白云街道、南明山街道、联城街道、碧湖镇、大港头镇、老竹畲族镇、雅溪镇、太平乡、仙渡乡、黄村乡、丽新畲族乡、峰源乡
龙泉市	4	8	7	28	236	龙渊街道、西街街道、剑池街道、砒石街道、八都镇、上垟镇、小梅镇、查田镇、屏南镇、安仁镇、锦溪镇、住龙镇、兰巨乡、宝溪乡、龙南乡、道太乡、岩樟乡、城北乡、竹垟畲族乡
青田县	4	10	18	21	363	鹤城街道、瓯南街道、油竹街道、三溪口街道、山口镇、温溪镇、东源镇、船寮镇、北山镇、海口镇、腊口镇、高湖镇、仁庄镇、祯埠镇、章村乡、舒桥乡、贵岙乡、小舟山乡、祯旺乡、万山乡、黄垟乡、季宅乡、海溪乡、高市乡、巨浦乡、万阜乡、汤垟乡、方山乡、吴坑乡、仁宫乡、章旦乡、阜山乡
云和县	4	3	3	15	71	浮云街道、元和街道、白龙山街道、凤凰山街道、崇头镇、石塘镇、紧水滩镇、赤石乡、安溪畲族乡、雾溪畲族乡
庆元县	3	6	10	9	192	濛洲街道、松源街道、屏都街道、竹口镇、荷地镇、黄田镇、左溪镇、贤良镇、百山祖镇、安南乡、隆宫乡、五大堡乡、岭头乡、淤上乡、张村乡、江根乡、官塘乡、龙溪乡、举水乡
缙云县	3	7	8	8	253	五云街道、新碧街道、仙都街道、壶镇镇、新建镇、东渡镇、舒洪镇、东方镇、大洋镇、大源镇、前路乡、三溪乡、双溪口乡、溶江乡、胡源乡、石笕乡、方溪乡、七里乡
遂昌县	2	7	11	10	201	高街道、云峰街道、北界镇、王村口镇、大柘镇、石练镇、金竹镇、黄沙腰镇、新路湾镇、焦滩乡、应村乡、湖山乡、濂竹乡、高坪乡、蔡源乡、龙洋乡、柘岱口乡、西畈乡、垵口乡、三仁畲族乡
松阳县	3	5	11	11	203	西屏街道、水南街道、望松街道、古市镇、玉岩镇、大东坝镇、象溪镇、新兴镇、赤寿乡、四都乡、樟溪乡、三都乡、斋坛乡、板桥畲族乡、叶村乡、竹源乡、枫坪乡、裕溪乡、安民乡
景宁畲族自治县	2	4	15	8	136	红星街道、鹤溪街道、英川镇、渤海镇、东坑镇、沙湾镇、九龙乡、景南乡、澄照乡、毛垟乡、秋炉乡、大地乡、梅岐乡、郑坑乡、大均乡、梧桐乡、大漈乡、标溪乡、家地乡、鸬鹚乡、雁溪乡

人口的18.59%，同比减少10481人；35—59岁1127171人，占总人口的41.85%，同比减少2897人；60岁及以上583863人，同比增加26814人，占总人口的21.66%。数据显示，遂昌县、缙云县、云和县60岁以上人口占总人口的比例分列前三位，分别是25.47%、22.80%和22.72%。（许立红）

【民族】 至2022年底，丽水市有汉族和47个少数民族成分。公安户籍部门数据显示，全市有少数民族人口10.93万人（畲族人口9.22万人），占丽水市总人口的4%，有畲族、壮族、维吾尔族、回族、苗族、满族、彝族、土家族、藏族、蒙古族、布依族、侗族、瑶族、白族、哈尼族、朝鲜族、黎族、哈萨克族、傣族、东乡族、傈僳族、仡佬族、拉祜族、水族、佤族、纳西族、羌族、土族、仫佬族、锡伯族、撒拉族、景颇族、达斡尔族、布朗族、毛南族、普米族、阿昌族、怒族、鄂温克族、京族、基诺族、德昂族、俄罗斯族、裕固族、塔吉克族、赫哲族、鄂伦春族。据当年民族部门统计，全市辖有景宁畲族自治县，7个少数民族乡镇（老竹畲族镇和丽新、竹垟、雾溪、安溪、三仁、板桥6个畲族乡），161个少数民族村。少数民族人口在1万人以上的县（市、区）有莲都区、龙泉市、云和县、遂昌县、景宁畲族自治县。（叶青峰）

【宗教】 至2022年底，丽水市主要的宗教为佛教、道教、伊斯兰教、天主教、基督教。现有经批准合法登记宗教活动场所532个，其中，佛教活动场所138个、道教活动场所59个，伊斯兰教清真寺1个，天主教活动场所14个，基督教活动场所320个。被纳入登记编号管理的民间信仰活动场所890处。建立市佛教协会、市道教协会、市基督教三自爱国会和市基督教协会等市级宗教团体4个，县级宗教团体27个。（赵伟胜）

经济社会发展

【国民经济和社会发展】 2022年全市生产总值（GDP）1830.87亿元，比上年增长4.0%。其中，第一产业增加值117.71亿元，第二产业增加值705.91亿元，第三产业增加值1007.25亿元，分别增长4.4%、4.3%和3.9%。三次产业结构为6.4:38.6:55.0。人均GDP为72812元（按年平均汇率折算为10825美元），比上年增长3.9%。

财政总收入280.29亿元，增长3.5%；一般公共预算收入170.86亿元，增长4.2%，其中税收收入122.12亿元，下降11.4%，占一般公共预算收入的71.5%。一般公共预算支出607.10亿元，增长11.3%，其中民生支出444.06亿元，增长9.9%，占比73.1%。年末，A股上市公司5家（主板4家、创业板1家），境外（纳斯达克）上市公司5家，“新三板”挂牌公司18家。

城乡居民人均可支配收入分别为55784元和28470元，分别增长4.7%和7.9%。居民人均生活消费支出32586元，增长7.2%。年末城镇常住居民人均住房建筑面积49.6平方米，农村常住居民人均住房建筑面积68.0平方米。每百户城镇居民家用汽车拥有量53.9辆，每百户农村居民家用汽车拥有量29.8辆。参加基本养老保险人数196.60万人，参保率99.1%。参加基本医疗保险人数237.64万人，

2022年丽水市金融机构本外币存贷款情况一览表

表2

指　　标	年末数（亿元）	比上年末增长（%）
各项存款余额	4724.34	18.9
其中，住户存款	2815.07	19.3
非金融企业存款	1100.72	22.9
各项贷款余额	3950.62	20.0
其中，住户贷款	2091.78	8.6
企（事）业单位贷款	1850.55	35.6

2022年丽水市区居民消费价格指数情况一览表（上年＝100）

表3

指　　标	市区
居民消费价格指数	101.9
其中，食品烟酒	103.4
其中，食品	104.0
其中，粮食	103.5
衣着	96.8
居住	101.1
生活用品及服务	100.6
交通和通信	104.6
教育文化和娱乐	101.0
医疗保健	101.3
其他用品和服务	100.4

2022年丽水市主要农产品产量一览表

表4

产品名称	绝对值(万吨)	比上年增长(%)
粮食	41.31	-1.1
油料	0.84	-11.4
#油菜籽	0.59	7.3
食用菌	4.00	-4.3
蔬菜	119.25	3.5
茶叶	4.32	7.5
水果	33.59	0.1
畜禽肉类	7.19	12.9
禽蛋	1.27	16.5
中药材	1.84	9.4

参保率99.4%。

年末，全部金融机构本外币各项存款余额4724.34亿元，比上年末增长18.9%，其中人民币存款余额4624.50亿元，增长18.9%。住户本外币存款余额2815.07亿元，增长19.3%。金融机构本外币各项贷款余额3950.62亿元，增长20.0%，其中人民币贷款余额3939.46亿元，增长20.2%。年末主要农村合作机构人民币贷款余额982.74亿元，比年初增加173.05亿元，增长21.4%。

全年市区居民消费价格总水平比上年上涨1.9%，其中消费品价格上涨2.6%，服务价格上涨0.9%。工业品价格上涨2.0%。商品零售价格上涨2.6%。

农林牧渔业总产值169.86亿元，比上年增长6.8%。菌、茶、果、蔬、药、畜牧、笋竹、油茶等九大主导产业产值141.99亿元，增长9.7%。农林牧渔业增加值119.10亿元，增长4.4%。

年末，全市有粮食生产功能区1401个，总面积3万公顷。建制村全部实现生活垃圾集中收集有效处理。创建省级美丽乡村示范县1个、示范乡镇13个、特色精品村27个，累计创建省级美丽乡村示范县6个、示范乡镇81个，特色精品村201个。累计申报省级现代农业园区12个，验收4个。累计申报特色农业强镇12个，创成特色农业强镇9个。市级以上农业龙头企业221家。年末，有效期内绿色食品285个，农产品地理标志产品19个。农家乐民宿3451户，餐位19.98万个，床位4.38万个，从业人数2.62万人。全年农家乐(民宿)接待游客2665.73万人次，实现营业总收入27.26亿元。实施“千万农民素质提升工程”，培训0.81万人，其中，农村实用人才培训0.65万人。年末，金融系统涉农贷款余额2163.01亿元，增长27.9%。其中，农户贷款余额1043.16亿元，增长14.0%。

工业增加值566.37亿元，增长3.2%。规模以上工业增加值399.58亿元，增长5.0%。规模以上工业企业销售产值2065.87亿元，增长4.3%，其中出口交货值205.05亿元，增长5.1%。35个行业大类中，22个行业增加值同比增长。通用设备制造业增长16.2%，化学原料和化学制品制造业增长12.4%，金属制品业增长30.3%。规模以上工业中，17个重点传统制造业平稳发展，增长6.2%。数字经济、人工智能、装备制造、战略性新兴产业等分别增长18.9%、18.4%、16.2%、16.8%，均明显高于全市规上工业增加值增速。全年规模以上工业企业研发费用支出62.47亿元，增长15.9%；规模以上工业新产品产值增长9.8%，新产品产值率35.6%。建筑业增加值139.63亿元，增长8.5%。

服务业增加值1007.25亿元，按可比价计算，增长3.9%，服务业占地区生产总产值的比重55.0%。全年交通运输、仓储和邮政业增加值41.83亿元，下降3.1%。年末，全市公路总里程15134.6千米，其中高速公路451.8千米。公路和水运完成货物周转量90.31亿吨千米，下降1.5%；公路和水运旅客周转量5.02亿人千米，下降12.2%。铁路客运量641.0万人，下降34.4%；货运量268.9万吨，下降15.9%。邮政行业业务总量21.28亿元，比上年增长6.0%；邮政行业业务收入(不包括邮政储蓄银行直接营业收入)17.72亿元，增长8.4%；快递业务量完成1.89亿件，增长5.7%。电信业务总量26.59亿元，增长25.9%。年末，移动电话用户285.05万户，增加9.80万户，其中使用4G移动电话用户260.41万户，增加11.86万户。固定互联网宽带(含华数)接入用户118.41万户，增加8.16万户。移动互联网用户273.32万户，增加14.19万户。保险业保费收入69.34亿元，增长9.0%。其中，财产险保费收入25.64亿元，增长15.3%；人身险保费收入43.70亿元，增长5.7%。各类赔款及给付26.59亿元，增长14.7%。其中，财产险赔付16.88亿元，人身险赔付9.71亿元。

固定资产投资增长16.0%。制造业投资、项目投资分别增长39.6%和25.1%。民间投资、交通投资、生态环保城市更新和水利设施投资、高新技术产业投资分别增长3.5%、35.2%、28.8%和52.6%。分产业看，第一产业投资下降45.3%，第二产业投资增长30.2%，第三产业投资增长13.4%。房地产开发投资343.25亿元，增长3.5%，其中住宅投资253.32亿元，增长2.8%。商品房销售面积247.41万平方米，下降25.5%。

社会消费品零售总额804.84亿元，增长4.1%。限额以上社会消费品零售总额176.68亿元，增长9.1%。限额以上批发和零售业单位通过公共网络实现的商品零售额增长11.1%。年末，已登记商品交易实体市场73个，交易额255.25亿元，比上年下降11.9%。其中，1亿元以上市场29个，10亿元以上市场8个。

货物进出口总额324.57亿元，下降1.4%。生产企业出口187.36亿元，下降0.1%。新设外商直接投资项目31个；实际利用外资额11873万美元，增长38.6%。

从出口国别看，对欧洲、北美洲出口分别下降13.1%和15.8%，对美出口69.71亿元，下降15.6%，占全市出口总额的24.1%，对共建"一带一路"国家出口103.32亿元，增长22.7%。机电产品出口158.44亿元，下降1.3%，占全市出口总额的54.8%，下降1.1%；高新技术产品出口13.29亿元，增长19.6%，占全市出口总额的5.0%，提升1.0%。

2022年丽水市公路水运客货运输量一览表

表5

指　标	单位	绝对数	比上年增长(%)
货物周转量	万吨千米	903054	-1.5
其中，公路	万吨千米	887573	-1.6
水运	万吨千米	15481	3.5
旅客周转量	万人千米	50201	-12.2
其中，公路	万人千米	50012	-11.8
水运	万人千米	189	-59.5

2022年丽水市货物进出口主要分类情况一览表

表6

指标	金额(亿元)	比上年增长(%)
货物进出口总额	324.57	-1.4
货物出口额	289.26	0.8
其中，一般贸易	287.65	1.0
加工贸易	1.33	-6.4
其中，机电产品	158.44	-1.3
高新技术产品	13.29	19.6
货物进口额	35.32	-15.7

2022年对主要市场货物出口情况一览表

表7

国家和地区	出口额(亿元)	比上年增长(%)
亚洲	101.62	27.9
欧洲	69.11	-13.1
北美洲	75.01	-15.8
欧盟	48.89	-16.4
东盟	41.82	55.8
美国	69.71	-15.6
非洲	13.67	3.0

新增百万亩国土绿化造林0.29万公顷，建设美丽林相5.36万公顷，完成千万亩森林质量精准提升工程建设3.98万公顷，其中战略储备林0.97万公顷、美丽生态廊道0.4万公顷。全市森林覆盖率79.9%。全市年平均气温19.0℃。市区$PM_{2.5}$浓度平均为19微克/立方米，日空气质量(AQI)优良天数比例为96.7%。全市99个地表水断面Ⅰ—Ⅲ类水质断面占99%，无劣Ⅴ类水质断面。县级以上城市集中式饮用水水源地水质达标率100%。跨行政区域河流交接断面中，满足水环境功能区目标水质要求断面占100%。全市污水排放量1.32亿立方米，增长13.4%；污水处理量1.30亿立方米，增长13.7%；城市污水处理率98.5%，提高0.26个百分点。城市生活垃圾无害化处理率100%，城市用水普及率100%，城市燃气普及率100%。全市建成区绿地面积4690公顷，其中公园绿地面积1507公顷，建成区绿地率38.7%，人均公园绿地面积14.69平方米。

全市公共图书馆10个，文化馆10个，文化站173个，博物馆20个。县级文化馆和图书馆覆盖率均为100%，乡镇(街道)综合文化站和村(社区)文化服务中心实现全覆盖。全市综合档案馆10个。馆藏各类档案1851个全宗，152.86万卷323.66万件，其中开放1229个全宗，22.79万卷。

全市卫生机构1751个(含村卫生室、诊所)，其中，医院66个，乡镇卫生院183个，社区卫生服务中心(站)44个，诊所(卫生所、门诊部、医务室)617个，村卫生室800个。卫生技术人员23773人，增长6.1%，其中，执业

(助理)医师9516人,注册护士10270人,分别增长5.2%和6.7%。医疗卫生机构床位数15808张,增长3.2%。医疗机构年诊疗2561.88万人次,增长2.8%。

全市新增省级科技型中小企业522家,增长19.2%,累计2334家。拟认定国家高新技术企业180家,增长21.6%,累计753家。全市发明专利授权量632件,增长16.4%,发明专利拥有量3337件,增长24.5%。财政一般公共预算支出中科技支出16.05亿元,增长19.0%。全年新增"浙江制造"标准14个。全年强制性产品认证(CCC)获证组织72家、证书519张;管理体系认证获证组织859家;法定计量技术机构9家,全年强制检定计量器具32.5万台(件)。 (宋李英)

【经济体制改革】 2022年,全市经济体制改革迈出新步伐,坚持以数字化改革为引领,体系化规范化推进改革工作,进一步破除体制机制障碍,以争创"瓯江新区"为重点突破口,推进区域间协调发展,缩小差距,获省长批示肯定;"天眼守望"GEP核算转化及应用平台建设,入选浙江省数字化改革最响话语。

生态产品价值实现机制试点 基于GEP(生态系统生产总值)核算的生态产品交易机制,探索开展项目级GEP核算,率先全国将GEP核算成果应用于生态环境损害赔偿司法判例。制定《加快"两山合作社"建设运营助推生态产品价值实现的若干意见》等系列文件,厘清"两山合作社"的功能定位,推进生态产品市场化,全市开展生态产品交易4.9亿元。推进森林碳汇产品开发与交易制度研究,开展碳汇交易,至年末,开展交易12笔林业碳汇交易,抵消碳排放2616.3014吨二氧化碳当量,总成交额255448.14元。体系化推进区域公用品牌建设,完成庆元香菇、松阳香茶、遂昌长粽3个"丽水山耕"拳头产品打造。提高"丽水山居"公共品牌知名度和美誉度,完成培育101个钻级民宿,新认定五星级农家乐24家,四星级172家,全省最多。

集体林业综合改革 龙泉"益林富农"多跨场景应用入选浙江林业推进共同富裕十大典型案例,获评2022浙江数字乡村"金翼奖"十佳应用。至年末,全市新增林地流转面积5656.06公顷,新增新型林业经营主体87家(其中家庭林场57家)。至年末,全市新发放林权抵押贷款9281笔24.79亿元,累计发放贷款25.68万笔342.67亿元;贷款余额54.32亿元,贷款余额占全省的64.7%,居全国各地市第一。

"一带三区"跨山统筹 丽水市"一带三区"办印发实施《2022年"一带三区"和"跨山统筹"市域一体化试点推进工作要点》,建立健全国土空间、财政金融、公共资源、人才资源、产业招商五大统筹机制。推进丽水南城生态工业统筹发展示范区、碧湖新城统筹建设示范区、龙庆经典文创示范区、遂松乡村振兴示范区、云景特色风情示范区五大示范性平台建设。全市第五次党代会报告提出谋划建设瓯江新区,调整完善新区设立方案。丽水经济技术开发区特色半导体产业平台成为首个入选的全省"万亩千亿"新产业培育平台。实施碧湖新城"大搬快聚富民安居"工程;组建浙江百山祖国家公园发展有限公司,开展龙庆两地文化走亲;形成遂松"民宿、茶叶和乡村旅游"三大联盟方案,推动合作项目"成本共担、利益共享";常态化运营云景公交车,执行云景高速差异化收费政策,惠及群众30余万人。

农村金融改革 丽水市在全国农村金融改革试点基础上,推进普惠金融服务乡村振兴改革试验区创建工作。9月,中国人民银行联合银保监会等部门向浙江省人民政府印发《浙江省丽水市普惠金融服务乡村振兴改革试验区总体方案》,丽水市正式获批普惠金融改革"国字号"试点。推进金融支持生态产品价值实现机制创新,推动生态资产作为抵质押物的生态抵质押贷、生态信用信息运用于贷款授信的生态信用贷业务扩面增量。年末全市"生态抵质押贷"余额261.4亿元,"生态信用贷"余额29.3亿元。推出开发性金融服务模式,通过生态资源整合开发、政府建立配套生态补偿机制、开发性金融(国开行)与商业银行拼团贷款方式,支持生态项目融资。完善农村产权融资服务体系,深化林权、农房、农村土地承包经营权、农副产品仓单质押、村集体经济组织股权、河道经营权等农村产权抵质押贷款业务。在国家森林公园全域推广地役权补偿收益质押贷款业务,年末,农村产权融资贷款余额129.90亿元。开发数字化应用——"两小"创业通,针对全市外出小超市、小宾馆创业商户融资难、融资贵、成本高等问题,实现线上注册"码上办"、资金回流"聚惠收"、融资需求"一键贷"、"两小"信息"实时查"等功能,获评数字化改革省级系统优秀应用。推进政府性融资担保机构一体化改革,全市一体化率77.8%,一体化区域放大倍数5.2倍,担保业务余额22.53亿元,增长50%,为3121户小微企业和"三农"提供担保。

营商环境优化行动 制定实施营商环境优化提升行动方案,开展优化营商环境大比拼,推进简政放权、公正监管等22项重点改革任务100项改革举措。实现企业开办"一环节、一日办、零费用"。推进一般企

业投资项目“拿地即开工”“交地即交证”,涉企鉴定评估“最多评一次”、施工许可“多合一”办理和竣工验收“多验合一”等改革不断深化。推进“大综合一体化”行政执法改革,建立“轻微免罚”“首违不罚”等制度,创造“无事不扰”发展环境。经济社会管理新机制不断完善,国家城市信用状况监测排名稳定在“第一梯队”。制定《丽水市“绿谷精英·创新引领行动”计划实施办法》等一系列配套政策,丽水市入围“中国最具95后人才吸引力城市”前50强。探索具有丽水特色的营商环境微改革,形成“商事共享法庭”“税务中台”等一批创新做法,打造“商事共享法庭”,建立一站式诉讼服务、多元解纷、基层治理的商事主体纠纷解决机制,相关经验做法获《全国优化营商环境简报》刊登推广。

高质量发展体系建设　全市产业集聚发展成效明显,五大主导产业17条特色产业链有规模以上企业798家,实现规模以上工业产值1289.3亿元,比2021年增长9.3%。实现数字经济核心产业增加值71.07亿元,增长19.2%,全市数字经济“三园一基地”实现营收80.67亿元,增长24%,税收突破2亿元。全市引进亿元以上制造业大项目165个,其中百亿元以上大项目1个、20亿元以上5个、10亿元以上23个。全市规模以上工业新产品产值增长9.8%,新增国家高新技术企业184家、省级科技型中小企业522家。企业智能化技术改造加快,全市规上工业企业实施智能化技术改造覆盖率达60%。完成淘汰落后产能涉及企业84家,整治高耗低效企业378家,推进入园企业308家,新增标准厂房32.6万平方米。全市规模以上工业企业亩均税收提高到18.75万元/亩,增长2.75%。

信用体系建设　全市紧扣生态信用领跑,提升“绿谷分”注册覆盖率,注册人数突破16万人,拓展“信易行”“信易游”“信易购”等16个场景60余项优惠服务。运行“绿谷分”自主加分模块,拓宽“绿谷分”正面激励加分渠道,审核自主加分事项69个,审核通过率65.2%。遵循试点先行、逐步推开、定量为主、激励导向原则,启动三批生态信用村评选,创建生态信用村271个。深化“信游长三角”建设,形成集民宿、餐饮、购物等于一体的两地诚信市民互认应用场景近40个。构建生态信用金融激励机制,至年末,24家金融机构开办“两山贷”业务,发放“两山贷”49657笔、45亿元。开展信用监管,完成信用核查620批次,完成信用修复企业191家。创新建立小水电生态信用体系,市水利局制定《丽水市小水电生态信用体系实施方案》,搭建全市小水电行业生态信用评价模型,核定首批120家小水电企业生态信用分。9月,“丽水市智慧水电生态信用评价应用场景”“丽水市遂昌县推进‘信用+乡村治理’场景应用,重塑乡村‘四治’融合治理格局”入选2022年度浙江省信用数字化改革应用场景十大优秀案例。

国资国企改革　丽水市国企改革三年行动圆满收官。完成4家市本级经营性事业单位的改制脱钩和5家行政事业单位所属企业的清理划转,市本级统一监管率100%。加强资产配置和优化,注入行政事业单位的房产、设备、股权等经营性资产1184项,价值39.58亿元。资产收入稳步增长,至年末,资产总额1111.05亿元,营收规模37.58亿元。推进产业板块重组整合,整合绿谷信息产业园等“三园”资产组建市数发公司;将除市城投公司外的其他企业资产注入市国资公司,获评AA+资信等级;整合交通板块资产,将市公交集团划转到市交投公司;整合市本级数字资产,组建市数字公司。推进功能界定和分类,完成市属各级企业的功能界定和分类,实施分类监管,推动企业聚焦主业谋发展。开拓资本市场,市国资公司实体化运作,探索股权投资和资本运作,深化市县国资国企跨山统筹合作,运作“跨山共富母基金”。发挥重大项目资金保障功能,至年末,市属国企新增融资额120.7亿元,固定资产投资总额160.72亿元。（施路怡）

【个体私营(民营)经济】 2022年,丽水市市场监管系统深化商事登记制度改革,帮助个体工商户纾困解难,推动小微企业成长,优化营商环境,激发市场主体活力,促进经济稳进提质。年末,全市在册市场主体327400户,比上年增长6.41%。其中,在册企业68541户,增长5.18%;在册个体工商户254213户,增长6.97%。发挥非公党组织实质作用,为个体私营经济跨越式发展提供坚强保障。

丽水市市场监督管理局(以下简称市市场监管局)推进企业开办“一日办结”升级版,实施赠送印章和税控盘政策,为企业减免开办费用,便利企业注销,推广电子营业执照,提升商事登记数字化水平。开展准入准营一件事、“证照分离”改革等,优化准入环境。

市市场监管局深入开展小微企业、个体户、专业商场和外卖骑手党建工作,建立“小个专”党组织275个,建成党建指导站37个;建成外卖骑手实体党支部1个,工作支部3个。建立外卖骑手“党员管家”制度,落实配送站点党员管家22人,参与党建指导等活动200余次。全省首创

“小个专”党建示范街区创建作，依托文化街区、商业街区、特色餐饮民宿村，打造商家诚信经营、游客放心消费的特色街区党建品牌。建成绿谷先锋驿站 50 个、骑手休息点 80 个。开展赠送护膝、防雨手机套等送温暖活动 20 次。举办“我行”素能培训班，提升“小个专”党组织和党员引领发展的能力和水平，培训 8 场次、200 余人次。成立全市首家“小个专”党员调解工作站，党建引领消费维权，参与消费调解 23 次，调解成功率 80%。 （吴方琴 夏 铭）

2022 年 7 月 20 日，“浙风十礼 艺路同行”文艺志愿服务走进缙云活动现场

（市文明指导中心 提供）

【精神文明建设】 2022 年，市文明指导中心持续开展道德模范“身边好人”推荐评选活动，评出“丽水好人”93 人，24 人被评为“浙江好人”，2 人被评为“中国好人”，1 人被评为“浙江孝贤人物”，并被列为第四季度“中国好人”候选人。举行“丽水好人”发布会 3 期。开展“践行核心价值观 共筑文明丽水城”“核心价值观微宣讲”等主题活动 300 余场，在《丽水日报》、丽水电视台等媒体开辟《践行社会主义核心价值观》专栏，刊播报道 240 余篇，制作主题公益广告小品 32 个。举办“德润处州”道德讲堂活动 11 期。贯彻部署加强家庭家教家风建设工作，在农村开展“六星文明户”创评，在城市社区开展“六型”文明家庭创评工作，参评覆盖率 62%。协助组织“浙风十礼 艺路同行”文艺志愿服务走进各县。

文明城市创建 市委市政府多次召开争创全国文明典范城市工作推进会，部署经常化创建文明城市工作。推进民生项目建设。聚焦群众“急难愁盼”问题，全面推进农贸市场改造、空中缆线乱象整治、无障碍设施建设等 16 类民生项目，新建小区、城中村电动车充电设施 1.5 万处。持续深化重点问题治理，组织开展“喜迎二十大 全力创典范”重点整治提升行动，持续推进社区小区、乡镇、行政村等 12 项重点整治。深化市区领导联系帮扶社区制度，下沉解决社区创建难点问题，市直各单位常态化开展包干路段文明巡查。推进全域文明城市创建，开展县城文明程度指数年度测评，印发问题整改清单，推动问题整改，将县城文明程度指数测评成绩纳入市委市政府年度综合考核。做好全国文明城市提名城市和浙江省文明县、省示范文明城市培育工作，推动缙云县、青田县、遂昌县、松阳县提升创建水平。以市人大常委会开展《丽水市文明行为促进条例》执法检查为契机，加大文明行为引导宣传力度，推动依法治理常态化、长效化。

“浙江有礼 德润处州”行动 市第五次党代会报告提出开展“德润处州”行动，市文明委印发《丽水市“德润处州”行动实施方案》，各县（市、区）分别出台“大爱菇乡·礼润庆元”“浙风十礼 家园遂昌”等具体实施方案，“一县一品”推进“德润处州”行动。市文明指导中心开展“排队守秩序我最美”“做一个文明有礼的丽水人”等系列主题实践活动，开展“推广使用公筷公勺、制止餐饮浪费”测评。组织“浙江有礼 德润处州”主题公益广告征集活动，征集创意作品 117 个。在主次干道、公园广场等点位设置公筷公勺、文明用语等主题景观小品 13 处，布置“浙风十礼”等主题公益广告 690 余处。建成“有礼楼道”“有礼班级”“微笑窗口”等“有礼单元”870 余个。全域推进“爱心暖厨房——浙江有礼为民办实事”项目，培育“爱心厨房”30 个和“爱心送餐队”50 支。

新时代文明实践中心建设 市文明指导中心全市域推进新时代文明实践中心建设工作，文明实践中心、所、站实现全覆盖，累计建成特色实践点 2822 个。依托公园、广场等场所设立 117 个“文明小屋”“文明驿站”等“微实践”阵地，延伸为民服务的基层触角，打造“15 分钟文明实践服务圈”“文明小屋”等“微实践”阵地。上岗志愿者 4.6 万余人次，累计服务时长 27 万余小时，惠及国内外游客和市民近 25 万人次。围绕“喜迎中共二十大”，全市文明实践阵地开展各类主题活动 2.7 万余场。发动在职党员、干部、先进模范、专业技术人员、返乡创业人士等参与文明实践活动，培育“云和老李帮忙团”“龙泉蚂蚁部落”等570余支“本土化”的文明实践服务队伍。

未成年人思想道德建设　市文明指导中心印发《丽水市未成年人思想道德建设工作联席会议制度》，强化教育、科技、民政、文旅、体育、团委、妇联、残联、关工委等部门常态化工作品牌建设。创新未成年人德育工作建设，举办“扣好人生第一粒扣子”德润小讲堂活动，开展未成年人创新大赛活动，评选“党史少年说　薪火永相传”等19个项目，评选“探寻古村记忆　助力乡村振兴”等未成年人最喜爱活动10个。评选市级新时代好少年100人，1人入选省级新时代好少年。举办第十一届未成年人道德文化节线上展示活动。

志愿服务工作推进　市文明指导中心深化“小园丁”志愿服务，采用“母子品牌”发展模式，整合资源推广“小园丁”母品牌，各县(市、区)实现“一县一品”。选树优秀志愿服务项目，“人间烟火”爱心共享厨房、“德不孤”事实孤儿关爱行动、大山里的“修脚工”等志愿服务项目获全国青年志愿服务项目银奖，全省青年志愿服务项目大赛获一金一银五铜的好成绩，其中“人间烟火”爱心共享厨房项目获金奖。“七旬免跑记事簿”“‘人间烟火’爱心共享厨房”“‘我陪你读’山区留守人群阅读公益行”入围省志愿服务项目决赛。举办全市志愿服务项目大赛和先进典型集中展示活动。编印《丽水“小园丁”暖心故事汇》。　(张馨月)

【平安丽水建设】　2022年，丽水市坚持以习近平新时代中国特色社会主义思想为指引，打好创建全国法治政府建设示范市、创建全国市域社会治理现代化试点合格城市、夺取全省首批荣获二星平安金鼎“三大攻坚战”，做好除险保安、数字法治系统建设、“141”基层治理体系迭代升级、打击养老诈骗等重点工作，平安丽水建设交出高分答卷。实现重大政治事件、暴力恐怖事件、群体性事件、极端恶性案件、重大公共安全事件和重大网络安全事故“零发生”。丽水市成为全省首批获二星平安金鼎的设区市，同时9个县(市、区)全部实现平安创建“满堂红”，龙泉市、云和县、庆元县、遂昌县、松阳县、景宁县同步获二星平安金鼎。2月23日，《市域社会治理现代化国家试点“丽水实践”研究》课题结题评审会召开并顺利结题。

平安护航中心发展　2022年，全市政法系统开展严打暴恐、打击邪教、维护意识形态安全等专项行动。建立除险保安晾晒机制，发布各类信息375期。推进扫黑除恶斗争、养老诈骗打击整治等专项行动、防范电信网络诈骗宣传活动。刑事案件破案数、治安案件查处数比上年增加，命案数、电信网络诈骗案件数、“两抢”、刑事发案数、全口径道路交通死亡人数减少，全市命案发案数低，现发命案连续11年实现全破。全市平安领导小组成员单位落实“三色预警”平安报表管理法，推进平安稳定百日攻坚行动，织密公共安全防护网。开展“护红护绿护古”专项法律监督行动，办理公益诉讼案件100余件，工作质效连续多年保持全省前列。完善“项目警官制”制度，开展食药环知和砂石资源领域违法犯罪专项打击整治行动，推动重点排污企业检查全覆盖。落实重大维稳安保活动十大体系，全时全域全量全覆盖推进除险保安，加强重大决策社会风险评估工作，建立健全安全稳定形势分析报告制度，护航中共二十大、省市党代会、北京冬奥会、全球重要农业文化遗产大会、中国仙都祭祀轩辕黄帝大典等活动。

社会治理能级跃升　丽水市委政法委员会(简称市委政法委)打造新时代“枫桥经验”山区样板，发挥政治引领、法治保障、德治教化、自治强基、智治支撑作用，构建社会治理新格局。推进全国首批市域社会治理现代化试点合格城市创建，完善三级联动创建工作推进体系，推动42个项目落地。组织专题督查调研和两轮模拟自评，对200项具体任务逐一“体检打分”，交办至53家单位落实。指导编制《乡镇(街道)属地管理事项责任清单》，助推“县乡一体、条抓块统”改革试点，总结提升“规范行政执法行为”“平安丽姐”等亮点工作，相关经验分别在第二次、第六次全国市域社会治理现代化试点创新研讨班上作典型发言。推进“一中心四平台一网格”基层社会治理体系迭代升级，推动《社会矛盾多元化解条例》《城乡网格化服务管理条例》纳入年度立法计划，全市划定网格4856个，微网格1.6万个，在册“专兼联”网格力量5.7万人。12月9日，在浙江省市域社会治理现代化试点工作推进会上，丽水作交流发言。　(吴雅君)

中国共产党丽水市委员会

综　述

【学习贯彻中共二十大精神】 2022年，中国共产党丽水市委员会（简称市委）坚持以习近平新时代中国特色社会主义思想为指导，把迎接中共二十大和学习宣传贯彻中共二十大精神作为贯穿全年的工作主线，贯彻习近平总书记对浙江和丽水的重要指示批示精神，落实省第十五次党代会、省委十五届二次全会的部署要求，推动市第五次党代会各项决策部署落地落实，弘扬践行浙西南革命精神，笃行“丽水之干”，全面系统落实“八个必须坚持”，全力创建全国革命老区共同富裕先行示范区，以永做新时代“挺进师”的奋斗实干推进中国式现代化的丽水探索与实践，实现全面建设社会主义现代化新丽水的良好开局。

市委出台学习宣传贯彻中共二十大精神实施方案，组织开展“六学六进六争先、‘丽水之干’谱新篇”学习实践活动，广泛发动领导干部专题学、党员干部示范学、线上线下全员学、青年群体创新学、“追随足迹”现场学、思想溯源研讨学。召开全市领导干部会议、市委常委会会议、市委理论学习中心组研讨会、专题辅导报告会等，安排市委常委、人大政协主要领导和党员副市长到高校和基层联系点调研宣讲。部署开展“六学六进六争先、‘丽水之干’谱新篇”学习实践活动，组织开展形式多样的“百千万”系列宣讲活动，推动全市上下掀起学习宣传贯彻中共二十大精神热潮。作出《中共丽水市委关于全面学习贯彻中共二十大精神以永做新时代“挺进师”的奋斗实干全面建设社会主义现代化新丽水的决定》，部署开展“十大行动”任务。全市党组织开展各类线下学习活动1.5万场次，覆盖党员18.02万人。市领导领衔，党员干部、专家学者等群体共同参与“大宣讲团”，开展“百支宣讲团　千名宣讲员　万场报告会”集中宣讲活动，打造“新时代青年挺进师”学习宣讲品牌，开展基层宣讲1.2万余场，受众150余万人次。专题学习中共二十大精神、《习近平谈治国理政》第四卷。（季学敏）

市委宣传部班子成员带队到57个单位开展党委（党组）理论学习中心组学习巡听旁听。市委宣传部重点组织市县各级媒体开设喜迎中共二十大等专栏专题，推出主题原创报道1190余篇，转载推送中央、省级主要媒体重点稿件3580余篇，传播量1650余万人次。中央电视台《焦点访谈》播出《奋斗新的伟业》中报道中共二十大代表雷晓华回乡宣讲案例。开展省第十五次党代会、市第五次党代会、宋韵文化等社科理论专题研究，开展“永做挺进师　建设新丽水——‘八个必须坚持’”优秀实践案例评选工作。《青田华侨华人文献整理与研究》入选2022年浙江文化研究工程重大课题，100件社科成果入选市政府2019—2020年社会科学优秀成果奖。推进《处州文献集成》、“瓯江文化丛书”第十辑等专著研究。（江长峰）

【全国革命老区共同富裕先行示范区创建】 2022年，市委紧扣省第十五次党代会明确赋予丽水创建全国革命老区共同富裕先行示范区定位，召开市委五届二次全会进行专题研究部署，作出《中共丽水市委关于认真学习贯彻省第十五次党代会精神努力创建革命老区共同富裕先行示范区的决议》。动员全市上下开展示范创建，集中力量在推动革命老区经济高质量发展、以县域为单元推进城乡融合发展、构建以共同富裕为导向的持续增收机制、推进生态产品价值转化、革命老区高水平开放发展、塑造城市精神气质等六个方面先行示范、重点突破，为全国革命老区实现共同富裕率先探路、打造示范。成立先行示范区创建领导小组，编制实施方案，与宁波市建立革命老区重点城市对口合作关系，聚焦十类群体精准实施“扩中”“提低”行动方案，开展“共富123行动”乡镇试点，城乡居民人均可支配收入在20个革命老区重点城市中均位居第一。

【青年发展型城市】 2022年2月，市第五次党代会上提出建设青年发展型城市构想；8月，市委五届二次全会作出《中共丽水市委关于建设青年发展型城市的决定》。市委从总体要求、主要任务、推进机制等方面作出部署，推动全市践行青年重点发展理念，把青年发展摆在全局工作突出位置，纳入城市发展总体布局，建设开放开明的青年向往之城、宜创宜业的青年圆梦之城、成长成才的青年发展之城、安心安居的青年友好之城、向上向善的青年风尚之城，推动青年与城市双向奔赴，青年发展与城市发展互促共进。

【经济跨越式高质量发展】 2022年，市委开展稳进提质八大攻坚行动，促进经济高质量发展、适度高速度增长。全市实现地区生产总值1830.87亿元，增长4%。建设长三角地区创新型活力城市，突出创新引领，实施人才科技强市战略，发布新一轮人才科技新政38条，编制实施产业发展人才科技支撑规划，启动创建丽水国家高新区，推动浙西南科创产业园等重大科创平台落地建设，与高校合作新建4家实体化研究院、33个创新载体，国家级创新载体实现零的突破。连续第二年将“双招双引”作为全年经济工作的中心任务，部署开展招引大会战，首创重大产业项目招引“一票评优”机制，实现招引落地百亿级先进制造业项目、引进国家海外引才计划专家、培养国家高层次人才特殊支持计划专家“三个重大突破”，创造招引大项目数、10亿元以上制造业项目数、科技型大项目数、高校毕业生数、博士硕士研究生数实现跃升。推进“生态经济化、经济生态化”创新实践，构建丽水特色“5+5”现代化生态经济体系，即根植于生态人文特色资源禀赋的品质农业、文化产业、旅游产业、林业产业、水经济等五大富民强市支柱产业，及以创新驱动为显著特征的半导体全链条、精密制造、健康医药、时尚产业、数字经济等五大生态工业主导产业。坚定“工业强市”发展方向，实施生态工业发展倍增行动，深化平台“二次创业”。丽水开发区特色半导体产业平台入选省“万亩千亿”新产业培育平台，实现省级开发区县级全覆盖。（季学敏）

【浙西南革命精神弘扬践行】 2022年，市委宣传部、市委党史研究室围绕创建革命老区共同富裕先行示范区，持续深入开展浙西南革命精神践行活动。举办2022浙西南革命精神论坛，首次推出全方位沉浸式宣演剧《挺进》。以浙西南革命精神化育城市精神气质，组织开展“风展红旗如画”国旗巡展，推出“国旗知识展陈+特色活动+爱国主义”专题教育模式，观展市民超过20万人次；举办“党的好儿女”中国民族歌剧经典选段音乐会、纪念刘英烈士牺牲80周年等活动。成立革命遗址保护利用专家委员会，建成浙西南革命老区公园，完成“浙西南革命精神丛书”6部专著编撰，推出书著《红色浙西南》。面向全国征集以“红绿融合与共同富裕”为主题的学术论文83篇，录用57篇。（朱映归）

【山海协作交流】 2022年7月4—5日，丽水市党政代表团到宁波学习考察，对接山海协作工作。会上，两市签署《新时代支持浙西南革命老区振兴发展对口合作框架协议》和《宁波—丽水2022年度山海协作工程合作协议》。

11月29日至12月1日，胡海峰率丽水市党政代表团到湖州市、嘉兴市开展山海协作交流。市领导杜兴林、张壮雄、周和平等参加有关活动。丽水与湖州举行山海协作工作交流座谈会，签订《2022年度山海协作工程合作协议》，围绕产业协作、群众增收、资金援建等方面深化务实合作。代表团参观嘉兴火车站旁1:1复建的1921火车站站房，重走中共一大路，接受党史教育、廉政教育和爱国主义教育。

【“智汇丽水”人才科技周】 2022年11月15日，“智汇丽水”人才科技周在丽水开幕。中国科学院、中国工程院、美国科学院、加拿大健康科学院、俄罗斯工程院的院士专家，国家、省有关部门领导，创新创业人才代表，全国知名高校、科研院所领导嘉宾，全国人力资源服务企业代表等到丽水讨论人才科技创新，共谋丽水未来发展。开幕式上，发布丽水全球引才形象片《来浙丽当主角》，26个人才科技项目成功签约；聘任院士为丽水主导产业集群产业链首席科学家，为系列人才科创平台揭（授）牌；为16个“绿谷精英·创新引领行动计划”A类及以上落地项目颁奖并授信；发布《丽水市人才科技保险公司建设标准》和全省首批人才科技保险公司名单、首个人才科技综合保险产品、首批参保企业和保障额度；发放人才科技周专属大礼包、发布丽水市重点产业紧缺人才需求目录；举行长三角一体化人才社团联盟轮值主席交接仪式，“希望之光”组合式人才帮扶签约和启动仪式等。活动期间，20余个子

活动及分论坛陆续举办，各县（市、区）举办分会场活动。（程 奕）

重要会议

【中国共产党丽水市第五次代表大会】 2022年2月24—27日，中国共产党丽水市第五次代表大会在丽水召开，大会应出席代表350人，实到代表348人。大会主题是：高举中国特色社会主义伟大旗帜，坚持以习近平新时代中国特色社会主义思想为指导，大力弘扬践行浙西南革命精神，坚毅笃行“丽水之干”，永做跨越式高质量发展道路上奋勇向前的新时代“挺进师”，为全面建设绿水青山与共同富裕相得益彰的社会主义现代化新丽水而不懈奋斗。胡海峰代表中国共产党丽水市第四届委员会，向大会作题为《永做跨越式高质量发展道路上奋勇向前的新时代“挺进师”全面建设绿水青山与共同富裕相得益彰的社会主义现代化新丽水》的报告。中国共产党丽水市纪律检查委员会以书面形式向大会报告工作。

大会选举产生中共丽水市第五届委员会，选举产生中共丽水市第五届纪律检查委员会，通过《关于中国共产党丽水市第四届委员会工作报告的决议》《关于中国共产党丽水市第四届纪律检查委员会工作报告的决议》。

【市委全体会议】 2022年2月15日，市委四届十三次全会在丽水举行。全会表决通过出席省第十五次党代会代表候选人预备人选。

2月18日，市委四届十四次全会在丽水举行。全会审议通过《中共丽水市第四届委员会向中共丽水市第五次代表大会的工作报告（讨论稿）》《中共丽水市纪律检查委员会向中共丽水市第五次代表大会的工作报告（讨论稿）》。通报市“两委”委员人事安排。

2月27日，市委五届一次全体会议在丽水举行。胡海峰主持会议。全会选举产生中国共产党丽水市第五届委员会常务委员会委员和书记、副书记，胡海峰当选市委书记，吴舜泽、郎文荣当选市委副书记，杜兴林、徐光文、傅智超、戴平辉、徐海宁、楼志坚、李一波、张壮雄当选为市委常委。全会通过五届市纪委一次全会选举结果，审议通过《中国共产党丽水市委员会工作规则》。

8月25日，市委五届二次全体（扩大）会议在丽水举行。市委书记胡海峰代表市委常委会作工作报告，并作总结讲话。全会研究部署创建全国革命老区共同富裕先行示范区工作，动员全市上下以新时代“挺进师”的奋进姿态坚毅笃行“丽水之干”，在跨越式高质量发展中推进“中国特色社会主义共同富裕先行和省域现代化先行”在丽水的生动实践。审议通过《中共丽水市委关于学习贯彻省第十五次党代会精神努力创建革命老区共同富裕先行示范区的决议》《中共丽水市委关于建设青年发展型城市的决定》。

12月26日，市委五届三次全体（扩大）会议在丽水举行。胡海峰代表市委常委会作工作报告，并作总结讲话。全会以习近平新时代中国特色社会主义思想为指导，全面学习贯彻中共二十大精神，总结市委五届一次全会以来的工作，动员全市上下大力弘扬践行浙西南革命精神，坚毅笃行“丽水之干”，全面系统落实“八个必须坚持”，以永做新时代“挺进师”的奋斗、实干，奋力推进中国式现代化的丽水探索与实践，开创社会主义现代化新丽水建设新局面，审议通过《中共丽水市委关于全面学习贯彻中共二十大精神以永做新时代“挺进师”的奋斗实干全面建设社会主义现代化新丽水的决定》。（季学敏）

【市委常委会会议】 2022年1月5日，会议组织观看2021年长江经济带生态环境警示片，传达学习推动长江经济带发展领导小组全体会议和省委常委会会议精神，研究贯彻落实意见。

1月11日，会议传达学习习近平总书记对党史学习教育作出的重要指示和中央党史学习教育总结会议精神；听取市人大常委会党组、市政府党组、市政协党组、市法院党组、市检察院党组工作汇报。

1月26日，会议传达学习习近平总书记关于“三农”工作的重要指示精神和中央农村工作会议精神，研究贯彻落实意见。

2月11日，会议研究干部人事工作。

2月14日，会议传达学习习近平总书记对政法工作重要指示精神及中央政法工作会议、省委政法工作会议暨全省政法队伍教育整顿总结会议精神，研究贯彻落实意见；传达学习习近平总书记对信访工作重要批示精神和省委信访工作会议、全省信访局长会议精神，研究贯彻落实意见。

2月18日，会议传达学习全国保密工作会议精神，研究贯彻落实意见。

2月28日，会议传达学习习近平总书记关于依规治党的重要论述精神；听取市五届人大一次会议、市政协五届一次会议有关事项的汇报。

3月25日，会议传达学习习近平总书记关于统计监督工作重要讲话精神和中共中央办公厅、国务院办公厅印发的《关于更加有效发挥统计监督职能作用的意见》精神，研究贯彻落实意见；传达学习省委书记袁家军在丽水调研时的讲话精神。

4月14日，会议传达学习习近平总书记关于老干部工作重要指示精神，研究贯彻落实意见。

4月28日，会议传达学习习近平总书记在北京冬奥会、冬残奥会总结表彰大会上的重要讲话精神，研究贯彻落实意见；研究市本级开发区（园区）整合提升产业平台设置有关事宜。

5月19日，会议传达学习习近平总书记在庆祝中国共产主义青年团成立100周年大会上的重要讲话精神，研究全市贯彻落实意见；传达学习习近平总书记对湖南长沙居民自建房倒塌事故的重要指示精神及全国、全省自建房安全专项整治会议精神，听取全市自建房安全专项整治工作情况的汇报。

6月2日，会议传达学习习近平总书记重要讲话精神以及中央、省稳经济系列会议精神，听取全市经济运行情况的汇报。

6月24日，会议传达学习全国公安系统英雄模范立功集体表彰大会和第九次全国信访工作会议精神，研究贯彻落实意见。

7月20日，会议传达学习国家主席习近平致全球重要农业文化遗产大会贺信和全球重要农业文化遗产大会精神，研究贯彻落实意见；研究壬寅（2022）年中国仙都祭祀轩辕黄帝大典有关事宜。

7月28日，会议传达学习中央和省关于意识形态领域形势有关文件精神。

8月18日，会议传达学习习近平总书记在省部级主要领导干部"学习习近平总书记重要讲话精神，迎接中共二十大"专题研讨班上的重要讲话精神。

9月23日，会议传达学习习近平总书记近期关于防汛抗旱救灾工作重要指示精神和关于安全生产工作重要批示精神，研究贯彻落实意见。

9月27日，会议传达学习中央文件精神。

10月25日，会议传达学习中共二十大精神，审议《中共丽水市委关于认真学习宣传贯彻中共二十大精神的通知》。

11月11日，会议传达学习习近平总书记关于机关事务工作的重要指示精神；研究部署"智汇丽水"人才科技周有关工作。

12月5日，会议传达学习习近平总书记致中国农民丰收节贺信精神、全省深化"千万工程"建设新时代美丽乡村现场会精神，研究贯彻落实意见。（林中立）

【全市领导干部会议】 2022年1月21日，会议传达学习省两会精神，市委书记胡海峰讲话。市委副书记、代市长吴舜泽主持。市人大常委会主任李锋和市政协主席陈瑞商分别传达省十三届人大六次会议精神、省政协十二届五次会议精神。

3月14日，会议传达学习全国两会精神，全国人大代表胡海峰主持会议并讲话。全国人大代表、市纪委常务副书记、监委副主任钟海燕和全国政协委员，市中医院名誉院长雷后兴分别传达十三届全国人大五次会议精神、全国政协十三届五次会议精神。

10月25日，会议传达学习中共二十大精神和全省领导干部会议精神，胡海峰传达中共二十大精神并作传达贯彻要求，市委副书记、市长吴舜泽主持并传达全省领导干部会议精神。

12月20日，会议传达学习省委十五届二次全体（扩大）会议暨省委经济工作会议精神，吴舜泽主持并传达省委十五届二次全体（扩大）会议暨省委经济工作会议精神。

【市委经济工作——招商引资战略性先导工程再推进大会】 2022年2月18日，市委经济工作——招商引资战略性先导工程再推进大会召开。会议学习贯彻中央和省委经济工作会议精神，落实市委四届十二次全会精神，总结全市上一年经济工作，部署全年经济工作。市委书记胡海峰讲话，市委副书记、代市长吴舜泽主持。李锋、陈瑞商、任淑女、郎文荣和其他副市级领导干部出席。

【市委人才科技工作——招才引智战略性先导工程再推进大会】 2022年4月26日，市委人才科技工作——招才引智战略性先导工程再推进大会召开。会议强调要深入学习贯彻中央、省委人才工作会议精神，落实市第五次党代会精神，把创新摆在发展全局的核心位置，推进人才科技工作，为建设社会主义现代化新丽水提供坚实人才科技支撑。市委书记胡海峰讲话，会议由市委副书记、政法委书记郎文荣主持，李锋、任淑女和副市级领导干部出席。

【五届市委全面深化改革委员会第一次会议暨全市数字化改革推进会】 2022年5月26日，五届市委全面深化改革委员会第一次会议暨全市数字化改革推进会在丽水召开。会上，部分县委书记及丽水经济技术开发区党工委书记作改革述职。市委书记胡海峰主持会议并讲话强调，各地各部门要明确2022年重点改革任务和工作要求，推动责任再落实、措施再发力、质效再提升，以重点突破带动改革全局，打好改革攻坚突破战。杜兴林、戴平辉、楼志坚、李一波、毛建国、朱磊、李汉勤、周和平等出席。

【文化工作会议】 2022年8月10日，市委召开文化工作会议，会议学习贯彻中央和省委关于文化建设的重大决策部署，实施文化强市战略，启动“文兴丽水、挺进共富”工程。市委书记胡海峰讲话，市委副书记、市长吴舜泽主持。市领导任淑女、张赟等出席。（程　奕）

市委办公室工作

【概况】 2022年，丽水市办公室(简称市委办)深入学习贯彻习近平总书记对新时代办公厅工作重要指示精神，立足政治定位、扛起政治责任、强化政治担当，扎实推动市委重大决策部署落实，在服务中心大局上当表率，在锻造过硬本领上作示范，在模范机关建设上树标杆，全面推动“三服务”工作提质增效，着力打造勇立潮头的“坚强前哨”和坚如磐石的“巩固后院”。

【“办文指数”考核持续满分】 2022年，市委办创新落实省委办公厅公文考评机制，推行“公文办理不过夜”“五把关、三校对、一审读”等做法，以精细流程、精确责任、精准追踪推动公文高效流转，实现各季度省级“办文指数”考核全满分。以指数考核牵引公文办理数字化改革，在全省率先实现非涉密文件全部上线“浙政钉”，公文处理效率明显提升，党政公文流转枢纽地位更加凸显。

【首创重点问题“三全”整改督办机制】 2022年，市委办聚焦重点问题整改，在全省首创推行“全方位全链条全维度”整改督办机制，以“七张问题清单”重点问题为突破口，创新周例会、月考评、季路演等做法，推行“三色预警”、每周聚焦、满意测评、晾晒排名等措施，实现问题督办刚性、整改实效“双提升”，得到省委办公厅主要领导批示肯定。通过全周期闭环管控督办，十四届省委巡视遗留未整改的20个难题实现销号清零，“护航中共二十大”除险保安督查发现的553个问题整改率99%，消除一批风险隐患，督查作用明显。

【信息工作】 2022年，市委办以争创中办信息直报点为动力，加强信息主渠道作用，省委办公厅录用350篇，创历史新高；聚焦中心工作做深调研信息，18篇专报获市领导肯定，并转化市委市政府决策部署；完善重大突发事件报告制度，全年未发生重大信息漏报、迟报、误报情况；开展“每年一周”信息综合能力集中培训，成为全省党办干部教育培训品牌。全市抓信息工作考核激励、队伍建设“双驱动”，推动参谋辅政和上级录用“双提升”等做法，得到中央办公厅肯定，并评审确认丽水市为中办信息直报点。

【党建统领整体智治数字化改革】 2022年，市委办坚持管用实用好用，迭代开发、贯通落地、试点承接、扩面推广“四管齐下”，不断补齐基础偏弱、投入不足短板。推动全市迭代升级特色应用30个，“技能百事通”应用获省委主要领导肯定；15个省级重大应用全部贯通，浙政钉、浙里办贯通率居全省第一，“突发快响”应用评价获全省优秀；揭榜承接省级应用开发试点24个，3个获省里表彰；稳步推广试点应用，“聚才共富”被确定全省推广。形成理论成果36项、制度成果63项，在省级以上媒体刊发报道48篇。

【落实市委重大事项请示报告工作】 2022年，市委办创新重大事项请示报告工作落实机制，构建主体责任、直接责任、承办责任三重格局，架设文件呈报、网络直报、上门汇报三条通道，推行量化督办、介入查办、智能催办三方盯办，建立请示报告事项动态更新、数字管理“一本账”，实现事后报告向全程报告、人工督办向智能督办的“双跃升”。至年底，市委92件重大事项全部按时规范请示报告，并实现县级单位重大事项请示报告全覆盖、零遗漏。此项工作获评全省先进，并在全省党办系统工作会议上作典型交流。

【“141”基层治理体系建设工作】 2022年，市委办主动承接基层智治“141”[1个县级社会治理中心；4个乡镇(街道)平台，分别是党建统领平台、经济生态平台、平安法治平台、公共服务平台；1个村(社)网格)]系统迭代升级任务，组建专班、每周会商、挂图作战、精准发力，奋力推进线上、线下两个系统建设，较好地完成省定各项任务。研究出台具有鲜明辨识度的《丽水市“141”基层治理体系迭代升级指导意见(试行)》，省级2批10个重大应用如期贯通，9个县(市、区)社会治理中心基本完成班子配备、机构设置、场所建设，173个乡镇(街道)“基层治理四平台”均完成迭代升级，基层网格优化全面完成，通过基层智治综合应用处置事件45607条。

【机要密码保障安全畅通】 2022年，市委办把握机要密码通信“生命线”的定位，坚持排隐患与强技能“双管齐下”，以安全监管排隐患，整改问题4个，完成密评项目20余个；以实战练兵强技能，每月定期演练，在

“应急演练环节用时及总用时各市排名”中居全省第一。全年保障机要视频会议176场次、收发机要电报3178份，未发生密码通信中断及压误、漏办等问题，实现安全高效。组织实施普密扩容项目建设，数字化密码支撑保障能力大幅提升。（熊雅婷）

政策研究工作

【概况】 2022年，市委政研室围绕市委中心工作，开展市委重要文稿起草、重要政策制定、重点课题调研的服务保障，做好市委财经委员会办公室日常事务。

【牵头重要文稿起草】 2022年，市委政策研究室完成文稿起草30余篇，主要完成市第五次党代会报告、市委五届二次全会报告、市委五届三次全会报告及市委经济工作会议、市纪委全会等重要会议文稿起草工作，研究制定《中共丽水市委关于认真学习贯彻省第十五次党代会精神努力创建革命老区共同富裕先行示范区的决议》《中共丽水市委关于建设青年发展型城市的决定》《中共丽水市委关于全面学习贯彻中共二十大精神以永做新时代“挺进师”的奋斗实干全面建设社会主义现代化新丽水的决定》以及《2022年市委常委会工作要点》等重要文件。召开“八八战略”实施综合评估工作部署会，成立工作专班，编制形成《丽水市2021年度“八八战略”实施年度综合评估报告》。

【课题研究与信息服务】 2022年，市委政研室牵头组织市委重点课题调研，形成《丽水市打造全省新发展格局中的新增长极的思路对策研究》课题总报告以及20个子报告。编发《决策与调研》23期，内容涉及制造业高质量发展、建设青年发展型城市、革命老区振兴发展等政策建议。制定《决策与调研》编发管理办法，新开设《决策与调研》增刊、政研信息。做好《学习与研究》《政策瞭望》的发行工作，报送优秀调研成果，推动调研成果转化。（季学敏）

组织工作

【概况】 2022年底，丽水市有党员184973人，比上年净增2625人。大专及以上学历的党员84849人，占45.9%，提高1.5个百分点；女党员54700人，占29.6%，提高0.7个百分点；少数民族党员6020人，占3.3%。全市有党的地方委员会10个，其中省辖市委1个，地辖市委1个，县委6个，自治县委1个，省辖市区委1个。机关基层党组织743个，事业单位基层党组织1136个，企业基层党组织2712个，社会组织基层党组织2584个。新发展党员3200人，其中生产工作第一线的2292人，占71.6%；大专及以上学历的2077人，占64.9%；35岁及以下的2493人，占77.9%。

中共丽水市委组织部（简称市委组织部）推动各级党组织把学习习近平总书记重要讲话和指示批示精神放在首位，深入实施学习贯彻中共二十大精神挺进争先、省第十五次党代会精神“三争先三挺进”行动，组织专题党课1.4万场次，推动全市10300余个基层党组织、18万余名党员持续学习党的创新理论。突出加强领导班子和干部队伍政治建设，在市直单位届末调整中迭代升级政治“体检卡”，具化5个正向、10个反向内容，对考察对象和拟新提拔人选以及243名科级优秀年轻干部进行全方位“政治体检”。依托浙里红色根脉强基工程应用，发挥“96345”党员志愿服务中心流动党员营地作用，加强流动党员管理。

【服务中心大局】 2022年，市委组织部围绕创建革命老区共同富裕先行示范区的使命任务与中心大局，调研谋划和系统部署实施“缩小人力差距助跑共富行动”，推进“共富学堂”“共富工坊”“共富班车”“丽水山递”等党建统领共同富裕体系建设，累计建立学堂350余个、工坊580余家、班车170余辆，惠及山区群众10余万人；“丽水山递”累计建成3个县级公共物流配送中心，120个村级“共富驿站”，为农村群众提供家门口网络购物、直播销售、快递上门等“一站式服务”，该做法入选省第二批共同富裕最佳实践名单。促推经济稳进提质，制定“平战八条”“硬核八条”等工作条例；选优配强经济干部，市直单位届末调整中先后交流或提任处级领导干部进涉企部门领导班子18人次；深入推进“千名干部助千企暨百名博士联百企”稳进提质攻坚行动，市县两级选派1283名党政机关干部作为驻企服务员，“一对一”全覆盖帮扶联系规上工业企业。

【“人力三量”提升工程】 2022年，市委组织部着眼丽水发展存在“人力差距”问题，部署实施“人力三量”（人力存量、增量、变量）提升工程：优化党员干部人才的素质、结构和功能，推进全周期思想铸魂、全领域能力提升、全方位结构优化和全链条功能增强“四大行动”，做优人力存量；引进新的优质党员干部人才，推进外部引进扩量、入口质量提升和招引生态优化“三项行动”，做大人力增量；强化党员干部人才队伍统筹调度和优化配置，推进数字化改革提速、组织化程度提升和驱动力激活提振“三大行动”，做活人力变量。“人力三量”提升工程取得破题性或阶段性成果，为全市创建革命老区共同富裕先行示范区、建设现代化新丽水提供坚强人力支撑。

【“一年四计”行动】 2022年，市委组织部以结构功能优化年为主题，开展以“一把手”战略储备、专业干部精准配备、年轻干部千锤百炼、干部交流跨山统筹为主要内容的“一年四计”行动计划，形成五年行动方案，细化19项措施和19项具体行动，动态调整和储备“一把手”150余人，建立“9+3”专业人才库实行动态管理和900余名优秀年轻干部库，梳理形成具体到人的“一县一册”“一单位一表”。制订《市管干部职级晋升优化方案》，结合历年政策执行情况，在晋升操作频次、发挥调节作用、体现激励导向等方面进行再优化，全年延缓晋升74人次。

【干部交流】 2022年，市委组织部根据全市干部队伍建设实际，开展优秀年轻干部制度性交流，储备人才选好苗子。首次探索国有企业优秀年轻干部交流到行政机关任职，基层2年历练期满的优秀选调生到乡镇机关任职。全年交流干部37人，其中全日制大学以上学历32人；18名正科级干部中有12人是1986年以后出生，19名副科级干部中有10人是1989年以后出生，交流干部年龄结构和学历结构进一步优化。

【援派挂职专班工作】 2022年，市委组织部做好26名援疆干部人才、4名援藏干部人才、2名援青干部人才、29名东西部协作干部人才后勤服务保障工作。完成25名东西部协作专技人才轮换，重点对东西部协作干部4人开展期中考核。加强与省直机关、发达地区衔接，推动资源要素向丽水汇聚，争取第二批“千名干部交流互派工程”41名干部到丽水挂职，选派28名优秀年轻干部到省直单位挂职锻炼，数量均为全省各地市最多。围绕服务保障“双招双引”“经济稳进提质”等市级重点工作，新建6个专班、充实36个专班、退出3个专班，统筹全市力量选派411名干部进行保障。开展市级专班半年度和年度专项考核工作，规范专班工作。

【数字赋能公务员管理】 2022年，公务员人事信息管理系统投入使用，实现公务员从入口到退出全生命周期一体化管理，优化协作流程、加快信息共享。更新全市2万余名公务员信息，全面掌握公务员数量、分布、结构和变化，分析研判公务员队伍现状。面试考官星级管理系统用于面试考官日常管理、评定使用，形成市县两级1000余人的考官库，该做法入选全省数字组工建设“四个好”评选十个“好规则”之一。

【公务员职务与职级并行制度】 2022年，市委组织部优化职级晋升操作办法，建立晋升负面清单，优化市本级一级至四级主任科员、四级调研员统筹职数使用原则，树立实干实绩择优晋升导向。完善全市公务员规范津贴补贴和绩效奖金分配方案，加大对低职级和基层一线公务员工资薪酬的倾斜力度，注重平时考核与年度考核结果运用，在绩效奖金分配时树立优绩优酬导向。

【干部管理监督】 2022年，市委组织部加强干部监督管理，开展十大专项整治百日攻坚行动，聚焦违规招录调动、“三超两乱”、违规兼职等10个方面普遍性、典型性问题，实现全市有选人用人权单位自查自纠全覆盖，问责处理干部148人次，印发典型案例通报。对上一轮省委巡视的9个县（市、区）和开发区开展全覆盖对账检查，立项督办突出问题3个，处理问责干部171人次。结合五届市委第一轮巡察，对9家单位开展选人用人专项检查。加强政商关系监督，梳理汇总459名市管领导干部有关亲属从业及从事经营活动情况，由党委（党组）逐一过筛、甄别研判，11名市管领导干部有关亲属退出经营活动。开展政商关系审核把关，对2名考察对象提出监督建议。

【“红＋绿”特色干部教育培训】 2022年，市委组织部实施“红绿融合培训赋能行动”，全市开展红色现场教学1800余场次、培训2.3万余人次，绿色现场教学1300余场次、培训1.8万余人次；精心谋划全市各级干部中共二十大精神全员培训，筹备1000名左右县处级干部集中轮训；提升全市百个现场教学点星级评定质量，打造9条“红绿”研训现场教学精品路线。开展“三百”培训，全市推出100个基层干部共富特色培训班，培训4.4万余人；举办100个“双招双引”培训班，培训7000余人次；举办100个左右市直部门专业化培训班，培训5000余人次。开展“三力”培训，全市举办“问海借力”培训85个班次，培训7800余人次；在干部教育培训资源上跨山统筹“组团合力”；依托中青班等主体班次开展“双招双引”实践锻炼，组织学员到招引、项目一线跟学，提升“实践能力”。

【党员队伍建设】 2022年，市委组织部突出“思想铸魂”，坚持把学习习近平新时代中国特色社会主义思想作为“第一议题”，深入学习贯彻中共二十大精神，教育广大党员坚定捍卫“两个确立”、坚决做到“两个维护”。实施发展党员“源头工程”，不断完善预审把关和结构调优机制。加强流动党员教育管理，探索形成阵地前移、驻点加油、积分定星等流动党员“管育十法”，完成流出党员信息采集。加大对各类党员的关心关爱力度，为全市1063名党员颁发“光荣在党50年”纪念章，对生活困难党员、老党员、因公殉职党员干部家属等进行全覆盖走访慰问。划(转)拨各级党费慰问一线疫情防控医务人员和基层党员干部群众。

【党员教育中心】 2022年，市委组织部拓宽宣教手段，通过市区大屏资源、“学习强国”学习平台投放党员教育片。“之江先锋”短视频录用28条，播放量超400万次，位居全省第三。开通“绿谷先锋”抖音号，上传5个专题41部作品，播放量近7万次。改版《丽水先锋行》栏目，省级以上党建电视录用150条次。围绕推进“共富工坊”、保障丽水人才科技周等制片30余部。摸底建档实现全市党群服务中心数字化管理。牵头市本级党群服务中心建设，协调优化场地功能布局。开展“先锋直播间”试点工作，组织直播带货130场，促进村集体增收近30万元。策划“春节六送”活动及“追寻足迹”工作，推动习近平新时代中国特色社会主义思想及中共二十大精神宣传贯彻。依托“远教专家基层行”活动，邀请32名省市专家到各地帮助解决发展实际困难。完善“日学习、周分享、月晾晒”机制，组织150余名业务骨干参加党建电视业务骨干、党员教育骨干等主体班次培训。在全省党员教育电视片观摩交流活动中，全市获8个奖项。省组部时代先锋网录用信息68篇，中组部共产党员网录用24篇。丽水先锋网常态推送党员教育学习、党课开讲等精品内容，发出党建好声音。

【“青蓝工程”】 2022年，市委组织部实施“青蓝工程”公务员成长帮带行动，为全市新录用498名公务员结对搭配“成长导师”，从思想、业务、作风对新录用公务员进行指导，促进成长。组织市、区新录用公务员初任培训，提升干部素质。

【公职人员入口质量提升】 2022年，市委组织部建立统筹调度机制和公职人员招录招聘工作联审机制，实行市县组团招引新模式，新进公职人员质量明显提升，全日制大学及以上学历占比86.8%，比上年提高8.5%，硕士研究生学历占比17.6%，提高29.4%。全市选调生招录105人，其中市本级招录51人，招录清北选调生7人，研究生学历占比达80.4%。按照“统一招引、统一入编、统一选派、统一安排、统一培养”要求，招引优秀高校毕业生112人，比上年增长124%，从学历层次看，博士研究生6人、硕士研究生69人。

【公务员考录和公开遴选(选调)】 2022年，市委组织部突出重点抓好笔试、面试等环节，从严抓好考录工作全流程、各方面，确保有力有序、安全平稳。全市各级机关招录公务员498名，市本级公开遴选(选调)优秀公务员73人。全市公务员队伍全日制研究生学历人员485人，占比2.38%，较上年提高0.6个百分点；全日制本科人员8213人，占比40.32%，较上年提高2.3个百分点。公务员招录总计划515个，行政执法类公务员招录计划194个，占比37.7%。

【人才科技工作体制机制】 2022年4月26日，市委人才科技工作——招才引智战略性先导工程再推进大会召开，推出人才科技新政38条，出台12项配套办法和73个操作细则，编制出台《丽水市人才科技发展“十四五”规划暨产业发展人才科技支撑规划》。建立市重点人才科技工作推进例会制度，构建任务交办、专班运作、例会推进、跟踪落实、结果测评的工作闭环，召开5次月度例会，办结36项交办事项。承办全省山区海岛县人才工作现场推进会，相关做法在全省推广。举办院士寄语丽水活动，获徐冠华等6名知名院士寄语肯定。设立颁发首个“处州聚星奖”。

【重点人才科技工作破零攻坚行动】 2022年，市委组织部实施重点人才科技工作破零攻坚行动，全年推荐申报省以上重点人才计划331个。入选国家海外引才计划7人，超过往年入选数总和，入选省海外引才计划9人，入选省领军型创新团队1个。围绕产业需求，新遴选“绿谷精英”184个项目，比上年增长19.5%，落地70个项目，增长32%。评选第一批“绿谷英才”190人，其中97人来自企业和科研机构，占比51%。引进高校毕业生6.29万余人，增长43%，其中博士研究生1906人、硕士研究生2632人，分别增长193.2%、8.9%。新增青年大学生和青年博士两项指数提升至全省第七位。落地全市首个实体化研究院杭电丽水研究院，建成院士工作站和浙江大华大数据工作站。引入人工智能和先进制造领域专家17人、国家海外高层次青年人才1人，常驻硕博人才50余人；入选绿谷精英人才项目12项、落地10项，参与申报并入选省级及以上科技项目或奖励8个，引进知识产权52个，与10余家企业签订技术开发服务合同，促成科技成果转化28项，建成校企实验室5个，成立丽水市成果加速器。与余杭建立“人才飞地”高层次人才互认机制，省级新型研发机构数量成功破零，国家和省重点人才计划、领军型创新创业团队、省级重点企业研究院等项目取得重大突破。创新实施“十万技能人才共富能力大提升行动”，被纳入全市十大民生实事。全年开展技能提升14.56万人次，新增技能人才3.54万人、高技能人才1.46万人，分别为上年度的1.97倍、4.42倍，高技能人才增幅列全省首位。丽水入围“中国最具95后人才吸引力城市”前50强，排名第49位。

【人才科技平台建设】 2022年，市委组织部实施“一体两高”战略，丽水学院与4个县、5家企事业单位共建产业创新平台，丽水开发区设立全国技工学校首家全产业链半导体工匠学院和丽水滚动功能部件产业学院。承接“希望之光”组合式人才帮扶团，各县（市、区）均与相关高校院所、协会专家签订合作协议，正在实施或计划开展合作项目156个。深化甬丽人才联合行动，举办甬丽增材制造研究学术大会、“智汇山海 才助共富”甬丽专家服务活动、宁波—丽水“山海协作”人力资源供需对接会等活动，启动建设庆元（海曙）人才科创“飞地”，组建丽水职业技术学院与浙江工商职业技术学院发展联盟。指导青田县建设“聚才共富”人才地图，入选全省首批“一地创新•全省共享”“一本账S0”，成为11个党建统领整体智治系统之一。围绕建设“中台型组织”目标，对全市人才科技平台进行系统梳理，系统归纳梳理涉及9个重点部门的39类5000余个平台，形成《丽水市重要人才科技平台名册》，明确平台上升路径。

【人才科技服务】 2022年，市委组织部制定人才科技服务十件实事机制，打造全市首个人才科创公园，为人才提供“无忧健康”服务。聚焦人才科技需求，以优质服务和体制机制创新解决人才和科技企业现实困难。迭代升级丽水人才码，上线人才津贴、房票补贴、子女入学等31项高频应用，达到61项应用，为5701名人才兑现政策资金2892万元，比上年增长24.53%。人才租房补贴等小额申报事项实现“一键兑付”，资金兑付由1个多月缩短到1个工作日，时效全省第三。成立人才金融服务综合平台“人才金融港”。发布全省首批人才科技保险公司标准及产品，26家企业购买人才科技产品1419万元，补贴金额85.29万元。设立全国首个人才科技保障法庭，解决人才科技服务诉求280余件，受理涉高层次人才和科技企业民商事案件248件，审理期限远低于一般案件、自动履行率远高于一般案件，相关做法获省组部肯定推广。

【激励先进】 2022年，市委组织部激励引导全市广大干部坚毅笃行“丽水之干”，永做新时代“挺进师”，在全市各级机关、国有企事业单位中选树2022年度“‘丽水之干’担当作为好干部”99人，直接涉及经济中心工作的有46人，乡镇党政正职20人、县直单位“一把手”15人、市直单位中层正职17人，覆盖多领域单位。6名干部获评2022年度“浙江省担当作为好干部”。

市委组织部奖励、经济稳进提质、应急救灾等工作中表现突出干部623人次、集体148个，激励干部在急难险重一线干事创业。全市3个集体和7名个人获评全省“人民满意的公务员集体”“人民满意的公务员”。组织293名优秀公务员参加健康休养。

【调研宣传】 2022年，市委组织部提高调查研究辅政质量，推进“百名部长蹲百点”活动，深入习近平总书记到丽水调研时的考察点位，完成《现代化背景下技能型干部队伍建设研究》《“大搬快聚”背景下乡镇干部人力资源配置优化问题研究》等调研课题23个。提升全市信息宣传工作质效，制定《市委组织部部机关全员信宣员工作制度》，优化《丽水市组工信息宣传工作积分管理办法》，开展组织系统信息宣传组团赛马“百日攻坚挺进行动”，在中央组织部刊发信息38条，其中参阅类信息条数全省第一，入围全国组织系统信息工作考核设区市10强；在省委组织部刊发信息34条；编发市本级组工信息27期，市本级在《中国组织人事报》刊发稿件7篇。新媒体工作影响力提高，推出“学习宣传贯彻中共二十大精神”“缩小人力差距”“永做‘挺进师’”等专栏，发布文章1050余篇，总阅读量达207.4万余次，全市微信推文被浙江组工录用达67条，居全省第三位。

【市级领导班子换届保障】 2022年，市委组织部根据省委关于市级领导班子换届的总体部署，加强综合比选、分析研判，做好市委委员、市纪委委员、市人大代表、市人大常委会及其内设机构和市人大、市政协各专门委员会组成人员等各项人事安排。严把人选政治素质和资格条件关，对人选进行深入考察和联审，召开市党代会、市两会，组织提名的 282 名候选人均高票当选，市、县、乡集中换届满意度调查达 98.24 分。

【市直单位届末调整】 2022 年，市委组织部对标落实选人用人高质量指标要求，着眼事业发展、队伍重塑，提出“市直单位届末人事调整八条原则”。市直领导班子成员中 40 岁及以下年轻干部比上年提升 3.39 个百分点。班子结构优化，47 个党委政府工作部门，其中 13 个部门班子配备 80 后干部，36 个部门班子配备具有县（市、区）党政工作经历的干部。通过干部人事调整进一步树立实干实绩导向，提拔使用省、市担当作为好干部，重新使用因工作原因受处分但表现突出的干部，对表现一般的干部进行调整。

【县乡领导班子换届“回头看”】 2022 年，市委组织部开展县乡领导班子换届“回头看”，组织 4 个调研组对换届后县级班子和干部队伍相关情况进行调研和分析研判，掌握班子运行磨合和干部履新适应情况，形成一县一报告。调研谈话近 300 人次，储备优秀年轻干部 307 人、近期可制度性交流人选 32 人，书面提醒需关注干部 12 人。注重从原则、导向、结构等方面为各地干部工作提供基本思路遵循，下发县直单位干部调整“七个具体要求”等工作指引 8 期。加强县级班子接续力量遴选储备，建立关键岗位、乡镇党政正职、85 后年轻干部和 70 后党外干部“四张清单”，搭建乡镇书记工作晾晒平台，在“绿谷先锋”微信公众号发布“乡镇书记话共富”10 期。

【干部考核数字化改革】 2022 年，市委组织部发挥全市“干部立体考核”应用省级试点作用，参与全省“干部立体考核”应用架构标准、数据字段标准制定，助力干部立体考核应用全省贯通。牵头推进干部智慧系统建设，实现各类组工信息共建共用共享、各类组工业务有效融通，打造丽水市智慧组工一体化平台，赋能全市组工系统数字化工作。建设市级工作专班管理应用场景，深化专班报批、组织抽调、运行管理、撤销退出、结果运用五大功能模块，日常管理更精细、考评考核更精准。市县组团开发建设“聚力共富”数字化应用并实现市县贯通，实现挂职干部干事有舞台、考核有平台。“干部立体考核应用”入选全省数字组工“好场景”和“好案例”，丽水市工作专班管理与考核办法入选全省数字组工“好规则”。

【推进法检干部队伍系统重塑】 2022 年，市委组织部继续深化“一统筹三打通”机制，推进法检干部队伍系统重塑，形成专题调研报告。8 月统计数据与 2020 年 7 月相比，法检干部队伍“一降三升”态势明显，平均年龄 46.15 岁，下降 3.15 岁；40 岁以下年轻干部 25 人，占 23.36%，增加 16.22 个百分点；全日制大学及以上学历干部 47 人，占 43.93%，增加 20.92 个百分点；消化同一班子任职满 10 年干部 50 人。

【“大综合一体化”行政执法改革】 2022 年，市委组织部围绕机构编制，调整执法力量，布局下沉队伍管理，推进参公单位认定和人员分流工作。形成《关于加强“大综合一体化”行政执法改革下沉人员管理的若干意见（试行）》《乡镇街道综合行政执法队“强基赋能”行动的指导意见》，突出实绩导向选用下沉干部。线上线下培训下沉干部 280 余场次、8600 余人次，提升专业办案能力，加大分类招录力度，充实基层队伍，有序分流撤销参公单位混编人员。

【“红耀绿谷、强基共富”工程】 2022 年，市委组织部为深入贯彻落实省委“红色根脉强基工程”，对标实施“百县争创、千乡晋位、万村过硬”工程，以市委名义召开全市基层党建工作会议，部署实施“红耀绿谷、强基共富”工程。“红耀绿谷、强基共富”工程重点建设十大红绿党建矩阵，实施十大强基行动，以红色党建引领绿色发展、推动山区共同富裕，加快基层党建全领域建强、全区域提升，着力打造新时代山区党建统领高地。

【“跨山多联”党建联建】 2022 年，市委组织部聚焦破解山区“散小弱”问题，深化“跨山多联”党建联建机制，推动 3400 余个党组织开展联建，打造浙闽边、流动共富车、街乡共治等特色党建联建实践案例 700 余个，促进乡村共富、基层共治、服务共享。突出乡村振兴共同富裕主题，召开全市深化党建联建机制暨技能型干部队伍建设现场推进会，推动基层在乡村治理、产业合作、村企协作等方面开展党建联建。制定《深化党建联建机制助力共同富裕的十条举措》，明确党建联建典型案例推介标准，首批选编 20 个市级层面典型案例，其中 3 个入选全省《深化党建联建机制党建引领“共富工坊”建设案例集》。

【乡村干部队伍重塑】 2022 年，市委组织部开展乡镇换届“回头看”，做好“一肩挑”后村社治理专题分析，加强乡村干部队伍建设。开展万名乡村干部学技能活动，全市贯通推广“技能百事通”应用，围绕“需求汇”“掌上学”“一线用”“立体评”形成干部学用技能的闭环管理链条。升级实施“领雁学历提升计划2.0”，组织基层党组织带头人参加本科学历教育，重点实施列出一批研学专题、走进一个高等学府、制作一个宣传课件等“八个一”培养计划，首期本科班招收学员52名。加强人才导入，市本级选派新一批91名农村工作指导员（第一书记）到基层一线，领办产业发展项目。

【村级集体经济壮大】 2022年，市委组织部抓好中央、省扶持村级集体经济项目，205个村获中央和省财政资金扶持，通过把好项目申报关、建设调度关、市场运营关、质量绩效关，推动项目高质量运行发展。推动强村公司高质量发展，鼓励做大资产规模、强化业务供给、加强政策支持，开展强村公司季度排名、年度比拼，给予1000万元奖补资金。申报建设中央和省级红色美丽村庄，1个省级建设村、1个县级建设村提档升级为中央试点村。深化开展“百个红色美丽村庄”党建联建，撬动县、乡、村各类资金向红色美丽村庄集聚，会同文旅、农业农村等部门建设精品共富营地、共富基地，推出红色研学路线、“百个红色美丽村庄”共富行随行卡等，开展红色教育83.37万人次。相关建设经验在《中国组织人事报》刊发。

【“共富学堂”建设】 2022年，市委组织部着眼“共富学堂”和“共富工坊”融合推进，抓好重点产业、重点区域、重点群体“三个覆盖”，制定建立一支师资队伍、打造一套课程体系、建设一批实训基地等“七个一”的“共富学堂”建设标准，全市打造“共富学堂”350个，举办各类技能培训和比拼活动1330余场，发展2120余名优秀学员成为技能师傅，推动6200余名学员直接到“共富工坊”就业，发挥“共富学堂”赋能乡村干部群众技能提升和就业增收的实质作用。

【现代社区建设与养老服务】 2022年，市委组织部健全领导协调机制，开展专项攻坚、定期晾晒、实地督导，同步下发工作提示单、交办单26期。抓组织建设，吸收共建单位、物业540余名服务企业党员负责人等担任街道、社区兼职委员，推动物业和业委会党员进入小区党支部，全覆盖建立红色议事机制。多元化配强力量，招聘社工792人，社区每万名城镇常住人口配备专职社工平均增加10人。坚持设岗定责，精准设置党建、应急管理、两新工作等9大类社区岗位，实行“一人多岗、一岗多能”全科培养。梳理形成社区职责事项等3张清单，严格建立社区准入机制。加强“专业化”人才培育，推出《养老服务专技人才职称评定机制》，培养山区养老管家和社会组织领军人物，出台社会人才队伍实施办法，为持证社工发放职业津贴。实施社区阵地提质增效行动，通过公房共享、公建民营等方式，市区联动推进建设“现代社区服务综合体”，推动社区服务阵地面积翻番。优化特色服务供给，打造“8分钟服务圈”，搭建“96345”服务热线和居养平台。推进党建统领网格智治，科学划分网格和微网格，实施“党群连心·网格走亲”活动，推动5.7万名“网格团队”力量入格走亲。构建“浙丽长寿·山区颐养”服务体系，推进养老服务“爱心卡”，推出流动共富车175辆、流动智慧医院46个等，将暖心服务送到山区群众家门口，丽水市被列为山区养老创新试点市。

【党建工作责任】 2022年，市委组织部突出抓党建促“七张问题清单”，做好全市党委（党组）书记抓基层党建述职评议工作。开展乡镇书记党建政绩评审，压紧压实乡镇党委责任。坚持和深化“三个走遍”，健全落实“走村不漏户、户户见干部”、村社干部“包网入户”、在职党员进社区报到服务等直接联系服务群众机制。强化分类定级、组团包联，扎实推进乡、村两级疫情防控执行力和组织力考赛，评选47个优秀乡镇（街道）、305个优秀村（社区），作为乡镇换届“回头看”和党委（党组）书记抓基层党建述职评议考核重要内容。开展赛马比拼，市级层面举办“红绿融合

2022年6月29日，丽水市“红绿融合助共富”红色美丽村庄大比拼活动在龙泉市举办

（市委组织部　提供）

助共富”红色美丽村庄大比拼、现代社区建设实招妙招“大比拼”、全市乡镇(街道)党(工)委书记擂台赛、强村公司优秀项目大比拼等活动,示范带动各县(市、区)举办县、乡层面赛马比拼684场次,推动乡村干部比学赶超、全力奔跑。

【两新党建】 2022年,市委组织部围绕党组织实质作用发挥,聚焦政治引领实施四大工程、聚焦提质扩面开展四大行动、聚焦要素保障建立完善四项机制,推动两新党建工作全面建强。实施“强引领、优服务、争先进”行动,推进“121”(全市选树10个示范园区、20幢示范楼宇、100家示范企业)标杆创建工作,打造180家五星级党组织,评选2022年度十佳两新党组织品牌。制定出台《关于进一步完善市委两新工委成员单位党建工作联系点制度的通知》,开展“三联三优三跃升”行动,推动20个部门联系9个县(市、区)、12个工业园区、17个行业、35个两新党组织;实现全市50人以上有党员企业和小微企业园党组织全覆盖,推进65家后进党组织整转。加强两新组织党建工作经费保障,制定出台《关于进一步加强两新组织党建工作经费保障的实施方案》。巩固深化新业态新就业群体党建工作,理顺行业党建工作,市县快递行业党委、交通运输行业党委、互联网行业党委全覆盖。在新业态领域新建党支部26个、工作支部10个,55名货车司机党员全部被纳入管理。完成680个两新党组织集中换届工作,两新党组织书记出资人和高管担任党组织书记占比63.16%,组织开展“履职践诺”等活动,推动党组织实质作用发挥。深入推进新生代“双传承”计划,组织50名新生代企业家到西安交通大学开展培训,培训新生代企业家978人次,持续实施青蓝接力工作,推动全市100名新生代企业家与老企业家结对。实施“绿谷红领”培育工程,制定出台《关于开展“绿谷红领”党务工作者培育工程的实施意见》,构建“绿谷红领”全链条培育体系,该做法被评为全国非公企业党建2022年度百个两新党建创新案例。举办丽水市第七届两新党建好故事讲演活动。

市委组织部常态化开展“千企走访赋能”行动,走访企业9000余家次,收集意见4600余条,解决实际问题3400余个;组建市、县两级1322名助企服务员队,加强全市工业规上企业联系指导;在“一带三区”大发展格局中做强产业链党建联建,推动铅笔、木玩、茶叶等40个行业产业链供应链创新链互促互融。联合农商银行推出“红耀绿谷贷”专项金融产品,为两新组织提供“红色金融服务”。联合市教育局制定出台《关于加强全市民办学校党的建设工作的指导意见》,推动21所民办义务教育学校党组织规范化建设。开展全市两新党建工作年度述职评议。

【干部档案管理】 2022年,市委组织部开展档案中心改造,推动集中管档3.0迭代,新增管理教育系统、卫生系统和国资系统的干部人事档案,实现市本级1.73万卷干部人事档案统存统管,成为全省首家统存统管市本级公职人员档案的地级市。出台《干部人事档案管理中心集中管档工作制度》,构建起集中管档运行机制。开展干部人事档案专项审核和遗留问题“起底清零”工作,完成市本级所有国有企事业单位干部人事档案专项审核,累计审核档案55133卷,组织重新认定26292人,收集材料286770份,实现全市干部人事档案专项审核全覆盖。自查干部档案7万余卷,发现遗留问题5976个,组织重新认定725人次,补充收集材料5000余份。制定《市管干部人事档案健康码赋码工作方案》,累计审核赋码市管干部档案972卷,组织认定29人,补充材料397份。开展干部人事档案数字化改革,建立智慧化干部档案管理体系,完成智能库房改造,全市在职公务员、国有企事业人员档案数字化率分别为100%、71%。全年接待档案查阅1900余批次查阅档案5570余卷次,接收转递档案326卷,接收散材料5万余份。专项审核、凡评(聘)必审等经验做法经省委组织部录用刊发、推送。 (刘　鑫)

宣传工作

【概况】 2022年,全市宣传思想文化战线在中共丽水市委的坚强领导下,高扬“丽水之干”的行动奋斗旗帜,弘扬践行浙西南革命精神,开展理论研究、重大主题外宣、文化建设、全域文明创建等重点工作。学习宣传贯彻习近平新时代中国特色社会主义思想和中共二十大、省第十五次党代会、市第五次党代会和市委五届二次全会精神,组织开展“六学六进六争先、‘丽水之干’谱新篇”学习实践活动,开展各类线下学习活动1.5万场次,覆盖18.02万名党员,开展基层宣讲1.2万余场,受众150余万人次。举办“浙’十年·丽水”市委主题新闻发布会,展示丽水各项事业取得的成就变革和生动实践,全网阅读量1.3亿人次。市委首次高规格召开文化工作会议,启动实施“文兴丽水、挺进共富”工程,高位推进新时代文化丽水建设。争创全国文明典范城市,推进新时代文明实践阵地建设，实施“浙江有礼 德润处州”行动。首次高水平举办“世界摄影大会”，发布“国际摄影丽水榜”。抓住意识形态工作领导权，守好网络意识形态阵地，全年未发生意识形态领域事件、重大舆情事件和网络安全事件。

【意识形态主体责任落实】 2022年，中共丽水市委宣传部（简称市委宣传部）召开全市意识形态领域分析研判会，下发《关于当前丽水市意识形态领域的通报》。把意识形态工作纳入市委常态化巡察，在五届市委第一轮巡察中，对15家单位开展意识形态专项检查。龙泉市开展全面落实意识形态工作责任制综合试点工作。优化意识形态考核办法，开展年度党委（党组）意识形态工作责任制落实情况综合检查。组织网络安全、安全播出、安全出版、“扫黄打非”等意识形态领域专项检查。

【重大主题外宣】 2022年，市委宣传部组织“走进老区看新貌”“走进县城看发展”“红色浙西南 绿色新丽水”“坚毅笃行‘丽水之干’ 推进老区共同富裕”等5次大型集中采访活动。全年中央、省级主流媒体和境外媒体刊发正面报道1.7万余篇，《人民日报》、新华社、中央广播电视总台三大央媒平台刊播2200篇（条）。举办“浙’十年•丽水”市委主题新闻发布会，从“国旗证书、芯片、‘浙丽保’保单”等8个物件切入，展示丽水各项事业取得的成就，得到省委宣传部的肯定，全网阅读量1.3亿人次。

【舆论引导】 2022年，市委宣传部组织开展创建革命老区共同富裕先行示范区、“永做‘挺进师’建设新丽水”“文兴丽水，挺进共富”等重大主题报道，策划开展“挺进新丽水、共富看变迁”大型全媒体新闻行动，做好2022世界摄影大会、全球农业遗产大会、人才科技峰会等重点活动报道。全市媒体推出21个阅读量超1亿人次、3400余个阅读量超10万人次的正能量主题佳作。1件作品获第32届中国新闻奖，实现丽水新闻摄影中国新闻奖零的突破。“美丽丽水”排名位列榜首，月度用稿连续19个月排名全省第一。上线“学习强国”丽水学习平台，全市注册学员15.74万人，日均活跃率超40%。

【市级媒体融合】 2022年，市委宣传部研究制定《丽水市新闻传媒中心（传媒集团）组建实施方案》，推进市级媒体融合工作。依托全省舆论引导在线应用平台，运用媒体融合指数评价体系，推进市县媒体深度融合。对全市新媒体账号运营、发布内容、传播影响力等进行系统研究和综合评价，每月推出丽水市新媒体传播力月度榜单。创新开设《每日一图》《每日新闻要览》等栏目，开展“主播带你看车间”沉浸式直播，丰富新媒体精品内容。

【国际传播工作】 2022年，市委宣传部实施“采访线工程”，梳理采访点123个，特色采访线13条。“云和梯田”等帖文被华春莹等外交部发言人发推点赞，海外传播量达2.1亿人次。编印《推特新手上路100问》学习手册，创新做法得到外交部和省委宣传部肯定。《丽水市多措并举打造国际传播地方特色窗口》获省委宣传部领导批示。

【2022世界摄影大会】 2022年11月17—21日，丽水市人民政府与国际摄影艺术联合会举办首届世界摄影大会，90余个国家950余名不同领域代表线上线下参会参展，610个国内外媒体平台推出报道及信息2.2万条，传播量近10亿次。大会期间，发布“国际摄影丽水榜”，举办“世界之城”全球摄影主题联展、“青春集结，共创未来”摄影主题展览、2022丽水影像产品博览会和丽水PHOTO艺术博览会、浙江摄影艺术周、“中国摄影百县联盟”交流大会、青年摄影师分享会等活动，成立国际摄联展览中心、中国摄影百县联盟，推动丽水走在世界摄影艺术前沿。

【公共文化服务】 2022年，市委宣传部举办首届丽水文化艺术节，开启“处州万象夜”星光点亮计划，启动“文艺星火赋美”工程，建设“处州小剧场”“村晚梦剧场”文艺展演点位34个，举办“万象市集”等系列活动，打造群众文化艺术盛宴。新建“15分钟品质生活文化圈”752个、农村文化礼堂335家、城市书房18家、乡村博物馆57家、文化驿站9家。缙云岩宕创新打造新型市民文化空间，入选中国十大最佳建成建筑。《全球重要农业文化遗产价值转化的“青田方案”》入选全省2022年度宣传思想文化工作创新项目。乡村春晚建设入选第五批全国农村综合改革标准化试点示范项目。

【文艺精品创作】 2022年，市委宣传部大力推动文艺精品创作。电视剧《春风又绿江南岸》在多个卫视及平台热播，短视频平台相关话题播放量破18亿次，获省委常委、宣传部部长王纲批示。越剧舞台剧《绿水青山》被列入文旅部新时代现实题材创作工程、浙江文化艺术发展基金项目、浙江舞台艺术重点题材扶持项目。《云霄之上》《畲山黎明》等4部作品获浙江省第十五届“五个一工程”奖。诗集《春雷与败酱草》获第八届鲁迅文学提名奖，网络小说《热望之上》入选中国网络文学影响力榜网络小说榜，网络小说作家耳东兔子入选中国网络文学影响力榜新人物。

【文化产业发展】 2022年，市委宣传部推动文化产业实力壮大。谋划推动“丽水山风”文创品牌，成功举办“花动一城春色”首届文创展，启动首届“丽水山风”文创产品设计大赛。实施艺术助推乡村振兴计划，培育景宁东弄网络作家村、庆元蔡段彩妆村等5个特色文化村项目、宋韵青瓷“新生代”等5个创新团队。云和、景宁入选省文化产业专项资金重点支持县，4家企业入选浙江省第六批成长型文化企业。培育市级文化产业重点县3个、重点文化企业29家、成长型文化企业11家。全市新增规模以上文化企业19家，亿元以上文化企业39家，规模以上文化及相关产业企业营收比上年增长5.8%，增幅位居全省第三。

【国际摄影名城建设】 2022年，市委宣传部持续擦亮国际摄影名城“金名片”。总投资3.09亿元的丽水摄影文化中心项目开工建设，完成年度投资额1亿元；规划建设13.7公顷丽水摄影园区，完成项目征迁367户，签约率98%。《丽水深化推进国际摄影名城建设，赋能“共富”先行》获评2022年度浙江省宣传文化领域共同富裕最佳案例。

【网络空间治理】 2022年，市委宣传部推动网络空间治理。组织开展“喜迎二十大 奋进共富路”“我们这十年”等主题宣传，推出“三个地”“重要窗口”“共同富裕”等网络专题专栏。举办以“诗画江南 魅力丽水”为主题的第七届网络文化活动季。成立“丽莓圈”新媒体联盟，集纳重点互联网企业、自媒体账号负责人等网上力量。完善《丽水市首席网络安全官制度》，开展“首席网络安全官”培训。加强网络安全漏洞隐患动态监测，深入开展“扫雷、破冰、筑坝、护网、固防”网络安全五大行动。

【数字文化系统建设】 2022年，市委宣传部多次组织召开应用谋划路演评估会，建立清单化管理、项目化推进、专班化服务工作机制。谋划推出“红立方”、村晚梦剧场等17个应用，并入选省级数字文化系统重点目录清单。组织开展重点项目建设集中攻坚，上线应用项目10个，产生理论成果18项、制度成果9项。“青田石雕数字化”“丽水山路”等5个应用获评全省数字文化系统优秀应用，龙泉青瓷非遗产业在线、云智护•未成年人精准德育等6个应用入选省级试点。完成“礼堂家”等14个省级重大应用的纵向贯通，浙政钉端和浙里办端贯通指标全部列全省首位。

【宣传人才队伍建设】 2022年，市委宣传部以“周点评、月通报”制度，组织全体干部组团赛马。建立重大网络舆情问题清单、媒体融合指数、数字文化综合评价等12项晾晒清单。开展“四个一批”人才读书班、文艺骨干人才培训班等活动，1人入选省“五个一批”领军人才。加强“浙江宣传”微信公众号推广运用工作，组建“浙江宣传”丽水挺进队，报送特色稿件43篇，录用稿件7篇。 （江长峰）

统战工作

【概况】 2022年，中共丽水市委统一战线工作部（简称市委统战部）深入学习宣传贯彻中共二十大精神，全面贯彻落实习近平总书记关于做好新时代党的统一战线工作的重要思想，坚毅笃行“丽水之干”，推动新时代统战工作提质增效。全年招引涉侨项目落地48个，投资总额216.7亿元，实际到位资金35.4亿元；在谈涉侨项目55个，意向投资额184.6亿元。《浅析涉侨审判中司法公正的实现路径——以丽水法院为研究范本》获2022年度全省统战理论创新成果优秀奖。市委统战部获“丽水市平安护航中共二十大成绩突出集体”称号。

市委统战部突出政治引领，画好最大同心圆。市、县两级开展统战干部、少数民族、民主党派新成员、华侨华人、基层侨联等培训34个班次，学员1900余人，广大学员进一步增强对中国共产党和中国特色社会主义的政治认同、思想认同、理论认同和情感认同。开展“喜迎二十大•奋进新征程”同心系列活动，推进“丽商永远跟党走”“畲乡人民心向党”“传承红色文化•弘扬华侨精神”等主题活动，团结引导统战成员听党话、跟党走。通过举办“统战论坛”、爱国事迹报告会、“百个侨团跨洋宣讲”等活动，将《中国共产党统一战线工作条例》、统战理论等学习宣讲范围横向扩大到市委统战工作领导小组成员单位，纵向延伸到县、乡两级，延伸至市外国内商会组织、海外侨团侨胞。

市委统战部把握大团结大联合主题，发挥统一战线重要法宝作用，构建大统战工作格局，开展“浙丽同心”统战品牌形象设计和全域应用。制定出台《贯彻落实〈中国共产党浙江省委员会统一战线工作实施细则〉重点任务责任清单》，重塑市委统一战线工作领导小组运行机制，建立统战工作领导小组会议、专题会议“双层架构”。推进全市统战系统数字化改革，浙里党外代表人士全链条管理服务应用等11个子场景完成贯通，推进“侨汇结汇一件事”“浙里畲乡共富”应用，试点建设浙里为侨服务综合平台。

市委统战部推进民族团结进步发展。召开市委民族工作会议暨全市宗教工作会议，制定实施民族团结进步事业发展“十四五”规划、丽水市民宗系统助力高质量发展建设共同富裕示范区实施方案。承办浙江省第七届民族传统体育运动会。召开2022年度丽水市民族乡村振兴现场推进会暨民族乡镇工作例会，创成省级各民族共同富裕团结进步精品带1条，省级民族乡村共同富裕点10个，省级民族乡村振兴试点4个。开展民族团结进步宣传月活动和“中华民族一家亲”在线有奖竞答活动，举办全市民族网红直播争霸赛和原生态畲族山歌大赛，成立丽水市“石榴红”民族团结图书室，开通“浙丽同心·民族团结号”公交线路，创成省级民族团结重点培育单位19家，省级民族团结进步教育基地1家，申报“浙里石榴红”五百工程入库对象79家。

港澳台交流交往持续推进。举办港澳台侨青年家乡行活动，寻访“丽水三宝”、探秘畲族村寨，涵育青年力量。在香港设立缙云仙都黄帝祭祀典礼专门分会场，30余名丽籍香港同胞通过视频连线同步开展祭祀活动。开展春节慰问和“今年中秋不回家 统战干部代您看家人”港澳同胞亲属走访活动，走访慰问港澳同胞亲属180人次。

市委统战部广泛联系海外侨胞。发挥丽水统促会平台作用，引导海外侨胞在反“独”促统议题上持续发声。加强爱国同乡社团建设，实现市县组织全覆盖，全市有1300余名会员，爱国力量不断壮大。创建为侨服务“全球通”平台，上线180个审批事项，为华侨节省费用近1.5亿元，侨胞跨洋办事效率大幅提高。建立海外统战工作协作机制，定期开展“侨团周”活动，与185个海外侨团开展线上交流，做好撤侨助侨工作。加大侨商会等侨界社团建设力度，开展侨企纾困帮扶工作，组织“浙丽同心·侨心逐梦”2022丽水侨商研习活动。出台《浙丽侨助共富系列活动实施方案》，组织开展侨心系共富、侨力助共富、侨爱帮共富等专项行动。莲都区、青田县、庆元县创新“侨助工坊”模式，带动当地就业2万人，帮助培训3000人，带动3万名群众增收致富。新增17个丽籍侨团（企）与偏远乡村结对，捐赠帮扶资金近150万元。

【多党合作事业】 2022年，市委主要领导主持召开专项民主监督协商暨征求党外人士意见建议座谈会，专题听取“全面建设绿水青山与共同富裕相得益彰的社会主义现代化新丽水”专项民主监督成果汇报，梳理交办问题及意见建议35个。邀请民主党派和无党派人士围绕“共同富裕”“双招双引”等中心工作建言献策。推进党外代表人士队伍建设，多层次开展教育培训，市、县联动开展“双走访”活动，走访民主党派代表人士3674人次。支持民主党派自身建设，推动致公党省直丽水市总支部升格为致公党省直丽水基层委员会。

【党外代表人士队伍建设】 2022年，市委统战部深化“浙丽同心·爱国奋斗”系列活动，通过“宣讲报告会”“海归学长荟”等活动分享先进典型事迹。推进党外知识分子联谊会、新的社会阶层人士联谊会、网络界人士联谊会组织建设，实现市、县两级组织全覆盖。3月，市委统战部成立丽水市欧美同学会，指导成立青田县欧美同学会、丽水学院欧美同学会、丽水市中心医院欧美同学会，会员涵盖党政机关、企事业单位、科研院所、民营企业高知群体。创新工作平台，结合“剑瓷”“石雕”“木玩”地方特色文化，打造4个省级、9个市级实践创新基地，开展慈善拍卖、创业分享、议政沙龙等特色活动。举办“海归助共富”“新联助企”“网联助富”“寻美丽水”等系列活动，引导党外知识分子和新的社会阶层人士爱国爱党、建功立业，举办助企沙龙、座谈会34场次，服务企业160余家。

【助力民营经济发展】 2022年，市委统战部聚焦“稳进提质、助企服务”工作要求，制定《促进丽水市民营经济“两个健康”工作实施方案》，开展“浙丽同心·新联助企”行动，落实“司法公正在线”“共享法庭”“涉案合规企业第三方评估”等创新举措，为民营企业发展提供优质服务和保障，助推民营企业健康发展，助力共同富裕。深化“三服务”活动，开展走访活动300余场次，举办“亲清直通车·政企恳谈会”31场，走访企业商会400余家，解决企业问题179个，帮助企业解决发展难题。召开全市清廉民营企业建设工作推进会，创成浙丽同心·清廉民营企业110家。

【乡贤工作助力乡村振兴】 2022年，市委统战部引导广大乡贤投身乡村振兴、共同富裕、“双招双引”等主战场，当好“项目招商员”“基层服务员”“致富领航员”。引进新乡贤投资1000万元以上项目53个，总投资51.4亿元。发挥新乡贤在基层治理中的作用，新乡贤参与调解矛盾纠纷1680件（次），建言献策1950件；开展新乡贤公益行动，提供帮扶资金1560余万元。全市新成立乡镇新乡贤爱心基金23家，开展扶老帮弱、捐资助学、扶贫济困等公益活动680余次。

【基层统战工作延伸覆盖】 2022年，市委统战部不断夯实统战工作基础，把统战工作融入基层党建和社会治理体系，健全基层统战工作网络，优化统战工作机制，打造特色亮点工作。印发联系党外代表人士名单，实现党外代表人士、宗教界人士、非公经济人士、新乡贤、新的社会阶层人士等对象联系全覆盖。制定县（市、区）、乡镇（街道）党（工）委书记履行统一战线工作第一责任人责任清单，推动基层统战工作主体责任落细落实。加强基层统战工作力量配备，实现全市乡镇（街道）、村（社区）党组织统战委员全覆盖。

（刘云飞　陈　灼）

机关党建工作

【概况】 2022年，中共丽水市委直属机关工作委员会（简称市直机关工委）围绕“红色根脉强基工程”和“十大强基行动”把方向、谋思路、抓布局，实施“红耀绿谷、强基共富、双建争先”工程，加强机关党的领导和建设，构建党建统领整体智治新格局。全年组织专题党课、专题宣讲、微宣讲3284场；举办专职党务干部、党支部书记、发展党员等培训班9场次，培训724人次。

【夯实政治建设】 2022年，市直机关工委坚持把政治建设摆在机关党建首位，提升机关党员政治能力、治理能力、履职能力。细化完善机关工委、部门党组（党委）、机关党委、党支部抓机关党建责任清单，完善“月走访、季交流、年述职”工作机制。学习宣传贯彻中共二十大和省市党代会精神，组织开展“六学六进六争先，‘丽水之干’谱新篇”等专项行动及“永做挺进师、奋进共富路”18项活动，带动万名机关党员忠诚拥护“两个确立”，坚决做到“两个维护”。深化“双建争先大讲堂”“优秀文化进机关”“道德讲堂”等载体，建设专业型复合型机关干部队伍。

【助力“强基共富”】 2022年，市直机关工委坚持抓党建带全局，聚焦党建业务，助力“强基共富”。建立全覆盖“招引工作”基层组织体系，制定机关党组织书记领办项目、任务清单，健全闭环推进、重点工作专班攻坚等机制，推进机关党建在“双招双引”大会战中政治统领、示范引领、实绩成效“三靠前”。对接省直各部门，系统联动、组团服务破解7个县（市）9个共富难题事项，推动省直机关工委在青田县建立全省首家“心桥”同心共富服务基地，助力乡村振兴。打造党建联建“金名片”，以先建促共建，统筹打造“1+7+N”（“1”是市直机关工委，“7”是市直七大片组，“N”是市直各单位）全域机关党建联建链群。实施政务服务党建联建“扩面、提质、强实效”三大行动，建立“1+4+6”（成立政务服务党建联建工作党委，组织部、机关工委、行政服务中心、侨办、侨联、公安、工商联等单位共同参与；建立专班推进、联动推进、协作推进、服务延伸4个工作体系；制定党委工作统领、党员作用发挥、联建链群拓展、相互交流提升、工作协调推进、服务人员培训6套工作机制）工作运行体系，提供服务9万余次，破解65万名在外丽水人、33万名外省在丽水人员、41万名海外华侨跨省跨国办事“来回跑”难题。有关做法被《浙江信息》刊发。架起网格走亲“连心桥”。结合现代社区建设，开展“党群连心·网格走亲”，发动市直76家单位党组织、4000余名党员干部常态下沉网格，组建应急小分队106支、1352人，参与社区服务、文明创建等，协调解决群众“急难愁盼”问题2665个。

【推进“双建争先”】 2022年，市直机关工委坚持把“双建争先”（清廉模范机关建设挺进争先）作为机关党建工作“总牵引”，提升基层工作质量，强化督促指导，健全运行机制，完善组织体系。把“七张问题清单”转化为双建“五个争先”（在提升政治领航力、提升清廉守护力、提升扛旗攻坚力、提升塑造变革力、提升党群凝聚力上奋勇争先）、21项重点任务，落实市直机关党建责任制实施办法，细化工委、党组（党委）、机关党委、党支部四个层面责任清单，推出“四色”管理办法（用黑、绿、黄、红四色标注重点任务推进进程），设计差异化考评指标，组织83家市直单位分7个片开展“月走访、季交流、年述职”，约谈提醒并督促整改5家单位，提升贯彻落实执行力、问题整改管控力。坚持创新驱动、质量为先，深化机关党建“实招妙招”创新展示活动，编写《清廉机关模范机关建设范式案例汇编》，打造山区机关党建特色品牌集群。推进机关党建数字化改革，建设“丽水机关智慧党建”系统，“党员下沉社区”“党务工作宝典”等一批应用场景上线试运行，整体智治机制初具形态。实施机关党建“暖心聚力工程”，加强机关文化建设，举办市直机关文化体育周活动，开展走访慰问、关怀帮扶，汇聚团结干事正能量。

【强化作风建设】 2022年，市直机关工委紧贴“十四五”攻坚、共同富裕建设、数字化改革、疫情防控等中心工作，开展“唯实惟先机关作风建设”专项行动，强化机关作风建设。编写《机关违纪违法典型案例合辑》，组织清廉机关应知应会测试、新春送“廉”活动，制作“中秋国庆”廉洁系列海报，持续加固中央八项规定精神堤坝。加强新时代廉洁文化建设，加强年轻干部纪律教育，规范机关党员干部廉洁从政从业行为。贯彻落实《关于加强市直机关部门机关纪委建设的责任分工》，发挥机关纪委职能作用。（徐潇霞）

机构编制

【概况】 2022年，中共丽水市委机构编制委员会办公室（简称市委编办）坚持以习近平新时代中国特色社会主义思想为指导，深入贯彻中共二十大和中共十九届历次全会精神，拓展机构改革成果，深化重点体制创新，加强公共服务保障，提升资源配置效率，规范机构编制管理，为全面建设社会主义现代化新丽水提供机构编制支撑。

【重点领域改革】 2022年，市委编办完善市委社建委、市委教育工委、市委军民融合发展委员会及其办事机构建设，强化决策和统筹协调职责。完成国防动员、党委信息化等机构编制保障。出台人才编制池管理、人才引进用编审批绿色通道等9个操作细则，完善人才科技机构职能体系，在市经信局、市教育局等9家重点部门挂牌设置人才科技处。创新提出丽水开发区“国企运营+专班辅助”模式，实行市场化运作、专业化开发，促进产业平台有效运转，探索一条机构编制外保障产业发展的新路子。

【推进“大综合一体化”行政执法改革】 2022年，市委编办加强市、县行政执法指导机构建设，在综合执法局增挂综合行政执法指导办牌子，强化统筹协调指挥职责。整合精简执法队伍，全市撤销发改、民政、人力社保等32支专业执法队伍，构建“1+8”执法队伍体系（1支综合行政执法队，8支专业执法队，分别是自然资源、生态环境保护、交通运输、农业、文化、卫生监督、应急管理、市场监管行政执法队）。优化市场监管、文化市场、农业等领域市区执法层级，将综合行政执法权限赋予城区街道行使，强化区街执法自主权。推动执法力量下沉，乡镇（街道）全面实现“一支队伍管执法”。

【重塑基层管理体制机制】 2022年，市委编办对全市乡镇（街道）实行分类管理，统筹划分为生态型、复合型、中心型，建立差异化保障机制。设置县级社会治理中心，整合构建“1+4+X”乡镇（街道）组织架构（“1”是综合信息指挥室，“4”是党建统领、经济生态、平安法治、公共服务4个办公室，“X”是若干特色机构），机构精简率21%。在12个常住人口不足2500人的小乡镇探索不设实体运转机构，实行岗位化管理机制，提升运行效率。构建“大镇带小乡”“街乡共治”“乡乡合作”组团发展模式，集聚基层共富合力。

【服务保障民生事业发展】 2022年，市委编办施行中小学编制使用预核制度，助力提前抢招师范类硕士及以上优秀毕业生106人，比上年增加53%。市委编办会同教育等部门出台人才引育、民转公教师配置、劳动合同制教职工管理三个保障办法，促进教育提质增效。加强公立医院党的领导，明确领导职数配备结构，优化完善机构编制管理，助力医疗卫生事业高质量发展。统筹其他公共服务扩容提质，加强养老服务、残疾人福利保障、居民医疗保险、供销社等领域支持保障。加快数字化改革向事业单位延伸扩面，首批确定“红立方”革命遗址智治应用、“流动供销致富车”2个试点应用场景，推动改革成果惠及广大群众。

【机构编制质效评估】 2022年，市委编办在一类面上评估的基础上，选取2家党政机构、2家局级事业单位、10家科级事业单位，开展二类重点评估，提出改进机构编制管理、优化编制资源配置等19条具体措施，推动机构编制配置合理高效。研究制定《丽水市市级机关事业单位机构编制质效评估办法》，为“质效评估—结果使用—联动整改”资源配置新模式提供制度保障。

【机构编制跨山统筹】 2022年，市委编办建立市、县、乡三级编制周转池，配套制定周转编制管理制度，实现管理方式从静态管理转为动态周转。推进以县域为单位统筹编制资源，推动人员下沉乡镇（街道）及27个融合型大社区大单元，夯实基层工作基础。打通编制职数流动性壁垒，从小乡镇调剂159个编制、57个股级职数，补充至街道和中心镇，破解城镇化进程中编制配置与人口变化不匹配难题，重塑县乡编制布局。

【完善法规制度体系】 2022年，市委编办研究制定职责管理、机构编制管理、编制使用管理、监督检查等系列制度文件，覆盖机构编制工作各方面。印发市林业局、丽水开发区管委会、丽缙高新区管委会“三定”规定，实现党政机构、事业单位“三定”规定全覆盖。推进第三批38家事业单位章程制定工作，累计完成90家，实现面向社会提供公益服务事业单位章程应定尽定，强化事业单位法治化管理。

【加大监督检查力度】 2022年，市委编办完成机构编制数字化监管应用本地化开发部署，系全省首批，内置86条预警规则，贯通省、市、县三级预警数据，对实名制系统数据进行动态监测，形成“预警监测、问题处置、综合研判、在线督办、整改销号”的全流程闭环。与巡视巡察、选人用人专项检查、经济责任审计等协同作战，做好十四届省委历轮巡视反馈问题整改“回头看”。牵头开展全市“三超两乱”专项检查，实行违规问题整改与机构编制审批联动，强化机构编制约束。（徐胜男）

信访工作

【概况】 2022年，全市信访系统深入践行浙西南革命精神，全面贯彻落实《信访工作条例》，深化“党建+信访+群众路线”工作体系，推进市域信访工作现代化。如期实现“重大活动安、初次化解升、民声呼应好”的工作目标，年度综合考核全省优秀，重大信访问题清单考核位列全省第一。全市8个县（市、区）创成省“无信访积案县”。丽水市、云和县、遂昌县有关做法被列为省级最佳实践。龙泉市信访局获评全国信访积案化解先进集体。云和县创成全国信访工作示范县。

全市信访总量（不含来电）92702件（人次），比上年上升101.5%。其中，来信5387件，上升5.9%；来访7371批18256人次，分别上升17.0%、14.2%；网上信访69059件。接听来电137.74万个，上升102.57%。

【信访积案“动态清零”】 2022年，中共丽水市委、丽水市政府信访局（简称市信访局）开展积案化解清零行动，严格落实领导信访包案制度，攻坚克难，5月底和9月底两次如期实现信访积案动态清零。其中，化解10年以上信访积案111件、20年以上信访积案14件。市法院和松阳县化解一件历时25年、省级以上信访300余次的涉诉积案。历时7年的浙江强盛不锈钢有限公司等7家涉污企业与景宁县相关行政部门的行政赔偿系列再审案件得到实质性化解成功。

【信访工作改革创新】 2022年，全市各地在信访工作现代化中进行有益探索。丽水市在有序退出机制试点（调解、和解协议签订）创新制定一系列制度，为省级出台《浙江省信访事项调解、和解工作规则（试行）》提供丽水样板。信访力量下沉一线，为群众维权和纠纷化解提供公平公正公开的平台，如青田县祯埠镇通过共享法庭和民生议事堂“一庭一堂”建设，打造“露天法庭”。“浙里呼”场景开发专班化推进，“民呼码”“预约接访”“个人中心”“智能辅助”“驾驶舱”等多数功能模块上线试运行，“民呼码”个人中心和互动中心上线使用。领建全省40个领域公权力大数据监督应用中的信访领域公权力大数据监督应用场景，探索建设“信访事项化解专项资金使用监督应用”和“信访事项办理在线监督应用”两个子场景，接受工作监督，提升信访工作现代化水平。

【“12345”市长热线】 2022年，“12345”热线服务群众发挥作用。群众来电量大幅增长，全年“12345”热线呼入177.26万通（其中市本级135.84万通），比上年增长133%。“接诉即办”率明显提升，中心坚持随时接听、快速转派、快速回应、快速办理、跟踪督办，全市转办交办10.21万件（其中市本级6.17万件），按期受理率、按期办结率“双100%”，平均办理时长从整合前的12.4天缩短至2.29天。规范办理检查5.64万件，交办整改4902件，其中完成整改4361件，整改率88.96%。全年接听受理涉疫事项32.38万件，当场解答31.55万件，转办交办8250件。结合教育“双减”、社保公积金政策调整、征地拆迁、“两违”处置等民生问题，开通645个职能单位账号，更新录入知识库5827条。全年抽查回访2.69万件，回访群众满意率98.11%。“12345”市长公开电话服务中心获“浙江省青年文明号”“全国政务热线最佳学习型组织”“全国政务热线服务群众优秀单位”三项荣誉。（叶中伟）

老干部工作

【概况】 截至2022年底，全市有离休干部375人（不含省部属单位和易地安置的离休干部），比上年减少71人，其中90岁及以上375人，平均年龄93.6岁，生活完全不能自理124人。全市有退休干部37057人，离退休干部党支部591个，离退休干部党员22501人。其中，市本级有离休干部73人（不含省部属单位9人，易地安置在丽水2人）。市本级安置和居住在外的离休干部有11人，主要分布在上海和本省的杭州、温州、绍兴、金华、台州。市本级有退休干部5103人，离退休干部党支部118个，离退休干部党员3681人。担任地（市）级实职以上的离退休干部55人，其中离休4人，退休51人。

中共丽水市委老干部局（简称市委老干部局）学习贯彻《关于新时代加强和改进思想政治工作的意见》和《关于加强新时代离退休干部思想政治工作的通知》，通过老干部座谈会、专题学习会、网上报告会等平台载体，结合"走看促"活动，深入学习习近平新时代中国特色社会主义思想、中共二十大精神和省市党代会精神。完善老干部政治理论学习、阅读文件、情况通报、思想动态分析等制度，全市举办各类老干部通报会、学习会、座谈会、大讲坛、支部书记培训班等100余场次，参加老干部1万余人次，引导老干部思想政治建设不断走实走深。

市委老干部局开展"建言二十大"和"我看五年历史性成就和十年历史性变革"等专题调研，组织老干部建言献策，召开老干部座谈会30余次，征集各类感言和意见建议320条、金点子70个。围绕"喜迎二十大、礼赞新成就"主题，举办全市老年书画展和全市离退休干部党员手机摄影大赛。组织开展"六学六进六争先、'丽水之干'谱新篇、银龄奋进新征程"集中主题党日活动，引导老干部学习贯彻中共二十大精神。挂牌成立"浙丽红"老干部宣讲团，组织老干部宣讲员走进机关、学校、社区、企业开展宣讲，各地老干部通过快板、三句半、方言表演等方式开展宣传，助推中共二十大精神在基层落地生根。

【服务老干部】 2022年，市委老干部局落实离休干部生活待遇。全市各级党政主要负责人带头联系、经常走访老干部，关心关爱老干部，市委常委、组织部部长看望老干部，调研老干部工作。全年市领导召集座谈会3次，走访慰问老干部60余人次。组织开展"孝亲敬老"嘉年华活动和女离休干部妇女节活动，做好元旦、春节和"夏季送清凉、冬季送温暖"走访慰问等工作，关心易地安置和异地居住的离休干部，市本级全年走访慰问老干部1012人次，慰问住院老干部87人次，慰问逝世离休干部家属16人。市本级实施离休干部适老化改造49家。开展困难帮扶工作，关心照顾身患重病、失能等有特殊困难的离休干部及遗属，市本级全年帮扶34人次，发放补助款3.9万元。开展"政府买单送服务"活动，通过"96345"便民服务中心为离休干部提供优质、方便的精准服务，发放健康休养费、参观考察费。

【三大银字号品牌建设】 2022年，市委老干部局深耕细作"银领先锋""银耀处州""银尚乐活"三大银字号品牌建设。鼓励引导离退休干部为丽水市共同富裕示范区建设建言献策，开展"百名老科技专家联百村"活动，离退休干部党组织结对农村基层党组织20个，结对农村创业青年和基层干部150人，成立市、县共富政策宣讲团10个，开展各类宣讲活动160场次。发挥丽水老干部志愿者协会、"老李帮忙团"、"青田周大妈"等优秀团队的作用，全年聚焦共同富裕、跨越数字鸿沟、垃圾分类、文明县城创建等中心工作开展志愿服务活动1万余场次，老干部志愿者联合广大市民开展"我为新疆孩子织围巾"活动，为新疆留守儿童送去手工编织围巾1218条。壮大"银色人才库"，挖掘培育银色人才领军人物和老干部品牌团队。全市申报银色人才306人，其中省级领军3人、市级领军20人，老干部品牌团队和工作室30个，涌现出松阳"田园银医生"、莲都"老同志帮帮团"等一批有影响、有特色的老干部志愿服务新团队。开展"银尚达人"和"银尚之家"寻找活动，获评2022年省级"银尚达人"18人、团队2个、"银尚之家"10家、"乐活驿站"10家，选树市级"银尚达人"553人、团队14个、"银尚之家"62家，建设"乐活驿站"31个，营造乐龄乐活的浓厚氛围。

【离退休干部党建工作】 2022年，市委老干部局召开全市离退休干部党建工作推进会，推进离退休干部党支部规范化建设，全市创建规范化离退休干部党支部159个，申报"三强六好"离退休干部党支部27个。实施市直单位离退休干部党组织网格化管理，组织开展季度交流，搭建学习交流平台。推进离退休干部党建工作创新，莲都区积极探索离退休党建助力基层社会治理，缙云县开展离退休干部党建融入基层党建试点，庆元县建立"135"三色机制（一个纽带竖起"绿色发展引擎"，发挥老干部服务中心联动离退休支部；三向社区，实施"红色基因格局，离退休党员学习活动向社区并轨、服务保障向社区延伸、作用发挥向社区聚焦"；五联共建，强基"银色堡垒"工程，开展"支部建设、组织生活、党员教育、党员活动、志愿服务"），开展联盟共建活动。景宁打造小区"家门口的老党员驿站"，丰富离退休干部党建活动方式。融合党建工作与老干部活动，开展老干部"党建春联"进万家活动，全市开展送"党建春联"活动151场次，送出"党建春联"7.43万余对。

【"两个阵地"建设】 2022年，市委老干部局加强"两个阵地"（丽水老年大学、丽水市老干部活动中心）党建引领，依托老干部活动中心，用好“老党员驿站”，全市建成老党员驿站 11 个。探索老年大学思想政治教育，加强“红色校园”建设，全市创建缙云小章村等 10 个首批老年大学红色研学基地。牵头组建丽水老年教育联盟，召开全市老年教育资源整合工作推进会，云和是全省试点县，其他各县（市、区）成立老年教育联盟，开展老年教育资源整合工作。全市建成家门口老年大学 15 所，遂昌县老年大学北界分校获评“浙江省优质老年大学分校”。鼓励行业精英、专业人员、非遗传承人等到老年大学任教，全市老年大学教师本科以上学历和高级职称占比 80%，教师教学水平提升。探索网上老年教育，搭建“空中课堂”，为老干部提供丰富的线上课程。

【数字化改革】 2022 年，市本级常青园新增人脸识别系统，新引进品牌物业公司，加强常青园大院的管理，改善老干部活动学习条件。丽水老年大学正式接入省智慧校园系统并投入使用，其他老年大学按要求做好接入申请和试用服务工作。做好“浙江老干部”“银领云支部”和“云上老年大学”重大应用贯通工作，全市开发“云上老年大学”课程 14 门 33 节，900 余分钟。推广“离退休干部”微信公众号，全市老干部关注人数 1.5 余人。 （蓝巧玲）

党校工作

【概况】 2022 年，中共丽水市委党校（简称市委党校）坚持党校姓党，以“争先创优年”为基调，持续深化“教学提升、科研提质、服务提效、队伍提能”四大工程。制定出台《关于进一步加强全市党校系统“红绿融合”特色办学品牌培育的实施意见》，打造具有丽水辨识度的党校办学成果。会同市委组织部开展全市干部教育现场教学基地星级管理工作并完成首批 30 家现场教学基地星级评定。通过全省党校（行政学院）系统首批绿色学校验收并获“三星级绿色学校”称号，被列为全省党校系统首批唯一面向领导干部及国家工作人员的省级公民法治素养观测点。

【教育培训】 2022 年，市委党校举办主体班次 34 期，培训学员 2604 人次，举办对外培训班次 72 期，培训学员 5845 人次。实施全面从严治党能力培训教学提升工程，开发全面从严治党专题课程 24 个，与市法院签订合作协议并在校内设立“共享法庭”，开设典型案件庭审案例教学，相关做法被省纪委省监委网站和《浙江党校通讯》报道。落实市领导到党校讲课制度，市领导到党校作专题讲座、讲党课、与学员座谈、调研等 30 人次，其中作专题报告 12 人次。加强意识形态教育，完善主体班次维护意识形态安全专题常态化设置机制，实现学制两周以上主体班次均设置意识形态课程。开展“大试讲、大观摩、大调研、大比武、大宣讲”系列学科组活动，推出新专题 28 个，完善核心课程体系。组织开展全市党校系统第五届精品课程评选活动，评出 17 门精品课优秀课，2 门课程入选省委党校“浙里好课”。市外班次凸显“红绿融合”主题，宣传丽水特色、讲好丽水故事，培训规模稳步扩大。推进省委党校在职研究生点各项工作，招收 2022 级在职研究生 55 人。

【科研咨政】 2022 年，市委党校聚焦中心服务大局，打造市委“想得到、信得过、用得上”的重要智库。会同市委政研室高质量完成“八八战略”实施情况年度综合评估报告。市委党校被列为全市五大共同富裕智库之一，聚焦共同富裕开展研究，入选全市共同富裕十大重点课题 1 项、一般课题 2 项。主持完成省社科院牵头的《浙西南革命与浙西南革命精神概论》编撰，参与承办浙西南革命精神论坛并组织教师参与编写《红色浙西南》书籍。全年刊发《送阅件》11 期、《学与思》33 期，用好《决策与调研》等校外平台，全年获市领导批示 35 人次。实行校领导重点调研课题领衔制，推出重点研究课题 7 项，拓宽课题研究和咨政成果转化渠道。发表学术文章、理论文章 42 篇，其中 2 篇被《学习时报》刊发。获厅局级课题立项 23 项、县处级课题立项 25 项。出版编著 3 部，其中《生态产品价值实现机制探索与实践——以浙江丽水为例》被列入中国林业出版社生态文明建设系列丛书。市委党校与市“96345”党员志愿服务中心签订合作协议，建立“流动党员学习之家”，以中共二十大精神等为重点开展公益理论宣讲 70 余次，打造“浙丽党校讲”特色党建工作品牌，被评为全市机关党建工作“十佳创新案例”。开展省第十五次党代会、市第五次党代会精神等理论阐释，教师接受浙江卫视等采访 8 人次。

【服务保障】 2022 年，市委党校打造现代化党校治理管理体系，提升校园环境和行政后勤管理服务水平。启动校园二期工程建设，总用地面积 6.4 公顷，总建筑面积 2.69 万平方米，项目总概算 2.45 亿元，被纳入第二批省集中开工重大项目和市重大项目提速提早开工项目，超额完成年度投资计划。推进校园硬件改造提升，建成能源综合监管平台、智能雨水灌溉和光伏发电供电等项目。提升物业团队服务水平，优化监管办法，突出监管重点，学员对后勤服务满意率98.67%。加快数字化改革步伐，一体推进市县党校“浙丽驾驶舱”建设，贯通市县数据并形成全市党校校情“一张图”，推动“浙丽干教基地”特色场景应用建设，该应用被列为全市数字化改革重大应用，数字化保障教学科研、行政后勤工作水平提升。

【队伍建设】 2022年，市委党校完善现代化党校人才支撑体系，打造人才聚集高地。坚持用制度管校管人管事，组织全校开展制度修订完善工作，形成包含93项制度、涵盖办学各方面的制度体系，并成为全市首批内控制度试点单位，推动办学规范化、科学化、制度化。新引进硕士研究生4人，教研人员中研究生学历或硕士人数占比达96%。推进名师培育与青年教师培养，1人通过正高级专业技术资格评审，累计选取两批市、县29名青年教师参与全市党校“师徒结对”工作，实施“青研提质计划”，推动青年教师成长。（朱　红）

关心下一代工作

【概况】 2022年，丽水市关心下一代工作委员会（简称市关工委）深入学习贯彻中共二十大精神和习近平总书记对关心下一代工作的重要指示批示精神，坚持服务青少年的正确方向，弘扬“五老”（老干部、老战士、老专家、老教师、老模范）精神，履责担当、主动作为，为广大青少年办实事、做好事、解难事，推动全市关心下一代工作高质量发展，为奋力推进中国式现代化的丽水探索与实践贡献力量。

【青少年思想道德建设】 2022年，全市各级关工委组织用党的创新理论武装青少年，用社会主义核心价值观培育青少年，用红色基因涵养青少年，教育引导广大青少年听党话、跟党走。各级关工委宣讲团成员面向青少年开展丰富多彩的中共二十大精神宣讲活动，10—12月，市、县两级关工委宣讲团开展宣讲306场次，受教育青少年8.9万人次。市关工委联合市文明办等单位选树市级“新时代好少年”100人，树立青少年身边的榜样；联合杭州《都市快报》开展“乡村青年成长励志讲堂”活动，线上线下讲述乡村青年学子的奋斗故事，受教育青少年1.5万人次。开展“永做挺进师、建设新丽水”青少年主题教育，“浙西南革命精神代代传”祭扫英烈、红色研学等青少年社会主义核心价值观践行活动，教育引导青少年传承红色基因、赓续红色血脉，受教育青少年3.4万人次。

【“浙丽关爱”服务青少年】 2022年，全市各级关工委坚持服务青少年成长成才，培育“浙丽关爱”关心下一代工作品牌。

市关工委联合《钱江晚报》《都市快报》《南湖晚报》等新闻媒体，发动社会爱心企业、爱心人士，对接省关心下一代基金会、省妇儿基金会、省阳光助学基金会、宁波善园基金会等社会公益组织，开展浙西南革命老区助学活动。全市关工委系统落实帮扶资金及物资1051.5万元，结对资助家庭经济困难学生2419人。松阳、缙云、龙泉、景宁4个县（市）年度争取助学资金均超100万元。

开展“关爱明天•普法先行”青少年法治宣传教育活动，通过开设法治第一课和线上普法栏目、录制精品法治课程，多途径开展青少年权益保护工作。遂昌县“鲁冰花”工作室被中关工委、中央政法委等5个部门评为“全国青少年普法教育先进集体”，景宁县毛昌立获评“全国青少年普法教育优秀辅导员”。云和小顺爱国主义教育基地、缙云县近民青少年法治基地被省关工委命名为第四批“浙江省关心下一代教育基地”。

【“五老”服务社会】 2022年，全市各级关工委搭建活动载体，弘扬“五老”精神，引导广大“五老”关心下一代工作，服务社会。开展“百名老科技专家联百村”活动，老科技专家指导结对基地（示范村、农业企业）发展生产、增加收入，助力回归乡贤、青年农民等青年人才创业创新。老科技专家担任学校劳动课程校外辅导员，引导结对基地开展青少年科普教育、农耕文化体验活动。

市、县两级关工委组织170余名“五老”网吧义务监督员到各网吧开展“网吧义务监督”活动。开展“‘五老’结对关爱农村未成年人”活动，发动4000余名“五老”长期结对关爱农村未成年人2.1万人次，一大批“五老”人员常年为1500余名青少年开展心理关爱服务。（陈　菲）

丽水市人民代表大会

综　述

【人大工作概况】 2022年，丽水市人民代表大会常务委员会（简称市人大常委会）贯彻省委、市委决策部署，围绕中心、服务大局、履职尽责，依法行使重大事项决定权、立法权、监督权，制订地方性法规执法检查三年行动计划，修订政府工作部门负责人履职评议办法，探索开发区人大工作。开展“六访六促”主题活动及“四级人大八万代表助力八大攻坚行动”。推进数字赋能，6月底完成基层单元建设试点，8月完成全部建设任务。

【数字化改革】 2022年，市人大常委会坚持“管用、实用、好用”目标，按照省、市数字化改革总体要求，部署打造全流程监督系统、法治政府监督系统。上线运行人大驾驶舱、代表履职登记管理系统，9600余名市、县、乡三级代表激活应用，推动人大数字化改革赋能、增效。代表履职一键通整合基层单元、直通平台、履职应用等场景，打造集社情民意征集、分析、研判、推送、处理的闭环链条，改革成果获省人大第三届与时俱进通报表彰优秀奖。

重要会议

【概况】 2022年，召开市人代会1次、市人大常委会10次、主任会议14次，市人大常委会听取和审议专项工作报告23个，制定地方性法规1部，作出决议决定7项，提出审议、视察、评议意见28个，办结代表议案建议340件。

【丽水市第五届人民代表大会第一次会议】 2022年4月10—13日，丽水市第五届人民代表大会第一次会议在丽水召开，309名市人大代表出席会议。会议审议通过丽水市人民政府工作报告、丽水市2021年国民经济和社会发展计划执行情况的报告及2022年国民经济和社会发展计划；审查市财政局关于丽水市2021年全市和市本级预算执行情况及2022年全市和市本级预算草案的报告；审查、批准2021年市本级预算执行情况的报告及2022年市本级预算；听取和审议市人大常委会主任李锋所作的丽水市人民代表大会常务委员会工作报告；听取和审议市中级人民法院党组书记、代院长张军斌所作的丽水市中级人民法院工作报告；听取和审议市人民检察院党组书记、代检察长吕献所作的丽水市人民检察院工作

2022年4月13日，丽水市第五届人民代表大会第一次会议闭幕式在丽水召开

（市人大常委会办公室　提供）

报告；审议丽水市2021年环境状况和环境保护目标完成情况报告；依法选举李锋为丽水市第五届人民代表大会常务委员会主任，沈根花（女）、杨秀清、蓝伶俐（女 畲族）、叶旭勇、潘碧武（女）、邹向阳等为丽水市第五届人民代表大会常务委员会副主任，上官国明为丽水市第五届人民代表大会常务委员会秘书长，王炜、王剑、邓敏岚（女）、叶青、叶加荣、邝时忠、刘海明、刘崇民、阮建明、纪建松、李志伟、李俊杰、李桂鹏、吴一平、何灵（女）、余志忠、应林翠（女）、张少荣、张金禄、陈吉英（女）、陈仰勇、陈战耕、陈科强、卓旭光、周光洪、郑永清、施颂勤、姜乾文、姚朝阳、徐菊珍（女）、蒋世懿、蓝金水（畲族）、詹百松、蔡培新、管伟春（女）、颜小云、潘利军、潘林珠（女）为丽水市第五届人民代表大会常务委员会委员；吴舜泽为丽水市人民政府市长，杜兴林、楼志坚、卢彩柳（女）、毛建国、朱磊、叶伯军、李汉勤为丽水市人民政府副市长；傅智超为丽水市监察委员会主任，张军斌为丽水市中级人民法院院长，吕献为丽水市人民检察院检察长。通过丽水市第五届人民代表大会各专门委员会组成人员人选名单。全体代表票决出2022年丽水市十方面民生实事项目。与会代表提出建议、批评和意见315件，交有关机关、组织研究办理并负责答复。

【丽水市人大常委会会议】 2022年，丽水市人大常委会召开会议10次。

2月14日，市四届人大常委会召开第三十六次会议。会议表决通过有关人事任免事项，决定任命朱磊为丽水市人民政府副市长。

3月7日，市四届人大常委会召开第三十七次会议。会议审议通过《丽水市人大常委会关于召开丽水市第五届人民代表大会第一次会议的决定》；提出《丽水市第五届人民代表大会第一次会议议程（草案）》，提请市五届人大一次会议预备会议通过。会议表决通过有关人事任免事项。

3月25日，市四届人大常委会召开第三十八次会议。会议听取和审议市政府关于2022年全市十方面民生实事项目征集初选工作情况报告；书面审议市政府关于2021年度法治政府建设情况报告；审议通过《丽水市第五届人民代表大会第一次会议列席人员名单》《关于选举产生的丽水市第五届人民代表大会代表的代表资格审查报告》；审议通过《丽水市人民代表大会常务委员会工作报告》，并提请市五届人大一次会议审议。会议提出《丽水市第五届人民代表大会第一次会议主席团和秘书长名单（草案）》，提请市五届人大一次会议预备会议选举；提出《丽水市第五届人民代表大会第一次会议计划预算审查委员会名单（草案）》，提请市五届人大一次会议预备会议通过；征求对市人民政府、市中级人民法院、市人民检察院工作报告稿的意见。

4月6日，市四届人大常委会召开第三十九次会议。会议对市五届人大一次会议进行部署强调，表决通过有关人事任免事项。

4月14日，市五届人大常委会召开第一次会议。会议传达学习市委书记胡海峰在市五届人大一次会议上的讲话精神，表决通过有关人事任免事项。

5月31日，市五届人大常委会召开第二次会议。会议听取和审议市政府关于市本级政府重大投资项目2021年计划执行情况及2022年计划草案的报告、《中华人民共和国节约能源法》和丽水市实施办法实施情况报告，及市人大常委会执法检查组检查报告、关于《丽水市南明湖保护管理条例》实施情况报告及市人大常委会执法检查组检查报告。会议审议《关于提请审议丽水市第五届人民代表大会常务委员会代表资格审查委员会组成人员名单的议案》，补选省十三届人大代表，表决通过有关人事任免事项，决定任命市人民政府秘书长、局长、委员会主任等32位市政府工作部门正职。

7月29日，市五届人大常委会召开第三次会议。会议听取和审议市政府关于《丽水市文明行为促进条例》实施情况报告及市人大常委会执法检查组执法检查报告；审议市政府关于丽水市2022年上半年国民经济和社会发展计划执行情况的报告；听取和审议市政府关于2022年上半年预算执行情况的报告；听取和审查市政府关于2021年度全市和市本级财政决算草案报告，审查市教育局、自然资源局、外办及丽水开发区2021年决算草案报告；听取和审议市政府关于2021年度市本级预算执行和全市其他财政收支的审计工作报告、市人大财经委关于丽水市2021年度市本级财政决算草案审查结果报告，表决批准丽水市 2021年度市本级财政决算；表决通过《丽水市人民代表大会常务委员会议事规则》；通过有关人事任免事项。会议就贯彻省、市党代会精神，高效统筹疫情防控和经济社会发展作出工作要求。

9月29—30日，市五届人大常委会召开第四次会议。会议听取市政府关于防范和惩治电信网络诈骗工作情况报告；关于《浙江省综合行政执法条例》实施情况报告，及市人大常委会执法检查组检查报告；关于全市招引标志性大好高项目情况报告；关于“设立丽水农业文化遗产保护日”

有关说明；关于2021年度国有自然资源资产管理情况专项报告；关于提请审议批准2022年市本级新增地方政府债务预算调整方案（草案）的说明；关于《丽水市物业管理条例》实施情况报告，及市人大常委会执法检查组检查报告。听取市人大财经委关于《丽水市人民代表大会常务委员会关于加强国有资产管理情况监督的决定（草案）》起草说明，市人大法委关于《丽水市居家养老服务条例（草案）》审议结果报告。书面审议关于2021年度全市国有资产管理情况综合报告及市五届人大一次会议上代表联名提出关于制定《丽水市水井保护管理条例》审议结果报告。表决通过《丽水市居家养老服务条例》《丽水市人民代表大会常务委员会关于批准丽水市2022年市本级预算调整方案的决议》《丽水市人民代表大会常务委员会关于加强国有资产管理情况监督的决定》《关于设立丽水农业文化遗产保护日的决定》。通过有关人事任免事项。

11月4日，市五届人大常委会召开第五次会议。会议学习贯彻中共二十大精神，表决通过《丽水市人民代表大会常务委员会关于召开丽水市第五届人民代表大会第二次会议的决定》《丽水市人民代表大会常务委员会关于废止〈丽水市荣誉市民称号授予办法〉的决定》。会议决定：丽水市第五届人民代表大会第二次会议于2022年12月7日在丽水召开。建议会议的主要议程有选举丽水市出席浙江省第十四届人民代表大会代表及其他事项。表决通过有关人事任免事项。

11月29日，市五届人大常委会召开第六次会议。会议听取和审议市政府关于2021年度市本级预算执行和其他财政收支审计查出问题整改情况、关于全市“花园乡村”建设工作情况、关于全市民族乡村振兴工作情况的报告；关于“双减”背景下中小学校教师队伍建设工作情况报告，开展专题询问；关于市五届人大一次会议代表建议、批评和意见办理情况的报告及代表与选任工委督办情况报告；听取和审议市法院关于全市法院司法公正感受度提升工程开展情况报告；市人大法工委关于2022年备案审查工作情况报告。表决通过《丽水市第五届人民代表大会第二次会议主席团和秘书长名单（草案）》，提请市五届人大二次会议预备会议选举表决；代表资格审查委员会关于丽水市第五届人民代表大会部分补选代表的代表资格审查及代表变动情况报告；表决通过人事任免事项。

【各类工作会议】 2月28日，市四届人大常委会党组召开（扩大）会议，传达学习市第五次党代会精神。市人大常委会党组书记、主任李锋主持会议并讲话，市人大常委会副主任陈建波、朱继坤、戚永远、沈根花、杜光旻、邹培书及秘书长上官国明出席。

3月1日，市五届人大一次会议筹备办召开第一次全体会议，部署市人代会各项筹备工作。市人大常委会党组副书记、副主任陈建波出席会议并讲话。市人大常委会秘书长、筹备办主任上官国明主持会议。

3月31日上午，市五届人大一次会议筹备办召开第二次全体会议。会议对各项筹备工作进行全面梳理，明确要求、细化举措。市人大常委会副主任陈建波、沈根花，市政协副主席、市委组织部常务副部长何卫宁出席会议。市人大常委会秘书长、筹备办主任上官国明主持会议。

4月15日，市五届人大一次会议工作总结会召开。会上，市人大机关各处工作人员结合人代会期间负责具体工作谈体会。市人大常委会主任李锋主持，秘书长上官国明参加会议。

5月12日，市人大常委会党组及机关党组理论学习中心组学习会召开，学习贯彻中央人大工作会议、市第五次党代会和市五届人大一次会议精神，紧扣市五届人大一次会议确定的目标，部署学习任务、盘点前段工作、提出工作要求，以务实工作迎接中共二十大胜利召开。市人大常委会党组书记、主任李锋主持。

6月24日，市人大常委会党组召开扩大会议，学习贯彻省第十五次党代会精神。市人大常委会党组书记、主任李锋出席会议并讲话，副主任沈根花、蓝伶俐、叶旭勇、潘碧武、邹向阳及秘书长上官国明等出席会议。

8月19日，市人大常委会履职工作评议领导小组会议召开。与会人员学习《丽水市人民代表大会常务委员会任命的政府工作部门负责人履职工作评议办法》和《2022年丽水市人大常委会开展政府工作部门负责人履职工作评议实施方案》，讨论实施步骤、时间节点和注意事项。市人大常委会副主任、履职工作评议领导小组组长邹向阳出席并主持会议。

8月25日，全市人大农业农村工作座谈会在庆元县召开。会议学习习近平新时代中国特色社会主义思想，传达贯彻中央省市农业农村工作会议、省市人大常委会会议、市委五届二次全体（扩大）会议等精神。各县（市、区）人大结合市人大常委会2022年监督工作计划交流家庭农场培育发展情况，谋划监督工作。市人大常委会副主任叶旭勇出席会议并讲话。

8月29日，市人大常委会党组召开（扩大）会议，传达学习市委五届二次全体（扩大）会议精神，市人大常委会党组书记、主任李锋主持会议并讲话，副主任蓝伶俐、叶旭勇、邹向阳及秘书长上官国明等出席会议。

9月15日，市委全面依法治市委员会立法协调小组第三次会议在市行政中心召开。会议通报2022年立法工作情况及《丽水市第五届人大及其常委会立法调研项目库》和《丽水市居家养老服务条例（草案修改稿）》的制定情况；集体学习习近平总书记重要文章《坚持走中国特色社会主义法治道路更好推进中国特色社会主义法治体系建设》及全国人大常委会、法工委近期刊发的《坚持和践行全过程民主推进新时代立法工作高质量发展》一文。各成员单位交流工作，并就贯彻实施五年立法项目库和《丽水市居家养老服务条例（草案修改稿）》提出意见和建议。市人大常委会副主任、立法协调小组组长沈根花主持会议并讲话。

9月29日，市五届人大法制委员会召开第四次会议。与会人员着重讨论市人大常委会组成人员对《丽水市居家养老服务条例（草案修改稿）》的审议意见并进行修改，提出条例草案表决稿。

10月21日，市人大常委会基层单元建设领导小组召开第二次全体会议，会议传达中央以及省委、省人大关于打造人大践行全过程人民民主基层单元的精神，市人大常委会副主任邹向阳介绍当前全市基层单元建设概况、建设成效、存在问题以及下步工作举措，为机关干部做一次系统的业务培训。邹向阳主持会议，秘书长上官国明参加会议。

10月25日，市人大常委会党组召开（扩大）会议，第一时间学习贯彻中共二十大精神，传达学习全市领导干部会议精神。市人大常委会党组书记、主任李锋主持会议并讲话，副主任沈根花、杨秀清、蓝伶俐、叶旭勇、潘碧武、邹向阳结合分管工作依次交流中共二十大精神学习体会，秘书长上官国明传达中共二十大精神。

11月4日，全市人大基层单元建设推进会在松阳县召开，会议传达学习省市人大数字化改革工作推进会精神，总结基层单元建设前一阶段工作成果成效和经验做法，分析存在问题和困难，查找短板，系统梳理下一步工作思路方法，部署下一阶段具体工作。会上通报县、乡两级人大推进基层单元建设工作数据及有关分析情况，相关县（市、区）作经验交流与表态发言。市人大常委会副主任邹向阳出席会议并讲话。

12月6—7日，全市人大常委会主任学习座谈会在丽水召开，会议学习贯彻中共二十大精神、习近平法治思想、习近平总书记关于坚持和完善人民代表大会制度的重要思想和中央人大工作会议精神，研讨市人大常委会2023年履职思路、方法和举措，交流践行全过程人民民主基层单元建设对策建议。市人大常委会主任李锋主持会议并讲话。秘书长上官国明参加会议。

人大监督

【概况】 2022年，市人大常委会坚持正确监督、有效监督、依法监督，围绕中心大局、突出重点关键、贴近民生需求，创新监督方式，寓支持于监督之中，不断增强监督实效，听取和审议专项工作报告23个，提出审议、视察、评议意见28个，有效保障党中央和省委市委重大决策部署贯彻落实。

【国民经济和社会发展计划、预算执行情况监督】 计划、财政相关报告审议　2022年，市人大常委会听取和审议市政府关于市本级政府重大投资项目2021年计划执行情况及2022年计划草案的报告、丽水市2022年上半年国民经济和社会发展计划执行情况报告、2022年上半年预算执行情况报告。

决算、审计工作报告审议　2022年，市人大常委会听取和审议市政府关于2021年度全市和市本级财政决算草案报告，审查市教育局、自然资源局、外办及丽水经开区2021年决算草案的报告；听取和审议市政府关于2021年度市本级预算执行和全市其他财政收支的审计工作报告，批准2021年度市本级财政决算，审议批准2022年市本级新增地方政府债务预算调整方案。

【“一府一委两院”专项工作监督】 2022年，市人大常委会听取和审议花园乡村建设情况专项工作报告，花园乡村建设作为市委、市政府坚定不移实践“两山”理念发展道路的重要抓手和持续深化“千万工程”的创新答卷。2020年，《丽水市花园乡村创建大推进行动（2020—2022）》出台，力求打造600个花园乡村，含150个精品花园乡村。市人大常委会审议全市花园乡村建设情况专项报告，总结经验、推广典型、解决问题，以更新理念、更高要求，全面打造浙江“新时代美丽乡村”的丽水版。

开展《丽水市南明湖保护管理条例》执法检查　《丽水市南明湖保护管理条例》于2019年3月1日起开始施行，系全市所立第三部地方性法规。4月25日，执法检查组在市人大常委会分管领导带领下，到市水利局开展调研。4月26日，到好溪堰堰坝、紫金大桥、吕埠坑、黄渡村、开潭村等点位现场开展实地检查，听取市水利局、市综合执法局、市体育发展中心、市生态环境局、市农业农村局、莲都区政府、丽水开发区等单位实施《丽水市南明湖保护管理条例》情况汇报。5月31日，市第五届人大常委会第二次会议听取和审议市政府关于《丽水市南明湖保护管理条例》实施情况报告及市人大执法检查组情况报告。从检查的情况看，条例贯彻存在保护规划落实存有差距、保护管理机制执行不够到位、监管执法力度有待加强、湖域水质保护仍有短板、条例宣贯工作尚需强化等问题，会议提出要落实保护管理规划、完善综合管理协调机制、加大执法监督力度、优化水体生态环境、提升条例宣贯实效等意见建议。

《中华人民共和国环境保护法》执法检查　根据省人大常委会统一部署，研究制订执法检查方案，明确检查重点、方法步骤、工作要求等，部署市、县两级人大联动开展执法检查。聚焦环境保护目标责任制落实等7个方面重点，通过实地检查、问卷调查、政府及部门自查、召开汇报会等形式，深入调研检查，全面了解环保法实施情况。针对检查发现的环保基础设施不完善等4个方面问题，提出以良法善治推动生态文明建设典范等4个方面意见建议。经委员会讨论研究，形成执法检查报告，反馈市政府并上报省人大环资委员会，推动《中华人民共和国环境保护法》贯彻实施。

《丽水市物业管理条例》执法检查　市、县两级人大联动开展全市范围执法检查。到莲都区、丽水开发区、

2022年9月29日，市区贯彻落实《丽水市物业管理条例》专题询问会在丽水召开

（市人大常委会办公室　提供）

缙云县等地检查，召开市直部门座谈会，听取业主、业主委员会、物业企业、街道、社区和政府及有关部门意见建议。通过"人大代表履职一键通"平台，发动人大代表和群众参与意见征集。了解市信访局和市"12345"政务服务中心相关投诉情况。组织专题询问会并播放暗访视频短片，10名常委会委员和人大代表参加询问，市建设局等12家单位负责人参加应询。市人大常委会听取和审议执法检查报告和市政府专项报告。针对检查和审议提出的业主组织不够规范等6个方面问题，提出加强业主组织建设等4个方面审议意见，连同执法检查报告交市政府研究处理，推动《丽水市物业管理条例》贯彻实施。

聚焦"双减"背景下中小学校教师队伍建设情况　全市"双减"背景下中小学校（主要指义务教育学校）教师队伍建设受到关注，市人大常委会聚焦教师队伍自身素质建设、教育教学能力提升和服务保障等方面，实地走访中小学校10所，召开座谈会8次，听取政府及有关部门和人大代表、校长、教师、家长等各方面的意见和建议，线上、线下听取各方面意见建议。组织召开专题询问会，会前播放暗访视频，会上9位常委会组成人员和人大代表，向市教育局等11个单位负责人提出9个问题，相关单位作回答，市政府领导作表态发言。经常委会审议，向市政府及有关部门提出3个方面10条具体建议。审议意见被市人大常委会评为2022年度优秀审议意见。

节约能源法"一法一办法"执法检查　根据省人大常委会统一部署，市人大常委会主任李锋担任执法检查组组长，于4月中旬至5月中旬对《中华人民共和国节约能源法》和《浙江省实施〈中华人民共和国节约能源法〉办法》实施情况开展检查，推动节能管理、能耗双控、可再生能源开发利用，促进经济社会高质量绿色发展。市发改委、市经信局、市交通局等11个部门和9个县（市、区）政府开展自查。执法检查组围绕节能管理、绿色低碳转型等6个方面重点内容，到工业企业、建筑企业、交通运输企业和建设工地实地查看、走访座谈、问卷调查，抽查重点用能单位年度能源利用评价报告等历史资料，就重点检查问题开展问卷调查，专题调研企业反映电力市场化改革后企业用电成

本情况。5月，市人大常委会会议听取和审议市政府关于节约能源“一法一办法”实施情况报告、常委会执法检查组的执法检查报告。执法检查报告反映五方面问题，提出六方面建议，同时向省人大常委会反映需要上级解决的问题，提出“给予丽水超常规用能支持”“将支持清洁能源抵扣能耗消费总量和单耗的政策纳入法律法规，激励地方加快清洁能源建设”等4条建议，引起省人大财经委关注。

《丽水市文明行为促进条例》执法检查　市人大常委会紧扣市第五次党代会提出“争创全国文明典范城市”决策部署，对《丽水市文明行为促进条例》开展执法检查。执法检查紧扣条例6章、36条规定，围绕法律制度是否有效落实、法定职责是否切实履行、法律责任是否严格追究等三方面内容逐条对照检查。检查过程中，注重民情民意收集，通过面向市民和市人大代表进行满意度问卷调查，邀请专委委员、代表专业小组代表、有关专家参加检查和座谈等方式，收集意见建议60余条。组织开展明察暗访，归纳梳理形成普法宣传不够广泛、责任分解不够到位、重点整治成效仍需巩固、执法力度有待加强、文明倡导尚需加大力度等5个方面17条具体问题清单，逐一督促政府及有关部门整改。7月29日，市第五届人大常委会第三次会议听取和审议市政府关于《丽水市文明行为促进条例》实施情况报告及市人大执法检查组执法检查报告。提出通过执法检查，加强宣传，加大不文明行为曝光力度，提升执法监督刚性。

《中华人民共和国就业促进法》执法检查　围绕中央、省委、市委有关做好“六稳”“六保”工作决策部署和共同富裕示范区建设目标任务，按照省人大常委会省市县三级联动要求，市人大社会建设委员会开展《中华人民共和国就业促进法》执法检查。执法检查坚持“深入基层、深入实际、深入群众”，听取汇报、座谈交流、查阅资料，邀请市、县、乡三级人大代表以及有关就业专家走访企业、人才市场、高校、职业院校、就业服务机构、村社等地，对法律贯彻实施和就业情况进行调研，梳理形成6个方面28条意见建议，供省、市人大常委会审议参考。

联动开展《浙江省综合行政执法条例》实施情况执法检查　根据省人大统一部署，市人大常委会印发《关于开展〈浙江省综合行政执法条例〉执法检查的实施方案》，成立执法检查组，市综合执法局调整为监察司法委对口联系部门。执法检查组联动配合省人大开展执法检查，听取市政府及相关部门条例执行情况和“大综合一体化”行政执法改革工作开展情况汇报，到莲都区、云和县、景宁县、庆元县、缙云县、青田县等地和市综合行政执法局、市市场监管局、市农业农村局等部门进行实地检查，了解全市《浙江省综合行政执法条例》实施情况。专委委员、专业代表和专家咨询组成员，对政府法定职责是否履行、法律责任是否落实、法律执行效果是否明显进行检查。通过执法检查，形成执法检查报告，肯定取得的成效，指出执法事项职责有待理顺、执法协同机制有待强化、执法办案水平有待提高、执法保障力度有待加大等问题。9月，市五届人大常委会第四次会议听取和审议《浙江省综合行政执法条例》实施情况报告及执法检查报告，提出广泛宣传贯彻、精准赋权执法事项、着力推进规范执法、加大执法协同力度、加强基层执法保障等审议意见，推动全市“大综合一体化”行政执法改革深入开展。

决定和任免

【概况】 2022年，市人大常委会依法做好决定和任免工作，履行职能，健全沟通协调机制，完善各项制度，全年作出决议决定7项，不断提高决议决定科学化、民主化、法治化水平，坚持确保党管干部与依法选举任免有机统一，全年任免国家机关工作人员181人次。

【全市十方面民生实事】 2022年4月13日，经丽水市第五届人民代表大会第一次会议通过，按得票数高低为序，确定2022年全市十方面民生实事项目：完善养老助老服务体系、提升山区医疗急救服务能力、交通安全畅行、中小学身心健康提升、实施十万技能人才共富能力大提升行动、提升婴幼儿照护服务能力、提升助残服务能力、提升防灾避险能力、城镇老旧小区改造、美丽城乡微改造。

【设立丽水农业文化遗产保护日】 2022年9月29—30日，丽水市第五届人民代表大会常务委员会第四次会议结合《市人大农业与农村委员会关于设立“丽水农业文化遗产保护日”议案的初审意见》，表决通过《关于设立丽水农业文化遗产保护日的决定》，决定将每年6月5日设为丽水农业文化遗产保护日。

【加强国有资产管理情况监督】 2022年9月30日，丽水市第五届人民代表大会常务委员会第四次会议通过《丽水市人民代表大会常务委员会关于加强国有资产管理情况监督的决定》，明确积极履行法定职责，突出监督重点内容，依法规范监督程序，加强联动跟踪监督，推进信息公开透明等五方面具体内容。提出加强全市国有资产管理情况监督，促进国有资产治理体系和治理能力现代化，实现国有资产保值增值，更好发挥国有资产在服务经济社会发展等方面的作用。

【《丽水市荣誉市民称号授予办法》废止】 2022年11月4日，根据新修正的《中华人民共和国地方各级人民代表大会及地方各级人民政府组织法》，丽水市第五届人民代表大会常务委员会第五次会议经过审议，决定废止《丽水市荣誉市民称号授予办法》。

【调整市第五届人民代表大会第二次会议召开时间】 2022年11月25日，根据丽水市第五届人民代表大会常务委员会第五次会议授权，丽水市第五届人民代表大会常务委员会第10次主任会议决定：丽水市第五届人民代表大会第二次会议召开时间调整为2022年12月下旬。会议其他事项不变。

【人事任免】 2022年，市人大常委会坚持党管干部与人大依法任免相结合，规范任免程序，依法圆满落实省委和市委重要人事安排意图，确保党组织推荐的人选经过法定程序成为国家机关领导人员。不断优化宪法宣誓仪式，做到人大及其常委会选举任命的国家机关工作人员、新任国家机关工作人员和新一届市人大代表宪法宣誓全覆盖。

专题视察和调研活动

【概况】 2022年，市人大常委会按照省人大部署要求，结合丽水市实际，确定视察和调研主题，组织各级人大代表共同参与，围绕生态富农、旅游产业、乡村振兴等主题，开展专题视察和调研活动，形成全市人大工作合力，唱响为民履职主旋律。

【全市“三位一体”农合联改革工作专题调研】 2022年，市人大常委会开展全市“三位一体”农合联改革工作专题调研，针对农合联改革的力度不够大、进度相对滞后，服务功能发挥不充分等问题，农合联要加大改革力度、加快改革进度、强化功能发挥等意见建议。丽水根据本地发展实际，在推进“三位一体”农合联改革过程中探索产业农合联组织体系，通过产业农合联组建，形成具有丽水特色的，具备生产、供销、信用“三位一体”服务功能的产业农合联丽水模式体系。

【全市家庭农场发展情况专题调研】 2022年，市人大常委会开展全市家庭农场发展情况专题调研。家庭农场是以家庭成员为主要劳动力，以农户家庭为基本组织单位，以市场为导向，以利润最大化为目标，从事农业规模化、集约化、商品化生产经营，并以农业为主要收入来源的新型农业经营主体。近年来，市委市政府高度重视家庭农场发展工作，各级政府贯彻落实省、市部署要求，坚持问题导向、效果导向，加大探索实践力度，家庭农场发展工作取得阶段性成效。为解决家庭农场的发展短板、要素制约、服务体制创新不足等问题，提出要加大对家庭农场发展的引领力度、破解家庭农场发展的要素制约、完善家庭农场发展的配套服务体系等意见建议。

【林业产业发展情况专题调研】 丽水是浙江最大的林区市和全国南方重点林区市，林业产业是绿色产业、循环产业和富民产业。市人大常委会贯彻落实市委提出的“重塑林业产业为富民强市的重要支柱”的决策部署，聚焦林业传统产业发展等3个方面重点，调研庆元县、遂昌县和景宁县等地，召开市直部门座谈会听取市政府及有关部门汇报；通过“人大代表履职一键通”平台，发动12313名人大代表和群众参与问卷调查。针对调研中发现的林业产业发展保障不够到位等3个方面问题，向市政府提出思路上要更加清晰等3个方面意见建议，推动丽水加快从“林业大市”向“林业强市”迈进跨越。

【政府债务管理情况专题调研】 根据2022年度监督工作计划，市人大常委会调研组开展政府债务管理情况调研。9月22日，召开座谈会，市财政、发改等部门就地方政府债务的规模、结构及债务资金使用及成效，专项债券项目申报、资金投向及行业分布，带动有效投资、扩大内需、保障民生等方面发挥作用等情况进行汇报，市国资委汇报市属国有企业债务管理情况，开发区管委会汇报开发区政府债务管理情况。会上对全市政府债务管理工作中存在的主要问题及改进举措进行交流探讨。

【旅游产业发展情况专题调研】 2022年5月，市人大调研组先后实地走访旅游景区、文旅建设项目、产业融合体等现场11个，召开座谈会4个，听取当地政府及有关部门、旅游景区及旅行社、酒店负责人、人大代表等各方面人员的意见建议。针对存在的3个方面14个问题，向市政府及有关部门提出3个方面6条具体建议。此次调研情况，还向市委提交专题报告。

【3岁以下婴幼儿照护服务体系建设情况专题调研】 2022年，市人大聚焦建立健全婴幼儿照护服务体系、管理体系和保障体系等方面重点，实地走访幼儿园、托育机构、母婴室、婴幼儿养育照护实训基地等现场21个，召开座谈会6个，听取政府及有关部门、托育机构、幼儿园、社会、家庭等各方面意见建议。创新和丰富监督方式，组织开展“心连心”代表工作室专项监督、代表与部门负责人面对面、代表履职一键通平台问卷调查和意见征集、“提升婴幼儿照护服务能力”民生实事项目实施监督、配合省人大开展“浙有善育”意见征集、市区人大联动开展监督、录制《人大关注》电视节目等调研监督活动，参与600余人次。

【退役军人事务工作专题调研】 2022年，市人大调研组到青田县、庆元县等地开展退役军人事务工作专题调研，听取人大代表、退役军人的意见建议，剖析全市退役军人事务工作在思想认识、服务保障、双拥创建、帮扶就业等方面存在的问题。提出提高思想认识、聚焦体系建设、增强服务能力等意见建议。推动市政府及有关部门加强和完善退役军人工作，打造具有浙西南革命老区辨识度的退役军人工作品牌。

【市政府防范和打击电信网络诈骗工作情况调研】 2022年，市人大调研组，视察市公安局反诈中心，听取市政府以及市直相关单位的情况汇报，到云和县、景宁县、缙云县、青田县等地开展实地调研以及征求部分人大代表、律师和监察司法专业小组代表意见建议等形式，了解市政府防范和惩治电信网络诈骗工作情况，提出宣传质效不够明显、惩治力度仍需加大、技术防范有待加强等问题。9月，市五届人大常委会第四次会议听取和审议市政府防范和惩治电信网络诈骗工作情况报告，提出加大宣传防范力度、着力提升惩治成效、加强行业部门协作等审议意见。

【《浙江省华侨捐赠条例》实施情况专题调研】 2022年5月，丽水市人民代表大会专门委员会（简称市人大专委会）到莲都区、缙云县、青田县等地调研部分华侨捐赠项目现状，召开座谈会听取有关部门情况汇报和华侨的意见建议，针对调研中发现的条例社会知晓度和关注度不高、一些具体规定有待落实、工作统筹谋划不足等问题，提出要提高思想认识，加大条例宣传力度；健全监督管理，推进华侨捐赠工作法治化；加强统筹协调，不断优化服务工作等建议。市政府、市委统战部高度重视人大的有关意见，11月，市府办发文出台《关于进一步规范华侨捐赠工作的若干意见》，较好落实省条例的有关要求。

【民族乡村振兴专题调研】 2022年9月，市人大调研组到莲都区、龙泉市、云和县、景宁县等地，围绕生态建设、产业发展、群众增收、民族团结等重点内容，到民族乡村实地走访调研。11月底，市五届人大常委会第六次会议听取和审议政府专项工作报告，肯定规划实施取得的阶段性显著成果，并结合专委的调研报告提出审议意见。意见要求各级政府贯彻中共二十大关于全面推进乡村振兴的部署，提高认识、合力推进，完善规划、分类指导，聚焦产业、精准施策，创新引领、强化保障，解决民族地区发展不平衡不充分问题，推进全市民族乡村振兴工作。

【市法院司法公正感受度提升工程开展情况调研】 2022年11月，市人大调研组走访市法院，云和县、景宁县、松阳县、遂昌县、莲都区等基层法院，青田腊口等基层“共享法庭”及市、县（区）相关单位听取情况介绍、征求意见建议，了解全市法院司法公正感受度提升工程开展情况。提出思想认识有待加强、审判质效有待提升、胜诉权益有待兑现、协作机制有待完善等存在问题并形成调研报告。11月，市五届人大常委会第六次会议听取和审议市法院司法公正感受度提升工程开展情况报告，提出增强大局意识、着力强化队伍建设，提高审判质效、努力提高司法认同，加大执行力度、全力兑现胜诉权益，密切协作配合、合力化解矛盾纠纷等审议意见。12月2日，市人大调研组开展以“尊崇弘扬宪法精神、践行全过程人民民主”为主题的国家宪法日活动，实地察看“司法公正在线”数字化应用场景建设情况、三专人员交流体会、审判人员宪法宣誓，加强全市法院司法公正感受度提升工程情况专项监督。

【代表视察标志性“大好高”项目】 2022年9月28日，市人大常委会组织常委会组成人员和部分市人大代表视察标志性“大好高”项目。市人大常委会主任李锋，副主任杨秀清、蓝伶俐，市委常委、副市长楼志坚视察丽水机场、开发区半导体芯片产业

2022 年 9 月 28 日，市人大常委会组成人员和部分市人大代表视察开发区半导体芯片产业园项目
（市人大常委会办公室　提供）

园、浙江珏芯微电子有限公司、丽水中科半导体材料研究中心有限公司等“大好高”项目。汇报会上，代表们听取丽水开发区管委会招引标志性“大好高”项目情况、丽水机场项目指挥部关于丽水机场项目建设情况、市铁委办关于衢丽铁路项目建设情况的汇报。在市五届人大常委会第四次会议上，听取和审议市政府关于全市招引标志性大好高项目情况报告，结合市人大调研组提交的调研报告，提出要通过加强组织领导、完善推进体系、创新招引方式、实施重点攻坚等方式，推动市委“双招双引”战略性先导工程实施的意见建议。

【市人大代表线上视察浙西南科创平台建设情况】 2022 年 8 月，市人大常委会围绕科技发展“十四五”规划和共同富裕示范区建设行动方案等部署要求，重点关注浙西南科创走廊、科创产业园、富岭科技城、七百秧科创服务核等科创集聚平台建设、科技创新产业服务综合体建设、科技成果转化、科创飞地建设等方面工作，推进浙西南科创中心建设，加快构建浙西南区域创新体系。受疫情影响，采取线上形式组织代表视察活动，将市科技局和丽水开发区汇报材料印发全体专业代表，收集汇总相关意见建议并及时反馈。

人大代表工作

【概况】 2022 年，丽水市高度重视人大代表工作，完善代表工作制度，推进代表工作创新，尊重代表主体地位，支持代表依法履职，发挥代表作用，加强代表履职监督管理，提高服务保障水平，全年办结代表议案建议 340 件。

【支持和保障代表履职】 2022 年，市人大常委会在市委统一领导下，统筹推进市、县、乡人大换届选举工作，做好全市出席省十四届人大一次会议代表选举工作。组织新任代表培训，提升履职能力。推动各承办单位落实代表建议办理“一把手责任制”。完善代表服务管理机制，健全市人大代表履职登记通报、“一府一委两院”情况通报制度，落实主任会议成员和常委会委员直接联系代表、专工委对口联系代表制度。深化民生实事人大代表票决制工作，助推民生实事“好事办好、实事办实”。按照省人大的统一部署，积极探索开发区人大工作，建立健全领导小组，指导理顺工作机制，制定工作实施方案，依法开展法律监督和工作监督。

【议案建议办理】 2022 年，市人大常委会探索创新代表建议提出、交办、督办和评价方式，推动代表建议办理工作提质提效。按照市委“内容高质量、办理高标准”工作要求，落实市人大常委会主任会议成员、市政府领导、市人大各专工委督办、领办重点建议机制，会同市委编办、市政府督查室强化分办人员、承办单位等业务培训，提高分办准确性和办理有效性。通过落实“一把手”责任制，推进代表建议办理工作由浅入深、由点到面。丽水市五届人大一次会议提出代表建议、批评和意见 340 件，其中政府系统 41 个单位承办 309 件，法院承办 1 件，党群系统 12 个单位承办 30 件，均办结。健全代表述职制度，要求每名市人大代表本届内至少向原选区选民报告一次履职情况，明确代表述职的主要内容方法步骤和要求。

【全面推进全过程人民民主基层单元建设】 2022 年，市人大常委会运用“统筹、整合、联动”理念，梳理需求清单、问题清单、责任清单，收集使用需求，找准问题短板，落实具体责任。坚持市、县、乡三级共建共享，采用嵌入式、组团式等多种模式与“基层治理四平台”深度融合，推进173

家代表联络站迭代升级。通过发挥专委会、代表专业小组、专家咨询组的作用，把人大核心业务下沉、贯通到基层单元，助推各项履职工作提质增效。深化教育科技文化卫生“心连心”代表工作室建设，“民聚浙丽”人大代表e矩阵管理模式，覆盖市、县、乡三级人大和人大代表。市人大的《基层单元建设推进山区民生实事显成效》、松阳人大的《架好代表群众连心桥打造民情民意直通车》、景宁人大的《“三专议事厅”激发基层单元民主活力》获评全省基层单元最佳实践案例。

【省人大代表丽水中心组活动】 2022年1月6—7日，省人大代表丽水中心组组织开展省十三届人大六次会议会前视察活动。市人大常委会主任李锋，市领导杜兴林、郑力平，市人大常委会秘书长上官国明参加视察活动并出席座谈会。代表们先后视察调研青田方山乡龙现村、“华侨之窗”，景宁澄照农民创业园、那云天空之城，庆元竹口镇黄坛村、生物科技产业园、浙江双枪竹木有限公司等，并听取市政府关于全市加快跨越式高质量绿色发展建设共同富裕示范区工作情况汇报。座谈会上，代表们围绕会议主题，结合履职实践，提出富有针对性、可操作性的意见和建议。

县（市、区）人民代表大会会议

【概况】 2022年，全市人大上下联动，聚焦中央、省委、市委重大决策部署，同频共振，同向发力，开展高质量立法、高效能监督、高标准履职，切实把人大制度优势转化为治理效能，为实现跨越式高质量发展贡献人大力量。

【莲都区第十七届人民代表大会第一次会议】 2022年2月12—14日，莲都区第十七届人民代表大会第一次会议在莲都区召开。会议听取和审议区人民政府、区人大常委会、区人民法院、区人民检察院工作报告；审议区人民政府关于莲都区2021年环境状况和环境保护目标完成情况的报告；表决通过议案审查委员会的议案审查报告；通过关于政府工作报告的决议、关于区2021年国民经济和社会发展计划执行情况的报告及2022年国民经济和社会发展计划的决议、区2021年财政预算执行情况的报告和2022年财政预算的决议，通过区人大常委会、区人民法院、区人民检察院工作报告的决议。依法选举产生莲都区十七届人大常委会领导班子，区政府区长、副区长，区监察委员会主任、法检“两长”以及出席丽水市第五届人民代表大会代表，并对2022年莲都区十方面民生实事项目进行票决。会议通过莲都区第十七届人民代表大会法制（监察和司法）委员会、财政经济委员会、社会建设委员会组成人员人选名单。会议要求，新一届区人大常委会要聚焦中心工作、聚情民生关切、聚力依法履职、聚合代表力量，加强“四个机关”建设，放大制度优势，发挥职能作用，发展和完善全过程人民民主，在中共丽水市莲都区委的领导下，锐意进取、开拓创新、勇毅前行，为接续高质量发展建设百万人口大城市、与全省同步迈向现代化和共同富裕提供有力法治保障。

【龙泉市第十七届人民代表大会第一次会议】 2022年2月10—13日，龙泉市第十七届人民代表大会第一次会议在龙泉市召开。会议听取和审查市人民政府、市人大常委会、市人民法院、市人民检察院的工作报告以及计划、预算、环境报告。大会表决通过市十七届人大一次会议关于全面优化营商环境，创建新时代“两个健康”示范区的决议；通过市十七届人大监察和法制（内务司法）委员会、财政经济委员会和社会建设委员会组成人员名单；通过关于政府工作报告、龙泉市2021年国民经济和社会发展计划执行情况及2022年国民经济和社会发展计划、龙泉市2021年预算执行情况和2022年预算、龙泉市2021年生态环境状况和环境保护目标完成情况报告的决议；通过关于市人大常委会工作报告、市人民法院工作报告、市人民检察院工作报告的决议。大会依法选举产生市十七届人大常委会领导班子，市政府市长、副市长，市监察委员会主任、法检“两长”以及出席丽水市第五届人民代表大会代表，并对2022年龙泉市“十件民生实事”项目进行票决。会议要求，要紧跟核心、忠诚使命，更加坚定地拥护“两个确立”、做到“两个维护”；要紧扣中心、敢闯敢干，更加主动地抓好跨越式高质量发展第一要务；要紧贴民心、为民造福，更加自觉地践行以人民为中心的发展思想；要紧守匠心、塑造变革，更加深入地推进新时代人大队伍建设，为龙泉市加快跨越式高质量发展、打造山区共同富裕龙泉样板提供更强的人大支撑、贡献更多的人大智慧。

【青田县第十七届人民代表大会第一次会议】 2022年2月14—17日，青田县第十七届人民代表大会第一次会议在青田县召开。会议听取和审查县人民政府、县人大常委会、县人民法院、县人民检察院的工作报告以及计划、预算报告。大会通过关于政府工作报告的决议、关于青田县2021年国民经济和社会发展计划执行情况及2022年国民经济和社会发展计划的决议、关于青田县2021年财政预算执行情况与2022年财政预算的决议、关于青田县人民代表大会常务委员会工作报告的决议、关于青田县人民法院工作报告的决议和关于青田县人民检察院工作报告的决议。大会依法选举产生青田县十七届人大常委会领导班子，县政府县长、副县长，县监察委员会主任、法检“两长”以及出席丽水市第五届人民代表大会代表，大会通过青田县第十七届人民代表大会法制（监察和司法）委员会、财政经济委员会、华侨委员会、社会建设委员会组成人员名单，并对2022年政府十方面民生实事进行票决。会议要求，全县人民要在中共青田县委的坚强领导下，永葆“闯”的劲头、“创”的精神、“干”的作风，为建设高质量共同富裕的世界青田而努力奋斗。

【云和县第十七届人民代表大会第一次会议】 2022年2月11—14日，云和县第十七届人民代表大会第一次会议在云和县召开。会议听取和审查《云和县人民政府工作报告》《云和县2021年国民经济和社会发展计划执行情况及2022年国民经济和社会发展计划草案的报告》《云和县2021年预算执行情况及2022年预算草案的报告》《云和县人大常委会工作报告》《云和县人民法院工作报告》《云和县人民检察院工作报告》，会议批准6个报告，并作出相应决议；会议审查和批准县经商局、县行政服务中心、浮云街道、凤凰山街道2022年部门预算草案；会议书面审议《云和县2021年度环境状况和环境保护目标完成情况的报告》，书面审议《2021年度县政府民生实事完成情况的报告》并票决出2022年度10件民生实事。大会依法选举产生云和县十七届人大常委会领导班子，县政府县长、副县长，县监察委员会主任、法检“两长”，选举出席丽水市第五届人民代表大会代表21人。会议依法通过关于云和县第十七届人民代表大会法制和监察司法委员会、财政经济委员会、社会建设委员会组成人员人选名单。会议要求，要凝聚发展共识、汇聚强大合力、狠抓贯彻落实，在新的起点上推动云和高质量绿色发展实现新跨越。

【庆元县第十七届人民代表大会第一次会议】 2022年2月10—13日，庆元县第十七届人民代表大会第一次会议在庆元县召开。会议听取和审查县人民政府、县人大常委会、县人民法院、县人民检察院的工作报告以及计划、预算报告。大会对2021年度县政府民生实事项目满意度进行测评，票决2022年度县政府十件民生实事项目，表决通过县政府工作报告等决议。大会依法选举产生庆元县十七届人大常委会领导班子，县政府县长、副县长，县监察委员会主任、法检“两长”以及出席丽水市第五届人民代表大会代表，表决通过县十七届人大监察和司法委员会、财政经济委员会及社会建设委员会组成人员人选名单。会议强调，庆元正处于共同富裕示范区建设的战略机遇期，正是凝心聚力谋发展、团结拼搏向未来的大好时机，要按照县第十五次党代会绘就的发展蓝图和本次大会确定的目标任务，创造更多“惊涛骇浪从容渡”的奋斗成果，书写更多“越是艰险越向前”的精彩篇章。

【缙云县第十八届人民代表大会第一次会议】 2022年2月12—15日，缙云县第十八届人民代表大会第一次会议在缙云县召开。会议听取和审查县人民政府、县人大常委会、县人民法院、县人民检察院的工作报告以及计划、预算报告。审查政府上年度环境状况和环境保护目标完成情况以及民生实事项目实施情况的报告，对上年度民生实事项目完成情况进行满意度测评。大会依法选举产生缙云县十七届人大常委会领导班子，县政府县长、副县长，县监察委员会主任、法检“两长”以及出席丽水市第五届人民代表大会代表。会议通过缙云县第十八届人民代表大会监察和法制（内务司法）委员会、财政经济委员会、社会建设委员会组成人员名单。大会票决确定2022年度缙云县十件民生实事项目。会议要求，要紧紧依靠全体代表，团结广大干部群众，自觉把思想和行动统一到大会确定的目标任务上来，把心思和精力集中到助推打造共同富裕美好缙云上来，把作为和担当体现到实干争先上来，讲政治，讲大局，讲情怀，讲担当，在维护核心上坚定坚决，在促进发展上同心同力，在为民履职上用心用情，在自身建设上从严从实，为加快建设“三城三地”，打造共同富裕美好缙云作出新的更大贡献。

【遂昌县第十七届人民代表大会第一次会议】 2022年2月13—15日，遂昌县第十七届人民代表大会第一次会议在遂昌县召开。会议听取和审查县人民政府、县人大常委会、县人民法院、县人民检察院的工作报告以及计划、预算报告。会议表决通过关于遂昌县人民政府工作报告的决议、关于遂昌县2021年国民经济和社会发展计划执行情况及2022年国民经济和社会发展计划报告的决议、关于遂昌县2021年财政预算执行情况和2022年财政预算报告的决议、关于遂昌县人民代表大会常务委员会工作报告的决议、关于遂昌县人民法院工作报告的决议、关于遂昌县人民检察院工作报告的决议。票决产生2022年度遂昌县民生实事项目。大会依法选举产生遂昌县十七届人大常委会领导班子，县政府县长、副县长，县监察委员会主任、法检“两长”以及出席丽水市第五届人民代表大会代表。通过遂昌县第十七届人民代表大会法制（监察司法）委员会、财政经济委员会、社会建设委员会组成人员名单。会议要求，全县始终保持求是挺进、争先创优的姿态奔跑前行，加快遂昌县跨越式高质量发展、建设和美共富现代化遂昌家园。

【松阳县第十三届人民代表大会第一次会议】 2022年2月14—18日，松阳县第十三届人民代表大会第一次会议在松阳县召开。会议听取和审查县人民政府、县人大常委会、县人民法院、县人民检察院的工作报告以及计划、预算报告。大会通过县十三届人大部分专门委员会组成人员名单；表决通过关于政府工作报告的决议，关于松阳县2021年国民经济和社会发展计划执行情况及2022年国民经济和社会发展计划报告的决议，关于松阳县2021年财政预算执行情况和2022年财政预算报告的决议，关于松阳县人大常委会工作报告的决议，关于松阳县人民法院工作报告的决议，关于松阳县人民检察院工作报告的决议。大会依法选举产生松阳县十三届人大常委会领导班子，县政府县长、副县长，县监察委员会主任、法检“两长”以及出席丽水市第五届人民代表大会代表。经代表投票表决产生60周岁以上老年人群“两慢病”常用药免费服用供给等十项为松阳县2022年十件民生实事项目。会议审议通过松阳县第十三届人民代表大会财政经济委员会、法制（监察和司法）委员会和社会建设委员会组成人员人选名单。会议指出，全县各级人大组织、广大人大代表要弘扬践行新时代松阳精神，紧紧围绕县委、县政府确定的目标要求，充分发挥自身优势，切实履行法定职责，以永不懈怠的精神状态和一往无前的奋斗姿态，勇当松阳“二次创业”的破风者，做到旗帜鲜明讲政治，做到越是艰难越向前，做到实干争先创一流，做到勠力同心共奔跑，用实干的行动成就伟大梦想。

【景宁畲族自治县第十届人民代表大会第一次会议】 2022年2月13—16日，景宁畲族自治县第十届人民代表大会第一次会议在景宁山哈大剧院召开。大会听取和审查县人民政府、县人大常委会、县人民法院、县人民检察院的工作报告以及计划、预算、环境和民生实事报告。大会依法选举产生景宁畲族自治县十届人大常委会领导班子，县政府县长、副县长，县监察委员会主任、法检“两长”以及出席丽水市第五届人民代表大会代表。依法通过景宁畲族自治县第十届人大监察和司法委员会、财政经济委员会及社会建设委员会组成人员人选名单；大会对2021年度10件民生实事完成情况进行满意度测评，票决确定2022年度县人民政府10件民生实事。大会收到代表建议195件。会议要求，全县上下要更加紧密地团结在以习近平同志为核心的党中央周围，以“景宁奋斗”践行“丽水之干”，全面推进人大工作高质量发展，努力打造“中国畲乡、品质景宁、宜居胜地”。 （朱红玲）

丽水市人民政府

综　述

【发展现状】 2022年，全市上下坚毅笃行"丽水之干"，牢牢把握跨越式高质量发展的主动权，实现全面建设社会主义现代化新丽水的良好开局。全市生产总值1830.87亿元，增长4%、全省第四；18项GDP核算主要基础指标有10项增速排名全省前三位、其中4项位列全省第一。规模以上工业增加值增长5%，达到399.58亿元，规上工业产值首次突破2000亿元。服务业增加值首破千亿元大关，增速位列全省第一。固定资产投资增长16%，连续12个月保持全省前二。一般公共预算收入增长4.2%，位列全省第二。城乡居民人均可支配收入分别为55784元和28470元，增长4.7%、7.9%。全市十方面民生实事全面落地见效，财政民生支出达到444.06亿元，增长9.9%，占一般公共预算支出的73.1%。生态环境状况指数连续19年位列全省第一，空气、水环境质量均保持全国前十。

【聚力共同富裕】 2022年，丽水市推动全国革命老区共同富裕先行示范区创建实现良好开局，农民收入增速连续14年、低收入农户收入增速连续7年位列全省第一，城乡居民收入倍差持续缩小，村集体经济年收入20万元以上且经营性收入10万元以上的行政村实现全覆盖。人均可支配收入与全省设区市最高倍差从上年1.61缩小到1.58，县域间人均可支配收入最高最低倍差从上年1.49缩小到1.46，莲都城乡居民收入比连续5年排名山区26个县第一位。省、市、县协同推进景宁高质量发展共富特色之路山区县试点，缙云县经济总量迈进山区26个县十强，松阳县生产总值增速跃居山区26个县首位。经争取纳入国家级和省级规划重大项目175个，获革命老区转移支付资金1.75亿元。高水平承办全球重要农业文化遗产大会，习近平总书记发来贺信并作出重要指示。

【聚力稳进提质】 2022年，丽水市集成政策服务，实施企业诉求"135"限时办结制度，开通国务院稳经济33条、省38条、市32条集成落地"直通车"，叠加实施专项政策51项，累计兑现惠企政策资金超95亿元、惠及市场主体2.4万家，为企业减负90.6亿元，企业中长期贷款比上年增长32.6%。抓项目投资，协同推进基础设施项目增速、重大项目提速、专项债项目倍速三大攻坚，提前开工重大项目109个、扩量新增投资114.22亿元，实现实施类省引领性重大产业项目零的突破。新增政府债券额度187.27亿元，占全省份额的7.3%，投放政策性开发性金融工具26.3亿元，占全省份额的5.5%。景文高速建成通车，丽水机场航站区、衢丽铁路二期、景宁和松阳抽水蓄能电站、庆元百花岩风电场、大溪治理提升改造工程开工，庆景青、遂江等省道提升为国道，杭丽铁路成立省级项目前期研究小组并加速推进。激励争先创优，建立以"贡献度+速度"为核心的激励机制，专项开展复工复产复市、"双招双引"、项目推进、要素争取、营商环境优化五大晾晒比拼。全市一盘棋统筹8000万元财政资金、30公顷土地指标设立奖励池，鼓励各级政府"奋进快跑"，缙云实现全省投资赛马四连优、全年胜，4个县经济总量在山区26个县实现进位。

【聚力"双招双引"】 2022年，丽水市推出人才科技新政，建立人才科技服务十件实事机制，新增技能人才3.54万人、比上年增长97%，其中高技能人才1.5万人、增长342%。迭代优化创新生态，设立半导体工匠学院、滚动功能部件产业学院，签约落地杭电丽水研究院等实体化研究院5家。与省内外17家大院名校共建创新载体33个，8个项目获省科学技术奖。

开展“三新一高”招引大会战，首创重大产业项目招引“一票评优”机制，市、县党政“一把手”挂帅走出去招商357次。引进10亿元以上项目28个、1亿元以上制造业项目165个，上市企业、百强企业、行业隐形冠军项目24个。

【聚力产业升级】 2022年，丽水市提升产业链发展水平，聘请5名院士担任五大主导产业首席科学家，新增省级产业大脑建设试点2个。组织开展产业链专题调研43次、“一链一专题”对接活动9场，促成18家雄鹰企业参与产业补链延链项目，对接订单65亿元、融资45亿元。纳爱斯生态资源研究转化、爱玛新能源智慧出行、广芯微电子、宇恒新能源等一批产业链引领性项目开工，带动制造业投资增长39.6%、增速列全省第二位。中欣晶圆等223个制造业项目投产，缙云竞技骑行装备产业群入选省级“新星”产业群培育名单，17条特色标志性产业链规上工业产值增速高于面上3.1个百分点。联动推进平台建设、主体培育，丽水开发区特色半导体产业平台入选省“万亩千亿”新产业培育平台，实现省级开发区县(市、区)全覆盖。入围中国民营企业500强2家，增加国家级专精特新“小巨人”企业14家、“雄鹰企业”1家、上市企业1家、规上企业257家，龙泉三田创成省级“未来工厂”。推进农文旅产业跨界融合发展，设立丽水农业文化遗产保护日，庆元林—菇共育系统新入选全球重要农业文化遗产，松阳松古灌区入选世界灌溉工程遗产名录。“丽水山耕”获评新时代区域农业品牌十年•卓越影响力品牌，“供销致富车”项目获评全国农业社会化服务典型案例，莲都国家级分子育种中心入选全国农作物品种展示基地，省级示范家庭农场数量居全省第一位。“丽水山居”田园民宿入选全国旅游产品创新八大典型案例，“丽水山景”乡村旅游入选全省文化和旅游共同富裕最佳实践案例，景宁创成国家AAAAA级旅游景区城，4家景区入选山区26个县旅游业“造月工程”培育名单，文旅投资增长45.6%。激发商贸服务业发展活力，入选省现代服务业创新发展区3个。建成直播电商产业带5个，电商主体突破1万家，网络零售总额增速高于全省平均15.6个百分点。发放各类消费券1.56亿元、直接拉动消费19.5亿元，开展“浙丽来消费”等线上线下促消费活动超100场次，实现销售额超20亿元。

【聚力改革开放】 2022年，丽水市改革攻坚持续深化，数字化改革6项应用入围“一地创新、全省共享”清单，3项成果获评全省“最系列”成果。成为国家气候投融资试点市、林业碳汇试点市，生态产品价值实现机制改革再获全省重大改革突破奖，丽水生态产品交易中心启动运营。获批国家普惠金融服务乡村振兴改革试验区，个人结汇便利化改革试点落户青田县，国企改革三年行动以净资产总额、营收、资信等级均有较大提升圆满收官，“大综合一体化”“县乡一体、条抓块统”等重大改革向纵深推进。“跨山统筹”多点突破，市、县联动完成“三区三线”划定，新增城镇发展空间0.48万公顷。市县统筹建立1000亩耕地占补平衡指标池保障重大战略性项目，建立土地指标市域统筹管理机制，全省率先开展永农保护市域统筹。启动创建华侨经济双循环发展试验区，引进涉侨项目19个、总投资128.32亿元。实际利用外资增长38.6%，招引落地外贸企业69家。融入长三角一体化发展，落地“山海协作”产业合作项目196个、到位资金307.8亿元。丽甬结对振兴发展革命老区，对口工作有序推进。

【城乡发展】 2022年，丽水市推进诗画浙江大花园最美核心区建设，完成省大花园建设重大项目年度投资150.76亿元，新增省大花园示范县2个，创成省大花园耀眼明珠3个，入选新时代富春山居图样板区3个，成为唯一获评省政府大花园建设专项督查激励的设区市。建成美丽林相5.36万公顷，打造“增花添彩”规模化成果260个。编制完成瓯江新区建设方案，全面启动碧湖新城高水平开发建设。江滨商务中心等城市地标项目建成开业，推进历史街区改造、邻里中心建设等项目。全市新建省级绿道308千米，开工改造城镇老旧小区39个，新增未来社区3个，完成城市品质提升“五个一”项目投资131.26亿元。协同推进新型城镇化和乡村振兴，统筹推进“小县大城”“大搬快聚”等变革型实践，新搬迁3.8万人。完成城乡客运公交一体化改造线路45条，新改建农村公路650.88千米，农村规模化供水覆盖人口比例为60.1%。松阳县成为全国首批传统村落集中连片保护利用示范县，龙泉宝剑小镇、青田石雕小镇、缙云机床小镇入选第六批省级特色小镇。建成花园乡村205个、未来乡村17个，入选全国乡村旅游重点村2个。

【生态提标】 2022年，丽水市成为国家生态文明建设示范区，百山祖国家公园被纳入全国国家公园空间布局方案，以瓯江源头区域为典型的“中国山水工程”获评十大世界生态恢复旗舰项目。完成市域生物多样性本底调查，发现全球新物种8个，建成首批生物多样性体验地，发布生物多样性、古树名木保护管理办法。创建中国碳中和先行区，实施碳中和重点任务38项，完成首批水电“国际绿证”交易，成为全国首批绿色出行城市。基本建立能源平衡方案，清洁能源装机容量列全省首位，建成投运丽西500千伏输变电工程。森林蓄积量达1.1亿立方米，初步测算森林植被碳储量615.599亿千克。推进第二批中央、省委生态环保督察交办件整改工作，整改完成率分别为98.6%、95.3%。“五水共治”再夺“大禹鼎”，全域首次实行统一禁渔，河(湖)长制工作获国务院督查激励。遂昌获评全国生态保护管理较好的县域城市，云和创成全省首批“无废城市”，省级清新空气示范区实现县域全覆盖。

【民生保障】 2022年，丽水市发放创业担保贷款1.12亿元，帮扶困难人员就业2307人，城镇新增就业3.05万人。实现企业职工基本养老保险全国统筹，全面做实基本医保市级统筹。“浙丽保”参保率93.3%。财政增支1.16亿元提标城乡低保、城乡医保、城乡基础养老金。统筹抓好优服务、促共享，高水平大学录取人数连创新高，引进北师大附中等名校资源，新增基础教育学位1.67万个，民办义务教育在校生占比降至3.9%，丽水学院获批首个省级重点支持现代产业学院。连续2年获评全国健康城市建设样板市，争取入选全省唯一国家公立医院改革与高质量发展示范项目，国家临床重点专科实现零的突破，县级以上综合医院五大中心建设实现全覆盖，丽水国际医学中心开工建设，新增院前急救服务站26个，实现青少年近视综合防控视觉环境改造“应改尽改”。入选全国积极应对人口老龄化重点联系城市，敬老院均达到国家二级以上养老机构标准，建成康养联合体20家，创成省级“一老一小”服务场景20个，公办园在园幼儿比例提高6个百分点。消除无物业管理小区115个。启动“文兴丽水、挺进共富”工程，新建成“15分钟品质文化生活圈”752个、农村文化礼堂335个，新增省级乡村博物馆57家、城市书房18家、文化驿站9家，“仙都黄帝祭典”、世界摄影大会、首届丽水艺术节举行，全国赛艇、航模锦标赛及省第七届民族运动会在丽水市举办，参加省运会取得历史最好成绩。统筹抓好保平安、促和谐，护航中共二十大，创成全国法治政府建设示范市，完成地质灾害“整体智治”三年行动，消除公共安全领域隐患5.27万个，生产安全事故起数、死亡人数分别下降38.8%、24.1%。

【表彰奖励】 2022年9月，市政府给予4人见义勇为先进人物记功奖励。11月，市政府对莲都区、市直各有关单位在2021年丽水市高水平巩固国家卫生城市工作中表现突出的92个集体和272名个人给予行政奖励。（夏文敏）

重要会议

【市政府全体会议】 2022年，第五届市政府举行全体会议1次。

7月31日，第五届市政府第一次全体(扩大)会议暨全市经济稳进提质大会在丽水举行。会议全面贯彻习近平总书记“疫情要防住、经济要稳住、发展要安全”重要指示精神，认真落实省、市党代会精神，对标全省“两个先行”和全面建设绿水青山与共同富裕相得益彰的社会主义现代化新丽水奋斗目标，围绕总结上半年工作，分析问题、研判形势、研究落实下半年工作举措，尽最大可能抢回上半年损失，全面打赢经济稳进提质攻坚战，努力以优异成绩迎接党的二十大胜利召开。

【市政府常务会议】 2022年，第四届市政府召开常务会议5次，第五届市政府召开常务会议17次。

第四届市政府第八十九次常务会议　1月12日在丽水召开。会议传达学习习近平总书记在中共中央政治局第三十五次集体学习时的重要讲话精神及贯彻落实意见、市委四届十二次全体(扩大)会议精神，听取开门红“四个体系”清单情况、全市房地产业、建筑业发展情况、全市金融业发展及一季度“开门红”情况、金融大厦产权处置情况、关于北京师范大学基础教育合作办学项目情况、关于鼓励企业留员工稳生产和力促工业经济“开门红”情况、全市评比达标表彰和通报表扬项目申报审核工作情况汇报，审议《省生态环境厅 丽水市人民政府共同推进丽水加快跨越式高质量发展合作协议》。

第四届市政府第九十次常务会议　1月25日在丽水召开。会议传达学习贯彻习近平总书记在十九届中央纪委六次全会上的重要讲话精神、省两会精神；听取省政府工作报告跟进落实责任分解、2021年经济运行情况分析及一季度“开门红”“开门稳”态势预测及工作建议、全市一季度开门红“四个体系”晾晒比拼办法、政府投资项目谋划思路及一季度投资项目完成情况和扩大有效投资暨项目推进机制及市领导领办联系重大项目机制、关于市县重点产业发展情况、关于留员工稳生产政策落实情况及各县(市、区)排名等汇报;审议《关于促进丽水市视频(直播)电子商务发展的若干意见(试行)》《2022年丽水汽车消费补贴方案》《“欢天喜地游丽水”丽水市新春文旅促消费系列活动方案》。

第四届市政府第九十一次常务会议 2月21日在丽水召开。会议传达学习《河南郑州“7·20”特大暴雨灾害调查报告》、做好查漏补缺改进工作的通知精神及市委经济工作会议精神;听取研究一季度重点指标动态预警分析及对策建议、一季度“开门红”“开门稳”四个体系清单推进和全市复工复产复市情况主考评体系试评情况汇报、重大项目前期和建设推进考评机制试评情况及对策建议、市区商住用地政策处理情况、政府工作报告及年度民生实事相关安排情况、关于2021年丽水市人民政府质量奖评审情况汇报;审议《丽水市人民政府关于实行禁渔制度的通告》;书面传达学习《中国共产党纪律检查委员会工作条例》、习近平总书记在中共中央政治局第三十六次集体学习时的重要讲话精神、全省高质量发展建设共同富裕示范区推进大会精神及丽水市贯彻落实意见、省对口工作领导小组第十五次会议精神及丽水市贯彻落实措施建议、《中共浙江省委浙江省人民政府关于高水平推进新时代思想政治工作的实施意见》、《中共浙江省委办公厅印发〈关于加强新时代理论宣讲工作的实施意见〉的通知》;书面审议《2022年省政府十方面民生实事任务分解表》。

第四届市政府第九十二次常务会议 3月9日在丽水召开。会议传达学习贯彻习近平总书记关于统计监督工作重要讲话精神和《关于更加有效发挥统计监督职能作用的意见》;听取关于2022年丽水主要经济指标预期目标的安排建议、2022年市本级财政预算编制情况,审议《2022年市本级政府投资项目计划》;书面审议《关于丽水市2021年国民经济和社会发展计划执行情况及2022年国民经济和社会发展计划草案的报告》《关于丽水市2021年全市和市本级预算执行情况及2022年全市和市本级预算草案的报告》。

第四届市政府第九十三次常务会议 3月24日在丽水召开。会议传达学习习近平总书记在中共中央政治局常务委员会上的重要讲话精神;听取关于2022年丽水主要经济指标预期目标的安排建议、1—2月经济运行形势分析、关于第四届丽水市工艺美术大师评审及历届市工艺美术大师复审工作情况、关于健全和完善精准服务企业工作机制及拟开展助企纾困月活动情况、各部门重点工作推进情况及下步重点工作安排汇报;会议审议《2022年市政府工作报告》,书面审议《丽水市市区房屋征收临时安置费、搬迁费、停产停业损失补助费、房屋改变用途补贴标准以及公寓安置廉购价、优惠价标准》《丽水市人民政府2022年度重大行政决策事项目录》,书面学习《浙江省公共数据条例》。

第五届市政府第一次常务会议 4月14日在丽水召开。会议书面传达学习习近平总书记关于安全生产重要指示和全国、全省安全生产电视电话会议精神及研究丽水市贯彻落实意见;听取2022年一季度经济形势分析和下阶段工作建议、各县(市、区)一季度重大项目前期和建设推进考评情况、一季度双招双引工作情况汇报;审议《丽水市产业发展人才科技支撑规划》《丽水市关于加快新时代人才科技跨越式高质量发展的实施意见》《丽水市生态工业五大主导产业集群(“1315”特色产业链)“链长制”工作方案》《关于加快推进政务服务标准化规范化便利化进一步提升为企服务水平优化营商环境的实施意见》。会议研究市本级开发区(园区)整合提升产业平台设置相关事宜,书面听取省、市政府工作报告任务分解及市十方面民生实事任务分解情况、市政府3月份重点工作完成情况及下步工作计划;书面传达学习省推动长江经济带发展领导小组会议精神及研究丽水市贯彻落实意见、省推进长三角一体化发展工作领导小组会议精神及研究丽水市贯彻落实意见;书面听取关于近期消防安全形势的汇报。

第五届市政府第二次常务会议 4月27日在丽水召开。会议传达学习习近平总书记在中央全面深化改革委员会第二十五次会议上的讲话精神、王浩省长在丽水调研指示精神;听取一季度经济形势分析、一季度“开门红”“开门稳”四个体系清单评估结果、关于丽水创建国家高新技术产业开发区的情况汇报,传达学习全省房地产市场平稳健康发展因城施策专题会议精神和丽水市贯彻落实意见;审议《丽水市关于鼓励备案非标电动自行车提前淘汰置换工作方案》《关于2022年高质量推进乡村全面振兴的实施意见》。

第五届市政府第三次常务会议 5月17日在丽水召开。会议传达学习习近平总书记在中共中央政治局常务委员会上重要讲话精神和在中共中央政治局第三十八次集体学习重要讲话精神;审议《市本级投资项目全过程管理导则》《丽水市规范民办义务教育发展工作实施意见》《丽水市贯彻落实2021年省委生态环境保护专项督察报告整改方案》《关于全面推行“田长制”落实最严格的耕地保护制度的实施意见》，书面审议《丽水市人民政府关于公布丽水市综合行政执法事项扩展目录的通告》。

第五届市政府第四次常务会议 6月1日在丽水召开。会议审议《丽水市推动经济稳进提质工作实施方案》《关于促进服务业领域困难行业恢复发展的政策意见》《关于原浙江油泵厂职工部分承租公房处置方案》《丽水市本级建设项目暨计划出让用地政策处理工作考核办法》《关于加强机制砂行业长效管理的意见》《丽水市地下水污染防治试验区建设方案》《第六届中国（丽水）农村电子商务大会方案》，听取关于重大项目提速、专项债项目倍速、基础设施项目谋划工作方案、全市安全生产工作情况和有限空间作业安全专项整治工作方案汇报。

第五届市政府第五次常务会议 6月30日在丽水召开。会议听取前一阶段经济稳进提质攻坚行动工作推进情况，研究部署下阶段工作任务，包括全市重点项目推进、专项债、产业发展、外贸出口、文旅游消费、房地产业情况及下一步工作措施和全市制造业贷款比及分析。

第五届市政府第六次常务会议 7月5日在丽水召开。会议传达学习习近平总书记在十九届中共中央第四十次集体学习上的重要讲话精神，听取关于浙江省瓯江源头区域山水林田湖草沙一体化保护和修复工程技术服务采购项目汇报，审议《丽水市跨山共富基金合伙企业（有限合伙）（筹）筹建方案》《丽水市落实国家统计督察反馈问题整改实施方案》《丽水市统计造假不收手不收敛问题专项纠治实施方案》。书面学习全国公安系统英雄模范立功集体表彰大会精神，听取2022年上半年全市公安工作汇报、贯彻习近平总书记关于统计工作重要讲话指示批示精神和有关文件汇编，书面听取关于2021年度法治政府建设情况的汇报。

第五届市政府第七次常务会议 7月27日在丽水召开。会议传达学习习近平总书记致全球重要农业文化遗产大会贺信精神，贯彻落实总书记贺信精神意见；审议《关于设立丽水农业文化遗产保护日的议案》《丽水市城区五街道和南明山街道“一支队伍管执法”实施方案》《丽水市“扩中”“提低”行动方案》《关于加强新时代教育人才引进与培育工作的实施意见》；听取丽水市公立医院改革与高质量发展示范项目情况、2022年全市上半年经济形势分析和推进下阶段经济稳进提质工作建议汇报；书面审议《2022年市政府部门（含相关机构、企事业单位）重点工作责任清单》《2022年省政府工作报告重点工作责任分解丽水市跟进落实清单》。

第五届市政府第八次常务会议 8月9日在丽水召开。会议书面学习习近平总书记在省部级主要领导干部专题研讨班上的重要讲话精神，审议《丽水市“强村富民”五年行动计划（2022—2026）》《丽水市全面推进人防工程产权制度综合改革的实施意见》《丽水市巨灾保险方案（送审稿）》《丽水市关于进一步加快新时代来料加工共富产业发展的实施意见（试行）》，听取丽水市争创全国农村改革试验区工作、全市上半年应急管理工作情况、关于给予4名见义勇为人员行政奖励记个人二等功的汇报。

第五届市政府第九次常务会议 8月26日在丽水召开。会议组织专题学习《文物保护与安全监管》（浙江省文物保护条例）；听取7月全市经济主要弱项指标分析，汇报和研究下一阶段工作举措、丽水市清理规范公务员津贴补贴工作情况汇报；审议《丽水市区促进房地产市场平稳健康发展接续政策》《丽水市促进企业上规上限工作方案》《丽水市重要水系生态修复和生物多样性保护行动方案（2022—2025年）》《市直机关事业单位2021年度考核奖发放方案》；书面听取丽水市河长制工作汇报。

第五届市政府第十次常务会议 9月22日在丽水召开。会议听取经济稳进提质攻坚行动工作推进情况和研究部署下阶段工作任务，其中市统计局汇报分析重点经济指标8月运行及9月预测情况，市经信局汇报全市9月及四季度工业稳进提质超常规举措及下一步给予企业主营业务收入增量补助政策意见，市发改委汇报丽水市促进企业上规上限工作进展及实施意见，市人力社保局汇报全市2022年非营利性服务行业劳动工资总额增长工作情况，市建设局汇报近期房地产形势及下一阶段工作建议和《丽水市保交楼专项借款资金管理办法》相关情况；听取关于要求调整《丽水市区农村建房审批暂行管理办法》村庄范围的有关工作情况，关于《首届丽水艺术节方案（审议稿）》有关事宜汇报；审议《丽水市生物多样性保护管理办法》《关于公布丽水市综合行政执法新增事项统一目录（2022年）的通告》《丽水市标准创新贡献奖管理办法》。

第五届市政府第十一次常务会议 10月13日在丽水召开。会议学习习近平总书记对做好青海大通县山洪灾害救援处置工作等重要

批示精神；听取全市经济稳增长服务督导活动分组开展情况、关于浙西南粮食物资仓储物流园区项目情况汇报；审议《丽水市区房地产行业全流程闭环监管办法》《丽水市中心城区城市有机更新房屋征收“房票”安置实施细则》，书面审议《衢州市人民政府丽水市人民政府高质量共建衢丽花园城市群合作框架协议》《2022年省政府工作报告重点工作责任分解丽水市跟进落实清单（四季度跟进落实任务）》《关于进一步明确市区土地和房屋征收工作体制的意见》。

第五届市政府第十二次常务会议 10月27日在丽水召开。会议传达学习中共二十大精神，听取三季度经济形势分析和四季度工作安排、关于市数发公司资产转让有关问题情况、关于中波台迁建项目所涉及相关资产置换情况、关于2023年度城乡居民医保筹资方案、关于在丽水市“浙里惠民保”中增设长期护理责任试点工作方案、关于给予丽水市高水平巩固国家卫生城市工作表现突出集体和个人行政奖励的汇报，审议《“智汇丽水”人才科技周实施方案》，书面听取《儿童青少年近视综合防控工作的汇报》。

第五届市政府第十三次常务会议 11月2日在丽水召开。会议听取共同富裕阶段性成效汇报、前三季度经济运行“四个体系”晾晒结果通报、全市农林产业富民工作推进情况汇报；审议《关于调整全市最低生活保障标准》。

第五届市政府第十四次常务会议 11月9日在丽水召开。会议审议《支持景宁县走山区县高质量发展共同富裕特色之路若干意见》《欧悦城项目保交楼问题建议方案》《丽水市建设“全国生物多样性保护引领区”行动方案》；听取关于丽水市政府与杭州电子科技大学共建实体化研究院相关事宜、2022年度健康丽水建设情况工作、全市科技创新工作情况、全市知识产权工作情况汇报；书面听取关于贯彻落实食品安全属地管理责任和企业主体责任工作情况汇报，书面审议《丽水市关于进一步强化食品安全属地责任和企业主体责任的实施方案》《关于公布2023年丽水市城乡居民基本医疗保险筹资标准的通知》；书面学习《浙江省综合行政执法条例》。

第五届市政府第十五次常务会议 11月25日在丽水召开。传达学习习近平总书记对河南安阳市凯信达商贸有限公司火灾事故作出重要指示，审议《加快“两山合作社”建设运营助推生态产品价值实现的若干意见》《关于加强土地指标统筹管理的实施意见》《关于加强丽水市大消防治理体系建设的意见》《丽水市古树名木保护管理办法（草案）》；听取关于2022年丽水市城乡居民养老保险基础养老金调整方案、关于丽水市松材线虫病防治工作情况的汇报；书面听取“智汇丽水”人才科技周活动开展情况、2022年丽水市工会工作情况汇报，书面审议《浙江省民政厅 丽水市人民政府关于共同推进“浙丽长寿·山区颐养”行动合作备忘录》《丽水市人民政府 上海市浙江商会战略合作协议备忘录》《丽水市人民政府与市总工会联席会议制度》《关于公布丽水市行政许可事项清单（2022年）的通知》，书面传达学习海洋强省建设推进会精神及丽水市贯彻落实意见。

第五届市政府第十六次常务会议 12月12日在丽水召开。会议审议《关于鼓励企业留员工稳生产的政策意见》《关于加快律师行业高质量发展的实施意见》《坚定实施交通先行战略加快构建“311”交通圈建设高水平交通强市实施方案》《浙江省丽水市普惠金融服务乡村振兴改革试验区实施方案》《丽水市区排水管理办法（试行）》《关于推进“丽水山居”农家乐民宿高质量发展的若干意见》《深入打好污染防治攻坚战的实施方案》《丽水市优化生育政策促进人口长期均衡发展十条配套措施》《丽水市对外贸易“扬帆出海”八大攻坚行动实施意见》；听取关于第十六届丽水市自然科学优秀论文评选情况汇报；书面审议《丽水市人民政府浙江省气象局共同推进气象高质量发展合作协议》《关于公布行政规范性文件清理结果的通知》；书面听取2022年“五水共治”工作开展情况汇报。

第五届市政府第十七次常务会议 12月27日在丽水召开。传达学习中央经济工作会议、市委五届三次全体（扩大）会议精神；听取开门稳开门好工作安排、关于给予丽水市公安系统维护社会稳定保平安工作表现突出集体和个人行政奖励的汇报；审议《丽水市区深化调整城镇土地使用税差别化减免政策促进土地集约节约利用实施方案》《森林碳汇丽水行动方案（2022—2025年）》《丽水市生态环境保护综合行政执法事项目录（2022年版）》《丽水市水资源管理办法》；书面审议《关于高质量推进小城市培育试点工作的指导意见》《关于在丽水市“浙里惠民保”中增设长期护理责任试点工作方案》《丽水市健康影响评价制度建设方案（试行）》《浙江省教育厅 丽水市人民政府关于共同推进丽水教育高质量发展助力浙西南革命老区加快发展备忘录》；书面听取2022年丽水公安工作情况汇报。 （罗 耿）

【全市对口工作领导小组会议】 2022年2月17日，丽水市对口工作领导小组会议召开，市委常委、常务副市长杜兴林主持会议并讲话，市政协副主席、市发改委(对口办)主任饶鸿来参加会议。领导小组市级成员单位和前方指挥部(工作队)负责人、各县(市、区)分管领导及援青、援藏干部参加会议。会议传达省对口工作领导小组第十五次会议精神，听取市发改委(市对口办)关于2021对口工作情况及2022年工作建议的汇报。市援疆指挥部、丽水帮扶泸州工作队作交流发言。

【瓯江源头区域山水林田湖草沙一体化保护和修复工程第二次现场推进会】 2022年6月1—2日，瓯江源头区域山水林田湖草沙一体化保护和修复工程第二次现场推进会在丽水青田县召开。会上，市山水专班及各县(市、区)汇报山水工程推进情况，市农业农村局解读“农业共生”生态保护修复技术导则(指南)，相关与会单位作交流发言。会议肯定青田县稻鱼共生等“基于自然的解决方案”和项目建设成果。

【宁波—丽水浙西南革命老区对口合作暨山海协作工作座谈会】 2022年7月4—5日，丽水市党政代表团到宁波学习考察并对接山海协作工作。7月5日，省委常委、宁波市委书记彭佳学，市委书记胡海峰出席宁波—丽水浙西南革命老区对口合作暨山海协作工作座谈会并讲话。会上，两市签署《新时代支持浙西南革命老区振兴发展对口合作框架协议》和《宁波—丽水2022年度山海协作工程合作协议》，并签约青田技工院校、麦迪森数字科技集团等合作项目，总计协议金额21.2亿元。

【全市土地整治修复和高效利用工作现场会】 2022年10月20日，全市土地整治修复和高效利用工作现场会在丽水松阳县召开。市委副书记、市长吴舜泽部署下阶段重点工作，市领导杜兴林、楼志坚、张颖洁出席。与会人员考察古市镇山下阳村全域整治项目、筏铺小区四期大搬快聚项目、遂昌浙江永上不锈钢有限公司“腾笼换鸟”项目。会上，庆元、松阳、丽水经济技术开发区分别围绕大搬快聚、全域土地综合整治和“腾笼换鸟”作经验介绍。市经信局、市自然资源局、市农业农村局分别围绕相关工作作通报和部署。

【湖州—丽水山海协作工作座谈会】 2022年11月29—30日，市委书记胡海峰率丽水市党政代表团到湖州市考察。11月30日，在湖州召开山海协作工作座谈会，湖州市委书记陈浩、市委书记胡海峰出席会议并讲话。会上签订《湖州市人民政府丽水市人民政府2022年山海协作工程合作协议》。 (何静雯)

【“万户旅游共富 万家共建共享”浙江省乡村旅游高质量发展大会暨万户农家旅游致富计划启动仪式】 2022年7月20日，以“万户旅游共富·万家共建共享”为主题的浙江省乡村旅游高质量发展大会暨万户农家旅游致富计划启动仪式在丽水遂昌举行。中国国际公共关系协会副会长、北京旅游科学学院名誉院长、原国家旅游局副局长吴文学，文化和旅游部资源开发司副司长吴科锋，浙江省文化和旅游厅党组书记陈广胜出席并致辞，市委副书记、市长吴舜泽致欢迎词。省农业农村厅二级巡视员王建伟，丽水市人民政府副市长卢彩柳，全省各设区市、各县(市、区)文化和旅游部门负责人，丽水市相关部门负责人等参加会议。大会由省文化和旅游厅副厅长、党组副书记芮宏主持。温州市乐清市、永嘉县，金华市磐安县，台州市临海市、天台县、仙居县、三门县，丽水市缙云县等8个县(市、区)文化和旅游部门签订“台温金丽‘沿边村’乡村旅游发展联盟”倡议书。浙江省乡村文旅运营“五百计划”村支书与结对运营企业代表签约。丽水市获“浙江省乡村旅游产业转型升级试点市”授牌。

【全省山区海岛县文旅产业投融资对接大会】 2022年11月22日，“浙江省山区海岛县文化和旅游产业投融资对接大会暨丽水山景‘最美文旅资源’推介会”在丽水景宁畲族自治县召开。浙江省文化和旅游厅厅长褚子育出席会议并讲话，市委副书记、市长吴舜泽致欢迎词，省旅投集团党委书记、董事长陈祝毅出席会议。浙江省文化和旅游厅副厅长、党组成员、一级巡视员许澎主持会议。浙江省各设区市、山区26个县、海岛县文旅产业或招商引资工作负责人以及百余家文旅企业、金融机构、投资机构参加会议。活动征集260个重点投融资项目，邀请100余家企业、投融资机构，重点遴选20余个优质文化和旅游项目进行现场路演，活动包括项目签约、推介发布、山区海岛县文旅高质量发展圆桌论坛等环节。政企合作项目、文旅共富项目、政银企合作项目、文旅投资项目分别签约，达成意向合作金额48.8亿元与授信金额256.3亿元。 (纪沛泉)

【全市农村供水保障行动暨重大水利项目推进会】 2022年8月11—12日，全市农村供水保障行动暨重大水利项目推进会在丽水松阳召开。副市长李汉勤、省水利厅二级巡视员钱燮铭出席会议并讲话，市水利局党组书记、局长李见阳主持会议。会议强调对照《丽水市农村供水保障三年行动计划》要求，推进“新一轮农村饮用水保障提升工作”，实施水利项目建设。会上，市水利局、市建设局分别部署全市农村供水保障行动总体安排及城市管网延伸工作，相关县（市、区）围绕农村供水保障和水利项目建设工作作交流发言。现场举行农村供水保障行动任务清单交办仪式、市水利系统与市农发行授信签约仪式。（梅王洁）

【第六届中国（丽水）农村电子商务大会举办】 2022年9月28日，第六届中国（丽水）农村电子商务大会在丽水举办，大会主题为“高质量发展农村电商 奋进中实现乡村振兴”。国内电商领域专家学者及丽水本土电商创业者参会，见证近年来丽水农村电商发展成果。大会由中国国际电子商务中心、浙江省商务厅、丽水市人民政府主办，活动围绕乡村振兴、乡村数字化建设、直播电商助力地方产业发展等主题，与会嘉宾通过演讲和对话方式，探讨中国农村电子商务市场环境和发展动态，解析农村电商与乡村振兴的促进融合方式。商务部原副部长蒋耀平，省商务厅党组书记、厅长韩杰，市委常委、副市长楼志坚出席开幕式并致辞。

【丽水市举办中国（丽水）2023年“千名外商进丽水”启动仪式暨重点产业跨国采购对接会】 2022年12月23日，中国（丽水）2023年“千名外商进丽水”启动仪式暨重点产业跨国采购对接会在丽水举办，120余位来自全球各地的采购商以及丽水市企业代表参加会议。本次“千名外商进丽水”跨国采购对接会是浙江省“千团万企拓市场抓订单”行动启动以来的全省第一场线下跨国采购系列活动，同时也是丽水市对外贸易“扬帆出海”八大攻坚行动的具体实践之一。启动仪式上，与会嘉宾现场进行跨国采购对接洽谈交流并签订合作意向；会后，外商到丽水经济技术开发区企业开展现场交流调研活动。（刘 涛）

【浙江省首届返乡入乡合作创业大赛暨项目对接会】 2022年11月17日，由省人力社保厅、市人民政府主办，市人力社保局、景宁县人民政府承办的浙江省首届返乡入乡合作创业大赛暨项目对接会在景宁畲族自治县开幕。浙江省人力资源和社会保障厅党组成员、副厅长金林贵出席活动并讲话，浙江省农业科学院党委委员、副院长吴宏宇出席，丽水市人民政府副市长叶伯军致辞，景宁县委副书记、县长蓝景芬致辞。活动以“合作创业 助推共富”为主题，立足乡村振兴和共同富裕的大背景，聚焦山区26个县高质量跨越式发展，推动“1+3+N”返乡入乡合作创业组织模式在浙江乡村落地见效，“1”指村党组织负责返乡入乡合作创业组织领导，“3”指村经济合作社负责管理协调和资源整合、合作企业负责帮带返乡创业就业及技术创新、专业协会负责自律规范服务，“N”指自负盈亏的创业户帮带农户发展。大赛聚焦聚力乡村产业高质量发展，设置乡村创新技术展、乡村创业规划大赛和乡村合作创业项目对接会三个大赛子项目，汇集全省包含现代种植、现代养殖等乡村主导产业和农产品加工、绿色低碳等新兴产业。全省74个乡村创业规划项目、32个乡村创新技术项目以及37家企业和投融资机构参加项目洽谈，助推乡村振兴。丽水推荐参赛的云上平田民宿综合体项目获一等奖。

【丽水市推进生物多样性保护工作新闻发布会】 2022年11月30日，丽水市新闻办公室召开丽水市推进生物多样性保护工作新闻发布会。市人民政府副市长叶伯军、市生态环境局局长雷金松、生态环境部南京环境科学研究所研究员崔鹏、市自然资源和规划局国土空间规划测绘研究院院长朱铭应邀参加此次发布会。会上发布《丽水生物多样性保护》白皮书，系全国首个地市级层面的生物多样性保护白皮书。会议介绍《丽水市建设“全国生物多样性保护引领区”行动方案》和《丽水市生物多样性保护管理办法》的主要内容，并介绍2022年新物种瓯江小鳔鮈的发现过程和发现意义。（黄乙轩）

十方面民生实事

【完善养老助老服务体系】 2022年，丽水市20家敬老院均达到国家二级以上养老机构标准，护理性床位占比60%以上，至年底，入住特困老年人1355人；新增认知障碍照护专区床位592张，全市13家敬老院打造认知障碍照护专区，按照1:3的比例配备认知症专业照护人才；完成20家康养联合体建设，引入专业养老护理和医疗服务团队，开展康复护理项目3万余人次。提升100个乡镇居家养老服务中心运营水平，全年开展助餐、助医、助洁、助浴、助购“五助”服务49210人次。“流动爱心理发服务队”为偏远农村留守老人提供理发服务10.13万人次。建成并上线“退休无忧”便民服务应用，实现档案“提前预审”、退休“一键办理”、待遇领取资格“无感智办”、养老待遇信息“实时告知”。

【山区医疗急救服务能力提升】 2022年，丽水市各县（市）急救指挥中心设置率100%。新增乡镇急救服务站26个、救护车26辆，急救服务站均实行24小时值班，全年执行急救任务6000余次。在人群密集公共场所新增配备AED（自动体外除颤器）70台，全市AED配备达每万人2.24台；开展应急救护师资培训246人、复训120人。

【交通安全畅行】 2022年，丽水市新改建农村公路650.88千米，完成任务量位列全省第一（占全省36.3%）；完成城乡客运公交一体化改造线路45条，其中缙云县10条，龙泉市、青田县、云和县、庆元县、遂昌县、松阳县、景宁县各5条，完成率超额12.5%。完成主城区交通小微堵点改造5处；优化市区交通红绿灯设置20处，设置5条绿波带，改造前路段平均时速35.9千米，优化后时速提升至42.5千米，平均红灯等待次数减少20%；优化市区公交线路6条。

【中小学身心健康提升】 2022年，丽水市完成中小学教室采光照明提标改造1223个，完成率超额52.9%，实现青少年近视综合防控视觉环境改造提升。创建市级中小学心理健康教育示范点学校20所，全市中小学心理辅导室实现全覆盖，100%配备专兼职心理辅导教师。

【技能人才共富能力大提升】 2022年，丽水市实施十万技能人才共富能力大提升行动，完成“金蓝领”等共富能力提升培训7.11万人次，新增技能人才3.54万人，其中新增高技能人才1.46万人。“农三师”等共富能力提升培训3.86万人次。职业教育等共富能力提升培训2.07万人次。

【婴幼儿照护服务能力提升】 2022年，丽水市新增托育机构21个，新增托位2092个，其中普惠托位1879个。新增公办幼儿园学位3150个，全市公办幼儿园在园幼儿占比由2021年的46.3%提升至52.6%，达到国家学前教育普及普惠县公办幼儿园在园幼儿占比50%的要求。新增公共场所四星级母婴设施20处。

【助残服务能力提升】 2022年，丽水市增设一级残疾人住所联网式火灾探测器10490个；提升建设19家“残疾人之家”，完成率超额26.7%；提升建设4家规范化残疾儿童康复机构；开展县城以上53条城市人行道盲道清障行动。帮助1267名残疾人实现就业。

【防灾避险能力提升】 2022年，丽水市新（改）建规范化避灾安置场所203个，扩容安置1.1万人，“6•18”汛期全市启用避灾安置场所198个、安置1195人，临时避灾点115个、安置4687人。完成病险水库除险加固8座，完成山塘整治29座。完成企业从业人员安全培训7.20万人次，其中高危行业从业人员安全技能提升培训2.48万人次。

【城镇老旧小区改造】 2022年，丽水市完成老旧小区改造11个、开工39个，惠及1056栋楼9745户居民。完成53个住宅小区新增电动自行车集中充放点，新增充放点100处、新增充电口1000个，安装智能充电桩按照民用电价按量计费，充电费用降低60%以上，同步建设视频火灾预警系统。

【美丽城乡微改造】 2022年，丽水市实施街头绿地、“口袋公园”等城市微改造20处，其中市区10处。创建花园乡村205个，其中精品花园乡村50个。完成旅游业微改造示范点建设275个。（吴　鹏）

市政府重大活动

【全省稳进提质金融工具重大项目集中开工活动暨丽水市四季度重大项目开竣工推进会】 2022年11月2日，全省稳进提质金融工具重大项目集中开工活动暨丽水市四季度重大项目开竣工推进会举行。市四套班子有关领导列席丽水市分会场。省集中开工活动结束后，全市四季度重大项目开竣工推进会在丽水举行，会议以视频形式召开，各地设分会场。各县（市、区）、丽水经济技术开发区主要领导依次向主会场报告本地重大项目开竣工情况，市委书记胡海峰出席并宣布全市四季度重大项目开竣工启动，市委副书记、市长吴舜泽作讲话。

【云中马上交所上市】 2022年11月18日，浙江云中马股份有限公司（股票简称云中马；股票代码603130）在上交所主板上市。上市仪式在莲都区丽水万地温德姆至尊酒店举行。云中马是一家革基布生产商，主要从事人造革合成革基层材料——革基布的研发、生产和销售。公司革基

布产品主要销往人造革合成革生产商，最终应用于鞋，箱包，家具和装饰材料等消费品。（何静雯）

【2022年全国航海模型锦标赛】 2022年9月8—11日，全国航海模型锦标赛在丽水市举办。赛事由国家体育总局航空无线电模型运动管理中心、中国航海模型运动协会、浙江省体育局、丽水市人民政府主办，浙江省智力运动管理中心、丽水市体育发展服务中心承办，丽水市南明湖管理所、丽水市航海模型运动协会协办。全国15个省、市25支代表队300余名航海模型运动员参加，赛事竞赛项目设置4类22项个人项目和2项团体项目。赛事进一步促进全省航海模型运动发展，为全市航海模型运动发展带来新契机，赋能丽水市“体育+生态”“体育+文化”“体育+旅游”产业发展。

【2022年全国赛艇锦标赛】 2022年11月2—6日，全国赛艇锦标赛在丽水市举办。赛事由国家体育总局水上运动管理中心、中国赛艇协会、浙江省体育局、丽水市人民政府主办，浙江省水上运动管理中心、丽水市体育发展服务中心承办。北京、上海、浙江、广东等省队以及国家队23支队伍1000余人参赛。赛事分别在央视体育、新蓝网、无限丽水等平台实时播出，视频总观看量突破1000万次。

【2022丽水超级马拉松线上赛】 2022年12月14—25日，丽水市体育发展服务中心、丽水市体育总会主办的2022丽水超级马拉松线上赛举行。本次赛事吸引16985名马拉松爱好者参与。该赛事为全国首个“实景云跑”线上赛，打破疫情形势下的空间和人数限制，让不能亲临丽水参赛的跑友也能体验丽水超马最美赛道的独特魅力，领略丽水优越的生态禀赋和浓厚的人文资源。

【全国乡村春晚“百县万村”活动】 2022年1月9日，文化和旅游部公共服务司、浙江省委宣传部、浙江省文化和旅游厅、丽水市委市政府联合主办的全国乡村春晚百县联盟2022“我要上村晚”暨全国乡村春晚“百县万村”网络联动启动仪式在松阳县石仓村举行。宁夏回族自治区盐池县、山东省商河县、湖南省凤凰县等8家村晚联盟单位与丽水同步联动，并发布全国“村晚山字号”品牌。本次活动分为序《共村晚》、上篇《欢喜·过大年》、下篇《幸福·到我家》、尾声《同富裕》四大篇章，以“共村晚·同富裕”为主题，精准对焦乡村生活，创新推出“村晚山宴”高山美食、“村晚山路”乡村康养、“村晚山货”生态农产、“村晚山歌”艺术研学四种“村晚山字号”乡村生活方式。

2022年11月2—6日，2022年全国赛艇锦标赛比赛在丽水市南明湖水上运动中心举办。图为运动员比赛现场 （纪沛泉　提供）

【第十七届浙江山水旅游节暨第十六届云和梯田开犁节】 2022年6月15日，浙江省文化和旅游厅、丽水市人民政府主办，丽水市文化和广电旅游体育局、云和县人民政府、杭州市商贸旅游集团有限公司协办的第十七届浙江山水旅游节暨第十六届云和梯田开犁节在云和梯田景区举行。全省各设区市文旅局代表、浙江省旅游行业类协会代表、蚂蚁集团、飞猪、去哪儿网代表、全省重点媒体代表，及云和县代表等百余人参加。浙江山水旅游节和云和梯田开犁节连续举办十余届，在省内乃至全国有着一定的知名度和美誉度，首次两节合办，以“诗情画意共富路·绿水青山云和你”为活动主题，开展形式多样的庆祝活动，为疫后文旅行业的复苏和回暖提振信心，为绿色生态资源的保护和发展积蓄力量，为传统文化、历史民俗的传承和弘扬提供借鉴。

【举办首届丽水艺术节】 2022年，首届丽水艺术节由市委宣传部、市文广旅体局、市文联共同主办。艺术节以“艺术万象　活力处州”为主题，分“处州万象夜”“山水·共起舞”“处州·风物志”“听见·美丽音”“看见·丽人行”“共村晚·同富裕”“璀璨·新丽水”等七大板块，涵盖舞蹈、音乐、视觉艺术等艺术门类。11月24日，首届丽水艺术节“处州万象夜”星火点亮仪式在莲都区举行。以“艺”为笔、“丽水”为卷，汇集市直各部门和各县（市、区）系列文化活动，优选系列子活动55个，形成月月有活动、县县有特色、人人能参与的群众文化氛围，创造活力处州的艺术万象。

【辛丑(2022)年中国仙都祭祀轩辕黄帝大典】 2022年10月4日，浙江省人民政府主办的壬寅(2022)年中国仙都祭祀轩辕黄帝大典在缙云黄帝祠宇举行。本次祭祀大典以“四海同心祭始祖，‘两个先行’启华章”为主题，有9项议程，分别是长号鸣天、击鼓撞钟、敬上高香、敬献花篮、敬献美酒、恭读祭文、行鞠躬礼、高唱颂歌、乐舞告祭。祭祀大典规格将继续沿用“祢”礼。各级领导、在浙台湾同胞、华侨华人和归国留学人员代表，各领域先进模范代表，专家学者代表以及各界代表等近300名嘉宾参加现场祭典，同时在海外举行“共祭轩辕黄帝”活动，组织华人华侨华裔观看祭典直播，慎终追远、缅怀始祖，提升民族认同感和文化归属感。

【第五届世界青瓷大会】 2022年10月31日，第五届世界青瓷大会在省人民大会堂开幕。本次大会由中国工艺美术协会、中国陶瓷工业协会、省经信厅、省文旅厅和丽水市政府共同主办，龙泉市委、市政府承办。泰国驻华大使阿塔育·习萨目及夫人美芊·习萨目、国际陶艺学会理事—中国区代表万里雅、中国文物学会会长单霁翔、中国工程院院士高翔，省人大常委会副主任史济锡、副省长成岳冲、省政协副主席陈小平，市领导吴舜泽、李一波、蓝伶俐、卢彩柳、邵祥军等出席大会。开幕式分瓷之魅力、瓷之润力、瓷之活力3个篇章。景德镇陶瓷大学龙泉研究院、中国美术学院龙泉研究院等6个项目签约，涵盖青瓷文创产业提升、基金共建、电商品牌，及青瓷基础材料研究，所有项目均围绕龙泉青瓷数字化、产业化，助推龙泉青瓷产业现代化发展，为建设品质龙泉夯实产业基础。（纪沛泉）

2022年10月31日，第五届青瓷大会开幕。图为参会人员参观龙泉青瓷作品

（龙泉市府办　提供）

【全球重要农业文化遗产大会】 2022年7月17—19日，全球重要农业文化遗产大会在青田县召开。本次大会由农业农村部和浙江省人民政府主办，浙江省农业农村厅、丽水市人民政府、青田县人民政府承办。国家主席习近平向全球重要农业文化遗产大会致贺信。大会以“保护共同农业遗产，促进全面乡村振兴”为主题，探讨全球重要农业文化遗产与粮食系统韧性、乡村可持续发展、农民生计改善等重大议题。2005年，“浙江青田稻鱼共生系统”被列为中国第一个、世界第一批全球重要农业文化遗产保护试点；“浙江庆元林—菇共育系统”被认定为全球重要农业文化遗产，丽水成为唯一拥有2项全球重要农业文化遗产的地级市。

【第十五届中国茶商大会·松阳云上香茶节】 2022年3月26—28日，中国茶叶流通协会、浙江省农业农村厅、浙江省农民合作经济组织联合会、丽水市人民政府等单位共同主办的第十五届中国茶商大会·松阳云上香茶节在丽水松阳县举办。大会以“松阳茶·香天下”为主题，包括“云”系列主题活动和四大特色活动，突出“茶人当主力、品牌唱主角、文化穿主线”概念，通过多点位连线、多场景直播的形式，多元化呈现松阳的茶文化、茶产业、茶科技。其间，公布“十佳种茶能手”“十佳茶叶加工户”“十佳茶叶电商”“十佳茶艺师”“十佳评茶员”等8类“茶十佳”推选活动结果，并进行茶空间连线和茶商面对面活动。“松阳香茶”专场活动累计在线观看人数超100万人，销售额破1000万元。（梅王洁）

【全市首个百亿级重大制造业项目——丽水东旭高端光电半导体材料项目奠基】 2022年6月14日，总投资110亿元的丽水东旭高端光电半导体材料项目奠基。该项目运用国内光电半导体材料生产中最先进的国家科技进步奖一等奖、中国专利金奖等技术工艺，总投资110亿元，用地面积约30公顷。丽水东旭项目的落地建设标志着一个重量级、超百亿、标志性的项目被纳入“万亩千亿”新产业平台，有助于丽水半导体行业全产业链的创新突破。

【“三品”全国行浙江省十链百场万企系列对接活动之现代纺织产业链专场】 2022年7月27日，“时尚共富 数智共生”——“三品”全国行浙江省十链百场万企系列对接活动之现代纺织产业链专场在丽水举办。活动主题为“数智赋能、集群顶梁、工业奋进”，展现全省现代纺织产业产、学、研、用全产业链协同合作创新、促进山区26个县共同富裕取得实际成效。中国纺织工业联合会副会长杨兆华、中国工程院院士、浙江理工大学校长陈文兴分别围绕《共克时艰，勠力同行：当前我国纺织行业现状与发展的思考》《中国纺织行业高质量发展》进行主旨演讲。活动举行圆桌对话，来自政府、高校、企业、电商平台的8名嘉宾围绕赋能现代纺织多维路径探索发言。丽水开发区管委会、浙江理工大学、忠华集团有限公司、杭州宏华数码科技股份有限公司等单位现场合作签约，14个重点项目签约金额20.79亿元。专场活动由省经信厅、丽水市政府、浙江理工大学联合主办，丽水开发区管委会、市经信局、省技术创新服务中心承办。

【全国“专精特新”企业培育基地（杭州）在杭州丽水数字大厦挂牌成立】 2022年7月29日，全国“专精特新”企业培育基地（杭州）在杭州丽水数字大厦挂牌成立。该基地由工信部中小企业发展促进中心、省经信厅、丽水市政府合作建立，基地整合国家级优质服务机构资源，聚焦政策惠企、服务助企、环境活企，打造立足浙江、辐射长三角、面向全国的一流“专精特新”企业培育载体，助力丽水市对外形象展示、实施“双招双引”战略性先导工程、“专精特新”中小企业创建等工作。中国中小企业发展促进中心主任单立坡，浙江省经济和信息化厅党组成员、副厅长岳阳，市委常委、副市长楼志坚等领导出席揭牌仪式。（刘 涛）

【全球濒危物种百山祖冷杉保护成果发布】 2022年12月8日，全球濒危物种百山祖冷杉保护成果发布暨国际传播纪录片《百山祖》开机仪式在浙江丽水举行，介绍丽水保护濒危物种百山祖冷杉成果。国内外专家及嘉宾通过视频参加活动，浙江省林业局党组成员、副局长陆献峰等省、市领导和嘉宾到场参加活动。活动现场介绍，自1963年秋天，丽水百山祖上首次发现3株第四纪冰川孑遗植物——百山祖冷杉后，59年来，为拯救这一“植物活化石”，无数科研人员不断探索，开展生境适应性、光合特性等系列濒危机制研究，攻克百山祖冷杉繁育难题，保护和繁育技术日益成熟，尤其是在嫁接、种子育苗、人工促进天然更新等方面取得显著成效。中国科学院植物研究所研究员、国际自然保护联盟（IUCN）全球理事兼亚洲区会员委员会主席马克平向全球发布百山祖冷杉的保护成果。

中宣部“中华之美”海外传播计划项目——国际传播纪录片《百山祖》方案同步发布。该纪录片通过开展钱江源—百山祖国家公园创建以来最大规模的生物多样性拍摄，以4K拍摄技术为支撑，涉足钱江源—百山祖国家公园百山祖园区最核心、最隐秘的区域，拍摄包括百山祖园区的动物、植物、菌类以及生态教育、非遗文化、稻鱼共生文化、极致景观等内容。

【“好年华·聚丽水”第三届全国大学生双选会】 2022年11月12日，“好年华·聚丽水”第三届全国大学生双选会在丽水举办。此次活动由市人民政府主办，市人力资源和社会保障局承办，市人民政府副市长叶伯军出席并致辞。双选会上推出1000家企事业单位提供的2万个优质岗位，参会单位涵盖信息产业、建筑建材、机械电子、医药卫生、化工环保、现代服务业等行业，岗位最高年薪60万元以上，其中年薪10万元以上岗位超三分之二。此次活动依托“人才金桥”工程、引才云、“智联招聘”等平台，吸引近万名来自全国各地的高校毕业生现场参会，线下接收简历6841份，线上招聘会吸引330所高校35万人次关注，收到简历12141份。（黄乙轩）

【丽水机场航站区工程奠基开工仪式】 2022年12月23日，丽水机场航站区工程开工奠基仪式在丽水机场施工现场举行。市委书记胡海峰宣布工程开工。市领导李锋、任淑女等参加开工奠基仪式，省机场集团总经理魏建根、北京建工集团总经理常永春、副市长朱磊致辞。奠基仪式由机场指挥部总指挥郑力平主持。市四套班子领导及有关秘书长、副秘书长，丽水机场建设领导小组成员，有关单位和乡镇(街道)负责人，机场指挥部全体干部，丽水机场施工、监理、检测及监测单位工作人员参加。

丽水机场是华东地区在建的第一高边坡、高填方机场，是全市重大民生工程，对于全面建设现代化新丽水、创建革命老区共同富裕先行示范区具有重大战略意义。历届市委、市政府对丽水机场建设高度重视、持续推进。航站区工程开工标志着项目建设进入快车道。

【新建衢州至丽水铁路(衢州至松阳段)开工仪式】 2022年12月28日，新建衢州至丽水铁路(衢州至松阳段)项目开工仪式在丽水市遂昌县新路湾镇新溪村举行。活动由浙江省发展和改革委员会、浙江省交通投资集团有限公司、丽水市人民政府主办，沿海铁路浙江有限公司、浙江衢松铁路有限公司、丽水市铁路工作委员会办公室、遂昌县人民政府共同承办。丽水人大常委会主任李锋出席开工仪式并宣布项目开工，副市长朱磊主持开工仪式。省交通集团副总经理、党委委员俞激，衢州市人民政府副市长吴松平，沿海铁路浙江有限公司副总经理兼总工程师刘锦东，省发改委重点办一级调研员章明春，浙江轨道集团董事、总经理言建标以及全咨方、施工方和沿线地方政府相关负责人等180余人出席活动。

衢丽铁路是填补浙西南地区高铁路网空白、支撑衢丽“大花园”建设的重要项目。此次开工的衢丽铁路(衢州至松阳段)作为衢丽铁路的二期项目，起自杭衢铁路衢江站，途经衢州市衢江区、龙游县，丽水市遂昌县、松阳县，终于衢宁铁路松阳站，设衢江、龙游、遂昌西、松阳4座车站。正线全长95.141千米，按新建双线、设计速度200千米/小时(预留250千米/小时)标准建设，概算总投资约176.33亿元。 (马中元)

市政府合作签约

【与省生态环境厅签订共同推进丽水加快跨越式高质量发展合作协议】 2022年2月16日，市政府与省生态环境厅签订共同推进丽水加快跨越式高质量发展合作协议。双方将在优化生态环境监管服务、落实碳达峰碳中和部署等8个方面开展合作。省生态环境厅党组书记、厅长方敏，市委副书记、代市长吴舜泽代表双方签约并讲话，省生态环境厅副厅长虞选凌参加签约仪式。 (刘 涛)

【与省农发行签订战略合作协议】 2022年2月23日，市政府与省农发行签署战略合作协议。市委副书记、代市长吴舜泽，省农发行党委书记、行长胡世财出席签约仪式并发表讲话。

【与浙商银行签订战略合作协议】 2022年9月29日，市政府与浙商银行签署战略合作协议。市委副书记、市长吴舜泽，浙商银行党委书记陆建强出席签约仪式并发表讲话。市委常委、常务副市长杜兴林，浙商银行副行长景峰代表双方签约，吴舜泽、沈世山、陆建强、张荣森见证。

【与衢州市人民政府签订高质量共建衢丽花园城市群合作框架协议】 2022年10月14日，市政府与衢州市政府签订《高质量共建衢丽花园城市群合作框架协议》，加快推进衢丽大花园核心区协同发展，构建全方位、宽领域、多层次的联动格局。 (何静雯)

【与省民政厅签署厅市养老合作协议】 2022年11月29日，市政府与浙江省民政厅签署《关于共同推进“浙丽长寿·山区颐养”行动合作备忘录》。合作重点聚焦革命老区和山区养老，突出丽水辨识度，开展“山区养老‘十大红色小镇’结对帮扶行动”“山区养老‘十大公益创投’项目支持行动”“山区养老‘百个区域平台’转型提升行动”“山区养老‘百辆流动帮帮车’巡回服务行动”“山区养老‘千户困难老年人’善居工程行动”“山区养老‘千名养老管家’人才培养行动”六大专项行动，破解山区农村养老难题，促进丽水城乡基本养老服务均衡覆盖，为打造“浙里康养”金名片提供丽水山区养老样板。 (梅王洁)

【签订《宁波市人民政府 丽水市人民政府 新时代支持浙西南革命老区振兴发展框架协议》】 2022年7月5日，宁波—丽水浙西南革命老区对口合作暨山海协作工作座谈会举行。省委常委、宁波市委书记彭佳学与丽水市委书记胡海峰座谈交流。宁波市领导汤飞帆、徐宇宁、钟关华、郑敏强、张文杰、潘银浩、李关定及奚明，丽水市领导戴平辉、张壮雄、朱磊、周和平参加相关活动。会上，两地签署《新时代支持浙西南革命老区振兴发展框架协议》和《宁波—丽水2022年度山海协作工程合作协议》，深化宁波市—丽水市（浙西南革命老区）对口合作，推动两地优势互补、资源共享、产业共建、发展共赢，打造全国对口合作关系的“新典范”。

【与全国台湾同胞投资企业联谊会签订战略合作框架协议】 2022年7月20日，以“新格局、新机遇、新发展”为主题的2022浙江·台湾周在杭州开幕。两岸企业家峰会大陆方面副理事长张平、台湾方面副理事长陈瑞隆，浙江省委常委、常务副省长徐文光，中央台办、国务院台办副主任龙明彪，全国台企联会长李政宏致辞。两岸企业家峰会秘书长林军、省委常委邱启文，两岸企业家峰会现代服务业及文创产业合作推进小组召集人张鸿铭、两岸企业家峰会中小企业与青年创业推进小组副召集人张卫国等出席活动，台湾工业总会理事长苗丰强，台湾商业总会主席赖正镒，台湾电电公会理事长李诗钦等岛内工商界代表视频致辞，来自两岸的工商界代表350人出席。

【签订《丽水市人民政府 浙江省民宗委 丽水学院三方共建民族学院协议》】 2022年8月20日，浙江省民族宗教事务委员会、丽水市人民政府和丽水学院签订三方共建民族学院协议。协议明确，三方成立合作共建民族学院工作领导小组，由浙江省民族宗教事务委员会、丽水市人民政府、丽水学院相关人员组成。浙江省民宗委将民族学院发展列入浙江省民族团结进步事业发展规划，每年对民族学院给予100万元共建经费支持。 （马中元）

市府办工作

【政务督查】 2022年，市政府政务督查工作围绕市委、市政府的中心工作，主动适应新形势新任务新要求，提升督查工作科学化、制度化、规范化水平，推动督查工作高质量发展。做好重大督查问题清单，跟踪督办落实政府系统承办的建议提案，做好国务院督查组实地督查迎检及反馈问题整改落实工作，完成市政府主要领导批办交办的关于优化营商环境、经济稳增长服务督导等事项的督促落实，促进一批事关群众利益疑难问题的解决。

年初，编制《2022年省政府工作报告重点工作责任分解丽水市跟进落实清单》，共134个大项、601个小项；《丽水市政府工作报告重点工作责任清单》，共119个大项、343个小项。按季跟踪清单事项进度，分析研判，专报市政府领导。推进落实省、市十方面民生实事。对2022年省政府十方面民生实事丽水38项具体任务和市政府十方面民生实事40项具体任务，逐一分解落实。同时，要求市民生实事的市直牵头部门同步提供相应民生实事的考核验收标准，与责任分解同步下发，供县（市、区）执行落实。12月，由市政府相关副秘书长带队，相关市直单位参加，分成5个督查组赴各县（市、区）、丽水开发区开展民生实事督查调研。省十方面民生实事项目38项指标任务，市十方面民生实事项目40项指标任务全部完成。

抓好稳经济政策集成落地攻坚行动。市府办督查室承接贯彻落实国家33条、省38条稳经济系列政策，第一时间出台实施《丽水市推动经济稳进提质工作实施方案》32条市级政策，出台实施《丽水市重大项目提速及专项债项目倍速行动方案》等49项政策。加快财政直达资金兑付进度，全市兑现涉企政府补助补贴资金47.9亿元，兑付率100%，涉及政策事项801个、系统19个、惠及企业2.3万家。聚焦为企业减负，全市累计为企业减轻各类负担72.4亿元，惠及市场主体131.37万家次，减负额超额完成省定目标（66亿元）的9.7%。 （吴　鹏）

【政务信息】 2022年，市府办信息处紧紧围绕市委、市政府中心工作，把握为各级领导科学决策服务的宗旨，加强信息报送，狠抓信息质量，不断提高信息的时效性、针对性和有效性，积极报送大量领导关注的信息。全年编发信息481期。其中，《政务信息（要情）》79期，《政务信息（专报）》153期，《政务信息（上报）》249期。市领导批示132篇；省政府采用169篇，省政府领导批示16篇；被国办录用信息49篇，国务院领导批示17篇。 （杨俊龙）

【信息公开】 2022年，全市全年公开规章1个，政策文件5462个（其中规范性文件552个），政府常务会议信息176条，人大代表建议和政协提案办理结果2352件，发布《丽水市人民政府公报》12期。 （谢轶斌）

机关后勤服务

【概况】 2022年，丽水市机关事务服务中心（简称市机关事务服务中心）

推进采购管理、资产管理、办公用房管理、公务用车管理、服务保障等工作。市机关事务服务中心用好全省公务出行"一张网"平台，为市本级涉改单位提供10182次公务派车，安全行驶328.1万千米，使用"助企直通车"1850次。实施会议室升级改造、车位修缮改造、监控系统升级改造等项目，抓好行政中心区域的安保、消防和日常维稳安保工作。

全年，市机关事务服务中心组织中心组学习19次，专题研讨5次。预备党员转正2人、接收预备党员4人。以"强国复兴有我"为主题，开展"党群连心、网格走亲"专题实践活动，组织党员到塔下村开展全国文明典范城市创建、垃圾分类宣传等活动，开展"3•5"学雷锋、"微笑丽水"跑小青等志愿服务活动15场，组织53名干部"慈善一日捐"25000元。组织19名干部职工参加"七一"无偿献血活动。组织青年干部围绕"共同富裕"主题参加市直机关党工委组织的微型党课比赛，获优胜奖。

【数字化改革】 2022年，市机关事务服务中心完成"云上后勤"服务平台项目建设，实现服务、管理事项"一网通办"。完善市行政中心"线上商城"平台功能，设立"浙丽销"自动售菜机，以数字消费模式优化机关服务，助力山区共同富裕。"线上商城"平台上架商品2866种，销售3.15万单，19.8万件，销售金额计58.32万元；自动售菜机累计销售23953单，销售金额计33.83万元。设计"诗画浙江 百县千碗""丽水山耕"数字展示平台，推介丽水特色美食和食材，助推"浙江接待"数字化改革。做好公务用车管理和办公用管理系统的省、市、县三级贯通工作，推进公务出行社会化租赁模式与全省公务出行"一张网"深度融合，启动市本级公务出行社会化租赁服务平台建设。

【停车泊位管理及开放】 2022年，市机关事务服务中心巩固停车泊位错时向社会开放，完善制度、修缮车位、联合督查等方式，推进企事业单位内部停车场"应开尽开"，缓解城区停车难。可开放车位数5397个，其中市本级可开放车位数1705个。完成行政大楼北门非机动车车棚改造，新增100个非机动停车位，完成行政中心停车场车牌识别系统安装和183个车位改造项目，新增车位30余个。

【机关食堂"三创一建"工作】 2022年，丽水市行政中心机关食堂开展机关食堂"三创一建"工作（创建绿色食堂、创建A级食堂、创建健康食堂、建设廉洁型食堂），提升餐饮服务质量和精细化管理水平。获全省公共机构三星级绿色食堂，创建高标准A级食堂。严把质量关和卫生关，实现食品安全"零事故"。坚持"食采云"采购方式，将采购行为放在阳光下公开透明，打造廉洁食堂，升级"阳光厨房"为"智慧厨房"，确保食堂廉政风险零发生；建立信息化发布、意见收集和反馈机制。完善食堂劳务外包单位考核机制。通过外包方自查、委托单位监管和干部职工监督相结合的方式，加强餐饮管理。机关食堂满意率95%以上，征求有效意见建议30条，新增40余种创新菜品。

【节约型机关建设】 2022年，市机关事务服务中心稳步推进党政机关生活垃圾分类工作，制止餐饮浪费行为，全市党政机关垃圾分类示范单位创建率50%。完成行政中心生活垃圾集中处理点改造和行政中心化粪池生物治理项目。加强公车管理，降低燃油能耗，降低维护维修成本；节约用电用水，降低人均水电能源消耗。推动机关运行降本增效，杜绝铺张浪费，减少能耗，推进节约型机关建设。开展党政机关等公共机构塑料污染治理主题宣传活动，传播减塑理念，动员参与"减塑行动"，减少使用塑料制品，做好垃圾分类，改善地球的整体环境。在市第五次党代会积极开展"光瓶行动，从我做起"公益活动，在会场提供的饮用水瓶身上粘贴"带走半瓶水 节约不浪费"的标识。机关食堂推进"光盘行动"和"食采云"采购方式，节约原材料费用约4万元，厨余垃圾减少20%以上。

【重要公务活动接待与保障】 2022年，市机关事务服务中心坚持接待是"第一形象、第一名片、第一窗口"，提升接待服务水平。完成四套班子、外事、国家及省市重大会议（活动）等各项接待保障任务。坚持副厅级以上和重要来宾报告制度，报送副厅以上领导和重要嘉宾到丽情况报告单351批次，纸质2106份，发送短信11934条。至年底，完成接待任务271批次6127人次，完成全球重要农业文化遗产大会、世界摄影大会、第六届中国（丽水）农村电子商务大会、壬寅（2022）年中国仙都祭祀轩辕黄帝大典、市第五次党代会等重大活动后勤服务保障工作。为各部门提供高质量会议服务约7602场（其中节假日、晚上加班保障会议989场），保障参会人数约19.1万人次。

【党政机关办公用房管理】 2022年，市机关事务服务中心制定完善《丽水市党政机关办公用房管理实施细则》，建立形成较完备的全市办公用房智能图形管理系统。完成93家市直机关信息录入，录入率96%。组织开展常态化办公用房使用管理督导抽检工作，于3月、9月开展办公用房督促检查，通过现场测量、查看、询问等方式，结合重要节点正风肃纪工作，联合相关部门开展监督检查，每次现场抽查一批领导干部办公用房情况。随机抽查单位58家，测量办公室226间，针对问题提出整改意见并督促完成整改。（陈浩源）

驻外办事处

【丽水市人民政府驻北京联络处】
2022年，丽水市人民政府驻北京联络处加强与科技部等国家部委的沟通协调，谋划和争取革命老区政策，助推丽水发展。推动丽水开发区科技孵化园和丽水绿谷信息产业园进入2021年度国家级科技企业推荐名单，实现丽水国家级科技企业孵化器零的突破。梳理全国“专精特新”和在京独角兽企业名单，寻找与丽水匹配度高的产业方向和重点项目，跑好招引项目和信息的“第一棒”，招引2个亿元以上制造业项目和2个人才项目落地丽水，推荐4名人才成功进入2022年度第一批“绿谷精英”。会同浙江水木海角科技服务有限公司，推荐7名专家申报国家级海外人才，其中有3名专家入选15强名单。推动青田县和北京科技大学共建“北京科技大学丽水特种钢研究院”。牵线浙江大学杭州国际科创中心与丽水开发区合作，设立省级集成电路创新中心。对接天安门管理委员会，促成2019年6月19日在天安门升挂的国旗赠予丽水市。国旗背后的故事被列入“浙十年•丽水”八个故事之一。促成签订《清华大学丽水实践基地共建协议》，首批清华大学研究生骨干到丽水基层实践。争取到13个丽水干部到国家部委学习锻炼的名额。丽水市第五届高层次人才创业大赛（北京赛区）成功举办。

【丽水市人民政府驻上海办事处】
2022年，丽水市人民政府驻上海办事处（简称驻沪办）通过立机制、促交流、搭平台，推动各项工作开新局创新绩。建立项目专报机制、研判机制和共享机制。协同举办浙江省生物医药产业国际合作对接会、丽水市精密智造产业（上海）推介会等。组织全体驻沪干部参加各类线上推介会、专题讲座培训20余次，准确把握行业动态和发展方向。全年落地项目3个，已签约项目4个，落地和签约的7个项目投资总额约47.2亿元；推介重点项目20个，其中百亿项目1个；50亿元以上项目2个；10亿元以上项目8个。另外，推介产业基金配置项目7个；对接研究院项目2个，总部搬迁项目1个；24批次客商到丽考察项目、调研投资环境、洽谈合作事宜。

驻沪办每月围绕“政策前沿、招商信息、人才信息、域外动态、乡贤建议”等方面编写《长三角信息参阅》。报送长三角政务信息被市府办录用66条，获副市长朱磊批示3次。全年为丽水市27批次4套班子领导及市直部门、各县（市、区）、丽水经开区等领导和单位到沪开展“双招双引”等做好服务保障。按照基金资本、科研院所、教育高校、党政机关、医疗卫生、法律人士、创新性企业家等类别，每半个月邀请类别中的乡贤，聊家常、叙乡情，为家乡发展、为双招双引工作集思广益、建言献策，取得很好反响。指导上海丽水商会各项活动“自身建设”实现新发展。利用微信小程序，搭建并试运行“在沪丽水人”微信小程序，开展乡贤摸底工作，为完善功能、服务乡贤打好基础。打通“丽沪”物资通道，为畅通两地物资运送提供帮助，并协调丽水本地资源，为商会会员、重要乡贤、重点工作对象提供生鲜等生活物资的服务。

【丽水市人民政府驻杭州办事处】
2022年，丽水市人民政府驻杭州办事处（简称驻杭办）推进“双招双引”战略性先导工程，做好服务联络工作，各项工作取得明显成效。加强精准对接，抓好“双招双引”。全年走访宁波工业互联网研究院、省国资委、富浙资本等295余家，加强项目盯引，全年落地亿元以上工业项目1个。举办各类招商推介会、产业研讨会、项目路演会等活动5场。走访浙江大学、省农科院等科研院所对接，推动科研成果转化、人才引进工作，组织启动长三角知名人力资源服务机构服务丽水市“双招双引”系列活动，带领杭州、宁波、上海等地的13家人力资源服务机构到丽专题调研。全年完成国家级海外人才计划申报3人；绿谷精英人才申报计划8人，入选6人；绿谷精英创业项目落地1个。带领27批次的项目到丽水开发区及县（市、区）进行专题对接，协助县（市、区）开展在杭项目的考察对接工作。

驻杭办全力做好省党代会、省人代会丽水团服务保障工作，配合市委宣传部在杭举办“绿水青山”越剧活动。协助市委办、市城投，推动“丽水山泉”进入党代会、人代会，扩大丽水影响。全年接待到杭公务人员190批次，各类人员1200余人次，车辆接送600余人次。（赵宗耀）

政务服务

【概况】 2022年，丽水市行政服务中心（简称市行政服务中心）以“构建政务服务共同体、打造政务服务新高地”为总体目标，深化“放管服”改革，加强行政服务中心建设，政务服务数字化改革水平实现跃升，重点指标排名全省前列。全省率先上线试运行“丽水市政务服务一体化智治系统”，初步建成集政务大厅运行实时展示、数字大厅管理、服务效能监督、政务决策分析、经济社会感知、基层公共服务六大功能场景于一体的政务服务大脑。全市173个乡镇街道实现“政务服务2.0系统”全覆盖，“一网通办”率达98.37%，承诺时限压缩比98.25%，跑零次率99.04%，即办件率92.68%，群众满意率99.91%。

完善涉政中介网上超市平台功能，入驻中介数、交易总额、节省企业成本总额增加。改革成效得到国务院办公厅电子政务办副主任尹智刚关注，《涉审中介机构服务平台管理规范》2022年进入国家标准申报程序。

【“放管服”改革】 2022年，市行政服务中心按照市委市政府优化营商环境工作的总体部署，组建“放管服”改革工作专班，推动“放管服”工作。首次召开全市“放管服”改革推进大会，设立优化营商环境服务专窗，出台《关于加快推进政务服务标准化规范化便利化进一步提升为企服务水平优化营商环境的实施意见》，印发《丽水市涉企审批服务问题解决工作机制》，收集涉企服务问题220个，及时解决175个，将45个复杂疑难问题列入整改清单，分解到市直部门和县（市、区），实行限时整改销号和全程跟踪督办。企业开办零成本一日办、准入即准营、招商即介入项目预审批、拿地即开工交地即交证、“最多评一次”、“多评合一、一评多用”、“多测合一多验合一多证合一”等一系列改革创新举措得到省委改革办肯定。丽水市典型经验做法在省委改革办微信公众号“竞跑者”栏目14次刊发，数量居全省首位。

【跨省跨国“就近办”】 2022年，市行政服务中心在全国率先开展政务服务党建联建，构建一张覆盖全国38座城市、全球120余个国家和地区的“红绿融合”政务服务网络，破解65万名在外省丽水人、33万名新丽水人和41万海外华侨跨省跨国办事难题。至年底，服务群众跨省“就近办”8.41万件、跨国“就近办”5.26万件，实现党建做实、服务做优，优化营商环境，提升企业和群众的满意度、获得感。该项改革经验获2022年度浙江省机关党建工作优秀创新成果奖，《人民日报》、中新社、《浙江日报》、“学习强国”学习平台等媒体及省委办公厅、省委改革办、省直机关工委先后对丽水经验进行宣传报道。

【“政银合作”】 2022年，丽水市政务服务均等化改革省级试点成果不断放大，全年新增236个基层政务服务网点、464名政务服务专员，落实以“乡镇便民服务中心+农商行政务服务专窗”为主，以上门办、掌上办及村代办兜底、自助办为补充的乡村基层政务服务体系，政务服务共同富裕的触角延伸到全市1617个村（社区）、783个偏远农村，全年办件量达31.97万件，全省数字化改革例会上再次得到时任省委书记袁家军点赞。

【公共资源交易环境净化联合检查】 2022年，市行政服务中心与派驻纪检监察组组成联合检查组，对市本级41个政府投资项目招投标工作进行全过程检查，发现的4个方面12类问题交由建设、交通、水利等行政监督部门及各县（市、区）实行清单式销号整改。推动各县（市、区）、开发区同步开展联合检查行动，净化全市公共资源交易环境。

【服务优化】 2022年，市行政服务中心实施“政务服务转作风优服务提效能行动”和“花园政务大厅创建行动”，市县一体推进政务服务标准化建设，9个县级行政服务中心、开发区行政服务中心以及28个中心乡镇（街道）便民服务中心，实现花园政务大厅年度创建目标。建立企业投资项目审批工作联席会议制度、窗口负责人年度工作述职制度，开展星级窗口和服务标兵评选，提升窗口服务企业和群众的能力水平，全市政务服务群众满意率达99.1%。

【政务服务大数据分析】 2022年，市行政服务中心在全省率先建立政务服务先导性指标报告制度，每季度汇总归集、分类整理政务大厅各进驻部门的政务服务先导性指标，以《丽水行政审批与政务服务大数据分析报告》形式报送市委市政府领导，推动丽水政务服务管理从面

上整合向深挖政务服务大数据价值科学运用转变，为科学决策提供实践支撑。（徐 剑）

公共资源交易

【概况】 2022年，全市组织公共资源交易活动4941次，交易总额384.39亿元，比上年增加9.00%；增收节支34.63亿元，增加37.93%。其中，建设工程项目招投标1923个标段，成交额304.69亿元；政府采购交易1943项，中标金额38.25亿元；国有产权资源交易684宗，成交金额17.59亿元；其他交易391项，成交金额23.86亿元。市本级组织公共资源交易活动801次，交易总额103.45亿元，减少29.41%；增收节支7.67亿元，减少6.06%。其中，建设工程项目招投标189个标段，成交额88.73亿元；政府采购交易410项，中标金额13.30亿元；国有产权资源交易116宗，成交金额0.185亿元；其他交易86项，成交金额1.23亿元。

丽水市公共资源交易中心（简称市公共资源交易中心）推广“电子交易系统、掌上交易应用、建设工程不见面开标、金融服务平台、电子档案管理系统、大数据交易监管分析系统”六大“市县一体化”公共资源交易数字化应用场景，实现丽水公共资源交易市场提升。副市长朱磊对公共资源交易相关工作批示：“创新力度大，成效显著，予以充分肯定，望再接再厉，全力打造公共资源交易‘丽水样板’，创造更多丽水经验。”《丽水塑造“智治交易”新样板》在浙江发改公众号“浙里交易最前沿”专刊板块发文推广，《公共资源交易六个“市县一体化”》被《丽水改革先锋》以专报形式刊发；《丽水市推进六个“市县一体化”打造“智治交易”新样板成效显著》被选入《丽水政务信息》。

【交易系统迭代升级】 2022年，市公共资源交易中心加强公共资源交易服务数字化改革，推进“市县一体化”电子交易系统迭代升级，完成2.0系统39个交易模块迭代升级，实现房建市政、交通、水利及小额工程的施工、监理、设计、设备采购及EPC等项目类型全流程电子化和远程不见面开标，为全国所有参与丽水项目的投标企业提供线上办、移动办，实现“零次跑”。

【代理机构进场管理】 2022年，市公共资源交易中心依托全国首个由地市级公共资源交易中心制定的代理机构进场管理办法《丽水市代理机构进场交易行为管理办法（试行）》加强管理，引导代理市场持续健康发展。市本级55家代理机构签订进场协议，其中被记分代理机构8家；通过电子交易平台2.0系统，组织招投标业务知识测试4期6场，89家代理机构483名从业者通过测试，通过率近99%。

【政府采购扩面升级】 2022年，市公共资源交易中心作为政府采购远程异地开评标系统试点单位，与市财政局联合印发《丽水市“市县一体化”政府采购远程异地开评标系统应用建设方案》，完成系统开发建设，8月19日，上线运行丽水市“市县一体化”政府采购远程异地开评标系统。11月2日，市交易中心携手新疆霍尔果斯市，开展政府采购远程异地评标，市政府采购项目成功实现跨省、跨市远程异地开评标。全年完成71个集中采购项目，其中公开招标项目53个、竞争性磋商项目12个、单一来源采购项目3个、询价采购项目3个，采购预算资金48091.66万元，成交金额46065.42万元，节约资金2026.24万元，节约率4.21%。

【为企减负】 2022年，市公共资源交易中心建设工程远程不见面开标和公共资源交易金融服务平台两个“市县一体化”应用场景，为参与招投标的企业减负，激发市场交易活力。全年建设工程不见面开标项目438个，参与投标企业43967家，涉及项目交易金额71.59亿元，为投标企业节约时间104.67万小时，节约资金5932.46万元，有效减轻企业负担。丽水公共资源交易金融服务平台办理开具电子保函等业务31778笔，为2202家企业盘活资金76.97亿元。

【推动营商环境持续优化】 2022年，市公共资源交易中心持续优化营商环境，做好各项政策的落实工作。实施《丽水市人民政府关于印发丽水市推动经济稳进提质工作实施方案的通知》，梳理政府采购项目的需求确定、公告发布、执行等环节，按通知中关于政府采购履约保证金最高不超过合同金额的1%要求，督促采购人执行到位。做好政采云网上超市管理，全年政采云网上超市被扣分13家，被下架5家，有效规范管理政采云网超商家。做好公共资源交易无感监测工作，从招投标信息化程度指数考核指标，提高全流程电子化率、提升不见面开标率、统一浙江CA互认、启动与浙江省电子保函平台对接等工作方面入手，做好相关工作。（缪秀珍）

住房公积金管理

【概况】 2022年，丽水市住房公积金管理中心（简称市公积金管理中心）突出抓好制度扩面、资金使用、风险防控、数字化改革等工作，开展扫黑除恶斗争，持续惩治骗提、骗贷及侵害缴存职工合法权益行为，向属地扫黑办、公安机关移送涉黑涉恶线索2起。6月，出台《丽水市住房公积金管理委员会关于实施住房公积金阶段性支持政策的通知》，帮助受疫情影响企业和缴存人共同渡过难关。3家企业111名职工和3名灵活就业人员申请缓缴，月缓缴金额10.69万元。申请缓缴的缴存职工中，49人申请并成功提取住房公积金35.8万元。全市享受阶段性租房提取政策30206人，提取金额19906万元。

【住房公积金归集扩面】 2022年，丽水市住房公积金新开户单位9915家，净增单位435家；新开户职工2.74万人，净增职工0.99万人；实缴单位7663家，实缴职工24.32万人，缴存额58.60亿元，分别比上年增长6.0%、4.2%、4.9%。至年底，缴存总额491.24亿元，比上年增加13.5%；缴存余额144.96亿元，增长11.0%。受委托办理住房公积金缴存业务的银行6家。

【住房公积金贷款和提取】 2022年，丽水市14.80万名缴存职工提取住房公积金；提取额44.28亿元，下降4.5%；提取额占当年缴存额的75.6%，比上年减少7.4个百分点。至年底，提取总额346.29亿元，比上年末增加14.7%。全年发放个人住房公积金贷款0.43万笔、17.11亿元，分别下降17.7%、8.9%，其中发放异地贷款157笔、5241万元。年末，累计发放个人住房贷款9.13万笔、295亿元，贷款余额132.64亿元，分别比上年末增加4.9%、6.2%、1.6%，其中发放异地贷款总额31250万元，异地贷款余额22331万元。个人住房贷款余额占缴存余额的91.5%，比上年末减少8.5个百分点。住房公积金支持职工购建房47.40万平方米，年末个人住房贷款市场占有率16.26%。

【公积金业务收支及资金存储】 2022年，市公积金管理中心业务收入49688万元（剔除系统内调剂资金利息2275万元），增长6.7%。其中，存款利息4977万元，委托贷款利息44704万元，国债利息0万元，其他利息7万元。业务支出23785万元（剔除系统内调剂资金利息2275万元），下降3.5%。其中，支付职工住房公积金利息21091万元，归集手续费1万元，委托贷款手续费1052万元，其他1641万元。年末，住房公积金存款12.52亿元。其中，活期0.28亿元，1年（含）以下定期8.31亿元，1年以上定期0亿元，其他（协定、通知存款等）3.93亿元。

【公积金增值收益及分配】 2022年，丽水公积金增值收益25903万元，比上年增长18.3%，增值收益率1.88%，比上年增加0.14个百分点。提取贷款风险准备金15542万元；提取管理费用4035万元，提取城市廉租住房（公共租赁住房）建设补充资金6326万元。年末，贷款风险准备金余额142783万元，累计提取城市廉租住房（公共租赁住房）建设补充资金42768万元。管理费用支出3323万元，增长3.0%。其中，人员经费2339万元，公用经费352万元，专项经费632万元。

【住房贷款资产风险及状况】 2022年，市公积金管理中心加大对不良贷款处置力度，通过法院诉讼及其他法律手段回收贷款本息，至年末，个人住房贷款逾期额0.83万元，逾期率0.0006‰。个人贷款风险准备金余额142783万元。全年使用个人贷款风险准备金核销呆坏账0万元。

【住房公积金政策调整】 2022年4月，市公积金管理中心调整住房公积金提取贷款政策。职工申请住房公积金贷款（含丽水市外住房公积金贷款）后，夫妻双方各自住房公积金账户须保留月缴存额（以申请办理提取业务时间为准）12倍的金额。账户保留金额在贷款结清前，不得提取。职工购买自住住房提取住房公积金，自住住房共有产权人仅限于直系亲属（配偶、父母、子女），与非直系亲属形成共有产权关系的，不得提取。丽水市缴存住房公积金的高层次人才家庭在丽水行政区域内购买普通新建商品住房的，可提取住房公积金直接支付首付。高层次人才家庭在丽水行政区域内购买自住普通商品住房且无公积金贷款余额的，自购房之日起3年内每年提取本人及配偶的住房公积金一次，累计提取额不得超过所购房款总额。职工住房公积金限额实现提升，首次申请住房公积金贷款购买首套自住住房的最低首付款比例由30%降为20%。住房公积金贷款期限由"最长不超过20年"调整为"最长不超过30年"。

【住房公积金存贷款利率】 2022年，丽水市职工住房公积金账户存款利率，统一按一年期定期存款基准利率 1.5%执行，年度结息日为每年的 6 月 30 日。1—9 月，个人住房公积金贷款 5 年（含）以下的基准年利率 2.75%，5 年以上的基准年利率 3.25%；第二套住房个人住房公积金贷款利率按基准利率的 1.1 倍执行。10 月 1 日起，首套个人住房公积金贷款 5 年（含）以下利率 2.6%，5 年以上利率 3.1%；第二套住房个人住房公积金贷款利率保持不变，即 5 年（含）以下和 5 年以上利率分别为 3.025% 和 3.575%。

【公积金服务改进】 2022 年，市公积金管理中心推进住房公积金补缴、提前部分偿还住房公积金贷款等新增高频服务事项“跨省通办”。在各地公积金窗口设置“跨省通办”专窗，统一业务管理规范。推进新增企业公积金银行代缴代扣协议在线签约，优化营商环境。加强政银合作，优化服务网点布局，方便就近办事。公积金服务延伸至全市 55 个银行网点。畅通“民呼我为”“问政直通车”“好差评”等投诉咨询渠道，整合“12329”服务热线至“12345”政务服务热线。全年回应各渠道咨询 213 件，答复率 100%，热线呼入电话 1.51 万个，接通率 98%，一次性解决率 99%，满意率 98%。开展“惠民公积金　服务暖人心”服务提升行动，打造“党建领航　圆梦住房”服务品牌，设立“党员服务专员”，面向不同群体私人定制“预约服务”“延时服务”“容缺服务”“上门服务”等特色服务。到非公企业、项目楼盘、乡镇社区开展上门宣讲服务，宣讲受众 8300 余人次。

【“互联网＋住房公积金”建设】 2022 年，市公积金管理中心推进管理中心业务系统与部省两级应用平台融合，不断提高“跨省通办”、“全省通办”、长三角“一网通办”业务办理效率。偿还购房贷款本息提取、租赁住房提取等民生“关键小事”智能速办率达 98%。公务员、事业单位职业生涯“一件事”和企业开户“一件事”等高频业务公积金环节实现智能速办。推进数据共享工作，利用公安、民政、不动产等部门数据，赋能数字化改革。推进管理中心与银行业金融机构数据共享应用工作，支持缴存职工便捷获得金融增值服务，银行通过共享中心数据为 8 万余名职工授信 90 余亿元。修正单位性质与统一信用代码规则不一致的单位数据信息。集中核查睡眠账户，有效解决长期未缴存账户管理问题。综合分析一人多账户数据，完成缴存人一人多户的信息合并工作。优化业务系统，实现小余额账户增量自动处理、存量集中处理。补录、修正和完善公积金基础数据，公积金基础数据质量提高。完善应用软件开发维护、网络安全数据安全和个人信息保护等制度，优化业务系统账户管理，防范操作风险。综合业务系统通过三级等保测评。利用住建部监管平台和电子检查工具，建立联合评估机制，排查各类业务风险。（谢丽莎）

2022 年 10 月 18 日，市公积金管理中心党员服务专员（右二）到丽水在建楼盘宣讲公积金政策（谢丽莎　提供）

外事工作

【概况】 2022 年，全市外事系统坚持党管外事，坚持“政府与民间”对外交流共同发力，以特色文化为媒介，协助策划举办“全球重要农业文化遗产大会”“世界青瓷大会”“2022 世界摄影节”等国际性文化交流活动，展现丽水独特文化魅力。聚焦外籍新娘、在丽水的外国留学生等国际友人群体，打造“国际友人看丽水”品牌宣介活动，累计推出宣传视频 16 期。因受全球新冠疫情影响，全年办理因公出国（境）审核审批 1 人。

1 月 11 日，松阳县与联合国人居署召开视频连线会议，联合国人居署政策立法和治理部主管雷米•西斯平，松阳县委书记莫靓等参加会议，双方就深化交流合作达成共识，交流探讨第三届城乡联系国际论坛主题、实质化推进项目合作等事宜；6月24日，市外办与市人大民宗侨外委首次联合举办“走进绿水青山，感知丽水人大”主题活动，23名在丽水的外国留学生走进缙云县东渡人大代表联络站；7月17—19日，全球重要农业文化遗产大会在丽水市青田县召开，24个国家和7个国际组织代表参加会议，巴西等15个国家的农业部长和联合国粮农组织总干事线上出席大会并致辞，5名驻华大使和1名代办等34位外宾现场出席会议；7月，缙云县外办会同新华网、黄帝文化发展中心，依托仙都国际人文交流基地，邀请外国友人感受黄帝文化；8月29日，缙云县外办、团县委联合举行中非青年交流会，开展“青年创业创新之城”圆桌对话，签订中非青年联合会与缙云青年联合会《友好合作框架协议》，颁发非洲留学生代表门杜、米莱“缙云县国际文化传播大使”聘书，中非青年团队先后到河阳古民居、仙都岩宕、浙江欣昌农业开发有限公司、缙云锯床和特色机械装备产业创新服务综合体等地考察；9月22日，景宁中学与日本三岛市山田中学举办青少年线上“虚拟互访”活动；10月31日至11月1日，龙泉市在杭州举办第五届世界青瓷大会，紧扣“宋韵青瓷·品质龙泉”主题，聚焦年轻化、数字化、产业化，邀请泰国驻华大使阿塔育·习萨目一行，以及美国、俄罗斯、意大利、日本、新加坡、希腊等12个国家的专家学者、陶瓷爱好者现场参加活动，国际陶艺学会主席托比恩、法国驻华大使罗梁发来开幕式祝贺视频，意大利卡里市、匈牙利道包什市等国际友好城市的20余名外宾线上参加大会；11月17日，2022世界摄影大会在丽水开幕，市外办邀请中国人民对外友好协会副会长李希奎、国际摄联主席里卡多·布西作视频致辞，斯里兰卡驻沪总领事阿努若·费喃多等出席并致辞；11月30日，联合国南南合作办公室组织召开南南城市在线经验交流会，来自中国、哥伦比亚、秘鲁等国家的4个城市代表，围绕历史文化遗产保护、开发与推广作经验交流分享，松阳县委副书记、县长梁海刚作《松古灌区　汲古润今　传承创新》交流发言，从松古灌区的发展历史、风貌保护、活化利用等维度，同国内外城市代表分享松阳经验、探讨发展路径；12月9日，松阳县第三中学与韩国忠清北道丹阳中学开展线上交流活动；12月15日，龙泉市第二中学与匈牙利道包什坦契奇高中开展线上“虚拟互访”活动，匈牙利道包什市市长佐尔丹应邀参加。

丽水市人民政府外事办公室（简称市外办）依托“外事讲堂”开展“微宣讲”，面向社区、联系结对村、外籍新娘、友城联络员开展中共十九届六中全会精神、中共二十大精神宣讲，统一思想，坚定信心。加强统筹谋划。制定印发《2022年度外事工作要点》《2022年度外事工作考核细则》，明确全市外事工作重点和目标要求。落实“除险保安”系列工作要求，制定《网络安全应急预案》，成立网络安全管理领导小组，开展护航中共二十大网络安全专项检查、《浙江省公共数据条例》监督检查事项自查、互联网政务应用网络安全自查以及政务新媒体自查等工作，配备2名“出海队员”，强化舆论主导力量。开展丽水市人民政府外事办公室党员一对一“微心愿”结对活动和春节慰问活动，走访慰问困难群众20人次，捐款8000元。

【服务中心】 2022年，市外办开展“三服务”（服务企业、服务群众、服务基层）活动，以“外事重点工作大调研”为载体，加大对“三外”（外资、外贸、在丽外国人）和友协理事单位的服务力度，深化“浙外防”应用推广，宣讲解读国家、省、市稳经济政策举措及企业APEC商旅卡申报政策，为“走出去”“引进来”项目和企业提供急事急办、材料预审等便利性服务。助企纾困，解决松阳县世亚特材有限公司外籍员工就医问题，协调解决肖特玻管有限公司6名德国籍专家入境到丽“快捷通道”等事宜。组织

表8

2022年丽水市主要到访团组一览表

到访时间	到访团组主要代表	到访地点及事由
7月17—19日	坦桑尼亚驻华大使贝尔瓦·凯鲁基；秘鲁驻华大使路易斯·克萨达；法国驻华大使罗梁；斯里兰卡驻华大使帕利塔·科霍纳；阿尔及利亚驻华大使哈桑·拉贝希；菲律宾代办欧帝诺	青田县（出席全球重要农业文化遗产大会）
11月14日	德国图林根州发展局驻华首席代表、德国海外商会联盟大中华区政府事务总监郝智；德国海外商会联盟大中华区高级经理董雯	缙云县（考察涉德企业）
11月16—18日	斯里兰卡驻沪总领事阿努若·费喃多	市本级（出席2022世界摄影大会主旨会议）

召开市友协海外常务理事及友城“双招双引”联络员视频会议、走访市友协理事代表企业，支持涉外企业发展。利用“全球重要农业文化遗产大会”等主场外事活动平台，推动国际资源和外交外事资源下沉到乡村振兴一线，加强共同富裕重大成果的国际宣介。

【涉外管理】 2022年，市外办优化完善涉外安全管理体系，出台涉外领域管理“1+9”方案（在浙外国人和境外非政府组织管理、驻华使领馆和国际组织管理、境外投资企业和劳务外派人员管理、境外留学生管理、出境游团队管理、社会组织“走出去”管理、“一带一路”境外安全保障和海外利益安全、外国媒体和海外华文媒体管理、国际友城交流合作管理），初步建立全市涉外安全综合管理体系，提升防范化解涉外风险能力。组织召开丽水市“一带一路”建设境外安全保障和海外利益安全工作协调机制联席会议，审议通过《丽水市“一带一路”建设境外安全应急处突实施办法》，提升运行效能。聚焦外籍新娘群体，迭代升级庆元县“涉外婚姻管理服务”应用，试点构建集公共服务、就业帮扶、生活保障于一体的“外籍新娘”社会管理服务体系，切实维护涉外群体安全。探索社区领保联络服务工程，试点打造莲都区星湖社区“红色领航•亲近领保”服务品牌、遂昌叶坦社区“五心”领保服务品牌。联合市商务局深化县级国际商事联络点建设，推进领事保护联络网络赋能升级。加大领事保护知识和理念宣传力度。践行“外事为民”理念，市、县两级联动开展“领保宣传月”活动，向涉外企业开展领事保护宣传培训、志愿服务等10余次。全年协助处置各类领事保护和涉外案（事）件14起，保障丽水市公民及机构在外安全。

【友城交流】 2022年，全市外事系统加强国际友城交流。7月18日，市外办举办丽水市与日本三岛市缔结友好城市25周年交流成果展，见证两市携手前行、互利共赢、共建人类命运共同体的初心和使命；11月30日，丽水市莲都区和意大利奥拉市签署《建立友好交流关系协议书》，促进文化、教育、旅游、贸易等各领域的交流合作与发展；12月4日，丽水市与日本三岛市“第五届友好城市中文演讲大赛”在三岛市举行，23名三岛市中学生、大学生及市民代表参加比赛，丽水市人民政府市长吴舜泽致信祝贺，三岛市国际交流协会会长平出利之出席颁奖仪式；12月12日，庆元县与匈牙利索尔沃什市举行云连线活动，签署合作备忘录，索尔沃什市长米哈里•鲍巴克、庆元县委书记蔡昉出席并讲话；12月13日，庆元县与葡萄牙莱里亚市举行云连线活动，共同签署结好意向书，莱里亚市长贡萨洛•洛佩斯与庆元县委书记蔡昉出席并讲话；12月14日，龙泉市与意大利卡里市在线签署建立国际友好城市关系协议书，卡里市在市政府内专门设置龙泉青瓷展览馆，向意大利人民宣传龙泉青瓷文化；12月15日，景宁畲族自治县和伊朗拉希詹市签订友好城市意向协议，以茶为媒，密切两地往来、实现互利共赢。

【市友协海外常务理事视频会议】 2022年5月25日，市友协召开海外常务理事暨友城“双招双引”联络员视频会议，就如何发挥优质友协资源和力量，聚焦中心工作，全面建设绿水青山与共同富裕相得益彰的社会主义现代化新丽水进行交流探讨。市外办主任王凡从“绿、富、美”三个角度作市党代会、市两会精神宣讲，通报近年来丽水市人民对外友好协会工作转型升级、提质发展的新举措新成效，勉励友协理事、友城“双招双引”联络员继续为丽水对外交流穿针引线，聚力中心工作更担当，聚力“双招双引”更有效，聚力自身发展更安全，开创丽水友协工作新局面。市友协常务副会长陈频（艾莱依集团董事长）、陈乃科（国和控股集团董事长）等海内外与会常务理事、友城“双招双引”联络员依次作分享发言，为丽水市友协工作建言献策。

【丽水与日本三岛缔结友好城市25周年交流成果展】 2022年7月18日至8月19日，市外办在丽水市行政中心举办丽水市与日本三岛市缔结友好城市25周年交流成果展，围绕“友城之约 美美与共”主题，分为“前言”“携手合作 共谋发展”“天涯比邻 交流互鉴”“传承友谊 寄语未来”“实物展区”“后记”等板块，汇集书法、绘画、摄影作品40余幅，多角度展示两地绚丽多彩的风土人情、自然风光和欣欣向荣的城市发展面貌。首次展出的珍贵文献资料、缔结友城信物及外事礼品，见证两市携手前行、互利共赢、共建人类命运共同体的初心和使命。7月16—18日，日本三岛市在当地市中心举办两市交流纪念展。

【留学生“品畲乡风情 走共富之旅”活动】 2022年6月17—18日，丽水市人民对外友好协会组织多哥、赤道几内亚、津巴布韦等10个国家20名丽水学院的国际留学生代表及市友协理事单位，到景宁县开展“品畲乡风情 走共富之旅”活动。留学生一行体验传统畲族婚嫁民族风情，考察畲

2022 年 6 月 17 日，国际留学生在景宁畲族自治县畲画馆展示自己的作品

（市外办　提供）

画馆、畲族博物馆、畲乡景宁党群服务中心，到宇海幼教装备有限公司、那云•悬崖上的天空之城、东弄畲家田园综合体等地，实地见证新时代中国乡村振兴的新景图，感受共同富裕路上的丰硕成果。

【市委外事工作委员会会议】 2022 年 7 月 26 日，市委外事工作委员会举行 2022 年度会议，学习省委外事工作委员会会议精神，部署下阶段全市外事工作。市委书记、市委外事工作委员会主任胡海峰主持会议并讲话。胡海峰强调，进一步突出"外事助力乡村振兴"工作主题，坚持以外事促"农事"、以开放促发展，以外事资源为乡村振兴加持赋能；进一步拓展对外交往方式，坚持"线上+线下"交往相融合，"政府与民间" 交流共发力；进一步提升涉外治理能力，加强涉外安全风险研判和预警，有效开展涉外应急处置工作；各级党委（党组）把"党管外事"原则贯穿于外事工作全过程、各方面，加快构建党总揽全局、协调各方的"大外事"工作格局。市委外事工作委员会及办公室要发挥牵头抓总和统筹协调作用。各成员单位要牢固树立外事"一盘棋"思想，推动外事与其他各方面工作有机融合。

【全市外事工作会议】 2022 年 8 月 4 日，全市外事工作会议在丽水召开。会议学习贯彻习近平外交思想，传达习近平外交思想学习座谈会、省委外事工作委员会、2022 年度市委外事工作委员会会议精神，总结交流外事工作经验，研究部署下一阶段重点工作。市外办全体干部及各县（市、区）外办负责人参加会议。会议强调，全市外事战线必须深刻领会胡海峰书记在市委外事委员会上的重要讲话精神，在"两个转化"上赋能，为乡村振兴注入活力，为共同富裕示范区建设增添动力；在"一城一策"上激活，打造友城间精品项目，推动典范友城建设，打好"文化牌""宣传牌"，强化国际传播能力建设在"五强"标准上发力，做到政治坚定、作风优良、本领过硬、协调高效、谋划在前，进一步强化外事工作制度保障和能力支撑。

【"国际友人品浙江——美丽乡村丽水行"活动】 2022 年 11 月 16—18 日，市外办承办"国际友人品浙江——美丽乡村丽水行"活动，该活动是"世界影像，丽水坐标" 2022 世界摄影大会子活动之一，由浙江省人民对外友好协会主办，17 个国家的 25 名在浙国际友人参加活动。国际友人一行先后参观丽水城市规划馆、"世界之城"全球摄影主题联展、古堰画乡景区、松阳县明清古街、四都乡陈家铺村等地，了解丽水在践行绿水青山就是金山银山理念、推动乡村振兴方面的做法和成就。

【"践行二十大　畲村奔共富　外事来助力"中外文化交流活动】 2022 年 11 月 26 日，市外办在结对帮扶村——遂昌县新路湾镇夹路畈民族村，牵头举办"践行二十大　畲村奔共富　外事来助力"中外文化交流活动。遂昌县委统战部、县外办及畲研会成员、在遂外籍人士等参加活动。市外办党组书记、主任王凡出席活动致辞，与党员干部、外籍新娘面对面交流，赠送中共二十大报告辅导读本，宣讲中共二十大精神。活动涵盖"畲味"文化交流展示节目，设有农特产品、畲族风味小吃、畲族彩带编织等特色展区。活动当日，夹路畈民族村农产品展示中心正式落成，发挥制种、毛竹、茶叶、茶油等农业特色产业优势，助推村集体经济消薄增收。（王伟丽）

华侨事务

【概况】 2022 年，全市侨务系统深入学习贯彻中共二十大精神，涵养侨务资源，推动数字化改革赋能，优化为侨服务，为丽水建设共同富裕美好社会山区样板作出积极贡献。1—2月，走访慰问困难归侨侨眷，召开全市涉侨审批业务培训会；3—4月，指导、协助在乌侨胞撤侨工作；5月，启动浙丽侨助共富系列活动；12月，举办"浙丽同心•侨心逐梦"2022丽水侨商研习活动。

【华侨思想建设】 2022年，市委统战部举办"浙丽同心"统战论坛暨百个侨团跨洋宣讲中共二十大精神活动，采取"线上+线下"的形式，面向全球进行视频直播，全市360余名统战系统干部，海外50余个国家的300余个侨团、1000余名侨领，2万余名侨胞参加学习。开展华裔新生代家乡行活动，组织20余名华裔新生代走进莲都区革命老区雅溪镇岱后村，学习中共二十大精神，重走红军路，重温革命史。组织"浙丽同心•侨心逐梦"2022丽水侨商研习活动，60名侨商集中学习中共二十大精神，走进杭州梦想小镇、莫干山风情小镇、安吉余村、良渚博物馆等地，解互联网+创业、文旅产业融合发展、生态文明建设与绿色发展、文化传承与创新等方面的工作。11月，举办"浙丽同心•侨见未来"全市侨界学习中共二十大精神演讲比赛，16名海外华侨华人、国际留学生及侨务工作者参加，丽水市推选的1名参赛选手参加全省侨界学习中共二十大精神演讲比赛获二等奖。

【浙丽侨助共富活动】 2022年，市委统战部谋划推出浙丽侨助共富系列活动，入选省委统战部"一市（校）一品——2022年侨务工作创新实践项目"。聘请10名侨界知名人士组建宣讲团，开展侨界"喜迎二十大•奋进共富路"宣讲活动。开展侨助共富示范基地和典型案例选树活动，挖掘华侨助力乡村振兴、助力共同富裕等12个典型案例，评选首批5个浙丽侨助共富示范基地，讲好浙丽侨助共富故事。协同市委宣传部创建"中国丽水摄影博物馆""青田华侨历史陈列馆"等11家具有鲜明区域特色的"文化润侨"交流实践基地，传承和弘扬中华优秀传统文化和华侨精神。支持侨乡青田县开展"老家青田我代言"系列活动，收集作品3000余条，"拍家乡"短视频播放量超5000万次。开展侨助共富组团服务基层活动，开展"问海借力•侨商回家"系列活动，通过华侨牵线搭桥引进全市首个百亿元制造业项目——东旭光电半导体材料项目。开展"我为侨企解难题"活动，实现侨企（项目）走访调研全覆盖，协调解决侨企实际困难。组建一支由丽水籍海内外专家学者、侨领等组成的浙丽侨助共富智库，发布浙丽侨助共富金点子征集倡议书，引导侨胞为家乡发展建言献策。建立"浙丽侨爱"常态化帮扶机制，开展"浙丽侨爱"进社区、革命老区乡村和山区学校"三进"活动。推动"百个侨团（企）助百村"活动，新增42个丽籍侨团（企）与偏远乡村结对，捐赠帮扶资金近200万元，为乡村振兴注入侨界新活力。开展"丽水•泸州'百名华侨'结对'千名乌蒙山区学子'"活动，530余人结对帮扶1271名学生。

【数字化改革】 2022年，市委统战部用好为侨服务"全球通"平台，通过海外服务站点和移动端小程序等渠道，为广大海外侨胞提供预约办理社保、医保、不动产登记和公证等180余项远程线上办事服务。全年办理远程视频公证业务1818件，为侨胞节省回国往返费用4000余万元。根据省委统战部统一部署，推进浙里为侨服务"全球通"重点应用子场景——为侨服务综合平台建设。该平台在浙里办上线运行，实现省、市、县三级贯通。

【为侨服务】 2022年，市委统战部指导县级侨务部门做好中高考"三侨生"身份认定工作。因海外疫情影响部分华侨出行，驻外使领馆暂停工作不能办理居留证的认证或公证，侨务部门采取"容缺受理"机制，为侨胞提供方便，完成高考加分审核383件，中考加分525件，办理归侨证40件，总数列全省第二位。妥善处理来信来访，化解矛盾，依法维护广大侨胞合法权益。常态化关心关爱侨胞，开展"今年中秋不回家•侨干代您看家人"活动，走访慰问侨领、侨胞227人，困难归侨侨眷及留守儿童10人，乌克兰回国侨胞、侨眷23人，发放慰问品260份，价值78000元。做好涉侨突发事件处置工作，坚持"以侨为本、属地管理、内外联动"等工作原则，建立省、市、县三级沟通机制，密切与海外侨团侨领的沟通联络，定期开展涉侨风险隐患排查。俄乌冲突以来，密切联系海外侨团，及时全面了解全市旅乌侨胞情况，支持海外相关侨团继续做好助侨暖侨工作。

（张晨茗）

台湾事务

【概况】 2022年，丽水市人民政府台湾事务办公室（简称市台办）围绕服务中央对台工作大政方针和全市经济社会发展两个大局，推动全市对台工作取得新突破、实现新发展，全年承办全省性重大涉台会议活动4次，省委对台工作领导小组专门发来表扬信，市委主要领导作出对台工作批示肯定7次，“为全市台办系统点赞”。2月，市台办被省委办公厅、省政府办公厅评为2021年度全省浙台经济社会融合发展突出贡献单位。全市新增台资企业2家，引进台湾人才和台湾青年到丽就业创业6人，丽水市政府与全国台企联签订战略合作框架协议。

市台办坚持主题宣传与重大涉台活动宣传相结合，全市对台工作被市级以上媒体刊发310余条，其中国家级媒体129条，完成宣传入岛160余条，分别比上年增长48%、87%、76%；国台办新闻发布会先后4次介绍丽水市重大涉台活动；推出原创短视频50余个。市本级、云和县、缙云县等地举办“妈妈的味道　团员一家亲”在丽水台胞台属元宵喜乐会、“云台同胞围炉畅聊迎新春”、“一口乡愁——两岸同胞重阳云相聚”等活动，遂昌县推动中断活动20余年的台湾遂昌同乡会重新成立。

【对台交流示范基地建设】 2022年，市台办把缙云县仙都景区打造成对台交流示范基地作为重点任务，加强指导支持，推进示范基地建设。10月3—5日，举办壬寅(2022)年中国仙都祭祀轩辕黄帝大典及系列涉台活动，参加祭典嘉宾300人，其中台胞79人，黄帝文化和祭典活动在台湾岛内的知名度和影响力提升，缙云仙都景区海峡两岸交流基地成为深化两岸交流合作的重要平台、展示对台工作成果的重要窗口。11月8日，全省涉台交流基地标准化建设推进会在缙云召开，缙云仙都对台交流基地建设典型工作经验得到省台办庄跃成主任的批示肯定。12月22日，经国台办交流局批复同意，在缙云县溶江乡岩门村设立海峡两岸交流示范点。

【对台交流交往】 2022年，市台办坚持线上线下交流活动同频共振，以台青为重点，以文化为媒介，加强政治设计，注重体验互动，组织中国畲乡“三月三”景台民族文化线上交流、龙台两地陶艺家线上“云”交流、两岸共祭香菇始祖吴三公、“台青梦•浙丽行”等系列交流活动45场次，邀请台胞1000余人次，其中线下交流500余人次，分别比上年增长50%、15%、70%。

【全市对台工作会议】 2022年5月6日，全市对台工作会议召开，贯彻落实中央和全省对台工作会议精神。缙云县、龙泉市和市妇联等单位作交流发言。会议指出，全市对台工作亮点多，缙云仙都景区创成国家级海峡两岸交流基地，举办中国仙都轩辕黄帝祭祀大典，龙泉市政府与台资企业敏实控股有限公司签订合作协议，总投资约25亿元。会议要求，全市上下要深入学习贯彻习近平总书记关于对台工作的重要论述，坚持以新时代党解决台湾问题的总体方略为根本遵循，奋力推动全市对台工作实现新的突破和新的发展，为促进两岸关系和平发展、推进祖国统一大业贡献丽水力量。会议强调，要在“东引台资”上扩大成果。把“东引台资”作为“双招双引”大会战的重要内容，充分发挥台商投资区、台湾农民创业园的平台作用，吸引更多优质台资项目、优秀台湾人才落地丽水。鼓励和支持台企台商主动融入丽水，营造更好更优的营商环境，提振台资企业扎根丽水发展的信心。深化丽台文化、青年、基层等各领域交流交往，创新对台宣传方式方法，增进丽台两地的同胞情感。（郑剑巍）

中国人民政治协商会议丽水市委员会

综　述

【政治协商总体情况】 2022年，中国人民政治协商会议丽水市委员会(简称市政协)履行政治协商、民主监督、参政议政职能，立足专门协商机构性质定位和职能，市、县政协开展常委会专题议政19场次、请你来协商77场次，组织委员进行调研视察和民主监督166场次，提出提案2197件，大会发言314篇；市、县两级党政领导出席政协各类协商活动344场次，开展民生议事堂协商375场次，参与委员2200余人次，提出建议意见2724条次，党政领导作出批示147件次。

【红耀绿谷·同心向党】 2022年，市政协坚持党建原则要求与政协统战规律相结合，围绕"四大红色矩阵"(打造红色熔炉、锤炼红色先锋、担纲红色使命、推动红色鼎革)，系统推进"红耀绿谷·同心向党"政协党建工程，被评为全省政协系统创新案例，省政协主要领导专门批示肯定。健全《丽水市政协学习制度》，重塑线上线下相结合、9种学习教育形式相贯通的"括苍学堂·书香政协"学习读书平台。以"喜迎中共二十大""学习贯彻中共二十大"为主题主线，市政协召开党组理论学习中心组、主席会议、主席暑期读书会、常委会会议等学习活动16场次，编印资料12册55万字；市政协举行"四海同心奔共富"等主题宣讲；市县政协开展"习近平浙江足迹""奋进新征程　委员话履职"等集体读书活动183场次，参与委员9000余人次；市县政协主席和政协理论宣讲团深入基层宣讲447场次。

2022年2月27日，丽水市政协五届二次会议"四海同心奔共富"主题宣讲举行
(市政协办　提供)

【建言资政·凝聚共识】 2022年，市政协圆满完成全国政协副主席兼秘书长李斌、全国政协文化文史和学习委副主任陈宝生先后到丽水开展的"推动完善生态产品价值实现机制"和"加强传统村落的保护和利用"调研保障工作；参加全国政协副主席汪永清主持召开的"强化绿色低碳发展的制度保障"线上视频协商会并积极建言。市政协运用"三把金钥匙"，围绕"深化营商环境改善""推动山区26个县实现跨越式高质量发展""扩大中等收入群体""促进民族地区共同富裕""积极推进中国碳中和先行区""无废城市创建"等主题开展专题协商议政，推动"红绿金"融合协调

发展，助力丽水实现发展路径的关键跃升。全市广大政协委员与各参加单位、专委会、界别组全年提出提案419件，经审查立案386件，并案后367件，均在规定时限内办结。

【完善机制·履职贯通】 2022年，市政协首次召开2022年重点协商议题总结分析会，围绕“1+2+6+X”政协协商工作体系（每年举办政协全会协商1次，常委会会议专题议政2次，“请你来协商”活动6次，其他形式协商X次），在全省创新制定《政协“重点协商议题”操作实务规范10条》；全市创建政协委员会客厅10家，丽水山耕政协委员会客厅晋升“五星”，3家会客厅晋升“四星”。在全省率先出台《“民生议事堂”星级评定办法》，形成“15663”（1个总体目标，5条原则，6个标准化，6步工作法，三位一体）民生议事堂运行机制。压实参加单位和界别的责任，出台《加强对政协参加单位联系指导的实施意见（试行）》《委员小组组长履职评价办法（试行）》，建立常委晾晒履职“成绩单”等机制。围绕党委政府重点工作，完成重点协商议题9个，围绕市委市政府中心工作提出意见建议128条。

【三位一体·融入治理】 2022年，市政协建立“三位一体”民生议事堂177个，实现乡镇（街道）全覆盖，建设“协商驿站”1512个，占行政村（社区）总数的75%。以庆元现场会形式推进民生议事堂建设，有效形成“真协商·不一样”基层协商民主氛围，省政协主要领导对此作出批示肯定。全年开展民生议事堂协商375场次，参与委员2200余人次，提出建议意见2724条次，党政领导作出批示147件次；广大委员通过“三位一体”的民生议事堂，收集社情民意1300篇；

2022年9月27日，市政协联合市关工委到缙云县新建小学开展送教育下乡活动，为困难学生送上慰问金 （市政协办 提供）

全市300名委员通过《委员视点》为民发出好声音；组织“千名政协委员扶贫帮困千名低收入农户，促乡村振兴促共富”活动，全市1700余名政协委员联系帮扶320个行政村，慰问走访群众7878人次，帮扶物资和资金折合人民币326万元，推动帮助民生实事项目立项落地391个，涉及资金1.48亿元；常态化组织开展送教育、送文化、送卫生、送科技、送法律“五送下乡”活动，惠及群众学生1200余人次。

重要会议

【概况】 2022年，市政协召开全体会议1次、常委会会议6次、市政协主席会议16次。

【政协第五届丽水市委员会第一次会议】 2022年4月9—12日，政协第五届丽水市委员会第一次会议在丽水举行。应到委员339人，实到316人。听取和审议政协第四届丽水市委员会常务委员会工作报告和政协第四届丽水市委员会常务委员会关于提案工作情况的报告，听取并讨论政府工作报告及其他有关报告。四届市政协主席陈瑞商代表政协第四届丽水市委员会常务委员会向大会作工作报告。受政协第四届丽水市委员会常务委员会委托，市政协副主席高波作提案工作情况的报告。大会收到提案形式的意见建议415件。其中，集体提案43件，委员个人提案372件；涉及经济建设方面103件，政治建设方面24件，文化建设方面76件，社会建设方面168件，生态文明建设方面44件。11名委员作口头发言，29名委员作书面发言。会议期间，市领导与港澳华侨委员及港澳台侨列席代表座谈，共话桑梓、共叙乡情、共谋发展。开通“委员通道”“海外侨胞通道”集中采访活动。10名市政协委员、港澳台侨代表人士走上通道以现场直播或云端采访的形式，围绕经济、民生、法治等热点问题接受记者提问，为高质量发展建设共同富裕示范区建言献策。会议选举任淑女为政协第五届丽水市委员会主席，王顺发、汤家友、丁岳清、高波、郑利剑、何卫宁、邵祥军、周和平、张颖洁为副主席，柳向阳为秘书长，选举产生政协第五届丽水市委员会常务委员55人。

【市政协常务委员会会议】 2022年3月21日，政协第四届丽水市委员会常务委员会第二十八次会议在丽水召开。会议审议通过《关于政协第五届丽水市委员会参加单位、委员名额及界别设置的意见》《市政协常委会工作报告》和《提案工作情况报告》报告人名单，协商通过政协第五届丽水市委员会委员名单。审议通过《关于授权主席会议审议政协第四届丽水市委员会常务委员会第二十八次会议未尽事宜的决定》和有关人事事项，研究决定政协第五届丽水市委员会第一次会议有关事宜。

3月28日，政协第四届丽水市委员会常务委员会第二十九次会议在丽水召开。会议传达全国两会精神；表彰丽水市政协系统第二届“最美政协人”、四届丽水市政协“十佳系列”、市政协四届五次会议以来的优秀提案、2021年度全市政协反映社情民意信息工作先进单位和个人、全市政协系统2021年度优秀理论文章和调研成果；协商讨论《政府工作报告（讨论稿）》《市中级人民法院工作报告（讨论稿）》《市人民检察院工作报告（讨论稿）》；会议审议通过《政协第四届丽水市委员会常务委员会工作报告》《政协第四届丽水市委员会常务委员会关于提案工作情况的报告》。

4月12日，政协第五届丽水市委员会常务委员会第一次会议在丽水召开。会议审议通过关于政协第五届丽水市委员会专门委员会设置的决定；审议通过政协第五届丽水市委员会副秘书长、各专委会主任、副主任等的任命决定。

7月26日，政协第五届丽水市委员会常务委员会第二次会议在丽水召开。召开“深化营商环境改善，助力经济高质量发展”专题协商会；审议通过《深化营商环境改善，助力经济高质量发展建议案》；听取市发改委关于全市经济社会发展情况通报、市政协常委代表谈履职体会；审议通过有关人事事项。

9月28日，政协第五届丽水市委员会常务委员会第三次会议在丽水召开。会议书面传达学习全省经济稳进提质攻坚行动工作例会讲话精神、全省数字化改革推进会讲话精神、全省清廉浙江建设推进会讲话精神、市委五届二次全体（扩大）会议报告；举行“激发创新创业活力，扩大中等收入群体”专题议政会；听取市发改委关于革命老区共同富裕先行示范区建设情况通报和市政协常委代表谈履职体会。

12月28日，政协第五届丽水市委员会常务委员会第四次会议在丽水召开。会议书面传达学习中共二十大精神、省委十五届二次全体（扩大）会议暨省委经济工作会议精神、省政协十二届二十八次常委会会议精神、市委五届三次全体（扩大）会议精神；听取市政府关于市政协“深化营商环境改善，助力经济高质量发展”建议案办理情况通报、市政府关于市政协五届一次会议以来提案办理情况通报、市纪委关于全市全面从严治党和党风廉政建设情况通报；书面听取市中级人民法院、市人民检察院工作情况通报；书面听取市政协各专委会2022年工作总结汇报。会议审议通过《关于授权主席会议审议政协第五届丽水市委员会第二次会议有关事宜的决定》；听取市政协常委代表谈履职体会；审议通过有关人事事项。

【市政协主席会议暨党组（扩大）会议】 2022年1月25日，市政协召开四届六十七次主席会议暨市政协党组（扩大）会议，市政协主席陈瑞商主持会议并讲话。会议对省两会，十九届中央纪委六次全会、省纪委十四届七次全会，全省、全市党史学习教育总结会议等精神进行传达学习，研究贯彻落实意见。

2月16日，市政协召开四届六十八次主席会议暨市政协党组（扩大）会议，市政协主席陈瑞商主持会议并讲话。会议听取市政协“两个报告”（征求意见稿）的起草情况汇报；市政协五届一次会议大会发言准备情况汇报；市政协五届一次会议界别协商会准备情况汇报和市政协机关党组工作汇报。

3月3日，市政协召开四届六十九次主席会议暨市政协党组（扩大）会议，审议通过《关于召开政协第五届丽水市委员会第一次会议的决定》；《政协第五届丽水市委员会第一次会议议程（草案）》；《政协第五届丽水市委员会第一次会议日程（草案）》；市政协五届一次会议筹备组名单。

3月17日，市政协召开四届七十次主席会议暨市政协党组（扩大）会议，传达学习贯彻全国两会精神，特别是习近平总书记在看望参加政协会议的农业界、社会福利和社会保障界委员时的重要讲话，以及全国政协十三届五次会议精神。

3月28日，市政协四届七十一次主席会议在丽水召开，会议研究市政协四届二十九次常委会会议有关事宜，市政协主席陈瑞商主持会议并讲话。会议研究市政协四届二十九次常委会会议有关事宜，审议通过市政协五届一次会议有关事项。

4月1日，市政协召开四届七十二次主席会议暨市政协党组（扩大）会议，专题传达学习省政协主席黄莉新在丽水调研时的重要讲话精神。市政协主席陈瑞商主持会议并讲话，市政协党组书记任淑女参加会议。

4月12日，市政协召开五届一次主席会议。会议由市政协主席任淑女主持，会议审议市政协五届一次常委会会议有关事宜。

4月29日，市政协召开五届二次主席会议暨市政协党组（扩大）会议，市政协党组书记、主席任淑女主持会议并讲话。会议审议通过《丽水市政协学习制度》《丽水市政协党组2022年党组理论学习中心组学习安排》《2022年丽水市政协党组工作要点和市政协常委会工作报告重点工作责任分工方案》等。

5月27日，市政协召开五届三次主席会议暨市政协党组（扩大）会议。市政协党组书记、主席任淑女主持会议并讲话。会议传达全省政协市县主席座谈会、省政协"推动山区26个县高质量发展"专题协商会议精神。

6月17日，市政协召开五届四次主席会议暨市政协党组（扩大）会议。会议传达学习《中共中央办公厅关于加强新时代人民政协党的建设工作的若干意见》《中共浙江省委办公厅关于加强新时代人民政协党的建设工作的意见》《中共丽水市委关于加强新时代人民政协党的建设工作树立新时代人民政协新样子的实施意见》、全省"数字政协"建设推进会会议精神。

7月20日，市政协召开五届五次主席会议暨市政协党组（扩大）会议。会议传达学习《中国共产党政治协商工作条例》、全国政协副主席兼秘书长李斌到丽水调研有关精神、中国共产党浙江省第十五次代表大会报告、市委书记胡海峰在市委林业工作会议暨第一次市级总林长会议上的讲话主要精神，省政协主席黄莉新批示、市委书记胡海峰批示精神。

8月25日，市政协召开五届六次主席会议。会议传达学习习近平总书记在省部级主要领导干部专题研讨班上的重要讲话精神、习近平总书记在中央统战工作会议上的重要讲话精神。

9月27日，市政协召开五届七次主席会议暨市政协党组（扩大）会议。会议传达学习习近平总书记在中央全面深化改革委员会第二十七次会议上讲话主要精神，省委书记袁家军在全省经济稳进提质攻坚行动工作例会上讲话精神、在全省数字化改革推进会上讲话精神、在全省清廉浙江建设推进会上讲话精神。

10月25日，市政协召开党组（扩大）会议暨市政协五届八次主席会议，专题学习贯彻中共二十大精神，并分别传达省、市领导干部会议精神。会议强调，要深入学习、深刻领会，全市政协系统贯彻落实好中共二十大精神推动中共二十大精神和习近平新时代中国特色社会主义思想融会贯通、入脑入心。

11月22日，市政协召开五届九次主席会议暨市政协党组（扩大）会议。会议传达学习习近平总书记在二十届中央政治局常委同中外记者见面时的讲话精神、省委书记袁家军在各民主党派省委会省工商联主要负责人和无党派人士代表座谈会上讲话精神、《中国人民政治协商会议浙江省委员会主席会议工作规则》。

12月22日，市政协召开五届十次主席会议暨市政协党组（扩大）会议。会议专题传达学习省委十五届二次全体（扩大）会议暨省委经济工作会议精神。

【全市政协系统党建工作推进会】 2022年6月27日，全市政协系统党建工作推进会在丽水举行。市委书记胡海峰专门为此次会议作出重要批示，就加强全市政协系统党建工作提出明确要求。会议强调，要统一思想，牢固树立"要抓政协各项工作，必须首先抓好党建工作"的理念。会议要求，要聚焦聚力，以高质量党建统领政协事业高质量发展。通过聚焦政治领导力，聚力党建主体责任落实；聚焦思想引领力，聚力理论武装入脑入心；聚焦组织战斗力，聚力"两个全覆盖"走深走实；聚焦社会号召力，聚力从严从实和先锋模范作用；聚焦市域联动力，聚力打造"红耀绿谷·同心向党"政协党建工作品牌，在建设共同富裕美好社会山区样板和浙江推进"两个先行"中贡献丽水政协智慧和力量。

【专题辅导讲座】 2022年6月30日，市政协党组理论学习中心组（扩大）学习会暨省第十五次党代会精神专题辅导讲座在丽水举行。省人民政府参事、咨询委员会委员，省政协智库专家，省第十五次党代会代表胡坚应邀到会，为全市政协系统作省第十五次党代会精神专题辅导讲座。会议强调，要严格落实政协学习制度有关要求，发扬政协的优良传统，推进学习走深走实，通过以学悟思、以学铸魂、以学笃行，将省党代会精神贯穿到政协履职全过程各方面；要发挥人民政协专门协商机构的作用和优势，推进各界凝心聚力，通过坚持建言资政和凝聚共识双向发力，统一思想和行动，争做省党代会精神的积极宣传者、自觉实践者和有力推动者；要坚持打造好"红耀绿谷·同心向党"政协党建工作品牌，以高质量党建引领政协事业高质量发展，把省党代会确定的各项目标任务和丽水当前各项重点工作、政协当前各项履职任务贯通，在全面建设社会主义现代化新丽水、浙江推进“两个先行”中贡献丽水政协更多智慧力量。

【全市政协主席读书会】 2022年8月11日，全市政协主席暑期读书会在丽水举行。会议深入贯彻落实习近平总书记关于加强和改进人民政协工作的重要思想和省、市党代会精神，传达贯彻全省政协主席暑期读书会精神，强调要加强和改进市、县政协工作，争当新时代人民政协工作的排头兵。市政协主席任淑女指出，在每一个重大历史时期，人民政协搭台工作都有着鲜明的时代特征。社会主义革命和建设时期，政协搭台制度得以创立并开启实践探索；改革开放和社会主义现代化建设时期，政协搭台实现多层级全覆盖；中国特色社会主义进入新时代，政协搭台呈现广泛多层制度化发展，形成从全国到地方各个层级、不同梯度、各有侧重的搭台格局。任淑女强调，市县政协要通过有效搭台彰显专门协商机构的制度效能。要突出“双向发力”这个根本，构筑平台新格局，搭建用好理论学习教育平台、实现统战职能平台、深入联系平台；聚力“三个重要”这个关键，实现平台新蜕变，聚力人民政协的政治属性、凝聚共识使命和新定位，把“重要阵地”“重要平台”“重要渠道”建得更加牢固通畅；聚焦“协商议政”这个重点，开拓平台新空间，促进人民政协事业的高质量发展，在推进“两个先行”和建设现代化新丽水中贡献政协智慧和力量。

【重点协商议题总结分析会】 2022年12月7日，市政协召开年度重点协商议题总结分析会。会上，就贯彻中共二十大精神和省委市委有关决策部署，以中共二十大精神为指引，推进协商民主高质量发展，发挥好重点协商议题效能，在践行全过程人民民主过程中更好彰显专门协商机构优势作用，任淑女强调，要增强制度自信，在“选题、解题、成题”上见真章，在厚植协商文化上下功夫，跟踪协商成果落地生根、开花结果。从推动协商成果的有效转化入手，提升整体协商能力和水平、完善政协民主协商工作体系，在青山绿水间书写新时代人民政协的责任和担当。

协商议政及调研活动

【“请你来协商”活动】 2022年5月13日，市政协围绕“抓实无废城市创建，努力把丽水建设成卓越美丽的大花园”主题，组织开展“请你来协商”活动。会议指出，破局“无废城市”建设，争创“中国碳中和先行示范区”，政府担当作为，社会积极呼应，政协应该摇旗呐喊、助力作为。市政协与党委政府同心同向，携手挺进前行，继续做好下半篇文章，贡献政协智慧和力量。

6月13日，市政协围绕“推动学前教育普及普惠高质量发展”主题，组织开展“请你来协商”活动。会议指出，学前教育是民生事业之首，是千家万户最关心、最直接、最现实的重大利益、根本利益和战略利益。会议要求各位委员以“协以成事，商以求同”的情怀，继续围绕学前教育普及普惠，以社情民意、提案、大会发言等多种履职形式，为党委政府科学决策提供政协智慧和力量，推动丽水市学前教育普及普惠进程步入高质量发展通道。

7月12日，市政协围绕“着力缩小‘三大差距’，促进民族地区共同富裕”主题，组织开展“请你来协商”活动。会议指出，缩小“三大差距”，促进民族地区共同富裕，是全市打造浙西南革命老区共同富裕先行区、建设社会主义现代化新丽水的重要组成部分。市政协通过跟踪，促进成果转化、落地见效，在绿水青山与共同富裕相得益彰的现代化新丽水建设征程中永做“挺进师”，同心同德、同向同行，奋力书写新时代民族地区共进共富、同心向党的时代答卷。

8月26日，市政协围绕“在新冠世纪疫情背景下，如何进一步提升为侨政务服务能力”这一主题，组织开展“请你来协商”活动。会议指出，为侨服务工作一直是党和国家事业的重要组成部分。市政协跟踪好协商成果转化，凝聚爱侨、为侨、重侨、暖侨的共识，汇聚侨智、侨心、侨力，升级为侨服务效能，为“两个先行”现代化新丽水建设，为海内外中华儿女大团结，为中华民族伟大复兴求是挺进，增光添彩。

9月26日，市政协在位于龙泉市查田镇的浙江龙泉万物生长水业有限公司，开展“请你来协商——加快水经济发展，拓宽生态价值实现通道”专题协商活动。任淑女主持会议并讲话，市政府党组成员、秘书长沈世山应邀参会，市政协副主席丁岳清，柳向阳参会。会议强调，要强化规划衔接、完善，推动生态环境和水经济发展双向赋能。要强化双招双引，在做强重大水产业平台和培育招引水经济主体上下功夫，把重大水产业项目作为主攻方向，做好产业招商和产业政策。要强化品牌战略，在打响丽水水经济品牌上下功夫，挖掘“全国唯一地级市长寿之乡”品牌的生态内涵，推广“丽水山泉”山字系

2022 年 9 月 26 日，“请你来协商——加快水经济发展，拓宽生态价值实现通道”专题协商活动在浙江龙泉万物生长水业有限公司开展　（市政协办　提供）

公共品牌，让生态价值实现成为革命老区共同富裕先行示范的先锋队和主力军。

10 月 10 日，市政协围绕“积极推进中国碳中和先行区创建”主题，组织开展“请你来协商”活动。部分市政协委员、智库专家、市民代表等一起座谈协商。会议指出，全市政协系统和政协委员要学深悟透做实习近平生态文明思想和新发展理念，围绕市委、市政府创建“中国碳中和先行区”的决策部署，发挥人民政协“重要阵地、重要平台、重要渠道”和专门协商机构作用，坚持建言资政和凝聚共识双向发力，聚焦先行区创建重点工作，跟踪碳评、碳效和碳库落地丽水，凝聚创建先行区的共识，促进低碳生产方式、消费方式和生活方式的养成，为丽水实现“中国碳中和先行区”贡献政协应有的智慧和力量。胡海峰肯定提案办理前期工作。

10 月 21 日，市政协围绕“推动山区 26 个县跨越式高质量发展的丽水路径——推进跨山统筹一体发展”主题，组织开展“请你来协商”活动。市委副书记、市长吴舜泽与市县政协委员、智库专家等座谈交流，听取意见建议。通过此次协商讨论，大家要形成全市“一盘棋”的发展格局，在人才资源、国土资源和金融财政资源方面发力，打造高能级战略平台，并按照一链一策、一行业一策的方式抓五大主导产业为重点的产业链工作，让跨山统筹成为加快跨越式高质量发展建设革命老区共同富裕示范区创新实践的金钥匙。

【“请你来协商·民生议事堂”平台建设工作推进会】 2022 年 6 月 23 日，全市政协“请你来协商·民生议事堂”平台建设工作推进会在庆元县举行。会上，各县（市、区）政协负责人现场研讨交流平台创建工作和典型案例，部署下阶段全市民生议事堂建设工作进行。市政协主席任淑女肯定各地行之有效、务实管用的创新之举和典型经验，指出，“民生议事堂”建设是全省政协工作的一大创新，是政协协商向基层延伸的重要平台，要打造具有丽水政协辨识度和影响力的“民生议事堂”山区样板。

【贯彻落实中央和省委政协工作会议精神进展情况专题调研】 2022 年 4 月 25—28 日，市政协分别带队到丽水 9 个县（市、区）开展贯彻落实中央和省政协工作会议精神进展情况专题调研，形成调研报告，报市委参考。贯彻落实习近平总书记关于对人民政协实践创新、理论创新、制度创新成果进行调研总结的重要指示要求，推动学习贯彻中央和省委政协工作会议精神走深走实，深化专门协商机构建设。

【“老区不老·共富先行”专题调研】

2022 年 11 月，市政协开展“老区不老·共富先行”专题调研，凝聚社会各界共识和力量，为共同富裕贡献政协力量，政协领导分别带队到丽水 9 个县（市、区）调研并召开座谈会。

【“双千双促”活动】 2022 年 6—12 月，全市启动“千名委员联系帮扶千户低收入农户，促乡村振兴、促共同富裕”（双千双促）活动。1700 余名政协委员到 320 个村开展联系帮扶活动，举办学习、讲座、座谈等 590 场，收集社情民意 990 条，解决问题 509 个；慰问走访群众 7878 人次，帮扶物资和资金折合人民币 326 万元；开展便民服务项目 335 个，受益群众 13.2 万余人次；推动帮助民生实事项目立项落地 320 个，涉及资金 1.48 亿元。

【全国政协及省政协到丽水调研】 2022 年 6 月 26—30 日，全国政协副主席兼秘书长李斌率全国政协调研组到浙江开展“推动完善生态产品价值实现机制”专题调研，并召开座谈会听取意见建议。省政协主席黄莉新陪同调研并参加座谈会。在浙江期间，调研组一行到杭州及丽水市莲都区、云和县、松阳县等地进行实地考察。市委书记胡海峰，市委副书记、市长吴舜泽，市政协主席任淑女分别陪同调研。李斌对浙江深入践行习近平生态文明思想、以绿水青山就是金山银山理念引领高质量发展取得的成绩予以肯定。强调建立健全生态产品价值实现机制是推进生态文明建设的重要举措，要完善生态产品价值评价机制，从不同生态产品价值实现路径的差异化和多样性特点出发，发挥市场机制和政府调节作用，因地制宜、分类施策，拓宽生态产品价值转化通道，实现绿色低碳高质量发展。

9月5—6日，全国政协文化文史和学习委员会副主任陈宝生带队全国政协调研组到丽水，围绕“加强传统村落的保护和利用”开展专题调研。全国政协文化文史和学习委员会副主任丁伟、吕世光、阎晓宏、钱小芊，以及部分全国政协委员和专家学者参加调研。调研组指出，传统村落承载着历史文化的独特底蕴，蕴藏着丰富的历史文化信息与自然生态景观资源，是乡村历史、文化、自然遗产的“活化石”和“博物馆”，也是传统文化的重要载体和中华民族的精神家园。让传统村落“留”下来、“活”过来、“旺”起来，是弘扬优秀传统文化和推进乡村振兴、助力打造共富山区样板的需要。

3月8—10日，省政协副主席周国辉一行，到丽水市调研“构建育儿友好型社会”和“生态产品价值实现机制”等工作情况。调研组实地考察景宁民生托幼园、景宁天镜摇篮托幼园、云和启明星幼儿园、丽水巧兔托育有限公司、奥美托育有限公司，以及景宁大均乡、云和雾溪畲族乡、崇头镇等地推进生态产品价值实现机制工作情况，听取丽水市相关部门的工作情况汇报和托育机构、群众代表的意见，并开展座谈交流。

3月29—30日，黄莉新率队到丽水围绕山区县高质量发展推进共同富裕开展专题调研。30日，黄莉新主持召开座谈会，听取丽水市情况介绍和市政协工作汇报。她对丽水市委、市政府突出运用跨山统筹、创新引领、问海借力三把“金钥匙”推进高质量绿色发展所取得的成绩，以及市政协特色亮点工作予以肯定。她强调，要学习领会习近平总书记重要指示精神，牢记习近平总书记殷切嘱托，忠实践行“八八战略”，以坚毅笃行“丽水之干”担纲“丽水之赞”。要认真落实省委、省政府决策部署，坚持不懈贯彻新发展理念，强化创新驱动，深化城乡融合，致力改革开放，秉持生态优先，注重文化建设，突出普惠共享，在山区县高质量发展推进共同富裕上走在前列。要加强统筹协调，深化政策扶持拉动、山海协作联动、社会合力推动，凝聚山区县高质量发展推进共同富裕的强大合力。政协要紧扣中心大局，坚持双向发力，多建睿智之言，多献务实之策，多添和合之力。

4月18—19日，省政协副主席吴晶一行到青田专题调研联系省重点工程330大过境项目，并参加青田县政协“大干交通，干大交通——请你来协商”活动。吴晶强调，要认准一条路，保持战略定力，扛起交通强国的青田担当。要铆足一股劲，增强攻坚斗志，彰显跨越发展的青田作为。要搭好一个台，强化制度优势，拓展协商民主的青田实践。

4月27—28日，省政协副主席裘东耀一行到丽水围绕文化文史和学习委相关工作开展调研，并召开《浙江城市名片》征编工作专题座谈会。裘东耀肯定丽水市、县两级在《浙江城市名片·丽水篇》征编工作中取得的成效。他强调，把握好《浙江城市名片》征编工作的政治方向和关键环节，推出具有辨识度和影响力的《浙江城市名片·丽水篇》征编工作成果和品牌，为浙江加快打造新时代文化高地、为丽水擦亮秀山丽水大花园的金字招牌贡献政协力量。

6月28日，省政协副主席王昌荣带队到缙云县开展法治浙江建设调研和“送法律下乡”活动。调研组对该校的法治宣传活动给予肯定，并希望学校制定相关标准，将法治教育常态化，发挥好检察官法治副校长作用，通过学校、家庭、社会三位一体的协同育人模式，共同打造平安校园、法治校园。

7月21—22日，省政协副主席马光明率部分委员到丽水，围绕数字化改革推进情况开展专项集体民主监督。马光明肯定丽水市数字化改革取得的成效。他指出，要学深悟透习近平总书记关于数字中国特别是数字化改革的重要论述，贯彻落实好省第十五次党代会的工作部署，加大以数字化改革驱动实现“两个先行”的工作力度，重视工作体系和推进机制的建设，始终绷紧数据安全这根弦，为擦亮浙江省数字化改革金名片贡献智慧和力量。

【县(市、区)政协工作调研】 2022年5月11日，市政协主席任淑女一行到松阳县调研政协党建工作、数字政协建设。松阳县政协探索打造“三味政协”党建工作品牌，形成松阳政协工作的影响力和创新工作辨识度。座谈会上，调研组强调进一步加强重大课题的市县联动，全域推进，擦亮全市政协系统“红耀绿谷、同心向党”党建工作名片。

5月16—17日，任淑女一行到庆元县调研政协委员读书屋建设情况，重点调研“民生议事堂”等工作，实地走访黄田镇、五大堡乡“民生议事堂”。

5月24日，任淑女一行到遂昌县调研“民生议事堂”建设工作。实地走访云峰街道、三仁畲族乡和石练村

“民生议事堂”，了解“民生议事堂”建设和活动开展情况；调研遂昌农村电商政协委员会客厅和经济开发区委员工作室，与会客厅、工作室的牵头政协委员交流。

5月26日，任淑女一行到青田县调研政协工作。调研组肯定青田县政协工作特色鲜明，提出要进一步发挥青田县侨乡优势，共同建设协商民主的“重要窗口”。

5月31日，任淑女一行到缙云县调研“民生议事堂”建设等政协工作。调研组提出缙云县政协要扩大“协商驿站”覆盖面，在提质扩面、完善体系上下功夫，让协商民主在“黄帝缙云”大放异彩。

6月1日，任淑女一行到莲都区调研政协工作。调研组肯定莲都区政协工作，要求进一步贯通履职链，融合治理体系，集成协商民主广泛、多层、制度化发展。

6月7日，任淑女带队到龙泉市调研政协工作。现场调研龙泉市八都镇、经济开发区、西街街道等地，了解民生议事堂、委员会客厅、委员活动室等平台建设和工作开展情况；走访委员企业浙江龙泉唯珍堂农业科技有限公司，调研委员助力共同富裕履职成效。

6月9日，任淑女带队到云和县调研政协工作。现场调研云和木玩政协委员会客厅和云和政协之家，了解平台的功能定位、活动组织、委员履职、服务管理、团队建设等方面情况；调研梓坊村“协商驿站”、涂福昌委员工作室、在云市政协委员联络站、赤石乡民生议事堂、亲清政商会客厅等地。

6月16日，任淑女一行到景宁畲族自治县调研政协工作。现场调研景宁政协“民情速递窗口”，考察畲乡政协委员会客厅和“政协书房”、澄照乡“民生议事堂”、红星街道“民生议事堂”、岭北村“协商驿站”、刘园英委员工作室和雷李江委员工作室，了解政协平台的建设和运行情况。

11月4日，任淑女一行到遂昌县调研政协工作。调研焦滩乡焦滩村和王村口镇桥东村、桥西村，详细了解民生议事堂协商成果转化和协商驿站、党建教育基地、委员工作室建设等情况，现场提出指导意见和建议。

11月10日，任淑女一行到青田县调研政协工作。实地调研仁宫乡寺岙村，在寺岙村“协商驿站”向县政协、乡、村干部群众宣讲中共二十大精神。带领市政协中共界别和工商联界别委员开展“双千双促”活动，看望慰问困难群众和老党员，并座谈交流寺岙村乡村振兴工作。

11月24—25日，任淑女一行到庆元县调研政协工作。实地调研向善向上委员工作室和兴业共富委员工作室，并走访慰问部分在庆市政协委员。

县（市、区）政协工作

【县（市、区）政协全体会议】 2022年2月11日，政协第十六届丽水市莲都区委员会第一次会议召开。应到委员221人，实到委员217人，提交提案建议212件，立案181件，大会发言27人。选举政协第十五届丽水市莲都区委员会主席1人、副主席5人、秘书长1人、常务委员31人。

2月9日，政协第十届龙泉市委员会第一次会议召开。应到委员196人，实到委员195人，提交提案建议269件，立案244件，大会发言24篇，口头发言8人。选举产生政协第十届龙泉市委员会主席1人、副主席5人、秘书长1人、常务委员25人。

2月14日，政协第十一届青田县委员会第一次会议召开。应到委员252人，实到委员246人。提交提案建议262件，立案194件，大会发言23人。选举政协第十一届青田县委员会常务委员41人。

2月21日，政协第十届云和县委员会第一次会议召开。应到委员163人，实到154人，提交提案建议171件，立案166件，口头发言8人，书面交流10人。选举政协第十届云和县委员会主席1人、副主席3人、秘书长1人、常务委员24人。

2月9日，政协第十届庆元县委员会第一次会议召开。应到委员185人，实到委员180人，提交提案建议238件，立案224件。选举政协第十届庆元县委员会主席1人，副主席5人，秘书长1人，常务委员26人。

2月12日，政协第十届缙云县委员会第一次会议召开，应到委员235人，实到委员226人。会议收到提案257件，经审查立案232件。上台发言12人，即席发言5人，县党政主要领导作出批示52条。

2月11日，政协第十届遂昌县委员会第一次会议召开。应到委员188人，实到委员180人。提交提案建议183件，经审查立案172件，并案后为130件，大会发言22篇，其中口头发言10人，书面发言5人，即席发言7人。

2月13日，政协第十届松阳县委员会第一次会议召开。应到委员195人，实到委员192人（3人请假）。提交提案建议284件，立案211件，并案后为147件。大会发言36篇。选举政协第十届松阳县委员会主席1人、副主席5人、秘书长1人、常务委员26人。

2月12日，政协第十届景宁畲族自治县委员会第一次会议召开。应到委员182人，实到173人。提交提案建议217件，并案后立案196件，大会发言22人，其中口头发言8人，书面发言14人；选举政协第十届景宁畲族自治县委员会主席1人，副主席4人，秘书长1人，常委委员25人。

【县（市、区）政协常委会工作】 2022年，莲都区政协常委会组成人员38人。召开常委会会议5次、主席会议12次、“请你来协商”专题会议9次，落实重点提案面商会17次、民生议事堂活动31次，向区委、区政府报送建议11件、协商纪要5件。

龙泉市政协常委会组成人员35人。召开常委会会议4次，主席会议8次，专题协商会7次，对口协商9次，民生议事堂活动40场次，组织各类监督活动20余次，向市委、市政府报送建议案13件，专题调研报告9篇。

青田县政协常委会组成人员41人。召开常委会会议5次、主席会议10次，组织视察活动3次、民主评议活动3次，“请你来协商”专题会议6次，委员会客厅活动11次，向县委、县政府报送建议案和专题调研报告20篇。

云和县政协常委会组成人员29人，召开常委会会议4次、主席会议11次、专题协商会议6次，开展调研视察50余次，向县委、县政府报送协商纪要6件、调研报告7篇。

庆元县政协常委会组成人员33人，召开常委会会议4次、主席会议13次、“请你来协商”专题活动6次、民生议事堂协商活动38场，组织视察、调研和民主监督活动60余次，向县委、县政府报送重点课题建议案1件，协商建议11件，专题调研报告9篇。

缙云县政协常委会组成人员39人。召开常委会会议4次，主席会议10次，“请你来协商”专题会议6次，向县委、县政府报送协商纪要9期、专题报告7篇。

遂昌县政协常委会组成人员36人。召开常委会会议5次、主席会议13次、专题协商会议2次、对口协商4次、重点提案办理协商会8次、县政协读书会1次，举办“请你来协商”活动9次、县政协十届委员任前培训1次、“遂昌农村电商委员会客厅”活动4次、民生议事堂活动44场，组织各类视察、调研和民主监督活动60余次，向县委、县政府报送专题报告12篇，协商纪要11期。举办“请你来协商——向美而行·我的城市我的家”政协论坛1次。

松阳县政协常委会组成人员33人。召开常委会会议4次、主席会议8次、“请你来协商”专题会6次，组织各类视察和评议活动35次，向县委、县政府报送建议稿10件、专题报告14篇。

景宁畲族自治县政协常委会组成人员31人。召开常委会会议4次、主席会议11次，专题协商会6次，组织视察活动13次、评议活动4次，向县委、县政府报送建议案8件、专题报告15篇。

【各地政协特色工作】 2022年，莲都区政协把握凝心聚力第一线、决策咨询第一线、协商民主第一线、国家治理第一线“四个第一线”工作定位，发挥制度优势，坚守主责主业，强化民主监督，协同党委政府督查室、纪委监委和组织部等部门，开展会议监督、视察监督、专项监督和“随手拍、快捷报”微监督等工作，形成围绕党政工作开展民主监督和反馈监督意见转化履职成果“两个闭环”，助力中心任务落实，彰显政协作为，获省政协领导、市委主要领导和市政协主席批示肯定，被评为全省政协工作创新案例。

龙泉市政协在学习借鉴省政协、深圳政协、丽水政协等地区政协的提案工作先进经验做法的基础上，完善《中国人民政治协商会议龙泉市委员会提案工作条例》和《中国人民政治协商会议龙泉市委员会重点提案遴选与办理办法》等相关制度，深化“做深前期、做实中期、做强后期、做优期末”的分期推进法，构建完善提案“征集、提出、办理、落实、反馈、评价”的闭环机制。探索重点提案协商办理新机制，落实市领导领办重点提案“五个一”制度，实行“清单式”办理，明确重点提案市领导领办绩效和办理单位主体责任，规范办理流程、细化办理事项、明确办理要求。

青田县政协“大干交通、干大交通”请你来协商活动创新省、市、县“三级齐会商”形式，入选全省典型案例。3月，召开部门座谈会，现场视察330大过境公路项目，到遂昌、松阳学习考察，形成调研成果。联合县纪委形成监督合力，推动相关乡镇（街道）完成项目相关坟墓迁移任务。4月18—19日，时任省政协副主席吴晶率省政协港澳台侨及外事委和省财政厅、省自然资源厅、省交通运输厅、省交投、省交工等单位到青田县参加“省、市、县三级联动”的“请你来协商”活动，推动解决330大过境项目40公顷耕地占补平衡指标缺口，实现19个点位全面开工。吴晶批示称此次活动为“推动重大项目落地、助力地方发展的生动实践”。

云和县政协坚持把协商民主贯穿于履职全过程，发挥专门协商机构作用。着眼云和木玩与织里童装两个特色产业优势互补，与湖州市吴兴区政协跨越山海牵手协作，共同举办“云和木玩与吴兴童装融合发展”专题协商，政协搭好台、委员建真言、部门真回应，促成双方在木玩展示场馆建设、木玩线上销售、木玩进学校、木玩进商超、两地企业结对、共享产业大脑等六方面取得阶段性成果，以政协智慧和委员行动助力“两个先行”。

庆元县政协发挥委员工作室团结联系和服务界别群众作用。根据产业发展现状、社会阶层发展状况，组建31个专题“委员工作室”，涵盖经济、教育、医疗、法律等领域。兴业共富委员工作室及其“五四三”工作法广受好评，“五四三”工作法是指一日一会一访一议一保障“五个一”履职制度，同心学、同心帮、同心议、同心聚“四个一”工作机制，民生议事堂与委员工作室、社情民意信息联系点“三位一体”功能定位。5月17日，市政协主席和县委书记共同为“兴业共富”委员工作室揭牌，全体成员振奋精神，围绕“同心学”“同心帮”“同心议”，“同心聚”四大板块，定期开展委员接待日、走访委员和界别群众、委员联系乡村振兴基地等活动，实现“同心聚”的目的。该平台经验在丽水市本级委员工作室现场作专题交流发言。

缙云县政协培育基层新平台，开展一批协商活动，推动一批群众“急难愁盼”问题的解决。全年开展民生议事堂活动38场，参加委员254人次、界别群众219人次，提出意见建议249条。以黄帝文化传承凝聚共识。精心筹办壬寅（2022）年清明浙江缙云海峡两岸共祭轩辕黄帝大典，立足民祭、助力公祭，发挥祭典活动产生的聚合效应，利用各界人士齐聚的机会，组织系列寻根问祖、乡风民俗考察、经济文化交流合作等活动，以黄帝文化传承巩固政协凝聚共识的坚实基础。将黄帝文化学习、挖掘和传承融入委员学习和履职，以“黄帝文化与中华文明”为主题，通过“缙云书香政协读书群”平台，组织委员学习解黄帝文化。

遂昌县政协举行“请你来协商——向美而行·我的城市我的家”政协论坛。县党政领导与县政协领导及政协委员、相关部门负责人、部分乡镇（街道）主要负责人共话城市规划建设管理。4名政协委员分别从小县大城、精明规划、精致建设、精细管理四个角度切入，阐述分析遂昌县城市建设方面存在的问题和短板，提出城市规划建设管理的意见和建议。活动主题鲜明，委员发言精彩、系统、全面、专业，活动策划精细，形成系列调研报告报县委、县政府决策参考。该报告被评为全市政协系统2022年度优秀理论文章和调研成果三等奖。

松阳县政协系统谋划党建工作系列组合拳，打造独具党味、品味、滋味的“同心向党·三味政协”县域党建工作品牌，探索县级政协抓党建工作新路。“把党的基层组织建在专委会和界别活动组上”，从创建党建品牌、重构组织体系、出台保障制度、制定任务清单和责任清单、打造可见阵地、落实闭环考评机制入手，坚持守正创新，推进政协抓党建首责首业和发挥参政协商监督作用的主责主业融合。该做法被全国、省、市相关媒体跟踪报道，在省政协理论研究专刊刊发，专报全国政协。《突出政协特色打造县级政协系统党建新高地》党建理论文章获省政协副主席王昌荣批示。

景宁畲族自治县政协立足“党委政府所思+群体关切所盼”和“商会组织所求+政协优势所在”，在省内杭州、温州、云和及省外四川成都等地设立“三位一体”履职平台，采取“政协+商会”的模式，将平台职责与商会职能融合、将履职小组与商会队伍融通，打造在外景宁人的域外阵地。全年各域外履职平台引领商会成员开展服企助企活动13次，帮助企业解决困难37件；为在外景宁人开展沟通联系工作，在就业保障、权益保障、民生保障等方面帮助群众223人次。（洪一方）

2022年2月14日，遂昌县“请你来协商——向美而行·我的城市我的家”政协论坛在遂昌举办（遂昌县政协 提供）

中共丽水市纪律检查委员会 丽水市监察委员会

综　述

【概况】 2022年，中共丽水市纪律检查委员会(丽水市监察委员会)(简称丽水市纪委市监委)按照十九届中央纪委六次全会、省纪委十四届七次全会和市委四届十二次全会部署，坚持稳中求进，忠诚履职尽责，围绕中心大局发挥监督保障执行、促进完善发展作用，全面从严治党、党风廉政建设和反腐败斗争有力推进，清廉丽水建设纵深发展，政治生态持续净化，保障社会主义现代化新丽水建设。围绕迎接中共二十大召开，因时因势开展“防疫情、稳经济、保安全”等政治监督，自觉把坚决拥护“两个确立”转化为坚决做到“两个维护”的实际行动。坚持案件查办是最有力的监督，运用“全周期管理”方式协同推进案件查办、机制重塑、数字监督，开展“保生态、护正气”专项整治，铲除重点领域腐败毒瘤。全市处置问题线索3250件、党纪政务立案1570件、党纪政务处分1464人，比上年分别增长15.6%、27.1%和25.2%，遏增量、减存量。全年留置49人，其中县处级干部8人，严肃查办吴小华、杨金跃、杨云峰、赵平、徐达伟、周乐均、王坚兵、李美顺等一批严重违纪违法案件，形成震慑效应。

【清廉丽水建设】 2022年，丽水市纪委市监委围绕打造具有丽水辨识度的清廉建设成果，坚持项目化管理、标准化建设、精品化培育、数字化赋能，率先发布清廉村居建设地方标准，培育一批清廉单元建设示范标杆，6家单位获全省清廉建设成绩突出单位称号，公安、财政、市场监管、医保、社会组织等清廉单元建设有序推进。推行“三清单一承诺”，督促落实领导干部配偶、子女及其配偶经商办企业管理规定，倡导领导干部真诚坦荡与企业家打交道。推动制定清廉民企建设标准指引，举办全市清廉民企建设工作推进会，评定“浙丽·清廉民营企业”建设先进单位13家。建立统筹协调机制，推进以浙西南革命精神为鲜明特征的廉洁文化建设，发挥浸润熏陶作用，廉洁文化建设指南率先发布，“十里清风”清廉主题公园、浙西南革命根据地纪念馆、遂昌汤显祖纪念馆获评首批全省廉洁文化教育基地。

【体制改革】 2022年，市纪委市监委加强派驻机构改革，设立市纪委市监委派出丽水经济技术开发区纪检监察工委和丽缙智能装备高新技术产业园区纪检监察工委，9个县(市、区)开发区(园区)全部被纳入综合派驻监督。开展派驻机构“10+X揭榜赛马”活动，定期晾晒、“揭榜”比拼，提升派驻机构监督质效。加强统筹协调，推进“四项监督”在决策部署、措施运用、力量整合、成果共享更加系统集成、协同高效。加强反腐败协调，修订《市委反腐败协调小组工作规则》，试行《关于提升职务犯罪案件办理质效的意见》，在重点领域腐败治理中坚持组织协同、职责协同、专业协同，贯通党内监督与行政、司法、审计、财会、统计、群众等各类监督，推动问题线索及时移送、问题整改落实。加强公权力大数据监督应用建设，建成数字化监督应用平台，平台产生红色预警信息1841条，查实1669条，处理1516人次。

市纪委市监委重要会议

【市纪委四届七次全会】 2022年1月28日，中国共产党丽水市第四届纪律检查委员会第七次全体会议在丽水举行。会议传达学习十九届中央纪委六次全会和省纪委十四届七次全会精神，回顾总结2021年丽水市纪律检查工作，部署2022年任务。全会审议通过市委常委、市纪委书记、市监委主任傅智超代表市纪委常委会所作的《放大全面从严治党新优势 展现清廉丽水建设新气象 为打造共同富裕美好社会山区样板提供坚强保障》的工作报告。市委书记胡海峰出席全会并作重要讲话，市委常委和有关市领导出席会议，有关方面负责人参加会议。

【市纪委五届一次全会】 2022年2月27日，中国共产党丽水市第五届纪律检查委员会举行第一次全体会议，选举产生新一届中共丽水市纪律检查委员会常务委员会委员和书记、副书记。傅智超、钟海燕、程巧琴、郑绍周、周龙、刘云刚、黄悌王当选为中国共产党丽水市第五届纪律检查委员会常务委员会委员。傅智超当选为市纪委书记，钟海燕、程巧琴、郑绍周当选为市纪委副书记。

党风廉政建设

【政治监督】 2022年，市纪委市监委坚持专班化运作、精准化监督、清单化整改，聚焦推进共同富裕、深化数字化改革、贯彻“绿水青山就是金山银山”理念等重要部署，统筹推进政治监督重点项目，压责任、纠偏差、促发展。围绕迎接中共二十大胜利召开，因时因势开展“防疫情、稳经济、保安全”专项监督，聚焦统筹疫情防控和经济社会发展、惠企政策落实、安全生产等重点内容督进度、督责任、督作风，推动整改问题1591个，助力经济社会发展和谐健康。突出“一把手”和领导班子监督，对标“五张责任清单”健全谈心谈话、信访分析、警示教育等监督机制，市纪委市监委主要负责人与全市政府系统、9个县（市、区）新一届党政“一把手”开展廉政谈话，督促形成开展监督、接受监督、廉洁从政的政治自觉。强化监督检查，对141起落实“两个责任”不力问题严肃追责。

【重拳反腐】 2022年，市纪委市监委坚持案件查办是最有力的监督，运用“全周期管理”方式协同推进案件查办、机制重塑、数字监督，探索“三不腐”联动贯通途径。聚焦矿产资源领域，统筹市委巡察机构、纪检监察机关、公安机关职责和力量，开展“保生态、护正气”专项整治，反腐惩恶不姑息，严肃查处一批涉案领导干部、恶势力团伙及背后“保护伞”。全市纪检监察系统立案51件56人，留置25人，收缴违纪违法款1.4亿余元。开展招投标领域突出问题专项整治行动，深挖背后腐败问题，办结留置案件5件10人。针对矿产资源领域乱象，查补漏洞、促进整改，协助市政府制定砂石行业长效管理机制，推动再造流程、重塑机制、数字智控。打造“清廉丽水网上警示教育馆”，拓展以案说德、以案说纪、以案说法渠道。贯彻“惩前毖后、治病救人”方针，全市运用“四种形态”处理3375人，其中第一、二种形态占89.8%。67人在高压震慑和政策感召下主动投案，均依规依纪依法给予从轻或减轻处分，实现政治效果、纪法效果、社会效果相统一。

【作风建设】 2022年，市纪委市监委把握风腐同源、风腐一体特征，把中央八项规定精神作为铁规矩、硬杠杠抓好落实，以钉钉子精神纠“四风”树新风。持之以恒加固中央八项规定精神堤坝。常态化开展正风肃纪“月亮”行动，对违规吃喝、违规收送礼品礼金、违规发放津补贴等问题从快从严处理。全市查处违反中央八项规定精神问题229起，批评教育帮助和处理311人，党纪政务处分180人，通报24批89起典型案例。《正风肃纪“月亮行动”护航山区26县高质量发展》入选“永做挺进师 建设新丽水”——“八个必须坚持”丽水优秀实践案例。纠治劳民伤财求政绩、罔顾实际乱决策、空喊口号假执行、敷衍应付不作为等问题，查处形式主义、官僚主义问题128个，批评教育帮助和处理192人，党纪政务处分89人。

【巡察工作】 2022年，市委巡察办深入贯彻上级巡视巡察新部署新要求，制定巡察工作规划，完成新一届市委首轮巡察工作。聚焦影响经济社会发展的顽瘴痼疾，探索“板块轮动、常专结合”巡察模式，对全市矿产资源领域开展“保生态、护正气”专项巡察，对市生态环境局、市自然资源和规划局、市水利局等8家单位开展常规巡察，共发现问题232个，移交问题线索75条，涉及县处级干部36人。省委巡视云和县、遂昌县、松阳县期间，市级巡察机构健全联动监督模式，组建市委提级巡察组，同步对三县纪检监察机关、县委组织部进行提级巡察。建立完善市、县巡察机构工作会商、沟通和共同研判机制，对开发区、遂昌县、青田县的相关基层单位、重点项目开展延伸巡察，对全市325个村（社区）党组织进行巡察，实现市、县、乡、村四级联动。开展联动整改、协同整改、集成整改，督促推动完成问题整改375个，健全制度机制35项。　（陈　武）

民主党派

综　述

【民主党派分布】 2022年，丽水市有民革、民盟、民建、民进、农工党、九三学社6个民主党派市级委员会，致公党省直丽水市基层委1个，7个县级委员会，152个民主党派基层组织。民主党派成员3074人。其中，民革党员484人、民盟盟员787人、民建会员416人、民进会员649人、农工党党员343人、致公党党员79人、九三学社社员316人。成员分布集中在高等院校、科研院所、基础教育、科技卫生、文化艺术、社会团体、新的社会阶层、国有企事业单位及政府部门等领域（女性1380人，占45.0%；大学本科以上文化程度1941人，占63.2%）。硕士、博士有343人，占总数的11.2%；中高级以上技术职称的2254人，占73.4%。平均年龄为51.5岁。全年全市发展民主党派新成员138人，发展率4.7%。

【多党合作制度效能】 2022年，市委印发2022年度政党协商计划，组织召开情况通报会、民主协商会、征求意见会等10次。组织开展"全面建设绿水青山与共同富裕相得益彰的社会主义现代化新丽水"专项民主监督，梳理和分解落实意见建议，编发议政"直通车"20期直报市委。落实参政议政职责，各民主党派、工商联和无党派代表人士提出人大议案建议和政协提案305份。举办各民主党派、工商联负责人和无党派代表人士参加统一战线读书会。全面推进"多党合作在线"应用，全面贯通"知情明政—社情民意—议政直通车"完整链条。

【民主党派自身建设】 2022年，市委统战部推动参政党建设"三个文件"落地落实，支持民主党派加强领导班子建设。加强思想政治引领，以学习宣传中共二十大精神为主线，开展民主党派"矢志不渝跟党走•携手奋进新时代"政治交接主题教育，组织各民主党派市委会领导班子开展民主生活会、述职与民主评议会。实施"同心同廉"工程，开展具有民主党派特色的清廉教育和建设活动。

【党外干部队伍建设】 2022年，召开市委组织部、市委统战部联席会议，专题研究党外干部队伍建设工作。做好市人大市政协换届党外人士安排工作。推进党外代表人士全链条管理服务应用贯通，建立党外代表人士管理数据库，市县联动开展双走访3674人次。从各条战线、各个领域、各个行业、各个层面发现优秀党外干部，实施无党派人士培养"青苗计划"。强化教育培训，举办民主党派新成员培训班、党外中青年干部培训班、党外代表人士培训班，选送党外干部到各级党校和社院学习。强化实践锻炼，市本级选派21名科级以上党外干部参加挂职锻炼。　（柳从建）

中国国民党革命委员会丽水市委员会

【概况】 2022年，中国国民党革命委员会丽水市委员会（简称民革市委会）下辖民革莲都区委员会、民革青田县委员会，市直支部7个、民革莲都区委会3个支部，民革青田县委会设4个总支部，12个分支部，松阳县设1个总支部，分支部3个。市直设专委会6个和监督委员会1个。有党员484人，平均年龄51.62岁。其中女性227人，占46.9%；退休人员96人，占19.83%；具有大学以上学历379人，占78.3%。

民革市委会注重思想政治建设。学习宣传贯彻中共二十大精神，学习贯彻中央统战工作会议、民革十四大、省、市党代会等重要会议精神，全市各级组织落实政治学习任务。全年召开民革市委会中心组学习会20次。运用地方组织、基层组织换届大会，多形式集体活动等载体，支部推行“学习+活动”，做到全覆盖、无死角。坚持“线上线下”相结合，运用微信公众号等新媒体，发布各级组织领导班子、党员代表等学习体会、热议文章等，营造良好的学习氛围。

民革市委会就市第五次党代会报告、市委五届二次和三次全会决定、2022年市政府工作报告及纪检监察、法院、检察院工作等提出意见和建议20余条。提交省政协提案1件，提交市政协大会口头发言1篇、书面发言3篇，团体提案5件，民革市政协委员提交个人提案31件，民革市人大代表提交建议3件。大会发言《以营商环境再提升拼出招商引资加速度》获市领导批示。2件团体提案分别被确定为市委领导领办重点提案和市政协领导督办重点提案，均被评为市政协五届一次会议以来优秀提案。《巩固拓展脱贫攻坚成果要抓住五年窗口期》获丽水市政协四届五次会议以来优秀提案，《关于推进丽水农业生态产品价值转换的建议》被评为四届丽水市政协十佳提案。1人被评为丽水市政协系统第二届“最美政协人”，2篇社情民意信息获评四届丽水市政协十佳社情信息。

上报各类社情民意信息123篇，获全国政协录用5篇，民革中央录用15篇，省政协录用10篇，省民革录用34篇，市政协录用60篇。其中，1篇获省委、省政府主要领导批示，1篇获省政府领导批示。民革市委会获2022年度全市政协反映社情民意信息工作一等奖、2021年度民革全省社情民意工作先进集体二等奖。1人获评2021年民革全省社情民意优秀信息工作者，1人获2021年度民革全省社情民意优秀信息员一等奖，2人获评全市政协反映社情民意信息工作先进个人。《乡村环境治理需强化司法保障》被《团结报》刊载，《为新能源汽车充电撑起“安全伞”》被《联谊报》刊载。10篇文章入选莫干山会议，占浙江民革党员入选篇数的1/5。民革市委会获民革全国参政议政先进集体，2021—2022年民革全省参政议政工作先进集体二等奖；1人获民革全国参政议政先进个人，2人获2021—2022年民革全省参政议政工作先进个人二等奖。

民革市委会联合市人大、市政协，发挥民革界别活动小组作用，组织代表、委员、律师志愿者到青田腊口镇、祯埠镇开展“博爱·牵手”社会服务进基层共享法庭，助力乡村振兴活动。庆元县屏都小学遭受“6·18”特大暴雨影响，3万余册图书被淹，民革市委会开展“博爱·大手牵小手”爱心捐赠，向小学捐出善款13500元。民革市委会组织丽舸教育服务团、医疗服务团成员到遂昌县三仁畲族乡开展“博爱·牵手”送教、送医进畲乡活动，调研民革省委会结对帮扶的坑口村飞鸡养殖项目等，助力乡村共富，帮扶山区县民族乡产业发展。民革市委会联合民革莲都区委会举办“同心共富”民革反诈宣传进社区活动，向基层群众宣传《中华人民共和国反电信网络诈骗法》。民革青田县委会到章旦乡、汤洋乡开展“博爱牵手”公益医疗服务，送出免费药品近10万元，受惠群众近500人次。民革松阳县总支部走进结对社区、结对村和结对学校的家中，开展“博爱·牵手”暖冬行系列活动，慰问困难群众23人次；法律支部开展法律服务进企业、进社区、进集市、进乡村6次，接受各类法律咨询1000余人次。

民革市委会围绕中共二十大、民革十四大胜利召开和省、市重要会议精神，贯穿政治交接活动主题主线，开设学习专栏，推送学习体会，策划“喜迎”和“宣贯”系列宣传活动。其中3篇宣传稿件被“学习强国”学习平台采用，1篇被《人民日报》采用，4篇被《团结报》录用，1篇被《联谊报》采用，1篇被民革中央公众号采用，13篇被浙江民革公众号采用，还有多篇宣传稿件被《丽水日报》、《处州晚报》、浙江之声等媒体刊物采用。莲都区委会获评民革全国思想工作先进集体、民革全省宣传思想工作先进集体。2人获评民革全省宣传思想工作先进个人。

2022年6月28日，民革丽水市委会向庆元县屏都小学定向捐赠购买图书善款。图为捐赠仪式 （罗斯尹　提供）

【政治交接主题教育】 2022年，民革市委会开展“矢志不渝跟党走、携手奋进新时代”政治交接主题教育。根据民革中央、省委会的要求，制订工作方案，成立专门领导机构，将开展政治交接主题教育作为一项长期的战略任务来抓。丽舸淑苑、丽舸光影社团联合开展“喜迎二十大，追寻红色记忆”读书、摄影活动，丽舸合唱团开展“红歌唱响革命老区”活动，做法被《团结报》刊载。教师节当天，开展“喜迎二十大·关爱民工子弟学校师生心灵之窗”义诊活动；重阳节前夕，开展“喜迎二十大·勇当丽水‘挺进师’”民革老党员活动，畅谈丽水新时代新变化，为丽水民革发展献计献策。中共二十大召开前夕，民革市委会组织市直支部、莲都民革、青田民革的20余名党员在丽水民革党员之家召开“说十年、话共富、跟党走”主题座谈会，凝聚人心、增进共识、统一思想，做法被浙江民革转发。民革莲都区委会组织党员走进持续帮扶结对14年的雅溪镇岱后村，开展中共二十大精神宣讲，并与岱后中共党支部党员召开座谈会，共同为岱后村增收致富出谋划策。民革青田县委会开展“欢庆二十大、永远跟党走”支部主题月活动，以12个支部为单位，开展中共二十大精神的学习宣传贯彻系列教育活动。民革松阳县总支部组织党员参加松阳县政协举办的红色经典诵读、县委统战部举办的爱国奋斗事迹宣讲等活动。

【组织建设】 2022年，民革市委会全程指导青田县委会换届、松阳县总支部成立和市直7个支部的换届工作。7月初，召开专委会成立和市直支部（总支部）工作会议，邀请省政协副秘书长梁细弟在会上作社情民意信息写作专题讲座，明确新一届基层组织领导班子的职责任务。完成民革市委会领导班子届中调整，指导民革莲都区委会完成届中调整。推进示范支部创建，民革市直医卫支部获评第四批省级示范支部。民革青田县委会获评民革全省组织工作先进集体，2人获评民革全省组织工作先进个人。发展有特色、有代表性、高素质新党员，新发展党员22人，其中具有博士以上学位新党员3人；特色党员17人，占比77%。组建由38名骨干党员组成的社情民意特邀信息员队伍。组织召开全市新党员培训座谈会，组织党员参加民革全省基层骨干培训班、丽水民主党派领导班子暨骨干党员培训班，组织民革市委会（基层组织）领导班子成员参加市民主党派领导班子与县处级党外干部培训班，组织民革市委会委员参加省委会委员培训班等，提升班子和骨干党员的政治把握能力、参政议政能力。

【专项民主监督】 2022年，民革市委会连续第五年调研森林康养产业，开展“加快推进我市森林康养发展　打造华东森林康养高地”专项民主监督。成立民主监督小组，主委任组长，副主委为副组长，相关专业领域骨干党员为成员。民主监督小组分别与市发改委、市林业局（市森林碳汇管理局）等部门进行座谈交流，走访景宁草鱼塘森林康养基地、百山祖国家公园森林康养基地，查阅文献资料，借鉴德国和韩国、日本等发达国家及国内攀枝花市、三明市等的经验做法，提出3条具体建议，得到林业部门高度重视。发展森林康养产业的建议被市政府采纳，写入政府工作报告。

【助力山海协作】 2022年8月，3名民革干部被省委组织部确定为“产业飞地”挂职干部，民革市委会副主委、莲都区委会主委虞海雄挂职义乌经开区管委会副主任，民革市委会委员朱国强挂职平湖市副市长，民革松阳县总支部主委陈忠华挂职余姚中意宁波生态园区域开发指挥部经济发展部副部长，发挥民革人才优势，推动丽水山海协作升级版工作再上新台阶。

【祖统联谊】 2022年，民革市委会做深“月圆中秋”祖统联谊品牌，多方合作打开祖统工作新局面。中秋节前夕，民革市委会与缙云县台办、台联

2022年10月3日，民革市委会联合缙云县台办、台联会举办“月圆中秋·同心圆梦——共叙两岸情长”中秋茶话会暨缙台两地云端交流会　（罗斯尹　提供）

会联合举办“月圆中秋·同心圆梦——共叙两岸情长”主题活动，组织30余名台胞台属、民革党员开展中秋联谊活动，与在台湾的缙云旅台同乡会成员视频连线问候，加强两岸交流联谊，被《团结报》和中国台湾网报道。民革莲都区委会开展中秋台胞、台属茶话会，帮助台胞、台属排忧解难，春节期间慰问台胞、台属30余人次。民革松阳县总支部在新春佳节、抗日战争胜利暨世界反法西斯战争胜利77周年和中秋佳节等特殊日子，联合社会爱心人士走访慰问抗战老兵。民革青田县委会获评民革全国祖统工作先进集体，民革市委会获评民革全省祖统工作先进集体，1人获评民革全省祖统工作先进个人。 （罗斯尹）

中国民主同盟丽水市委员会

【概况】 2022年，中国民主同盟丽水市委员会（简称民盟市委会）下辖莲都区委员会（下设4个支部）、龙泉市基层委员会（下设5个支部）、云和县基层委员会（下设4个支部）、松阳县基层委员会（下设7个支部）、丽水学院总支部委员会（下设3个支部）和市直丽职院支部、丽中支部、丽职高支部、科技支部、城建支部、经济支部、医卫支部、文化支部、丽水二中支部、庆元县支部、中心医院支部等11个支部。至年底，全市有盟员787人，其中新发展盟员27人，平均年龄51.97岁。其中，重点分工领域392人，占比49.81%；女盟员361人，占45.87%；在职盟员633人，占80.43%；大学以上文化程度654人，占83.1%；中、高级职称655人，占83.23%；中上层人士698人，占88.69%。

民盟市委会利用丽水民盟刊物、微信公众号报道参政履职工作亮点、代表人士和盟员事迹。全年丽水民盟的重大活动或盟员信息被民盟省委会微信公众号推送24篇，被《联谊报》录用8篇，省政协同心苑录用1篇，省委统战部录用1篇，《浙江日报》录用1篇，中新网录用1篇，民盟中央录用1篇，《人民政协报》录用1篇。完成参政党理论研究课题《浙大龙泉分校民盟先贤的精神内核及其时代价值探析》《龙泉青瓷在宋韵文化品牌塑造中的角色定位与创新路径》，分别被民盟浙江省委会、市政协授予2022年度参政党理论研究课题二等奖、全市政协系统优秀理论文章称号和调研成果一等奖。民盟市委会被民盟省委会评为2022年度盟务工作优秀单位，被民盟中央评为群言杂志发行工作优秀单位。作品《夏日清风》入选民盟中央“矢志不渝跟党走、携手奋进新时代”盟员书画作品展。

民盟市委会开展社情民意信息专题培训会7次。重新组建8个参政议政专门委员会，吸收县（市、区）骨干、年轻盟员加入，形成市委会、各专委会和基层组织的三级调研机制，完成课题报告11个。民盟龙泉市基层委成立参政议政团队“聚薪社”，发挥导师制作用，社情民意信息录用数量和质量提升。推进“矢志不渝跟党走、携手奋进新时代”政治交接主题教育，开展“3·19”立盟日系列主题教育。举办政治交接主题教育培训班，推荐骨干盟员12人参加民盟省委会、市委统战部、市社会主义学院举办的培训班。

参加中国共产党领导的政治协商，全年参与市委、市政府、市法检两院、市委统战部、市纪委市监委举办的专题协商会、政府工作报告征求意见座谈会、市党风廉政建设和反腐败工作法检两院工作情况通报会、专项民主监督协商座谈会、市委常委会民主生活会意见座谈会10余次。民盟市委会就“双招双引”工作、打造“丽水山茶油”百亿产业、小额村级工程建设项目监管、“共享法庭”建设、人才科技新政、绿色低碳生活、县中崛起、乡村公共文化、“空心村”治理、疫情防控等提出30余条意见建议，多数建议被相关部门纳入研究决策和办理落实。完成省政协民盟界别组2022年度调研课题“倡导绿色低碳生活”，在省政协协商会上发言。

在市政协五届一次会议上，民盟市委会作口头发言1个，提交大会书面发言3篇，集体提案6件。其中，口头发言《“双碳”背景下重振我市竹产业》和书面发言《“人才科创飞地”不能飞偏》《教育不起 人口何以聚集》被评为优秀大会发言。团体提案《精心打造长寿之乡品牌 构筑老年人医疗护理体系》《呼唤浙大丽水研究院尽早落地 为我市跨越式高质量发展提供强引擎》被列为重点提案和优秀提案。个人提案《关于在数字化转型过程中，切实关注老年群体的建议》被评为优秀提案。向民盟省委会提交调研报告《连片空心村的乡村振兴》，成果转化成提案后被省政协十二届五次会议列为大会口头发言和重点提案。参与民盟省委会连片化“空心村”整治振兴专项民主监督课题调研，做好对接服务，民盟省委会专职副主委毛伟民到丽水市景宁县开展课题调研。

全年社情民意信息被民盟省委会录用137篇，市政协录用84篇，省政协录用2篇，全国政协每日社情录用2篇。《市区无障碍设施被占用严重，亟须加强监管》获书记胡海峰、市长吴舜泽批示，《支撑国家重大工程项目的大件运输行路难、收费贵，亟须综合施策予以破解》《莫让“河道非法采砂”成为“美丽乡村建设”的一道硬伤》被省政协专报、全国政协《每日社情》采用。盟员社情民意参与率有较大提升，从2021年7.19%提高到2022年8.33%。参加民盟省委会“盟声议政”论坛，《提升乡村学校综合水平的建议——基于丽水市乡村学校发展性评估的调研》获评教育论坛优秀论文。

修订《民盟丽水市委会工作职责和领导职责》《民盟丽水市第五届参政议政专门委员会工作通则》《民盟丽水市委会财务管理制度》《民盟丽水市委会市直基层组织财务管理办法》，规范各级组织议事规则和决策程序。建立市委会（区委会、基层委、总支）委员联系支部、支部委员联系盟员制度，市委会（区委会、基层委、总支）委员定期到所联系支部开展“走基层、访盟员、听意见”活动，听取意见建议。

【思想政治建设】 2022年，民盟市委会利用举办学习会、读书会、报告会等形式集中专题学习中共二十大精神。参加民盟省委会短视频制作比赛，拍摄“二十大·浙盟青年说”主题视频5部，在民盟省委会微信视频号推送。开展“聚力高质量、同心共富路”主题活动，选送摄影、绘画等作品参加民盟省委会展出，选送节目参加民盟省委会“喜迎二十大，奋进新征程——共富路上的盟声”教师节经典文艺会演。民盟莲都区委会举办中共二十大精神知识竞赛；民盟庆元县支部参加“喜庆二十大 奋进新征程”爱国奋斗事迹宣讲比赛。全市各级民盟组织召开各类专题学习会45场次。

【助力乡村振兴】 2022年，民盟市委会把助力乡村振兴，实现共同富裕作为社会服务的工作重点。民盟市委会陪同民盟省委会领导、专家到龙泉市八都镇安田村调研指导3次，导入优质资源、量身定制《龙泉市萌芽茶叶包装方案》《安田村容村貌整治提升方案》《安田村数字农旅建设方案》。开展送政策、送资金、送科技、送文化、送金融等链式活动，建立“人才+技术+产销”全闭环帮扶机制，扶持带动安田“六个一”（一只鹅、一片茶、一杠竹、一块地、一尾鱼、一颗桃）产业发展。助力白鹅养殖项目落地，邀请全国人大代表、民盟盟员陈淑芳老师现场指导，派送村民到象山基地跟踪学习。至年底，八都镇安排资金300万余元，白鹅养殖基地项目建设进度完成60%。筹集民盟省委会博爱基金、民盟市委会主委结对帮扶资金20万元，建设数字乡村文化礼堂电子显示屏项目。民盟松阳县基层委为松阳县象溪镇雅溪口村引进连锁超市，方便居民生活，提供10余个就业岗位。民盟云和县基层委组织书法家、作家为龙门村创作书法和诗词。

2022年12月12日，民盟云和县基层委组织书法家到云和县紧水滩镇龙门村现场写春联
（吴起伟 提供）

【结对帮扶】 2022年，民盟市委会依托4个“民盟·同心社会服务站”平台和“雏鹰·关爱之家”，推进同心系列品牌和特色社会服务品牌活动。民盟中心医院支部、民盟医卫支部、民盟庆元县支部开展送医下乡活动；民盟松阳县基层委开展“民盟林”植树活动和关爱留守学生活动；民盟龙泉市基层委发起“大手牵小手 点亮微心愿”认领活动，向洪灾群众捐赠2.96万元。民盟云和县基层委开展助企服务活动，盟员董凌宇所属企业捐献防疫款30万元。民盟市委会结对帮扶云和县杭汀村，落实帮扶资金1.7万元，向帮扶村龙泉市大赛村捐款2500元。傅石林向新疆新和县丽水小学捐赠“量身印制”1800册经典朗诵读本。（吴起伟）

中国民主建国会丽水市委员会

【概况】 2022年，中国民主建国会丽水市委员会（简称民建市委会）辖莲都区委会、缙云县支部及13个直属支部；设参政议政、企业、妇女工作、老龄、理论研究与宣传工作等5个专

门委员会和1个社会团体组织丽水市民建社会服务志愿者协会。会员416人，平均年龄51岁。其中，女会员164人，占总数的39.4%；经济界人士341人，占总数的82%。

民建市委会加强建设政府部门优秀年轻骨干、专家学者、企业界代表人士三支队伍。优化会员结构，从市、县政协委员和市工商联、市欧美同学会等组织中物色优秀发展对象。全年发展新会员26人，其中，研究生学历1人、硕士学位2人，市政协委员5人、县政协委员1人，高级职称5人，上市公司高管1人，在各类行业协会担任会长（副会长、秘书长）7人。会员中县处级及以上领导职务9人，正科实职21人、副科实职22人。

民建市委会组建新一届参政议政委员会、理论研究与宣传工作委员会、企业委员会、老龄工作委员会、妇女委员会；完成10个直属支部换届工作，一批政治坚定、品行良好、综合素质高、履职能力强、热心会务工作的骨干会员进入专委会和基层组织领导集体。民建市委会与湖州市委会、浙大基层委、衢江总支等交流工作。

【思想政治建设】 2022年，民建市委会把全面学习宣传贯彻落实中共二十大精神作为首要政治任务，组织广大会员观看开幕式。举办“丽水民建大讲堂”，邀请民建省委会副主委陈桂秋到丽水宣讲。组织理论学习中心组专题学习，民建市委会委员到联系基层组织和专委会进行宣讲，各级组织和专委会组织集中学习23次。

民建市委会推进“矢志不渝跟党走、携手奋进新时代”政治交接主题教育，深化“坚持进步性、实践进步性”系列活动，教育引领广大会员传承多党合作优良传统，增进政治共识。浙政钉群、微信工作群及时推送重要会议精神和学习资料，公众号开设“学思践悟”体会交流专栏；建立组织引领和个人自学相结合的全覆盖学习机制，加强理论武装。全年举办“丽水民建大讲堂”2期，开展党委理论学习中心组专题学习6次，各级组织开展集体学习30余次，“学思践悟”专栏推送学习体会9期、50余篇（次）。

民建市委会以“民建历史人物的乡村建设”为研究重点，向省委会申报理论研究课题2个，如期结项。编印《丽水民建》杂志4期、推送公众号信息148条，被团结网、网易号、丽水电视台、《丽水日报》等转载报道34篇（次）。《民建丽水市委会举办第二期经济热点分析座谈会》被省委会评为“民建年度好新闻”，1人被省委会评为新闻宣传工作先进个人。

【参政履职】 2022年，民建市委会聚焦市委、市政府中心工作，在各类协商会上，提出做强半导体全链条产业、推进青年发展型城市建设、推进数字经济创新提质“一号发展工程”、建设新时代生态文明典范城市等建议，得到市委、市政府领导肯定。在市政协五届一次会议提交大会发言4篇、集体提案5件。《创新打造山海特别协作区，赋能推进浙西南中心城市建设》被评为优秀大会发言，与《能耗“双控”下钢铁行业何去何从》一同获市领导批示，均被评为优秀提案。上述2件集体提案与《加快推进数字影像中心建设，奋力打造“云上”国际摄影名城》被确定为市重点提案，分别由市委副书记张赟和市委常委楼志坚、李一波领办。1人被评为第三届丽水市“最美政协人”。在全省统一战线开展“同心聚力共同富裕”大走访大调研专题实践活动中，民建市委会提出的“统战人才牵手山区共富，赋能打造浙西南新增长极”被省委统战部选为十个优秀“金点子”之一。完成民建省委会立项课题2个，均被转化为省政协委员提案；民建市委会立项课题21个。参与民建省委会课题《关于深化推进我省山海协作“产业飞地”建设的建议》获民建省委会参政议政优秀成果一等奖。《以创新山海精准协作为发力点，推动山区融入长三角一体化，实现跨越发展》等4个课题获民建省委会参政议政优秀成果三等奖。民建市委会获民建省委会参政议政先进集体三等奖。《以文旅深度融合发展助推山区26个县实现共同富裕》被选为专题议政常委会口头发言，并与《改进新型农业经营主体金融服务助推扩中提低和共同富裕的建议》一同转化为省政协委员提案。民建市委会以“激发创业创新活力，加快推进‘扩中’‘提低’”为重点监督课题，听取市经信局、市科技局、市人力社保局、市大数据局等部门工作情况通报，到龙泉市、杭州市、新昌县等地开展调研，走访科技企业、双创基地和产业园，与当地政府及企业座谈交流，召开重点群体代表座谈会，学习先进经验，听取意见建议，分析问题困难，形成民主监督调研报告。在市委专项民主监督协商座谈会上，提出针对性建议。民建市委会用好参政议政专家支持机制，提升建言资政质效。创新召开2期经济热点分析座谈会，邀请市经济部门通报中心工作情况，拓宽知情明政渠道，促进政企沟通。开展“萤火虫沙龙”4期。修订信息工作制度，提升履职积极性。全年向民建省委会、市政协报送社情民意信息66篇，被全国政协录用6篇，民建中央录用10篇，省政协录用7篇，省委统战部录用1篇。民建市委会被市政协评为反映社情民意信息工作先进单位二等奖，会员1人被民建省委会、市政协评为优秀信息员。

【服务“双招双引”】 2022年，民建市委会整合会内资源，服务“双招双引”战略性先导工程。邀请民建省委会副主委、浙大电气工程学院院长盛况等浙大专家到丽水考察调研，对丽水经开区半导体产业中长期发展提出战略性建议；促成杭州艺福堂茶叶有限公司董事长李晓军等高新（滨江）区优秀会员企业家组团到松阳县考察；促成浙江农林大学茶文化学院院长王磊助力松阳茶产业发展；向市直有关部门和丽水经开区、遂昌县、松阳县等地推荐高校研究机构和优秀会员企业。

【促进“两个健康”】 2022年，民建市委会开展“大走访大调研大服务大解题”“助企开门红”“三服务”等活动，走访会员企业20余次，召开企业家座谈会2次，宣传惠企政策，反映意见诉求，协调法律服务团成员帮助企业解决实际困难12个。企业委员会召开会长会议1次、理事会议2次，举办“氧吧茶叙”3次，引导会员企业提高政治站位，增强创新意识，促进会员企业健康发展和会员企业家健康成长。

【“绿谷·思源工程”】 2022年，民建市委会汇聚各级组织、广大会员尤其是会员企业家的力量，创设“绿谷·思源工程”社会服务品牌。在市慈善总会建立“绿谷·思源工程”专项资金，募集善款46.07万元。确定黄村乡为市委会助力共同富裕服务基地创建试点，创成“浙江民建助力共富实践基地”。结对丽水学院首批8名大学生和莲都区黄村乡3名困难儿童，发放5.1万元助学金和部分学习用品；向莲都区梅山小学黄村校区、黄村乡严鸟小学及中心幼儿园、雅溪镇西溪小学捐赠价值5.4万元的床上用品、空调、4000余册图书及体育器材；向贵州茅台酒厂（集团）习酒有限责任公司争取资金40万元帮扶龙泉市、青田县两地80名应届高中毕业生圆梦大学。帮助松阳县农民销售番茄13.75万元，组织法律服务团到丽水职业技术学院开展送法进校园活动；慰问莲都区雅溪镇、太平乡和景宁县大均乡、松阳县三都乡、大东坝等地困难群众55户，发放慰问金和慰问品合计人民币近5万元。 （姚志华）

2022年9月9日，民建丽水市委会“绿谷·思源工程”携手省直华立支部在莲都区梅山小学黄村校区成立“思源图书馆” （姚志华 提供）

中国民主促进会丽水市委员会

【概况】 2022年，中国民主促进会丽水市委员会（简称民进市委会）下辖莲都区1个区级委员会、缙云县、遂昌县2个基层委员会和景宁县1个总支部、市直11个支部（总支部）、县级18个基层支部。有会员649人，会员平均年龄54岁。其中：莲都区委员会90人、缙云县基层委员会121人、遂昌县基层委员会125人、景宁县总支部32人、市直各支部281人。女会员304人，离退休会员191人，会员中大学文化程度以上490人，中高级职称525人，占80.8%。省人大代表1人、省政协委员2人；市人大代表4人、市政协委员23人；县人大代表3人、县（区）政协委员61人。新发展会员29人。

民进市委会开展“矢志不渝跟党走、携手奋进新时代”政治交接主题教育，组织骨干参观斋郎红色纪念地，开展经典诗词诵读，举行新会员入会仪式，召开“我的民进记忆”组织生活会。召开中心组学习会和报告会，专题学习中共二十大精神。举办2期培训班，刊发各类学习材料15期，开展“我身边的民进人”先进典型事迹宣传，景宁会员助力乡村共富事迹《坚守畲乡20多年的“女猪倌”》在《联谊报》上刊登。推进景宁县道化村湘湖师范旧址暨金海观先生旧居会史教育基地建设，完成“教育担”复制。组织拍摄《要看病 找民进》专题片，抢救整理会史资料。修订完善新一届民进市委会议事、学习、述职和联系基层组织制度等相关制度。成立新一届民进市委会内部监督委员会，对制度建设和主题教育开展情况进行监督。加强基层组织“五个一”建设，优化支部考核办法，民进丽水学院总支、民进遂昌县医卫支部、民进缙云县综合支部获省委会2018—2022年先进集体称号。民进莲都区综合支部，民进缙云县基层委，民进市科技经济总支部，市教育一支部获评民进省委会2022年度先进集体。丽水民进开明画院和企业家联谊会完成班子换届工作。依托“浙统云”平台，加强应用、服务和管理创新，参与浙江多党在线重大应用场景，推进机关办公自动化。民进市委会获民进中央信息化主题年先进集体。配合做好民进省十一大代表，省、市人大代表和政协委员推荐考察工作。实施“人才强会”工程，强化队伍履职能力建设，举办新会员座谈培训会和骨干会员履职能力提升培训班，组织6名新任民进市委委员参加省、市培训班。

【参政议政】 2022年，民进市委会向市政协五届一次会议提交《统筹推进县域普通高中全面振兴》《加大扶持力度帮助旅游企业渡过难关》《打造“处州宋韵”文化标识全面提升丽水城市人文品质》《“三类乡镇”如何走好共同富裕之路》4篇大会发言和《关于进一步推动数字化改革 持续优化营商环境的建议》《关于加强重点产业短缺人才培育的建议》等5件集体提案。提交30件个人提案。《统筹推进县域普通高中全面振兴》《加大扶持力度帮助旅游企业渡过难关》《“三类乡镇”如何走好共同富裕之路》被评为优秀大会发言。集体提案《关于统筹推进县域普通高中全面振兴的建议》《关于打造“处州宋韵”文化标识的建议》和委员个人提案《白云国家森林公园支撑服务设施亟待升级》由市领导领办。《关于实施标准化战略 打造绿色发展“丽水样板”的建议》被评为四届市政协十佳提案，《关于丽水瓯江山水诗路建设的建议》被评为市政协四届五次会议优秀提案。开展“民言进声”议政沙龙活动。征集调研课题31个，其中16个选题作为委托和自由申报课题报民进省委会，《基于“双减”政策，强化家校共育的途径》《发展中医药材产业，打造“浙产好药”品牌，推进国家中医药综合改革示范区建设》两个课题被民进省委会立项。《植根乡土、内外兼修——乡村名校建设路径探究》获全市政协系统优秀调研成果三等奖。《“双减”政策下中小学课后服务内容和路径模式研究》获省开明论坛优秀奖。报送各类社情民意信息154篇，被《每日社情》采用1篇，转送1篇；被民进中央采用15篇，民进省委会采用40篇；被省委统战部采用2篇，省政协采用2篇，市政协采用37篇。民进市委会获2022年度民进省委会参政议政单项工作先进称号、市政协反映社情民意信息工作先进单位二等奖。围绕市委重要决议、立法草案、市政府工作、市两院工作、市党风廉政建设等议题开展政党协商，提出推动新型业态健康发展、推动县域普通高中复兴工程、加强建设工程领域专业法官培养、建立健全科技人才发展机制等意见建议。

【社会服务】 2022年，省、市民进组织联动开展壬寅（2022）民进“春联万家”走进云和坪垟岗村活动，书画艺术家创作300余副春联。开展公益书法艺术交流和采风活动，庆祝中共二十大和民进省委会成立60周年。1人上榜“浙江好人 疫线面孔”光荣榜。参与民进中央开展的“安龙农产品走进民进——我为消费助农下一单”系列活动，开展消费助农，金额超2万元。延续结对帮扶，做好结对村云和县杭汀村“帮扶助困”工作。倡导“微公益”，形成缙云“民进书院”、遂昌“民进医疗专家工作站”、“民进公益学校”、民进丽水学院总支“民进青莲青禁毒志愿宣讲团”、民进市医卫支部“救援知识进校园”等服务品牌。遂昌民进公益夏令营的做法在民进中央《民主》杂志刊出。1人获浙江民进第三届“开明先锋”称号，14人受到省委会先进表彰，1人登上浙江好人榜。 （蓝武杰）

中国农工民主党丽水市委员会

【概况】 2022年，中国农工民主党丽水市委员会（简称农工党市委会）下辖莲都区委会、龙泉市支部、松阳县小组和10个市直支部，有党员343人，其中女性173人，退休党员98人，平均年龄52.1岁。大学以上文化程度257人，占72.93%。发展青年党员20人，平均年龄30.4岁。

农工党市委会坚持以习近平新时代中国特色社会主义思想为指导，认真学习领会中共二十大精神，开展“学深悟透坚信念，同心同向助先行”学习实践活动和“矢志不渝跟党走、携手奋进新时代”政治交接主题教育。开展中共二十大精神宣讲和领学6次，全市各基层组织举办各类主题学习15次，收到学习体会22篇。深挖丽水特色，到松阳和统战部门商讨基地建设情况，筹建党史教育基地。农工党市委会获中国农工民主党2018—2022年先进集体、农工党省委会2022年度宣传思想工作先进集体、庆祝中国共产党成立100周年活动先进集体称号，农工党市委会获农工党省委会2022年度参政议政工作先进集体二等奖、2022年度反映社情民意工作三等奖和市政协2022年度反映社情民意先进单位二等奖。4个基层组织被农工党省委会评为2022年度先进集体，18人分别被农工党中央、农工党省委会和市政协评为先进个人。

【参政议政】 2022年，农工党市委会向市政协五届一次会议提交大会发言4篇，集体提案5篇，联合九三学社农工党市委会提交集体提案1篇。其中，2篇大会发言被评为优秀大会发言，2篇得到市领导批示；2篇集体提案被列为重点提案，1篇和九三学社市委会的联名集体提案被市委书记胡海峰领办，3篇集体提案被评为优秀提案；全年立项支部申报课题12个，向农工党省委会申报省级课题5个，农工党市委会领导带队开展“推进光伏建设”“黄精全产业链发展”“水经济”“石蛙产业发展”等课题调研。2篇调研报告分别获得农工党省委会2022年度优秀调研报告二等奖和三等奖；报送社情民意82篇，其中，市政协采用上报73篇，农工党省委会采用上报44篇，全国政协采用4篇；市政协《社情反映》专刊采用2篇，获市长批示1篇。

【服务社会】 2022年，全市农工党各级组织参加社会服务活动35次，受益群众2500余人次，参加服务的党员160余人次。农工党市委会向结对村提供帮扶资金，协助农工党省委会做好富山头村帮扶工作。通过省数字统战平台资源，帮助莲都2所乡村学校联系爱心捐赠餐桌椅，农工党市委会是全市首个参加数字统战跨省域资源协同项目的党派。农工党市委会获评省委会2022年度社会服务工作先进集体。

【政治交接主题教育】 2022年，省委会专职副主委田野到松阳县与松阳县委统战部召开座谈会，农工党市委会领导2次到松阳县和统战部门商讨基地建设，邀请松阳县委统战部到东阳、诸暨学习建设经验，筹建农工党党史教育基地。以“三新”为主要对象，开展政治交流主题教育。组织换届后的新任市委委员、新任政协委员和新任支部主委到东阳、诸暨农工党中央党史教育基地开展教育活动。组织“矢志不渝跟党走、携手奋进新时代”政治交接主题教育培训班，到丽水红色教育基地开展学习；引导基层组织深入学习。农工党市委会主委在基层组织开展中共二十大精神宣讲，专职副主委到龙泉等地宣讲省第十五次党代会精神。各基层组织专题学习中共二十大和省、市党代会精神，到松阳县、云和县等地开展主题教育。

【农工党市委会成立二十周年座谈会】 2022年11月25日，中国农工民主党丽水市委员会成立二十周年座谈会召开，回顾既往，追忆往昔，面向未来，共商发展。农工党市委会主委，老主委李江波、副主委毛伟华、徐兼明、季巧英，农工党市委会一至五届委员，丽水第一批入党的农工党党员等30余人参加座谈会。丁岳清组织与会人员学习中共二十大精神，回顾农工党丽水市委会成立的历史和二十年以来取得的工作成绩，介绍下阶段工作的主要思路。与会的新老委员们先后发言座谈。（蔡丰蔚）

2022年9月9日，农工党市委会到浙江诸暨党史教育基地开展主题教育。图为参观农工党浙江革命活动史料陈列馆（蔡丰蔚 提供）

致公党省直丽水市基层委员会

【概况】 2022年，致公党丽水市总支部成立6年，升格为致公党省直丽水基层委员会（简称致公党丽水基层委）。有党员79人，下设市直、丽水学院、青田县3个支部。党员分布在机关事业、科学技术、教育卫生、法律金融、商贸物流等各个行业，其中华侨、留学归国人员或有侨海关系占83%，包括省侨联副主席2人，丽水市侨联副主席5人；具有高级职称、高学历或在行业内有代表性的党员

2022 年 10 月 27 日，致公党省直丽水市基层委员会成立大会在丽水召开

（叶胜红　提供）

占 91%，包括博士 7 人，硕士 12 人；正高职称 5 人，副高职称 5 人；省人大代表 1 人，省政协委员 2 人，市人大代表 2 人、市政协委员 12 人，县（市、区）人大代表、政协委员 5 人，担任县处级以上领导实职 6 人。欧美同学会会长 1 人，副会长 1 人，市科协副主席 1 人。建成市本级和青田县两个省级"致公之家"，作为党员开展学习教育、民主监督、社会服务等活动的主阵地。

10 月 27 日，致公党丽水基层委员成立大会暨第一次党员大会召开，选举邵祥军为主委，张映辉、陈海华、叶胜红为副主委，李丰、杨磊、沈其旺、周玉芬为基层委委员。

【参政议政】 2022 年，致公党丽水基层委提交省两会政协提案 4 件，人大建议 5 篇；市两会政协提案 5 件，人大建议 3 篇；开展课题调研 3 个。参与政党协商，先后就"浙西南革命老区共同富裕先行示范区"建设和"青年发展型城市"建设、党风廉政工作、立法工作等问题进行广泛的民主协商，多项建议被采纳。开展莲湖水库建设专项民主监督活动，调研报告《关于实施大中型水库群提升工程，完善山区防洪抗旱体系》被致公党省委会采用，作为全国两会提案素材上报致公党中央。参加"请你来协商"等民主监督活动，为中国碳中和先行区创建、深化营商环境等建言献策。

【侨海联谊】 2022 年，致公党丽水基层委与致公党省直五支部联合承办"侨声传两会跨洋宣讲"，致公党青田县支部配合中共青田县委统战部开展"中共二十大精神进侨团"等活动，致公党丽水基层委中侨领参与组织中共二十大、全国两会和省、市党代会精神海外宣讲活动，传播中共二十大精神和党中央的治国理政方针。

【社会服务】 2022 年，致公党丽水基层委结对帮扶省委会联系村遂昌县迎新村低收入农户 4 户；在青田县建立"之江同心·致公共富"基地；党员个人捐款 100 万元成立季崇民助困助学奖优基金；4 名华侨党员捐款 32 万元，结对帮扶乌蒙山区学子 32 人；1 名党员作为医护人员多次到上海、衢州等地开展抗疫支援活动。（叶胜红）

九三学社丽水市委员会

【概况】 2022 年，九三学社丽水市委员会（简称九三学社市委会）下辖社莲都区委、缙云县基层委和 9 个市直支社，其中九三学社莲都区委、缙云县基层委分别下属 3 个支社。全年新发展社员 13 人，其中高级职称以上 8 人，平均年龄 38.2 岁。有社员 316 人，其中科技、医疗卫生、高等教育等主界别占比 74.1%；社员中具有高级职称的占比 65.8%，其中正高 69 人，副高 139 人，国务院政府特殊津贴专家 2 人，浙江省突出贡献中青年专家 2 人；担任各级人大代表、政协委员的 39 人。

全市社员中，71 人次在自身岗位上获国家、省、市各级表彰。40 项各类科研项目获市厅级以上单位立项，62 篇学术论文在二级以上专业刊物发表。

【政治理论学习】 2022 年，九三学社市委会把学习宣传贯彻中共二十大精神作为贯穿全年的重大政治任务，团结引领全市各级社组织和广大社员深刻领悟"两个确立"的决定性意义，增强"四个意识"、坚定"四个自信"、做到"两个维护"。制订学习贯彻方案，利用主委会议、全会、理论学习中心组学习会、座谈研讨等形式，在全市社组织中迅速掀起学习宣传贯彻热潮；开展主委、社员热议中共二十大报告活动，在微信公众号开辟学习贯彻中共二十大精神专栏，推送笔谈 29 篇。

【政治交接主题教育】 2022 年，九三学社市委会深入开展主题教育，印发《关于开展"矢志不渝跟党走、携手奋

2023年11月12日，九三学社丽水市委员会“启航新征程 九三再出发”——学习宣传贯彻中共二十大精神主题展演活动现场　（季琳敏　提供）

进新时代”政治交接主题教育工作的实施方案》，明确主题指导思想、目标任务、工作安排和具体要求。举办“启航新征程　九三再出发”学习宣传贯彻中共二十大精神主题展演活动，整场活动以视频展示、红歌传唱、器乐合奏、朗诵、讲述等形式，通过“百年强国梦”“赤诚九三魂”“共绘丽水红”3个篇章，回顾百年大党的峥嵘岁月，讴歌同舟共济的光辉历程，重温九三学社的初心使命，展望中国式现代化的美好明天。展演活动对光荣在社30年的老社员和3位榜样人物进行表彰，全市近200名九三学社社员参加活动。

【参政议政】 2022年，九三学社市委会提案《以森林碳汇交易为突破口，全力打造区域性碳中和“重要窗口”》获评省政协优秀提案；《建立健全碳汇价值实现机制，拓宽生态产品价值实现路径》被用于省政协大会发言和委员个人提案。市政协五届一次会议上，九三学社市委提交大会发言5件，其中3件获评优秀大会发言；团体提案5件，联合团体提案1件，政协委员个人提交提案17件，其中2件提案分别被市委书记和市长领办，3件提案被确定为重点提案。全年上报社情民意162篇，其中全国政协采用1篇，九三学社中央采用10篇，省委办公厅采用2篇，省委统战部采用3篇，九三学社浙江省委采用67篇，市政协采用17篇。《疫情背景下应反思我国大城市和超大城市建设》被评为四届丽水市政协“十佳社情民意信息”。

【政治协商】 2022年，九三学社市委会发挥社组织整体智力优势，在征求意见座谈会、“请你来协商”专题协商会、立法协商座谈会、情况通报会上，分别就中共丽水市委全会工作报告、市政府工作报告、法检两院工作报告、“碳中和先行区创建”、“居家养老服务条例”立法、党风廉政建设和反腐败工作等提出各类意见建议30余条，部分建议得到相关部门的采纳落实。创新课题研究机制，争取九三学社浙江省委支持，上下联动、同向发力，做好调查研究。九三学社市委会参与的《关于优化财政转移支付与激励奖补机制，积极推进山区26个县高质量发展的几点建议》获省长王浩批示，省财政厅专门召开座谈会办理落实相关建议。

【民主监督】 2022年，九三学社市委会围绕市委决策部署、改革重点难点和民生热点问题，开展调研与监督。围绕“全面建设绿水青山与共同富裕相得益彰的社会主义现代化新丽水”开展专项民主监督调研，重点就“进一步优化人才科技政策　助力‘双招双引’战略性先导工程”主题，到市科技局、市人力社保局及云和县相关部门企业、学校开展监督调研，提出3个方面的意见建议。担任各级各类特约监督人员的社员，参与有关检查和监督工作。

【社会服务】 2022年，九三学社市委会承接做好九三学社省委结对帮扶松阳县象溪镇工作。加强村企协作，为金钟村投放“龙游飞鸡”鸡苗3000只，实现鸡苗“飞地”式异地养殖；实施“油茶出山”项目，打造金钟村“膳农”古树山茶油品牌；促成“中蜂养殖”和“小甜枣飞地共富”2个九三学社中央多党合作乡村振兴示范项目落地金钟村；统筹资源，争取专项资金，建成高标准农田建设项目；组织社内外的建设、规划专家为金钟村义务开展村庄全域规划编制，为村集体节约资金50万余元。发挥科技优势，助力乡村文化建设，在松阳县雅溪口村建成“数字化城市书房”，群众在家门口就能享受到数字文化的便利服务。开展三叶青全产业链条服务，围绕《浙江省中药材炮制规范》修编建议、三叶青被列入《新食品原料目录》、三叶青种植研发、产业链延伸等问题进行深入研讨和技术指导。全年开展义诊、科技服务、科普讲座等社会服务活动184场，参与专家112人次，累计服务群众4.7万人次。　（季琳敏）

群众团体

丽水市总工会

【概况】 2022年,全市工会聚焦党政所需、职工所急、企业所盼、工会所能,持续深化产业工人队伍建设改革,抓好职工思想政治引领、新就业群体建会入会和权益保障、工会数字化改革、劳动领域政治安全等工作,在助力高质量发展建设共同富裕示范区的征程中彰显工会作为。至9月底,全市基层工会4258个,涵盖职工34.9万人,工会会员33.6万人,其中新业态基层工会246个、工会会员2.4万人。全市工会排查并化解风险点9个;网上信访61件、电话信访246件、信件信访1件、来人信访78件,办结率100%。7月15日,召开市工会第五次代表大会,选举产生新一届领导班子。

【职工宣传教育】 2022年,丽水市总工会(简称市总工会)深入学习宣传贯彻中共二十大、省第十五次党代会和市党代会精神,通过工会干部带头学、劳模工匠引领学、工代会代表分享学、依托阵地组织学、设置载体辅助学,覆盖职工超过46.7万人次。开展"守好红色根脉·班前十分钟活动",组织职工利用晨会、班前会学习。组织劳模工匠进企业、进社区、进工地、进校园开展党代会精神主题宣讲1133场次,劳模工匠进校园暨"劳动教育开学第一课"节目被"学习强国"学习平台录用,全市收看30余万人次。《咱们工人有力量》声画展节目获首届全国广电融媒体创新大赛铜奖。全市各级工人文化宫发挥公共文化服务职能,开展活动170余场,参与活动3万余人次。出台市级农民工学历能力"双提升"补助办法,补助501人,配套补助金额30万余元。

【助力经济发展】 2022年,市总工会承办"心系劳动者、奋进共富路——支持山区26个县疗休养发展暨第三届秀山丽水疗休养区域协作活动",深化丽水与各地的疗休养交流合作。全年吸引外市职工在丽疗休养9万余人,组织基层工会在市内开展疗休养9.3万人,直接拉动文旅消费5.7亿元。缓减工会经费2169.95万元,落实工会经费返还政策,返还小微企业工会经费534.23万元。联合市文广旅体局制发"秀山丽水·文旅一卡通",全年发行2.66万张,直接投放资金1178万元,带动市场消费超1800万元。组织机械制造、现代农业、医疗卫生等领域13批135人次的劳模工匠专家深入丽水各地开展技术攻关、技能帮扶、技术交流,在景宁县成立省劳模工匠助力山区26个县高质量发展工作站,建立长期帮扶机制。做好对口协作,全市工会助力四川省泸州市古蔺县、叙永县两地消费帮扶5293.6万元。

【职工普惠服务】 2022年,市总工会开展新就业形态劳动者温暖行动,各级工会走访慰问新就业群体9900余人次,给予17家新业态联合工会补助102万元;组织参加免费疗休养131人、免费体检133人;新建户外劳动者服务站点72个,服务职工4.8万人次,景宁县总工会户外劳动者服务站点被评为全国"最美工会户外劳动者服务站点"。开展夏季高温"送清凉"活动,聚焦外卖员、建筑工人、环卫工人等户外劳动者,投入慰问资金150万余元,慰问职工1.7万人。举办"暑期爱心托班"53场,惠及外来务工人员子女1600余人,得到省人大常委会副主任、省总工会主席史济锡的批示肯定。关心关爱女职工,新建妈咪小屋15家,投入资金88万元为8995名女职工提供公益"两癌"筛查服务。举办线上线下就业招聘会50场次,提供就业服务3.1万人次;转岗再就业技能培训24场,受训职工894人。

【产业工人队伍建设改革】 2022年,市总工会举办全市"产业工人队伍建设改革”创新能力提升培训班。“莲都区‘红+绿’融合推动产业工人队伍成长发展”“浙江凯恩特种材料股份有限公司‘三维认同’构建企业发展与员工成长”入选全省深化非公企业“产业工人队伍建设改革”20个优秀案例。中广电器“三驾马车”驱动“产业工人队伍建设改革”前行、丽水移动工会“6+N”品牌工作、庆元县总工会做实做强思想引领等经验在《浙江工人日报》发表。青山钢铁有限公司、浙江元立金属制品集团有限公司、青风环境股份有限公司入选2022年浙江省“幸福共同体企业领头雁行动”名单。市总工会承办浙江省葡萄酒品酒师职业技能竞赛和焊工职业技能竞赛两项省级赛事，举办市级竞赛32场，组队参加省级以上技能竞赛16场，2人获全国交通运输行业职业技能大赛公路养护工赛项第一名，1人获全省民宿女管家个人赛第一名，浙江省交通集团高速公路丽水管理中心获省高速公路收费员职业技能竞赛团体第二名，在省家庭服务业职业技能大赛中丽水代表队获团体第二名、个人第一名的成绩。创建职工高技能人才（劳模）创新工作室11家，2人获全国五一劳动奖章，丽水大家未来社区项目建设公司被授予省五一劳动奖状，丽水机场（第一批）标段项目部等6个班组被授予省工人先锋号。

【工会改革创新】 2022年，市总工会协调市群团部门实现数智群团应用市、县贯通，11月，承接全省数智群团重大应用“群团服务网”试点。莲都区总工会“累了么”应用入围浙江工会数字化改革创新应用成果；遂昌县总工会、庆元县总工会、云和县总工会确定为第一批省、市、县联建单位，其中遂昌县总工会被评为优秀联建单位；3月，丽水“数字文化宫”应用上架浙里办，月均访问量在全市应用中排名前十。市、县两级建立政府与同级工会联席会议制度。恢复厂务公开工作领导机构，市总工会开展年度优秀职工代表提案征集推荐，6件提案被评为省级优秀职工提案。（梁梦茜）

共青团丽水市委员会

【概况】 2022年，全市团员105956人，基层团委（包括团工委数）437个，团总支121个，团支部（包括学校）6833个，少先队员176782人。全市共青团系统获国家级先进集体称号12个、先进个人称号22个，省级先进集体称号99个、先进个人称号90人。

【青少年思想政治引领】 2022年，共青团丽水市委员会（简称团市委）实施“青领浙丽”青少年思想引领工程，持续开展习近平新时代中国特色社会主义思想、中共二十大精神、习近平总书记在建团100周年大会上的重要讲话精神、浙西南革命精神、省市党代会、市委全会精神等学习活动，全市6011个团支部100%全覆盖。青年骨干深入车间、田间、课间，开展“丽水青年说”宣讲3200余场次。做强“青春丽水”微信、微博、抖音、快手等全媒体矩阵，《青年与丽水同发展》《青年》短视频、VR等新媒体文化产品浏览量破千万人次，多次被《人民日报》、“学习强国”学习平台转发报道。策划互动体验主题团日活动“青年”，举办“党领导下的丽水青年运动百年史展”等活动，加强青年思想政治引领。

【建设青年发展型城市】 2022年，团市委与市委办、市委政研室调研青年代表2400余人后形成《关于丽水建设青年发展型城市的调研报告》。9月，市委五届二次全会作出《关于建设青年发展型城市的决定》。12月，市委五届三次全会把启动建设青年发展型城市重点工作进行总结，提出未来五年社会主义现代化新丽水建设要在五个方面取得标志性成果，建设青年发展型城市是其中一个方面。

【青年人才招引】 2022年，团市委实施“青聚浙丽”青年人才引育工程。围绕“双招双引”战略性先导工程，在深圳、上海、西安等地建立“青年丽水”大学生联络站21个，做好青年人才招引的前端工作。围绕五大主导产业及乡村振兴、基层治理等重点领域，在企业建立大学生就业实习基地14家，组织全国485所高校4471名大学生到丽水实习、实践、研学。举办“青聚浙丽 职等你来”空中招聘会3期，发布岗位1126个，吸引1.5万人次参与。建设“青聚浙丽”大学生实习实践云平台，1000余所高校4213名在校大学生注册使用。面向广大青年、丽籍在外大学生，发起话题讨论，阅读量超700万人次，制作传播《为什么是丽水》《@青年，你要不要选择丽水》等视频，创编音乐剧《青年丽水，请你来》在人才科技周等平台展示传播，向外发出丽水邀约。

【青年创业创新】 2022年，团市委实施“青创浙丽”青年创业创新工程。组织开展“青年丽水”创业创新发展论坛，搭建青年企业家、创业青年交流平台。举办第三届“青鸿鹄”中国数字经济创业创新大赛，征集全国各地项目88个，覆盖人工智能、区块链、智慧医疗等领域，并组织市、县招引部门、园区全过程招引。建设省、市青年众创空间13家，推出“青创贷”“美好未来电商创业贷”“茶商贷”等扶持青年创业政策，发放贷款3.2亿元。培育乡村振兴新青年，创成省级示范性青创农场9家、市级33家。完成乡村振兴新青年和农创客协会换届，壮大带头人队伍。策划“我在窗口写青春”系列宣传，虞挥、叶欣瑞、郭学谦、吴焕江入选省乡村振兴“青牛奖”50强。实施“丽水山播”计划，面向电商从业青年、创作达人、带货主播和MCN机构分层分类开展培训及资源洽谈对接活动270期，覆盖1.5万余人。牵头制定《视频(直播)电商发展的若干意见》，将电商人才纳入全市高层次人才体系。开设抖音“丽水特产馆”，上线食品、生鲜、茶叶等农特产品。联合抖音举办全国乡村守护人大会、“天生自有风格”等活动，持续开展“丽水宝藏古村”话题活动，带动农文旅内容累计传播量达76亿次，“信息赋能助力传统村落保护——丽水宝藏村落案例”入选第三届全球减贫最佳案例。全市(抖音、快手)年度直播带货销售额超47亿元，月度销售额超100万元的主播22人。

【青少年社会参与】 2022年，团市委实施“青风浙丽”青年社会参与工程。开展“浙丽青春·助力社区”行动，组织团员青年向社区报到，开展助力“双减”、垃圾分类等活动700余场。组织23万余人次“小园丁”青年志愿者开展服务5600余场次84万小时，3个项目获中国青年志愿服务项目大赛银奖。开展“我的城市我做主”青少年模拟政协提案、红领巾小提案等活动，征集模拟提案202件。深化青年山海协作，与全省68家高校、国企组建“一县一策”青年山海协作“青春帮共体”，开展项目112个。组织丽水青少年与8000余名台湾、新疆新和等地青少年分别开展“两岸同心 青春同行”、“石榴籽一家亲”夏令营等系列交流活动，打造丽水青年山海协作行动升级版，共同念好新时代“山海经”。

【青年服务提档】 2022年，团市委实施“青亲浙丽”青年服务提档工程。开展高层次青年人才、青年医护、退役军人、华侨青年、快递小哥专场等“‘青’城之恋 丽水有约”青年交友系列活动45场，参与单身青年2300人次。服务青少年心理健康，提升“12355”热线，组织心理咨询专家服务队一对一辅导。开展心理健康知识普及、开学法治第一课等“阳光护航”活动，参与青少年10万余人次。着手开发青少年心理健康服务小程序，探索“键对键+面对面”的服务产品。服务新兴领域青年群体，开展“我把丽水寄给你”主题活动，向来自31个省、243个市的“新丽水人”家人寄送1206份新年礼物和“一封信”。举办青年职业技能大赛，面向主播、外卖、快递等领域青年，联合市人社局评选技师和高级工82人。服务困难青少年群体，实施新时代希望工程，筹资127.8万元，帮扶227名青年圆梦大学。联合阿里巴巴实施“小鹿灯—愈见未来”浙里儿童健康守护计划，发放救助金额16.56万元。对服刑在教人员未成年子女、留守儿童、涉罪不起诉未成年人、患严重心理问题及心理疾病青少年100%落实结对帮扶。

【共青团改革攻坚】 2022年，团市委深化共青团改革和全面从严治团工程。高标准召开第五次团代会，优化委员会和代表结构，深化“一专一站两联”建设。以高质量完成遂昌县、松阳县全国试点为基础，全域推进县域共青团基层组织改革。加强学联组织建设，推进学生会改革，规范学生社团管理。学校少工委全部成立，100%配备少先队辅导员队伍，夯实少先队组织建设。织密建强团的组织体系，筑牢学校、机关、国企、乡镇、村社团的基层组织底盘，新建互联网行业团工委、网络作家协会团支部、快递和外卖行业团组织26家，社会领域团的组织密度增长15%。推进“团办青年社团”185个，建立塔群式网上群组。加强团干部作风建设，推动市、县团委和乡镇(街道)团干部配备率提升至93%、

2022年8月20日，广大青年在丽水市应星楼开展七夕汉服雅集青年人才联谊活动。图为参与活动人员合影
(刘基霞 提供)

91.33%。提升团员先进性，推进积分制入团，严把入口关。中学团校建设率、团员先进性评价开展率和“学社衔接”率均实现100%。“推优入党”2433人。（刘基霞）

丽水市妇女联合会

【概况】 2022年，丽水市妇女联合会（简称市妇联）被评为第十三届全国家庭工作先进集体，获综合考核优秀等次。“平安丽姐”品牌建设工作代表丽水在第六次全国市域社会治理现代化试点创新研讨班上作交流发言。来料加工经验做法在浙江省委办《浙江信息》刊发，入选“永做挺进师建设新丽水　八个必须坚持”全市优秀实践案例以及丽水市共同富裕群众增收优秀案例。党建引领巾帼“共富工坊”建设被评为丽水市党建“实招妙招”十佳创新案例，市妇联机关党支部获评先进基层党组织。市妇联工作受到“学习强国”学习平台、《中国妇女报》等国家、省级主流媒体刊发报道近140篇。

【思想引领】 2022年，市妇联学习贯彻中共二十大精神，举办“共同富裕巾帼建功”三八节主题活动，开展“六学六进六争先‘丽水之干’谱新篇争做巾帼领头雁”“浙西南女儿‘走足迹、学足迹’”“巾帼共富追梦人”“我奋斗·家国美故事汇”等主题实践活动。举行“浙西南女儿心向党”中共二十大精神宣讲启动仪式，组织“浙西南女儿宣讲团”开展宣讲1350余场次，惠及15万人次。万山交通总站旧址暨潘香凤故居被命名为浙江省巾帼爱国主义教育基地。在全省“巾帼共富追梦人”微宣讲大赛上，1名巾帼宣讲员获二等奖，1名巾帼宣讲员获“网络宣讲最佳人气奖”。全市近2万名妇联干部执委开展“四必访四必应”工作，走访服务妇女群众9.5余万次，帮助解决问题3207个。全年培树“最美执委”“巾帼建功标兵”“巾帼文明岗”等各类市级以上先进个人（集体）、家庭430个（户）。

【共同富裕】 2022年，市妇联出台全市《加快新时代来料加工共富产业发展的实施意见》，打造巾帼“共富工坊”。实施“红耀绿谷、强基共富”工程，全年发放来料加工费29.06亿元，带动山区10万余名妇女在家门口创业就业。推进“十万技能人才共富能力大提升行动”，开展平车技能比拼、村播丽姐培训、经纪人实战演练等各类培训229期，培训7952人次。推进“妈妈的味道”品牌宣传，举办“妈妈的味道　团圆一家亲”“妈妈的味道”主题茶歇大赛、“妈妈的手作”展等活动，“妈妈的味道”系列可邮寄类产品销售量提升10%。市妇联执委1人在全省首届返乡入乡合作创业大赛上获奖。实施“金融支持妇女创业助力共同富裕”行动，出台《“共同富裕　巾帼建功”行动方案》《服务保障经济稳进提质“五个一”举措》，举办“共克时艰　共谋发展　一起向未来”主题分享会，帮助企业破难纾困。全年新增创业女性贷款450人，金额1.28亿元。浙江方格药业有限公司和缙云县五羊湾果蔬专业合作社被评为浙江省巾帼农创基地。打造“花开丽水”品牌，举办美丽庭院、千人养花进社区、花园庭院（阳台）评比大赛等活动，100个花园庭院视频获119万次的浏览量，超10万人次点赞推荐评论。创成省级美丽庭院特色村10个，县级以上花园庭院1.677万户。

【家庭工作】 2022年，市妇联举办优秀青年人才系列沙龙活动和集体婚礼活动、首届“新丽水　我的家”主题实践活动。推进实施“新时代家庭家教家风”弘扬、文明家庭培育等“六大计划”以及“母亲科学人文素养倍增计划”，受到《中国妇女报》关注报道。推进遂昌县省级家庭教育指导服务体系标准化试点县建设。举办全市家庭教育指导者和现代社区家长学校负责人培训班。至年底，全市城市社区家长学校覆盖率100%，“幸福e家”课堂进驻全市所有妇儿驿站。开展家庭教育宣传活动948场，覆盖157个社区（村），发出家庭教育督促监护令103份，家庭教育指导令24份。全市4户家庭获评全国五好家庭和最美家庭，16户家庭获评季度最美家庭，8户家庭获评省级绿色家庭。编印“幸福丽水”家庭建设丛书，举办家庭家教家风基层巡讲、“‘清’风传家·德润‘青’心”、“倡廉洁家风、建最美家庭”等家风弘扬活动150余场次，100余名市直年轻女干部及处级新提任干部家属以及5000余户家庭参与。

【权益维护】 2022年，市妇联以部门联动加强婚姻家庭矛盾纠纷化解，预防矛盾纠纷“民转刑”，化解婚姻家庭矛盾纠纷6149起，化解率96.9%。县级以上婚姻家庭调解委员会规范化建设率100%。建成市级“平安丽姐”品牌工作室15个，参与巾帼志愿者4.6万人。联合出台《丽水市妇女儿童权益保护联动工作机制》《关于建立公益诉讼配合协作机制的意见》等文件，定期召开妇女儿童权益保护联席会议，落实妇女儿童保护五项工作机制，累计发出反家暴告诫书365份，人身保护令38份。开展“平安丽姐妇女儿童权益日”“平安丽姐·共享法庭”等活动，全市10个“共享法庭”入驻“平安丽姐”工作室，2600余名“平安丽姐”进驻2156个“共享法庭”。推出“关爱妇女心理健康百场公益进机关进社区进企业”活动139场次，惠及群众1万余人，为困境妇女和青少年提供个案咨询1000余人次。

【暖心关爱】 2022年，市妇联通过“妇儿驿站+巾帼共富工坊”“妇儿驿站+现代社区建设”“妇儿驿站+暖心关爱”等模式，建成10家省级、32家市级、142家县级妇女儿童综合服务驿站。缙云县舒洪镇妇儿驿站、景宁畲族自治县大均乡妇儿驿站运行模式被列入《浙江省妇女儿童服务驿站指导手册》。建成捷克布拉格、西班牙巴塞罗那、西班牙马德里、法国巴黎4个海外“妇儿驿站”，服务海外妇女群众。制定《丽水市推进儿童友好城市建设实施方案（试行）》，开展儿童友好乡村、社区、医院、场馆等友好单元建设，莲都区灵山社区、缙云县西桥社区儿童友好社区建设项目入选浙江省妇女儿童发展规划2023年示范项目。举办全省首站“温暖来敲门”启动仪式，开展“小园丁妈妈”陪伴等公益关爱活动586场次，走访慰问儿童4900余人，结对帮扶留守孤困儿童2471人。实施焕新乐园、圆梦助学等项目，帮助451名困难学生实现上学梦，为4000余名困难妇女群众送去大米、童鞋等价值超200万元的物资。实施“康乃馨女性健康关爱计划”项目，3850名低保妇女参保，45名患病妇女获救助金每人5000元。实施“乳此美丽一路通行”项目，为全市1万余名“两癌”筛查后的妇女投保“两癌”险。实施“两癌”救助项目，全市47位低收入“两癌”患病妇女每人获资金补助1万元。市妇联被评为“乳此美丽一路通行”项目优秀执行单位，系全省妇联系统唯一。

【组织建设】 2022年，市妇联召开全市第五次妇女代表大会，完成市妇联换届。完成乡镇（街道）妇联组织换届，乡镇（街道）妇联领导班子本科及以上学历占比75.4%。与上届相比，领导班子平均年龄小3岁，执委平均年龄小2.7岁。成立全市货运行业妇联、市网络作家协会妇联、讯唯集团互联网企业妇联等35家妇联组织。成立全市女科技工作者协会，首批会员215人，其中硕士以上及高级职称会员占82.56%。出台《丽水市巾帼人才科技创新七大行动实施方案》，举办“智汇巾帼 科创未来”巾帼科技创新周活动，助力人才科技强市。实施“基层领头雁培训计划”，提升干部履职能力。督导落实村（社）妇联执委管理办法，创新妇联执委共富项目领办制度，提升执委工作效能。2名党员获评“4•9”疫情处置志愿服务优秀个人，2名党员分别获市优秀共产党员和优秀党务工作者称号，1名干部获评全市问海借力突出贡献先进个人，1名干部获评全市党委系统信息工作优秀个人，1名干部获评全市打击治理电信网络新型违法犯罪工作突出个人和市直机关优秀工会干部。 （潘江浩）

丽水市科学技术协会

【概况】 2022年，丽水市科学技术协会（简称市科协）下辖县（市、区）科协9个，乡镇（街道）科协172家，园区科协7家，企业科协77家（2022年新增1家），新建“三长带三会”工作试点乡镇34家，联盟组织375家，组织科技科普活动5475次，受众299660人次。

【2022浙江省乡村振兴战略论坛暨丽水市“百名博士助百企·百名专家连百乡”活动】 2022年6月1日，由浙江省科协、丽水市人民政府共同主办、丽水市科协承办的2022浙江省乡村振兴战略论坛暨丽水市“百名博士助百企·百名专家连百乡”活动在丽水举行。论坛以“拓山区特色 筑共富之路”为主题，吸引院士、知名专家等150余名科技工作者齐聚“浙江

2022年6月1日，丽水市“百名专家连百乡”促共富科技服务团授旗仪式举行
（周丹桂 提供）

绿谷”丽水，聚焦全省高质量发展建设共同富裕示范区目标任务，接续推进乡村全面振兴，促进农民农村共同富裕。中国工程院院士、浙江省科协乡村振兴学会联合体主席陈剑平，中央农办农业农村部乡村振兴专家咨询委委员赵兴泉出席论坛并作主旨报告。浙江省科协党组成员、副主席武传宇致开幕词，市委副书记张赟致欢迎词，市委常委、副市长楼志坚出席论坛。论坛上组建由147名博士及182名省、市科技特派员组成的2支科技服务队伍，全年服务团进企入乡下田服务1356人次，培训指导9530人次，推广新品种、新技术259个。

2022年11月15日，在“智汇丽水”人才科技周开幕式上，“古堰画乡·院士之家”获“浙江院士之家”授牌　（周丹桂　提供）

【弘扬科学家精神】 2022年，市科协邀请何鸣元、朱位秋、施一公等院士和3名中国科学院老科学家走进丽水校园宣讲42场次，受众1.3万余人。华东师范大学附属丽水学校获评首批“浙江省院士科普基地”并举办首届“院士杯”科技节，何鸣元院士发来贺词。“科普大篷车”等进乡村学校开展科普30余批次，市科协被评为中国流动科技馆项目优秀单位。“5·30”全国科技工作者日前后，全市166辆城乡公交和市区中心地段户外大屏，滚动展播致敬科技工作者日主题宣传片。市科协通过省、市媒体宣传42个先进个人和集体奋进“科技长征路”典型事迹，传播阅读量163.1万人次。

【科技创新平台体系】 2022年，市科协构建以“一家三站”为主的具有梯次的创新平台体系。“古堰画乡·院士之家”获评“浙江院士之家”，签约进家院士48人，签约或续约项目11个。褚君浩、宋伟宏、李百炼、欧阳志云4名中外院士及诺贝尔奖获得者迈克尔·莱维特院士（专家）工作站签约成立，丽水市院士（专家）工作站达到12家。丽水市博士创新站从零起步，新建94家，柔性引进59名外地博士，协助企业落地合作研发项目、提供技术升级方案等300余项，团队培训人才近2000人。

【科技促共富】 2022年，市科协以培育半导体全链条、精密制造、健康医药、时尚产业、数字经济五大主导产业集群为导向，推出五大产业首席科学家、“希望之光”组合式人才帮扶团、“一县一业一学会” 等助力全市域产业链延链、补链、强链，以科技人才支撑共同富裕。市政府聘任褚君浩、卢秉恒、高翔、龚健雅、郑裕国5名院士担任丽水市产业链首席科学家；省科协智能制造学会联合体等2个省科协学会联合体、省中医药学会等17家省级学会、杭钢集团科协分别与丽水市建立全面合作关系，并分别在丽水建立产业（人才）服务站（驿站）；市科协组建324名省级以上专家组成的专家库，组织各类专家进企入乡开展服务2004人次，举办学术（服务）大会26次，帮助解决技术问题62个。其中，“希望之光”组合式人才帮扶团队与各地共同商议制定《人才帮扶团三年工作方案》并在2022年的“智汇丽水”人才科技周开幕式上签约。至年底，帮扶团助企引进人才7人，签约咨询建议类项目22个、技术攻关项目9个，投入研发经费2570万元，联合培养人才431人。

【人才智库建设】 2022年，市科协服务人才，导入高端创新资源，提供产业发展参考。11月16日，由浙江省科学技术协会、浙江省教育厅主办，丽水市科协承办的“智汇丽水”人才科技周子活动浙江省高校科协联合体成立仪式暨丽水首站活动在丽水举行，由省内22所高校组成的省高校科协联合体与缙云县签署战略合作协议，开展全方位“一站式”合作。3月10—12日，浙江省抗癌协会主办，丽水市抗癌协会、丽水市中心医院和丽水市人民医院共同承办第28届浙江省肿瘤防治学术年会暨第五届浙江省肿瘤科技创新与精准治疗高峰论坛，郑树森、张志愿、谭蔚泓、林东昕4

名院士分别作线下线上专题报告。11月15日，宁波市科协、市科协联合举办"甬丽合作"——增材制造研究学术大会，卢秉恒院士及5名行业知名专家围绕增材制造的产业基础和学术发展建言献策，100余家企业参加，活动被《人民日报》等媒体宣传报道。市科协聚焦服务党委政府科学决策，制定出台《丽水市科技工作者建议征集与奖励办法》，高质量编报《科技工作者建议》8期，获市领导批示5人次，其中市政府主要领导批示1次。市科协组织科技赋能软课题征集，设立"海外高层次人才引育路径优化策略研究——以丽水市为例"等25项课题；开展自然科学优秀论坛评选，参评论文792篇，根据文献计量评价指标确定一等奖20篇、二等奖60篇、三等奖200篇。

【科普场馆建设】 2022年，市科协加强科普场馆建设。8月26日，占地约13.5公顷，总投资6.3亿元的丽水市科技公园（丽水市科技馆）项目开工建设，至年底，完成主体工程10%。全市培育各类科普场馆（基地）100余个，其中国家级1个、省级10个、市级46个，科普研学线路地图向社会公开发布。

【系列科普惠民活动】 2022年，市科协聚焦"一老一小"推进"银龄跨越数字鸿沟"和"科普助力双减"行动，培训老年人应用智能手机156438人次，形成"以老助老"万人帮扶团丽水特色做法；以"科普助力'双减'"等为主题，举办科普活动517场次；启动文化赋能山区26个县"春苗科学行"，惠及青少年102665人次。举办"青少年JIA"品牌活动；3组家庭获全省"冲刺科学+"大型全民科普益智活动团体决赛并列第一位。市科协与市妇保院联合每周举行一次"成母礼"仪式，先后为400余个新生儿家庭提供优生优育科普服务。定期推送科学热点、防诈骗等科普知识，科普短信发送233.08万条次、公众号发布252期1008篇。

【数字化改革】 2022年，市科协引导多家单位入驻数字化平台。"银龄跨越"整合市委老干部局等6家单位资源，建设教学网点179家，发布"教爸妈玩转手机"、本地话和普通话"双语"教学视频等教学资源，注册志愿者441人。"群团助力双减"整合丽水地质科普馆等"双减"教育平台41家，发布各类活动235场。"千博助千企"平台入驻企业115家、博士124人，实现博士创新站建站审批、站点升级、绩效评价的全周期数字化管理。

（陈昊同）

丽水市归国华侨联合会

【概况】 2022年，丽水市归国华侨联合会（简称市侨联）带领全市侨界干部群众，以"带领者、推动者、垦荒者、传播者、夯实者"的身姿，为实现将丽水全域打造成"东海岸艺术浪漫侨乡"和"中国华侨名城"的目标贡献力量。遂昌县、龙泉市侨联换届，莲都区社区侨联实现全覆盖，青田县侨联成立全省首个县级华侨海外仓贸易促进会。浙江枫澜实业集团有限公司等3家基地获浙江省侨联侨界创新创业基地称号。市侨联评选出11家首批浙丽侨助共富"文化润侨"交流实践基地。全市涉侨政协委员提出提案112件，其中涉侨提案21件。全市侨联上报侨情专报58期，获中国侨联、省侨联、市领导批示肯定21次；市侨联公众号刊发信息1058条。

【党建引领】 2022年，市侨联以党建工作为引领，紧抓中共二十大等重要节点，开展"爱我中华·喜迎二十大"书画选登活动；参加省侨联组织的"侨心向党·跟着总书记读好书"讲书大赛，市侨联获优秀组织奖。市侨联组织侨界群众集中收看中共二十大开幕会，500余家基层侨联、80余个海外侨团收看学习。市侨联赠送多语种中共二十大精神口袋书，开展侨界热议、座谈、跨越宣讲等主题活动，学习中共二十大精神，为推进丽水发展、祖国建设凝聚侨胞力量。

【服务中心】 2022年，市侨联举办线上侨团周"云推荐"和线下专场推介会60场，引进全市首个的百亿级重大制造业项目——丽水东旭高端光电半导体材料项目落地。全市侨联系统累计招引落地涉侨项目10个，投资总额121.3亿元；在谈涉侨项目15个，意向投资额67.84亿元。市侨联召开"乡村侨舍""侨助工坊"推进现场会，开展"百个侨团（企）助百村"帮扶结对，推进"浙丽侨助共富"工作。36个丽籍侨团（企）与44个偏远山村结对，捐赠帮扶资金274.7万元；各地"侨助工坊"带动当地就业超2万人，帮助培训超3000人，带动近3万人增收致富，人均增收2000元。11月16日，市侨联承办第十一届"智汇丽水"人才科技峰会——中欧绿色经济发展论坛分会，11月19—22日，承办第五届华侨进口商品博览会。

【为侨服务】 2022年，市侨联举办"百名律师结对百个侨团"活动，全市113个丽籍侨团与113名律师结对并成立全省首个律师事务所侨联，开展“普法你我同行”等活动。市侨联开展“我为侨企解难题”活动，走访侨资企业80余家，为侨企答疑解惑40余项，处理群众来信来访108件。市侨联协助乌克兰撤侨工作，探索谋划建设丽水云侨创数字化侨宇宙平台。市侨联举办“亲情中华”网上夏令营活动，6月15—29日，丽水营和青田营104名华裔青少年参加学习。市侨联开展节日走访慰问活动，各级侨联走访慰问侨界群众469人，送去慰问金和慰问品折合人民币价值40万元。市侨联下属社团市侨界妇女协会向10名缙云中学学生捐赠5万元助学金。市留联会举办以“浙丽同心·海归学长荟”“卫生文化进村”“喜迎二十大·龙泉话共富”等为主题的活动，开展考察学习、送医下乡、走访联谊等活动。市志愿者协会开展“新春走访独居老侨眷”“喜乐闹元宵 欢迎您回家”“科普消费者维权”“看望侨界留守学生”等活动。（陈玥蓉）

丽水市工商业联合会（总商会）

【概况】 2022年，丽水市工商业联合会（总商会）（简称市工商联）坚持以习近平新时代中国特色社会主义思想为指导，落实市委市政府、省工商联各项决策部署，开展非公有制经济人士教育实践活动250场，参加活动1990人次；举办各类非公有制经济人士培训班26期，参加培训1400人次，其中新生代企业家培训16期，参训企业家690余人次。实施“品质丽商提升工程”，举办新生代企业家培训班、商会会长培训班。至年末，全市工商联有会员19652人；商会248家，其中异地商会155家，直属和行业商会25家，基层商会68家。市工商联围绕丽水传统制造业强链补链、海外丽商进一步助力双招双引等方面向市委市政府提出建议，获市委书记等市领导批示肯定。全市工商联向市、县党委政府提供各类助企调研报告、大会发言、提案建议130余个。

【教育实践活动】 2022年，市工商联学习宣传贯彻中共二十大精神，开展“六学六进六争先、‘丽水之干’谱新篇、‘两个健康’启新程”学习实践活动，通过组建新时代丽水民营企业家宣讲团、召开“永远跟党走·奋进新征程”理想信念报告会，推动中共二十大精神进企业、进商会、进基层。全市工商联系统开展集中学习活动200余场，党员学习率100%，500余人参加实地研学活动。市工商联开展理想信念教育“凝聚共识提振信心”行动，掀起学习贯彻省第十五次党代会精神、市第五次党代会精神的热潮。全年举办企业家宣讲活动50余场，参会企业家达1490余人次。

【民营企业帮扶】 2022年，市工商联深化“三服务”活动，开展“助企开门红”、精准服务企业等大走访大调研专题活动，助力企业发展。全市工商联开展“三服务”走访活动300余场次，走访企业、商会400余家，解决企业问题111个。

市工商联加强与人民银行等金融机构的协同联动，加大银企对接力度，梳理有融资需求的民营企业名单推送至市人民银行，选派金融指导员上门入企提供金融服务。市工商联与市法院签订《关于建立健全人民法院与工商联沟通联系机制的实施意见》，发挥“商事纠纷商会解”的独特优势，健全类型化纠纷专项治理机制，在全市建成商（协）会“共享法庭”23个，其中丽水市总商会共享法庭被评为全市首批实践应用“共享法庭”。市工商联与司法局、律师协会同步签订三方《战略合作框架协议》，全市10家市级商会、80家县级商会均签订法律顾问合同，29家律所参与该活动，商会法律顾问覆盖率100%。

【商会组织建设】 2022年，市工商联推进商会规范化发展，指导成立丽水市山东商会、丽水市吉林商会，完成丽水市阀门商会换届指导工作，新增会员124人，增速7.7%。完成全市商会建设情况信息采集与整理，涉及全市商会202家，数据1060个。

全市工商联系统成立商会党组织96个，其中市工商联所属商会新成立丽水市商贸联合会党支部、丽水市衢州商会党支部、丽水市超市经济促进会党支部，累计成立党支部6个，工作支部3个，党组织覆盖率69.2%。市工商联开展“乡镇街道商会建设提升”专项行动，建立乡镇街道商会68个，至年底，全市172个乡镇（街道）实现商会建设全覆盖。

【助力山区26个县高质量发展专项行动】 2022年，市工商联与宁波、湖州、嘉兴三地工商联联系结对，组织、参与举办嘉兴工商联助力龙泉高质量发展对接会、德清县工商联助力缙云县产业发展考察交流活动、第三届长三角商协会资源对接会暨产业链供应链合作论坛等专题活动，签订合作协议24个。发挥市、县两级工商联和商会组织在全市招商引资工作中的积极作用，创新“以商引商”，组织北京、温州、杭州、石家庄等地110余名商会企业家到丽水，推动促成浙江巍翔科技集团总投资2.96亿元的养老度假中心等重要项目落地丽水。

【“万企兴万村”行动和“共富工坊”建设】 2022年，市工商联推进“万企兴万村”实验项目认定，实现县级实验项目全覆盖，认定市级实验项目3个，申报省级实验项目2个，提炼上报典型案例5个。完善落实“万企兴万村”台账管理，录入台账152个，其中，民营企业125个，“兴村”项目146个；投资经营类项目总额15.11亿元，公益捐赠类项目捐款捐物总额934.54万元。市工商联联合市人力社保局、市农业农村局、市经信局、市残联等部门制定下发《关于推进定向招工式“共富工坊”建设的工作方案》，引导企业通过设置共富车间、共富生产线和共富岗位，定向吸纳农村剩余劳动力、低收入农户就业务工。全市建成定向招工式“共富工坊”71家，吸纳就业4038人，其中低收入农户537人，人均月增收3381元。

【清廉民企建设】 2022年5月26日，市工商联组织召开全市清廉民营企业建设工作推进会，开展创建工作现场督查指导，在民营企业中推行“三清单一承诺”机制，评定首批13家“浙丽·清廉民营企业”。至年底，全市163家民营企业参与创建，其中通过验收124家，其中浙江国镜药业有限公司以“廉”赋能企业经营管理成效突出，获评浙江省清廉建设成绩突出单位。

【涉案企业合规改革】 2022年，市工商联联合市检察院开展涉案企业合规第三方监督评价，通过联席会议、专家组成员监督评估，督促涉案企业做出合规承诺、落实问题整改，成立市级第三方机制管委会1个，县级第三方机制管委会1个，第三方机制专业人员库1个，全年办结合规案件4起。 （丁　怡）

丽水市文学艺术界联合会

【概况】 2022年，丽水市文学艺术界联合会（简称市文联）学习贯彻中共二十大精神，坚持以文铸魂、以文化人、以文育人，开拓创新、扎实工作，推进新时代文化丽水工程，建设绿水青山与共同富裕相得益彰的社会主义现代化新丽水。新建立3个乡镇级文联，分别为松阳县三都乡、四都乡和大东坝镇文联。市文联下属11个文艺家协会，有国家级会员571人，省级会员2024人，市级会员5391人。诗集《春雷与败酱草》获第八届鲁迅文学奖提名，电影《云霄之上》、现代越剧《绿水青山》、戏剧《畲山黎明》、电视剧《春风又绿江南岸》4部作品获省第十五届“五个一工程”奖，2件书法作品入选全国展，少儿婺剧《擂鼓战金山》获第26届中国少儿戏曲小梅花荟萃“小梅花集体节目”称号，多部摄影作品在全国、全省摄影展入展获奖，3部作品在浙江省山区26个县村歌故事会大赛中获评“十佳村歌故事”，6部作品获省级“优秀村歌故事奖”，市文联获省级“优秀组织单位奖”。

【主题展赛活动】 2022年，市文联围绕“喜迎二十大”主题，举办丽水文学创作大赛（散文诗歌专题）、第九届丽水油画双年展、2022年“童话云和杯”瓯江行丽水摄影大展、“传统非遗·当代表达”龙泉青瓷艺术创新展、丽水市第三届新人新作书法展等主题文艺展赛等活动。市文联承办“花动一城春色”丽水市首届文化创意展（网络文学展区）、丽水市“阳冰遗韵”杯第四届青少年书法大赛等一系列文艺活动。市文联举办“金丽衢”三地书法联展、“‘以书为媒，文润新和’浙疆一家亲　百名作家助力文化润疆”作品捐赠等对外交流活动。

【重大赛会活动】 2022年11月24日，市委宣传部、市文广旅体局、市文联共同主办的首届丽水艺术节开幕，首届丽水艺术节集中举办“李阳

2022年11月24日，“李阳冰杯”首届全国书法篆刻大展活动现场

（尹建光　提供）

冰杯”首届全国书法篆刻大展、纪念李震坚一百周年诞辰作品巡展、第九届丽水油画双年展、少儿戏曲小金桂大赛、“处州万象夜”、“我们的节日”诗词吟诵会等一系列培育性、普惠性文艺活动。11月17—21日，2022世界摄影大会在丽水举办。大会以“世界影像，丽水坐标”为主题，彰显“青春、时尚、先锋”特色，汇聚全球摄影艺术、产业、政务、商务不同领域代表，以线上线下结合方式，发布最新技术成果、“国际摄影丽水榜”。举办国内外专家学者主旨演讲、影像产业论坛、丽水“最美拍摄点”展览、“青春集结 共创未来”摄影主题展、“先锋流行色”2022浙江省青年摄影大展、“就是有瘾”青年摄影师分享会等活动。市文联与省文联、省作协对接项目，7月6—8日，邀请国内知名网络作家、丽水籍知名作家50余人参与“云聚畲乡·共富前行”全省网络作家体验营走进景宁暨全市网络作家年会，成立全国首个少数民族自治县网络作家协会，举办“笔墨寄乡愁，文思涌处州”网络文学论坛暨乡愁主题创作改稿会，出版发行20万字的“写家乡”网络文学作品集。

【文艺志愿服务】 2022年，市文联通过上下文艺志愿“联”动推进艺术乡建。5个县级文联和11个县级协会与省文联及省、市文艺家协会结对，培育扶持景宁县畲画创作群体、青田县核竹雕和现代刻字群体等一批地方特色文艺优势群体；引进省内外知名艺术家入驻乡村参与“艺术乡建”，成立“力溪连环画村”“沿坑岭头画家村”“柿子红了”“吴品禾工作室”等23家艺术工作室。“5·23”中国文艺志愿者服务日前后，市文联围绕“共同富裕”“强国复兴有我”等主题创作排舞、剪纸、音乐、摄影、戏曲、诗词等优秀文艺作品，线上发布100余件文艺作品，对外发布5期专题。市文联组织市作协、市美协、市书协、市舞协等单位志愿服务小分队到莲都区、缙云县、云和县、景宁县等地开展“红绿融合、喜迎二十大”文艺志愿服务，有慰问演出、辅导培训、展览展示、文艺支教等多种活动形式。推进省委宣传部、省文联举办的“浙风十礼 艺路同行”文艺志愿服务走进丽水9个县（市、区）活动，举办送文艺演出和漫画展，推动省级文艺家协会与县级文联开展结对提升等一系列文艺助力共同富裕志愿活动。（尹建光）

丽水市残疾人联合会

【概况】 2022年，丽水市持证残疾人99815人，其中视力残疾9694人、听力残疾23733人、言语残疾1047人、肢体残疾43280人、智力残疾8010人、精神残疾8302人、多重残疾5749人。丽水市残疾人联合会（简称市残联）提出“三大工程”建设（党建引领工程、基础保障工程、发展共富工程），谋划“个十百千万”10个一级项目和20个二级项目，推动残疾人公共服务体系全面优化，残疾人合法权益充分保障，残疾人融合发展深度推进。

【争取扶持政策】 2022年，市残联争取省残联支持，推动省残联出台《关于支持丽水残疾人事业高质量发展促进残疾人共同富裕的若干意见》，该扶持政策以满足残疾人日益增长的美好生活需要为根本目标，以解决残疾人城乡、区域、收入差距问题为主攻方向，围绕残疾人基本保障、就业增收等15个重点领域。

【残疾人民生实事】 2022年，市残联完成省政府民生实事“提升建设规范化残疾儿童康复机构”4家、“提升建设残疾人之家”19家（超额4家）、“实施重点公共服务场所无障碍改造”104个（超额3个），完成市政府民生实事“帮助600名残疾人就业”，实际帮助1267人（超额667人）。

【就业帮扶】 2022年，市残联、市财政局、市税务局联合制定超比例安排残疾人就业奖励政策，对18家用人单位进行奖励，奖励金额28.69万元。开展全国残疾人按比例就业情况联网认证“省内通办”“跨省通办”工作，申报单位865家，安置登记残疾人2919人。推动落实党政机关录用残疾人公务员1人（松阳县西屏街道）。发挥“残疾人之家”阵地优势，探索异地企业在丽水设立帮扶性就业基地新模式，“残疾人之家”庇护的100余名残疾人实现家门口按比例就业。制定出台《丽水市本级残疾人职业技能培训（竞赛）补贴和奖励办法》，全市组织残疾人职业技能培训1742人次，超额完成16%。积极向人社部门为符合条件的残疾人争取报考职业技能证书考试资格。

【康复服务】 2022年，市残联落实康复服务政策，残疾人康复服务基本实现应助尽助。全市康复服务44273人次，康复服务率100%，发放辅具3703件，残疾人基本辅具适配率99.76%，残疾人家庭医生签约率91%，残疾人精准康复服务率88%。推进康教结合，投入486.2万元资金升级改造残疾儿童康复机构，新增服务场所2800平方米、专业技术人员34人，新增基础容量220人、常年康复儿童95人，全市残疾儿童康复服务759人次，超额完成年度任务32%，为2715名残疾学生和残疾人家庭子女发放助学补助513万余元。落实精神障碍人士免费服药政策，惠及3.2万余人次，减免药费510万元。优化辅具服务，探索辅具评估和适配“线上+”，改善残疾人生活能力和条件，线上评估2594人次，发放辅具3118件。

【组织建设】 2022年，市、县、乡残联完成换届，全市配备挂职理事长15人、兼职理事长10人，173个乡镇(街道)全部成立残疾人专门协会、配备残疾人工作专职委员183人，配备村(社区)残疾人工作联络员1105人。7月，市残联在全市部署开展“三个第一者”主题实践活动，开展大学习大讨论59次，召开残疾人专门协会活动交流34次，走访残疾人家庭28982户，收到残疾人意见建议57条，落实扶残助残建议提案23个，解决困难415个。

【无障碍环境建设】 2022年，松阳县“全链条”无障碍建设先行区被确定为浙江省首批促进残疾人共同富裕先行先试项目。全市创建省级无障碍社区9个，市级无障碍村10个、无障碍景区9个。推进残疾人家庭无障碍改造，帮助393户残疾人家庭改善居住环境。

【残疾人权益保障】 2022年，全市残联落实信访首问责任制、AB岗制度，开展普法宣传活动156场，推进残疾人权益保障工作。全市残联对信访案件实行包案下访处置制度，处理信访事项133件，办结率100%，推动残疾人信访问题及时化解。

【社会助残共富】 2022年，市残联组织动员杭州、温州等地有经济实力的丽水籍企业人士加入助残事业，推动设立“浙西南残疾人共同富裕发展基金”。推动支付宝“爱心守护”计划、海亮集团心智障碍人士就业支持服务、圆通圆梦家园、浙江外服设立帮扶性就业基地等社会助残签约项目落地。寿尔福集团资助15名品学兼优的残疾人大学生每人5000元。落实上级对口帮扶要求，与泸州残联系统对口协作落实帮扶资金100万余元，动员社会捐赠20万余元。

【丽水市残联第八次代表大会】 2022年12月20—21日，市残联召开丽水市残疾人联合会第八次代表大会，全市150名代表参加。市委副书记张赟、省残联副理事长顾艳、市政府残疾人工作委员会成员单位负责人和各县(市、区)人民政府分管领导等出席会议。张赟、顾艳分别在开幕会上致辞，市残联第七届执行理事会理事长王军代表主席团向大会作工作报告。大会选举产生市残联第八届主席团主席、副主席、委员，市政府副市长李汉勤当选市残联第八届主席团主席，叶龙标、王军、项伟强、毛纯、蔡余庆燕、洪声娥、范文燕、雷伟珍为主席团副主席，聘请市委副书记张赟、市人大常委会副主任杨秀清、市政协副主席高波为主席团名誉主席。大会推举王军为市残联第八届执行理事会理事长，通过吴锦华、王国军为副理事长，张立为挂职副理事长，王昌雄为兼职副理事长，邓智强、白洁、胡秀梅为理事，通过六个专门协会的主席、副主席。通过大会选举产生出席浙江省残疾人联合会第八次代表大会的代表，推举浙江省残疾人联合会第八届主席团委员候选人，通过关于丽水市残疾人联合会第七届主席团工作报告的决议。

【丽水市第五届残疾人运动会】 2022年11月21—23日，丽水市第五届残疾人运动会在丽水举行，9个县(市、区)代表团215名残疾人运动员参赛。市委副书记张赟、市政府副市长卢彩柳、市委副秘书长叶建利、市政府副秘书长王峰以及市五届残运会

2022年11月22日，丽水市第五届残疾人运动会在市体育中心开幕

(李盛楠 提供)

组委会成员等出席开幕式。此次运动会设置田径、游泳、乒乓球、羽毛球、中国象棋、飞镖6个比赛项目，决出金牌105枚、银牌93枚、铜牌67枚。遂昌县、莲都区、缙云县分获团体总分前三名，云和县、松阳县、青田县获"体育道德风尚奖"，景宁县、龙泉市、庆元县获"组织奖"。

【先进典型选树】 2022年12月20日，中共丽水市委、丽水市人民政府印发《关于表扬丽水市自强模范暨助残工作成绩突出集体和个人的通报》，对10名自强模范100名"最美残疾人"、10名助残模范个人以及浙江非王泵阀有限公司等60个助残模范集体进行表扬。（管苠茗）

丽水市红十字会

【概况】 2022年，丽水市红十字会（简称市红十字会）开展公安、教育、交通、消防等领域重点培训，举办全市红十字应急救护师教学大赛市直选拔赛。全市红十字系统完成救护员培训42664人，超额完成4.91%；完成救护知识普及培训227131人，超额完成2.19%。开展生命安全教育、心理健康促进等各类志愿服务活动。开展造血干细胞捐献、人体器官（遗体、组织）捐献和无偿献血宣传动员工作。全市新增造干血样入库302人份，完成率100.67%，实现造干捐献2例。规范开展人体器官捐献工作。全市新增器官捐献登记3089人，超额完成187.08%，全市实现器官捐献6例，遗体捐献2例。

【"博爱超市"模式】 2022年，市红十字会参与基层社会治理，推进红十字进社区、进农村工作，以建设"博爱家园"为载体，推广"博爱超市"模式。"博爱家园"是中国红十字会以"推动社区治理、提升社区能力、促进社区发展"为目标的人道公益项目。市红十字会按照"一社区一品牌、一社区一特色"的要求，根据每个社区的实际需求和能力，创新打造"博爱家园"特色项目，在党建、基层社会治理、文明创建等方面发挥作用。在缙云县举办全市红十字系统工作例会暨"博爱家园"建设现场会，组织全市"博爱家园"建设负责人到缙云县新建镇、五云街道交流学习"博爱超市""爱心置换角"模式。

【市红十字会四届三次理事会议】 2022年，市红十字会召开第四届理事会第三次（扩大）会议，审议通过2021年度丽水市红十字会工作报告、2021年度捐赠款物接受和使用情况，完成理事、副会长、执委会成员调整，对2021年度红十字工作先进单位进行表彰。

【丽水市"'5·8'人道公益日"活动】 2022年，市红十字会依托腾讯公益平台上线"丽水市救在身边""为生命救援赋能""应急救护驿站"3个项目，通过网络众筹方式募集公益资金。丽水开发区集团公司、丽水中瑞置业发展有限责任公司、丽水鑫汇物业管理有限公司等7家企业，提供12万元资金用于人道公益日"一块走"活动。活动期间，丽水市、县两级上线的"大病儿童人道需求关怀""为生命救援赋能""应急救护驿站"等项目，1.42万人次参与，筹款45.79万元，列全省红十字系统第八位，"一块走"参与1.8万人，获"一块走"配捐2.31万元，列全省红十字系统第二位。（李晨希）

法治

人大立法

【概况】 2022年5月，市人大常委会会议上，举办立法知识培训讲座，增强常委会组成人员和政府部门主要负责人的立法意识。6月，全市人大立法专题培训班在丽水学院继续教育学院举办，邀请省、市专家进行专题授课，参加培训班有法委成员、法工委全体人员、市人大有关专工委人员以及基层立法联系点、政府部门法制处室等58人，提升立法能力和水平。11月10—11日，组织开展全市人大个案审查专题研讨和岗位练兵活动，探索集案例审查研讨与业务专题培训于一体的岗位练兵培训新模式，设置现场模拟审查、个案审查研讨、专家点评以及专题讲座4个单元，融入规范性文件审查及其公文制作，把传统培训“填鸭式”的单向知识灌输模式，转化为专家、学员共同参与研讨的多向互动模式，提升备案审查队伍能力，增强市、县两级人大常委会法工委备案审查力量。该做法获省人大常委会副主任赵光君的批示肯定。提升信息宣传质量和理论调研能力，“以立法赓续红色根脉”立法系列宣传主题获省人大新闻奖；《地方立法“三全”管理体系路径构建探析》获省人大工作研究会第九次理论研讨会二等奖。

【立法调研项目】 2022年，市人大常委会组织开展市第五届人大及其常委会立法调研项目库编制工作，征集社会各界意见和建议，加强地方立法工作的统筹安排，提升全市立法决策科学化水平，确保地方立法工作有计划、有步骤、有重点地开展，提高立法质量和立法效率。梳理共同富裕示范区建设和生态产品价值实现机制的法治需求，筛选出既有山区特色又具有丽水辨识度的法规项目。8月，完成立法调研项目库编制工作，五年立法调研项目库由市委发文实施。项目库有立法项目28件。其中，城乡建设与管理类13件、环境保护类10件、历史文化保护类5件。通过调研走访重点部门等方式，督促市委组织部、市委政法委、市林业局（市森林碳汇管理局）等单位组织开展2022年度立法计划中《丽水市城乡网格化服务管理条例》《丽水市社会矛盾纠纷多元化解条例》《丽水市人才科技促进条例》《丽水市钱江源——百山祖国家公园百山祖园区管理条例》等项目的立法调研工作，并形成立法调研报告。

【立法工作】 2022年，市人大常委会践行全过程人民民主理念，坚持开门立法，向社会各界征求意见并走访老年人，其中通过网络征集意见建议近1000条。《丽水市居家养老服务条例》有8章、45条，重点规定居家养老服务用房的配建、政府服务供给、医养康养结合、助餐服务、建立山区高龄和空巢老年人关爱互助长效机制等方面。9月30日，该条例经市人大常委会会议满票表决通过，11月24日经省人大常委会批准。

调整充实基层立法联系点和咨询专家。立法过程中，市人大常委会扩大群众参与立法，根据立法工作需要，重新确定20个单位为新一届静态基层立法联系点，增加基层社区、企业和两新组织的立法联系点，并表彰市四届人大常委会基层立法联系点优秀集体和个人。发挥基层立法联系点“民意直通车”的作用，基层立法联系点起到沟通民意、汇集民智的作用。根据常委会统一安排，重新选聘15名市人大常委会法律咨询专家，并在制定《丽水市居家养老服务条例》及编制五年立法调研项目库过程中发挥专家作用。

【立法后评估】 2022年，市人大常委会构建年度立法后评估计划与年度执法检查计划同步制定机制，先后对《丽水市南明湖保护管理条例》《丽水市物业管理条例》开展执法检查和立法后评估，执法检查由相关专工委负责，立法后评估考虑到客观性、中立性和有效性，则委托第三方开展，重点检查法规的立法实施效果和质量，并视情提出修改或废止法规的意见和建议。通过执法检查和立法后评估，两者相互补充、相互支持、相互印证，提升工作效率和资源集约利用，促进政府及法规实施部门改进执法，提高依法行政水平。

【立法后审查工作】 2022年，市人大常委会向省人大常委会报备法规2件、规范性文件2件；接收市政府报送备案的规范性文件15件，市法院10件、市检察院4件，各县（市、区）人大常委会报备的规范性文件9件。6月，备案审查市监察委制定的规范性文件。整合市、县两级人大备案审查业务骨干上下联动、协同联审，在全市范围选择市本级3件规范性文件和各县（市、区）人大各1件规范性文件，组织各县（市、区）人大开展专项审查。根据新修订的地方组织法，部署落实全市人大常委会听取和审议规范性文件备案审查报告制度。（朱红玲）

政法委与综治

【概况】 2022年，丽水市政法系统围绕平安护航中共二十大工作主线，贯彻落实中央、省委、市委政法工作会议和全省、全市平安建设工作会议精神，打好"三大攻坚战"（创建全国法治政府建设示范市、创建全国市域社会治理现代化试点合格城市、夺取全省首批获二星平安金鼎），加强除险保安、数字法治系统建设、"141"基层社会治理体系迭代升级、惩治养老诈骗等重点工作，扛起"丽水之干"的政法担当，为全市创建革命老区共同富裕先行示范区创造安全稳定的政治社会环境。丽水市连续18年被评为"平安市"，成为全省首批获二星平安金鼎的设区市。

2022年，市委组织召开市委政法工作会议、全市建设平安丽水暨市域社会治理现代化试点工作推进会、全市深化除险保安百日攻坚行动推进会。召开市委常委会会议11次，专题听取政法重点工作情况汇报并提出工作要求。推动《中国共产党政法工作条例》和省委配套规定落地见效。市委政法委在全市范围开展专项政治督察，对突出问题逐一明确责任单位、整改期限。召开全市政法系统党建联建机制工作例会，推动政法机关党组织建设常态化、规范化。贯彻中办《关于巩固全国政法队伍教育整顿成果、推进全面从严管党治警的意见》，分解为100项市级实施细则，并启动常态化政法队伍教育整顿。围绕8个跨部门跨领域制度，专题召开工作部署会，在全域推动实施落地。成立政法干警依法履职保护委员会，专门印发工作方案，办理履职侵害案件90余起。挖掘莲都区人民法院法官应建勇感人事迹，召开先进事迹报告会，组织全市政法系统学习。

【平安丽水建设】 2022年，市委政法委聚焦处理好发展和安全的关系，把平安丽水建设作为政法工作的重要基石，提高平安建设工作的科学化水平，交出"456"答卷。"4"即4个多年领先，丽水市连续18年被评为省级"平安市"，人民群众安全感连续13年保持全省前三位，生态环境状况指数连续19年位居全省第一，食品安全群众满意度连续14年位居全省第一；"5"即5个明显下降，生产安全、火灾、道路交通、"三项事故"死亡人数和越级上访人次数分别比上年下降24.1%、28.6%、10.9%、9.8%和78%；"6"即6个"零发生"，实现重大政治事件、暴力恐怖事件、群体性事件、极端恶性案件、重大公共安全事件和重大网络安全事故"零发生"。

【维护社会稳定】 2022年，市委政法系统围绕平安护航中共二十大维稳安保工作主线，推进除险保安工作，加强涉暴涉恐、意识形态突出问题专项整治。落实重大维稳安保活动十大工作体系，累计启动安保维稳等级响应138天，打赢平安护航中共二十大、省市党代会、北京冬奥会、全球重要农业文化遗产大会、中国仙都祭祀轩辕黄帝大典等重大维稳安保攻坚战。突出风险隐患源头预防化解，加强重大决策社会风险评估，开展"大排查大起底大整治"专项行动，该行动排查风险隐患1543件，化解1389件，化解率90%。

【护航中心发展】 2022年，市委政法委发挥政法机关职能作用，把政法工作融入全市经济社会发展大局，牵头制定全市政法系统《服务保障加快跨越式高质量发展 创建革命老区共同富裕先行示范区若干举措》，围绕7个方面重点工作，出台具体落实举措26条，提供优化法治化营商环境制度保障。

【除险保安专项攻坚】 2022年，市委政法委构建完善风险闭环管控的大平安机制，实现"六严防、六确保""六个零发生"目标。由市四套班子主要领导领衔的全体市领导包联督导工作，推动324个突出问题得到化解。建立除险保安晾晒机制，建立包含"6+10+X"[6个重点成员单位+

9个县(市、区)、丽水经开区+其他需要主动晾晒问题的部门]要素的晾晒内容素材库,累计发布晾晒专刊、周报月报、每日要情375期。创新“全域四查”机制,结合省、市平安暗访,在全市范围常态化开展自查互查、暗访督查,累计检查点位4.6万处,整改隐患4.2万个。开展养老诈骗惩治整治专项行动,开展防范电信网络诈骗宣传活动,累计打掉各类团伙11个、移送起诉恶势力犯罪集团1起、侦办九类涉恶犯罪200余起、抓获犯罪嫌疑人300余人、追赃挽损400万余元。

【政法数字化领域改革】 2022年,市委政法委抓实数字法治系统建设牵头职责,牵头研发的“浙丽网格”应用在全省数字化改革推进会上获肯定并得到省委书记袁家军点赞。市法院研发“司法公正在线”,获评全省数字法治好应用。市检察院研发“司法网拍智能监督系统”,获全国检察机关大数据法律监督模型竞赛一等奖。市公安局“矛调精灵”获公安部公安基层技术革新奖优秀奖,“银龄卫士”获评全省数字社会典型案例。市委政法委会同市公安局创新矛盾纠纷多元化解新机制,推广“警源治理警网协同”机制,累计排查化解非警务类矛盾纠纷3000余起。

【执法监督】 2022年,市委政法委加强执法监督职能,组织开展减刑、假释、暂予监外执行重点案件评查,以“12337”举报平台重复信访线索核查为重点,推进涉法涉诉信访积案化解攻坚开展困难帮扶、资金核查、诉讼处置等工作,出台《丽水市滥诉联合甄别工作规程》,提高全市滥诉甄别法治化、规范化水平。出台《关于充分发挥行政复议化解行政争议主渠道作用的实施意见》《行政机关参加行政诉讼出庭应诉评价办法》,在全国首创由当事人选择的行政案件跨域管辖制度,推动全市万人成讼率同比下降11.4%、服判息诉率92%(居全省第一位)、行政争议诉前化解率升至61.9%、行政复议后案件起诉率降至9.7%,并实现零败诉,行政诉讼败诉率降至4.16%,居全省第三位。

【法学研究和法律服务】 2022年,全市组织开展系列领导干部学法、法学法律工作者研法、全社会宣法系列活动,开展送法进机关、进校园、进社区等“八进”活动13场,获省级表彰理论研究成果15篇。以“一县一品”建设为抓手,8个县(市、区)法学会完成换届选举。根据省委政法委、省法学会文件精神,聘请省、市、县专家25人,作为丽水市法学会首席法律咨询专家。开展法律服务,线上依托“一月一专家”免费法律咨询平台,为市民提供快捷、方便的法律服务。线下开展法治文化基层行活动,组织公益性普法活动16场,发放各类普法资料16000余份,惠及干部、群众5万余人次。

(吴雅君)

法治政府建设

【概况】 2022年,市司法局召开全市基层法治建设工作推进会,编制《法治建设示范乡镇(街道)重点任务清单》,落实基层法治建设双向考评机制。健全法治建设示范乡镇指标体系,细化10个方面、30项重点任务、100条量化指标。6个县(区)诉讼发案量同比下降,莲都区、云和县、景宁县3个县(区)保持零败诉。培育一批有辨识度有影响力的法治建设成果,美丽河湖面治理“一件事”场景应用、法律监督年度报告制度等6个项目入选全省2021年度有辨识度有影响力法治建设成果;行政裁决综合试点工作探索、民族区域自治法律制度的完善这2个基层优秀创新实践获评2021年度全省县乡法治政府建设“最佳实践”项目。完成全国法治政府建设示范市创建任务,法治建设群众满意度居全省第一位。

【法治政府示范工作】 2022年,市司法局结合示范创建迎检工作,召开法治建设工作推进会,市委书记胡海峰部署。通过网络核查,实地抽查、发布问题清单等方式督促问题整改。对6类重点场所开展明察暗访,提升服务质效。编印《法治建设应知应会》三期、《法治政府建设法律法规汇编》,组织学习和模拟考试,提升行政机关工作人员依法行政能力。检查抽查12家重点执法单位2020年以来的执法案卷,提升行政执法水平。建立“点评、交办、晾晒、通报、督察”法治统筹机制,构建“三级联创、一体推进”格局,实现市县乡法治建设一盘棋。

【法治丽水建设】 2022年,市司法局印发《关于持续开展学习宣传贯彻习近平法治思想“八进”活动的通知》,在《丽水日报》头版开设习近平法治思想宣传专栏。全市理论学习中心组(政府常务会议)学法54次,组建由30名专家组成的宣讲团,开展各类法治讲座494场次,培育法治丽水建设“最佳实践”项目129个、法治调研课题64个。谋划实施具体举措28项,贯彻落实省委《关于加快建设法治中国示范区的决定》和省委依法治省办《关于打造法治政府建设升级版的实施意见》。把“打造法治浙江示范区”列入丽水“十四五”规划和加快建设跨越式高质量共同富裕示范区行动方案。在全省率先出台《丽水市基层法治建设三年行动计划》。制定贯彻落实《浙江省法治政府建设实施纲要（2021—2025年）》《关于深入推进法治社会建设的实施意见》。召开市委依法治市委员会第四次会议，确定年度重点工作10个大项、75个小项。在法治化改革六大抓手的基础上，新增《法治保障全过程人民民主实施方案》《共同富裕制度体系建设实施方案》两大工作抓手。开展“数字化改革攻坚”“第二批法治建设示范乡镇（街道）创建”“合法性审查质效提升”“依法行政能力提升”“法治建设最佳实践培育”“社区矫正对象十查十防”“矛盾纠纷大排摸大预防大化解”7个专项行动。（郭　晨）

公　安

【概况】 2022年，全市公安机关承接“公安大脑”建设，迭代升级新时代丽水公安战略布局，开展“改革争先年”活动。全年接报各类有效警情21.55万起，比上年下降1.99%，其中，刑事、治安、交通警情分别下降9.2%、7.75%、0.4%；刑事、治安案件发案数同比分别下降4.12%、8.44%，没有发生重大安全事故、重大网络舆情。5起现发命案快侦快破，全年破获全国首例侵入金融话务系统实施诈骗案、全省最大网络贩卖枪支案、陆路走私冻品案及“3·11”特大虚拟币跑分平台案等一系列大要案。6—9月，全市公安机关开展夏季治安惩治整治“百日行动”和除险保安百日攻坚行动，聚焦“十一”国庆、中共十九届七中全会、中共二十大三个重要时段，领导下沉督导，机关支援一线，全警连续作战，全年开展集中统一行动5次，重点隐患清仓见底。刘琼被人社部、公安部授予“全国特级优秀人民警察”称号；松阳县公安局网安大队被公安部表彰为“全国优秀公安基层单位”；刘剑波、施丽伟被公安部表彰为“全国优秀人民警察”；缙云县公安局出入境管理大队和叶超群分别被公安部表彰为“全国公安机关爱民模范集体”和“全国公安机关爱民模范”；丽水市公安局交警支队车管所和马巍分别被公安部、中华全国总工会评为全国公安成绩突出集体和成绩突出个人；龙泉市公安局经侦大队和陈晓宙分别被公安部、共青团中央评为全国公安机关成绩突出青年集体和成绩突出青年民警；丽水市公安局直属机关党委被公安部评为全国公安政治工作成绩突出集体；谢建鹏被公安部评为全国公安机关命案积案攻坚行动成绩突出个人，被浙江省委省政府授予“全省模范人民警察”称号；金建辉被公安部评为2021年度全国知识产权系统和公安机关知识产权保护工作成绩突出个人。龙泉市公安局安仁派出所被浙江省委省政府授予“全省模范公安基层单位”称号；云和县公安局被浙江省委省政府授予“全省优秀公安局”称号；被浙江省委省政府授予“全省优秀公安基层单位”称号集体7个；被浙江省委省政府授予“全省优秀人民警察”称号11人；被浙江省委省政府授予“全省优秀警务辅助人员”称号1人；被浙江省委省政府评为2020—2021年度平安浙江建设先进集体3个；丽水市公安局被浙江省委省政府评为全省平安护航建党100周年成绩突出集体，6人被评为成绩突出个人；被浙江省委省政府评为2021年度全省改革创新成绩突出个人1人；被省公安厅评为省第十五次党代会安全保卫任务中成绩突出个人1人。

【公安数字化改革】 2022年，全市公安局推进“公安大脑”建设“一号工程”，启动“改革争先年”活动。全年丽水市公安局党委专题研究“公安大脑”建设38次。4月8日，全市公安机关深化数字化改革推进“公安大脑”建设暨整体试点工作动员部署会在丽水市公安局召开，铺开试点任务“百日攻坚行动”。在“建立情报全流程一体化闭环运行机”“优化交通治理精密智控机制”等试点任务中，产出“涉疆涉爆”信息，形成“三位一体”体制变革新模式等改革成果，获中央主要领导，以及公安部部长王小洪，省委书记袁家军，副省长、公安厅厅长王成国等领导批示肯定、表扬点赞。创新“丽道安”“银龄卫士”“矛调精灵”等场景应用，获“全省数字法治好应用”“全省数字社会典型案例”等称号，并在省委深化改革办公室《数字化改革工作动态》刊发成果3篇。1月，“矛调精灵”——矛盾纠纷智慧管理应用获公安部公安基层技术革新奖优秀奖；3月，丽水市公安局入围浙江省公安大脑建设整体试点单位；6月，王成国在丽水市调研指导“公安大脑”建设工作，肯定“丽道安”“矛调精灵”“龙剑链”等特色场景应用在实战实效上发挥的作用，工作经验在《丽水改革先锋》上刊发；6月，“银龄卫士”场景应用入选第七批省数字社会典型案例集，12月，获评数字社会2022年度“最佳应用”。9月，以丽水市公安局为试点报送的浙江省公安机关信用修复一件事创新案例入选全省信用数字化改革十大优秀案例。10月，“绿野寻踪”入选全国第二批食药侦实用数据模型。11月，15项场景应用被纳入全省重大改革（重大应用)法治“一本账”。

【营商环境持续优化】 2022年6月10日,丽水市公安局出台《丽水市公安局服务保障经济发展十五项举措》,开通“11087”为企服务专区平台11个,覆盖1400余家规模以上工业企业;线下建设“11087”为企服务站点,涉企服务事项满意率100%。联合法院、检察院、工商联开展“护航2022”提升企业风险防范能力专项行动,为45家企业提供培训,1000余人接受预警信息、防范对策、报案咨询等服务。开展涉企犯罪案件“挂案清理”专项治理,全市涉企“挂案”8起,均完成清理。

【电信网络诈骗犯罪惩治治理】 2022年,全市公安机关加强宣传防范、精准预警、及时止付、侦查惩治,推进电信网络诈骗案件惩治治理工作。全年受理电信网络诈骗案件4208起,比上年下降13.88%;损失金额26783.83万元,下降23%,下降幅度列同类地区第一位。破获电诈网络新型犯罪案件1000余起,抓获嫌疑人1345人,移送起诉犯罪嫌疑人1139人,追缴金额1620.28万元,追赃挽损被骗资金6474.8万元。持续推进“断卡”行动,摧毁涉诈黑灰产团伙83个,抓获犯罪嫌疑人1049人,缴获用于作案的银行卡342张、手机卡140张,惩戒“两卡”人员711人。市反诈中心共接警1658起,通过资金查控挽回经济损失2000万余元,拨打预警电话8万余个,发送短信25万余条,避免经济损失3000万余元。加强反诈宣传,全年开展现场宣讲活动4000余场次,覆盖80万余人次,发放宣传材料25万余份。拍摄反诈视频420部,累计点击量3500万余次,发布反诈推文276期,累计点击量312万次。

【传统盗抢骗犯罪惩治】 2022年,全市公安机关开展“春雷行动”等系列惩治传统侵财犯罪专项行动。全年完成盗窃案件移诉814人,超过省公安厅下发目标任务数的119.29%。“两抢”案件发案8起,破案8起,破案率100%。开展惩治整治养老诈骗专项行动,共破获养老诈骗案件22起,抓获犯罪嫌疑人99人,追赃挽损1451万余元;破获文物犯罪案件2起,抓获犯罪嫌疑人8人,追缴三级以上文物2件;破获医保诈骗案件4起,抓获犯罪嫌疑人4人。

2022年5月25日,龙泉市公安局民警以进社区、进广场、进家庭等形式深入老年群体开展防范“养老诈骗”宣传活动　（李荣华　提供）

【拐卖妇女儿童犯罪惩治】 2022年3月18日,丽水市公安局成立打击拐卖妇女儿童犯罪专项行动领导小组,4月24日,下发《丽水市公安机关打击拐卖妇女儿童犯罪专项行动工作方案》。全年采集涉拐样品1635份,同比上升35%;比中17份,找回历年失踪被拐儿童8人,从2021年团圆行动启动至2022年底,累计认定战果20人,破获案件3起,刑事拘留2人。

【经济犯罪惩治】 2022年,全市公安机关将开展“猎狐”“云端”等专项惩治和整体防控相结合,提升经济犯罪惩治成效。建立警税联合研判机制,联合税务稽查开展惩治骗取留抵退税案件专项行动。至年底,行政处罚骗取留抵退税企业31家,累计罚款金额1200万余元。推进“猎狐2022”专项行动,加强警种合成作战,抓获境外逃犯6人。发起“云端”惩治19起,抓获犯罪嫌疑人98人。4月25日,破获全年全省陆路拦截数量最大的走私冻品案,查获冻品15万千克,案值800万余元,获全国打击走私综合治理办公室批示肯定。

【涉毒违法犯罪惩治】 2022年,全市公安机关推进“清源断流”专项行动,加强“集群打零”“路地融合”“接力打击”等工作做法,惩治毒品违法犯罪。全年移送毒品犯罪案件29起。

【网络犯罪惩治】 2022年,丽水市公安局加强专业合成作战,以“支队牵头、区县负责、整合攻坚”的集中会战模式,组建“丽水网安侦查队”,

开展涉网案件打处工作。全年侦办网络犯罪案件215起，其中公安部督办重大网络案件7起，抓获犯罪嫌疑人646人。侦破“3•11”特大虚拟币帮助信息网络犯罪活动案，打掉一个利用虚拟币跑分团伙，抓获犯罪嫌疑人14人，查扣线上虚拟币2000万余个，涉案资金80亿余元；侦破“11•11”黑客侵入话务系统拨打诈骗电话案，抓获犯罪嫌疑人12人，侦获案件情报线索5条，发现境外诈骗团伙1个，串并全国电诈案件2300余起，涉案金额5.7亿元，获省、市公安领导批示肯定。

【危害食品药品安全专项行动】 2022年，全市公安机关加大对食品、药品犯罪惩治力度，保障人民群众生命安全和身体健康。年内侦破“10•12”销售有毒有害食品案件，捣毁生产销售窝点9处，抓获犯罪嫌疑人22人，涉案金额1000万余元；与市农业农村局联合开展“5•11”生猪私屠滥宰专项执法行动，查获龙泉屠宰点2处，查获宰杀生猪12头、待杀9头，货值5万元，涉案人员25人。斩断一条从河南省郑州市输入丽水的生产、销售伪劣农药通道，捣毁新郑区生产窝点2处，查扣各类农药800余件，涉案价值1000万余元；开展打击假劣药专项行动，侦破“6•2”生产、销售假药案，抓获犯罪嫌疑人11人，查扣各类成品假药30万粒，涉案金额500万余元；全年侦办省公安厅目标案件5起，发起全国集群协查案件1起。

【破坏生态环境违法犯罪惩治】 2022年，全市公安机关开展以惩治污染环境等严重破坏生态环境资源领域犯罪为重点的“昆仑2020”3号行动。全年侦破案件139起，其中，污染环境案件4起、非法采矿案件20起，采取强制措施229人，涉案价值585.31万元。5月，市委启动“保生态、护正气”专项巡察活动，至年底，收到纪委排查线索42条，刑事立案20起，刑事拘留25人，移送相关部门处理9起，挽回经济损失518万元。

【侵犯知识产权和制售伪劣商品专项行动】 2022年，全市公安机关查处知识产权案件25起，行政部门移送的16起，采取强制措施43人，涉案金额1003.8万元。莲都区分局食药环知侦查大队侦破侵犯“丽水山耕”品牌案件，抓获犯罪嫌疑人11人。

【涉野生动植物专项行动】 2022年，全市公安机关严惩非法猎捕、采集、交易、运输、寄递、食用野生动植物行为，协同推进全链条惩治破坏野生动植物资源违法犯罪活动。全年出动执法车辆208辆，执法人员529人次，检查监督场所192处。查办案件23起，其中刑事案件17起，惩治处理违法人员30人。收缴涉其他水生野生动物754尾，动植物制品6.7千克，罚款2.285万元。

【“剑锋2号”专项行动】 2022年3—6月，全市公安机关开展守护全省八大水系生态安全，惩治非法捕捞、非法采砂等“剑锋2022—2号”和惩治长江刀鲚非法捕捞销售联合执法行动。全年张贴标语通告等2035张，发送短信4262条，提示经营场所359家。惩治非法捕鱼团伙3个，抓获犯罪嫌疑人59人，采取强制措施48人，收缴渔获物96.843千克、工具49件，侦破非法采砂案件2起。惩治市场销售长江流域非法捕捞渔获物违法行为和在瓯江流域惩治非法捕捞行为，共出动执法人员419人次，排摸线索10余条，联合市场监管局和农业农村局检查各类场所177家，查处行政案件31件，破获涉渔刑事案件17件，查获渔获物52.005千克。

【枪爆物品监管】 2022年，全市公安机关推进打击整治枪爆违法犯罪专项行动，提升公务用枪管理规范化、信息化水平。全年涉枪犯罪刑事立案19起，移送起诉30人，累计清查收缴枪支97支。11月24日，市公安局在云和某钢铁厂集中销毁收缴枪支、报废枪支、管制刀具、器具4000余把，消除枪爆安全隐患。规范公务用枪管理，9月，出台《全市公务用枪领用交接操作规范》《管理使用责任清单12条》《“七个必查必纠”查纠清单》等10个制度和范本。6月起，持续开展全市危爆物品治安隐患排查整治和公务用枪专项排查整治专项行动，对2114家危爆刀具从业单位和257个公务用枪配备部门进行五轮起底式全覆盖督导检查，处置平台预警1709条，清零消除隐患204处。

【涉黄、赌案件惩治】 2022年，全市公安机关加大跨境赌博案件惩治力度，梳理研判相关账户信息并同步推送相关职能部门，累计录入“浙江大情报平台”涉案“两卡”648张，涉案银行账户1421个。健全每月黄赌警情分析研判工作通报机制，对黄赌报警频繁的重点区域落实常态化暗访检查工作，与市场监督管理局、行政执法等职能部门沟通协作，对重点场所开展联合排查整治，涉黄赌类警情比上年下降8.34%，未发现重大、恶性黄赌案件。

【“枫桥式公安派出所”创建】 2022年，全市公安机关健全完善“枫桥式公安派出所”创建机制。1月5日，开展2022年全市公安机关“枫桥式公安派出所”创建第一轮集中晾晒活动。4月1日，出台《丽水市创建“枫桥式公安派出所”重点督创所评定办法(试行)》。8月12日，推进全市社区警务工作暨全市治安“百日行动”工作交流会议在庆元县召开，通过座谈交流、实地调研，推进创建工作。全域推进警源治理警网协同工作，2月开始，组织开展矛盾纠纷排查见底专项行动；3月，联合政法委下发开展警源治理警网协同事件处置试点工作的通知并组建工作专班；8月11日，全市“警源治理警网协同”工作现场推进会在庆元县召开，建立健全矛盾纠纷定期汇总、研判、通报工作机制，做细做实滚动排查一本账。全年未出现因工作不到位而发生的个人极端暴力犯罪案事件、重大群体性事件、重大“民转刑”案件，防止各类风险隐患外溢上行。莲都区公安分局白云派出所、遂昌县公安局北界派出所、龙泉市公安局安仁派出所、云和县公安局石塘派出所获评第二批省级“枫桥式公安派出所”。

【出生户口登记】 2022年，丽水市公安局落实出生登记工作。针对新生儿落户问题，除高校学生集体户口人员所生子女、华侨所生子女以及其他父母双方均没有户口或丧失监护权的特殊情形以外，不得以任何理由为新生儿办理随父或母以外的其他人出生登记落户；对于特殊无户口人员登记，要会同相关部门建立工作机制，做到“一人一案、一事一议”，保障当事人合法权益。全年全市公安户籍管理部门开展出生登记专项排查，倒查出落户在派出所(社区)集体户6人、以非亲属关系落在家庭户135人、私自收养落户75人、6周岁以上补报落户168人、未随父或母落户69人、非婚生随父落户但无亲子鉴定证明35人，通报给刑侦部门深挖细查背后存在的违法犯罪问题，维护妇女儿童合法权益。

【流动人口管理】 2022年，全市公安机关推进“除险保安”晾晒工作机制，开展流动人口管理服务工作。重点排查整治城中村、拆迁安置小区、城乡接合部等流动人口聚居、治安复杂的区域。对沿街店铺、居民小区、出租房屋“敲门入户”，共排查集体宿舍1612间，涉及流动人口88461人，排查10人或10个床位以上群租房4191个，涉及流动人口77929人，排查安全隐患2137处，当场整改2036处。整治治安乱点72处，抓获流动人口犯罪嫌疑人53人。

【交通管理】 2022年，全市公安机关加强交通事故预防“减量控大”专项攻坚，推进“公安大脑”建设、文明城市创建等重点工作，维护道路交通环境持续稳定。至年底，全市驾驶人93.51万人，比上年增长5.84%，机动车保有量76.12万辆(其中汽车51.33万辆)，增长14.34%。全年发生全口径事故死亡236人，同比减少20人，下降7.81%。完成中共二十大和全球重要农业文化遗产大会等重要会议期间交通安保警卫任务。

【“丽道安”系统应用】 2022年，丽水市公安局交警支队迭代升级“农道安”为“丽道安”，向省公安厅申报的“公安大脑”“揭榜挂帅”核心应用项目——“省、市、县级道路隐患综合治理应用”揭榜，于年底通过省公安厅验收，被评选为全省最佳应用之一。推进“行人、非机动车闭环管理应用”建设，在市区主要路口完成行人、非机动车闯红灯非现场抓拍点位设置和电子显示大屏安装。升级全市“便捷通”2.0版本，实现非现场抓拍违法远程处理、机动车违法停车10分钟实时提醒、轻微车损事故现场快处、货车通行证线上“一城通办”。

【农村地区道路交通安全综合治理】 2022年，丽水市公安局交警支队推进农村地区道路交通安全综合治理，成立市级“遏重大”工作专班，实行合署办公，推进省、市、县三级(乡镇街道、重点企业、事故多发路段)挂牌治理工作。全年实现44个挂牌点位亡人事故零发生，18个挂牌乡镇街道交通事故死亡103人，比上年减少35人，下

2022年2月23日，松阳县公安局对雨雪天气交通道路开展除险行动

(周锦萍　提供)

降 25.36%。农村地区发生全口径事故人数减少 24 人，同比下降 12.5%。

【便捷服务】 2022 年，丽水市公安局交警支队深化“一网通办改革”，依托互联网平台和交管“12123”App 推行业务网上办理，群众自助违法处理率同比上升 15 个百分点。7 月初，全面启用摩托车计算机考场应用系统，提升驾考便民服务效率。实施电动自行车“码牌合一”合体登记，累计核发数字化号牌 15.92 万副，“数字化号牌”核发率 100%，拓展警保、警邮、经销店等 114 家社会化注册登记服务代办点，实现现场上牌，线上、线下注销系统有序运行。配合市场监管部门推进备案非标电动自行车淘汰置换，3 月，在景宁县试点启动淘汰工作，4 月底，在全市范围启动淘汰置换工作，全市淘汰注销 7 年内备案非标电动自行车 49.33 万辆，淘汰比例 92.75%。6 月底，按时完成车检“一件事”集成改革 19 项措施，推动车检服务再优化、再升级，该做法被省发改委评为数字社会系统年度群众“最爱小事”。

【高速公路交通管理】 2022 年，丽水市公安局高速交警支队围绕“除险保安”“减量控大”工作部署，加强高频通行客车风险防控和路面常态严管工作。全年查获各类交通违法行为 15.8 万起，现场处置 52031 起，其中，涉酒 67 起（醉酒 21 起），无证驾驶 104 起，行政拘留 49 人。推动道路生命防护工程建设，优先治理高风险中央护栏，排查整治隐患 329 处，改造“94 护栏”126 千米。全年发生交通事故 3706 起，死亡 4 人，死亡人数比上年下降 55.56%，降幅居全省各地市第一位。拓展高速公路数字化治理新路径，投入 265 万元，建设 5 个执勤大队综合指挥室，推动业主投入 3600 万元，用于监控补盲，建设“高瞳”异常事件主动检测系统，提升路面感知和主动干预能力。至年底，1000 米以上长隧道异常事件主动发现率 95%以上，第一力量到现场平均用时 10 分 13 秒，事件主动发现率提升 31%。

【出入境管理】 2022 年，全市公安出入境部门签发中国公民因私出国（境）证件 12161 人次，居留许可、签证 2751 人次，登记临时入境境外人员 6797 人次。

【涉外案（事）件惩治】 2022 年，全市公安出入境部门开展“獴猎”行动—2022。全年立破妨害国（边）境案件 70起，抓获犯罪嫌疑人 105 人。5 月 17 日，市公安局印发《丽水市公安局整治“三非”外国人突出问题专项行动工作方案》。至年底，查处“三非”案件 192 起，查处“三非”外国人 196 人，执行遣送出境 14 人。接收移民局以及外省传递的线索 27 条，涉及 133 名相关人员均完成核查，核证率 100%。

【禁毒教育预防宣传】 2022 年，全市公安机关把握“全民宣传月”“国际禁毒日”等重要节点，开展禁毒“流动课堂”、传唱童谣、手抄报大赛、知识问答、直播“带货”等系列禁毒宣传活动，推进“禁毒宣传进万家”活动。6月 24 日，丽水市公安局、市禁毒办、莲都区委政法委联合成立以“健康人生，绿色无毒”为主题的 2022 年全民禁毒宣传月暨丽水禁毒“暴走团”。全年开展禁毒宣传活动 120 余场，分发禁毒宣传折页、宣传品 1.6 万份，投放禁毒标语横幅 130 余条，推送禁毒宣传短信 30 万条。国家级、省级媒体报道全市禁毒工作 20 条，其中《法治日报》刊登景宁县“禁毒斗笠”点亮茶园，浙江新闻频道播出景宁县“禁毒黄粿”留心留人年味浓等活动报道，松阳县公安局拍摄的禁毒宣传片《等》，引起社会反响。

【“云上禁毒”工作】 2022 年，全市公安机关迭代升级“集群打零”技战法，提升禁毒警种办案专业化水平，健全毒品案件办理机制。2021 年 12 月 28 日，被定为全省“毒品案件智能侦办系统”试点单位之一；5 月，松阳县公安局揭榜省公安厅禁毒苍穹重点部位精准预警预防宣传子场景创建项目；12 月，通过省公安厅验收。

【森林防火工作】 2022 年，全市公安机关协同开展森林防火工作，出动警力 2406 人次，其中森林防火宣传警力 1124 人次，火灾隐患排查 699 人次，重点区域巡护 563 人次，协同查处违规用火处罚 20 人次，查处森林火灾刑事案件 12 起。

【警务保障】 2022 年，丽水市公安局向省里争取“枫桥式公安派出所”创建专项资金支持。2 月，该项目申报，经省财政厅、省公安厅联合评审，6 个派出所入围，获“枫桥式公安派出所”创建经费补助 1200 万元，解决基层经费紧张难题。9 月，开展“驾驶员技能提升月”活动，提高驾驶员安全行车、文明行车意识和车辆驾驶、维护、应急处置技能。市公安局机关及莲都区分局 80 名驾驶员参加培训和考试。推进智慧警保建设。10 月，建成“一窗通办”场景应用，30 个警保业务事项集中到一个窗口，一窗两端、数据共享，形成一站式的服务体系。11 月，更换市公安局固定资产二维码标签为抗干扰的 RFID（射频识别）标签，新增 RFID 通道、手持盘点机等设备，可实时、准确获取资产状态等信息。

【警(保)卫工作】 2022年,全市公安机关推进全域警卫基础建设,动态录入、完善更新全市常用住地26个、主要相关路线30条、现场的信息数据80个。完成中央政治局委员、国务院副总理胡春华,全国政协副主席、秘书长李斌等国家领导及省委、省政府主要领导到丽水调研等8批警卫勤务;完成首届世界重要农业文化遗产大会、中国仙都祭祀轩辕黄帝大典、世界摄影大会等重大安保任务13批次;完成国家级考试等各类安保任务39批次。

【"110"报警工作】 2022年,丽水市公安局情报指挥中心完善24小时运行的"值班局领导+情指值班主任+值班民警+机要民警+接警组"值班勤务模式,治安防控一级响应期间提升至值班主任2人、值班民警2人(双班四长制),确保及时高效处置各类警令指令。完善"1、3、5分钟"快速反应控制圈点位布局设置,梳理全市36个"135分钟"点位和138个"治安卡点"点位,实现"一点一策"。8月,缙云县公安局揭榜挂帅"警情为源头的舆情监测"应用,系三类地区唯一揭榜的地区。全年"110"报警台接报警情553851起,同比下降2.12%。其中,有效警情234643起,同比下降2.42%。刑事警情8925起,同比下降8.75%,治安类警情32121起,同比下降8.54%,交通类警情102683起,同比下降1.12%。求助类警情38855起,同比上升4.43%。

【丽水公安融媒体宣传】 2022年7月15日,丽水市公安局融媒体中心启用。该中心设置新闻采编制作区、演播室、策划研讨(舆情会商引导)、新闻媒体接待等四大区块。以微信、短视频、微电影、MV、直播等方式,在新媒体创建微专题,推出"丽警0距离""丽警青年说"系列专栏。《赤兔》《替我诉说》等宣传片获新华社、公安部、省公安厅新媒体矩阵联动转发。全年制作发布微信726篇,短视频327个,微博11087条,被中央级官方微信公众号录用25条, 其中,《人民日报》录用9条,央视新闻录用4条;被央级官方微博录用30条,其中,人民日报录用5条,央视新闻录用2条。采写的《600警力深入15.3万亩茶园护航百亿产业》获《人民日报》头版《党的十九大以来全国公安工作和公安队伍建设综述》组稿报道。《人民日报》、新华社、《法治日报》、《人民公安报》等40余家媒体报道丽水公安开展队伍教育整顿、护航共同富裕示范区建设、深化数字化改革、"公安大脑"建设、"三能"主题教育实践活动等工作亮点和经验做法。

【教育训练】 2022年,丽水市公安局教育训练处以"三能"要求,提升实战化教育训练水平。开设政治理论集中培训课程17期,培训民(辅)警4500余人次。以领导干部为重点,普通民警全覆盖开展全警学习贯彻中共二十大精神政治轮训,共培训民警3800人。组织5批次、600名民警到龙泉市住龙镇、遂昌县王村口村开展红色现场教学;组织5批次、300名民警到市委党校廉政教学基地开展警示教育。举办各类封闭集训和培训班54期,组织实战练兵比武活动30场,完成全市警体技能普测、招录测试1600人次,省公安厅"四项抽测"合格率排名全省第一。对接省公安厅"智慧政工"教育训练模块试点工作,推进综合体能"练兵码"迭代升级。联合市红十字会开展现场急救培训,被授予"浙江省红十字会应急救护工作成绩突出集体"称号。

【警务督察】 2022年,全市公安警务督察部门开展夏季治安打击整治"百日行动"、中共二十大安保维稳工作等专项督察832次,出动警力1731人次,发现查纠各类问题1105个,提出督察建议322条。"12389"举报投诉平台受理各类举报201件,办结201件,属实3件,部分属实19件。市公安局督察支队会同机关纪委通过现场抽查、视频督察等方式,组织全市同步开展涉酒检查10轮次,抽查人员7000余人次。

【民警执法权益维护】 2022年,全市公安督察部门履行维权工作牵头职责,加强维权督察,办理维权案件96起,处理侵权人员88人。其中,追究刑事责任25人,治安管理处罚63人;慰问民警47人、辅警34人,发放慰问金11.1万元。

【审计工作】 2022年,丽水市公安局加强对领导干部经济责任、执法活动财物管理、项目审计、三年轮审等审计监督。全年完成各类审计项目131个,审计金额23508.16万元,出具审计报告122份,发现问题478个,督促整改问题478个,挽回经济损失502.59万元。参加省公安厅、市审计局举办的各类审计业务培训5次、138人次,自办专题培训班2次,参加人员119人次。 (许立红)

检　察

【概况】 2022年,全市检察机关学习贯彻中共二十大精神,落实市五届人大一次会议决议,依法能动履行宪法和法律赋予的职责,各项检察工作取得进展。全市有101个(名)集体和个人获省级以上荣誉，入选最高检、省检察院典型精品案例38个，检察工作得到中央和省、市领导批示肯定25次。市检察院在全省绩效评价中取得分类考核第一，并被评为绩效评价优秀地市院，缙云县检察院获评全省检察工作成绩突出基层院，云和县检察院获评浙江省数字检察示范院。

创设“三个学、四个谈、八个一”等系列举措，推进党建与业务融合，相关机制获评全省机关党建工作创新成果，并被《检察日报》等媒体宣传推广。落实意识形态责任制，加强意识形态阵地管理，丽水检察官网获评全国检察机关规范化管理优秀网站。成立案例指导中心，完善案例培育机制，打造具有丽水检察辨识度的典型案例。加强检校合作，与浙江理工大学签订检校合作协议，建立理论研究基地4个，调研课题被省检察院立项10个。出版首本公益诉讼理论专著，举办首个生态环境公益诉讼全国检察论坛，以理论创新引领检察实践。加强山海协作、条线帮扶，制定加强基层检察院“一把手”和领导班子监督的“六张责任清单”。在全市开展为期2个月的纪律作风专项整顿，通过以案释法、警示教育，查摆整改自身存在的问题。加强“一地巡察，全域整改”模式，对龙泉市检察院审计发现的共性问题在全市开展联动整改。严格执行防止干预司法“三个规定”和重大事项报告制度，记录报告各类事项616条，出台规范退休干部执行“三个规定”6项举措，被省检察院转发全省学习借鉴。

【检察维稳工作】 2022年，全市检察机关开展危害政治安全、社会安定、人民安宁犯罪惩治专项行动，批捕各类犯罪嫌疑人843人，起诉3518人。落实“少捕慎诉慎押”刑事司法政策，对犯罪情节轻微、社会危害性不大的，依法不批捕315人，不起诉1146人。联合市司法局加强全国首创的社区矫正“无再犯罪市”创建，出台跨省协同监管机制和帮扶措施，实现所有县（市、区）社区矫正对象零犯罪。

【检察助企护企】 2022年，市检察院出台服务保障经济稳进提质十项举措，研发“检企一码通”数字应用，发布服务保障民营经济白皮书，检察护企助企机制不断健全。依法严惩侵犯企业和企业家合法权益犯罪，起诉90人。开展涉企刑事“挂案”清理活动，为企业发展“松绑”“解绊”。加大侵犯知识产权犯罪惩治力度，起诉10人，助力国家创新型城市建设。市检察院办理的冯某某等人侵犯著作权案，被评为全省知识产权保护十大典型案例。开展涉案企业合规改革，会同市工商联等部门制定第三方监督评估机制，办理企业合规案件4件。龙泉市检察院办理的菌菇企业刑事合规案件，获评最高检企业合规典型案例。

【生态检察工作】 2022年，全市检察机关开展“山水林田湖草沙”一体化司法保护专项行动。依法惩治破坏环境资源犯罪，起诉78人，办理环境资源领域公益诉讼案件127件。坚持惩治与修复并重，督促清理垃圾废物2.4亿千克，促使案件当事人缴纳生态损害赔偿金748万元、补植复绿35.2公顷、投放鱼苗132万尾。庆元县检察院在全省率先探索激活生态损害赔偿金，助力“固碳增汇”和共同富裕。会同市人大常委会、市政府召开磋商会，加强对中华秋沙鸭等国家濒危物种的司法保护，推动城市绿道建设为生物多样性保护让路，被《浙江日报》报道。青田县检察院创新运用民事公益诉讼诉前督改机制，督促非法倾倒固废案责任人筹集400万余元，用于先行处置厂区污染物，收到良好效果。

【民生司法保障】 2022年，全市检察机关聚焦电信网络诈骗、养老诈骗等高发犯罪，开展专项惩治行动，依法批捕81人，起诉749人，并帮助被害人追回384万元。聚焦“舌尖上的安全”，起诉制售有毒有害食品犯罪22人。部署“消”字号抗菌制剂药品安全、进口食品安全公益诉讼专项监督活动，办理案件45件，推动下架30类、36批次不合格食品药品。聚焦公民个人信息安全，开展专项监督，办理民事、行政公益诉讼案件31件。

【特殊群体权益保护】 2022年，全市检察机关履行未成年人司法保护职责，从严惩治侵害未成年人犯罪，起诉82人。坚持“教育、感化、挽救”工作方针，对情节轻微、悔罪表现较好的涉罪未成年人依法不起诉73人，附条件不起诉89人。帮助17名涉案未成年人入学升学就业，重新融入社会。创新开展“嵌入式”法治教育，到全市各中小学授课73场次。遂昌县检察院“鲁冰花”工作室成为全国青少年普法教育先进集体。维护妇女合法权益，起诉侵害妇女人身权利犯罪160人。在检察环节帮助167名农民工追回拖欠工资100万余元。青田县检察院加强侨胞权益司法保护，得到中国侨联主要领导的批示肯定，“检侨之家”服务平台获全省检察文化品牌建设金奖。

【社会治理完善】 2022年，全市检察机关践行新时代“枫桥经验”，检察环节促成刑事和解99件，推动106名犯罪嫌疑人认罪悔过，主动退赔退赃

3846万元。落实群众信访“件件有回复”,出台领导包案办理首次信访案件工作制度,全市涉检信访案件总数比上年下降30%。市、县两级院检察长联合化解的信访积案,入选最高检积案化解攻坚典型案例。开展司法救助工作,办结司法救助案件124件,发放司法救助金163万元,防止涉案当事人及其家属因案致贫、因案返贫。邀请各界群众参加检察公开听证81件,促进“法结”“心结”一起解。针对社会治理薄弱环节,注重“抓前端,治未病”,制发法律监督年度报告10份,发送社会治理检察建议60份。

【新时代法律监督】 2022年,全市检察机关加强侦查活动监督,在全省率先实现侦查监督与协作配合办公室市、县两级全覆盖。加强刑事审判监督,蔡某某故意伤害再审抗诉案、杨某某诈骗二审抗诉案分别入选全国检察机关精品、优秀刑事抗诉案例。加强刑事执行监督,集中治理“纸面服刑”,办理减刑、假释、暂予监外执行监督案件516件。莲都区检察院彻查一暂予监外执行监督案件背后的腐败问题,获社会好评。加大虚假诉讼惩治力度,联合市法院出台防范和惩治虚假司法确认若干意见,组织开展民事检察监督专项活动,办理案件78件。聚焦征收社会抚养费、冒名结婚登记等重点领域,组织开展行政诉讼专项监督,办理行政生效裁判、行政非诉执行等监督案件67件。推进行政争议实质性化解,办理案件27件。持续开展“护红护绿护古”、安全生产等领域公益诉讼专项监督行动,守护红色军事文化史迹,协同保护古廊桥、摩崖石刻等重点文物,办理公益诉讼案件270件。龙泉市检察院办理的某物业公司司法确认虚假诉讼监督案,推动完善诉前调解管理,规范调解案件移送程序,形成虚假诉讼联防共治工作格局。遂昌县检察院办理的1起民事公益诉讼案,在起诉的同时申请适用先予执行措施,为同类案件办理提供重要参考。景宁县检察院以行政诉前检察建议督促部门共同履职,推动保护传统畲族古村落。推广应用“益心为公”检察云平台,联合市委统战部、妇联、残联招募公益诉讼志愿者236人。

【检察数字化改革】 2022年,市检察院成立数字检察指挥中心,组建项目研发攻坚专班,在全省率先举办大数据法律监督模型竞赛,以数字化改革赋能法律监督。开展“涉车辆查封扣押”“净化空壳公司”等17个数字检察专项监督,监督成案346件。市检察院和松阳县检察院共同研发的司法网拍监督应用,入选第五批全省数字法治好应用,获全国检察机关大数据法律监督模型竞赛一等奖,并在全国检察机关推广。云和县检察院打造“智汇引擎”应用推进虚假司法确认监督,获全国检察机关大数据法律监督模型竞赛三等奖和全省检察机关创新成果称号。

【一体化建设推进】 2022年,全市检察机关运用“审查、调查、侦查”“三查合一”思维方法,融合“四大检察”职能,发挥检察一体化制度优势,整合监督资源,汇聚监督合力,增强监督刚性。出台“三查融合”办案工作意见,建立内部协作、线索移送核查等机制制度,依法履行法律赋予的职务犯罪侦查职责,坚决惩治司法腐败,立案侦查司法工作人员徇私枉法、滥用职权等犯罪案件16人。

【法治共同体构建】 2022年,首次府院检联席会议在丽水召开,并会签意见,健全不起诉案件行刑衔接工作机制。缙云县检察院试点探索的行刑衔接经验做法在全省会议上交流。加强与审判机关、公安机关的沟通,出台各类意见制度10余份。加强同市监委、市法院的衔接配合,共同推进更高水平清廉丽水建设,审查起诉监委移送的职务犯罪案件56人,其中县处级以上5人。联合出台《加强检律良性协作互动的八条意见》,依法保障律师执业权利。

【接受社会监督】 2022年,全市检察机关自觉接受人大监督和政协民主监督,向市人大常委会报告工作,定期向市政协常委会,各民主党派、工商联和无党派人士通报工作。邀请人大代表、政协委员等参加公开听证、司法救助等检察活动,听取意见建议,办理代表委员意见建议50余件,在全省地级市层面率先出台代表建议与检察建议双向衔接转化机制。莲都、龙泉、云和、遂昌县(市、区)等地人大常委会出台支持配合检察机关法律监督工作文件。接受社会监督,依法推进检务公开,定期发布业务数据,更新重要案件信息和法律文书,在省级以上主流媒体刊发稿件180余篇。 (雷 蓓)

法 院

【概况】 2022年,全市法院收案52847件、办结52296件,其中市中级人民法院受理3363件、办结3347件。全市法院在省高级人民法院案件质量综合指数平均得分排名全省第三位,全市基层法院“当事人满意度”指标排名全省第一位。全市法院围绕服务保障全面建设社会主义现代化新丽水,坚持服务大局、司法为民、公正司法，各项工作取得进展。市委召开法院工作会议，在全国率先从党委层面部署司法公正感受度提升工作，全市9个县（市、区）党委结合县域工作实际，分别聚焦诉源治理、营商环境、执行破难等主题召开法院工作会议并建立工作机制。市委在全市部署开展执行终本案件出清专项攻坚行动，累计出清执行终本案件10483件、25.9亿元，其中10年以上积案2659件、20年以上积案485件。全市法院涌现市级以上先进集体50个、先进个人142人，其中全国先进集体3个、先进个人5人。市法院获评全省法院中共二十大维稳安保成绩突出唯一记功集体；景宁县法院被最高人民法院命名为“为群众办实事示范法院”，并获全省法院二等功，龙泉市、遂昌县法院获评“全省突出贡献法院”。

【法院助企护企】 2022年，全市法院坚持“两个毫不动摇”，依法平等保护国企民企、大中小微企业等各类市场主体。妥善审理涉企纠纷11699件、36.2亿元。设立全国首家人才科技保障法庭和覆盖各县（市、区）的9家人才科技司法服务保障中心，推动涉高层次人才和科技企业民商事纠纷“一站式”诉前化解、集中审理、高效兑现。办结案件579件、5.8亿元。制定保障中小微企业健康发展意见，出台“助企纾困”举措10项，帮助企业纾难解困、提振信心、健康发展。围绕深化供给侧结构性改革，审结破产案件120件，涉及债权43.3亿元，促进市场资源高效配置。开展低效用地处置专项行动，盘活土地41.7公顷，助力解决招商引资用地紧缺问题。据省营商环境“无感监测”，丽水2022年度解决商业纠纷时间指标、收回债务所需时间指标均居全省第二位。

【行政案件】 2022年，全市法院新收一审行政案件413件，比上年下降8.6%，全市行政机关败诉率连续2年正向排名居全省前三位。联合市委依法治市办建立行政机关参加行政诉讼出庭应诉评价机制，行政机关负责人实际出庭应诉率97.7%。开展房屋土地征收补偿等重点领域行政案件专项调研，发布分领域分层级行政审判白皮书，促进依法行政。依托“共享法庭”服务“大综合一体化”行政执法改革，入选浙江省“大综合一体化”行政执法改革标志性成果100例。

【刑事审判】 2022年，全市法院常态化推进扫黑除恶，依法惩治犯罪、保护人民，审结一审刑事案件2274件，判处罪犯3318人。严惩严重损害人民群众安全感的犯罪，审结杀人、抢劫、故意伤害等犯罪案件87件。维护群众“舌尖上的安全”，审结危害食品药品安全犯罪案件25件。保障群众“出行中的安全”，审结危险驾驶、交通肇事犯罪案件323件。守护群众“钱袋子的安全”，审结养老诈骗、电信网络诈骗犯罪及关联案件370件，涉案金额16亿元。保持惩治腐败高压态势，审结贪污、贿赂、渎职等职务犯罪案件37件，判处罪犯60人。贯彻宽严相济刑事政策，依法减刑368人、假释140人。

【民事审判】 2022年，全市法院审结婚姻、继承、抚养、赡养等家事案件3524件。坚决反对家庭暴力，守护未成年人健康成长，发出人身安全保护令43份，家庭教育指导令24份。审结人身损害、医疗损害、交通事故纠纷等案件1895件，维护群众生命健康权。审结劳动争议案件348件，帮助943名劳动者追回欠薪2368万元。聚焦“保交楼、保民生、保稳定”，审结涉房地产案件417件，让市场安稳、群众安居。加大司法救助力度，依法为困难当事人缓减免诉讼费44万元，发放司法救助款175.4万元。

【生态安全法治屏障】 2022年，全市法院审结环境资源案件405件，其中，刑事案件53件、公益诉讼案件39件。市法院在滥伐林木环境民事公益诉讼中，责令被告先行在适宜种植时间履行补植义务，保障森林生态环境功能恢复，入选最高法院第37批指导性案例。市法院在黄某某破坏全国重点文物保护单位咏归桥民事公益诉讼中，把生态产品价值损失纳入赔偿范围；青田县法院在非法采矿案件

2022年4月2日，丽水市检察院召开摩崖石刻保护公益诉讼案公开听证会

（江战云　提供）

中，以生态产品价值核算结果作为履行生态修复责任的依据，助推生态产品价值实现机制的应用实践。庆元县法院设立百山祖人民法庭，联合部门设立生物多样性司法保护基地。

【胜诉权益兑现】 2022年，全市法院执结案件26497件，比上年上升10.2%，执行到位金额40亿元，上升33.7%。构建"司法信用+社会治理"工作体系，从前端提升信用治理效能、中端强化强制执行刚性、后端规范有序退出机制，推动切实解决执行难。建立法官全过程督促履行机制以及"诚信履行贷"、金融机构合理减免诚信履行当事人利息等自动履行正向激励机制，聘请全国十大守信人物"诚信奶奶"陈金英担任"诚信履行代言人"。全年全市法院自动履行率上升10.4个百分点，增幅居全省第一名。建立"先礼后兵"执行工作机制，判处拒执罪121人，执行标的平均到位率居全省第一位。

【司法体制综合配套改革】 2022年，全市法院落实司法责任制，压实院庭长监督管理责任，纳入"四类案件"监管1320件，防范办案风险。建立全市法院案件质量常态化交叉评查机制，评查案件3615件，倒逼办案规范、质量提升。推进执行队伍变革重塑，构建以员额法官为核心，执行员、法官助理、司法警察等人员为辅的工作体系，执行条线员额法官从21人增至48人，推动执行工作正规化、专业化、规范化。加强司法人员履职保障，惩治扰乱诉讼秩序行为29件、27人。查处虚假诉讼案件228件，追究刑事责任6人。

【诉讼制度改革】 2022年，全市法院建立健全现场立案、自助立案、网上立案和跨域立案等立体化、多元化登记立案新模式，全市法院当场立案率98.3%。落实四级法院审级职能定位改革试点任务，优化司法资源配置，促进裁判尺度统一，全市法院服判息诉率92.1%，位居全省第一。加强民事诉讼繁简分流，85.1%的民商事一审案件通过简易程序、小额程序快速便捷化解。在全国率先建立以"当事人自主选择管辖法院"为核心的行政案件管辖制度，当事人选择异地管辖203件，提升行政审判公信力。加强以审判为中心的刑事诉讼制度改革，准确实施认罪认罚从宽制度，坚持证据裁判原则，推进庭审实质化，侦查人员、证人、鉴定人员、具有专业知识的人员等"四类人员"出庭率位居全省第一。

【法院数字化改革】 2022年，全市法院迭代升级"司法公正在线"，完善监督、反馈、整改闭环工作机制，构建"司法公正度指数"评价体系，让司法公正更加可感、可见、可及，获评全省"数字法治好应用"，被省高级人民法院向全省推广。行政案件全域智治集成改革，依托数字化手段推动形成"行政接访打头、协调化解在前、行政诉讼断后"的工作体系，全市行政争议诉前化解率61.9%，同比上升28个百分点，在第六次全国法院行政审判工作会议上得到肯定。在松阳试点开展"人民法庭+共享法庭基层解纷一件事"改革，打造有秩序、可视化、低成本的递进式解纷场景，推动矛盾纠纷精准分流、前端化解。在青田试点开展"涉侨解纷一件事"改革，完善"海内海外联动调解、线上线下多元共治"工作格局，被最高法院写入向全国人大常委会作的涉外审判工作报告，并获评全国法院十大最受欢迎一站式建设改革创新成果。

【政治轮训】 2024年，市法院与杭宁温法院开展司法领域山海协作，与市委党校、杭州师范大学等院校共建实践教学基地，提升干警政治能力、业务能力、变革能力、执行能力、团队能力。加强法院文化建设，龙泉市法院高标准建成龙泉司法档案博物馆，入选"全国法院文化建设特色项目"。注重司法调研，承担或参与省级重点课题15个，调研成果获省级以上奖项121个，其中国家级42个。加强优秀年轻干部培养，市法院选拔中层干部18人，推荐3名干警到基层任职。加强"清廉建院"，开展廉政风险排查，遵守防止干预司法"三个规定"，优化司法生态。

【接受社会监督】 2022年，全市法院接受人大监督和政协民主监督，向市人大常委会报告工作，邀请代表参加会议、视察法院、旁听庭审、见证执行等616人次。依法接受监察机关对法院工作人员的监督。支持检察机关履行法律监督职能，邀请市、县检察长列席审委会40次，办理检察建议197件，审结抗诉案件25件，依法改判7件，共同维护司法公正。接受社会监督，召开新闻发布会10场，举办公众开放日活动111场，上网裁判文书22890份，直播庭审10980场。一审普通程序案件陪审率96.5%，让人民群众参与司法、监督司法。

（吴嘉伟）

司法行政

【概况】 2022年，丽水市司法局以"法助共富、法护平安"专项行动为总抓手，以数字化改革为牵引，迭代升级司法行政工作。全年收到各类行政复议申请649件，案件调解率55.92%，连续3年保持增长，复议后案结事了率90%以上。全市复议后起诉率9.87%，复议后诉讼连续2年保持“零败诉”，行政复议决定履行率100%；各级人民调解组织调解纠纷21541件，调解成功率99.75%；全年全市律师人数972人，比上年增长39%，“律师万人比”上升至万分之3.87；全市办理公证14421件，办理司法鉴定案件4606件，法援案件3416件；被评为“全国司法行政机关2021年国家统一法律职业资格考试工作表现突出单位”“全省司法行政系统法治建设工作成绩突出集体”“2021年度全市平安建设表现突出集体”“2022年度市平安护航党的二十大成绩突出集体”。

2022年，市司法局对照选人用人高质量发展指标体系，注重用工作实绩考察识别干部，全年度依法依规提拔正、副科级干部6人，调整交流4人，12名公务员晋升职级，优化干部队伍结构。加强立法、合法性审查、行政复议等专业人才培养，打造精通法律、熟悉行政的法治保障队伍。加强社区矫正人才培养，打造纪律严明、吃苦耐劳、熟悉业务的社区矫正专业队伍。加强普法人才培养，打造知晓法律、善于宣传、了解媒体的普法队伍。成立丽水市司法局依法履职保护工作办公室，出台《关于干部容错免责的规定》，推动组织为干部担当、干部为事业担当；出台《丽水市司法局干部职工紧急医疗保障制度》《丽水市司法局重大突发事件应急预案》等制度，为干部职工在依法履职时发生突发事件提供制度性救助机制。

【民主立法与监督】 2022年，市司法局加强重点领域立法和立法后的实施及效果评估，围绕市委、市政府中心工作的需求制订立法计划，增加助力丽水绿色发展的法规规章。完成政府规章《丽水市古树名木保护管理办法》的制定。推进《丽水市钱江源—百山祖国家公园百山祖园区管理条例》等4个调研项目。制定《丽水市行政立法专家工作规则》《丽水市行政立法志愿者工作规则》等制度，拓宽民主立法的渠道。开展法规规章实施效果检查评估，开展涉及改革的规章、规范性文件专项清理和备案审查，修改废文件244件。加强行政执法监督，在龙泉市试点设立全省首个行政执法协调监督委员会，乡镇（街道）司法所设立执法协调监督办公室，把监督延伸到最基层。出台《关于落实初次轻微违法行为依法可以不罚制度的实施意见（试行）》，公布免罚事项目录清单，规范免罚事项和程序。加强县乡两级行政执法协调监督体系建设，专项监督与个案监督结合，开展行政执法“三项制度”落实情况和执法质量监督检查，市本级针对执法检查中发现的问题制发执法监督通知书48份。加强合法性审查，编制市县乡政府、部门2022年度重大行政决策事项目录，公布重大行政决策项目493个。组建“双招双引”法律服务保障中心，为中心工作提供法律服务。与市府办、发改委等部门协作，提前介入、参与重大行政决策、重大合同的制定、协商和重大涉法事件的处置。全市司法行政机关审查市县政府及部门涉法事项总数1985件，审查乡镇（街道）各类涉法事项4029件。

【公共法律服务体系建设】 2022年，市司法局升级“12348”公共法律服务热线，实现全天候不间断接听。乡镇（街道）智能终端配备率72.8%。实行“经济困难承诺制”，挽回群众经济损失6000万余元，群众满意度97%。率先印发《关于规范在线公证服务及降低部分公证收费标准的通知》，降低七类公证收费标准。推动公证业务向司法、行政服务领域延伸，公证参与司法辅助业务在全省率先实现全市覆盖，全市办理64057件。拓展二手房交易资金监管公证业务，全年办理1014件，涉及金额15亿余元。拓展海外远程视频办证业务，全年办理505件。发展仲裁行业，仲裁裁决案件被法院裁定不予执行或撤销比不到0.1%，丽水也是全省唯一坚持调解减半收费的地市（2016年开始）。研究出台推进律师行业发展的鼓励政策，新增律师260人，并建立公职律师跨部门调配使用机制。在全省率先开展“法治联合体”创建工作，为之江监狱服刑人员提供远程法律咨询。开展“法雨春风”“千所联千会”等专项行动，为全市6910家企业开展系统的“法治体检”。

【司法行政数字化改革工作】 2022年，市司法局以集成为方向，务求项目最终可以整合集成，组装成更大的业务系统。以可迭代为要求，迭代升级项目。市本级“丽水市智慧法治管理系统建设”项目成为2022年市本级政府投资项目，拟总投资465万元。缙云县、遂昌县争取到省司法行政现代化项目资金80万元；缙云县、龙泉市推动行政机关合同管理“一件事”改革，投入100万余元。法治指数、行政争议实质性化解“一件事”、监地智联云等6个项目被纳入《2022年司法行政数字化改革应用建设试点清单1.0》，云公共法律服务中心等3个项目被纳入全省重大应用（重大改革）“一本账S2”，“缙云法务码”获评丽水市2022年第一批数字法治优秀应用。

【多元化立体型调解体系建设】 2022年，市司法局开展矛盾纠纷大排摸大预防大化解专项行动，成功调解争议21541件，调解成功率99.75%，其中重大疑难纠纷1765件，涉及金额10亿余元。推进9家“枫桥式”司法所和2家智慧司法所创建，全年7家司法所获省“枫桥式”司法所命名。增强群众申请调解的便利度，“浙里调”“浙里办”线上调解申请72小时响应率100%。参与调解信访积案138件，调解成功101件。出台《丽水市行政争议多元化解工作办法》，落实行政争议调解经费保障和调解团队，推动行政争议调解中心实体运行，累计化解行政争议385件。与法院紧密配合化解各类行政争议，全年交办败诉风险案件86件，推动化解54件，化解率62.8%，败诉率4.16%，全省第三低。出台《关于完善金融纠纷多元化解机制若干问题的纪要》，成立丽水仲裁委员会金融调解中心，提升金融风险预防和化解能力。

【普法宣传】 2022年，市司法局落实2022年度重点普法任务，公布60家普法责任单位、239项个性清单，62项法治宣传主题活动及17个重点培育普法项目。培育全国民主法治示范村6个、新创省级100个、新创市级379个。聘任“法律明白人”13555人。公布85个市级“公民法治素养观测点”，丽水绿谷先锋法治驿站入选2022年度浙江省公民法治素养观测点“十大最佳实践案例”。拍摄红色法治微电影《景之韶华》获司法部优秀法治文化作品一等奖和浙江省微电影“十佳影片”称号。

【社区矫正】 2022年，市司法局在全省率先实现社区矫正机构独立设置全市覆盖。制定《“十查十防、护航平安”专项行动方案》，开展“大排查、大走访、大帮教”行动和“无再犯罪”县创建活动。对违规对象开展训诫126人次，警告46人，治安处罚12人次，收监执行13人次，社区矫正对象再犯罪率、脱漏管率均为零。 （郭　晨）

仲　裁

【概况】 丽水仲裁委员会公正、及时解决矛盾，维护社会和谐稳定，保障经济健康发展。全年受理仲裁案件4106件，标的额151673.8万元，审理仲裁案件2101件，被法院裁定撤销案件数、不予执行案件数和重新仲裁案件数均为0件，仲裁裁决得到当事人的认可和履行。

【仲裁运行机制完善】 2022年，丽水仲裁委员会健全仲裁管理制度，规范单位运行与管理。制定《丽水仲裁委员会秘书处章程》，修订《丽水仲裁委员会仲裁规则》。加强仲裁员队伍建设，调整专家咨询委员会组成人员，为仲裁庭审理重大、疑难、复杂案件提供参考意见。加强仲裁信息化建设，加强网络安全体系建设，打通数据壁垒。优化案卷档案电子数据，向市档案馆移交完成电子扫描的纸质案卷档案。完成协同办公系统案件数据与省司法厅平台对接。

【互联网仲裁】 2022年，丽水仲裁委员会发展互联网仲裁，建立互联网在线仲裁平台，建立完善涉网仲裁规则，促进仲裁与互联网经济的融合。成立仲裁金融调解中心，在莲都区、缙云县、青田县设立金融仲裁工作室，完善金融纠纷多元化解机制，助力优化营商环境。应邀加入长三角仲裁一体化发展联盟，加强沪、苏、浙、皖仲裁机构跨区域合作交流和全方位协调联动，推进仲裁区域化发展。

【对外交流调研】 2022年，丽水仲裁委员会开展仲裁宣传，提升仲裁社会认知度。与法院、金融机构开展座谈调研，走访律师事务所，开展对外交流，听取各方意见建议。重视政协提案建议，接受政协民主监督，答复市政协五届一次会议第249号提案《关于更好发挥仲裁机构纠纷化解能力的建议》。 （王　乐）

2022年6月7日，丽水市司法局联合市法援中心开展《中华人民共和国法律援助法》进园区主题志愿服务活动 （郭　晨　提供）

军　事

丽水军分区

【概况】 2022年，丽水军分区党委学习贯彻中共二十大精神，贯彻落实习近平强军思想，落实上级党委决策部署，履行新时代国防动员职能使命，坚定举旗铸魂，聚焦练兵备战，持续强基固本，强力正风肃纪，大抓安全稳定，完成年度各项任务，军区工作建设发展持续向上向好。

【思想政治建设】 2022年，丽水军分区各级党委抓好理论学习每月2天、每月1课，结合军分区“精品课堂”暨人武部“好课共享”活动为全区官兵做好理论辅导，推进军史长廊、“书香军营”和文化生活建设，举办“喜迎二十大、奋进新征程”暨“走进军营，致敬最可爱的人”主题朗读活动、“砺剑杯”篮球联赛，开展八一爱国拥军主题教育。中共二十大召开后，军分区召开动员部署会，制定《深入学习宣传贯彻党的二十大精神实施方案》，着眼“五个牢牢把握”“七个聚焦”重点。印发大会精神学习资料汇编，更新营院政治环境，指导各单位开展特色宣贯活动，持续打造军分区特色文化建设。加强新闻宣传，新媒体报道刊用333篇，其中，央级媒体21篇，省级媒体206篇。军分区纪委严纠训风演风，全程参与第五届岗位练兵大比武和全军自学考试，确保考核过程和结果客观公正；加强廉洁征兵监督，组织签订保证书、填写反馈卡、建立“零报告”制度；对练兵备战、经费使用、军地交往等方面，开展常态化督导检查。

【党委八届九次全体（扩大）会议召开】 2022年1月29—30日，丽水军分区党委八届九次全体（扩大）会议在丽水召开，传达学习军委国防动员部、省军区党委扩大会议精神，分析总结全面建设形势，研究部署2022年重点工作，推动落地见效，同步召开总结表彰大会，市委书记、军分区党委第一书记胡海峰出席会议并讲话。

【国防动员体系】 2022年，丽水军分区落实党政领导过军事日、现场办公、党委议军等党管武装制度，牵头召开市委武装工作暨市国动委全会、驻丽水部队联席会等会议，为11名县（市、区）人武部党委第一书记颁发任职命令状，修订完善《2022年度丽水市党管武装、国防动员工作考评办法及实施细则》，量化考评各县（市、区）党管武装，军地合力管武装的氛围更加浓厚；狠抓民兵整组工作，军地联合下发《丽水市民兵建设“十四五”规划》，组织全市民兵工作骨干业务培训2次，组织民兵编组方案会审7次，完成全市基干民兵整组任务，民兵编组质量持续提升。抓好一年两次征兵，并举办全省新兵欢送暨“从戎之剑”赠剑仪式活动。

【练兵备战】 2022年，贯彻新时代军事战略方针，聚焦国动援战核心使命，突出“战略决胜动员准备、新型军事训练体系构建、正规化建设管理再深化、智慧动员平台搭建试点”四个方面重点工作，推进各项工作落实，军分区常态保持战备状态，训练质效提升明显。开展省军区第五届岗位练兵比武（丽水分赛场）活动，开展专武干部和民兵训练。招聘民兵专职教练员，利用组织专职教练员比武契机，形成单兵战术基础、单兵战斗动作等精品教案，丰富教学组训课目集。推进军事职业教育，现役官兵、文职人员完成课程学习，考试合格600余人次，完成军队高等教育自学考试丽水考点2次组考任务。

【基层武装工作】 2022年，丽水军分区贯彻落实《军队基层建设纲要》和省军区基层建设会议精神，落实“党委常委+业务部门”挂钩帮带人武部党委制度，提升人武部自主抓建能力。开展创先争优活动，6名官兵受到省军区以上表彰奖励，龙泉市、景宁县人武部被丽水市军分区评定为“全面建设先进人武部”。召开军分区基层建设会议，研究推进“三个经常性”工作具体措施，受到省军区机关的好评。持续开展基层武装部“5星”评比，开展基层武装部评星挂牌工作，通过量化考评、评星挂牌、督导整改方式，形成大抓基层的强劲态势，18个基层武装部进入“5星”行列。

【兵役征集】 2022年，丽水军分区坚持党委统揽，明确信息服务、走访调查、审批定兵、役前训练、疫情防控、廉洁征兵等关键环节，严把征兵准备、征兵实施、征兵总结三个阶段17项具体环节，提升全市征兵工作规范化水平。5月17日，全省征兵工作“一个过程”规范化建设试点观摩会在松阳县民兵训练基地举行，受到军委国防动员部主要领导批示肯定并在全国推广；承办浙江省2022年春季新兵欢送暨“从戎之剑”赠剑仪式主会场活动，全市9个县（市、区）以视频连线方式异地同步组织，邀请参战老兵为新兵赠剑；为全市征兵工作人员设置“仗剑从戎去”手机视频广告，提升征兵宣传的影响力、渗透力和亲和力；军地联合聘请市级廉洁征兵监督员10人，组织培训学习相关知识。指导各县（市、区）抓好廉洁征兵“十不准”“零报告”等各项机制，确保征兵公开、透明。

【双拥扶贫】 2022年，丽水军分区部队组织驻丽水部队召开任务推进会，梳理收集2018年以来双拥特色亮点工作，投入经费对10个结对帮扶村援建新增的10个帮扶项目进行帮扶，核查人武部帮扶村13个，配合办好省军区帮扶小学1所，结合主题党日、学习贯彻中共二十大精神等活动，到结对帮扶村开展军地帮建活动10余场，帮扶成效显著。加强与地方沟通协调，做好春节、八一期间军地走访慰问活动；协调安置6名随军家属就业、安排42名军人子女就近入学，助力丽水市取得“全国双拥模范城市”三连冠。

【后勤装备建设】 2022年，丽水军分区协调政府持续投入资金，民兵训练基地、靶场等设施不断完善、运转有序；落实武器装备管理制度，定期组织训练演练，提升装备管理能力；军地联合开展“守护戎装”专项行动；协调地方为官兵办理拥军医保卡，组织全区官兵体检，持续提高卫生防病、健康体检等服务质量。加强营区规范化建设管理，完成篮球场、配电房建设，营造更加优质的工作生活环境，保持部队安全稳定。

【“两年攻坚”行动任务】 2022年，丽水军分区推进资产可视化建设和资产累积性难题“两年攻坚”行动任务，做好资产账目盈亏处理、积压报废资产处置等工作任务。8月18—19日，召开军分区资产打码贴签推进会，组织现代军事物流信息系统操作和打码贴签设备操作使用培训，购置打码贴签设备，成立资产鉴定评定组，组织对本级500余件报废设备器材进行逐一鉴定，完成设备器材的打码贴签工作。 （郝安阳）

武警丽水支队

【概况】 2022年，武警丽水支队根据政治上引领建设部队的更高标准和维护政治安全的更高要求，贯彻武警部队和武警浙江总队党委决策部署，聚焦迎接保卫学习贯彻中共二十大这条主线，加强政治引领、狠抓练兵备战、坚持依法从严、持续强基固本、加强风气整治，完成各项任务。被总队表彰为军事训练先进单位、安全工作“六无”单位。推进巡视巡察问题整改和加强整治基层风气活动，召开动员部署暨讲评推进会，邀请驻地纪检机关开展党风廉政教育辅导，跟进学习最新案例通报。围绕打样试点路线图、时间表，与执勤目标单位联合签订《军地廉洁共管协议》，主动查纠整改福利款项。召开警示教育大会，对不按规定请销假官兵实施党纪处分和组织处理。

2022年，武警丽水支队坚持用习近平强军思想武装头脑、贯注部队，学习贯彻中共二十大精神。落实党委中心组理论学习，召开专题民主生活会，参加理论轮训，加强政治能力训练，改进学风。加强理解军委主席负责制，刚性落实“三项机制”。紧盯热点重点问题，组织“飓风—2022”反间谍专项行动。注重发挥先进典型激励作用，召开事迹报告会，云和中队吴韦显聪被总队表彰并作交流。抓好书香军营和“一队一品”特色文化队伍建设，投入资金助力景宁县吴布村的乡村振兴。

【执勤训练】 2022年，武警丽水支队贯彻新时代执勤安保规范化集训精神，推进集训精神末端落实。观摩培训会在青田、松阳召开，派官兵到宁波执勤二中队、金华永康中队参观见学，4篇经验材料被武装浙江总队转发，青田中队被总队表彰为执勤先进单位，松阳中队韩尤伟、青田中队龚涛被表彰为优秀个人。中共二十大、全国两会等重要会议召开期间，组织“1·20”执勤警示日和“学规范、查隐患、堵漏洞、保安全”等活动，全年整改落实执勤隐患，完成联勤武装巡逻和武装押解勤务。加强专项任务研究，开展方案“学研推”活动，完成山林火灾扑救、抗洪抢险救援、中国仙都祭祀轩辕黄帝等任务。坚持实战实训，开展群众性大练兵竞赛和基层分队指挥员比武。武警丽水支队军事训练转型评估考核成绩优异，年终军事训练考核获第一名；松阳中队被总队表彰为军事训练先进单位，丽水中队卢永辉被表彰为优秀个人、优秀教练员。坚持规划攻坚，召开专题会议，全年被装军地一体精确保障模式建设、军用车辆使用管理、军人保障卡（标识牌）拓展应用、资产标准体系健全完善4个项目开工建设，筹划论证3项，完成率74.1%。

【基层建设】 2022年，武警丽水支队抓基层打基础，围绕“学知用”纲要活动，细化《按纲服务指导基层计划》，开展党委机关蹲点帮建工作。开展“双争”活动，执勤一大队、青田中队被总队评为“四铁”先进单位，松阳中队朱奕琛被总队评为“四有”优秀个人。组织开展军队党的建设法规学习贯彻情况自查整改，做好《军队功勋荣誉表彰条例》及其实施办法宣讲解读，完成勋表首次统计。系统规范各级党组织设置和工作运行，组织全覆盖考评鉴定。开展“大谈心、大走访和解难帮困”活动，发放慰问金（慰问品），办理官兵子女入学入托、家属随军等工作，协调解决随军家属就业难题和转业干部安置矛盾，传递组织温暖。

【现代后勤建设】 2022年，武警丽水支队开展“后勤管理年”活动，规范编携配装、“五率六量”和“一组五队”编制运行，探索推行“一专多能、一兵多用”练兵模式，组织专业兵培训，提升保障能力。执勤中队被总队表彰为装备管理先进单位，机动中队宋安被表彰为优秀个人。调整指挥器材室和战备综合库升级的预算，投入资金用于机动中队和特战排训练，推进机动中队新建营房和支队军械库及修理机构工程建设。落实军委新组伙模式，规范伙食开支，伙食综合满意率95%以上。参照公务员标准为官兵免费办理地方社保卡，解决官兵“看病难、后送慢”的难题。持续推进后装重点行业领域整肃治理，完成军队存量资产打码贴签。

（王璐键）

人民防空

【概况】 2022年，丽水市人民防空办公室（简称市人防办）贯彻落实习近平总书记关于人民防空的重要指示批示精神，履行“战时防空、平时服务、应急支援”使命任务，抓规范、守底线、创品牌，人防工程建设任务全部完成，人防工程产权制度综合改革启动，人防组织指挥体系逐步完善，完成各项工作。召开人防重要经济目标单位联络员会议，指导中国电信丽水分公司、丽水高铁站、浙江闽锋化学有限公司等人防重要经济目标单位“七有”标准和“三覆盖、两提高”建设落实，推动人防重要经济目标防护工作取得实效。推进人防工程产权制度综合改革，8月，出台《丽水市人防工程产权制度综合改革实施意见》，12月28日，发布配套文件《丽水市人防工程产权登记和使用管理实施细则（试行）》。

【组织指挥体系】 2022年，市人防办履行职责任务，完善和落实计划、报告、会议、培训及考核等制度，完成《丽水市人民防空方案》编制，调整丽水市人民防空指挥部编成人员，印发人防指挥部工作要点。完成人防专业队伍整组和全省人防专业队“云”点验。组织“5·12”“9·18”警报试鸣和人员疏散掩蔽演练，完成“浙江金盾—22·丽水”演习。

【人防工程建设】 2022年，市人防办完成市本级人防专项规划编制工作，完成早期人防工程安全和防护性能评估。公园、广场、绿地等开发利用地下空间均落实兼顾人防审批。执行《浙江省人民防空工程管理办法》，加强人防工程质量审批和监督管理，人防工程质量均达到标准规范的要求。

【人防警报】 2022年，市人防办适应城市建设发展需要，扩大城市警报有效覆盖面，建成以电动电声警报为主，多媒体、车载、便携式警报为辅，统控、手控相结合的预警报知体系，创新探索防空警报“村村通”模式，把防空警报融入农村应急广播“村村通”项目，实现莲都区168个行政村、825个农村广播同步发放警报。

【人防规划编制与修编】 2022年，市人防办落实“应建尽建、应收尽收”“以建为主、提升增量”的原则，促进人防工程建设与城市建设同步规划、同步发展。8月，《丽水市人民防空建设“十四五”规划》发布。在市国土空间规划中纳入人防指标要求，市辖区在土地出让或划拨用地建设条件中均落实人防建设指标要求。

【人防数字化建设】 2022年，市人防办在全省率先完成浙人防数字化综合平台场景数据归集工作，归集率、合格率均为100%。“丽水身边人防”场景应用通过验收并对市民开放。创新推出“丽水市人民防空办公室监督评议平台”，以“数字+监管”的方式畅通投诉和举报渠道，提高人防工程审批和质量管理服务水平。

【人防宣传教育】 2022年，市人防办结合“3·1”国际民防日、“5·12”全国防灾减灾日，通过组织参观人防宣教基地（点）、设置宣传展板、发放宣传资料等形式开展人防宣教。“丽水身边人防”场景应用宣传视频入选省人防办“人防之窗”十佳短视频。依托900余个楼宇、城区14个路口视频平台和“无限丽水”App发布人防宣传视频和信息，实现全市大型广场、大卖场日、娱乐场所以及行政机关、事业单位全覆盖。　（郑茹茹）

退役军人事务

【概况】 2022年，全市92个乡镇（街道）级退役军人服务站、107个村（社区）级退役军人服务站获评“新时代枫桥式”退役军人服务站。推动线下线上互融共通，线下落实“轮值站长”制度，解决山区退役军人外出多、行政村分散等问题。线上打造具备学习和办事功能的“云上服务站”，以浙政钉“浙丽老兵”、浙里办“老兵之家”和微信公众号“丽水老兵家园”为依托，实现服务零距离、高效率。注重发挥退役军人作用，丽水市“赓续荣光——退役军人就业帮扶服务”“军绿护水——小网格让华侨留守儿童防溺水安全‘满格’志愿服务”在省退役军人志愿服务项目大赛中均获银奖。

聚焦数字赋能，关注退役军人工作和生活高频需求，迭代升级浙丽老兵共富综合应用，并通过丽水市大数据发展管理局立项批复，逐步建立精神富有、就业致富、创业带富、困难帮富、信息助富等子场景应用，推动退役军人就业需求库、企业岗位信息库建设，并实现信息互通共享，实现上线试运行。全市域推进“浙江老兵码”申领使用工作，集成各类餐饮、文化、旅游等优惠项目，实现老兵优惠“码上可查”，扫码即享“码上优惠”，694家商户签约入驻。

全年获评全国退役军人服务保障先进个人1人、浙江省退役军人服务保障体系建设先进单位9家、先进个人9人。走访慰问退役军人，发放慰问金、慰问品合计864.76万元，召开座谈会1482场次，2万余人参加，发送慰问信和短信微信等7.72万条。宣扬最美退役军人新事迹，缙云退役复学的“00后女枪王”再次披上“战衣”当起抗疫志愿者，庆元退役军人在6月18日抗洪救灾中勇救6人等事迹，被《人民日报》、新华网报道，被退役军人事务部点赞。联合丽水市广播电视总台推出融媒体特别节目《老兵，您好！》27期，在全市形成讲好老兵故事氛围。在《丽水日报》、丽水电视台开设《老兵“风采”和寻找丽水“麦香”系列报道》，专题宣传丽水优秀退役军人、军烈属先进事迹16人。

（陈丽香　徐　庆　陈忠阳　何建东）

【双拥创建】 2022年，丽水市开展双拥工作，提前部署、系统谋划、统筹推进，布置大型广告牌、公交车LED屏、滴滴车身等宣传点位150余处，形成迎检台账180余册，通过全国双拥模范城届中考评。《弘扬浙西南革命精神 谱写革命老区双拥新篇章》《把双拥作为忠诚拥护“两个确立”的重要检验》等市委、市政府军分区领导署名文章，在《中国退役军人》《中国双拥》等杂志上发表。军地合力开展大型驱逐舰“丽水舰”的命名，市级机关企事业单位与驻丽水部队结对共建办实事成为常态，全年105家共建单位累计投入65万余元，解决部队官兵实际困难。推荐评选“浙江省社会化拥军成绩突出单位”5家、“浙江省最美拥军人物”2人。举行春季、秋季新兵欢送暨“从戎之剑”赠剑仪式。挖掘和宣传粟裕夫人楚青在遂昌“一斤茶叶”、庆元斋郎“两只红军碗”和松阳挺进师与松阳人民等革命故事。　（应文琛）

【退役军人建档立卡】 2022年，丽水市退役军人事务局立足为退役军人提供精准服务保障的目标，对照省厅要求，测算任务量、倒排时间表、做好提前量，成立由技术服务组、政策把关组和档案审核组等组成的工作专班。经沟通，工商、农业、邮储3家合作银行专门派员8人与市局审核小组人员共同开展优待证申领信息核验工作。通过试点先行、联合银行、定期通报、分阶段考核等举措，推进全市退役军人及其他优抚对象建档立卡工作。8月15日，丽水市退役军人事务局在全省率先完成该项工作，并在省厅专题座谈会上作交流发言。　（陈忠阳）

【移交安置】 2022年，丽水市退役军人事务局服务部队轻装上阵，完成军转干部、符合政府安排工作条件的退役士兵（退出消防员）、随军家属和随调家属安置工作，做到军转干部安置到行政（参公）单位100%，符合政府安排工作条件退役士兵(退出消防员)安置到国有企事业单位100%，实现部队、退役军人、接收单位“三满意”。

【就业创业】 2022年，丽水市退役军人事务局组织退役军人汽车驾驶、电子商务、水域救援等技能培训733人次，举办专场就业招聘会44场，提供岗位6388个。促成浙江农商联合银行丽水管理部专列50亿元授信额度，支持退役军人就业创业，举办2022年丽水市退役军人创业创新大赛、共富专题退役军人创业就业及电商直播能力提升培训班，组织参加民营企业招聘月和部厅联合举办的“快手”直播带岗活动等，为退役军人创业就业提供支撑。（郑　哲）

【优待抚恤】 2022年，丽水市退役军人事务局落实抚恤优待政策。全域启动退役军人、其他优抚对象优待证申领发放工作。按政策认定优抚对象，规范发放抚恤、优待、补助、医疗、物价等各项补助，落实优抚对象抚恤优待补助自然增长机制。组织62名带病回乡退伍军人参加医学鉴定，持续推进“智慧医保”，落实各项优待政策。围绕“让退役军人获得感成色更足”目标，争取到丽水市户籍退役军人在全市域范围免费乘坐公共交通?和县属国有单位经营的旅游景区门票免费等优待政策。

【纪念褒扬】 2022年，丽水市退役军人事务局推进烈士纪念设施管护和提质改造，落实目标管理责任制，完成烈士纪念设施整修288处、迁移25座，其中16处零散烈士纪念设施抢救保护取得关键成效。依托革命老区优势，开展“老兵永远跟党走”“回忆峥嵘岁月”先进事迹宣讲970余场次，在清明节、抗战胜利日、“9·30”烈士纪念日等重要时间节点，组织线上线下英烈纪念系列活动45场次，参加人员37万人次，邀请烈士遗属参与135人次，社会各界到纪念设施或退役军人事务部门代祭扫3500人次，形成全社会尊崇英烈浓厚氛围。（应文琛）

经济管理

土地管理

【概况】 2022年，丽水市自然资源和规划局制定出台《关于进一步建立健全自然资源执法“早发现、早制止、严查处”工作机制的实施意见》，优化执法资源、厘清职责边界、下移执法重心、推进关口前移、加强协调配合、加快数字赋能。明确自然资源执法职责，推动末端执法向前端监管延伸，加强审批事项、监管事项与执法事项衔接，增强系统内外协同监管和处置合力。贯彻落实“大综合一体化”行政执法改革各项要求，推进行政执法力量下沉和行政执法事项赋权下放，完善基础自然资源所职能，破解自然资源行政执法“人少事多面广”现实难题。

梳理历年挂账问题未整改到位问题清单及补充整改到位问题支撑材料，加大问题整改督促落实力度，通过邀请驻局纪检组共同参与发现问题整改督察等形式，紧扣整改时限和整改质量要求。全年下达全市重点督察问题23个，完成整改21个，整改率91.30%，位居全省第二；耕地保护督察反馈问题总数220宗，完成整改173宗，整改完成率78.64%；往年自然资源例行督察发现问题688个，通过省级审核664个，整改率96.51%。（徐　成）

【农村集体土地所有权确权登记成果更新汇交】 2022年，丽水市自然资源和规划局根据自然资源部及省自然资源厅的统一部署，5月，印发《丽水市集体土地所有权确权登记成果更新汇交工作实施方案》，并要求各县（市、区）根据本地实际印发县级工作实施方案。至年底，全市各县（市、区）均完成招投标，确定作业单位。其中，莲都区作为全省第一批次上报成果的县级单位，11月底，把集体土地所有权确权登记转换成果上报省自然资源厅；其他县（市）开展现有登记成果的转换入库工作，并同步推进不动产登记系统内集体土地所有权登记模块改造工作。

【自然资源确权登记全域化实施】 2022年，丽水市自然资源和规划局配合省自然资源厅做好瓯江干流、遂昌治岭头金矿矿区2个省级自然资源项目确权登记工作，组织莲都、龙泉、青田、庆元、遂昌等县（市、区）配合省级作业单位开展发布通告、界址确认等工作。推进市、县级自然资源项目实施，根据项目开展的实际情况，动态调整全市自然资源确权登记三年实施计划，重新梳理全市自然资源项目清单，确定2022年度已实施或拟实施的市、县级自然资源项目120余个。至年底，全市完成128个自然资源项目的公告登簿前主体工作，完成省自然资源厅下达的105个项目的年度任务。（吴可越）

【全域土地综合整治项目推进】 2022年，全市自然资源系统累计实施全域土地综合整治项目50个。其中，完成13个全域土地综合整治与生态修复工程验收，整治区域总面积2.8万公顷，完成投资11亿元，区域内新增耕地97公顷、建设用地复垦17公顷、建成高标准农田491.5公顷；莲都区碧湖镇等4个镇（乡）全域土地综合整治等3个项目入选首批跨乡镇土地综合整治试点（莲都1个、松阳1个、云和1个），涉及9个乡（镇、街道），整治区域面积6.67万公顷，计划总投资220亿元，计划实施子项目194个；松阳县板桥畲族乡桐榔村全域项目被评为省级精品工程。（张家怡）

【全市争取各类用地指标837公顷】 2022年，全市向上争取各类计划新增建设用地指标837.13公顷（其中国家指标198.13公顷），完成92个城市分批次、14个单独选址建设项目组件报批，报批总面积901.8公顷。其中，新增建设用地827.13公顷、农用地 813.07 公顷，新增建设用地计划执行率 100%，保障 322 国道景宁段改建工程、322 国道云和段改建工程、330 国道青田温溪至船寮段改建工程等省重大基础设施建设项目用地。（江永丽）

【具体建设项目用地供应面积1864.95公顷】 2022 年，全市完成 235 国道云和段改建工程等 6 个标准农田占补（置换、核减）方案审查，涉及标准农田62.19 公顷。全市供应具体建设用地 1864.95 公顷。其中，划拨供地 1192.37 公顷，出让供地 672.58 公顷。安排农民建房专项指标 17.6 公顷，做到应保尽保。

（张家怡 蔡轶群 江永丽）

【新收储市区土地 26 宗计 57.2 公顷】 2022 年，市区新收储常宅城中村改造项目、水东路与雅坑溪北路交叉口西南侧部分地块国有土地收回、丽阳街与开发路交叉口东北侧地块等 26 宗计 57.2 公顷，储备库存土地总量 486.47 公顷；市区 2022 年度出库储备土地有丽水灯塔社区一期安置地块、水东路与雅坑溪北路交叉口西南侧地块、水南路与括苍南路交叉口西南侧地块等 60 宗计 123.2 公顷，其中商住用地 14 宗计 37.87 公顷，按出让合同约定时间提前净地交付率 100%，其他挂牌土地 1 宗，拍卖土地 1 宗，划拨用地 44 宗，其他具备条件可供出让的储备土地有敏河村南侧地块、联城街道办事处东北侧、联城路与联花路交叉口西南侧等地块；完成和尚岗、水东老村、关下、后甫等项目地块临时安置补助费审核发放 3000 万余元，结算城中公寓、城东公寓、城西四期、金周北等安置房项目中涉及中心作为前期征收项目业主相关安置房款 7980 万元。以保障"净地"出让为标准，结合城中村改造后续项目推进，实施收储地块各类项目前期开发建设工程 70 余个。其中，电力及各类杆（管）线迁改工程 30 个，围墙（挡）构筑工程 31 个，计 11001 米，道路（水渠）改道工程 8 个，室外配套建设等其他工程 3 个。（刘军武）

【商业、住宅用地出让 231.51 公顷】 2022 年，丽水市自然资源系统持续完善市区土地供应内部审查机制，加强建设项目审查把关，严格项目准入管理，加强"净地出让"硬性要求，增强土地利用对需求变化的适应性和精准性，减少低效供地和"净地不净"问题发生。推进工业用地"标准地"出让，出让 141 宗、面积 386.98 公顷，均实现 100%"标准地"供应。全市出让商业、商住用地 231.51 公顷，出让金 179.67 亿元，其中，商住用地 188.49 公顷，出让金 165.64 亿元。市区实际出让商住用地 15 宗、40.23 公顷，成交价 50.23 亿元。

【盘活存量建设用地 410.13 公顷】 2022 年，丽水市自然资源系统以存量撬动增量，出台《关于开展"五未"土地处置专项行动 提升国有土地资源整体管护和精准高效利用水平的实施方案》，推进"批而未供、供而未用、用而未尽、建而未投、投而未达标""五未"土地处置专项行动。全市盘活存量建设用地 410.13 公顷、城乡低效用地再开发 140.65 公顷、消化处置批而未供土地 521.44 公顷、处置闲置土地 56.47 公顷，分别超额完成上级下达任务数的 53.8%、91.8%、15.9%、53.4%。（蔡轶群）

【市区土地二级市场管理】 2022 年，办结房改房、划拨土地、改变土地用途、增加使用年限、超容积率以及村集体二、三产业等各类补缴土地出让金业务 1033 宗，合计收缴土地二级市场出让金 11.94 亿元。其中，涉及房改房办理出让 47 宗，划拨土地补办出让 169 宗，划拨土地改变土地用途补办出让 21 宗，出让土地改变土地用途补缴出让金 7 宗，集体土地拆迁改变用途补办 4 宗，二、三产业补缴出让金 57 宗，出让土地超容积率补缴出让金 2 宗，出让土地增加使用年限 4 宗，出让土地拆迁改变用途补办 2 宗，临时改变用途补缴收益金 1 宗，地下空间改变用途补办 1 宗，丽水行政权力运行平台录入 315 宗，出让土地转让合同审查 403 宗。（吴淑慧）

【卫片执法检查工作】 2022 年，全市核查卫片执法图斑 9065 个，涉及土地面积 4647.36 公顷。其中，耕地面积 1510.56 公顷，永久基本农田 321.324 公顷。通过内业比对、外业核实，最终确认违法用地图斑 316 个（涉及土地面积 72.84 公顷，其中耕地面积 17.66 公顷，永久基本农田 3.528 公顷），至年底，完善用地手续图斑 26 个、拆除复耕到位图斑 127 个、依职权移送相关部门 163 个，处置率 100%。（徐 成）

【不动产登记数字化改革】 2022 年，丽水市不动产登记中心加强不动产登记数字化改革，完成"不动产智治应用"（首期子场景）全市推广工作，在"不动产智治应用"平台办理业务 16.8 万件，年用户访问量 14.7 万次。持续推进不动产登记"网上办""掌上办"，出台《关于加快不动产登记电子证照推广应用的通知》，推进不动产登记电子证照在住建、教育、法院等 9 个部门的首先使用。办事群众通过网上办理不动产登记业务 8.5 万件，不动产登记各类业务"网上办"办结比例 90%以上，市本级发放电子证书3.1万份，电子证明1.49万份。优化营商环境，企业办理登记财产从3个部门、6个手续、3个工作日，优化为1个部门、3个手续、1.5个工作日，为全省最优值。迭代升级不动产登记+多项“一件事”改革，推进不动产登记与公证、金融信贷、司法查控等“一件事”改革。“不动产登记+金融信贷”一件事改革，在全省率先实现二手房“带押过户”登记。实施二手房交易预告登记，保障二手房交易安全。加快解决不动产登记历史遗留问题，梳理并解决不动产登记历史遗留问题77个，化解率100%。《中国自然资源报》专题报道《浙江省丽水市推进不动产登记与公证、金融信贷、司法查控等联动的多项“一件事”改革——“一家门”里办好“多家事”》；《不动产登记多项“一件事”改革——“一家门”里办好“多家事”》案例被评为2022年度全省自然资源系统改革创新优秀案例；《市不动产登记电子证照实现部门间协同互认和普及应用》《市不动产登记中心推行“不动产登记+公证”丽水模式》被丽水市“放管服”改革工作专报（第二期）录用。全市受理各类不动产登记30.7万件，发放不动产登记证书12.7万本，证明7.2万本。市本级受理各类不动产登记9.8万件，接待服务热线咨询6290人次。（沈　婕　吴可越）

【省域空间治理数字化改革】 2022年，全市贯通应用省域空间治理数字化平台2.0（丽水节点）。该平台自上线以来，多规合一、耕地智保、不动产智治、地灾智治、浙地智用、浙地智管、天巡地查、绿矿智用、阳光征收九大场景实现全区域贯通使用。加强“平台+场景日常”应用，围绕“1个平台+9大应用场景”，晾晒各县（市、区）每日的使用情况，营造争先进位工作氛围。全市系统开通2529人，政府部门开通3701人，累计调用访问量超86万次，每日登录使用率85%以上，平均使用率90%；累计被采纳意见建议数135条，排名全省前两名。邀请省厅领导、专家在丽水开展平台场景培训共8场，培训1500人次，提升使用人员的应用水平，增强平台使用效果。不动产智治、天巡地查、耕地智保、地灾智治等场景应用在《浙江日报》、《丽水日报》、人民网等媒体进行宣传报道。探索实施既有丽水辨识度又有共享推广价值的应用场景。市本级被列入调查监测子场景生态系统专题质量模型研发试点；青田县被列入天巡地查场景组件试点。结合丽水瓯江山水一体化保护和修复工程评估项目，开展生态修复“浙丽生态”子场景试点工作。（陈　伟）

地质矿产资源管理

【概况】 2022年，丽水市编制的《丽水市矿产资源规划（2021—2025年）》经省政府同意，由省自然资源厅批准发布。印发《关于加强机制砂行业长效管理的意见的通知》，该文件明确机制砂行业管理范围、部门职责、规范要求等措施，为全市机制砂行业规范发展提供政策依据。

【矿产资源综合利用】 2022年，丽水市按照“生态保护、集约节约、保障发展”等原则，加快推进矿地综合利用项目的出让，提供资源保障。完成遂昌县、龙泉市2个矿地综合开发利用项目的出让，出让资源量491.704亿千克。挂牌出让云和县、松阳县2个矿地综合开发利用项目，出让资源量875.487亿千克。

【矿业权有偿出让完成】 2022年，丽水市完成浙江省遂昌县云峰街道龙板山矿地综合利用项目建筑用花岗岩矿公开出让工作，收取出让收益71000万元。完成浙江省龙泉市兰巨乡创新平台大湾组团矿地综合开发利用项目建筑用花岗岩矿出让工作，收取出让收益4750万元。（廖　鹏）

【地质灾害预警监测】 2022年，丽水市发生地质灾害灾险情138起，无人员

2022年2月24日，国家矿山安全监察局江苏局到丽水市开展矿山安全监察工作
（徐向天　提供）

伤亡，直接经济损失约2194.5万元。市、县两级发布地质灾害气象风险等级三级以上预警201次，发送各类预警短信17万余条；组织地质灾害巡排查6491组次、17731人次，全覆盖巡排查全市所有地质灾害隐患点风险防范区及隐患区域，发现问题48个，至年底，全部整改到位。建成地质灾害专业监测点142个。 （徐向天）

国有资产监督管理

【概况】 2022年，全市国有企业资产总额4030.52亿元，比上年增长32.64%；净资产1796.19亿元，增长24.92%；实现营业收入224.17亿元，增长61.82%；实现利润总额6.99亿元，下降21.37%。其中，市属企业资产总额1097.15亿元，增长17.08%；净资产486.59亿元，增长9.57%；实现营业收入36.98亿元，增长21.76%；实现利润总额4.67亿元，下降22.17%。

研究制定《2022年丽水市国有企业党建工作要点》，推行企业党组织书记领办党建重点项目制度。全年举办各类读书会、宣讲会、专题讲座等活动12次，培训班3个，受教育国资国企干部1700余人次。加强监督执纪问责，启动追责程序，处理包括酒驾在内的各类违纪行为，全年受到党纪政务处分5人。建立市属企业党组织巡查制度，对3家主要负责人比照正科级的企业党组织开展巡查，查出选人用人、财务管理和工程建设等各类问题105个，至年底，完成整改82个，完善各类制度17项。

【双招双引】 2022年，市属企业以“走出去”“请进来”的方式，加强与央企、省企、上市公司、头部企业等合作，落地项目2个。市城投公司与浙江烟草共同出资成立浙江香溢万物销售有限公司，借力销售渠道扩大“丽水山泉”市场份额；市农投公司与新疆阿拉尔市国资委联合成立的丽水山耕新农公司，日产酸奶8万杯；市数发公司收购杭州德信AI产业园资产，资产估值约9.48亿元。市农投公司创建全产业链创新服务综合体，助力实现共同富裕，被省国资委评选确定为2022年浙江国资国企服务共同富裕最佳实践案例之一。优化人才队伍结构，开展第二批次的紧缺急需储备人才招聘，招录的17人中，硕士研究生14人，世界一流高校毕业生7人。指导市属企业做好人才招聘12批次，招聘工作整体平稳有序。

【国资国企改革】 2022年，丽水市国企改革三年行动收官。推动集中统一监管，完成5家行政事业单位所属企业的清理划转的扫尾工作，市本级经营性资产统一监管率100%。加强资产配置和优化，累计注入行政事业单位的房产、设备、股权等经营性资产1184项，价值39.58亿元。推进产业板块重组整合，整合交通板块资产，把市公交集团划转到市交投公司，市交投公司获评AA资信等级；整合市本级数字资产，组建市数字公司。完成市属各级企业的功能界定和分类，实施分类监管，推动企业聚焦主业谋发展。开拓资本市场，市国资公司实体化运作，探索股权投资和资本运作，加强市县国资国企跨山统筹合作，运作好“跨山共富母基金”。发挥重大项目资金保障功能，至年底，市属国企新增融资额120.7亿元，固定资产投资总额160.72亿元，助力地方经济发展。率先垂范纾困解难，全年出台20项举措，帮助市场主体渡过难关，组织落实减租工作，累计为全市4917家小微企业和个体工商户减免租金6552万元。

【国资监管效能】 2022年，市属国有开展功能分类，实行差异化分类考核，出台《关于进一步加强市属企业车辆管理的通知》，提升市属企业及下属企业的车辆管理水平，提高现有车辆使用率。初拟《市属企业采购管理规定》，规范采购行为，降低采购成本，防止国有资产流失。到宁波、舟山、金华三地调研，形成公交成本规制改革方案，探索解决公交驾驶员难招问题。召开会议研究部署，制订实施方案，成立工作专班，获批立项，确定由市国资公司牵头开展以财务软件统一为基础的数字化改革工作，建立覆盖母子公司的办公门户统一、财务统一、资金监管、人事管控、考核监督、重大决策等国资监管业务在内的统一的国资监管数字化平台。专门召开市属企业安全生产工作会议，健全安全生产工作体系，下发指导意见、工作职责、考核办法以及应急预案等文件；部署开展安全生产百日攻坚和巩固提升行动，组织安全生产教育培训，推出“一把手谈安全生产”“安全生产大家谈”专题，实地督查指导安全生产工作，常态化深入排查各类问题隐患，落实整改问题305个，做法得到市安全生产委员会办公室的肯定，纳入市安委办考核的4家企业全部被评为优秀。 （郭怡然）

财 政

【概况】 2022年，丽水市实现地区生产总值（GDP）1830.87亿元，增长4.0%。其中，第一产业增加值117.71亿元，第二产业增加值705.91亿元，第三产业增加值 1007.25 亿元，分别增长 4.4%、4.3%、3.9%，三次产业结构比为 6.4:38.6:55.0。按常住人口计算，人均生产总值 72812 元。社会消费品零售总额 804.84 亿元，增长 4.1%。全市进出口总额 324.57 亿元，下降 1.4%。其中，出口289.26 亿元，增长 0.8%。全市城镇常住居民人均可支配收入 55784 元，增长 4.7%。农村常住居民人均可支配收入 28470 元，增长 7.9%。全市财政总收入 280.29 亿元，增长 3.5%；一般公共预算收入 170.86 亿元，扣除留抵退税因素增长 13.6%，按自然口径计算增长 4.2%，其中税收收入 122.12 亿元，扣除留抵退税因素增长 0.3%，按自然口径计算下降 11.4%。全市一般公共预算支出 607.10 亿元，增长 11.3%。市本级财政总收入 69.69 亿元，下降 2.1%，一般公共预算收入 44.29 亿元，扣除留抵退税因素增长 10.8%，按自然口径计算增长 0.3%，其中税收收入 31.95 亿元，扣除留抵退税因素下降 4.7%，按自然口径计算下降 17.6%。一般公共预算支出 94.20 亿元，增长 11.7%。全市和市本级财政收支实现平衡。

全市财政系统围绕学习宣传贯彻中共二十大精神，组织举办“财政讲坛”“青年夜学”及“学习贯彻中共二十大　推进财政高质量发展”讲书大赛等活动。优化干部队伍，坚持“综合处室业务化”“业务处室专业化”“一线岗位年轻化”的干部队伍建设要求，推进干部内部轮岗交流，实现“中层干部 5 年、普通干部 8 年”全员轮岗交流。选派 7 名优秀年轻干部外出挂职。全年推荐 4 家单位入选全省变革型财政组织创建名单，其中市本级、龙泉、青田被评为全省财政系统变革型财政组织创建优秀试点单位。市财政国库支付中心获“一星级全国青年文明号”称号，市总监中心、审核中心创成“省级巾帼文明岗”。市财政局连续 5 年获全省财政管理绩效考评优秀，连续 9 年获市委市政府综合考核优秀。

【财政收入】 2022 年，全市一般公共预算收入占 GDP 的比重为 9.3%，其中市级为 12.4%。全年一般公共预算税收收入占一般公共预算收入的比重 71.5%，其中市本级为 72.1%；一般公共预算收入占财政总收入的比重 61.0%，其中市本级为 63.6%。加强税收收入管理，落实地方财税收入协调机制议事规则，坚持收入总量和质量并举。规范非税收入管理，全年全市非税收入 366.50 亿元(含国有土地使用权出让收入 236.81 亿元)，其中纳入一般公共预算管理的非税收入 48.74 亿元；市本级非税收入 101.59 亿元(含国有土地使用权出让收入 82.06 亿元)，其中纳入一般公共预算管理的非税收入 13.05 亿元。首次争取到革命老区补助 8409 万元，争取到中央专项彩票公益支持革命老区补助 9150 万元，争取到中央财政支持公立医院改革和高质量发展示范项目 5 亿元。入选首批中央财政支持普惠金融发展示范区名单，获奖补资金 1500 万元。入选全省巨灾保险试点，获省级专项补助资金 4500 万元。

【财政扶持】 2022 年，丽水市财政局加强宏观调控政策协同，配合出台《丽水市经济稳进提质攻坚行动方案》《丽水市文化和旅游领域经济稳进提质政策实施细则》等政策文件。落实稳进提质政策，减轻企业负担，全年兑付涉企类财政扶持资金 42.82 亿元。落实减税降费，健全完善工作机制，做好以留抵退税为重头戏的组合式税费支持政策，全年全市留抵退税 45.15 亿元。实施阶段性减免市场主体房屋租金政策，全市减免国有房产租金 7792 万元，涉及租户 5648 户。落实直达资金的晾晒监管机制，加快财政直达资金兑付进度，提高资金使用绩效，全市争取到中央直达资金 72.28 亿元，比上年增长 56.52%。全市财政科技支出 16.04 亿元，增长 19%。建立人才科技转移支付激励机制，每年安排人才发展专项资金 1000 万元，对县(市、区)揭榜市级重点人才科技任务的给予工作经费奖励。优化政府采购政策，全市政府采购规模 40 亿元，其中面向中小企业采购 36 亿元。首创运用“市县一体化”政府采购远程异地开评标管理系统，实现与杭州、新疆等地跨市域、跨省域远程异地开评标，被列入省财政厅政府采购数字化共建共享改革试点。

【重点民生保障】 2022 年，全市民生支出 444.06 亿元，占财政总支出的 73.1%，比上年增长 9.9%，其中市本级支出 66.97 亿元，占财政支出 71.1%。聚焦重点项目，市直政府投资项目资金支出 68.71 亿元，保障丽水机场、衢丽铁路等重大项目、重点领域工程资金需求。整合省市县资金支持瓯江源头山水林田湖草沙一体化保护和修复工程。推进市域上下游横向生态保护补偿工作，落实市级饮用水水源地保护和补偿资金。支持教育事业发展，全市财政教育支出 92.32 亿元，增长 6.1%，其中市本级 15.59 亿元，增长 6.9%。支持义务教育“民转公”改革，提高市本级义务教育学校生均每生每年公用经费标准 150 元，高于省定标准。支持“双减”重大部署在丽水市落地，明确课后服务收费标准。研究解决公办幼儿园劳动合同制教师同工同酬问题，推动学前教育普及普惠高质量发展。全年社会保障和就业支出72.40亿元，增长8.1%，其中市本级支出5.66亿元，增长0.1%。助力最低生活保障标准从910元提高到1035元，城乡居民基础养老金标准从225元提高到255元，城乡居民基本医疗保险财政补助标准从1080元提高到1090元。助力农业农村发展，全市“农林水”支出76.1亿元，增长16.09%。会同主管部门出台《关于加快推进政策性农业保险高质量发展的实施意见》《“丽水山耕”品牌提升奖补资金管理办法》等政策文件，加强财政支农政策供给，提升支农重点工作保障水平，整合乡村振兴专项资金1.49亿元。

【财政数字化改革】 2022年，丽水市财政局完成省财政厅数字化改革重点应用“浙里报”试点建设工作，以“报销一件事”为切口，贯通使用公务出行、会议活动、学习培训等子场景，实现全市“浙里报账”市、县、乡三级预算单位全覆盖，打通财政管理和财务管理的支付链条，完成报销业务近18万笔。上线使用预算管理一体化系统新执行模块，实现在线上开展预算编制、预算执行、会计核算等财政核心业务，打通“丽水市产业及惠民政策奖励兑现系统”和“丽水人才码”与预算执行系统应用接口。

【财政监管】 2022年，丽水市财政局创新清廉财政建设，打造“三不腐”能力指数评价体系。政府资金管理领域廉政风险“丽水样本”被纳入省财政厅“清廉财政”建设十佳案例。被省财政厅评为全省清廉财政建设成效突出单位。加强财会监督，开展地方财经秩序专项整治等行动，对12家单位开展专项监督检查，检查发现问题128个，依法下达行政处理决定书。非刚性、非重点项目支出只减不增，市本级一般性支出预算压减10%，“三公”经费和会议费、培训费压减10%。建立预算执行月度通报机制，预算执行进度低的项目予以资金压减回收，累计收回一般公共预算资金3.01亿元。加强投资项目审核，完善政府投资项目审核操作规程，完成市直政府投资项目审核179项，审定金额102.37亿元，节约财政资金13.19亿元。推进内部控制建设，组织开展市直单位内控建设“回头看”，开展乡镇内控指引建设。

（应　佳）

税　务

【概况】 2022年，国家税务总局丽水市税务局围绕高质量推进税收现代化目标，创建“全国节约型机关”“浙江省青年文明号”等市厅级以上荣誉30项，其中省部级荣誉4项。全年丽水市税务系统管辖全市登记纳税户数21.3万户。其中，增值税一般纳税人1.3万户；管辖全市登记缴费企业1.5万户，灵活就业人员31万人，全市缴费人数196万人。全市税务系统组织税费收入632.5亿元，比上年增长21%。其中，税收收入237.7亿元，下降6.2%，扣除留抵退税因素后增长6.3%；社保费收入148.1亿元，增长9.9%；非税收入246.7亿元，增长83.1%，还原后可比增幅为-7.6%，其中国有土地使用权出让收入229.2亿元；办理出口退税29.3亿元，增长1.4%。全市入库地方级税收123.4亿元，下降11.7%，扣除留抵退税因素后下降0.1%。

2022年，国家税务总局丽水市税务局加强实施党建高质量发展“八大行动”，通过组建红色联盟、锻造红色先锋、织密红色网格等方式，完善纵合横通强党建机制制度体系，逐步建成丽水税务党建“新高地”。举办“青年说”理论宣讲大赛、“四强”支部评选、“实招妙招大擂台”等活动，创建“三级书记抓党建”和党支部“指数化”评价机制，推动基层党组织建设整体提效。丽水税务抓党建“五字工作法”在全市作典型发言，全市税务系统7家单位获“两个机关”建设先进单位，10个基层局党支部标准化、规范化“达标率”位列丽水市第一方阵。

【组合式税费支持政策】 2022年，国家税务总局丽水市税务局聚力落实“留抵退税”“税费缓缴”“六税两费”重大税费优惠政策，全市落实新的组合式税费支持政策84.4亿元。其中，落实留抵退税政策46.1亿元，为制造业中小微企业缓缴税费18.2亿元，落实“六税两费”优惠政策4.3亿元，为小规模纳税人减征、免征增值税3.9亿元，阶段性降低社保费2亿元，为小型微利企业所得税减免1.5亿元，制造业研发新政减免企业所得税1.4亿元。为大企业提供“一企一策”税费服务，实施“互联网+”便捷退税，出口退税办理时长缩短至3个工作日内，完成跨境电商“9710”“9810”办理出口退（免）税1.2亿元，提振市场主体发展信心。注重宣传效应，国家税务总局丽水市税务局创作的作品《安家》获全国税收公益广告大赛一等奖。

【税务中台】 2022年，国家税务总局丽水市税务局开展税收征管改革基层创新实践，初步建成以税务中台为核心的智慧税务生态体系，整体节约25%的人力资源，为基层减负超过3800小时。加强建设税务中台，提升以数治税能力，服务中心打造“即问即办”新模式，单笔业务办理提速90%以上；执法中心运用智控终端621次，实现执法全程数字化可溯；监管中心三层防范体系触发预警77359次、阻断业务15821项，人均阻断执法风险7次，科学规避涉税风险；三级社会化办税网格体系涵盖微税厅50个和微税点144个，发展“税务网格员”880人，“家门口”办税更便捷。

【便民办税】 2022年，国家税务总局丽水市税务局推进“最多跑一次”和“放管服”改革，完善税费政策宣传辅导机制，征纳沟通平台激活纳税人7.2万户，其中一般纳税人激活率99.5%，月均活跃度同比提升25%。创新打造用户积分体系，推广使用“税小蜜”智能咨询，“12366”咨询服务热线质检排名居全省第一位。组建网格化、专业化税企交流群312个，18条重要政策消息知晓率100%。举办实体纳税人学堂和线上直播57场次，面向纳税人、缴费人宣传辅导超100万户次。构建办税缴费新格局，推出7类、25项、115条便民办税缴费措施，拓展多元化办税缴费方式，推进车购税申报、普票代开等民生事项掌上快办。

【税收营商环境】 2022年，国家税务总局丽水市税务局举办“亲清直通车”政企恳谈会，解决企业涉税诉求110个。推动“银税互动”项目扩面升级，全市7584户纳税人获“纳税信用贷”48.7亿元。运用“全国纳税人供应链查询”系统，为企业匹配供需需求2285次，助力企业爬坡过坎。打造“国际税收服务e站”，为华侨提供全天候线上咨询、“不见面全球代办”服务近2万次，被评为“全省优化营商环境最佳实践案例”。全市税费业务政务服务“好评率”99.99%，排名居全省第一位；不动产交易“掌办率”超过50%，排名居全省第一位；重点事项“掌办率”排名居全省第二位。

【依法治税】 2022年，国家税务总局丽水市税务局推进依法治税工作，各项法治制度规范对标落地。出台《税检协作意见》，办结《检察建议书》6件。以开展首批5个“枫桥式”税务所创建为契机，落实“三项制度”和“首违不罚”事项清单，解决小微企业涉税问题40个，处置行政复议案件2起，并做到“零败诉”。落实行政执法责任制，追责税收执法过错行为人，做到“查一案、抓一片、管一域”。创新风险预警机制，确保“犯过的错误不再犯，可以预见的错误不会犯”。国家税务总局丽水市税务局被评为“丽水市法治政府建设先进单位”。

【税费征管】 2022年，国家税务总局丽水市税务局完成全市27万人自然人年度个人所得税汇算和5318户企业所得税“核转查”工作。推进全电发票受票试点，新核定电子专用发票纳税人4205户，开具电子普通发票982万份，实现“全覆盖”。树牢税费皆重理念，由市政府牵头建立税收改革协调机制，协同推进社会保险费“统模式”改革。实施“跟票管、按户管”风险应对690户次，立案检查骗取留抵退税、虚开发票等涉税案件213件，查补总额2.9亿元，比上年增长167.6%，曝光骗取留抵退税典型案例2起。

国家税务总局丽水市税务局加大干部选拔任用和培养使用力度，配合开展副处级领导干部比选择优，提拔干部2人；创设科级干部考察“政治家访”环节，选任交流科级干部58人、股级干部244人，任职回避交流干部12人，一般干部轮岗396人；招录公务员和事业人员104人。全市税务系统股级以上干部调整面为70%，其中科级干部调整面为40%以上。干部队伍练兵比武中，丽水在浙江省资源和环境税条线获团体和个人“双第一”，在浙江省财产和行为税条线获团体第三名、个人第一名，国家税务总局丽水市税务局1名干部代表浙江省参加国家税务总局资源和环境税比武，获个人全国第一名。（刘知非）

审计管理

【概况】 2022年，丽水审计机关完成审计（专项审计调查）项目128个，查出违规金额24753万元，损失浪费金额794万元，审计发现非金额计量问题1676个。审计处理处罚金额58326万元，移送司法机关、纪检监察机关和有关部门处理事项29件、涉及43人。审计促进整改落实有关问题金额11534万元，审计后挽回（避免）损失12133万元。审计提出建议447条，被采纳262条；促进被审计单位制定、完善规章制度28项；提交审计信息406篇，被批示、采用344篇。向社会公告审计结果2篇。市审计局在浙江省审计工作综合考核中第四名，获优秀奖。全市7个项目获评省审计厅优秀项目。全市获省内审协会论文三等奖3篇，省内审协会案例一等奖1篇、三等奖6篇，获评省内审协会优秀项目4个、表彰项目3个。

【政策跟踪审计】 2022年，市审计局组织实施丽水市“双招双引”政策绩效情况专项审计调查，促进市本级和龙泉、缙云、遂昌、松阳、景宁5个县(市)出台推进人防工程产权制度综合改革、规范招商引资、加强项目管理等制度17个，督促各地清退农民工工资保证金、投标保证金、质量保证金等6263.72万元。

【财政审计】 2022年，全市财政审计发现违规金额2.05亿元，管理不规范金额42.53亿元，移送案件线索5条、处理1人，报送专报35篇，获批示20篇次，推动出台各项制度22项。其中，市审计局组织实施的市本级预算执行和决算（草案）审计，推动把263.23亿元政府资产计入财报，降低市本级政府资产负债率约15%，该项目获全省优秀审计项目二等奖。

【经济责任审计】 2022年，全市开展66家单位、87名领导干部经济责任审计，查出违规金额4397万元，移送问题线索12件，推动完善制度19个。与市委组织部联合出台《干部监督管理与经济责任审计协同工作机制》，形成“审前共商、审中协作、审后运用”的协作配合模式。迭代升级会商研判机制，创新运用及时分析与定期研判结合的方式，对20名市管领导干部和生态环境系统领导班子勾画“侧面像”及“全景图”，为组织部门选人用人提供参考。

【民生审计】 2022年，市审计局组织实施丽水市住房与城市建设资金使用和绩效专项审计调查，推动各地提高“大搬快聚”无房安置补助标准，加快建成安置房1.38万套。组织实施丽水市区停车设施建设管理使用情况专项审计调查，推动市本级出台行政事业单位和国有企业停车泊位向社会错时开放管理规定。组织实施2022年省政府十大民生实事涉丽事项推进情况专项审计调查，推动建立失能人员长期护理责任保险制度。

【审计查处问题整改】 2022年，市审计局推进“重大审计问题清单”应用，制定审计反映问题整改认定标准、审计问题清单应用工作机制和计分办法，在全市范围开展清单应用，“莲都区生态公墓供需矛盾突出、经营监管不到位问题”等3个典型案例被纳入省委或省审计厅清单界面，年度管控力指数排全省第四名。联合市人大、市府办开展问题整改情况实地督查，推动粮食安全管理、公墓供需矛盾、网约车专项治理等问题整改。 （邱浩然）

统计管理

【概况】 2022年，丽水统计系统学习贯彻中共二十大和省、市党代会精神，贯彻落实上级党委、政府决策部署，坚持依法统计依法治统，秉持“求真求新求精”，争创“五型”党建引领打造“五型”统计，推进全市统计工作迈上新台阶。全市统计局系统获全国第七次人口普查省级先进集体等集体表彰27项、全国统计系统先进个人等个人表彰70人次，市统计局在省统计局年度各专业工作考核中获评优秀或良好11项，获评市委、市政府年度综合考核优秀等次，全市统计工作得到各部门的肯定。

丽水统计系统面向全市领导干部、统计系统干部及统计调查对象，分层分类梯次推进统计业务培训。首次举办全市领导干部统计专业能力提升培训班，举办全市统计系统干部塑造变革能力提升全员轮训班，全市举办各类统计专业培训班226期、培训9784人次。加强对县级统计机构业务领导、班子协管，统筹开展统计综合工作及统计法治、信息调研“三大考评”，营造担当作为、争先创优浓厚氛围。深入实施“红耀绿谷、强基共富、双建争先”工程，创设主题党日活动“十大模块”，“支部主题党日活动制度化模块化规范化”获评全省统计局系统党建工作“十佳”创新案例。

【统计成果】 2022年，丽水统计系统坚决贯彻省、市经济稳进提质攻坚行动决策部署，创新建立短周期经济运行监测预警机制、经济形势分析工作机制、重点企业（项目）统计监测制度，做好统计数据生产，加强统计监测分析，全年形成高质量统计分析1799篇，获各级领导批示90篇次，助推地方经济稳进提质。围绕共同富裕主题主线，开展丽水加快跨越式高质量发展建设共同富裕示范区主要经济指标目标测算分析、丽水与全国革命老区重点城市经济社会发展指标对比分析、“双招双引”战略性先导工程统计指标监测分析，探索构建具有丽水特色的共同富裕统计监测评价体系，并开展共同富裕基础数据库建设省级试点。坚持摸清“第一手情况”、进行“第一道研判”，组织开展“摸实情办实事求实效”统计“三服务”活动，走访对接部门105次、企业（项目）3276家，帮助解决问题106个。在全省率先建立统计指导员工作制度，选派统计指导员136人，联系3046家网格调查单位，实现重点企业全覆盖常态化精准指导服务。全新打造《2021年共同富裕数据要情》《服务“双招双引”涉统工作指南》《月度统计信息》《丽水经济数据要情》及地区生产总值（GDP）和细分专业思维导图等优质统计产品，加强统计数据共享、成果运用。

【普查调查工作】 2022年，丽水统计系统做好“七人普”收尾工作，完成“七人普”成果转化课题31篇，同时做好人口普查年鉴、人口发展报告编印工作。推进“五经普”筹备工作，市县均组建“五经普”筹备领导小组，做好“两员”专题研究、预算编制、投入产出选点、村级单位边界更新维护等工作。开展社情民意调查，依托“浙江民调在线”平台，创新开展季度经济形势快速专项调查，组织开展丽水市营商环境满意度、三孩生育意愿、防范电信网络诈骗等社情民意调查69项，回收调查样本37万余个，调查样本实现跨层级、跨区域、跨国际分布。聚焦新发展新情况新问题，全市组织开展“迎峰度冬”煤电气供需情况、战略性新兴产业发展情况、餐饮转型升级、探路共富小镇先行等专题调研120余项，并形成调研报告。完成人口抽样调查、非公有制人才资源状况抽样调查、“平安浙江”入户调查工作。完成丽水市统计学会理事会人员调整，印发《关于加强新时期丽水市统计学会工作的意见》，评选2021年优秀统计调研课题45篇。

【统计法治工作】 2022年，丽水统计系统以落实国家统计督察整改为要求，推动地方党委政府及有关部门专题学习贯彻习近平总书记关于统计工作重要讲话指示批示精神和《中华人民共和国统计法》及其实施条例等，市委、市政府安排集体学习贯彻6次，市委、市政府主要领导和分管领导对统计工作作出批示指示9次，全市各级各有关部门组织统计法规专题学习486次，增强各级领导干部统计法治意识。做好国家统计督察反馈意见整改及统计造假不收手不收敛问题专项纠治行动，市委常委会、市政府常务会审议印发《丽水市落实国家统计督察反馈问题整改实施方案》《丽水市开展统计造假不收手不收敛问题专项纠治实施方案》，清理纠正违反统计法律法规文件和做法，开展统计造假屡禁难绝问题专题调研，推动统计督察整改落地见效。制定加强统计数据质量管控等9个统计法治新制度，推动防惩统计造假纳入对各地各部门年度考评“一票否优”和领导班子及领导干部年度综合考核内容。推动建立统计监督与各类监督方式贯通协同机制，会同市委巡察办制定《关于建立市委巡察机构与市统计局协作机制的意见》，联合市委组织部在全国率先制定《关于坚持党建统领加强组织系统和统计系统协作联动的若干举措》，构建组织工作与统计工作协作联动双向赋能新机制。实施全市统计数据质量核查和统计执法检查三年全覆盖行动，全年全市开展统计专业核查指导企业（项目）2300余家，执法检查企业（项目）639家，比上年增长121.8%以上，处罚企业15家，罚款2.72万元，消除监督盲点盲区，防范重大统计风险。推进精准普法、创新宣法、以案释法，市统计局主要负责人为市委党校2022年中青班作统计法治与政策实务专题课、在宪法宣传周通过《丽水日报》发表统计法治主题署名文章，举办第十三届“中国统计开放日”系列宣传活动，《数据质量 有法守护》统计法治微视频获全省“最佳动漫类作品”奖项，营造统计法治良好氛围。

【统计改革创新】 2022年，丽水统计系统落实数字化改革“一号工程”，推广省统计局“统计大脑+重大应用”。统计大脑、单位全生命周期管理、投资全流程管理、数据质量管控、民调在线、碳排放、一体化统计监督7个应用贯通率和活跃率均并列全省第一位。完成低收入农户统计监测数字化改革试点，推进“烧饼师傅”高素质农民群体数据库构建试点，开展“双碳”智能统计核算项目应用试点。推进重点领域统计改革，在缙云县、遂昌县开展农业农村统计村级联网直报试点工作，在莲都区、松阳县开展农业统计现代化改革试点工作。 （吴 群）

统计调查

【概况】 2022年，国家统计局丽水调查队（简称调查队）获全国“节约型机关”称号，机关党支部获浙江“学习强国”学习平台2022年度“学习之星”先进组织称号，获评全市综合考核优秀单位、乡村振兴工作考核优胜单位、全市政务信息先进单位、信访工作优秀单位以及2022年全省国家调查队系统基层党建平台示范点。政务管理、综合调查、专项调查、网络安全和信息化、党建5个专业获总队年度考核优秀等次，法治、农业调查、农村调查、住户调查、住户监测、生产价格调查、消费价格调查、大数据研究应用与对外交流推广、人事教育、财务管理、纪检监察11个专业获良好等次，专业综合排名居全省第二位，首次跨入全省市级调查队系统优秀行列。探索“智慧党建”应用场景，面向全市调查队系统编制党建工作指数、党员工作指数和清廉指数，开发建设“党建指数管理应用系统”，推动主体责任落实、“两个作用”发挥等，该经验做法入选“丽水市特色党支部工作法案例”、获丽水市机关党建“实招妙招”擂台赛十大优秀创新案例。健全机关党建“十大重点”“十件实事”“双十项目”机制，推进党支部标准化规范化建设。《深化“五大体系”构建国家调查队系统党建工作条块结合新机制》获国家统计局党建优秀课题评比三等奖。建成廉政文化长廊，获全省国家调查队系统廉政文化宣传一等奖。“唯数惟实、丽调利民”党建品牌工作案例入选国家统计局优秀党建案例。建立党组“第一议题”学习制度，修订完善管理制度32项和专业规范16项，用制度管人管事管数。

开展“传承创新、担当奉献、务实匠心”主题教育系列活动，融合“做一个月的记账户、一次农业调查辅调员、一名采价员”等专业实践活动，增强业务本领。组织512人次参加地方和国家统计局浙江调查总队组织的各类业务培训，与市统计局联合举办全市统计调查干部专业能力提升培训班2期；选派2名干部到国家统计局、总队跟班学习，到莲都区统计局基层锻炼干部1人，14人次参加总队执法监督检查、审计等工作；选拔科级领导干部5人，职级晋升1人，全年新录用公务员1人。3名党员组成的“求是丽调挺进队”在全省“学习达人”挑战赛上闯入八强获优胜奖。

【统计调查服务】 2022年，调查队围绕市委、市政府中心工作，统筹疫情防控和统计调查工作，制度化规范化标准化开展农业、企业、住户、价格等调查监测，完成共同富裕示范区建设民众感受度调查、全面从严治党民意调查、县级城市文明程度指数测评、县级交通分担率和公共交通满意度调查等专项调查工作。聚焦共同富裕加强统计监测，推出“一县一品”特色产业助力共富专题调研，形成调研成果15个；启动共富监测点建设，以景宁县少数民族重点村金垟村、缙云烧饼为试点对象，探索共富基层监测方法。开展集中专题调研，建立月度经济形势分析会制度，加强农情、企情、社情“三情监测”，增强监测预警灵敏度和针对性。发挥“丽调数库”职能，加强预警、分析、解读，建言献策，全年信息分析（个人观点）被总队采用160篇，被国家统计局采用29篇，被市“两办”采用72篇，被省“两办”采用12篇次，其中被国务院办公厅采用4篇次；被市级以上领导批示103篇次，其中被国务院领导批示1篇次。2篇课题分析获全省调查队系统优秀调查信息分析三等奖，2篇研究报告获丽水市2020—2021年度社会科学优秀成果三等奖，1篇课题获丽水统计学会统计调研课题评审一等奖。

【统计调查改革】 2022年，调查队推进统计现代化改革，完成住户调查大样本轮换，实现新旧样本数据衔接；推进农作物对地遥感抽样调查样本轮换，加强粮食产量调查数据质量；完成旱粮测产试点工作。

深化大数据在统计调查领域的研究应用，2项成果获评2022年全省国家调查队系统“大数据在统计调查中应用”十佳案例和优秀案例。承担总队大数据在住户消费调查领域、行政记录数据在CPI（消费者物价指数）调查、大数据时代小微企业调查方法的思考等课题研究。编制各专业工作思维导图，列出“工作体检单”和问题“诊断书”，评选“视频微课堂”，常态化开展走访调研、交叉检查、送课下县活动，夯实统计调查基层基础。

【统计调查宣传】 2022年，调查队组织开展“幸福生活谱新篇，喜迎中共二十大”系列专题分析、专题宣传，牵头制作《浙江乡音说轮换》宣传片，提供的素材被国家统计局住户调查大样本轮换宣传视频采用。加强内外网、微信公众号统计数据分析、发布和解读，加强舆论监测和社会公众统计数据服务。全年微信公众号原创推文、工作信息被国家统计局“统计微讯”采用4篇、“浙江调查”采用23篇、“学习强国”浙江平台采用2篇、《中国信息报》刊登16篇。

【统计调查检查】 2022年，调查队贯彻落实习近平总书记关于统计工作重要讲话指示批示精神和《关于深化统计管理体制改革提高统计数据真实性的意见》《统计违纪违法责任人处分处理建议办法》《防范和惩治统计造假、弄虚作假督察工作规定》精神，把统计法治、防惩统计造假弄虚作假

2022年7月1日，国家统计局丽水调查队在莲都区纳爱斯广场举办统计法治宣传活动

（黄应飞　提供）

等议题列入全市重要会议；开展违反统计法精神清理工作和统计造假屡禁难绝问题专题调研，持续营造防惩统计造假的良好氛围。首次组织对县级统计局开展执法监督检查，完成对庆元县统计局的监督检查。开展“双随机”统计执法检查企业47家，警告1家，并对上年处罚的2家企业开展“回头看”。推进统计法治宣传，《一声快说普法，统计法治开新花》被“学习强国”学习平台录用，入围丽水市第二届“十佳普法项目”。（黄应飞）

物价管理

【概况】 2022年11月9日，丽水市协同温州市发改委组织召开景文高速公路车辆通行费标准听证会，组织丽水市12名各界消费者代表和专家，给出景文高速公路车辆通行费的中肯意见。开展全市污水处理收费情况、市区城市地下综合管廊、城市道路占用和挖掘修复及收费情况调研及上报，组织开展小水电上网峰谷时段调整政策执行情况评估并形成报告。完成市五届人大一次会议建议1主办件2会办件的办理，完成10件价格政策咨询交办件的答复。协调解决青山环保公司和腊口污水处理厂（市供排水公司）含水率60%污泥处置收费的价格争议。协同市民政局、市市场监管局开展行业协会商会乱收费专项清理整治“回头看”工作。完成价格认定案件38件，办结率100%，无复核案件，落实《价格认定集体审议工作制度》，全年组织召开价格认定集体审议会议5次。

【价格指数上涨】 2022年，丽水市区居民消费价格指数涨幅1.9%，低于全省平均0.3个百分点，处于设区市第六位。丽水市区居民消费价格总体平稳，涨幅较上年同期扩大0.1个百分点。其中，消费品价格上涨2.6%，服务价格上涨0.9%，工业品价格上涨2.0%。八大类商品和服务价格累计同比“7涨1跌”，其中，交通通信类价格涨幅最大，上涨4.6%，医疗保健、居住、教育文化和娱乐、生活用品及服务类价格分别上涨1.3%、1.1%、1.0%、0.6%；衣着类价格下跌3.2%。7—10月，启动困难群众价格补贴联动机制，全市发放价格补贴2799.2万余元，惠及困难群众48.6万余人次。

【重点领域价格改革】 2022年，市发改委贯彻实施《浙江省定价目录（2022年版）》，学习宣传定价目录，推进定价文件废改立，确定丽水市辖区政府定价权限。建立涉企违规收费专项整治动态工作交流机制，推进稳经济降本减负相关价格政策跟踪落实。规范市区再生水价格管理，明确开发区企业实施差别化电价、气价政策。会同市教育局、市市场监管局等部门公布义务教育阶段线下学科类校外培训基准收费标准和浮动幅度上浮，并明确义务教育阶段学校课后服务收费政策；调整丽水外国语实验学校高中阶段学费基准价和丽水中等专业学校、丽水市职工中等卫生学校、丽水旅游学校新校园住宿费标准。

【水电气减费降本政策落实】 2022年，市发改委印发施行《丽水市级电力接入工程费用分担机制实施意见》，低压小微企业的电力接入工程费用全部由供电公司承担，供电企业的投资界面应延伸至用电户建筑区划红线，用电户只承担建设项目建筑区划红线内的电力设施费用，并明确供水供气接入工程费用分担机制按照本实施意见执行。贯彻受疫情影响暂时出现生产经营困难的小微企业和个体工商户用水、用电、用气“欠费不停供”政策，设立6个月费用缓缴期并免收欠费滞纳金。电压等级不满1000伏工商业用电实施阶段性电价优惠。落实水资源费减征政策，非居民及特种用水户的水资源费按现行收费标准的80%收取。

【成本监审（调查）】 2022年，全市成本工作做好市场价格监测预警。全年完成18种价格监测报表，涉及品种681、价目77291个。落实春节、五一等节假日期间的价格应急监测工作，每天对市场29个品种开展应急价格监测及上报监测分析，加强对苗头性、倾向性、潜在性价格问题的研判，提供政府科学决策参考。每周定期采集公布民生价格信息及环比指数，全年发布信息52期、价目10140个；每月采集公布全市民用液化气零售价格，定期在发改委网站发布。关注“菜篮子”“米袋子”及天然气等重要商品价格情况，完成市区5个超市（农贸市场）“菜篮子”价格五大类、65个品种的价格，采集价目43308个。联动9个县（市、区）价格监测机构报告市场价格动态，每周采集公布全市粮油菜价格信息指数和市区“菜篮子”价格涨幅前五名的品种，在丽水大花园“城市大脑”每日民生指数驾驶舱平台公布，完成采集63期价目6930个。全年上报省发改委监测预警信息109篇。（林　敏）

市场监督管理

【概况】 2022年，全市市场监管系统持续加强商事制度改革，优化营商环境，服务企业发展。至年底，全市有各类市场主体327400户，比上年同期增加6.41%。其中，内资企业68020户，比上年同期增加5.18%；外资企业521户，比上年同期增加4.83%；农民专业合作社4560户，比上年同期下降4.62%；个体工商户254213户，比上年同期增加6.97%；常驻代表机构7个，与上年同期持平。

【商标品牌建设】 2022年，全市新增注册商标11767件，累计达到89533件。其中，新增农产品商标1831件，累计13355件；新增地理标志证明商标4件，累计39件，位居全省第二；新增集体商标16件，累计101件。全年查处商标侵权案件136件，案值2462万元，罚没款127.5万元。实施“品牌助力”工程，全年发布“浙江制造”标准14项，新增“品字标”品牌认证企业69家，举办培训20余期，培训覆盖2000余人次。

【市场建设改造】 2022年，全市市场受疫情影响，成交额总体下滑。经全省统一清理后现有各类市场73个，比上年减少33个。全年市场成交额255.25亿元，比上年下降11.87%。其中，消费品市场62个，比上年减少26个，交易额为236.04亿元，下降8.42%；生产资料市场11个，比上年减少7个，交易额为19.21亿元，下降39.78%。全市亿元市场29家，比上年减少11家，交易额234.61亿元，下降12.14%。10亿元以上市场8家，与上年持平，交易总额186.82亿元，比上年微升1.64%，位于丽水经开区的4家亿元市场仅剩2家，丽水红星美凯龙家居生活广场、丽水市南星石材市场成交额跌出亿元市场之列。全市2家省重点市场，即浙南茶叶市场和庆元香菇城的交易额分别为63.60亿元和23.46亿元，分别比上年下降16.06%和8.68%。全市累计创成省放心农贸市场42家，占全市48家农贸市场的87.50%，高出“全省城乡放心农贸市场覆盖率60%”的要求；创成星级市场48家，覆盖率100%。

【市场秩序规范】 2022年，全市查办各类案件3967件，大要案件408件，涉刑移送83件，罚没款3542.29万元，其中市监类案件数比上年增长36.29%，罚没款增长27.3%，涉刑移送案件增长68.42%；食品案件2102件，案件数增长40%，罚没款502.75万元，涉刑移送29件；药械化案件289件，罚没款336.22万元，涉刑移送4件，大要案81件。上报国家局典型案例5件，入选省市场监管局典型案例22件。

【食品安全监管】 2022年，食品评价性抽检合格率稳定在98.5%以上，全年未发生食品安全事故，食品安全公众满意度连续14年位居全省第一，全市食品安全形势持续稳中向好。丽水市入围第五批国家食品安全示范城市创建推荐城市名单，莲都区、青田县、缙云县创成省食品安全示范县（市、区）；推进“两个责任”落实，包保体系“3456”工作法获省市场监管局领导肯定推广；率先在全省成立市级食品安全风险预警分中心；龙泉灵芝“食药物质”试点企业数量全省第一；松阳“茶叶在线”应用助推茶产业发展经验做法获省政府肯定；全省食品小作坊数字化监管场景应用建设在丽水试点，在产336家生产企业“阳光工厂”全覆盖，建成“阳光作坊”427家、5S小作坊53家、文旅作坊50家；全市“浙冷链”系统赋码率扫码率均保持100%；青田县农批市场培育试点通过省市场监管局AA评价；全市重点品种无纸化交易率90%以上。全市大中型商超浙产食品销售品种转码覆盖率均超70%。“防疫餐饮在线”4次受到省市场监管局局长点评表扬，全市739家学校（含幼儿园）食堂实现智能“阳光厨房”全覆盖，4221家入网餐饮单位；“阳光厨房”建成率100%，外卖封签承诺使用率100%。全市7家学生集体用餐配送单位全部通过HACCP或ISO 22000体系认证，认证率100%，智能“阳光厨房”建成率100%，建成“阳光餐饮街区”6个，建成农村家宴产业化公司9家；9个县（市、区）创成三星级基层食安办35家，四星级11家，五星级6家。全市4636家食品生产经营单位投保食责险，较上年874家主体同比增长22.43%。其中，中小幼儿园食堂、养老机构食堂、农批农贸市场、农村家宴放心厨房四类主体实现食责险全覆盖。聘请监督员1952人，基层队伍的食品安全履职能力增强。

【药品安全治理】 2022年，药品生产企业飞行检查、跟踪检查、企业不良反应监测检查覆盖率均为100%，药品不良反应监测报告3094份，为每百万人口1234份；组织在产15家药品生产企业、30余名检验人员开展岗位技能大比武；新增药品上市许可持有人（药品生产企业）3家，取得中药创新药产品注册证1个，转入新品种9个，恢复生产品种4个，新增中选国家第五批药品集中采购品种2个。探索药品生产企业全生命周期主体责任落实创新试点工作，该工作该项目入选省药监局2021年度药品安全治理创新“双最佳”项目，获省药监局局长批示肯定，并在全省现场会作典型经验交流。加强数字化改革，推进药品安全智慧监管“黑匣子”建设应用，辖区在产药品生产企业建成率 33.3%,上线运行率 20%。其中,浙江国镜药业有限公司采集品种、品规、批次及数据条数 4 个指标均位列全省上线运行企业第一,并在全省率先开展“黑匣子”企业端 V2.0 版中间库升级工作。对全市零售药店疫情防控持续开展全覆盖监督检查,全年出动检查人员 4584 人次,检查零售药店 4299 家次;开展“药品经营企业药品安全责任清单建设”省级试点工作,梳理完成药品批发企业主体责任 90 项和药品零售企业主体责任清单 81 项,召开清单建设专题研讨会、质量安全风险会商会、责任清单培训和交叉检查入企实训共 16 场,试点工作获省局领导批示肯定。全年药品抽检完成 1142 批,实现辖区生产企业在产品种、医院制剂品种、上年度不合格药品跟踪抽检覆盖率均为 100%;全市基本药物评价性抽检合格率 100%。开展“侨乡群众药事服务共享先行示范”全省试点项目,在浙里办上线“侨乡药事通”数字化场景应用,汇集七大类、12 项便捷服务,涵盖服务点位 366 个,组建药事服务志愿者 305 人。该项目入选 2022 年健康浙江行动市级示范样板名单、2022 年丽水市共同富裕标准体系建设任务清单,工作成效获国务院侨务办网站、《浙江日报》等报道。帮扶指导联赢医疗科技有限公司进入科创助力板和上交所科创板企业培育中心,成为全市首家进入该培育中心的医疗器械企业。紧盯社会热点和行业风险点,组织开展口腔科医疗器械使用质量专项整治行动、彩色隐形眼镜专项整治、防疫医疗器械专项检查、许可备案经营企业大排查、美容美发行业和医疗美容机构专项检查等 7 项医疗器械与化妆品的专项检查整治,完成市场经营主体监督检查 3205 家次,排查处置风险隐患 95 个,责令改正到位 176 家次,行政立案 90 件(其中大要案 21 件),净化全市市场秩序,全市未发生系统性、区域性等风险。化妆品“双随机、一公开”信用监管工作经过理论—实践—理论提升—再实践,持续完善探索数字化监管创新体系,形成“监管对象全覆盖、治理环节全涉及、重点领域强监管”的丽水工作模式,并入选 2022 年数字药监“最佳应用”十大项目,获国办电子政务办、国家药监局、省药监局等领导肯定。指导 2 家企业参与“浙江美妆”品牌评选,最终“纳爱斯”“100 年润发”“绮姿”3 个品牌入选 2021年度“浙江美妆”十大品牌,推进“品字标浙江制造”品牌建设,提升市场知名度和影响力。

【质量强市建设】 2022 年,全市新增“品字标”企业 69 家,培育“品字标”企业 95 家,新增发布“浙江制造标准”14 项,完成对标达标企业 30 家,品牌创建与质量建设奖励兑现资金 290 万元。推动建设质量基础“一站式”服务平台 10 个,其中龙泉汽配创成省级示范点。全市导入卓越绩效管理等先进质量管理方法企业 232 家,新增设立首席质量官 92 人。首次推行“质量管家”服务模式,组建专家团队入企精准帮扶,解决质量问题 85 个,举办培训 12 期,培训企业 1000 余人次。设立缺陷产品伤害信息监测点 26 个。

【标准化工作】 2022 年,市政府制定出台《丽水市标准创新贡献奖管理办法》,启动丽水市首届标准创新贡献奖评选工作。开展共同富裕标准体系建设,梳理制定共同富裕标准任务清单 49 项。首次把国际标准的召集人,国家标准、行业标准、省级地方标准第一起草人纳入丽水市 C、D、E 级高层次人才认定范围。全年新增主导或参与制定国家标准 13 项,新增主导或参与制定行业标准 8 项。全年发布市级地方标准 24 项,其中 5 项标准为全国首次发布,4 项为全省首次发布,新增市级地方标准立项 38 项。新增国家级标准化试点 2 个,省级重大标准化试点 1 个、普通试点 4 个,市级标准化试点 9 个,王村口国家级新型城镇化标准化试点优秀通过验收。

【知识产权保护】 2022 年,全市专利授权量 10363 件,其中发明专利授权量 632 件,比上年增长 16.39%;有效发明专利拥有量 3337 件,比上年底的 2722 件增长 22.59%;万人有效发明专利拥有量 13.31 件,比上年底的 10.86 件增长 22.56%;高价值发明专利 1088 件,增长 76%;全年全市办理专利质押项目 166 件,质押专利 831 件,惠及企业近 150 家,完成专利权质押金额超 23 亿元,增长 213.35%;全年签订专利保险合同 1169 单,累计保障额度 2.02 亿元。

【产品质量安全监管】 2022 年,市市场监管局开展产品质量监督抽查 796 批次,合格率 91.13%。依法对 58 家监督抽查不合格企业开展处罚,复查率、整改率为 100%。全年推进全市淘汰备案非标电动自行车任务,完成率 92.75%。突出对重点工业产品企业和获证企业的监督检查,对全市钢筋、水泥、电线电缆、危险化学品及其包装容器等 17 家产品获证企业开展全面排查。围绕守牢产品安全底线,做好产品质量监管工作。

【特种设备安全监管】 2022 年,全市有特种设备 43183 台(套、条),使用单位 8758 家,平均每家使用单位使用 4.9 台特种设备。其中,锅炉 445台,压力容器7058台，电梯21402台，起重机械9086台，场（厂）内专用机动车辆5142台，游乐设施46套，客运索道4条。全市特种设备台量同比增加16.5%，电梯、场（厂）内专用机动车辆数量增长速度较快，同比增长为24.64%和15.78%。全年未发生特种设备安全事故，未发生负面影响事件。投入340万元，建成电梯“96333”应急指挥中心，并实现全市1.9万台电梯全覆盖；全市电梯全部加装“NFC”智能芯片，实现电梯维保全过程信息可查、可管、可控，电梯维保质量在全省抽查中始终保持在全省前三名。处置1起重大安全隐患和158起问题及隐患，全省率先实现公用燃气管道100%定期检验。探索建立电梯NFC工作机制入选省安委会“安全生产专项整治三年行动”典型案例，燃气管道整治入选全省“除险保安”典型案例。

【民生计量监管】 2022年，全市新增计量标准16项，落实强制检定保障经费310万元，社会公用计量标准建设保障经费168.6万元，完成计量标准复查64项，法定机构授权5家，完成321853台（件）计量器具的检定工作，为企业减免检测费用600万元。发布丽水市《计量发展规划（2021—2035）》实施意见，《丽水市居民生活领域碳达峰实施方案》获市双碳领导小组同意发布，上线浙江碳普惠平台计量检测权益。全年完成计量帮扶企业897家，完善测量管理体系261家，出动技术专家1246人次，累计完成550人次的培训，解决技术难题23个。建立诚信计量单位65家，发放宣传资料24000余份，走访商户和居民3220家。对989家商贸企业，开展各类监督检查398次，累计出动执法人员1512人次，检查计量器具6473台，查处问题76个，发放责令整改通知书11份，立案39起。抽查定量包装商品净含量156个批次，经检验，发现有8批次产品不合格，检验合格率97.4%。丽水市流通领域中抽取月饼等商品包装计量，抽查12个批次，发现有1批次产品不合格，合格率83.3%。联合教育部门以“推行科普计量知识”为主题，在全市各中小学举办“知计量·护视力”征文比赛，收到全市各级各类学校师生参赛征文569篇。

【合格评定监管】 2022年，全市涉及建工、环境、机动车、食品、疾控等领域的检验检测机构111家；首次获实验室计量认证证书10家、扩项24家、到期换证8家。企业获质量管理体系认证证书1127张、食品农产品认证证书95张、强制性产品认证证

2022年丽水市亿元以上市场情况统计表

表9　　　　单位：万元

序号	市场名称	市场类型	成交额
1	丽水市粮油副食品批发市场	粮油市场	137865
2	丽水市府前菜市场	城市农贸市场	238730
3	丽水市仓前菜市场	城市农贸市场	18173
4	丽水市浙西南农贸城	其他农副产品综合市场	250583
5	莲都区东银苑菜市场	城市农贸市场	74499
6	莲都区天宁菜市场	城市农贸市场	26688
7	丽水国际车城	机动车市场	139573.09
8	浙闽赣食用菌交易中心	其他农副产品专业市场	10521
9	龙泉市利众二手车交易市场	旧机动车市场	12680
10	青田县鹤城中心菜市场	城市农贸市场	25000
11	青田县船寮综合市场	农村农贸市场	16900
12	青田县油竹综合市场	农村农贸市场	20000
13	云和县菜市场	城市农贸市场	11636
14	云和县农贸市场	城市农贸市场	14492
15	云和商贸物流城	装修装饰材料市场	13825
16	庆元县菇城农贸市场	城市农贸市场	19133
17	庆元香菇市场	其他农副产品专业市场	234576
18	缙云县茶叶市场	茶叶市场	12370
19	遂昌县龙谷名茶市场	茶叶市场	66900
20	松阳县西屏城东菜市场	城市农贸市场	17568
21	缙云县壶镇蔬菜市场	农村农贸市场	19000
22	遂昌县府前中心市场	城市农贸市场	19064.57
23	浙江浙南茶叶市场	茶叶市场	636000
24	景宁畲族自治县中心菜市场	城市农贸市场	11376
25	青田县蔬菜批发市场	蔬菜市场	24800
26	龙泉市新城东农贸综合市场	城市农贸市场	100750
27	丽水市惠民农产品批发市场	其他农副产品综合市场	130111
28	莲都区灯塔菜市场	城市农贸市场	26380
29	丽水市九里综合市场	城市农贸市场	16865

书257张、服务认证证书46张。63家企业和65个产品入驻“三同”平台、“丽水山耕”品牌认证企业54家、证书65张;绿色产品认证企业8家、证书11张。检查六大类领域检验机构80家、能力验证及人员考核22家35人、排查重点强制性产品生产企业和自愿性获证组织1300家。培育小微企业质量管理体系认证提升企业152家,精准帮扶企业52家,获证企业27家。全年累计出动检查900余人次、查处违法违规案件9起、发放暂停整改通知书5份、处罚没款22.6万元。“浙里检”平台上传检验检测报告34411份。

【技术能力提升】 2022年,全市检定校准计量器具63001台件,其中强制检定计量器具31694台件、非强制检定31307台件;检测产品质量5479批次。通过CNAS复评审,维持食品、茶叶、食用菌等共9类、1078个参数;通过CMA“三合一”复评审及扩项评审,具备5221个参数的检测能力,其中新增参数355个;新增经济开发区丽水生态合成革质量检验中心为异地实验室,具备571个参数的检测能力。新建计量标准5项、改造1项;通过法定计量检定机构复查考核,建立的125项计量标准开展的143项检定、165项校准能力均持证有效。科研项目获省市级立项12项,通过验收7项;为主发布5个省级及以上标准规程;发表论文15篇;获知识产权5项,其中软件著作权4个、实用新型发明专利1项;11个科技成果获奖。获全省市场监管系统检验检测“技术能手”称号2人;入选丽水市第一批“绿谷英才”中的科技新秀(“丽水三宝”新秀)3人;在全省食品检验检测技能竞赛中,1人获全省第三名并获“浙江金蓝领”“十佳检验员”称号,1人进入前20名并获“优秀检验员”称号。 (陈姝静)

规划管理

【概况】 2022年,新开工省市县长项目15个,落地率65.2%,超额完成省、市年度目标。44个省“4+1”(“4”指交通投资、生态环保与城市更新和水利设施投资、高新技术与产业投资、民间项目投资,“1”是省市县长项目工程)项目完成投资199.7亿元,超额完成年度计划26.7%。全市固定资产投资同比增长16.0%,增幅排名居全省第二位。

【规划管理与课题研究】 2022年,丽水市发挥发展规划战略导向作用,立足年度重大战略部署和重点领域探索实践所需,全年下达新编规划(课题)40个,发布实施《丽水市人才科技发展“十四五”规划暨产业发展人才科技支撑规划》等21个“十四五”专项规划和《丽水市滞洪水库规划(2021—2035)》等11个其他类规划。完成全市“十四五”规划汇编工作,包含“十四五”专项规划72个。联动财政优化建立规划立项联审机制,完善规划管理流程。组织启动全市“十四五”规划实施情况中期评估报告编制工作,明确规划实施后半程的重点任务和要求,提出改进规划实施的对策建议,持续推动规划各项目标任务实施。

【年度计划编制与经济分析】 2022年,市发改委编制国民经济和社会发展年度计划,完成《关于丽水市2023年国民经济和社会发展计划执行情况及2022年国民经济和社会发展计划草案的报告》编写。加强经济月度监测、季度分析、重点企业监测等基础研判,召开月度、季度全市经济形势分析座谈会,每季度开展重点工业企业网上问卷调查,全年完成经济分析、投资分析等月度、季度和年度分析60余个。

【年度计划执行】 2022年,丽水市国民经济和社会发展省出数排名指标中,地区生产总值1830.9亿元,增长4.0%,排名全省第四位;规上工业增加值增长5.0%,排名全省第四位;固定资产投资增长16.0%,排名全省第二位;农民收入增长排名继续保持全省第一位,实现“十四连冠”。

【重点项目建设】 2022年,全市重点项目的前期进度、前期经费、开复工、集中开工、常态化攻坚、投产投用等环节开展全过程闭环管理,提高站位高位推动、高效组织靠前服务、完善机制全力攻坚、聚焦服务加强保障、定期晾晒比拼争先进位等举措,建立各阶段、各环节无缝衔接闭环推进体系,抓项目谋项目成效显著。380个全市重点建设项目完成投资694.22亿元,超额完成年度计划投资19.61%,其中,46个省重点建设项目完成投资167亿元,超额完成年度计划投资17.1%。入选9个省重大产业项目,其中8个实施类省重大产业项目创历史新高(2个引领性项目取得零的突破)。205个市重大前期推进,45个项目提前开工。全年全市提前开工项目109个,再扩量新增投资114.22亿元。全年全市引进大项目203个,超额完成年度计划56%,其中10亿元以上大项目28个,比上年增加21个,增幅300%,百亿级制造业项目实现零的突破。制造业大项目165个、占比81.3%,带动制造业投资连续20个月保持15%以上增长。

【产业转型】 2022年，丽水市产业结构调整步伐加快，全市三次产业结构由2021年的6.3:37.3:56.4调整为6.4:38.6:55.0，一产比重提高0.1个百分点，二产比重提高1.3个百分点，三产比重下降1.4个百分点。工业转型加快，全市战略性新兴产业增速16.8%、装备制造业增速16.2%、高新技术产业增速8.3%，分别高于面上增速（5.0%）11.8个、11.2个和3.3个百分点。电子商务加速发展，全市实现网络零售额725.70亿元，增长22.8%。新认定国家高新技术企业180家，省级科技型中小企业522家，省级高新技术企业研发中心41家；丽水经济技术开发区孵化器、丽水绿谷信息产业孵化器获批国家级科技企业孵化器，实现国家级创新载体零的突破。与省内外17所院校签订合作协议45项，共建创新载体33个。推动首个市人才科技主题基金项目投资落地，广芯微电子获9000万元支持。 （史瑶靓）

应急管理

【概况】 2022年，丽水市应急管理工作围绕全省应急管理工作总体部署，以“除险保安”为主线，以“重大安全生产问题清单”为抓手，以“遏重大、防较大、降一般、保安全”和“不死人、少伤人、少损失”为目标，加强安全生产综合治理和自然灾害防范应对，推动应急管理体系和能力现代化。全年全市发生各类生产安全事故52起、死亡44人，分别比上年下降38.82%和24.14%，安全生产形势总体平稳，各类灾害和突发事件均妥善处置，完成平安护航中共二十大、防汛防台等任务。

【安全生产】 2022年，市安委办压实安全生产工作职责。构建“市—县—乡—村”全面覆盖、一贯到底的应急管理责任体系。完成领导责任、监管责任、主体责任3张清单梳理，定期录入履职和责任落实情况，推进依法依规履职尽责。开展市对乡镇（街道）安全生产和自然灾害考核评价，建立动态评价机制，每2个月进行“晾晒排名”，对排名靠后的乡镇（街道）实施警示通报、专项督导、约谈督办等“开小灶”措施，倒逼责任落实。坚持全流程、全链条、全方位抓好“重大安全生产问题清单”工作，每月召集部门集中研究，推动部门落实职责。全市累计提交省级蓄水池问题43个，承接问题19个，完成销号17个；承接市级问题80个，完成销号61个；创建省级示范案例1个，指导各县（市、区）创建市级示范案例2个。

聚焦重点领域开展安全专项整治。借力工业企业在线，推进“园区、企业、设施”三项整治；开展厂中厂、租赁厂房等联合执法，排查整治一般隐患2354项，停产停业整顿企业27家。全市3家钢企业、6家铝加工企业、824家粉尘涉爆企业均完成21项重点事项整治清零。落实重大活动期间矿山安全监管，完成矿山领域全覆盖安全生产大检查，累计排查并整治隐患813条，矿山领域未发生生产安全事故。持续推进化工园区“一园一策”整治提升，遂昌县、丽水经济技术开发区2个化工园区降为一般风险等级。常态化推进安全生产除险保安，紧盯企业自查、隐患排查、问题整改等三大主项，完善安全风险闭环管控机制。全年省“除险保安”暗访组发现问题隐患2624条，市、县检查发现问题隐患88984条，均按期完成整改销号。完成第二轮安全生产综合治理三年行动“收官战”。年初制定任务清单，对标对表推进综合治理工作，市本级663项任务和县级5501项任务均提前完成。开展安全防范“百日攻坚”，在全市10个重点行业领域集中

2022年12月9日，丽水市开展森林防灭火技能大比武暨扑救森林火灾应急演练

（孙　帅　提供）

开展攻坚治理“百日攻坚”行动，明确114项整治任务和105项排查事项，实施半月度通报、月度晾晒排名。全市各行业领域成立检查组8238个，出动检查人员49832人，检查点位45503个，排查并整治隐患41387条，责令停产停业170家，行政处罚1133件，罚款1183.77万元，移送司法机关60起。提升应急管理行政执法规范化水平，建立行政执法通报、预警提示和约谈、业务培训、督查、年度考核、内部运行、考核评比、廉洁自律8项机制，每季度对执法统计排名后3位的县局进行预警提示，每半年对执法统计排名后3位和被上级通报批评的县局进行约谈，督促工作落实。组建应急管理行政执法队，定期开展执法人员业务提升培训。全年组织业务培训31次，培训人员980余人次。明确行政执法工作重点，做到“月月有主题，全年常态化”。全市应急管理系统检查生产经营单位1508家，行政处罚442起，罚款1133.5万元，比上年增长43.83%，非事故处罚额占比96.49%。

【防灾减灾救灾】 2022年5月26日至6月21日，全市迎来梅汛期三轮集中强降雨，累计雨量519.8毫米，为历年第二多。强降雨期间，全网发布预警短信217万余条，发布暴雨红色预警6次，叫应叫醒基层人员26万人次；落实“五停”措施，累计停运线路455条、停课学校139个、停工工地472个、停业景区40家；组织开展自救互救，出动巡查人员71690人次，巡查点位16554个，转移危险区域群众31275人，解救被困群众842人。落实森林防火地方政府行政首长负责制，压紧压实属地管理责任，扎牢森林防灭火责任网。组织开展野外火源专项治理和惩治森林违法用火行为专项行动，持续加大祭祀、农事、林业生产等用火管控力度。全市开展森林防灭火巡查10万余人次，设立检查站（卡）2800余个，排查整治隐患1800余处，制止违章用火4900余起。高森林火险期，加强一线布防，全市180余支森林扑火队24小时备勤，省航空护林直升机驻守丽水，确保森林火灾火情“打早打小打了”。把避灾安置场所规范化建设纳入市民生实事建设项目，提前完成203个避灾安置场所规范化建设；创建好3个国家级和6个省级综合减灾示范社区。再投入近2000万元推进丽水市应急救援中心“一库一馆三中心一基地”后续建设，打造浙西南应急救援中心。联合市直部门制定市级防汛防台应急物资储备标准，全市储备抢险物资734种，约141万件，总价值约2.5亿元。开展巨灾保险省级试点工作，推动防灾减灾关口前移。

【应急救援】 2022年，全市建强救援队伍，9个县（市、区）和丽水经开区均组建1支适应“全灾种”救援的县级综合应急救援队，落实办公场所、经费，并实行24小时专人备勤。162个乡镇（街道）组建“一专多能、一队多用”的综合应急救援队伍，总人数4860人，基本实现“乡自为战”。组织2支队伍参加全省第二届社会应急救援队伍技能竞赛，获团体第四名和个人综合体能第一名、个人总分第二名。健全应急预案，督促市、县两级应急预案修订和实战演练，市级54个专项应急预案修订率100%，县级488个专项预案修订率93%。市、县两级组织开展自然灾害和生产安全类应急演练263场次，检验预案实战效果。完善应急值班值守制度，常态化开展日检查、周点检、月通报工作机制，全年“一键通”抽查各地960余次。加强应急信息接报和指挥调度，全年接收信息6852条，开展指挥调度535次。

【基础能力建设】 2022年，全市173个乡镇（街道）全部成立应急管理委员会，其中84个重点乡镇（街道）单设应急管理机构，增加股级职数45个。2018个行政村（社区）全部成立村级应急指挥工作小组，配备村级应急管理员，落实每月500—1000元履职补贴。全市累计保障资金1.16亿元，用于基层应急管理体系建设，推进应急管理融入基层治理“四平台”。把握“安全生产月”“防灾减灾日”“国际减灾日”“森林防火宣传日”等主题宣传日，开展应急知识科普活动。加强与《丽水日报》、丽水广播电视台等主流媒体合作，开设应急专栏，打造应急宣传阵地品牌。全年全市在省市两级主流媒体刊发宣传报道233篇，市应急管理局微信公众号刊发动态421条。把企业从业人员安全培训列入市民生实事项目，提前3个月完成安全培训7.2万人次，超额完成年度任务的33%。组织市级部门和县级人民政府分管领导，各县（市、区）、经开区应急管理局局长，开展提升应急管理能力专题培训，压紧压实新任领导干部应急管理责任。（孙　帅）

对外经济贸易

对外贸易

【概况】 2022年，全市进出口总额324.6亿元，比上年下降1.3%。其中：实现出口额289.3亿元，增长0.8%，进口额35.3亿元，下降15.7%。其中生产型企业（含“三资”企业）出口194.4亿元，增长0.9%，占全市出口总额的67.2%。从出口国别看，对新加坡、澳大利亚、印度尼西亚出现快速增长，分别增长282.8%、121.7%和100.4%；对美出口69.7亿元，下降15.6%，占全市出口总额的24.1%；对共建“一带一路”国家出口103.3亿元，增长22.7%，占全市出口总额的35.7%，占比较2021年同期提高6.4个百分点。从主要出口产品看，化工产品、鞋类出口较好，均增长15.6%。

【第五届中国国际进口博览会丽水展区】 2022年11月5—10日，第五届中国国际进口博览会在上海举办，丽水市组织224家企业（单位）报名参展。展会期间，丽水分团现场达成意向超过3500万美元，涉及数字化工厂、移动设备、医疗器械、消费品等领域。龙泉市龚三兴青瓷、玉德青瓷、南宋哥窑瓷业参加“灵动浙江”非遗展示活动，向全球展示龙泉青瓷文化。

【参加首届全球数字贸易博览会】 2022年12月11—14日，首届全球数字贸易博览会在杭州举办。展会期间，丽水经济技术开发区管理委员会与浙江麦迪森数字科技集团有限公司就麦迪森（丽水）数字经济产业园项目签约，投资额15.2亿元；缙云县政府与北京中外翻译咨询有限公司开展“牵星出海”走出去服务平台浙南发展中心战略合作项目签约。 （黄露菲）

利用外资与对外经济技术合作

【概况】 2022年，全市新注册外商投资企业31家，合同使用外资25373万美元，实际使用外资11873万美元，比上年增长38.6%，增幅列全省第二位。超额完成市目标的118.7%，超额完成省目标的91.5%，完成率列全省第一位。其中制造业实际使用外资4977万美元，增长157.1%；高技术产业实际使用外资2268万美元，增长280.5%。新增总投资额5000万美元以上的外资大项目2个。从占全市比重看，龙泉市32.9%、丽水经开区29.2%、莲都区16.8%、缙云县11.4%、松阳县4.5%、云和县2.6%、青田县2.5%、庆元县0.1%、景宁县0.01%、遂昌县为0。

【“两稳一促”暨招商引资研讨班】 2022年6月20—22日，“两稳一促”暨招商引资研讨班在丽水举办，参加

2022年出口总值分县(市、区)排序(含开发区)一览表

表10

县(市、区)	同比增速(%)	名次	县(市、区)	绝对额(万元)	名次
全　市	0.8	—	全　市	289.3	—
松阳县	60.2	1	缙云县	112.4	1
莲都区	52.6	2	开发区	39.0	2
开发区	32.8	3	青田县	28.9	3
龙泉市	26.3	4	龙泉市	25.6	4
青田县	5.7	5	莲都区	22.2	5
缙云县	-2.2	6	云和县	16.9	6
景宁县	-6	7	庆元县	15.3	7
云和县	-8.7	8	松阳县	9.5	8
遂昌县	-34.9	9	遂昌县	9.4	9
庆元县	-51.2	10	景宁县	7.2	10

说明：全市包含市本级数据，不参与排序

研讨学习人数50余人。邀请省内专家学者及涉外律所讲解招商引资、外资相关实务等知识，并组织各分管领导到丽水开发区调研、学习外资招引经验。通过培训，提高全市外资队伍业务能力。

【"投资浙里"跨国企业丽水行——生物医药篇活动】 2022年8月25—26日，浙江省"投资浙里"跨国企业丽水行——生物医药篇活动在龙泉市举办，邀请30余家生物医药领域跨国企业、国际组织、商协会走进丽水。宣传推介丽水加大外资招引政策、良好营商环境和产业基础。其间，安排跨国企业调研龙泉经济开发区，走访参观浙江科达生物科技有限公司、浙江国镜药业有限公司等重点生物医药企业。（黄露菲）

2022年8月 25日，"投资浙里" 跨国企业丽水行——生物医药座谈会在龙泉市召开（黄露菲 提供）

【对外经济技术合作】 2022年，全市新增境外投资备案项目5个，境外中方投资备案额2143.3万美元，比上年下降15.7%，增幅列全省第七位。从分布情况看，共建"一带一路"国家项目新增2个，占比40%，累计项目46个；法国投资项目新增1个，实现对法国投资零的突破。从规模看，国内企业独资项目4个，占比80%；境外最大独资项目980万美元。（黄露菲）

海　关

【概况】 2022年，丽水市进出口总值324.6亿元，比上年下降1.3%。其中，出口289.3亿元，增长0.8%。丽水海关监管进出口货运值2.5亿美元，增长32.7%；检验检疫出入境货物14886批，货值417.1亿元，分别减少12.3%和增长12.5倍。签发各类原产地证书9521份，货值12.3亿美元，分别增长3.7%和44.9%。完成1家高级认证企业培育工作。专题开展"丽水外向型经济发展情况"调研和"十地百团助千企"服务活动，出台《丽水海关促进外贸保稳提质细化落实举措》，形成专题调研材料为地方党委政府决策提供参考辅助，获市领导批示肯定3次。建立"关地企"政策直连、诉求直通、服务直达精准助企工作机制，组建调研团队10个，覆盖丽水9个县（市、区），累计走访各级政府部门30次，调研企业181家（次），解决企业困难诉求169个。举办"青蓝结对"仪式，为年度新录用的2名公务员结对一线执法经验丰富、岗位经历丰厚的导师，以老带新开展"传帮带"。出台《丽水海关干部轮岗工作实施细则》，轮岗交流干部6人次，激发队伍活力。

丽水海关推进科技海关建设，完成大楼基建改造，完成防雷线路、消防安全维保等项目，新增办公大楼进出智能测温门，改造防控物资储备专库。开展固定资产盘点工作，梳理固定资产记录2358条，完成PCR（基因扩增）实验室改造提升工作，对接大数据管理局，完成保健中心系统升级"政务云"扩容。节能降耗工作获国家级"节约型机关"称号。

【海关党政工作】 2022年，丽水海关围绕中共二十大精神进行宣贯活动，通过集中学习宣讲、基层工作调研、心得感悟分享等"五个一"活动宣传贯彻精神，组织追寻习近平总书记在丽水调研指导的足迹实地教学4次。推进政治机关建设，落实"第一议题"制度，开展党委理论学习中心组学习13次，专题研讨交流12次。加强基层党组织建设，查检二科党支部的"411"（月度工作"四加强"，党员干部"一带一"，党员助企"一联一"）做法代表杭州关区参加省直机关优秀支部工作法评选并获第二名，其中1名党员代表杭州关区参加第五届省直机关"千名支书上党课"宣讲活动，获"优秀支部书记宣讲员"称号。开展加强政治机关建设专项教育活动，排查风险隐患11个，拟定整改措施27条，梳理政治清单27项。巩固党史学习教育成果，制定《2022年丽水海关党委"我为群众办实事"重点民生项目清单》，开展调研12次，完成项目23项。

【税收征管】 2022年，丽水海关征收两税入库1.4亿元，比上年增长2.2%。落实海关经核准出口商管理规定，培育经核准出口商2家。做好属地纳税人管理工作，优化“一企一策”纳税服务方案，开展汇总征税、电子保函和“单一窗口”等政策宣讲。加强涉税要素合规申报引导，引导辖区企业对租赁贸易租金预提所得税、特许权使用费等涉税费用进行补充申报，补缴两税74.78万元。发挥海关税收征管职能作用，从改善人民生活品质、促进产业链优化升级等角度入手推进税政调研，完成关于药用硼硅棕色玻璃管降税的税政调研报告，至年底，被协作区海关采纳。

【通关监管】 2022年，丽水海关开展“FTA（自由贸易协定）金钥匙”原产地品牌建设，做好《区域全面经济伙伴关系协定》实施工作，开展各类培训15次，累计参加人员2000余人次，发放享惠指南500份，持续落实原产地自助打印、智能审单、信用签证等便利化措施，原产地证书自助打印率97.5%以上。累计签发各类原产地证书9521份，货值12.34亿美元，比上年分别增长3.7%和44.9%。助推省级重点贸易平台建设，保障第五届华侨进口商品博览会暨青田进口葡萄酒交易会第一批展品通关，成立工作专班，开通绿色通关通道，办理各类进口参展红酒5批次、409款。

【卫生检疫和动植物检疫】 2022年，丽水海关完善周例会制度，累计召开例会62次，加强内部防疫工作，以“实操”提能力，开展桌面推演和实战演练2次，组织开展口岸疫情安全防控培训16次。加强出入境人员传染病监测和预防接种工作，完成出入境人员健康体检551人次，预防接种187人次，比上年增长19.1%，检出传染性疾病9例，增长28.6%。坚持守土有责落实动植物检疫职能，完成17家竹木草出口企业注册备案，2家出境货物木质包装除害处理标识加施企业延续注册登记，办理浙江省第一家出口刀剑注册备案企业，助力龙泉宝剑世界文化遗产名片打响声誉。

【食品检验检疫和商品检验】 2022年，丽水海关完善进出口食品安全监管机制，检验检疫进出口食品化妆品货值9.6亿元，比上年增长11.2%，检出不合格食品化妆品4批，获2022年丽水市食品安全工作评议考核优秀等次。严把进出口商品安全关，检验出口危险化学品378批，增长90.9%，实施危包使用鉴定600批，增长12.2%，帮扶缙云矩丰智能完成危包企业的备案，实现辖区零的突破，并出具首份含锂电池整车出口危包使用鉴定。进出口食品和技贸措施专业组拍摄的进口葡萄酒查验和监督抽检作业流程操作视频被选为杭州关区食品安全监管业务培训课程。加强进口高风险消费品、儿童用品检验监管，检验不合格7批，查处销毁1批磨毛不合格儿童牙刷，成为典型案例被总署采纳并在“六一”期间通过媒体集中发布。受理1起违规地图案件，移送丽水市自然资源和规划局后续办理。

【统计分析】 2022年，丽水海关关注贸易热点开展监测专题分析研究，报送统计分析36篇次，获署领导批示1篇次、省领导批示4篇次。紧盯丽水市区域外贸和特色产业发展动态，开展统计分析，向地方政府报送专报13篇次，获市领导批示5篇次。制定《“丽水外向型经济发展情况”调研活动方案》，编发23期《丽水海关稳外贸暨“三服务”工作通报》。加强政策分析研判能力，参与报送的“三不腐”调研报告获海关总署主要领导批示，主题征文获评海关总署研究中心贡献论文，牵头课题获关级课题三等

2022年11月1日，丽水海关关员对第五届“侨博会”首批展品开展现场查验

（陈　蓓　提供）

奖，参与的1篇课题获海关学会三等奖，报送的预警案例被总署《技术性贸易措施导刊》第34期录用刊发。

【查缉走私】 2022年，丽水海关落实稽查改革要求，在出口食品、竹制品、汽配件等领域开展专项稽查行动，办理稽查作业20件，查办各类案件线索15件，涉及总货值6670万元。落实习近平总书记重要指示批示精神，开展"洋垃圾"入境专项稽查行动，完成辖区合金钢再生钢铁原料调查任务，共计57.815万千克、41.5万美元。加强全员打私工作，制定《丽水海关2022年打私工作要点》，开展惩治走私濒危动物制品查缉行动，查扣疑似高鼻羚羊角、象牙等制品；与丽水市打私办联合侦破"4•25"涉嫌走私冻品案，涉案金额800万余元。

【督察内审】 2022年，丽水海关运用督审内控和巡察整改"组合拳"，开展年度督察审计自查，累计发现问题6个方面、问题16个，制定措施19条，并完成整改。开展巡察整改集中清查工作，根据19个问题65项措施整改内容清单，完善整改台账，梳理整改长效机制，加强建章立制工作，推荐规范性海关建设，废止规章制度2个，新制定规章制度1个，修订规章制度3个。开展强化政治机关建设专项教育活动，排查风险隐患11个，拟定整改措施27条，梳理政治清单27项，并完成整改。

【海关助力高新技术产业发展】 2022年，丽水海关融入丽水市革命老区共同富裕先行示范区创建，为辖区最大外商独资项目肖特玻管进口设备进行全流程通关服务，开展"一对一"减免税申报指导，累计办理减免税证明29票，为企业减免税款100万元，助力高端药用玻璃生产基地建设。支持丽水经济技术开发区芯片半导体企业高端设备快速进口，累计办理设备进口17批次、货值2.47亿元；针对半导体产业特点，协助浙江旺荣半导体有限公司完成高新技术货物一体化布控查验模式试点备案。

【山区特色农产品出口】 2022年，丽水海关支持丽水市以生态产品价值实现机制转化改革工作，助推"丽水山耕"等生态精品农产品出口，全年新增出口食品种养殖基地备案12家，比上年增长140%，新增出口食品生产企业备案9家，同比增长200%，新增出境注册果园4家。完成首次出口油焖笋、首次出口油焖茭白抽样检测工作，设立出口鲜食查检绿色通道，帮扶出口杨梅8830千克、116.38万元。到企业实地了解产品生产流程，指导企业完善食品原料质量管控体系，与青田县革命老区乡祯旺乡建立合作机制打造共同富裕样板，帮助该乡备案红糖加工厂1家，食用菌出口基地3个，助推实现红糖、鲍鱼鸡汁罐头等产品首次出口海外，景宁县九龙乡种植地瓜面积133.33余公顷，出口带动1000余户农民增收。 （叶　航）

2022年12月7日，丽水海关关员在辖区食用菌企业开展现场调研

（陈　蓓　提供）

丽水经济技术开发区

综　述

【丽水经开区主要指标】 2022年，丽水经开区实施平台“二次创业”重大改革，挂牌成立新的党工委、管委会和纪工委，形成“3平台8部5中心1街道”的组织架构。打好“双招双引提质增效、项目建设扩大投资、惠企助企跨越发展、深化改革扩大开放、共同富裕扩中提低”五大攻坚战。全年实现地区生产总值增长8.5%，连续9个季度全市第一；固定资产投资和工业投资分别增长28%和51.2%；规模以上工业总产值和规模以上工业增加值分别增长16.9%和13.4%；财政总收入和一般公共预算收入（剔除留抵退税因素）分别增长10.08%和19.9%；企业政策兑现增长15.3%；外贸出口额增长32.8%；R&D（研究与试验发展经费）经费投入强度6.06%；规上工业总产值首次突破400亿元。

【丽水经开区争先荣誉】 2022年，丽水经开区的省级及以上研发机构数在国家级经开区中排名第21位，前进9位。全年获评省级先进制造业和现代服务业融合发展试点、省级现代服务业创新发展区、省级减污降碳协同试点等改革试点9项。综合考核连续3年优秀，“双招双引”“分区共竞”专项考核保持全市第一位。

产业发展

【概况】 2022年，丽水经开区立足国家级经开区优势，推动半导体全链条产业组链成群，精密制造产业逆势发展，健康医药产业乘势而上，时尚产业华丽转型，数字经济蓬勃发展。实施“双招双引”战略性先导工程，抓好项目建设，以铁腕措施开展全域低效企业整治行动，推进深化改革和扩大对外开放。丽水经开区科技孵化园成为全市首批国家级科技企业孵化器，杭州电子科技大学丽水研究院成为全市首家实体化研究院。同创特材入选工信部、国资委2022年度重点产品工艺“一条龙”应用，是全市首个省级“尖兵”项目。丽水方德智驱研究院成为全市首家省级新型研发机构。北京晶引柔性薄膜基板项目、麦迪森数字经济产业园作为全市唯一代表项目分别在第六届世界浙商大会、首届全球数字贸易博览会上签约。

2022年12月，同创（丽水）特种材料有限公司入选浙江省2023年度第一批“尖兵”“领雁”研发攻关计划项目 （游千喻　提供）

【园区招商引资】 2022年，丽水经开区以“专业招商”为引领，创新招商模式，“‘基金+飞地’招商”入选“浙里干部之家”示范案例。全年招引各类项目219个，其中，工业项目42个、总投资256亿元；引进亿元以上项目34个，数量位居全市第一；落地央企、500强、上市公司项目12个，实到外资3463万美元。落地全市首个百亿元级重大制造业项目——东旭光电半导体材料项目，丽水特色半导体产业平台入选省“万亩千亿”新产业平台培育名单。

【园区人才科技】 2022年，丽水经开区与复旦大学、浙江工业大学、杭州电子科技大学联合建立研究院，经开区科技孵化园成为全市首批国家级科技企业孵化器，成立全市首家实体化研究院——杭州电子科技大学丽水研究院。开展“才聚浙丽”联合行动，推出“人才新政3.0”，举办人才科技周系列活动，开放人才科创公园，成立人才科技保障法庭。新建院士专家工作站2家、省级博士后工作站4家、博士创新站26家；引进高校毕业生7592人，其中，博士研究生409人、硕士研究生317人。实现国家、省高层次人才特殊支持计划历史破零；入选绿谷精英项目39个；全年认定“绿谷企业英才”“绿谷企业新秀”“浙江工匠”“浙江青年工匠”91人，占全市总量近20%。获国家级专精特新“小巨人”企业等各级荣誉55项。省级及以上研发机构数在国家级经开区中排名第21位。

【园区项目建设】 2022年，丽水经开区持续坚持“项目为王、落地为王、大干快上”理念，开展“优结构、扩投资”行动，全年发行政府债券项目14个，到位资金22亿元，比上年增长25%，争取到中央补助资金1.9亿元。中广智造园、天富科技、意芯半导体等重大产业项目投产，浙西南科创产业园、丽水市第一人民医院、南城运动综合体等重大城市项目加快推进。全年新开工亿元以上项目28个、总投资325亿元，竣工投产项目20个、总投资191亿元，均列全市第一位。9个省“4+1”（“4”指交通投资、生态环境和公共设施投资、高新技术与产业投资、民间项目投资，“1”指省市县长工程）重大项目、5个省市县长项目、17个省集中开工项目投资完成率、纳统率均为100%。

2022年3月，丽水经开区科技孵化园 （游千喻 提供）

【企业整治提升】 2022年，丽水经开区以铁腕措施开展全域低效企业整治行动，提升宗地企业172家、淘汰关停企业105家、盘活工业用地163公顷。推进化工园区整治提升，成为全省第一批通过复核认定的18家省级化工园区之一。

【数字改革成果】 2022年，丽水经开区推进园区数字化改革，建成和上线一批具有示范性和典型性意义的重大应用。3月，土壤和地下水智慧监管项目入选全省“一件事”试点。9月，“法载南城”获全省青年创业大赛优胜奖。12月，生态合成革产业大脑入选省级数字经济“产业大脑”优秀案例。

【园区对外开放】 2022年，丽水经开区与安徽滁州经开区、江西赣州经开区等建立战略合作。打造山海协作升级版，产业项目对接、人才科技招引、乡村振兴先后对接鑫华半导体、诗文汽车、千健国科医疗等项目20余个，至年底，领伟智能、宝成环保、麦迪森数字产业园等项目落地；推进人才科技升级版工作，以招引专业化的创新创业孵化平台带动推进创新创业和人才科技工作形成完整闭环，入选绿谷精英项目39个，全年认定“绿谷企业英才”“绿谷企业新秀”“浙江工匠”“浙江青年工匠”91人。完成高新区122万元援建资金，社会帮扶资金拨付到位62万元，首个现代化综合农贸市场等助农项目投入使用，涵盖菜市场、超市、商场等功能，满足市民的日常生活需要，同时为周边群众提供创业就业机会。全年为强村公司带来租金收益和投资收益约210万元，创新打造服务省际飞地应用“浙里飞地在线”，围绕飞地重点培育的产业提供服务，实际解决省际“科创飞地”的政务服务、项目服务和“双招双引”服务等方面的堵点和难点。

【园区营商环境】 2022年，丽水经开区坚持放水养鱼、让利企业，全面顶格、高效实施稳经济“一揽子”政策翻一番，帮助市场主体应对冲击，兑付企业扶持资金10.6亿元，减负降本9.6亿元；企业政策兑现比上年增长15.3%；市场主体突破2万家，比2019年翻一番，存量增速全市第一位。建成全市首个110千伏共享变电站，“拿地即开工、拿地即通电、助企服务员”等“放管服”改革措施在全市推广。11月，获评市级花园政务大厅，“一网通办”率、跑零次率等营商环境指标持续走在全市第一位。

南城建设

【概况】 2022年，丽水经开区坚持“一脉三城、智创南城”的战略定位，推进文明南城、智慧南城、平安南城建设。做好服务全市域、辐射浙西南的产城融合项目、除险保安护航二十大、科教文卫建设等工作，创成一座具有年轻态、活力范、时尚感、后劲强的现代新城。

【城市建设】 2022年，全市建设水阁公园、东游园等主题公园，新建改造道路20千米，建成生态绿廊、游园50万平方米，完成绿道慢行系统、城市驿站等基础设施建设，富岭社区入选省级未来社区创建名单。拆除违法建筑10.4万平方米，改造旧厂区8.3万平方米，完成城中村改造8.6万平方米。征收房屋12万平方米，收储土地219.13余公顷，公寓分房785户，迁建安置106户，完成上一轮省委巡视整改任务，整改率100%。

【社会治安】 2022年，丽水经开区落实疫情防控各项决策部署，以最短时间、最小范围、最低代价处置每起疫情，坚持“防疫发展两手抓两不误”，实现生产不停、物流不断、产能不减、秩序不乱。持续推进“除险保安”大排查大整治、安全防范“百日攻坚”行动，纳入除险保安监管平台企业800家，省级抽查发现问题隐患256个，市县排查隐患8505条，企业自查11402条，均完成整改，完成平安护航中共二十大等任务，其中，南明山街道、社会治理部、建设管理部获评市级突出集体。

【卫生教育事业】 2022年，丽水经开区实施教育提质行动计划，在建北京师范大学丽水实验学校、南城中学等教育项目6个，完成年度投资4.45亿元。在校学生2万人，增长13.6%。3月，华东师范大学附属丽水学校入选全省首批、全市唯一“院士科普基地”。10月，第三人民医院主体工程完工，11月，骨科医院投入运营，全年“浙丽保”参保率95.1%。

【污染防治】 2022年，丽水经开区推进大气污染防治，通过推进数字化改革、合成革行业有机废气提升治理、合成革和电镀行业6S整治[工厂车间现场管理方法，即整理(SEIRI)、整顿(SEITON)、清扫(SEISO)、清洁(SEIKETSU)、素养(SHITSUKE)、安全(SECURITY)6个方面]、持续打好柴油货车攻坚、加强余庄前大气监测点周边区域巡查等措施，实现区域环境质量持续改善，$PM_{2.5}$和PM_{10}平均浓度分别下降15.4%和9.5%，助力市区空气质量挺进全国第七位，工业固废利用处置率100%，创建“无废细胞”10个。 （徐燚杰）

2022年，丽水经开区荣登空气质量全国第七位 （游千喻 提供）

农　业

综　述

【乡村振兴】 2022年，全市各地各部门学习中共二十大精神和习近平总书记关于“三农”工作重要论述，贯彻省第十五次党代会、市第五次党代会部署要求，坚毅笃行“丽水之干”，实施“三化”战略，发展品质农业，建设花园乡村，推动农村“美起来”、农业“强起来”、农民“富起来”。开展乡村振兴专题调研、培训，继续推动实施乡村振兴十大激活行动，推动民族乡村振兴、红色乡村振兴，推进金融服务乡村振兴。

7月17—19日，全球重要农业文化遗产大会在青田举办，国家主席习近平向大会致贺信，中共中央政治局委员、国务院副总理胡春华宣读国家主席习近平贺信并致辞。大会以“保护共同农业遗产，促进全面乡村振兴”为主题，邀请有关国家、区域、国际组织、学界等，探讨全球重要农业文化遗产与粮食系统韧性、乡村可持续发展、农民生计改善等重要议题。丽水市把每年6月5日设立为“丽水农业文化遗产保护日”。9月，获批普惠金融服务乡村振兴改革试验区，经国务院同意，中国人民银行、银保监会、发展改革委、财政部、农业农村部、证监局和乡村振兴局六部委印发《浙江省丽水市普惠金融服务乡村振兴改革试验区总体方案》。“国家级普惠金融服务乡村振兴改革试验区”工作得到国务院总理李克强、省委书记袁家军和副省长卢山的批示肯定。率先在全国发布《红色乡村评价规范》《清廉村居建设规范》市级地方标准，1个县、2个乡镇、10个村成为省级清廉村居示范标杆。全年派省、市、县、乡四级农村工作指导员2137人，实施农村工作指导员和科技特派员扎根农村行动，指导当地发展特色产业，推动村级集体经济发展，帮助农民增收致富；推进“大搬快聚富民安居”工程，帮助38516名山区农民实现“下山梦”“安居梦”，该做法亮相央视《平安中国》《人民至上》等栏目，并获评浙江省高质量发展建设共同富裕示范区最佳实践。7月，入选浙江省乡村旅游产业转型省级试点市，丽水围绕乡村旅游产业转型升级，结合浙江省文旅融合“五百五千”工程，利用“丽水山路”数字化赋能串联丽水9个县（市、区），打造1批以乡村古村落为核心的“丽水山居”特色精品民宿集群，成为全省山区26个县高质量发展共同富裕的乡村旅游示范样本。9月28日，第六届中国农村电子商务大会在丽水市举办，大会主题是“高质量发展农村电商　奋进中实现乡村振兴”，商务部副部长盛秋平出席并作批示。全年丽水市农业农村局获全省高标准农田建设工作成绩突出集体、全省农村宅基地工作成绩突出集体、全省农村土地承包经营权确权登记颁证成绩突出集体、全省新时代乡村集成改革工作成绩突出集体称号及2021年度全省集体经济巩固提升工作考评第一名。　　（张任驰　程文林）

【农家乐乡村休闲旅游业】 2022年，丽水市持续发展农家乐民宿乡村休闲旅游业。全市累计创建“丽水山居”农家乐综合体示范项目70家，精品民宿示范项目193家。年末全市农家乐民宿3451户，餐位19.98万个，床位4.38万个，从业人数2.62万人。全年农家乐民宿接待游客2665.73万人次，实现营业总收入27.26亿元。　　（何陈婧）

【脱贫攻坚成果与乡村振兴有效衔接】 2022年，丽水市立足“扩中”“提低”新要求，把“两个增收”作为推进乡村全面振兴、促进共同富裕的重中之重，坚持巩固拓展脱贫攻坚成果与乡村振兴有效衔接，守牢不发生规模返贫底线。实行省、市、县三级与重点帮促村的结对帮扶制度，实现乡镇(街道)、重点帮促村(经济薄弱村)、低收入农户全覆盖，累计帮扶走访5.9万次，累计帮扶资金9.40亿元。低收入农户人均可支配收入16734元，比上年增长16.3%，增幅连续7年保持全省第一。消除家庭人均年收入1万元以下，低收入农户5.7万户、91804人，分别比上年减少5000余户、9000余人；发放来料加工费29.06亿元，增长4.09%，培育经纪人2522人，吸纳解决就业24.4万余人，在重点帮促村发放加工费5.2亿元，增长10.6%；实施低收入农户统筹健康保险，全市低收入农户补充医疗保险保费由财政全额补贴2545万元，惠及人数10.4万人。加快低收入农户帮促数字化系统迭代升级，促进政府帮促精准化、社会帮促平台化，推动低收入农户同步基本实现现代化。（张任驰）

【农村工作指导员】 2022年，丽水市有农村工作指导员2137人。其中：省派丽水第十二批农指员25人，市派第十二批农村工作指导员91人；县级农村工作指导员607人；乡镇派农村指导员1414人。农村工作指导员依托派出单位优势，在帮助联系村引进项目资金、培育优势产业、制定发展规划、改善基础设施、解决驻地民生、推进基层组织建设等方面做实事好事。据统计，全年省、市、县、乡四级指导员走访农户5.8万户，召开会议3933次，落实经济发展项目161个，落实基础设施项目480个，落实扶贫资金7743.7万元，捐赠物资价值464.3万元，调处矛盾纠纷975起，主讲党课1187次，指导党组织生活1963次，撰写调研报告149篇，支持所驻村发展和低收入农户增收。（陈春英）

【“大搬快聚 富民安居”工程】 2022年，丽水市持续推进“大搬快聚富民安居”工程，探索“解危除险”“小县大城”“众创空间”“幸福社区”4个维度的农民异地搬迁县域实践模式。“大搬快聚”安置小区“街乡共治”模式被纳入第四批全国乡村治理典型案例；“大搬快聚 富民安居”工程被评为浙江省高质量发展建设共同富裕示范区最佳实践，浙江省2022年度全省农业农村数字化改革“优秀应用”，编入浙江省《IRS利用优秀案例集(2022年)》的44个案例之一，并作为全国地级市三大典型案例之一亮相央视《平安中国2021》《人民至上》栏目，大搬快聚“小县大城”的县域实践在央视《新闻联播》播放。至年底，丽水大搬快聚推动48146户、13.66万人山区农民融入小县大城。全市用于“大搬快聚富民安居”工程的农民个人专项补助资金总计27.35亿元，争取到国有银行融资授信139亿元的专项贷款，至年底，全市大搬快聚安置小区(点)完成投资150.32亿元。其中，建成安置小区23个，完成投资90.99亿元，在建安置小区33个，完成投资59.91亿元。建成安置小区安置房套数有13823套。（练 彦）

【集体经济薄弱村消除】 2022年，丽水市按照中央和省、市关于发展集体经济的部署和工作要求，推进集体经济巩固提升工作。全市911个省定集体经济相对薄弱村全面清零，全年实现农村集体经济总收入14.3亿元，经营性总收入8.0亿元，同比分别增长20.2%和27.8%，增速分别位居全省第一和第二。全年182家强村公司实现营收9.40亿元、利润4.71亿元，同比分别增长216.4%和215.6%，利税0.42亿元，带动农民就业1.96万人，3月3—4日，首届强村公司和共富工坊优质产品大展销活动在丽水大剧院举办，线上线下销售额334.27万元。（毛沛勇）

【历史文化村落保护利用】 2022年，丽水市持续深化“千万工程”，推进“古村复兴”“畲寨复兴”“老屋拯救”等行动，探索历史文化(传统)村落与新时代美丽乡村建设融合。至年底，全市启动10批次、632个历史文化村落的保护利用，占全省24.9%，其中重点村86个，一般村546个，分别占全省19.91%、25.94%。获省补资金8.2亿元，累计获省专项建设用地指标51公顷，入选项目的数量和获补助资金居全省各市第一。按照“一年成形、二年成品、三年成景”要求，全市完成前8批、70个重点村和414个一般村历史文化村落保护利用验收工作。其中，17个重点村获评省级历史文化村落保护利用示范村。实施“双招双引”战略性先导工程，引入乡贤、知识青年、城市驻村创客等人群回归乡村，重构乡村人口结构，推动乡村经济发展。如，莲都区雅溪镇库川村深挖“唐风古韵”特色，发展乡村旅游，推出唐韵婚纱摄影基地、稽勾古茶古道开发、民宿经济发展，加快实现保护和利用齐头并进，实现古民居保护和旅游经济共同发展。缙云县前路乡前路村村集体置换回收村内闲置古民居，并进行保护性修复和利用，打造民宿体验馆和农家乐，发展民宿经济，把古民居创建成人大代表联络站、乡贤馆、乡村振兴讲习所等，搭建干群交流平台。

【花园乡村建设】 2022年，全市以“千万工程”为牵引，以建设“浙江大花园最美核心区”和“花园乡村先行地”为目标，打造充满活力、蕴含魅力、富有张力的最美乡村，逐步推动农民就地过上现代文明生活，全年建成花园乡村205个，精品花园乡村50个，打造一批辨识度强的花园乡村“农家地景”，择优选树最美“花园庭院”，推动美丽乡村向美丽经济转化，实现乡村价值再现。景宁县、云和县入选浙江第二批大花园示范县，缙云县被评为全省新时代美丽乡村示范县。（叶国军）

【农村生活垃圾分类】 2022年，全市统筹推进农村生活垃圾分类投放、分类收集、分类运输、分类处理治理体系建设，开展排查整治农村非正规垃圾堆放点与填埋点、资源化站点与农村生活垃圾中转站技改提升、“迎亚运”农村人居环境全面整治提升、打造农村数字化场景等工作，提升全市农村生活垃圾分类水平，逐步形成政府推动、全民参与、城乡统筹、因地制宜的农村生活垃圾治理格局。全年全市完成省级高标准农村生活垃圾分类处理村创建40个，累计实施农村生活垃圾分类处理村1890个，全市农村生活垃圾分类处理村覆盖率100%，回收利用率60%，资源化利用率100%。

【农村公厕服务提升】 2022年，丽水市按照省统一部署，规范化管护，持续巩固农村公厕服务提升工作。全市登记在册农村公厕5812座，围绕农村公厕常态化实现“三有四无”（有水、有电、有人管，无味、无垢、无尘、无积水）的规范化管护目标，持续推进农村公厕规范化、常态化管护工作，实现“边摸排、边整改、边提高”。开展星级评定工作，参照农村公厕设计规格、设施水平、服务机制等因素，创建星级公厕180座，示范性公厕18座。（叶昂成）

丽水“山字系”品牌创建

【“丽水山耕”品牌建设】 2022年，丽水市组建“丽水山耕”品牌授权委员会，完善协会会员动态调整机制，会员主体523家，公布授权产品834款。打破丽水市生态农业协会大一统模式，成立绿色农产品分会，聚焦龙头企业做示范、做精品。在市域创新尝试“农投+强村公司+农户”等订单农业模式，合作建设10个订单基地，新认定丽水山耕核心基地17家，成为盒马、明康汇等供应商。品牌列2022中国区域农业形象品牌影响力指数100强地市级第一位，获评“新时代区域农业品牌十年•卓越影响力品牌”；申报的《品牌赋能　助力山区群众共同富裕》入选国家知识产权局商标品牌建设综合创新类优秀案例；“丽水山耕”运营商——丽水市农业投资发展有限公司获全国服务业科技创新奖三等奖；缙云畅享现代化农事服务中心被列入首批省级现代化农事服务中心创建名单。（廖小丽）

【“丽水山居”品牌建设】 2022年，全市持续发展“丽水山居”农家乐民宿，开拓长三角区域客户资源，抢滩民宿中高端市场。首届中国乡宿产业发展大会的举办，促使“小而美”“小而精”“小而特”的“丽水山居”成为民宿产业新标杆，实现乡村资源活化利用的新载体。鼓励创建“丽水山居”农家乐综合体和精品民宿示范项目以及钻级民宿，对新培育的“丽水山居”农家乐综合体示范项目，按照评定一类、二类等次分别给予每家60万元、40万元的奖补；对新培育的“丽水山居”精品民宿示范项目，按照评定一类、二类、三类等次分别给予每家30万元、20万元、10万元奖补。至年底，全市认定“丽水山居”农家乐综合体示范项目70家，精品民宿示范项目193家。（何陈婧）

【“丽水山景”品牌建设】 2022年，丽水市根据《“丽水山景”建设与服务规范》，开展首批“丽水山景”示范基地评定工作，完成五大业态、35家示范基地的评定工作。推出“丽水山景”四时好风光精品线路12条，推出“丽水山景”乡村旅游季线路。对35家“丽水山景”示范基地进行短视频征集大赛，并通过中新社微信平台、《丽水日报》、丽水电视台等视频平台进行宣传。邀请各地摄影大咖走进“丽水山景”示范基地，开展“丽水山景”影像观察员采风活动。（余　翔）

【“丽水山泉”品牌建设】 2022年，丽水市推进工程建设和产品营销，打响“丽水山泉”品牌。对接并得到国家商标局支持，6个月的商标注册前期工作，缩短到55天完成。4月13日，“丽水山泉”商标核准注册。推动产品系列化、联名化、多元化。龙泉基地生产线有序运转，全年保障省党代会、浙商大会、第十一届人才科技峰会等重要会议、重大活动用水需求。全市实现莲都区经销网络全覆盖加快，开发全省各地市传统经销商27家。与杭州钢铁集团有限公司、物产中大集团股份有限公司、浙江石油贸易有限公司、浙江交投高速服务区、省交投高速商贸等企业建立初步合作。开发特通渠道经销商10家，定制大客户14家。铺开全省烟草非烟渠道零售终端铺货工作，打开产品销路。进入政采云，并持续运营好“送水到家”小程序，助力产品推广。5月12日，市城投公司与浙江烟草公司在杭州签订深化合作框架协议，并由香溢融通控股集团和浙江龙泉万物生长水业公司，共同出资成立销售公司。6月18日，“丽水山泉”——浙江香溢万物销售有限公司揭牌暨销售启动仪式在龙泉举行。“丽水山泉”得到《人民日报》、“学习强国”学习平台、《中国青年报》、《人民政协报》、《浙江日报》《解放日报》等媒体关注报道。（郭慧兰）

农业科技服务

【概况】 2022年，丽水市以整市制创成“肥药两制”改革综合试点市为契机，以推进农业高品质绿色科技示范基地建设为抓手，以持续推进农业水环境治理为目标，整体构建农业绿色生产方式数字化创新和推广应用平台，促进科技与生产、集成与示范、培训与推广结合，加强农业现代化科技支撑。加快农业科技自主创新技术集成和推广应用，按照“整合提升、分类建设、集聚集成、见形见效”的思路和要求，加强服务条件建设、对接科研单位及技术专家、落实技术补助等措施，建成技术较先进、功能较多元、设施配套较好、带动比较明显、运行较规范的省级农业高品质绿色科技示范基地28个。

【“肥药两制”改革】 2022年12月27日，省农业农村厅公布2022年度全省“肥药两制”改革综合试点创建认定结果，确定丽水市为“肥药两制”改革综合试点市。龙泉市、青田县、云和县、庆元县、缙云县、景宁县为2022年“肥药两制”改革综合试点县，至年底，全市9个县（市、区）全部入选“肥药两制”改革综合试点县。全市通过农业绿色发展先行示范区创建，以县域为单位全方位、多角度、深层次推进“肥药两制”改革综合试点建设，以肥药实名购买定额施用为切入点，让农业生产方式绿色转型升级，增强农业绿色发展内生动能和智治水平。全市2200家规模农业生产主体均入库，并全部激活；全市604家农资店全部入库，实现市域农资店全覆盖。（齐　川）

【农业科技推广服务】 2022年，丽水市农业农村局组织开展主导品种和主推技术的筛选与集成，全年筛选出市级农业主导品种208个。其中，主要的农作物品种168个，畜禽品种30个，渔业品种10个。市级农业主推技术85项。其中，农业综合技术1项，主要农作物技术67项，畜禽技术12项，渔业主推技术5项。9个县（市、区）也组织开展主导品种和主推技术的筛选与集成，共推广应用农业优质绿色高效主推技术551项，发布主导品种1481个。开展基层农技推广体系改革项目建设，开展基层农技推广体系规范化建设，全年项目县对基层农业公共服务中心开展检查次数79次；全年组织开展技术培训、交流座谈、观摩展示活动共计205次；注重基层农技人员能力提升，全年定向培训乡镇农技人员12人，农技人员就读于浙江农林大学，毕业之后直接安排到乡镇工作，服务期至少5年。全市有703名农技人员参加异地培训5天，选送47名农技骨干参加省级农业部门组织的不少于5天的骨干人才脱产业务培训；开展农业先进适用技术推广应用，全年全市遴选确定农业科技示范户、示范主体2030户，培育创建省级高品质绿色科技示范基地28个，基地开展农业先进实用技术试验示范项数82项，开展观摩、培训次数113次。开展产业技术团队建设工作，注重省、市、县与乡土专家相结合，把骨干技术人员纳入地方产业技术团队，根据“肥药两制”改革及防止耕地“非粮化”要求，增加“肥药能源”及“种业”服务团队，形成全覆盖、网络状的农技推广服务体系。持续实施经各产业技术创新与推广服务团队申报，专家会审，立项产业团队项目10个、子项目27个。

【农业科技推广项目】 2022年，丽水市农业农村局组织实施2021年度丽水市农业丰收奖申报评选工作，评出2021年度市农业丰收奖20项。其中，一等奖3项，二等奖7项，三等奖10项，由市政府发文通报奖励。组织申报省农业科技奖励项目，申报省丰收奖6项、技术进步奖1项、推广贡献奖4人。获省丰收奖项目3个。其中，二等奖2项，三等奖1项，获省农业技术推广贡献奖的农技人员4人，获厅技术进步奖二等奖项目1个。组织申报2019—2021年全国农牧渔业丰收奖，2个项目申报部农业技术推广成果奖，2名农技人员申报农业技术推广贡献奖，获部农业技术推广成果奖二等奖项目1个，获部农业技术推广贡献奖称号农技人员2人。组织2022年度省、市丰收奖立项申报，计划立项57项。其中：省丰收奖14项，市丰收奖43项。项目涵盖广，包括9个产业，及土肥、农机推广、农产品质量安全等项目。（汤月珍）

【农业教育培训】 2022年，丽水市启动“百万农民素质提升促共富行动”，开展农三师“十万技能人才共富能力大提升”行动。百万农民大培训任务数20万人次，完成20.027万人次；十万技能人才“农三师”共富能力提升任务2.7万人次，完成35188人次。

全市组织开展丽水“农三师”评选，评选高级“农三师”50人，中级“农三师”330人。举办丽水市“农三师”讲师大赛，8人获“农三师”讲师大赛金奖，13人获“农三师”讲师大赛银奖，16人获“农三师”讲师大赛铜奖。推荐8名选手参加浙江省首届“绿领新导师”大赛，取得一等奖1个、三等奖1个、优胜奖4个，市农业农村局获优秀组织奖。组织各县(市、区)开展丽水乡土精英初步评选，10月1日至11月1日，丽水市乡土精英评审会在丽水职业技术学院召开，选拔出乡土精英20人。各县(市、区)组织遴选评定“新农匠”，选拔出县级“新农匠”324人，市级“新农匠”81人。

【农业人才培养】 2022年，丽水市实施《关于加强农村实用人才队伍建设助推乡村振兴的实施意见》，完善《丽水“农三师”人才选拔评定管理办法》。每年选拔评定中级“农三师”100人，高级“农三师”30人，金牌“农三师”3人，对新入选高级“农三师”给予一次性3万元资助，入选5年内享受丽水市E类人才待遇，被评定为金牌“农三师”的入选5年内享受丽水市D类人才待遇，完善市、县区“农三师”考核评价机制，打通农业农村人才成长通道。出台《丽水市“绿谷英才”乡土精英选拔管理办法(试行)》，2022—2026年，每年把20名左右的优秀高级“农三师”等评定为乡土精英E类人才。全年评选高级“农三师”50人，中级“农三师”330人，丽水市第一批“绿谷英才”乡土精英20人。全市被评为省级“新农匠”51人，占全省省级“新农匠”总人数的六分之一。青田县“新农匠”徐冠洪获2022年“大国农匠”全国农民技能大赛一等奖。　(雷　佳)

【农业水环境治理】 2022年，全市农业农村系统把“五水共治”工作与第二轮中央生态环境保护督察整改销号工作同部署、共落实，各级农业农村部门，制订整改方案，分解落实任务。全市“五水共治”所有考核指标全部完成，其中，推广应用配方肥和按方施肥4220万千克，超额完成3.1%。主要农作物统防统治面积1.58万公顷，超额完成18.2%。完成取土测土2087个，超额完成4.3%；推广高效植保机械27台，超额完成35%。农田氮磷生态拦截沟渠系统建设(条)，任务5条，完成5条，完成率100%；农田高效节水灌溉任务66.67公顷全部完成，大型规模养殖场粪污资源化利用日常台账登记完整度及规模水产养殖主体尾水零直排率均为100%。　(齐　川)

【“浙农”系列应用贯通】 2022年，全市贯通“浙江乡村大脑”“帮农促富”“浙农优品”等“浙农”应用，推进“省统建+地方特色应用自建”相结合的建设模式，上下联动，实现“一地创新、全省共享”。全市有2298家规模农业主体及611家农资店进入“浙农优品”系统。规模主体入库2298家，并全部完成激活。全市611家农资店全部为活跃农资店，覆盖率100%。完成31个未来乡村创建村“浙里未来乡村在线”驾驶舱、手机服务端、工作台数据采集。融合各大应用与“浙农码”，“浙农码”赋码用码量累计980万余次。

【数字农业工厂试点示范】 2022年，全市累计建成数字农业工厂17个，提升数字化种养基地110个。全市累计建成各类益农信息社1885个，行政村覆盖率100%；累计开展村级信息员培训25804人次；依托村级站提供语音咨询服务累计94.96万人次，发送“12316”短彩信条数累计9642.89万条；受理便民服务累计5070.72万人次、涉及金额39031.21万元。通过浙江省农民信箱平台发布农产品供求信息和买卖需求，畅通农户、买家和政府三方信息互通渠道。　(林国文)

【生态农业建设】 2022年，全市实施化肥农药减量增效行动，推行肥药定额施用制度，提高农业废弃物资源化利用和无害化处置水平，打造全国领先的品质农业示范区。推进供给端“配方肥替代平衡肥”行动，落实配方肥奖补政策，通过媒体宣传、发放技术资料和施肥建议卡等形式，引导农资经营单位按方推荐，推动种植户按方施用，提高测土配方施肥覆盖率，全年主要农作物测土配方施肥4220万千克，商品有机肥推广应用面积1.013亿千克。完善主要农作物施肥指标体系和数字土壤建设，引导农民改进施肥方式方法，减少不合理施肥，创建省级化肥定额制示范方15个，减少化肥使用量172万千克。培育壮大统防统治服务组织，加强统防统治与绿色防控融合推进，创建省级农作物病虫害绿色防控示范区16个，全市农作物病虫害绿色防控应用面积5.45万公顷，减少农药使用量7.45万千克。推进农药废弃包装物回收处置工作，全年回收农药废弃包装物24.32万千克，无害化处置率100%。推进养殖废弃物、农作物秸秆综合利用，畜禽粪污综合利用率98.74%，农作物秸秆综合利用率96.67%。　(池永清)

【农业机械化】 2022年，全市农业机械总动力98.11万千瓦。全市拥有拖拉机2095台、26618千瓦，其中大中型拖拉机151台、8964千瓦。种植业机械中拥有耕整机33468台、134070千瓦；种植机械260台，其中水稻插秧机233台；排灌机械43184台；田间管理机械45717台，其中茶树修剪机20395台；收获机械15123台，其中联合收割机520台。农产品初加工机械103079台、26.67万千瓦，其中谷物干燥机166台、烘干能力190.8万千克，果蔬冷藏保鲜设备888台(套)、11937千瓦，茶叶加工机械79149台、157379千瓦。畜牧机械6444台(套)、15277千瓦。水产机械2715台、7033千瓦。农田基本建设机械1167台、79739千瓦。植保无人驾驶航空器141架。全年全市机耕面积8.13万公顷，机播面积0.89万公顷，机电灌溉面积1.99万公顷，机械植保面积8.85万公顷，机收面积3.12万公顷。农作物耕种收综合机械化率56.74%，其中，水稻耕种收综合机械化率69.72%。畜牧养殖机械化率62.78%，水产养殖机械化率44.02%，设施农业种植机械化率50.03%，农产品初加工机械化率62.05%。全年全市农机化投入1.21亿元。其中，财政投入0.48亿元，农民个人投入0.73亿元。实施农机购置补贴政策，全年落实中央资金2472.66万元、省级资金68.62万元，购置补贴机具11933台(套)，7552个农业生产经营主体受益。

推进农业“双强”行动，全市省农业“双强”项目入库31个，总投资1.76亿元，涉及省补资金0.84亿元。其中丘陵山地宜机化与农艺农机融合基地建设项目22个，农事服务中心建设项目4个，良种繁育基地建设项目3个，重点突破试点项目2个。莲都区、龙泉市、庆元县、缙云县创成省级特色产业农业“机器换人”高质量发展先行县，全市创成省级农机服务中心7个、全程机械化应用基地21个、农机创新试验基地4个。庆元香菇市场有限公司的“两头集中 中间分散 努力打造食用菌专业化服务平台”案例，入选2022年全国社会化服务典型案例。收割机操作手蓝云鹏获2022年浙江省水稻机收减损技能比武竞赛第一名。全市因地制宜，推进农艺农机融合，创新水稻育秧模式，集成“钵苗育秧+抛秧”技术，工作效率高于4行插秧机工作效率，补齐山垄田机械化育插秧短板。1月1日零时起，全时段禁止变型拖拉机在市行政区域内道路上通行，全市同步开展上道路行驶拖拉机专项治理，全市拆解和清退外省籍牌照变拖120台，解体达到报废条件未解体拖拉机198台。（吴志珍）

生态精品农业

【概况】 2022年，全市“三农”工作坚持品质化升级、组织化发展、数字化赋能，开展强农固本、强基共富、变革重塑三大行动，加快推进农业农村跨越式高质量发展，为推进农业农村现代化先行和农民农村共同富裕先行打下坚实基础。全年全市实现农业总产值169.98亿元，比上年增长4.7%，增幅居全省第三位。

全年制定出台《“丽水山耕”品牌提升奖补资金管理办法(试行)》《“丽水山耕”核心基地认定办法(试行)》《“丽水山耕”渠道代理商奖补办法(试行)》《丽水市食品生产经营许可认证奖补办法(试行)》《丽水市农产品销售大王奖补办法(试行)》5个奖补政策，同时制定《2022年度“丽水山耕”拳头产品评选活动方案》，为产业发展方向提供政策引领保障。（张 靓 廖小丽）

【品牌营销体系】 2022年，全市乡村产业品牌注重多维度渠道宣传，健全完善品牌营销体系。组织企业参加线上线下各类农展会，参与淘宝主题为“春耕中国种 收获中国粮”的2022年春耕节活动，组织6个县(区)的8家主体参加2022上海新春农产品线上大联展活动。推进农产品电商发展和“网上农博”平台建设，指导鼓励企业主体通过直播带货、抖音等平台推介销售，提升农业主体营销能力。全年网上农博平台累计上线农业主体405家，其中赋予“浙农码”的商家主体有405家，在售商品1692个，累计销售额996.5万余元，商品销量8.51万单。在2022浙江网上农博会期间，网上农博累计订单数12573件，销售商品30390件，其中遂昌馆的“丽水遂昌羽峰油焖鲜笋”是该届农博会“销冠”。全市获评网上农博会金奖产品21个，新产品金奖产品2个，优质奖产品32个。全年接待台州黄岩、抚州市黎川县等代表团到丽水调研丽水山耕品牌建设接待工作10余次。围绕丽水“山”字系品牌建设，以节气文化搭台，活动产品唱戏，传承和弘扬乡村优秀农耕文化，加快美丽乡村向美丽经济转化。11月1—4日，“丽水味道”创意大赛·梨暨云和雪梨丰收节活动由市农业农村局、市妇联、市商务局、云和县人民政府共同在云和县崇头镇举办，活动设有“丽水味道”丰收宴比赛、“妈妈的味道”主题茶歇大赛、稻花香里话丰收——对话“丽水味道”和主旨演讲、“丽水味道”品牌推介等环节，参与人数2000余人。（廖小丽）

【农业农村宣传】 2022年，丽水市农业农村局组织搭建以一点资讯(新华网)、《浙江日报》、浙江电台交通之声、

《丽水日报》、《处州晚报》、丽水电视台、丽水电台、丽水网、指尖丽水、无限丽水、金蝉丽水等媒体为平台的丽水“三农”宣传团队，宣传报道全市农业农村工作亮点和成效。《浙江日报》《丽水日报》《处州晚报》等主流报纸媒体公开发布信息398条，新华网、人民网、一点资讯、今日头条、和丽水发布等主流网络媒体公开发布信息207条；官方微信公众号“丽水乡村振兴头雁先行”发布政策文件、农业技术等信息1067条。（张 靓）

农业产业化经营

【概况】 2022年，全市农民人均可支配收入28470元，比上年增长7.9%，增幅居全省第一位，实现全省“十四连冠”；全市低收入农户人均可支配收入16734元，增长16.3%，增幅居全省第一位，实现全省“七连冠”；全市1889个行政村全部完成省定年度攻坚目标（总收入20万元且经营性收入10万元），村集体经济总收入实现14.32亿元，增长23.11%，增幅居全省第一位；经营性收入7.99亿元，增长33.78%，增幅居全省第二位。（程文林）

【现代农业园区建设】 2022年，云和县东部省级现代农业园区、遂昌县果韵飘香省级现代农业园区被列入省现代农业园区创建对象，莲都区省级现代农业园区、龙泉市省级现代农业园区、庆元县省级现代农业园区、松阳县松古盆地省级现代农业园区4个省级现代农业园区完成建设并通过省级验收。累计入选省级现代农业园区创建对象12个，通过验收认定4个；入选省级特色农业强镇创建对象9个，通过验收认定8个。累计培育国家级强镇3个，验收认定1个。申报2022年度浙南早茶优势产业集群项目，莲都区、缙云县、遂昌县、松阳县和景宁县合计申报项目15个，涉及总投资10919万元。其中，申请中央财政资金3900万元，地方配套900万元，业主自筹6119万元。（方林鑫）

【农业企业培育】 2022年，全市新认定省级重点农业龙头企业14家，至年底，省级以上农业龙头企业55家，市级以上龙头企业219家，县级187家，县级以上农业龙头企业406家。（李 梅）

农村经营管理

【概况】 2022年，全市9个县(市、区)，1个经济开发区，173个乡镇，1909个村（社），24062个村民小组、88.9万户农户、225.40万人农业人口。村集体所有农用地总面积146.15万公顷，其中，耕地12.26万公顷、园地4.17万公顷、林地126.57万公顷、草地0.23万公顷、养殖水面0.2万公顷，农田水利设施用地0.26公顷、其他类型农用地2.38万公顷。户均耕地面积0.138公顷，人均耕地面积0.055公顷。全市农村劳动力143.04万人。其中，从事家庭经营劳动力66.93万人，外出务工劳动力67.44万人，(常年外出务工劳动力59.85万人。其中，乡外县内28.41万人，县外省内20.36万人，省外11.09万人)。至年底，全市1909个村(社)完成经济合作社股份制改革，确定成员数2223.99万人，量化资产35.19亿元，累计分红4.22亿元。（吴玉平）

【农业经营主体】 2022年，丽水市重视新型农业经营主体培育工作，贯彻落实中央、省、市委市政府的精神，规范全市新型农业经营体系建设。在全市评定社会化服务组织11家、引领性家庭农场30家、大学生农创客29人，分别给予10万元、5万元、5万元的奖励。至3月，全市有家庭农场8060家，省级示范家庭农场277家。引导小农户与农业社会化服务组织建立合作关系，开展“空壳社”专项排查清理回头看工作，至3月，全市在农业农村部门登记在册合作社3662家。全市市级示范社186家，省级示范社92家，国家级示范社33家。全年累计培育提升大学生农创客3807人。推进各地做好农创客网红带货宣传报道工作，发展各类社会化服务组织，累计建立社会化服务组织900家，培育提升社会化、专业化服务组织300个。（瞿存伟）

【村集体经济组织】 2022年，全市911个省定集体经济相对薄弱村全面清零，全年实现农村集体经济总收入14.3亿元，经营性总收入8.0亿元。年经营性收入50万元以上和25万元以上的村分别为285个和465个，占行政村比重分别提高到15.1%和24.6%。强村公司资产总额49.99亿元。（毛沛勇 周若毅）

【土地承包经营权流转】 2022年，丽水市引导农村土地经营权有序流转，鼓励发展农业适度规模经营，落实耕地保护制度。规范土地有序流转行为，把握土地流转规模，推进整村整组集中连片流转，促进现代农业规模化、集约化、标准化经营。全年全市累计流转土地4.7万公顷，流转率42%；新增发放土地流转经营权证121本，累计颁发土

地流转经营权证发证4755本。推进“三权”抵押贷款扩面增量，其中土地承包经营权抵押贷款余额10.8亿元。（马加瑞）

【农村产权交易市场建设】 2022年，丽水市完善农村产权交易市场体系。竞价升级改造原有的农村产权交易系统，优化流程，加强功能，与丽水市公共资源交易中心衔接，在丽水市公共资源交易中心开辟发布丽水市集体产权交易内容。云和县、莲都区借助阿里巴巴集团的阿里资产板块，设立农村产权网络竞价流转交易平台。全年云和县网上发布26宗，竞拍成功17宗，成交金额199.26万元，溢价金额3.52万元。全年全市农村产权流转交易新增收入1.72亿元，其中，流转闲置农房（宅基地）9174宗，收入1.13亿元，流转家庭承包耕地4.766万公顷，收入2713万元。（毛必田）

农业安全生产管理

【概况】 2022年，丽水市农业农村局推动农业特色地方标准制修订，完善农业农村标准体系，全年市级农业地方标准制定项目立项14项。2019年以来，累计立项市级农业地方标准44项，现行有效55项。制定出台《丽水市“对标欧盟·肥药双控”全产业链标准化示范创建方案》，与省农科院合作研制发布《丽水市稻渔共生标准综合体》《丽水市铁皮石斛标准综合体》。开展第二批全市农产品标准化生产绩效评价，全市组织评价主体54家，至年底，累计通过农产品标准化生产绩效评价主体121家。

【农产品质量安全监测】 2022年，全市省级农产品质量安全例行监测抽检农产品1060批次，合格1047批次，合格率98.77%。其中，生产环节抽检农产品854批次，合格846批次，合格率99.06%。市、县两级抽检农产品4897批次，合格4829批次，合格率98.6%。全年全市未发生重大农产品质量安全事件，农产品质量安全水平稳定向好。（黄庆 林燕）

【农产品质量安全监管】 2022年，省级农产品质量安全例行监测（种养环节）对全市抽检农产品854批次，合格846批次，合格率99.06%。全市国家试行合格证品类的生产主体1410家，全部实施承诺达标合格证制度，开具合格证42.9万张，带证上市农产品1640万千克。全市纳入追溯管理农产品生产主体2108家，县级以上示范性三类主体追溯覆盖率100%。入选浙江省农业生产主体信用评价平台实施信用评级1362家，其中A、B、C、D分别为20、1168、173、1家。

继续开展食用农产品“治违禁控药残促提升”三年行动，全市涉及“治违禁 控药残 促提升”三年行动的重点监管主体675家，全年各部门共出动监管执法人员5269人次，检查生产经营主体3115家次，发现质量安全问题25个，开展风险监测定量监测16011批次，不合格15批次。开展监督抽查2531批次，不合格36批次。开展快速检测10905批次，不合格2批次。行政执法立案30件，涉案金额1.33万元。媒体宣传21次，发放宣传材料7500余份，指导培训157场，培训3500余人次。（黄庆）

【绿色优质农产品发展】 2022年，丽水市农业农村局修订绿色优质农产品奖励政策、全省首推亮标工程，从生产管理、宣传培训、包装标识、展示展销等维度实行标准化管理，规范主体证后全程质量管控及标志标识使用。全年全市新增绿色食品55个，续展16个，年检率100%，有效期内绿色食品296个；新申报或复查换证无公害农产品46个；绿色优质农产品比率58%以上。地理标志农产品停止新登记，全市累计地理标志农产品19个，占全省数量的12.5%，授权主体131家；申报、制定绿色食品省级团体标准4个。新增地标保护工程2个，配套资金900万元，省级精品绿色农产品基地2个，配套资金200万元。全市开展规范提质百日专项行动，检查市场32个，基地152个，出动检查人员619人次，发放宣传资料5950份，查处违规用标产品6个，整改生产不规范基地7个。实施监督抽查，抽检绿色食品99批次，地理标志农产品19批次，加强检测结果应用，排查绿色优质农产品风险因子及关键环节，控制风险隐患。组织96家主体参加市级、省级绿色优质农产品技术能力提升和内检员培训。市农业农村局牵头成立全省首个地级绿色农产品组织联盟。全市组织开展“春风十里绿食有你”绿色食品宣传月活动，发布宣传信息24篇（次），开展各类宣传活动13场。通过省级电视台教科频道“翠花牵线”栏目，宣传报道绿色优质农产品4期。《浙江丽水市强化农产品认证推广和运用有力推动农业品牌化发展》被国务院办公厅信息2022第8期采用。（蒋凯亚 林燕）

【重大动物疫病防控】 2022年，全市开展以高致病性禽流感、口蹄疫、高致病性猪蓝耳病、猪瘟、小反刍兽疫、狂犬病等为主的重大动物疫病强制免疫工作，实现“应免尽免、不留空档”工作目标，全年未发生区域性重大动物疫情。对1765个场点开展动物疫病监测，累计检测各类样品8.85万份，其中病原学样品3.8万份，主要动物疫病免疫抗体合格率均为80%以上。开展强制免疫“先打后补”，莲都区、缙云县、松阳县和景宁县4个县（区）成为全市推行动物疫病强制免疫“先打后补”工作试点县。8月，市农业农村局、市人力资源和社会保障局、市总工会联合举办全市动物防检疫职业技能竞赛，被市总工会授予“金蓝领”称号3人，获职业技能等级证书18人。全市累计10家兽医实验室获非洲猪瘟检测能力资质。在全省兽医系统实验室比对中，全市参加的10个实验室结果全部正确，市、县实验室连续5年省级比对结果正确。　（张盈盈）

【动物卫生监督管理】　2022年，全市组织开展动物检疫监督能力提升、基层所站规范化提升改造等系列行动，聚焦“体系健全、能力提升”工作，现保留动物卫生监督分所22个，动物产地检疫申报点24个，屠宰检疫工作室10个，省际动物卫生监督检查站1个，派驻人员130人，在册官方兽医190人。完善分区防控调运机制，开展调运主体和生猪运输车辆的双备案，加强省外调入动物落地报告工作，全市有效备案车辆113辆。实行动物检疫电子化全流程管理，推行省内无纸化出证试点工作，实现数字畜牧平台与“浙食链”追溯体系数据推送。全年全市产地检疫畜禽958万头（只），其中生猪72万头、家禽886万只；屠宰检疫生猪43万头。加强病死动物无害化处理长效机制建设，9个县（市、区）出台《病死动物无害化处理监管工作方案》，制订病死畜禽无害化处理补助标准和实施方案，补助政策把病死（害）畜禽的无害化处理补助品种从猪扩大到猪牛羊禽兔等畜禽品种，落实生猪处理75—80元/头，动物产品3200—3500元/吨等补助政策，实现病死畜禽无害化处理补助全覆盖。累计建成运行集中无害化处理场7个，配备暂存收集点461个，处理场冷库14个、315立方米，收集车13辆。全年全市处理病死畜禽31.45万头（只），其中集中处理30.76万头（只）。　（程燕芬）

【重大植物疫情控制】　2022年，丽水市统筹推进植物检疫工作，加强农作物重大病虫疫情监测预警、科学防控和应急处置能力，做好重大农业植物疫情监测、普查和防控工作，保障农业“三个安全”，促进农业增效、农民增收。全市9个县（市、区）通过对公园、绿化带、苗圃、学校、废旧塑料堆放及加工场所、防洪堤、建绿化带及农田、草坪等调查监测，红火蚁调查面积52839亩次，设置监测点59个，总计发生面积29.15公顷，发现蚁巢数量101个，铲除率100%，铲除疫点1个，其中莲都23.53公顷（其中13.47公顷根除验收）、景宁5.61公顷（处于扑灭阶段）；6月7日，印发《丽水市红火蚁监测防控方案》，明确各部门职责，有针对性地对红火蚁疫情防控工作进行再部署、再落实。全年大田种植未发生水稻细条病，制种水稻无疫情发生，产地检疫覆盖率100%；开展亚洲梨火疫病调查，调查面积3242.62公顷，发病面积11.53公顷，发病株数505株，比上年分别下降27.9%、34.7%、13.9%；全市柑橘黄龙病监测点16个，调查柑橘种植面积3756.47公顷，防治面积30849万亩次，发现161株病株并全部挖除，挖除率100%。全年通过举办知识培训、设立现场宣传点、发放宣传折页等方式发布发送植物检疫条例、办理指南及红火蚁识别、防控技术知识，各县（市、区）利用农民信箱向用户发布植物检疫宣传短信等形式开展宣传培训。　（齐　川）

【农作物秸秆综合利用】　2022年，全市因地制宜推动各县（市、区）出台补助政策，对各种利用模式、利用环节进行补助，推进机械化就地还田、多种园地离田覆盖肥料化利用、青贮加工为主的饲料化利用、大球盖菇和木耳为主的基料化利用、生物质发电厂等燃料化利用等工作，完成4个农作物秸秆五化利用示范基地创建，推进农作物秸秆资源化综合利用，全市农作物秸秆综合利用率逐年提高，秸秆综合利用长效机制逐步形成。根据年底各县（市、区）调查统计，全市农作物秸秆可收集资源量4.994亿千克，总利用量4.853亿千克，其中，秸秆直接还田3.504亿千克，离田肥料化6880千克、饲料化5260千克、燃料化610千克、基料化670千克、原料化80千克，可再生资源利用指数97.05%。扣除农村炊事燃料用量，农作物秸秆“五化”综合利用率96.67%。　（池永清）

种植业

【概况】　2022年，全市创建省级粮食绿色高产高效示范方51个、面积2266.7公顷，水稻攻关方1个、面积6.7公顷。做好绿色高效栽培技术和种养模式的推广。推广茭鸭共育模式、绿色防控技术、豇豆连作障碍治理技术和推广水旱轮作栽培技术。缙云县、龙泉市、青田县、云和县及景宁县等地依托省级蔬菜团队项目开展茭白水旱轮间作综合利用茭白秸杆模式示范推广，山地茄子连作障碍治理试验示范，蔬菜水肥一体化技术示范推广，高山单季茭白种苗繁育及绿色生产技术示范和茄子新优品种筛选及高质高效栽培技术示范等。6月，丽水市丽白枇杷专业合作社选送的白肉“太平白”枇杷品种获浙江农业之最白肉枇杷可溶性固形物三等奖。8月，由缙云县种心家庭农场选送的“中蟠11号”获“2022浙江省精品桃”评选活动金奖。11月4日，“浙江庆元林—菇共育系统”通过联合国粮农组织专家评审，获批入选全球重要农业文化遗产保护名录，全市全球重要农业文化遗产数量位居全国地级市第一。

【粮食生产】 2022年，全市播种面积7.3627万公顷，总产量4.131亿千克。其中，早稻913.3公顷，单季稻3.399万公顷、总产量2.599亿千克，旱杂粮3.865万公顷、总产量1.476亿千克。龙泉市查田镇下堡畈千亩方平均亩产724千克、攻关田亩产899千克。全年实施市级农业产业技术团队粮食新品种、新技术、新模式和制种技术项目6个；扩大水稻钵苗技术应用，推广面积300余公顷；推广水稻再生稻种植示范，全市生产面积567公顷。11月18日，“丽水好稻米”评选展示及交流活动在丽水市农业农村局举办，评选金奖产品10个；获“浙江好稻米”金奖2个、优质奖5个；成立丽水市稻米产业协会，历届省、市级“好稻米”获奖者成为首批会员。《优质稻高质高效生产技术集成示范与推广》获2021年度丽水市农业丰收奖一等奖；制定并颁布丽水市地方标准《优质稻米生产技术规程》；编辑出版专著《丽水“粮食+增收最佳实践模式”》；发布“粮食+增收”最佳实践十大模式，其中青田稻鱼共生模式与龙泉耳稻轮作模式被列入《全国“水稻+鱼”绿色高质高效生产十大模式》。（刘　波）

【蔬菜生产】 2022年，全市蔬菜播种面积5.16万公顷，产量14.01亿千克，产值35.6亿元。水生蔬菜播种面积0.65万公顷，产量1.77亿千克，产值6.9亿元；茭白播种面积0.61万公顷，产量1.65亿千克。豆类蔬菜播种面积0.85万公顷，产量1.74亿千克，产值6.3亿元；四季豆播种面积0.45万公顷，产量9400万千克。茄果类蔬菜播种面积0.62万公顷，产量2.1亿千克，产值6.5亿元；茄子播种面积0.31万公顷，产量1.19亿千克。设施蔬菜播种面积0.46万公顷，1.62亿千克。推广茭鸭共育模式。茭鸭共育模式可以解决病虫害加重及浮萍、杂草、福寿螺等问题，提升茭白品质。缙云县在壶镇镇、前路乡、东方镇、大洋镇等茭白主产区推广茭鸭共育模式729.07公顷。鸭苗经政府统一采购，统一组织和技术指导，由茭白种植与养鸭专业合作社示范带动，分户饲养，统一销售。实现增效500万余元，示范效果明显。在新建镇前路乡建立浙江缙云茭白麻鸭共生系统核心示范点1个。推广绿色防控技术，在缙云县大洋镇石亭村建立省级茭白绿色防控示范基地1个，安装茭白杀虫灯2000盏，推广主要是采用田埂留草、种植显花植物、香根草等5千米，推广二化螟诱捕器4000套。推广豇豆连作障碍治理技术，莲都区针对土传性豇豆根腐病为莲都区豇豆连作障碍中发病最重、危害最大、防治最难的病害，提出并推广以“耐连作障碍品种+土壤消毒（土壤修复）+合理施肥+科学管理”为主要技术的豇豆连作障碍消减关键技术，达到豇豆土传病害的防治效果85%，产量提高20%以上，亩增产值900元以上，亩净增产值600元以上。与常规栽培相比化肥和农药使用量减少20%以上。推广水旱轮作栽培技术，莲都区推广“豆稻水旱轮作”，应用水旱轮作栽培制度，治理连作障碍。其中“豇豆—水稻—冬菜一年三熟栽培模式”，三茬合计总产值14500元，纯收入10000元，实现“千斤粮、万元钱”的成效。实施水旱轮作有利于土壤酸化、盐化的治理；同时土壤病害受到有效控制，减轻蔬菜病虫害的发生，减少农药和化肥的使用量，提高农产品产量和品质，实现稳粮增效，增加农民的收入。依托省、市级专家团队项目，开展新技术攻关，开展试验示范。市本级重点实施2021年市蔬菜产业团队项目，包括黄花菜种质资源调查及新材料区域试验示范、黄花菜叶斑病发病调查与综合防治措施研究、提高茄果类嫁接苗的接穗利用率研究等。解决生产上的一些难题，开展新技术试验示范推广。全年申报立项2023—2024年省蔬菜团队项目6个。新育成黄花菜新品种2个，“仙萱1号”和“仙萱2号”通过现场考察审查，并提交浙江省品审会进行审定。（张　哲）

【水果生产】 2022年，丽水气候异常，出现年初温度剧烈变化、梅汛期超早降水和暴雨、秋冬季干旱等灾害性天气，对水果产业造成不利影响。上半年春季低温寡照，温度变化剧烈，桃、李、枇杷等果树开花提早，严重影响开花质量，对后期果实发育造成破坏性影响。长期阴雨天气，对早熟桃、杨梅等影响较大，影响果实生长发育，后期采摘及销售等工作也造成阻碍。下半年长期高温干旱，导致大量果实日灼、叶片焦黄，对树体伤害巨大，影响翌年的生长发育。柑橘果实和枇杷开花受高温干旱影响，经济产量大幅下降;杨梅受梅雨季节影响,存在广种薄收的现象,在完善硬件设施后,产能可增加;猕猴桃溃疡病发生普遍,特别是“红阳”品种易感病,通过推广避雨栽培,逐步得到控制。据农业部门调查数据分析,全年水果总面积3.692万公顷,总产量4.151亿千克,总产值预计22.65亿元,分别同比减少3.3%、减少3.8%、增加3.0%。水果总面积比上年减少1200公顷,主要为椪柑、瓯柑和中晚熟温州蜜柑等柑橘品种缩减,还受非粮化政策影响、极端天气影响,部分果园失管,衰减迅速。新发展果园中,品种以柑橘、桃为主,分别占总新发展面积的61.3%、9.8%,梨、杨梅作为另外两大主导产业,新发展面积保持稳定,分别为27.33公顷、28.8公顷,与上年持平。生产销售方面,柑橘减产,杨梅、梨、枇杷、猕猴桃等增产,销售顺畅,整体价格走高,同比增长20%—30%,其中枇杷效益增加,产值同比增长37.09%。加快设施建设,莲都智能大棚精品白枇杷90—100元/千克,青田促成栽培大棚杨梅160—200元/千克,精品“阳光玫瑰”葡萄60—80元/千克,庆元完熟栽培甜橘柚40元/千克,精品“云和雪梨”30—40元/千克,优质优价。针对产业发展瓶颈问题,水果产业创新团队继续推进关键技术试验研究和示范推广工作。重点在设施栽培、老桃园更新、老果园改造提升。改善小环境,抵抗灾害性天气的影响;喷药、运输等劳动强度大,用工难问题,通过对果园采用机械化、集约化、标准化、精细化的打药一体化系统的示范推广,满足农业种植提质增效、绿色发展、清洁生产的需求,针对桃产业连作障碍问题,通过试验示范,老桃园更新改造观摩现场,推广老树彻底挖除再植技术和老树不挖除间作套种再植技术,破解桃老产区再植新桃树。建立丽水枇杷、桃、梨等品种果品的可溶性固形物无损检测数据模型,其便携式快速无损检测仪器在生产中应用,为果农在采收及分级过程中提供便利。枇杷树体补光探索试验,通过补光改善内堂光照,提高果品品质和枝梢健壮,试验在莲都区丽白枇杷产销专业合作社枇杷基地。全年全市召开老桃园更新改造、嵊州桃型李防裂果现场观摩活动2次。　（周晓音　姚金澳）

【食用菌生产】　2022年,丽水市食用菌栽培量5.28亿袋(折算),比上年度减少4.00%,产量4.523亿千克(鲜品),比上年度减少2.10%,其中,香菇栽培量3.11亿袋,比上年度减少4.60%,香菇产量2.295亿千克,比上年度减少6.40%;黑木耳栽培量1.64亿袋,比上年度增加3.14%,黑木耳产量1.967亿千克,比上年度增加4.57%;其他,灰树花1868万袋,秀珍菇430万袋,鹿茸菇1080万瓶,灵芝72.8公顷(约21840立方米)。全年食用菌总产值29.91亿元,比上年度减少1.42%。11月12—14日,第三届中国(龙泉)灵芝大会暨龙泉人才科技峰会在龙泉市举办。全国脱贫攻坚楷模、中国工程院院士李玉及其团队、国家食用菌工程技术研究中心副主任、上海市农业科学院食用菌研究所所长张劲松等专家参会。中国食品土畜进出口商会联合国际药用菌学会发布《2022中国灵芝区域品牌价值榜单》,龙泉灵芝、龙泉灵芝孢子粉品牌价值共44.96亿元,位居全国公用品牌价值第一。国际药用菌学会授予龙泉市中国道地灵芝核心产区称号。　（吴邦仁）

【茶叶生产】　丽水市茶叶生产形势表现为量增、价扬、畅销态势。全市茶园面积4.16万公顷,同比增长2.78%;投产茶园面积3.76万公顷;无性系良种茶园面积3.57万公顷,无性系良种率85.86%;茶叶产量5020万千克,增长6.86%,一产产值55.67亿元,增长6.90%。规模茶叶交易市场交易量9020万千克、交易额80.48亿元,同比减少5.26%和1.52%,其中浙南茶叶市场毛茶交易量8170万千克、交易额65.39亿元,同比减少1.13%和0.44%,(松阳)第三方电商平台产生茶叶订单4936.77万件,网络零售额42.47亿元,同比增长63.91%。

制定发布《茶树病虫害防治社会化服务规范》《地理标志产品　惠明茶》,丽水市地方标准。进行2022年度浙南早茶特色优势产业集群项目申报及实施工作,争取到中央财政资金3900万元,集中在莲都区、缙云县、遂昌县、松阳县、景宁县5个县(区)开展项目实施。遂昌县出台《2022年春茶交易期间茶产业纾困扶持措施》,落实扶持措施1138件,扶持金额3147.50726万元,遂昌县开发“智慧茶城”系统,在浙西南高山名茶交易市场推广应用,出台《遂昌县农业高质量绿色发展若干意见》《遂昌县茶产业(抖音平台)奖励政策十条》《遂昌县高山名茶电商产业园招商政策》等政策,破解产业发展瓶颈问题,助推茶产业高质量发展。11月18日,中国•丽水首届“三茶统筹　助力共富”活动暨丽水荒野茶发布仪式在丽水举行。中共中央候补委员、中国工程院院士、中国国际茶文化研究会副会长刘仲华,通过视频发表演讲。中国国际茶文化研究会会长乔传秀出席活动,中国国际茶文化研究会副会长王建满出席活动并致辞,中国国际茶文化研究会副会长兼秘书长、省人大环境与资源保护委员会主任委员林健东与市委副书记、市长吴舜泽共同为荒野茶产品揭幕。3月24日，丽水市茶文化研究会召开第三次会员大会，会议审议通过《丽水市茶文化研究会章程》修改草案和《丽水市茶文化研究会第三届理事会选举办法》，选举产生第三届理事会及领导班子。3月27日至3月31日，举办第十五届中国（国际）茶商大会•松阳香茶茶叶节，以“松阳茶•香天下”为主题，主要活动有云端春茶会和“松阳香茶”五场营销专场，同步举办“品味茶香•松阳印象”征文大赛、“松阳香茶杯”创意茶具设计大赛、“茶十佳”评选活动和“田园松阳•茶觉不同”创意短视频大赛四大特色活动。其间，实现茶叶线上销售1000万余元。全年全市举办丽水市生态茶园建设及多茶类加工技术提升和茶叶精制拼配提升2个培训班，每期培训时长5天，参加培训学员100余人。遂昌县农业农村局组织举办遂昌“龙谷丽人”茶王赛及遂昌县“天工巧匠”制茶技能大赛；莲都区举办“第一届莲城雾峰茶斗茶大赛”；云和县举办手工制作红茶竞赛，庆元县举办荒野茶开发启动仪式暨首届“斗茶”大赛，景宁县举办2022年第十届金奖惠明茶斗茶大赛及2022景宁县惠明茶手工制作技艺培训班暨景宁县2022年“畲乡工匠”制茶项目职业技能大赛。继续在莲都区、龙泉市、缙云县、松阳县、遂昌县进行茶叶低温气象指数综合保险工作。保茶园面积145.2公顷，保费30.43万元，兑现政策性保险赔偿金25万元。松阳县绿茗峰茶业有限公司、松阳县雪峰云尖茶业有限公司、浙江悠谷春农业开发有限公司3家单位为全程机械化应用基地，松阳县绿茗峰茶业有限公司为农机创新试验基地、数字农机应用基地。遂昌县投资1.74亿元，建成占地面积3.49公顷、建筑面积5.43万平方米的遂昌数字茶业创业园，首期招引县内外12家茶企入驻园区。景宁县投资2.16亿元推进实施惠明茶文化园区项目，投资11亿元，实施惠明寺扩建项目。全年中国茶叶区域公用品牌价值评估中松阳银猴品牌价值28.13亿元，居全市茶叶品牌价值第一位，全国茶叶品牌价格第44位；遂昌县龙谷丽人茶品牌价值14.79亿元，缙云仙都笋峰茶品牌价值9.61亿元，缙云黄茶品牌价值5.39亿元。松阳县被中国茶叶流通协会授予“2022年度‘三茶统筹’先行县域”“2022年度茶业百强县域”称号，入选浙江省农业“双强”攻坚试点县，被省农业农村厅确定为农业农村系统重大改革（重大应用）场景第一批“先行先试”县，被省农业农村厅确定为第一批特色产业（茶叶）“机器换人”高质量发展先行县，遂昌天堂源农产品专业合作社夏鸿牌红茶、遂昌县遂红茶叶厂遂红牌红茶获2022年中茶杯第十二届国际鼎承茶王赛红茶组金奖。浙江景宁慧明红实业发展有限公司获2022“浙茶杯”红茶金奖，景宁畲族自治县香雨有机茶有限公司获2022第十一届“中绿杯”特别金奖，景宁畲族自治县惠岭茶叶专业合作社获2022第十一届“中绿杯”特别金奖。浙江七叶集农业有限公司的银屏茶在2022年中茶杯获“特别金奖”。 （马军辉）

【中药材】 2022年，全市中药材种植面积2.057万公顷，其中新增种植面积152.07公顷（黄精711.4公顷、白芍152.07公顷、白及33.73公顷、浙贝母22.53公顷、三叶青17.2公顷；栝楼减少428公顷、覆盆子减少62.13公顷、金银花减少44公顷、何首乌减少38公顷），同比增加0.74%，总产量2670万千克，总产值11.38亿元，同比分别减少3.35%、增加7.39%。其中，草本药材10636.7公顷（黄精2146.33公顷、覆盆子1659.47公顷、浙贝母512.87公顷、重楼476.73公顷、处州白莲453.33公顷、三叶青433.87公顷、菊米376.67公顷、白及378.27公顷、米仁280.33公顷、百合201.27公顷、铁皮石斛197.4公顷、元胡123.2公顷、皇菊103.67公顷）；木本药材9731.87公顷（厚朴7747.2公顷，红豆杉911.6公顷）；菌药204.87公顷（灰树花104.67公顷、灵芝85.33公顷）。根据《浙江省财政厅 浙江省农业农村厅关于下达2022年第三批中央农业生产发展资金的通知》《浙江省农业农村厅关于印发浙江省2022年农业重大技术协同推广计划试点实施方案的通知》等文件，丽水市农作物总站承担实施2022年浙江省农业重大协同推广计划项目“黄精品质控制关键技术研究与示范推广”的子项目“黄精生态种植技术示范和产地加工”。项目实施期2年，主要任务是建设黄精标准化生态种植示范基地和良种繁育基地，开展种质资源研究，推广示范无烟草木灰和种植全程追溯管理技术，开展产地加工工艺研究和提升黄精加工技术和工艺等，提升全市黄精标准化种植、良种繁育、产品加工等水平，促进黄精产业的健康发展。市农作物总站开展《七叶一枝花杉木林生态种植技术示范》项目的实施工作，在庆元县屏都街道白砍林场开展七叶一枝花杉木林生态种植技术示范，种植七叶一枝花0.72公顷，合计2.16万株。项目应用调优遮阴度、增加灌溉率、建设保护网和应用仿生态等主要技术内容，通过施用有机肥、斜坡横拉遮阳网、适当砍伐疏枝保持透光率和举办技术培训等措施起示范作用。牵头联合市卫健委、市市场监管局、市经信局等8个部门联合开展处州本草丽九味及培育品种遴选，通过各县（市、区）推荐候选品种、相关品种基地采访调研、处州晚报宣传和大众投票、省市专家评审等环节，最终确定灵芝、铁皮石斛、三叶青、黄精、覆盆子、处州白莲、食凉茶、薏苡仁、皇菊为处州本草丽九味；重楼、百合、菊米、灰树花、浙贝母、青钱柳、白及、五加皮、前胡为处州本草丽九味培育品种。全年全市处州本草丽九味及培育品种种植面积7877.93公顷，总产量1070万千克，总产值8.76亿元。11月10—12日，2022年浙江省博览会在金华磐安县召开，丽水市组织参展的唯珍堂•铁皮石斛（鲜条）、遂白•菊米、君若可•九制黄精3个产品获首届浙江省中药材博览会金奖产品，康玥•皇菊获新产品金奖产品，唯珍堂•铁皮石斛（干条）、云裳•百合、九龙金康•青钱柳、伯济堂•黄精、周森森•九制黄精、叮当岩•黄精、卢福堂•黄精制品7个产品获优质奖产品。在2022年“浙产好药”高质量发展交流会议上，丽水市农业农村局作为唯一地级市代表，在会议上以《大力推广生态化技术培育“处州本草丽九味”品牌》为题，从推广生态技术促品质、打造区域品牌和做细产业技术服务等方面作典型发言。　（吴剑锋）

2022年丽水市畜牧业生产情况一览表

表11

项　目	单　位	数量	比2020年增减(%)
1. 生猪存栏数	万头	64.36	25.38
其中，母猪存栏	万头	6.67	7.23
出栏数	万头	68.11	22.13
2. 牛存栏数	头	16666	-9.70
出栏数	头	9301	6.68
3. 羊存栏数	万只	5.21	8.77
出栏数	万只	4.37	6.07
4. 家禽存栏数	万羽	387.63	9.17
出栏数	万羽	811.84	-1.79
5. 兔存栏数	万只	5.63	10.49
出栏数	万只	17.55	0.80
6. 蜂年末养蜂	箱	136727	-8.89

2022年丽水市畜产品产量情况一览表

表12

项　目	单　位	畜产品产量	比2020年增减(%)
1. 肉类总产量	万千克	7190.8	12.33
其中，猪肉	万千克	5615.8	15.97
牛肉	万千克	152.9	22.32
羊肉	万千克	70	5.11
兔肉	万千克	30	35.75
禽肉	万千克	1352.1	1.54
2. 禽蛋产量	万千克	1268.7	16.5
3. 奶产量	万千克	12.5	35.87
4. 天然蜂蜜产量	万千克	204.39	6.17

畜牧业

【概况】 2022年，丽水市按照“品质化升级、组织化发展、数字化赋能”战略要求，做好生猪稳产稳供，推进畜禽养殖现代化，密织动物疫病防控网，保障畜产品质量安全，推动全市畜牧业跨越式高质量发展。全市畜牧业总产值25.0亿元，比上年增长16.7%；肉类总产量7190万千克，比上年增长12.9%。全年全市未发生区域性重大动物疫情和畜产品安全事件。

【生猪养殖】 2022年，全市有12家新建万头猪场相继投产，其中10万头以上规模养殖场3家，规模化率提升89.85%。能繁母猪存栏持续保持在5.5万头以上，全年全市存栏生猪64.36万头，累计出栏68.11万头，同比分别增25.38%和22.13%，增幅分别列全省第一位和第三位，生猪自给率持续稳定在70%以上。

【畜牧业数字化建设】 2022年，丽水市加快养殖场的数字化应用进程，鼓励引导和支持养殖场在环境调控、饲喂系统、粪污及臭气监测、管理平台等方面改造提升，迭代升级技术工艺，走“机器换人、生态循环、数字赋能”新路，创建省级数字牧场11个。在猪舍环控系统、猪舍视频监控系统、能耗在线监测系统、智能喂料系统及气泵送料料线等现代化技术加持下，浙江欣宏源生态农业有限公司出栏10万头养殖用工从传统的300人缩减至70人，生产效能和经济效益均提升。

【畜禽种业振兴】 2022年，全市有种畜禽生产企业16家，其中缙云麻鸭原种场1家，一级种猪场2家，一级种羊场1家，二级种畜禽场12家，地方特色品种的保种场3家，母猪供应能力超过1万头，缙云麻鸭鸭苗供应能力超过100万只，肉鸡苗鸡供应能力超过1000万只。推进松阳锦鸡新品种鉴定的国家级现场审验准备工作，完成性能测定任务和省级现场审验。　（李清泉）

【畜产品安全】 2022年，丽水市组织开展兽用抗菌药减量化、饲料环保化（“两化”）行动，组织通过评估验收20家。通过实施“两化”行动，养殖主体兽用抗菌药使用量减少10%以上，饲料粗蛋白含量降低5%以上。做好畜产品质量安全监管，全市畜产品安全省级例行监测380批次，各级畜产品质量风险监测和监督抽检1200余批次，整体合格率保持99%以上；全年屠宰环节瘦肉精监测13.83万批次，养殖和调运监测3.84万批次，合格率100%。加强兽药饲料投入品监管，新设立饲料生产企业2家。开展美丽牧场创建，全市完成10个牧场的创建工作，并全部通过县（市）验收。（李清泉 汤丽波）

【畜禽屠宰】 2022年，全市正常运行生猪定点屠宰企业10家，日屠宰能力0.68万头，全年屠宰生猪43.67万头；设区市政府认定的家禽定点屠宰企业3家，日屠宰能力9万只以上，全年屠宰家禽112万只。开展非洲猪瘟自检工作，覆盖率100%，组织对屠宰企业留存自检样品抽检，检测样品2133份，未报告有阳性样本。组织开展节前肉品质量安全检查、惩治违法违规调运生猪活羊百日行动、三联三送服务行动、6月安全生产周4次专项行动。创成省生猪屠宰标准化厂2家。（刘子嘉）

渔　业

【概况】 2022年，全市淡水养殖面积9455公顷，水产品总产量2970万千克，同比增长6.83%。其中，养殖产量2491.3万千克，捕捞产量478.9万千克。全市渔业产值5.11亿元；全市有机动渔船540艘。其中，捕捞渔船344艘，养殖渔船189艘，以及执法船7艘。机动渔船累计1010总吨，总功率6697千瓦。全市有渔业村9个，渔业户4651户，渔业人口25866人（其中传统渔民5551人）。渔业从业人员18126人。其中，专业从业人员5643人，兼业从业人员8391人，临时从业人员4092人。

丽水利用紧水滩、石塘、滩坑等水库及其他生态河道资源，依托丽水大众休闲垂钓氛围，发展休闲垂钓产业，丽水被誉为“中国休闲垂钓之都”。结合农业非物质文化遗产保护项目，挖掘传统“稻鱼共生”理念与田鱼文化内涵，加快一、二、三次产业融合发展。

【水产养殖】 2022年，丽水渔业立足生态优势和山区特色，推进渔业高质量绿色发展，走出一条山区特色渔业发展道路。水产养殖品种涵盖鱼类、两栖类、甲壳类，以及龟鳖、贝类五大类、近30个品种。养殖鱼类，除常规青、草、鲢、鳙、鲤、鲫、鲂和罗非鱼外，还有唇䱻、喀氏倒刺鲃、鳜鱼、光唇鱼、马口鱼、鳗鲡、黄颡鱼、泥鳅、香鱼等主养和特色鱼类；两栖类有大鲵和石蛙等；爬行类有鳖、鹰嘴龟、鳄龟等；高山薄壳田螺是丽水市特色养殖软体动物（螺类）。全年全市有水产种苗企业25家，年繁育水产种苗规模超过7.46亿尾，年产值3485万元，繁育品种包括青草鲢鳙等传统“四大家鱼”、唇䱻、光唇鱼、马口鱼、赤眼鳟、泥鳅、瓯江彩鲤、龟鳖等。有大鲵人工繁育单位13家，大鲵种苗年繁育能力超过100万尾，石蛙人工繁育企业69家，石蛙种苗年繁育能力超过200万只。金鱼等观赏鱼苗种年生产能力500万尾。

【生态品质渔业】 2022年，丽水渔业坚持走产业生态化、生态经济化的可持续发展道路。全年全市创成莲都区、遂昌县、松阳县、缙云县4个省级健康养殖示范县，创建成省级以上渔业健康养殖示范场52家。主要养殖方式包括大水面洁水养殖、流水式生态养殖、循环水设施养殖、稻田生态种养等。全年全市有机鱼生产基地0.87万公顷，包括紧水滩水库0.31万公顷、千峡湖0.5万公顷和乌溪江水库0.06万公顷。利用鲢、鳙鱼等滤食性鱼类的保水洁水功能，开展洁水鱼养殖，发展丽水有机鱼产业。丽水是“中国石蛙之乡”，全市石蛙养殖单位100余家（其中龙泉市40余家，遂昌县30余家），基地面积26.67公顷，成品蛙年产量15.4万余千克，年产值3000万余元。丽水是“中国娃娃鱼之乡”，全市有大鲵办证企业13家，包括“浙江永强”“从都园大鲵产业园”“山鼎大鲵”等规模化养殖企业，年生产能力为繁育苗种100万余尾、生产成鲵100万尾（50万千克以上），成为华东最大的大鲵产区。发展大鲵加工业，完善大鲵产业链。丽水是“中国生态溪鱼之乡”，年总产量300万余千克（其中捕捞产量150万余千克），至年底，开发倒刺鲃、唇䱻、光唇鱼、马口鱼、宽鳍鱲、台湾铲颌鱼6个品种；创成唇䱻苗种生产能力2000万尾以上的规模化繁育基地，在瓯江增殖取得效果；光唇鱼、马口鱼、宽鳍鱲的苗种繁育进入规模化生产，并推广规模化养殖。全市稻鱼综合种养面积11185公顷，产量457.7万千克。全市创建成省级稻鱼综合种养示范基地22家，青田县、景宁县为省级稻鱼综合种养示范重点县。

【护渔执法保障】 2022年，全市农业行政执法系统按照“红耀绿谷、强基共富”新要求，开展“强农固本·变革重塑”年活动，夯实“稳”的基础，培育

“进”的动能，提升“变”的能力，创新渔业执法方式方法，开展“八大水系禁渔”“亮剑2022”“利剑”“清风”等系列专项执法行动。全市出动执法人员9816余人次，出动执法车辆船艇2356余车(艘)次，清理涉渔“三无”船舶17艘，清理取缔违规网具4487张(顶)，查办案件796件，查获渔获物700.75千克，行政处罚金额31.92万元，其中移送司法机关处理案件13件、26人。市农业行政执法队作为全国农业综合行政执法大比武总决赛代表队，获全国农业执法大比武总决赛第六名、团体三等奖；示范创建实现新突破，遂昌县创成全国农业综合执法示范窗口。

【水生生物资源保护】 2022年，全市重视水生生物资源保护，发布《丽水市人民政府通告》，在省内率先实施20年为期3个月的丽水春季禁渔，禁渔期与全省同步为4个月。全市设立全年禁渔区33个；全市范围内禁渔区以外的江河、山塘和水库等自然水域实施禁渔期禁渔，禁渔时间为每年3月1日0时至6月30日24时。保护渔业资源，让河流休养生息。国家Ⅰ级水生野生保护动物鼋自然繁育首获成功，渔业主管部门、青田省级鼋自然保护区及其主管部门，与滩坑水电站水生生物资源增殖站通力合作，经过8年的人工驯养，于7月和8月自然产卵3窝、116枚，获受精卵98枚，孵化健康稚鼋86只。11月30日，丽水市推进生物多样性保护工作新闻发布会公布，生态环境部南京环境科学研究所和中国科学院动物研究所专家，在缙云盘溪流域调查发现1个淡水鱼类新物种，把其命名为瓯江小鳔鮈。瓯江小鳔鮈新物种的发现，表明瓯江流域水生态环境优质和水生生物多样性。 (姚子亮)

气 象

【概况】 2022年，丽水市气温显著偏高且起伏大、高温日数异常偏多且强度强、低温日数明显偏少且强度偏弱，降水接近常年略偏少但分布极不均匀、暴雨日数略偏少，日照接近常年但起伏大。总体来看，在气候变暖的大背景下，全市的天气气候仍然异常，气象要素变幅大，多个时段的多个气象要素接近或突破历史极值，且年初长时间阴雨寡照、3月的春汛、梅汛期明显的降水集中期、高强度的夏季高温、夏秋连旱、春秋的寒潮降温、春夏强对流等灾害性天气造成不利影响。

气温 全市年平均气温19.0℃，较常年偏高0.7℃，为历年第三高。各县(市、区)的年平均气温分布在18.5—19.8℃，遂昌和缙云最低，青田最高。与常年相比，偏高0.3—1.0℃，莲都偏高最少，遂昌和云和偏高最多。其中遂昌、缙云与云和均与2020年持平同为历年第二高，青田为历年第三高，龙泉与1998年持平同为历年第三高。1月，全市平均气温9.0℃，较常年偏高1.9℃。除莲都和庆元外，其他各地及全市的月平均气温为历年第三高；2月，全市平均气温6.9℃，较常年偏低2.3℃；3月，全市平均气温15.9℃，较常年偏高3.2℃，全市及各地的月平均气温为历年最高；4月，全市平均气温18.2℃，较常年偏高0.1℃；5月，全市平均气温20.0℃，较常年偏低2.4℃，全市及遂昌县、龙泉市、莲都区、云和县、庆元县的月平均气温为历年最低，缙云县和青田县的月平均气温为历年第三低，庆元县的月极端最低气温为历年最低；6月，全市平均气温25.2℃，较常年偏低0.1℃；7月，全市平均气温30.6℃，较常年偏高2.1℃。缙云县、青田县和云和县的月平均气温为历年最高，全市及莲都区、遂昌县的月平均气温为历年第二高，龙泉市和庆元县的月平均气温为历年第三高，青田县的月极端最高气温为历年最高；8月，全市平均气温30.8℃，较常年偏高2.8℃，全市及各地的月平均气温为历年最高，青田县和遂昌县的月极端最高气温为历年最高，缙云县的月极端最高气温与历年最高持平；9月，全市平均气温26.0℃，较常年偏高1.3℃，云和县的月平均气温为历年第三高；10月，全市平均气温20.3℃，较常年偏高0.6℃，全市及各地的月极端最高气温为历年最高；11月，全市平均气温17.6℃，较常年偏高3.1℃，全市及各地的月平均气温为历年最高，青田县的月极端最高气温为历年最高；12月，全市平均气温7.2℃，较常年偏低1.6℃。

降水 全市年平均降水量1552.6毫米，较常年偏少5.1%。各县(市、区)的年降水量分布在1277.9—2037.0毫米，松阳县最少，庆元县最多。与常年相比，龙泉市和庆元县分别偏多12.7%和15.9%，其他各地偏少0.7%—26.0%，云和偏少最少，青田县偏少最多。1月，全市平均降水量61.9毫米，较常年偏少12.3%；2月，全市平均降水量130.9毫米，较常年偏多53.6%；3月，全市平均降水量210.9毫米，较常年偏多27.0%；4月，全市平均降水量128.5毫米，较常年偏少24.2%；5月，全市平均降水量218.9毫米，较常年偏多13.6%；6月，全市平均降水量399.6毫米，较常年偏多29.6%。庆元县的月降水量为历年第三多，龙泉市的月降水量为历年第四多；7月，全市平均降水量38.9毫米，较常年偏少75.6%。青田县的月降水量为历年最少，全市月平均降水量为历年第二少，庆元县的月降水量为历年第三少；8 月，全市平均降水量 95 毫米，较常年偏少 46.7%。青田县的月降水量为历年第二少；9 月，全市平均降水量 16.3 毫米，较常年偏少 86.6%，全市月平均降水量和龙泉、青田县、云和县、庆元县的月降水量为历年最少，莲都区的月降水量为历年第三少；10 月，全市平均降水量 6.7 毫米，较常年偏少 88.0%。庆元县的月降水量为历年第二少，云和县的月降水量为历年第三少；11 月，全市平均降水量 169.1 毫米，较常年偏多 144.4%。云和县的月降水量为历年最多，全市月平均降水量和龙泉、庆元县的月降水量为历年第二多，青田县的月降水量为历年第三多；12 月，全市平均降水量 75.8 毫米，较常年偏多 30.9%。

日照 全市年平均日照时数 1606.8 小时，较常年偏多 0.6 小时。各县（市、区）的年日照时数分布在 1482.3—1712.9 小时，青田县最少，莲都区最多。与常年相比，庆元县、遂昌县和青田县分别偏少 34.9 小时、49.4 小时和 133.2 小时，其他各地偏多 0.1—155.4 小时，云和县偏多最少，莲都区偏多最多。1 月，全市平均日照时数 61.3 小时，较常年偏少 30.5 小时；2 月，全市平均日照时数 50.2 小时，较常年偏少 42.3 小时；3 月，全市平均日照时数 119.3 小时，较常年偏多 16.9 小时；4 月，全市平均日照时数 141.7 小时，较常年偏多 18.2 小时；5 月，全市平均日照时数 92.8 小时，较常年偏少 40.8 小时；6 月，全市平均日照时数 100.3 小时，较常年偏少 15.8 小时。青田县的月日照时数为历年第三少；7 月，全市平均日照时数 258.9 小时，较常年偏多 47.5 小时；8 月，全市平均日照时数 280.5 小时，较常年偏多 85.4 小时。遂昌县和庆元县的月日照时数为历年最多，龙泉市和云和县的月日照时数为历年第二多，

2022年全市及各县（市、区）年气象要素值一览表

表13

站名	气温（℃）			降水量（毫米）			雨日（天）			日照（小时）		
	2022年	常年	距平	2022年	常年	距平	2022年	常年	距平	2022年	常年	距平
莲都	19.2	18.9	0.3	1291.8	1460.8	-169.0	160	157.0	3.0	1712.9	1557.5	155.4
龙泉	19.0	18.3	0.7	1888.4	1675.6	212.8	161	158.6	2.4	1710.1	1604.2	105.9
青田	19.8	19.0	0.8	1280.3	1729.8	-449.5	164	164.0	0.0	1482.3	1615.5	-133.2
云和	19.3	18.3	1.0	1638.7	1650.8	-12.1	177	174.2	2.8	1618.2	1618.1	0.1
庆元	18.8	18.3	0.5	2037.0	1758.2	278.8	158	165.9	-7.9	1658.1	1693.0	-34.9
缙云	18.5	17.6	0.9	1453.8	1537.3	-83.5	155	165.2	-10.2	多年平均 1629.1	1574.4	54.7
遂昌	18.5	17.5	1.0	1504.2	1636.1	-131.9	155	167.0	-12.0	1531.5	1580.9	-49.4
松阳	19.2	—	—	1277.9	—	—	159	—	—	1612.1	—	—
景宁	18.6	—	—	1601.2	—	—	172	—	—	1506.8	—	—
全市	19.0	18.3	0.7	1552.6	1635.5	-82.9	162.3	164.6	-2.3	1606.8	1606.2	0.6

说明：常年资料统计年限为1991—2020年，全市常年平均值和距平值不包含景宁和松阳

全市月平均日照时数和莲都区、缙云县的月日照时数为历年第三多；9 月，全市平均日照时数 190.4 小时，较常年偏多 35.8 小时；10 月，全市平均日照时数 165.8 小时，较常年偏多 13 小时；11 月，全市平均日照时数 60.6 小时，较常年偏少 55.9 小时。青田县和庆元县的月日照时数为历年最少，全市月平均日照时数和遂昌、缙云县的月日照时数为历年第二少，云和县的月日照时数为历年第三少；12 月，全市平均日照时数 85.0 小时，较常年偏少 31.0 小时。

【重大天气气候事件】 2022 年，丽水市气象要素变幅大，全年气候异常复杂多变。全年全市平均气温 19.0℃，较常年偏高 0.7℃，为历年第三高，但起伏明显。其中，3 月、8 月和 11 月，全市月平均气温均为历年最高，7 月，全市月平均气温为历年第二高，1 月，全市月平均气温为历年第三高，5 月，全市月平均气温为历年最低；全市平均降水量 1552.6 毫米，较常年偏少 5.1%，但分布极不均匀。其中，9 月，全市月平均降水量为历年最少，7 月全市月平均降水量为历年第二少，11 月，全市月平均降水量为历年第二多；全市平均日照时数 1606.8 小时，较常年偏多 0.6 小时，但起伏大。其中，8 月，全市月平均日照时数为历年第三多，11 月，全市月平均日照时数为历年第二少。总体来看，全年气候异常复杂多变，并出现长时间阴雨寡照、春汛、明显的梅汛期降水集中期、盛夏高强度高温热浪、夏秋连旱、春秋强寒潮等灾害性天气。

年初降水明显偏多，日照明显偏少，并出现长时间阴雨寡照天气。1—2 月，全市降水偏多、日照明显偏少。1 月，全市平均降水量较常年偏少 12.3%，全市平均日照时数较常年偏少 30.5 小时；2 月，全市平均降水量较常年偏多 53.6%（中旬青田县的旬降水量为历年第二多，云和县的旬降水量为历年第三多），全市平均日照时数较常年偏少 42.3 小时。其中，1 月 22 日至 2 月 23 日，各地出现 1 个月的阴雨寡照天气，其间，各地降水量和降水日数均较常年显著偏多，日照时数较常年显著偏少。

3 月下旬，出现暴雨过程且降水异常偏多，各地春汛突现。全市旬平均降水量 168 毫米，较常年偏多 155.7%，全市及遂昌县、莲都区、龙泉市、云和县、庆元县的旬降水量为历年最多，青田县的旬降水量为历年第二多。其

中，22日、25日和31日均出现较大范围的暴雨，特别是22日出现大范围的区域性暴雨（22日，全市平均雨量57毫米，有346个站日雨量超过50毫米，龙泉市和景宁县有13个站超过100毫米，最大为景宁县葛山村121.5毫米；25日，有93个站日雨量超过50毫米，龙泉市披云山超过100毫米，达111.6毫米；31日，有230个站日雨量超过50毫米，景宁县梨树突村超过100毫米，达103.3毫米）。受连续暴雨天气影响，全市各地均不同程度出现较明显的春汛。

5月，气温异常偏低，入夏时间相比常年晚近1个月。全市气温持续偏低并以中旬为最，全市月平均气温20.0℃，较常年偏低2.4℃，全市和遂昌县、龙泉市、莲都区、云和县、庆元县的月平均气温为历年最低，缙云县和青田县的月平均气温为历年第三低。其中，上旬全市平均气温19.6℃，较常年偏低1.8℃；中旬全市平均气温18.6℃，较常年偏低3.8℃。青田县、庆元县为历年最低，全市和龙泉市、莲都区、缙云县、云和县为历年第二低，遂昌县为历年第三低；下旬全市平均气温21.5℃，较常年偏低1.8℃。庆元县的月极端最低气温为历年最低。受气温持续偏低影响，5月25日，丽水市进入气象意义的夏季。

降水集中期明显，暴雨过程多、强度强，累计雨量大。梅汛期降水集中期出现在5月26日至6月21日，其特点：降水集中期时间长，累计雨量大。降水集中期全市平均雨量522毫米，仅次于1998年同期的537毫米，为历史同期第二多。雨日多，暴雨过程间歇短。27天的降水集中期内仅6月7日、8日、15日、16日无明显降水，雨日23天。其中，暴雨过程间隔3天左右。暴雨日多，强度强。27天降水集中期内有17天出现1站以上暴雨，有11天出现10站以上暴雨。其中6月6日、10日、18日和20日均有100个站以上出现暴雨。6月20日，最多有424站出现暴雨，134个站大暴雨。6月18日，庆元城区日雨量227.6毫米，创当地日雨量新高。

夏季出现1953年有完整气象记录以来综合强度最强高温。全市平均高温（日最高气温≥35℃，下同）日数60.1天，较常年偏多26.8天。全市季平均高温日数及遂昌县、龙泉市、青田县的季高温日数为历年最多，莲都区、缙云县、云和县、庆元县的季高温日数为历年第二多。其中，全市平均日最高气温≥38℃的炎热日数35.2天，全市平均及遂昌县、莲都区、龙泉市、缙云县、青田县、云和县为历年最多，庆元为历年第二多；全市平均日最高气温≥40℃的酷热日数14.0天，全市平均及遂昌县、莲都区、缙云县、青田县、云和县为历年最多，龙泉为历年第二多。全市季极端最高气温42.7℃（出现在青田），仅次于2003年出现在莲都的43.2℃，为历年第二高。其中，青田县和遂昌县创历年年极端最高气温新高，缙云县与历年年极端最高气温持平。

夏秋气温持续偏高，多地季平均气温创历史新高。自6月下旬初出梅后至11月，全市气温持续偏高。其中，夏季（6—8月）全市平均气温28.8℃，较常年偏高1.5℃。全市及遂昌县、莲都区、缙云县、青田县、云和县的季平均气温为历年最高，7月，缙云县、青田县、云和县的月平均气温为历年最高，8月，全市及各地的月平均气温为历年最高；秋季（9—11月）全市平均气温21.3℃，较常年偏高1.7℃。除莲都区外其他各地和全市的季平均气温均为历年最高，11月，全市及各地的月平均气温为历年最高。

夏秋雨少温高，伏旱连秋旱，各地水资源短缺较明显。自6月下旬初出梅后至10月，全市降水持续偏少。其中，7月，全市平均降水量38.9毫米，较常年偏少75.6%，为历年第二少（青田县的月降水量为历年最少）；8月，全市平均降水量95毫米，较常年偏少46.7%；9月，全市平均降水量16.3毫米，较常年偏少86.6%，全市月平均降水量和龙泉市、青田县、云和县、庆元县的月降水量为历年最少；10月，全市平均降水量6.7毫米，较常年偏少88.0%，庆元县的月降水量为历年第二少，云和县的月降水量为历年第三少。受高温少雨天气影响，7月开始的气象干旱持续并加剧，各地水资源短缺较为明显，直至11月才趋于缓解。

10月初，出现罕见酷热天气，各地的月极端最高气温均创历史新高。10月1—4日，受强大的西太平洋副热带高压控制，全市连续出现高温酷热天气。各地的平均气温29.0—31.1℃（青田县和庆元县最低，云和县最高）。其中，云和县、松阳县和龙泉市连续4天（1—4日），遂昌县连续3天（2—4日），景宁县连续2天（3—4日）的日最高气温均超过38℃；3日，除青田县和庆元县外其他各地的日最高气温均在38℃以上，其中云和县、松阳县超过40℃，分别为40.6℃和40.4℃。全市及各地的月极端气温均创有完整气象记录以来的历史新高，且龙泉市和庆元县创下秋季极端气温历史新高。

夏末冬初冷空气强度强，夏秋和秋冬季节转换快。10月5日，受强冷空气影响后，气温剧降并持续走低，且达到气象多年平均上的入秋标准，全市一夜之间从盛夏迈入秋天，入秋时间与常年持平。11月29日至12月1日，受强冷空气影响，全市日平均气温平均降幅13.9℃（青田县最小为13.1℃，庆元县最大为14.4℃），全市各地均超过寒潮天气标准，11月30日，进入气象意义的冬天，入冬时间较常年偏早。

【气象防灾减灾】 2022年，全市气象部门严密监测、滚动预报、及时预警，全年启动各类气象应急响应11次，持续时间多年平均68天。全市发布气象灾害预警信号1441次（包括部门联合预警109次）。发挥人工影响天气在缓解干旱、防暑降温、水库蓄水、降低森林火险等级等方面的作用。全年全市32个作业点开展人工影响天气作业267次，出动作业人员667人次，发射火箭弹118次、502枚，烟炉作业151次、224条，比2019—2021年全年发射量分别增加135.2%、192.3%、64.7%，全市人工增雨效益641.205亿千克。11月18日，全市10支作业队伍和温州等地4支作业队伍集结遂昌，发射火箭弹190枚，完成省运会开幕式（丽水）人工消减雨保障工作。气象服务保障“首届全球农遗大会”“中国仙都祭祀轩辕黄帝大典”“浙江省第十七届运动会”“2022年全国赛艇锦标赛”等重大节日和赛事活动，发布各类专题服务材料219期。全市重大灾害性天气监测预报预警无失误。

【气象现代化】 2022年，丽水市加强气象综合观测系统建设，提高区域自动气象站密度，全年全市新建区域自动站159个，雨量、气温要素网格间距为5千米，新建辐射站9个、农业小气候站2个、交通站1个等各类气象观测设备，新建北斗应急通信系统9套。推进立体化高空探测能力建设，龙泉新建1部新一代天气雷达，缙云新建1部X波段天气雷达、1部激光雷达，青田县、遂昌县各建成1部微波辐射计。建立短时强降水致灾风险自动报警系统，实现高致灾风险强降水自动靶向提示预警；完成瓯江流域监测预警项目建设，实现实况业务精准服务；完成丽水市气象局机房改建项目，提升扩容；推出“不停电作业气象精准预报系统”，服务电力部门检修。推进气象灾害监测预警中心平台一体化、集约化建设，并投入使用；推进新融媒体中心项目建设并投入使用，形成气象发布、媒体传播、部门转发的气象信息新媒体传播能力。

【生态气象服务】 2022年，莲都、遂昌、松阳、缙云、青田、云和6个县（区）通过中国气象服务协会复查，继续保有“中国天然氧吧”品牌称号；全市获评气候避暑胜地2个，乡村氧吧2个，气候康养乡村1个。推动丽水生态产品价值实现机制建设写入《中国气象局关于支持浙江气象高质量发展助推共同富裕示范区建设的实施意见》。特色化推进气象景观打造。结合全球重要农业文化遗产大会，打造升级“稻鱼共生”特色气象研学馆，结合国家气象公园气候社区创建，引入第三方资本在松阳四都乡西坑村打造云溪堂气象馆。国省市县四级气象新媒体联动直播，为崇头镇第三届纳凉狂欢节带来150万人次流量，助力乡村“气候经济”发展。推进温室气体监测项目建设，温室气体监测系统项目获丽水发改项目建设批复，并开工建设。

【气象事业改革】 2022年，全市落实信用承诺清单，明确雷电防护装置竣工验收许可部分证明事项告知承诺制。市本级完成防雷设计审核、防雷竣工验收、升放无人驾驶气球等行政审批事项29项，气象证明公共服务事项40件。推进“大综合一体化”行政执法改革第3批、9个气象行政执法事项划转落地。落实“互联网+监管”执法检查，制订双随机检查计划，通过掌上执法平台开展行政检查78次，检查事项9项，开展跨部门联合检查4次，完成执法检查跨部门检查率、掌上执法率、检查事项覆盖率、抽查结果公示率，后续处置率、应用信用规则率等要求。通过气象资料查询服务系统，全市实现保险自助查询数据理赔981件。 （周国华　吴丽君）

水　文

【概况】 2022年，全市年降水量为1784.7毫米（折合降水总量309.1890亿立方米），比多年平均年降水量偏多0.4%，比上年偏少9.7%。存在时空分配不均、旱涝并存等特点。全年全市降水量空间分布不均，西部、西南部降水量偏多，中部、东部、东北部降水量偏少。全市各县（市、区）年降水量在1430.6—2174.7毫米，其中庆元县、龙泉市、景宁县、遂昌县较高，年降水量在1800.0毫米以上，庆元县小溪及瓯青段流域年降水2274.7毫米为全市最大值；莲都区、青田县、缙云县相对较低，年降水量在1500.0毫米以下。全年影响全市台风个数偏少，第11号台风“轩岚诺”和第12号台风“梅花”对丽水市影响不明显。

降水量年内分配不均，非汛期（按1—3月，11—12月统计）累计降水量733.8毫米，占全年降水量的41.1%，比多年平均同期降水量偏多67.7%；汛期（按4—10月统计）累计降水量1050.9毫米，占全年降水量的58.9%，比多年平均同期降水量偏少20.8%。其中，6月，降水量最大月，全市平均降水量436.7毫米；10月，降水量最小月，全市平均降水量9.0毫米。全市水资源总量200.4616亿立方米，比多年平均偏多4.9%，比上年偏少10.0%。产水系数全市平均0.65，产水模数为115.7万立方米每平方千米。人均年拥有水资源量为7970.6立方米（常住人口）。

全市有大型水库2座，中型水库31座。紧水滩水库年末蓄水量5.02亿立方米，比年初减少2.15亿立方米；滩坑水库年末蓄水量29.15亿立方米，比年初增加2.58亿立方米。中型水库31座，年末蓄水总量4.37亿立方米，比年初增加0.60亿立方米。

2022年丽水市降水量、水资源量一览表

表14

行政分区	计算面积(平方千米)	年降水量(毫米)	年总水资源量(亿立方米)	产水系数	产水模数(万立方米/平方千米)
莲都	1502	1430.6	12.5007	0.58	83.2
龙泉	3059	2060.5	43.5785	0.69	142.5
青田	2493	1482.6	21.9376	0.59	88.0
云和	984	1702.4	10.8968	0.65	110.7
庆元	1898	2174.7	30.6999	0.74	161.7
缙云	1494	1487.1	13.3754	0.60	89.5
遂昌	2539	1887.2	29.4335	0.61	115.9
松阳	1406	1554.3	12.3461	0.56	87.8
景宁	1949	1934.2	25.6931	0.68	131.8
全市	17324	1784.7	200.4616	0.65	115.7

【梅汛水雨情】 2022年5月22日，丽水市进入降水集中期，6月21日，降水集中期结束。梅汛期主要呈现特点：梅期短、短历时暴雨雨强大、暴雨区域集中、强降雨区重叠等。6月9日，全市进入梅汛降水集中期，6月10日，入梅与常年基本一致(常年6月10日)，6月21日，降水集中期结束，6月26日，出梅早于常年(常年7月10日)，梅雨期16天较常年缩短近一半。

6月9日8时至26日8时，全市面雨量270.3毫米，较多年平均梅雨量偏少21.6%，降水集中度较常年偏大近1倍。县(市、区)面雨量最大前三名分别为庆元县472.3毫米、龙泉市409.1毫米、景宁县302.2毫米，单站雨量最大前三名分别为庆元县竹山731.5毫米、龙泉市青井615.0毫米、龙泉市湖住溪581毫米。

5月22日至6月5日，出现梅汛前第一轮降水集中期，全市面雨量243.7毫米，降雨主要集中于丽水市西部、西南部(庆元县、龙泉市、遂昌县等地)。6月9日下午起，受梅雨带北抬影响，全市大部地区出现中到大雨过程，部分暴雨、局部大暴雨，开始进入梅汛期，此次梅汛期有2轮强降雨过程。6月9—13日，梅汛期第一轮降水，全市面雨量79.8毫米，降雨主要集中于丽水市西南部(庆元等地)；6月17—21日，梅汛期第二轮降水，全市面雨量160.1毫米，降雨主要集中于丽水市西部、西南部(庆元县、龙泉市、景宁县等地)。三轮强降雨区域重叠。

各流域内主要江河水位控制站点最高水位出现于梅汛期第二轮降水过程，即6月17—21日，流域内26个主要江河水位控制站点中，14个超警戒水位，4个超保证水位。其中，6月18日，松源溪阁门岭超警戒0.7米、小溪沙湾超警戒1.88米、小溪大均超警戒1.72米，水位变幅4.48—5.73米；6月20日，龙泉溪南大洋超警戒水位1.75米，超保证水位0.65米(为2014年建站以来最高水位，建站以来历史最高水位为198.72米，超警戒水位0.32米)，水位变幅5.53米；该日松阴溪、宣平溪、小安溪、好溪均出现1—6月最高水位，水位变幅2.68—6.31米；6月21日，瓯江大溪大港头超保证1.36米、上南山超保证1.22米、小白岩超保证0.06米，水位变幅4.9—7.22米。本轮强降雨过程，主要在龙泉溪、松阴溪、好溪、大溪等流域出现较大洪峰。6月20日16时50分，松阴溪靖居口站实测洪峰水位90.76米，实测洪峰流量每秒1870立方米；6月20日19时10分，龙泉溪南大洋站实测洪峰水位200.15米，洪峰流量每秒2730立方米(超过历史1994年6月17日第二洪峰流量每秒2650立方米)；6月20日18时10分，好溪秋塘站实测洪峰水位60.41米，实测洪峰流量每秒1030立方米；6月21日4时30分，大溪小白岩站出现洪峰水位53.06米，查线洪峰流量每秒6320立方米。

【旱情】 2022年7—10月，丽水市持续高温少雨，全市平均面雨量215.7毫米(为历史同期第二枯水年，仅次于1967年)，较多年同期平均偏少63.7%。无雨日102天(全市平均面雨量<3毫米)，最长连续无雨日48天(9月14日至10月31日)。各县(市、区)面雨量较多年同期平均偏少49.6%—73.6%，其中，松阳县、云和县、龙泉市、青田县、庆元县降水量均为历史最低年，各县(市、区)出现不同程度旱情。

【非汛期水雨情】 2022年，非汛期累计降水量733.4毫米，占全年降水量的41.1%，比多年平均同期降水量偏多67.7%。1月下旬至2月中旬阴雨连绵，3月下旬出现大雨暴雨过程，11月中旬至12月上旬大范围集中降雨频发，水位未发生超警。汛前(1—3月)，全市平均降水量468.5毫米，较常年同期平均偏多46.0%。汛后(11—12月)，全市平均降水量263毫米，较常年同期平均偏多126%。 (纪 莹)

林　业

综　述

【林长制工作】 2022年，丽水市推进林长制从建体系转向抓落实，建立党政统领、部门协同的市、县、乡、村四级林长体系，全市设立林长4827人、林区警长804人，其中，市级设立由党政正职任总林长、市委副书记和各副市长任副总林长的林长10人，由分管副市长任林长制办公室主任。出台并实施林长会议、巡林、部门协作、督查督办、信息通报与公开、考核这6项配套制度，创新设立市级技术林长支撑服务体系，发布总林长令3项，开展林长巡林活动15次。6月，首次召开市委林业工作会议暨第一次市级总林长会议，以林长制为牵引实施林业振兴战略。组织开展2022年度林长制工作考核。市委、市政府主要领导带头履行总林长职责，签发林长巡林、森林防灭火、松材线虫病防控的市级总林长令3项，10名市级林长开展巡林督查15人次、批示指示17次，以上率下压实各级林长责任，形成林长"谋全局、管保护、抓发展"的一抓到底格局。

【林业综合改革】 2022年11月，国家林草局公布2022年度林业碳汇试点市（县）（18个）和国有林场森林碳汇试点（21个）名单，丽水市是全省3个入选单位之一。龙泉市创新"益林富农"多跨场景应用入选浙江林业推进共同富裕十大典型案例，入选浙江省"一地创新、全省共享""一本账"S0应用项目清单，该应用获评2022浙江数字乡村"金翼奖"十佳应用。继续加强林业金融协作机制重点推动公益林补偿收益权质押贷款和林地经营权流转证抵押贷款，满足林农小户、林业经营大户、龙头企业等各层级的贷款需求，全市新发放林权抵押贷款9281笔24.79亿元，累计发放贷款25.68万笔342.67亿元；贷款余额54.32亿元；贷款余额占全省（64.7%）一半以上份额，居全国各地市第一位。

【首批国家林业碳汇试点市】 2022年11月，丽水市被国家林业和草原局确定为首批全国林业碳汇试点市之一。丽水试点建设从林业碳汇产品供给能力提升、林业碳汇市场化交易体系建设、林业生态产品价值转化提质三方面着手，建设林业碳汇智治管理平台建设工程、林业碳汇产品供给能力提升工程、"林业碳汇+"市场培育工程、林业碳汇机制创新工程四大工程。全年出台《丽水市林业碳汇交易试点实施方案（试行）》《丽水生态产品交易管理办法》《丽水生态产品交易规则》等交易保障政策，形成具有丽水特色的林业碳汇政策体系。至年底，丽水市累计开展17笔碳汇交易实践，抵消288.43万千克碳排放量，累计金额约276845.74元。林业碳汇试点工作助力支撑丽水生态产品价值实现机制试点市的创建工作，推动林业助力丽水创建"中国碳中和先行区"。

【森林综合保险】 2022年，全市推进森林保险、公益林火灾保险覆盖率100%。引导和鼓励经营面积100亩以上的新型林业经营主体参保林木综合保险，全年投保面积3653.33余公顷。在龙泉市、青田县试行油茶气象指数保险，分别投保233.33公顷和1007.67公顷，计保费432.76万元。在青田县、松阳县、遂昌县开展古树名木公众责任保险，为2.18万株古树名木投保38.61万元。在龙泉市、庆元县开展护林员、森林病虫害防治员意外伤害保险，为312名工作人员投保9.91万元。全市域推广野生动物肇事公众责任保险，9个县（市、区）均投保，总保费201万元。　（张彦博）

【林业科技成果】 2022年，全市新增省级以上立项项目48个。其中，中央林业科技推广项目9个，省级林业发展和资源保护项目39个；成果登记7个。制定市级地方标准4个。丽水市

“世界方颜叶蜂属物种多样性与地理分布格局”等13个成果获浙江省第二十二届科技兴林奖，其中二等奖4个、三等奖9个。

【林业人才队伍】 2022年，全市举办林技推广培训66次，培训林农、产业大户、企业人员等3032人。全市招录基层林技人员定向培养生（本科）18人，累计招收185人。9月，全市林业系统非林业专业干部培训在丽水举办，参训人数48人。10月，丽水市林业工程技术人员中级专业技术职务任职资格评审会在丽水召开，取得工程师任职资格50人；取得高级工程师任职资格30人、取得正高级工程师任职资格3人。全市推荐2人申报国家林草局林草乡土专家，获评2022年浙江省林业乡土专家16人。（黄宇南）

【新型林业技术推广服务】 2022年，全市构建以林业技术推广机构为主体、社会推广力量为补充的“一主多元”新型林业技术推广服务体系，通过重新构建“1+X”组织体系和实行“6+N”服务模式，建立林业科技与产业发展耦合机制。组织开展“四联五一”结对指导服务活动（“四联”：一村、一户、一企、一基地；“五一”：开展一次调研、推广一批模式、建设一批基地、培育一个主体、培养一批人才）。全市建立指导总团10个、服务专业团56个（市级6个），组织成员379人（市级50人）。全市结对联系村63个、基地82个，开展现场指导137次，送科技下乡155人次，培训林农847人次。开展产业调研53次，推广科技富民模式54种，建设高质量示范基地82个、面积1933.33公顷，培育林业经营主体59个，培养林技推广人才322人，培训林技术推广人员3032人。（陈世通）

【林业科普示范基地】 2022年，全市以基地建设为示范载体，由点及面普及林业科技和自然教育知识，推广森林康养和林业种植技术。全年全市建成林业科普示范基地17个，分别为省自然教育基地1个、省生态文化基地6个、省级森林康养基地5个、省林下道地中药材种植基地5个。（黄宇南）

【国有林场建设】 2022年，全市有国有林场20个（列入公益一类11个、公益二类9个），核定事业编制436人，经营总面积7.55万公顷，其中天然林面积2.71万公顷，生态公益林面积5.71万公顷，森林蓄积量907万立方米，森林覆盖率94.82%。全市国有林场职工总数1594人，其中在岗职工638人、离退休职工956人。全市加强国有林场改革，完善国有林场管理体制，浙江省林业局同意龙泉市山坑林场并入龙泉市国有林场，撤销龙泉市山坑林场，21个国有林场优化整合为20个。全年完成人工造林548公顷，其中场外造林1公顷；人工更新造林212公顷，其中场外造林106公顷；退化林修复面积93公顷；森林抚育1528公顷。推进国有林场高质量发展，遂昌县湖山林场创成浙江省现代国有林场，丽水市白云山生态林场列入浙江省“未来国有林场”建设试点。全市新建成国家林木种质资源库1个、省级生态文化基地1个、省级森林养吧3个；新认定省级林木良种基地1个。景宁县林业总场获评景宁县模范集体称号。（兰冬香）

森林生态体系建设

【概况】 2022年，全市围绕浙江大花园最美核心区建设，统筹城乡森林建设，推进美丽林相、生态公益林、森林公园、自然保护区、森林系列创建等重点生态林业工程建设，提升森林生态系统质量和稳定性，构建健康优质、系统稳定、林相多彩的森林生态系统。全市新增百万亩国土绿化核定完成面积2910公顷，完成千万亩森林质量精准提升工程16086公顷；全市实际参加义务植树153.52万人次，种植各类苗木512.43万株；建成“一村万树”示范村31个，“浙江省生态文化基地”6个。

【国土绿化行动】 2022年，丽水市根据全省新增百万亩国土绿化行动要求，统筹实施山地森林、坡地森林、城市森林、乡村森林和通道森林建设，推进新增国土绿化造林。11月，开展2022年度新增百万亩国土绿化建设市级核查工作。经核查，全市计划任务2330公顷，核定完成面积2910公顷，计划超额完成24.57%。

【千万亩森林质量精准提升工程】 2022年6月10—14日，市林业局组织召开《浙江省千万亩森林质量精准提升工程县级五年实施方案（2021—2025年）》论证会。国家林业和草原局华东调查规划院、浙江省森林资源监测中心、浙江省林业科学研究院、丽水职业技术学院及各县（市、区）自然资源和规划局、生态林业发展中心等单位的专家领导参加会议。论证会上，与会专家听取丽水9个县（市、区）编制单位对实施方案情况的介绍，审阅相关资料。该方案的实施，对提高林分蓄积、提升碳汇能力、美化自然景观、增强生态安全，建设高水平生态文明和高质量绿色发展“重要窗口示范区”，助力诗画浙江大花园最美核心区建设具有重要意义。据统计，2021—2025年，全市规划实施森林质量精准提升工程建设18.86万公顷，超额完成省下达任务17.95万公顷的5%。根据《浙江省林业局关于科学做好2022年国土绿化工作的通知》要求，落实全市千万亩森林质量精准提升工程年度任务为3.5万公顷，根据9个县（市、区）自查验收结果统计数据：全市完成39745公顷，超额完成年度任务的13.56%。其中：战略储备林11838公顷（中幼林抚育8043公顷、珍贵树种和大径材基地建设2574公顷、木本油料抚育1221公顷）；美丽生态廊道4247公顷（生态廊道建设3268公顷、美丽林相建设979公顷）；健康森林23660公顷。

【美丽林相建设】 2022年，全市落实美丽林相建设资金3.45亿元，实施美丽林相建设面积53640公顷，完成年度计划任务的22.67%，其中，投资5572万元，建设彩色森林7360公顷；投资4485万元，建设健康林7410公顷；投资7563万元，发展珍贵树种5220公顷（其中新造1430公顷、改培3790公顷）；投资5505万元，培育大径材5450公顷；投资11315万元，培育一般森林抚育28200公顷。2016—2021年，全市累计完成投资25.33亿元，完成美丽林相建设40.1万公顷，完成彩色林建设6.31万公顷，完成健康林建设7.27万公顷，发展珍贵树种3.25万公顷，培育大径材4.01万公顷，实施一般森林抚育19.22万公顷。

【全民义务植树】 2022年，是全省“关注森林”活动开展十五周年，丽水市利用元旦、春节、植树节等关键节点动员开展全民义务植树活动。全年全市累计组织153.52万人次参与义务植树，种植各类苗木512.43万株，全市尽责率90%以上。

【“一村万树”示范行动】 2022年，全市推进实施“一村万树”三年行动，以1个村新植1万株树为载体，发展珍贵树种、乡土树种，持续加快农村绿化步伐，优化农业农村生态环境，构建覆盖全面、布局合理、结构优化的乡村绿化体系。全年全市完成以珍贵树种或彩色树种为主的“一村万树”示范村31个，经市级随机抽查验收，各示范推进村绿化体量大、层次高，建设质量较好。2018—2022年，全市累计建成“一村万树”示范村225个，推进村1003个。

【生态文化基地创建】 2022年，经浙江省生态文化协会、浙江省林业局认定，丽水职业技术学院、丽水市莲都区老竹畲族镇沙溪村、青田县山重山农业发展有限公司、庆元县实验林场、庆元县隆宫乡莲湖村、缙云县双溪口乡周扎村6家单位创建成为2022年度“浙江省生态文化基地”。至年底，全市累计建成“全国生态文化村”4家，“国家生态文明教育基地”1家，“浙江省自然教育基地”5家，“浙江省生态文明教育基地”22家，“浙江省生态文化基地”30家。（潘永柱）

【生态公益林建设】 2022年，全市省级以上公益林总面积保有量为86.8万公顷。公益林补偿资金发放公示率100%；应发损失性补偿资金52654.75万元，实发金额51662.85万元，发放率98.12%，惠及乡镇（街道）173个，行政村1750个、自然村5051个，农户29.1011万户。依托公益林资源开办的农家乐户数1798户，助推山区农民增收致富，实现共同富裕。全市天然林总面积67.81万公顷，补偿资金14643.37万元，其中国有天然商品林停伐面积513.27公顷，管护补助资金7.7万元，资金使用率100%；集体和个人天然商品林停伐损失补偿资金542.55万元，发放率100%。持续完善天然林保护措施，全面停止天然林的商业性采伐，全市天然商品林禁伐落界，并签订管护协议书，落实管护责任。（刘　伟）

【白云森林公园建设】 2022年，丽水白云国家森林公园被浙江省林业局公布为浙江省第二批“名山公园”，编制完成《白云山带富行动计划（2023—2027年）》。省林业局批复同意把丽水市白云山生态林场列为全省三个“未来国有林场”建设试点之一，率先启动试点建设，编制《丽水市白云山生态林场“未来国有林场”规划（2022—2030年）》。5月，丽水市人民政府发布的《浙江省瓯江源头区域山水林田湖草沙一体化保护和修复工程实施方案（2021—2023年）》把白云国家森林公园提升改造工程（林相改造一期）（2021—2023年）一体化保护和修复工程作为“瓯江山水工程”的子项目。编制完成《瓯江源头区域山水林田湖草沙一体化保护和修复工程—丽水白云国家森林公园提升改造工程（林相改造一期）2021—2023年度实施方案》。全年采伐白云国家森林公园范围内林木4088.11立方米，为下达森林采伐限额的90.8%。林相改造面积137.67公顷，完成松材线虫病除治1120公顷，清理枯死疫木258.3万千克，使用松树注射免疫剂7.7万剂。保持连续20年未发生森林火灾。（陈红壮）

【丽水经开区绿化工作】 2022年，丽水经开区生态林业发展中心竣工少微山增花添彩提升改造项目和七百秋森林公园红枫园扩建项目，组织实施丽水市瓯江源头区域山水林田湖草沙一体化保护和修复工程项目（丽水经济技术开发区健康森林建设项目），补植改造面积 53.33 公顷，总投资 400 万元。结合实际采用纳入造林方式，完成国土绿化面积 20.27 公顷，组织开展“我为亚运种棵树”义务植树活动，丽水经开区人大代表、街道、村干部、学校等参加人数 200 余人，种植石楠、枫香等 600 余株；开展珍贵树种进村入企活动，向辖区内 13 个村、企业、学校赠送山樱花、薄壳山核桃、伯乐树等珍贵树种苗木 4000 株。完成丽水人才科创公园建设，提升七百秋森林公园原有 6.67 公顷景观，增加节点改造，完成投资 395 万元。　（王春来）

林业产业体系建设

【概况】 2022 年，全市实现林业总产值 559.2 亿元，比上年增长 10%，占全省林业行业总产值的 11%，全省排名第四位，增幅全省排名第四位。全市创成现代林业经济示范区 17 个，龙泉市、庆元县入选国家级竹木产业示范园区。全年度招引重大林业产业项目 13 个，新培育涉林规上企业 30 家，新增国家级、省级林业龙头企业各 1 家，累计 38 家。开展林业加工平台建设，莲都区 2 个涉林小微企业园首次通过省级认定，提升庆元县孵化园、遂昌县石练镇健康产业园、龙泉市芳野小微企业创业园等，全年实现林业规上产值 185.14 亿元，同比增长 8.62%。

【林业产业结构调整】 2022 年，全市林业一、二、三产业比重为 23:40:37，第一产业比重下降 1 个百分点，第二产业比重持平，第三产业比重上升 1 个百分点。林业第一产业产值 128 亿元，比上年增长 6.5%；林业第二产业产值 217 亿元，增长 6.1%；林业第三产业产值 214 亿元，增长 16.8%。　（杨艺薇）

【林业品牌参展】 2022 年 11 月 5 日，丽水市林业产业协会组织 142 家企业参加第十五届中国义乌国际森林产品博览会，展出展位 182 个。获第十五届中国义乌国际森林产品博览会优质产品评选金奖 40 个，优质奖 58 个。　（周丽莉）

【木业产业建设】 2022 年，市林业局（市森林碳汇管理局）推进木业产业向规模化、产业化和集群化方向发展。全市木材加工企业436 家，从业人员 9231 人，以“一扇木门、一支铅笔、一副玩具、一把太阳伞、一块纤维板”为代表的木材加工业全年实现产值 87 亿元，增长 24%。　（杨艺薇）

【森林旅游业发展】 2022 年，全市有自然保护地 30 个。其中，百山祖国家公园 1 个（原凤阳山——百山祖国家级自然保护区）；自然保护区 5 个（国家级自然保护区 1 个，省级保护区 4 个）；森林公园 13 个（国家级森林公园 6 个、省级森林公园 7 个）；风景名胜区 6 个（国家级 1 个，省级 5 个）；湿地公园 3 个（其中国家级 2 个，省级 1 个）；地质公园省级 2 个。全市新增森林休闲养生城市 1 个（龙泉），省级森林康养基地 5 个、省级森林人家 8 个、省级森林氧吧 16 个。全年全市实现森林旅游总收入 171.5 亿元（占第三产业产值的 80%），比上年下降 3.3%。　（吴佳琦　杨艺薇）

【林地规模流转和新型林业经营主体培育】 2022 年，全市探索推进集体林地“三权分置”改革，推动各地落实林地流转激励措施，促进林地规模流转。全市新增林地流转 5656.06 公顷，累计流转面积 14.42 万公顷。探索林业股份合作模式，创建林业股份合作社、培育新型林业经营主体。全市新增新型林业经营主体 87 家，其中家庭林场 57 家，累计培育新型林业经营主体 1327 家。　（张彦博）

【“一亩山万元钱”行动】 2022 年，全市继续推广香榧、薄壳山核桃、油茶高效生态栽培技术，铁皮石斛仿生栽培技术，林下三叶青、多花黄精复合经营技术，花卉苗木、森林休闲和珍贵树种等“一亩山万元钱”生态高效经营模式。全年完成新建培育 1566.67 公顷，辐射推广 4020 公顷，巩固深化 7140 公顷。2018—2022 年，累计建成57533.33 公顷。其中，参与的企业或合作社 540 余家，参与农户 2780 余人，培训林农 4800 余人。3 个基地获评 2022 年省林业机械装备创新试验基地，7 个基地获评第二批“一亩山万元钱”高质量示范基地，松阳县君凯安农家庭农场的“香榧生态高效栽培”模式获评十大共同富裕典型案例。　（黄宇南）

【“千村万元”林下经济增收帮扶工程】 2022 年，全市按照“一村一方案”要求，围绕股份合作、三产融合、科技“四联”、产品订单这四个机制逐村制订“千村万元”林下经济增收帮扶工程实施方案，并通过政府推动、政策激励、项目带动、企业助动等方式推动落地实施。全市新创成“千村万元”林下经济增收帮扶工程示范村 42 个、建成示范基地 993 公顷，累计创成“千村万元”林下经济增收帮扶工程示范村 60 个，建成示范基地

1416.13 公顷。（陈世通）

【木本油料产业】 2022 年，全市新建油茶新品种造林基地 317 公顷，新造香榧基地 113 公顷，抚育油茶基地 1997 公顷。举办各类木本油料产业技术培训 10 余次，培训基层林技员和林农 1000 余人次。全年实现油茶产业产值 138178 万元。（倪荣新）

【笋竹产业建设】 2022 年，全市竹业总产值 80 亿元，年产竹材 6000 万余支、鲜笋近 3 亿千克。全市累计建设竹木分解点 60 个，缓解竹材粗加工链条缺失问题。受长时间高温干旱影响，冬笋产量大幅减少，冬笋价格成倍提高。浙江可信竹木有限公司获评为国家级林业龙头企业。龙泉、庆元、遂昌、莲都等县（市、区）按照“一县一业”要求，立足自身实际，确定竹产业为重点培育的林业特色产业。（孙　政）

【种苗花卉产业】 2022 年，全市有苗圃 236 处，其中国有苗圃 12 处；育苗面积 717.28 公顷，其中新育 40.93 公顷；苗木产量 4109.3 万株，其中容器苗 584 万株；林木良种基地 4 个，生产面积 547.28 公顷。全市有保障性苗圃 7 家，其中 4 家为省级保障性苗圃，育苗面积 45.7 公顷（其中新育苗面积 12.10 公顷），苗木产量 511.71 万株。全市造林总面积 4891.4 公顷，其中使用良种造林面积 2455.29 公顷，主要造林树种良种使用率50.2%。至年底，全市实有花卉种植面积 866.93 公顷（其中观赏苗木面积 717.28 公顷），全年花卉产业销售额 1.69 亿元，大型花卉市场 2 个，大型花卉企业 26 个，花卉从业人员期末人数 5500 人。全市开展林木种苗专项执法和种苗质量检查，检查苗木批次 68 个，涉及浙江楠、枫香、赤皮青冈、木荷、光皮桦、红豆树等 20余个树种，抽检苗批合格率 100%。省检查组抽查青田县、松阳县、景宁县的林业保障性苗圃和造林地用苗，抽查苗批均合格。培育乡土树种苗木 1254.13 万株，突出重点培育楠木类、红豆树、木荷、南方红豆杉、香樟、青冈（石栎类）、榧树等乡土珍贵树种和枫香、黄山栾树、乌桕、千年桐、无患子、山乌桕、山樱花等彩色树种苗木。全年丽水市“珍贵彩色树种省调控容器苗赠苗行动”赠送种植苗木 109 万株，其中，一类苗 23 万株、二类苗 29 万株、三类苗 57 万株。9 月，编制《丽水市“增花添彩”优选树种名录》。（兰蒋慧）

林业安全管理

【概况】 2022 年，全市林业部门持续加强森林资源保护与管理，落实林木采伐限额管理制度。加快构建以百山祖国家公园为主体的丽水自然保护地体系，培育建成自然保护地融合发展示范镇（村）4 个，凤阳山——百山祖（名山公园）和括苍古道（森林古道）入选全省第二批耀眼明珠，白云国家森林公园入选全省名山公园，出台《丽水市古树名木保护管理办法》。全年林业有害生物发生面积 13.28 万公顷，发生率 9.06%，其中松材线虫病发生面积 11.56 万公顷，累计预防保护重点区域松树、古松树 68.11 万株。

【林地保护管理】 2022 年，全市审核审批各类征占用林地项目 797 个、面积 1819.27 公顷。其中：长期占用林地项目 418 个、面积 1489.65 公顷，临时占用林地项目 40 个、面积 83.67 公顷，林业设施占用林地项目 339 个，面积 245.9514 公顷，征收森林植被恢复费 41411.47 万元。

【林木采伐管理】 2022 年，全市发放林木采伐许可证 5100 份；发证采伐蓄积 52.12 万立方米，其中占限额采伐蓄积 46.48 万立方米，为省下达采伐限额的 30.76%。白云国家森林公园范围内采伐林木 4088.11 立方米，为下达森林采伐限额的 90.8%。全市 9 个县（市、区）均建立森林采伐限额执行情况检查制度，并定期开展森林采伐限额执行情况检查。（梁　毅）

【自然保护地管理】 2022 年，全市继续推进国家公园创建，构建以百山祖国家公园为主体的丽水自然保护地体系。整合自然保护地，开展《丽水市自然保护地整合优化预案》《丽水市自然保护地规划》修编和丽水市风景名胜区优化整合审查，完成《凤阳山——百山祖国家公园共富行动五年行动计划》编制；分解落实丽水市省级以上自然保护地生物多样性长期监测样地 338 个、85.4 公顷。完成九龙湿地、缙云仙都、大洋山等 12 个自然保护地总体规划编制（修编）任务和省下达 86 个监测图斑核查，全部完成销号。培育建成遂昌县龙洋乡九龙口村、景宁县大漈乡大漈村、庆元县百山祖镇车根村、龙泉市兰巨乡官浦垟村 4 个自然保护地融合发展示范镇（村）。（宋志东）

【森林防火体系建设】 2022 年，全市绷紧森林防火之弦，落实落细森林火灾风险防控各项措施，全市森林防火形势保持稳定态势。全市发生森林火灾 4 起，过火面积 45.48 公顷，受害森林面积 22.37 公顷，受害森林面积比上年下降 42%，受害率 0.16‰，全市未发生重特大森林火灾和人员伤亡事故，国有林场和自然保护地连续18年未发生森林火情火灾。全市继续开展森林火灾风险普查、森林火灾隐患排查整治、查处野外违规用火行为、“迎亚运保平安”隐患自查行动等5个专项行动。全年组织各级检查4394次，出动工作人员10114人次、排查发现隐患626个，全部落实整改；针对电力设施引发森林火情火灾多发情况，联合供电部门开展林区输配电线路隐患专项整治行动，全市开展督查检查工作488次，出动工作人员3488人次，排查线路717条，整改存在隐患线路640条、共1858千米，清除森林防火安全隐患。开展“引水灭火”能力提升行动，组织各县（市、区）开展省级以水灭火工程示范建设，通过加强水源设施、设施设备等基础建设，实现“引水灭火”战法手段在森林火情早期处理中的广泛应用。至年底，全市有防火物资储备库15座，各类水泵（枪）、风力灭火机、发电机等扑火机具9576台、各类森林消防车辆68辆；各重点地区设立森林消防蓄水池107座。开展林火阻隔系统建设，现有林火阻隔系统13599千米，其中自然阻隔带5452千米，工程阻隔带7827千米，生物阻隔带347千米，防火公路10551千米，计划2年内改造375千米，至年底，完成282千米，初步形成林火阻隔网体系，提升林火阻隔能力。开展“林火智治”系统建设，与铁塔公司合作，在全市建设高位高清摄像头63个，配备无人机16台，电子警察49个，在全市自然保护地191个出入口设置森林“防火码”，通过数字赋能，提升丽水市森林防火综合防控能力。

【林业有害生物检疫防治】 2022年，全年林业有害生物发生面积13.28万公顷，发生率9.06%。林业有害生物有效防治作业面积13.19万公顷，其中无公害防治面积13.19万公顷，无公害防治率100%。全市松材线虫病发生面积11.56万公顷，枯死松树51.44万株，投入防治资金2.4亿元。全市累计采购注射注干保护剂155.34万支，预防保护重点区域松树、古松树68.11万株。 （王林伟）

【野生动植物保护】 2022年4月，全市范围开展以“守护蓝天精灵，共享美好家园”为主题的野生动植物保护宣传月暨“爱鸟周”活动。宣传月期间，全市参与活动人数31070人，发放宣传资料12000余份。8月，丽水市制定印发《丽水市野生动植物保护工作联席会议制度》，成立丽水市野生动植物保护工作联席会议工作领导小组。至年底，9个县（市、区）均建立联席会议制度，完善野生动植物综合治理体制机制。9个县（市、区）继续开展野生动物肇事公众责任保险工作，据统计，全年全市野生动物保费270.88万元，保额3.11亿元，累计报案516起，理赔45.53万元。同时做好陆生野生动物疫源疫病监测防控和收容救护工作，根据省林业局部署，在重点时段坚持周报、日报工作制度，全年全市未发生陆生野生动物疫情，全年累计救护收容野生动物676只，其中国家一级重点保护野生动物18只，国家二级重点保护野生动物258只，放生400余只。 （蓝　婧）

【古树名木保护】 2022年，全市各地继续实施古树名木保护工程，保护古树名木136株，建成古树主题公园4个，完成13个古树群健康检查。丽水市林业局（市森林碳汇管理局）承担《丽水市古树名木保护管理办法（草案）》（以下简称《办法》）起草工作。11月25日，《办法》通过市政府第十五次常务会议审议后出台实施。《办法》明确林业部门与建设部门之间管理界限，新增古树后备资源、专家库组建要求等条款，细化定期巡护和禁止行为条款。同时把全市先进经验——建设工程避让制度写入《办法》，提出工程避让、就地保护、迁移保护三个层级的保护思路，为经济建设发展与古树名木保护间的矛盾提出解决方案。 （张　弛）

2022年8月12日，龙泉片区放生国家一级保护野生动物中华穿山甲

（胡　瑚　提供）

钱江源—百山祖国家公园创建

【概况】 2022年4月18日，浙江省推进“四大建设”工作联席会议办公室公布全省第二批八大类26个大花园耀眼明珠名单，凤阳山——百山祖（丽水市庆元县、景宁县、龙泉市）入选，成为新一批生态环境优美、文化内涵深邃、独具特色魅力的“诗画浙江”大花园耀眼明珠。

7月1日，省林业局公布林业推进共同富裕十大典型案例名单，《丽水：“国家公园+”模式打通“生态”与“富民”转化通道》入选。以“国家公园+”创新实践孕育兴林富民活力源，破解全国面临的生态产品“难度量、难抵押、难交易、难变现”等系列难题，释放生态改革最大红利，满足国家公园生态保护和生态产品价值实现需求，推动丽水共同富裕美好社会山区样板建设。7月11日，钱江源—百山祖国家公园龙泉片区综合行政执法队揭牌仪式在龙泉市小梅镇举行，标志着钱江源—百山祖国家公园百山祖园区首支综合行政执法队成立。12月30日，经国务院同意，国家林草局、财政部、自然资源部、生态环境部联合印发《国家公园空间布局方案》，钱江源—百山祖国家公园被列入49个国家公园候选区名单，标志着建设钱江源—百山祖国家公园成为国家战略。谋划和推进国家公园创建工作，在推动绿色发展、促进人与自然和谐共生，提升生态系统多样性、稳定性、持续性等方面创新实践，走出一条富有丽水特色的国家公园创建之路，被《人民日报》、央视《新闻联播》、《焦点访谈》等央省市主流媒体点赞，其中丽水市创建国家公园的创新实践作为央视《焦点访谈》解读二十大报告生态篇的典型案例进行报道。

【国家公园设立技术报告通过专家评审】 2022年1月13日，《钱江源—百山祖国家公园设立方案》等3项国家公园设立技术报告专家评审会在北京、杭州同时召开，会议采用线上评审方式。专家组认为，钱江源—百山祖区域保存有全国最典型的中亚热带常绿阔叶林以及长三角地区最完整的山地生态系统垂直带谱，是全国经济发达地区资源合理利用的典范，对维护区域生态安全和推进共同富裕先行示范区建设具有重要意义。钱江源—百山祖国家公园设立范围符合国家代表性、生态重要性和管理可行性的条件，一致同意通过评审。

【浙江百山祖公园发展有限公司揭牌】 2022年9月16日，浙江百山祖公园发展有限公司揭牌。百山祖公司合理利用国家公园的生态品牌价值，协同推进国家公园周边联动发展等方面发挥积极作用。至年底，百山祖公司在编在岗职工6人，注册资本金2000万元，成立龙泉、庆元、景宁县（市）级运营公司。

【百山祖冷杉保护】 2022年12月8日，全球濒危物种百山祖冷杉保护成果发布暨国际传播纪录片《百山祖》开机仪式在丽水举行。活动介绍丽水历经59年，在百山祖冷杉生境适应性、光合特性等系列濒危机制等方向开展研究，攻克百山祖冷杉繁育难题，保护和繁育技术日益成熟，尤其是在嫁接、种子育苗、人工促进天然更新等方面取得成效。至年底，有自然萌发并保存野生百山祖冷杉幼苗600余株，野外就地回归4000株。

【县际山林纠纷调解】 2022年，市创建办和百山祖管理局根据《丽水市人民政府办公室关于开展百山祖国家公园“迎设立、保和谐”县际山林纠纷调解行动的通知》，协调组织开展百山祖国家公园内县际山林纠纷集中调解工作，历时6个月，共涉及龙泉、庆元、景宁3个县（市）8个乡镇（街道）24个行政村37个自然村55件历史纠纷争议积案，成功调解49件涉及127片山场，调解成功率89%，未调解成功的6件案件形成调解建议书，基本解决百山祖国家公园范围内久拖未解决的县际集体山林（插花山）矛盾纠纷的工作目标，助推地役权补偿资金的有效发放工作。（宋志东）

工业化信息化建设

综　述

【工业发展态势】 2022年，全市工业战线学习贯彻中共二十大精神，坚定“工业强市”方向不动摇，深入实施工业经济稳进提质攻坚战，有效克服“需求收缩、供给冲击、预期转弱”三重压力，多项指标超预期实现，实现工业经济“筑底企稳、回升向好”的发展态势，为全市经济大盘稳定发挥“压舱石”作用。全市规上工业产值2146.97亿元，首次突破2000亿元；规上工业增加值399.58亿元，比上年增长5.0%，高于全省0.8个百分点，高于GDP增速1个百分点，工业对全市生产总值增长的贡献率23.9%。工业增加值占GDP比重提高至30.9%。

从占比来看，高新技术产业、装备制造业、战略性新兴产业分别占规上工业比重51.7%、35.9%、20.6%，较2021年度提高5.3个、3.4个和4.3个百分点。从行业结构上看，轻工业、重工业分别增长3.4%和5.8%，大中型企业、小微型企业分别增长10.8%和10.7 %；全市规上工业增加值占比居前十位的行业实现增加值277.86亿元，占规上工业增加值比重69.5%，同比下降1.9%。其中，橡胶和塑料制品业（5.9%）、化学原料和化学制品制造业（12.4%），通用设备制造业（16.2%）、金属制品业（30.3%）、汽车制造业（34.2%）五大行业增速高于规上工业增加值增速。

【工业投资】 2022年，全市工业投资比上年增长30.4%，高于全省平均11.4个百分点，高于固定资产投资14.4个百分点，居全省第三位。其中，完成制造业投资约156.5亿元，增长39.6%，高于全省22.6个百分点，高于年度目标24.6个百分点，居全省第二位，制造业占固定资产投资比重17.1%，提高2.9个百分点，拉动固定资产投资5.5个百分点，贡献率34.2%；完成技改投资约64亿元，同比增长17.9%，居全省第六位。全市累计新增工业供地面积223宗，总出让面积519.67公顷。

【县域经济】 2022年，全市各县域规上工业增加值累计增速实现“九正一负”，其中，松阳县（17.8%）、丽水经开区（13.4%）、莲都区（6.9%）、缙云县（6.1%）、庆元县（6.1%）、景宁县（5.3%）高于全市平均，遂昌县（4.6%）、龙泉市（2.1%）、青田县（1.0%）实现正增长，云和县（–20.3%）负增长。从规模占比情况看，缙云县规上工业增加值总量占全市比重最高，为18.9%，较上年度下降0.2个百分点；丽水经开区（18.3%）、遂昌县（14.2%）、松阳县（9.7%）、龙泉市（6.3%）、莲都区（5.1%）、庆元县（3.3%）、景宁县（1.7%）较2021年度都有所提高；青田县（13.0%）、云和县（6.0%）较2021年度有所下降。

【行业发展】 2022年，从细分行业看，全市35个行业大类中，22个行业累计同比实现正增长，增长面62.8%。前十大重点行业中，金属制品业、通用设备制造业、化学原料和化学制品制造业增长较快，分别同比增长30.3%、16.2%、12.4%，合计拉动规上工业增加值增长3.7个百分点。

【新兴产业】 2022年，全市新兴产业快速增长。全市规上高技术产业增加值、装备制造业增加值、战略性新兴产业增加值、高新技术产业增加值分别增长26.8%、16.2%、16.8%和8.3%，增速均高于面上规模以上工业增速，分别高出10.1个、5.7个、8.4个、2.9个百分点，分别拉动规模以上工业增加值增长5.9个、5.3个、3.1个、4.2个百分点。

【留丽追产】 2022年，丽水市围绕留员工稳生产出台惠企政策包，通过留岗红包、消费券、企业追产用电补助等，引导发动企业留员工在丽水过年。在春节前，专门出台促返岗保用工政策包，促进返乡过节员工“早去早回”，两个政策形成有效衔接，起到稳岗稳生产的效果。一季度，全市实现规上工业增加值89.82亿元，同比增长10.6%，高出全省0.7个百分点，位居全省第五位。

【工业新政】 2022年，全市全面落实省“5+4”(扩大有效投资、减负强企、科技创新、稳外贸稳外资促消费、民生保障“五大政策包”，财政、自然资源、金融、能源“四张要素清单”)稳进提质政策体系，6月，印发《丽水市推动经济稳进提质工作实施方案》；9月，印发《丽水市给予加班追产企业工业主营业务收入增量部分分档补助的政策意见》，对符合条件的加班追产企业增量部分和用电补助，最高600万元；10月，印发《丽水市促进企业上规上限实施意见》，制造业企业当年上规最高奖励50万元；经开区还率先全市出台支持半导体(集成电路)产业的专属政策。

【“双招双引”】 2022年，全市坚持制造业项目“招大引强”“招才引智”，引进亿元以上制造业大项目165个，其中，百亿元以上大项目1个、20亿元以上5个、10亿元以上23个。

【国家级省级示范试点】 2022年，全市经信系统争创国家级省级示范试点荣誉资金，争取到省工业和信息化专项资金12161万元，首次突破1亿元，同比增长323%，其中，市本级3703万元，同比增长181.1%。全年全市争创国家级绿色工厂、省级企业技术中心等各类工业示范试点荣誉160项，其中，绿谷信息产业园入选2022年度国家小型微型企业创业创新示范基地，维拓工业互联网(浙江)有限公司入选工信部第一批财政支持中小企业数字化转型试点。

【“链长制”工作机制】 2022年，全市围绕全省“415X”(4个万亿级产业集群、15个千亿级产业集群、X个百亿级“新星”产业集群)先进制造业集群，构建以“链长制”为牵引，“产业、科技、人才、政策、服务”五位一体工作机制，推进产业链延链补链强链。形成生态工业五大主导产业集群(“1315”特色产业链)提升工程行动方案、链长制工作方案、17个县域特色百亿元级产业链提升方案的顶层设计；组建市域五大主导产业集群和县域特色产业链的市、县“双链长”工作机制，以链主型企业+专家团队组成216人的产业链服务团；构建“分区共竞”+“分业共竞”的考核机制，五大主导产业+县域特色产业的统计监测制度等，形成工作闭环；先后召开钢铁行业、滚动功能部件、智能家电、汽摩配、智能短途交通、木制玩具、竹木等特色行业稳进提质大会等“一链一专题”活动。全年17条特色产业链有规模以上企业798家，实现规上工业产值1289.3亿元，同比增长9.3%，高于全市规上工业3.2个百分点，占规上工业产值比重60.05%。

【传统产业改造提升】 2022年，全市持续推进新一轮制造业“腾笼换鸟、凤凰涅槃”攻坚行动，设立“腾笼换鸟”专项经费，推进高耗低效企业整治、“五未土地”清理、化工行业治理、大宗低效闲置土地处置等，为产业发展腾出空间、腾出用能。全年全市完成整治高耗低效企业378家，腾出用地244.2公顷，腾出用能3.22万吨标准煤，累计提取“腾笼换鸟”专项经费10600万元；累计认定星级小微企业园51家，建筑面积862.88万平方米，入驻企业2234家。

【“亩均论英雄”改革】 2022年，市经信局完成2021年度企业综合绩效评价，全市工业企业被纳入绩效评价范围2836家。兑付2020年生态工业“亩均效益”领跑者20强企业奖励资金400万元。全市累计开展“亩均保”融资担保业务项目34个，担保金额8680万元。全市对A、B类企业财政资金奖励和补助6.76万元；征收差别化电价1357.46万元、差别化水价323.3万元。

【企业培育】 2022年，全市坚持“存量培育”“育精育优”，共有规上工业企业1517家，其中，月度升规65家，“小升规”165家，全年净增规176家，纳爱斯、元立金属、青山钢铁3家企业集团主营业务收入超100亿元。14家企业被认定为第四批国家级专精特新“小巨人”企业，同比增长233.3%。至年底，全市有国家级专精特新“小巨人”企业22家，省级专精特新企业65家。新认定管理提升四星企业55家、五星企业8家；在杭州丽水数字大厦设立首个全国专精特新企业培育基地。

【绿色制造体系建设】 2022年，丽水经开区获评首批省级节水标杆园区，5家企业获评省节水型企业，9家企业获评省节水标杆企业；浙江康恩贝中药有限公司获评国家级绿色工厂，新增国家级绿色设计产品4种；省级绿色低碳工厂2家、省级绿色低碳园区1家。全市创建市级绿色低碳工厂26家、实施重点节能减碳技改项目78个，完成清洁生产审核企业81家。

【企业精准服务】 2022年，丽水市组织开展“千名干部进千企”活动。制定出台《丽水市工业企业助企服务员工作规范》，选派1322名助企服务员“一对一”结对帮扶全市工业规上企业，召开全市千名干部助千企暨百名博士联百企稳进提质攻坚行动现场会。成立企业服务专班，制定《丽水市健全和完善精准服务企业工作机制的实施方案》，构建全天候、全方位、全覆盖的服务企业工作机制。制定《丽水市企业诉求办理流程》，实施企业诉求“简单事项”事不过夜、“高频事项”交办部门3日内办理、“复杂事项”牵头部门5日内提出解决方案的“135”限时办结制度。至年底，全市累计走访企业14000余家次，收集企业问题1463个，交办解决1461个。

【企业减负】 2022年，全市累计为企业减轻各类负担90.6亿元，超额完成省定目标(66亿元)的37.2%。开展中小企业拖欠账款集中清理，共清偿142笔无分歧欠款3604.69万元，化解率100%。争创“向企业精准推介惠企政策”改革试点，率先全省启用“丽即兑”政策找企业系统，新上线惠企政策事项142条，全市完成兑现47241件/次，兑现资金85.13亿元(其中涉企奖补资金47.9亿元)，惠及企业23542家。 (周 洋)

开发区(工业园区)建设

【概况】 2022年，全市12个省级以上经济开发区(高新区)规划工业用地面积1.03万公顷，累计开发工业用

2022年丽水市开发区(工业园区)情况一览表

表15

开发区(园区)名称	园区主要产业及产业定位	园区规划总面积(平方千米)	园区工业用地规划面积(平方千米)	已开发总面积(公顷)	已开发工业用地面积(公顷)	已投产企业占地面积(公顷)	现存可供工业用地面积(公顷)
丽水经济技术开发区	数字经济、半导体全链条、精密制造、金融业、服务业、会展及科技产业	70.00	16.00	2561.47	1457.73	689.81	65.00
莲都经济开发区	装备制造、新型建材、鞋服轻工	15.94	4.49	547.07	291.67	145.35	31.33
龙泉经济开发区	精密制造、健康产业、时尚产业、青瓷宝剑	16.40	5.50	718.87	356.93	269.86	13.07
青田经济开发区	新能源、新材料、高端装备及数字经济产业	19.23	9.63	1123.67	919.67	507.05	33.33
云和经济开发区	现代装备制造、木制玩具、医药健康产业	14.70	6.16	590.00	370.53	323.85	4.60
庆元工业园区	生物科技、竹木家居、铅笔	32.48	6.33	441.13	248.57	184.18	34.67
缙云经济开发区	健康医疗、智能家居、新材料加综合、现代装备	19.13	4.83	1009.87	413.47	226.60	43.20
丽缙智能装备高新技术产业园区	装备制造、智能家电、健康医疗、节能环保、新一代信息技术	7.00	3.00	660.00	266.67	113.33	47.33
遂昌经济开发区	金属制品、化工、高端装备	13.50	6.00	1350.00	596.67	410.00	4.00
松阳经济开发区	高端装备制造业、高端不锈钢管、时尚产业、中医药产业	54.00	36.00	1050.00	634.27	267.93	93.33
景宁经济开发区	竹木加工、幼教木玩产业	12.04	3.42	156.33	54.67	35.23	8.67
丽景民族工业园	电工电器(气)	4.00	1.87	660.00	266.67	113.33	47.33

2022年丽水市开发区(工业园区)工业产出情况一览表

表16

开发区(园区)名称	园区企业总数(家)	规上企业数(家)	高新技术企业家数(家)	亿元以上产值企业家数(家)	园区工业总产值(亿元)	规上工业产值(亿元)	规上增加值(亿元)	园区上缴税收(亿元)	外贸出口总额(万美元)
丽水经济技术开发区	1385	308	193	85	420.00	400.50	73.30	12.46	58481.00
莲都经济开发区	437	103	21	20	77.21	69.05	11.80	3.66	16507.40
龙泉经济开发区	308	108	52	26	148.43	82.46	18.06	4.55	30829.00
青田经济开发区	1121	186	70	38	369.06	291.61	42.27	14.90	38608.00
云和经济开发区	886	74	29	15	164.55	144.49	24.07	7.01	30684.00

续表16

开发区(园区)名称	园区企业总数(家)	规上企业数(家)	高新技术企业家数(家)	亿元以上产值企业家数(家)	园区工业总产值(亿元)	规上工业产值(亿元)	规上增加值(亿元)	园区上缴税收(亿元)	外贸出口总额(万美元)
庆元经济开发区	134	63	3	12	65.61	60.14	10.31	1.49	17375.00
缙云经济开发区	611	105	27	23	185.40	148.30	26.90	4.50	74968.00
丽缙智能装备高新技术产业园区	316	52	23	13	80.00	75.20	25.97	5.00	39170.26
遂昌经济开发区	234	101	43	40	244.67	239.44	50.48	5.80	10297.66
松阳经济开发区	205	80	40	44	171.10	169.70	32.28	4.76	14056.00
景宁经济开发区	49	26	11	4	17.75	14.89	2.87	12.36	1424.00
丽景民族工业园	316	52	23	13	80.00	75.20	25.97	5.00	39170.26

表17 2022年丽水市开发区(工业园区)工业投入情况一览表

开发区(园区)名称	全社会固定资产投资额(亿元)	其中,工业投资额(亿元)	实际利用内资(亿元)	实际利用外资(万美元)	当年引进亿元以上工业投资项目数(家)	规上工业万元增加值综合能耗(吨标煤/万元)
丽水经济技术开发区	90.83	40.35	41.04	3463.00	34.00	0.66
莲都经济开发区	14.76	14.17	14.17	230.00	15.00	0.32
龙泉经济开发区	29.86	13.43	17.42	3905.00	6.00	0.54
青田经济开发区	53.32	15.18	13.29	302.00	14.00	0.76
云和经济开发区	43.41	10.77	7.70	303.86	3.00	1.28
庆元经济开发区	9.17	5.96	4.50	302.60	3.00	0.67
缙云经济开发区	11.20	9.29	10.30	1092.00	7.00	0.28
丽缙智能装备高新技术产业园区	19.98	16.71	16.71	261.50	14.00	0.32
遂昌经济开发区	14.59	11.70	11.00	0.00	16.00	0.64
松阳经济开发区	20.07	17.00	16.63	540.00	9.00	0.85
景宁经济开发区	4.60	3.26	4.10	0.00	6.00	0.54
丽景民族工业园	19.98	16.71	16.71	261.50	14.00	0.32

表18 2022年丽水市开发区(工业园区)土地利用情况一览表

开发区(园区)名称	投资强度(万元/亩)	产值(万元/亩)	税收(万元/亩)
丽水经济技术开发区	314.30	387.04	12.04
莲都经济开发区	343.31	417.65	16.79
龙泉经济开发区	297.61	367.42	11.23
青田经济开发区	372.96	485.24	19.60
云和经济开发区	198.00	107.36	34.62
庆元经济开发区	278.09	237.49	5.38
缙云经济开发区	297.50	436.36	13.32
丽缙智能装备高新技术产业园区	134.50	824.90	33.90
遂昌经济开发区	180.00	498.83	11.83
松阳经济开发区	374.60	424.50	11.81
景宁经济开发区	126.73	318.72	11.64
丽景民族工业园	165.00	203.00	98.00

地0.58万公顷，入园企业5735家，其中规上企业1211家；全年实现规上工业产值1703.11亿元，入库税金100.197亿元，园区企业投资强度、产出、税收分别为285.07万元/亩、397.09万元/亩、17.85万元/亩。丽水市开发区建设领导小组办公室经综合考评，公布全市经济开发区(高新区)考核结果。丽水经济技术开发区、丽缙智能装备高新技术产业园区获一等奖，青田经济开发区、莲都经济开发区、松阳经济开发区、庆元经济开发区、缙云经济开发区获二等奖，龙泉经济开发区、遂昌经济开发区、丽景民族工业园、景宁经济开发区、云和经济开发区获三等奖。

【园区亮点工作】 2022年，丽水经济技术开发区(高新区)新增入园企业414家，比上年增长21.76%；新增规上工业企业数235家，增长12.98%；引进亿元以上重大工业投资项目数134个，增长17.54%；新增高新技术企业178个，增长43.55%。新增工信部专精特新“小巨人”企业8家，企业上市2家。新认定省高新技术企业研究开发中心28家，省级专精特新中小企业109家，省级创新型中心企业268家，省级科技型中小企业498家。

丽水经济技术开发区推进高耗低效企业整治，全年完成企业整治215家，盘活工业用地162.98公顷。方正(新能源驱动电机)、浙江嘉利(高品智车灯)入选2022年浙江省未来工厂试点企业名单，闽锋化学和中广电器入选2022年省智能工厂(数字化车间)名单。丽水特色半导体产业平台入选省第四批“万亩千亿”新产业平台培育名单，并纳入当年度全省平台考核，累计引进24家，总投资超400亿元；落地全市首个百亿元级重大产业项目丽水东旭高端光电半导体材料项目，实现百亿元项目零的突破。“丽水经开区打造生态合成革绿色产业链推进工业园区生态化改造”获副省长卢山批示肯定。

莲都经济开发区开展招商引资，重点对接半导体集成电路、新能源、数字经济、美丽健康等产业项目54个；历史性地完成8个投资额超10亿元制造业项目的签约。数字经济招引实现新的突破，蚂蚁、华为、百度等项目相继落地，为莲都区导入云计算、大数据、区块链、数据标注产业，并利用头部企业的品牌、技术的虹吸效应，吸引一批数字经济企业关注、入驻莲都区。落实企业法律服务工作，法律服务中心律师通过每月2次的现场值班、入企走访、电话、微信等方式接受企业日常法律咨询，其中现场办公24次，接受企业法律咨询，累计100余人次。落实产教融合工作，产业学院以多种方式开展产教融合工作。组织博士教授进入企业为11家企业500人次提供培训。组织师生走访66家企业，调研企业的综合需求。组织对接产教融合政校合作对接会。

龙泉经济开发区围绕开发区能级提升、空间扩容、产业整合、产城融合，制定出台《龙泉市开发区整合提升方案》，形成“1+3+X”产业平台布局，完善制定出台《进一步加强工业用地高质量利用全生命周期管理的实施意见》《龙泉市工业投资项目准入决策评价机制》《龙泉市深化“亩均论英雄”改革实施意见2.0版》等16份政策文件，全面促进产业集聚、企业发展壮大，推动生态工业实现高质量跨越式发展。破解各类发展难题，以近8个月的数十轮谈判对接，通过股权收购、组建新公司、国资入股等方式，破解科博乐总部股权矛盾，“抢回”面临流失的科博乐项目；以签订补充协议形式明确权责，全面恢复总投资2亿元、停工4个月的国镜二期项目，为壮大健康产业注入强劲动力；因势利导谋划提出“将鞋城转型为轻工产业城”方案，协调投促中心、鞋产业指挥部等单位通过转型重赋项目新动能。

青田经济开发区全年完成土地征收分户测量268.67公顷，签订与户补偿协议173.67公顷，出让工业用地47.73公顷，盘活闲置用地13宗21.2公顷(其中供而未用处置11宗19.87公顷)、闲置厂房11万平方米。形成以1个“双招双引中心”，5个驻外招商分局，6个产业链招商专班，华侨青商、海外侨团和海外人才驿站等N股力量组成的“1+5+6+N”招商模式为抓手，招商项目全生命周期管理为招商机制的新型招商工作体系。全年新引进项目39个，完成合同利用内资101亿元，完成实际利用内资6.7亿元，完成制造业大项目投资12个。坚持“项目为王”理念，推进重点项目快开工、快建设。午马传动、中泉阀门、吉瑞特种材料等17宗约28.73公顷用地完成施工许可；瑞兴阀门、赛欧包装、恒立建材等4宗地8.47公顷用地项目正推进场地平整。

云和经济开发区园区持续优化营商环境，将各项环境整治工作有机结合，整治面积约4公顷，完善园区企业存量摸底，制作“一企一档”，共排摸违法搭建铁皮棚面积约20.03公顷。开展安全生产和消防安全全覆盖检查2轮，签订责任书932余份，开展企业安全生产培训8次，培训员工1万人。每月完成劳动监察主动巡查，配合解决处置工资争议案件5起，涉及4家企业、1个在建工程项目，数额

55.93万元左右。谋划数玩智谷项目用地20公顷，打造声光电玩具产业园，破解云景生态产业园项目永久基本农田限制开发瓶颈等关键性节点性困难问题。

庆元经济开发区以加速审批、验收为切入点，助企服务团队定期深入现场，协调解决建设问题，指导各项审批手续，保障企业项目建设进度。全年企业新续建项目27个，其中亿元项目3个，年度完成投资6.11亿元。开展“六争比拼、服务争先”活动，强化部门联动，深入企业，全力协调解决企业发展中的痛点、堵点问题，让企业安心发展。组织召开部门专项协调会20余次，帮助佳祥、可信、乐福华等企业解决问题30余次，累计兑现入园企业租金补助和税收奖励等政策资金327.66万元。开展蓝天绿谷、宝龙等企业边角地供地，为企业留足发展空间，帮助可信、新之助等11家企业解决在建问题。组织开展园区公交专线、企业融资等需求调查，收集调查表128份，将问题建议及时反馈相关部门，合力助企发展。

缙云经济开发区获评省级循环化改造试点园区，园区企业涛涛车业获评省级企业标准“领跑者”；欧凯车业获评浙江出口名牌、省级重大产业项目和省级守合同重信用企业；宇捷智能获批2023年度省级第一批“尖兵”“领雁”研发攻关计划；嘉宏运动自主品牌AVENTON电动自行车品牌连续三年获北美最佳自行车奖；《基于数字孪生的航空航天钛合金导管热弯曲成形装备》获评省级首台套产品工程化攻关项目依托“希望之光”等组合式人才帮扶活动，引进博士21人，入选绿谷精英项目6个。推进人才公寓等相关服务业项目落地，人才驿站、配套公租房等办公、洽谈、居住场所逐步完善。推进涛涛车业、华洋赛车、金马逊、欧凯车业等多家企业股改上市工作。

丽缙高新区对标省政府的创建标准，经过6年多（2016年11月至2022年）创建，自评分98.3分，经省政府和省科技厅等有关部门的联审和实地考察，通过省级命名验收。根据《2022年度缙云县政府工作报告》提出的空间拓展计划，最终将高新区拓展区块128.37公顷划入开发边界；对接招引中国500强企业怡亚通工业液压生产基地项目，项目总用地约20公顷，总投资约50亿元，首期租用标准厂房生产项目已落地。全年招引外资项目2个，合同利用外资3000万美元，与肖特药包就医药系统销售中心项目达成合作，成为全国最大的疫苗瓶用玻管材料制造中心和高端疫苗瓶生产基地。新申报省级企业研究院3家，总数19家；新申报省级高新技术企业研发中心13家，总数52家。2022年，完成工业总产值350亿元，比2021年增长24%；固定资产投资43亿元，增长31%，其中，高新投资13亿元，增长24%；实现税收18.7亿元，增长11%。全年招引大项目46个，其中亿元以上制造业项目42个，总投资超100亿元。

遂昌经济开发区制定《遂昌县工业新空间拓展方案》和工业新空间拓展任务清单及思维导图，推进新一轮空间拓展工作，启动矿地综合开发利用项目，新增工业用地91.6公顷，超额完成年度66.67公顷目标任务。智慧园区综合监管平台已全面进入试运行，完成与省级化工产业大脑对接，通过省化工园区扩园复评工作。8月，开源金属制品检测中心取得CMA检验检测机构资质认定证书，全年累计为20余家企业完成金属检测样品检测250余件。武汉大学—遂昌金属制品研发中心完成场地改造，检测设备进场安装。遂昌人力资源产业园运营正常，通过“遂昌就业小程序”“产业园微信公众号”等平台发布800余条岗位招聘信息，加强与企业的日常对接，共对接菲立化学、荣凯科技、家豪木业等22家企业，为企业推荐招工200余人。

松阳经济开发区强化招商队伍建设，2名班子成员主抓项目招引、对接、落地工作，选派6名年轻干部参与招商工作，新签约项目12个，固定资产投资约20亿元，完成出让用地18.67公顷。引进博士8人，超额完成年度目标的700%；研究生40人，超额完成年度目标的100%；完成绿谷精英项目落地2个，超额完成年度目标100%。锚定“拿地30天开工”目标，深化干部联系服务项目制度，加快项目落地，促进项目早达成、早出效。新落地的9个项目中4个实现“拿地30天开工”目标。以提质增效为基础，加快产业成型升级。借力省特科院推进省级不锈钢管质量检验中心和松阳不锈钢科创平台建设，制定《不锈钢管转型升级入园标准》《松阳县不锈钢管产业“二次创业”转型升级激励政策》通过政策引领不锈钢项目用地集约节约、提升装备水平、科研投入。

景宁经济开发区不断拓宽选商引资渠道和领域，高效招商、精准招商，共对接意向投资企业180次，开展外出招商引资考察活动38次。引进总部企业115家。持续优化完善“标准地+承诺制”改革制度，抢抓时间，尽可能缩短企业审批周期。全年累计新开工项目6个，竣工项目6个，12个在建项目有序推进；园区民间固定资产投资1.64亿元，比上年增长268.8%，超额完成8000万元的年度计划。投资4.2亿元实施景宁畲族自治县职业高级中学整体迁建工程，进一步凝聚创业园区块人气，为培养技能型人才提供基础。投资1930万元实施创业园区块边坡护理工程、道路建设工程、桥涵工程等各项工程，提升园区的基础设施建设。

丽景民族工业园新增国家级专精特新"小巨人"企业2家（天造环保、青风环境），实现县内制造业国家级荣誉零的突破；新增规上企业8家（累计28家）。与丽水经济技术开发区联合招引的总投资120亿元的富乐德半导体产业园项目已完成土地挂牌公示，是景宁县首次触及百亿元级项目。督促"供而未用"土地重新开工建设2个，其中世茂物联项目通过项目嫁接于6月底开工，土地容积率从原来的1.31提高到2.26，概算投资额从8192万元提高到1.32亿元。利用园区企业空置厂房，招引租赁企业进行孵化，累计招引租赁项目5个，盘活利用闲置厂房13000平方米。（纪　豪）

电力工业

【概况】 2022年，丽水市全社会用电量139.08亿千瓦时，同比增长2.66%。全社会最高负荷252.41万千瓦，同比下降1.67%。全年丽水电业局累计完成固定资产投资18.52亿元；完成35千伏及以上项目开工12个，线路长度280.4千米、变电容量174万千伏安，投产13个，线路长度430.9千米变电容量57.3万千伏安。至年底，丽水电网有1000千伏变电站1座，500千伏变电站2座，220千伏变电站13座，110千伏变电站53座，110千伏及以上变电容量2072.8万千伏安、输电线路长度4071千米。丽水地区并网电站895座，总装机434.26万千瓦。

【电力供应保障】 2022年，丽水电业局坚持"政府主导、电力主动、企业主体"，科学安排电网运行方式，最大程度保障民生和企业生产经营用电。全省首家建成地市级负荷聚合商，构建20万千瓦需求响应资源池。创新数智管控，实行响应率逐级补贴灵活市场策略，聚合110家企业参与需求响应，响应电量75万千瓦时，响应率109%。成立市负荷管理中心，建成120万千瓦多时间尺度可调资源池，分钟级可中断负荷达全市最高负荷的8.6%。建设虚拟电厂赋能小水电数字化调度。全面开放光伏运营平台，介入社会光伏项目203个，发电效率提高10%以上。聚合全域457座总装机160万千瓦可再生能源，全面接入水雨情、气象预测等数据，形成可观、可测、可调百万千瓦级绿色能源虚拟电厂。构建风光水智慧水电调度平台，建立库容水电站发电能力实时分析策略，最大调峰能力由40万千瓦提升至76万千瓦，全时段具备25万千瓦顶峰备用，总计灵活顶峰40余天。至年底，供电可靠性99.9826%，同比提升0.0102个百分点，户均停电时长1.52小时，历史性突破百分钟大关。

【"供电＋能效服务"】 2022年，丽水电业局深化政企协同机制，承接省能源局用能预算余量交易数字化平台试点建设，电力行业唯一中榜省机关事务局公共机构节能降碳"揭榜挂帅"项目。联合市发改委、机关事务局等7个部门成立工作专班，出台丽水市公共机构"十四五"绿色低碳行动实施方案，牵头制定绿色公共机构评价标准。建成运营地市级公共机构能耗监测平台，全量接入472家公共机构能耗数据，强化政府机关、公共机构等用能管控、示范引领。促成政府出台节能改造专项补贴政策，累计补贴企业2200万余元。以关键工艺环节和空压机等重点耗能设备为突破口，深挖地方主导和共性产业节能潜力，完成南城开发区15家合成革企业节能改造，平均节能率28%，年节约电量720万千瓦时。以遂昌第二污水处理厂为试点完成风机节能改造，设备效率提升45%，年节约电量15万千瓦时。促成市政府升格电力保供专班，促请政府出台空调政策县县全覆盖，完成全市商业、公共机构空调负荷资源摸排2546户，梳理建立456户集中式空调潜力用户资源库，首批完成150户空调负荷感知能力建设，监测最大负荷4.5万千瓦。建立"管行业管空调负荷"工作机制，明确"电力、电量"双管控目标。促请市发改委印发节约用电工作方案，明确不同负荷管理等级下空调温度设置、路灯和景观照明开启方式等要求。

【电网工程提质增效】 2022年，浙江首个实施全过程绿色建造的输变电工程——500千伏丽西输变电工程在丽水投产，将满足总量近600万千瓦的新能源外送需求，带动丽水新能源投资超过500亿元。创新"熟地移交"机制，推动解决区域新能源发展快、送出难度大问题。推动政府建立电力线路工程极简审批流程，建立互助互济区域联盟，创新应用适用于山区地理环境的小型机械设备，机械化施工率同比提升300%，施工效率提升20%；220千伏云中变临建基础、场地、道路"零硬化"，安装效率提升300%；试点开展110千伏余庄变模块化建设2.0示范工程，预计缩短工期100天；全面应用E基建融合版，打造110千伏叶水输变电工程智慧建造标杆工地，管理效能提升15%。

【助企纾困服务】 2022年，丽水电业局推广“绿电聚合”交易增创企业经济效益、推广“绿色金融”服务拓展企业资金融资渠道、优化电力营商环境降低企业用电成本、加快电网智能升级助力清洁能源发展、开辟助企绿色通道精准服务企业办电、推进企业能效提升助推绿色低碳转型、深化市场化售电服务降低企业购电成本、推行“数字共享”服务提升企业碳效水平8项服务举措。坚决执行欠费不停供、免收滞纳金等政策，减免费用495万元。带头承诺售电服务费不超过3.5厘/千瓦时，减免用户偏差电费考核535.57万元，减免率100%。全面推广低压用户“三零”服务、高压用户“三省”服务，办电时长压减21.6%。配合政府出台“投资到红线”政策，提升低压业扩接入容量至160千伏安，减少用户用电成本4031万元。创新用能权质押等绿色金融产品，为352家中小微企业授信1.9亿元，助力企业低息贷款7200万元。（洪瑜阳）

【电厂安全生产】 2022年，国网浙江紧水滩电厂完成中共二十大召开期间、迎峰度夏等重要保电任务，完成年发电量6.03亿千瓦时。全年未发生八级以上人身、设备及信息系统事故（事件），未发生一般及以上火灾和交通事故，至年底，连续安全生产6555天。科学抵御五十年一遇的“6·20”洪水，水库大坝经受住最大洪峰流量7540立方米每秒、出库流量4500立方米每秒、最高水位188.05米、4孔大流量泄洪的考验。完成首台机组转子改造和全厂消防系统改造，设备本质安全水平持续提升。发挥水工建筑等专业优势，协助国网浙江省电力有限公司开展变电站防汛防台专项隐患排查治理，保障主网安全。强化安全生产标准化建设，修订电厂安全管理体系文件，安全生产专项整治三年行动收官。完成国家网络安全实战演练保障工作，持续提升网络安全技防和管理水平。

2022年6月20日，国网浙江紧水滩电厂开闸泄洪　　（吴庆玲　提供）

【“幸福紧电”“美丽紧电”建设】 2022年，国网浙江紧水滩电厂持续深化“幸福紧电”“美丽紧电”建设，关心职工生产生活，发放防疫药品，保护职工健康。丰富职工文化生活，成立13个文体协会，组队参加云和县第四届全民运动会获团体亚军。落实7个为职工办实事项目，建成投用电厂首个户外职工“休憩小站”，完成紧电大厦顶楼多功能区改造和紧水滩电站生活区总体功能规划，不断提升职工归属感、幸福感和满意度。组织庆祝建团100周年活动，围绕“树立一种心态、练就一身技能、撰写一篇文章、开展一场汇报、组织一次策划”，深化青工“五个一”活动，推进青年精神素养提升工程。

【智慧电厂建设】 2022年，国网浙江紧水滩电厂以数字化牵引推进智慧电厂建设，建成生产指挥中心，进一步优化生产组织机构，依托i国网智慧水电管理平台实现巡检记录、数据查阅等移动作业功能。深化“设备主人制”和运维一体管理，推进水电全业务核心班组建设，完成《汽轮机和水轮机检修工》《水力发电运行值班员》两项国家职业技能标准初稿编制。首次完成200兆瓦大容量水轮发电机组检修工程。建设完成混流式机组运行仿真系统，《智慧水电联合巡检分析平台》项目入选省公司“首台首套”建设成果，智慧水电综合管理平台获计算机软件著作权两项。水冷式绿色数据中心项目重新定位并开工建设，取水隧洞工程贯通，项目作为国网公司展示内容亮相乌镇2022年世界互联网大会。搭建“四防”中心智慧管控平台，完成87座城市变电站、95座易内涝变电站隐患治理。支撑紧水滩混合式抽水蓄能项目建设，抽调9名业务骨干至项目公司开展相关工作。承办2022年云和县两会分会场接待服务工作，做实做细各项准备，为会议

提供全天候服务保障，得到地方政府书面肯定。（吴庆玲）

中小企业

【概况】 2022年，市经信局推进“雄鹰行动”企业培育，元立集团被确定为浙江省第三批“雄鹰行动”培育企业；新增规上工业企业230家；新增省创新型中小企业271家，省隐形冠军企业5家，国家级专精特新“小巨人”企业14家、省专精特新企业113家；新认定管理提升四星企业55家、五星企业8家，浙江中广电器集团股份有限公司被认定为2022年度浙江省管理对标提升标杆企业；在杭州丽水数字大厦设立首个全国“专精特新”企业培育基地。

【中小企业公共服务体系建设】 2022年，市经信局围绕打造“常态化、精准化、机制化、实效化”精准服务企业工作新机制要求，健全完善“企服办+企业码”精准服务企业工作新体系，打造“企业码、码上办”丽水特色精准服务企业工作品牌，营造更好更优发展环境。制定出台《丽水市工业企业助企服务员工作规范》，选派1322名助企服务员“一对一”结对帮扶全市工业规上企业，召开全市千名干部助千企暨百名博士联百企稳进提质攻坚行动现场会。成立企业服务专班，制定《丽水市健全和完善精准服务企业工作机制的实施方案》，构建全天候、全方位、全覆盖的服务企业工作机制；制定《丽水市企业诉求办理流程》，实施企业诉求“简单事项”事不过夜、“高频事项”交办部门3日内办理、“复杂事项”牵头部门5日内提出解决方案的“135”限时办结制度。全年全市累计走访企业1.4万余家次，收集企业问题1463个，交办解决1461个。惠企政策“丽即兑”应用通过政策事项库与企业数据库双向匹配，实现政策找企业、免申即享、一网通办。按照“一件事”标准梳理上线142个政策事项，完成兑现47241件（次），本年度兑现金额85.13亿元，惠及企业23542家。“码上直播”开展线上直播培训活动182场，观看44.56万人次。

2022年6月15日，丽水市千名干部助千企暨百名博士联百企稳进提质攻坚行动现场会召开（周洋 提供）

【企业人才素质提升】 2022年，市经信局组织绿谷精英项目招引，联合市数发公司招引项目14个，落地项目11个，完成无界联数字云全维空间智造中心项目等项目的首批补助资金发放。2022级“丽商菁英”班开班，录取企业家学员60余人，成立班级临时党支部，由企业家学员担任支部书记和支部委员。组织各县（市、区）继续开展2022年企业管理对标提升培训班线下培训场次20次，培训1200余人，线上培训场次5次，培训2000余人。举办第十一届“智汇丽水”人才科技峰会子活动“五大主导产业高层次人才与企业家现场对接会”，邀请6名高层次人才、60余个创业项目代表以及70余名本市企业家参会，完成现场签约项目8个。

【小微企业园区建设管理】 2022年，丽水市新增小微企业园5家，累计建设省级小微企业园51家；评定2022年度三星级小微企业园4家，二星级小微企业园2家；安特小微企业园、遂昌山海协作产业园企业孵化中心2个小微园被确定为2022年数字化示范小微企业园。绿谷信息产业园申报2022年度国家小型微型企业创业创新示范基地。（殷扬美）

信息化推进与管理

【概况】 2022年，丽水市数字经济核心产业增加值71.07亿元，现价增速19.2%，提前一年实现省里下达的数字经济核心产业增加值达70亿元的“十四五”中期阶段任务目标。2022年丽水数字经济核心产业增加值占GDP比重3.9%，较2021年占比3.5%，提升0.4个百分点。丽水市规上数字经济核心制造业实现增加值23.1亿元，同比增长18.9%，增速位居全省各市第三位；规上数字经济核心服务业实现营收46.56亿元，同比增长18.2%，增速位列全省第二。

【数字经济系统建设】 2022年，全市围绕数字化改革目标，迭代升级市数字经济系统门户4.0版，贯通省级重大应用含子应用25个，上线52个地方特色应用。推进市产业数据仓建设，完成市级归集数据513万条并实现与省级产业数据仓的互通推送。5个市级地方应用上线省级数字经济综合门户，获省级2022年度数字经济系统最佳应用及产业大脑优秀案例3项、理论制度优秀成果1项。"天眼守望"应用入选浙江省数字经济创新发展十大标志性成果和重大成果。累计输出并上架省产业大脑能力组件中心组件223个。工业领域产业大脑建设有序推进，合成革省级产业大脑推广到湖北武穴、福建福鼎等，全年平台累计交易量12.8亿元，实现营收7945万元、净利润424万元，实现"自我造血"；新增云和木玩、龙泉剑瓷2个省级产业大脑试点并启动建设；青田完成钢铁产业大脑平台公司注册等工作，组建技术团队完成技术方案论证和启动首期开发。

【数字产业化发展】 2022年，市数字经济主题基金在完成对中欣晶圆出资4亿元直接投资后，在2022年新投资金1.5亿元设立混合制丽水诚合琢璞股权投资子基金，子基金规模5亿元。全年兑现数发平台10批次招商奖励资金3055.5万元。市数字经济发展主平台"三园一基地"实现营收80.67亿元，同比增长24%，税收突破2亿元。丽水经济技术开发区抢抓机遇聚力打造半导体全链条，已落地产业项目24个总投资超400亿元（包括丽水东旭高端光电半导体材料首个百亿元级重大产业项目）；创新"基金招商"新模式，市绿色产业基金已撬动社会资本228亿元。"美视养老安全防护预警系统V1.0"入选2022年浙江省首版次软件产品应用推广指导目录，首版次软件产品实现零的突破。

【产业数字化发展】 2022年，全市启动实施企业智能化改造、数字化转型、企业上云等各类三年行动计划，规上工业企业实施数字化智能化技术改造覆盖率60%，基本跟上全省步伐。全面加快构建"数字化生产线—数字化车间—智能工厂—未来工厂"的梯度培育体系，龙泉三田建成全市首家省级未来工厂，新增方正电机、嘉利工业省级未来工厂试点2家；新获认定省级智能工厂（数字化车间）8家，累计20家；认定未来工厂和智能工厂（数字化车间）市级培育企业42家。青田泵阀、云和木玩2个行业数字化平台入选2022年第一批国家财政支持中小企业数字化转型试点名单；云和县、青田县、松阳县分别入选省级首批中小企业数字化改造试点和培育名单；新增省级第二批制造业"云上企业"2家、省级第八批大数据应用示范企业3家、省级产业数字化服务商2家。立项实施市级数字产业化和产业数字化示范试点项目10个，总投资7099万元。

【通信基础设施建设】 2022年，全市继续推进数字新基建，填补城乡"数字鸿沟"，助力丽水市高质量发展建设共同富裕示范区。丽水市5G新基建工作专班全年召开专题例会3次，下发并办结交办单12个，全年协调处理四批次31个疑难站点建设工作。全年全市新建成5G基站2238座，累计建成7156座，超额完成《丽水市新型基础设施建设三年行动计划（2020—2022年）》6000座的总目标。实现乡镇及以上重点区域连续覆盖并逐步向农村区域延伸，基本实现行政村5G网络全覆盖；实施一批"5G+"融合示范应用。完成《丽水市智能网联车辆道路测试与示范应用管理实施细则（试行）》规范性文件修订和联合发布，完成对松阳县百度车联网项目路测决策工作。丽水云数据中心上规并稳定运营，紧水滩水冷式绿色数据中心项目完成用地规划调整并完成取水隧洞贯通等附属工程建设。全年开展工业控制系统信息安全、数据安全风险防控等排查、检查活动11批次，覆盖全市59家重点企业43个以上工控系统，累计排除或整改工控风险隐患52个，与企业签订工控安全责任书37份。建立工控安全工作专班和应急响应预案等工作机制，完成中共二十大、国庆等重大活动、节日网络安全保障。（毛阅丰）

商贸服务业

商　业

【概况】 2022年，全市实现社零总额804.8亿元，比2021年增长4.1%，增幅列全省第五位；分行业来看，批发业商品销售额增长26.6%，排名全省第一位；零售业商品销售额增长9.0%，排名全省第七位；住宿业营业额增长3.9%，排名全省第四位；餐饮业营业额增长9.8%，排名全省增第一位。其中，限额以上社零总额176.7亿元，增长9.1%，增幅列全省第四位；限上批发业商品销售额增长28.5%，排名全省第一位；限上零售业商品销售额增长20.2%，排名全省第一位；限上住宿业营业额增长6.6%，排名全省第三位；限上餐饮业营业额增长16.4%，排名全省增第二位。

全市实现网络零售额725.7亿元，增长22.8%，增幅列全省第一位。居民网络消费额328.2亿元，增长9.8%。农产品网络零售额116.3亿元，增长33.3%。

2022年社会消费品零售总额分县(市、区)排序一览表(莲都区含开发区)

表19

县(市、区)	同比增速(%)	名次	县(市、区)	绝对额(亿元)	名次
全　市	4.1	—	全　市	804.8	—
缙云县	8.6	1	莲都区	229	1
云和县	8.4	2	缙云县	120.1	2
莲都区	7.6	3	青田县	98.6	3
松阳县	7.3	4	龙泉市	83.82	4
遂昌县	4.6	5	遂昌县	75.3	5
庆元县	4.1	6	松阳县	63.4	6
龙泉市	3.5	7	庆元县	51.34	7
景宁县	1.7	8	云和县	46.6	8
青田县	-9.6	9	景宁县	36.6	9

2022年网络零售总额分县(市、区)排序一览表

表20

县(市、区)	同比增速(%)	名次	县(市、区)	绝对额(亿元)	名次
全　市	22.8	—	全　市	725.7	—
景宁县	51.2	1	缙云县	206	1
庆元县	40.4	2	青田县	105.6	2
莲都区	37.8	3	莲都区	77.9	3
松阳县	36.3	4	松阳县	70.7	4
缙云县	25.6	5	开发区	57.7	5
青田县	15	6	庆元县	56.1	6
遂昌县	14	7	龙泉市	54.6	7
龙泉市	12.7	8	云和县	36.9	8
云和县	5.3	9	景宁县	32	9
开发区	0.2	10	遂昌县	28.3	10

【第二届丽水咖啡文化节】 2022年11月12—14日，第二届丽水咖啡文化节在丽水市区举办，活动由浙江省商务厅、浙江省贸促会、丽水市人民政府主办，丽水市商务局承办，丽水市咖啡行业协会执行，青田县咖啡协会、丽水市餐饮业和烹饪联合会、丽水市商贸业促进会、云南省咖啡行业协会、海南省咖啡行业协会、北京咖啡行业协会共同协办。以“啡藏丽水·时尚之城”为主题，该活动由开幕式、咖啡市集及“露天电影”与音乐趴3个部分组成。全国顶级网红咖啡馆、冠军咖啡、顶级咖啡电商企业10余家，本地知名咖啡馆、咖啡周边文创、知名小吃等30余家入驻咖啡市集。文化节期间，参加集市的咖啡馆咖啡销售超过1.8

2022 年 11 月 12 日，第二届丽水咖啡文化节现场　（黄露菲　提供）

万杯，精品咖啡免费品鉴杯量约 5000 杯，接待游客超过 5 万人次。

【中国（丽水）农村电子商务】 2022 年 9 月 28 日，第六届中国（丽水）农村电子商务大会在丽水召开。会上，丽水市人民政府分别与中国国际电子商务中心、美团合作签约，中国国际电子商务中心研究院院长李鸣涛发布《中国农村电子商务发展报告（2021—2022）》。28 日下午，分论坛在丽水莲都欢庭•下南山举行。至 9 月底，全市农村电商网店（企业）超过 1.9 万家，从业人员超过 5.3 万人。全市 20 万粉丝以上、以乡村振兴为核心标识度的新农人账号有 100 余个，其中，年直播带货上亿元的账号 10 余个。农村电子商务成为丽水又一张“金名片”，也是农民增收致富的“新三宝”之一。

【“之江创客”2022 全球电子商务创业创新大赛农村电商赛区活动】 2022 年 10 月 26 日，“之江创客”2022 全球电子商务创业创新大赛农村电商赛区决赛暨颁奖典礼在丽水举行，活动由商务部中国国际电子商务中心指导，浙江省商务厅等 10 个部门主办，浙江省电子商务促进中心、丽水市商务局承办，活动吸引 200 余个创业项目报名参赛，晋级赛区决赛的优质项目 12 个，丽水本土项目浙江山礼、杭州项目真不二获赛区一等奖，晋级全球总决赛。12 月 13 日，市选送的浙江山礼项目获全球二等奖。（黄露菲）

供销合作商业

【概况】 2022 年，丽水市供销系统贯彻市委、市政府和省供销社的统一部署，持续聚焦综合改革、项目建设、共同富裕、服务创新等重点，完成年度各项目标任务，推动全市供销合作事业高质量发展。其中，流动供销致富车项目被评为全国县域流通六大典型案例和全国农业社会化服务典型案例，写入 2022 年省委一号文件、市委全会报告和市政府工作报告。市供销社流动供销致富车项目做法先后获评“丽水市共同富裕群众增收优秀案例”“‘八个必须坚持’丽水优秀实践案例”，流动供销致富车党建联建工作获评 2022 年全市机关党建实招妙招“优秀创新案例”、丽水市党史学习教育专题实践活动最佳实践案例，为农服务整改事项入围全市首届巡察整改“十佳典型案例”、市级“七张清单”示范榜案例。全市供销系统实现总经营收入 37.01 亿元，比上年下降 7.6%，其中实现总销售规模 32.62 亿元，同比增加 136.5%；全市系统汇总利润 753.63 万元，同比下降 89.10%；所有者权益 36175.02 万元，同比增长 1.61%；实现社会贡献总额 5732.81 万元，同比下降 49.63%；企业亏损面下降，从上年的 38.64% 下降为 25.58%。

【流动供销致富车品牌】 2022 年，丽水市供销社紧盯乡村共同富裕，在全国首创的流动供销致富车项目在全省推广，全市累计开通流动供销致富车 194 辆，覆盖至全市边远山区村 1191 个，服务里程 267.3 万千米，提供服务 22.69 万件次，销售农产品 2.15 亿元，带动群众月增收 2350 元，破解偏远山区群众“买难、卖难、致富难”等问题。该工作引起中央、省等各级党政刊物及主流媒体的关注报道，省委办公厅、《浙里共富》先后刊发，新华社、中央电视台、浙江卫视、浙江日报社报道 7 次，“学习强国”学习平台、人民网、中国网、中新社、中国新闻网、《中华合作时报》等媒体报道市供销社工作经验和成效 751 篇次。

【供销终端服务平台拓展】 2022 年，市供销社实行数字赋能、区域联合、精品出口“三措并举”，实施“农合联万元钱”富民增收行动，全年实现产业农合联年销售总收入30.50亿元、人均年销售额5.58万元、人均收入2.80万元。推广数字农合联应用，市、县两级覆盖率100%。推行“数字供销进社区”，在全国首创社区“共享冰箱”项目，设立社区服务点位30个，助力山区农产品销售，搭建社区安全便捷“菜篮子”。打造“供销e城”全产业链数字化销售平台，“供销e城”带动产业销售额2.3亿元。推动省内农合联跨域合作项目（协议）15个，与萧山、北仑等17地农合联（供销社）合作设立农产品专柜46个，全年组织开展或参加展销活动188余次，实现农产品销售2.18亿元，打造长三角精品农产品的重要供应基地。会同海关等单位推动杨梅、茭白、竹笋、稻鱼米、山茶油、红糖、香菇等高山农产品出口，在国外设立专柜100个，茭白出口超过50万千克，杨梅出口超过3.5万千克、价值2500万余元（单颗售价3欧元），首次红糖首站出口意大利0.2万千克。

【生产信用服务】 2022年，全市供销系统持续推进“对标欧盟，肥药双控”工作，发布并落实禁限用农药品种4批次、152个，替代品种112个。实施“农作物放心工程”，开展农技培训129期，培训1.15万人次。建成省级现代农业综合服务中心25个，开展“现代农业+丽水山耕”品牌服务中心建设。支持、引导产业农合联开展实体化运营，建成具有服务平台的产业农合联25家，在全省首次开展“十佳产业农合联”“优秀产业农合联”评选活动，提升产业服务能力。遂昌县建成8232平方米的浙南箬叶市场，年销售额上亿元，箬叶成为农民增收的新变量、快变量。庆元县投资近4000万元，建设高山西红柿基地。完善市县两级农资储备管理、再生资源服务体系，累计完成淡季和应急储备0.2亿千克，市本级再生资源回收实现交易额2亿元。开展春耕支农、信用服务、丰收节庆、年货展销等“四季产业服务”活动，全年开展市级主题服务活动25项，其中市级举办春耕支农服务、脐橙采摘节、食用菌和茭白产业农合联产销对接等活动。致力于农合联农业主体金融支持精准化、个性化，市农合联与市农商行合作，打造授信、贷款、担保、互助、顾问五大金融赋能平台，推广“丰收农合通”惠农金融产品，创新推出“茶链通”“菌链通”“油链通”产业链贷款，推广全省基层政策性农业信贷担保服务，全年发放信用贷款5333笔、金额15.73亿元。持续推动金融顾问进驻产业农合联工作，选聘金融顾问24人，进驻10个重点产业农合联，成为产业农合联的“金融医生”。

【全国首个跨省产业农合联】 2022年11月24日，浙闽边际笋竹产业农民合作经济组织联合会成立大会在庆元县召开，标志着全国首个跨省产业农合联——浙闽边际笋竹产业农民合作经济组织联合会成立，首次实现“高校、金融、农技、信用、法律”进驻产业农合联，来自浙闽两省的96个会员实现跨地域合作、跨系统联动、全产业带动、全要素集聚，推动产业技术迭代升级、优化产业链结构，盘活两省笋竹资源，实现产业跨省共富。

【流动共富车党建联建】 2022年3月，市委组织部、市直机关工委、市供销社党委联合启动流动共富车党建联建工作，实行“1+3+5”（建立丽水市流动供销致富车党建联建机制，构建跨系统协调推进、跨层级服务集成、跨区域片区聚合3个体系，建立联建链群拓展、党员示范网格、公共服务下沉、山海协作共赢、乡村产业联结5个工作机制）工作运行体系，建立丽水市流动共富车党建联建联席会，市委组织部、市直机关工委、市供销社等8家单位签订联建协议。11月4日，深入推进流动共富车党建联建工作现场观摩交流活动暨召开全市流动共富车党建联建工作现场推进会在云和县举行，市委组织部、市委直

2022年11月24日，浙闽边际笋竹产业农民合作经济组织联合会成立大会暨第一次会员代表大会在庆元县召开　（刘任和　提供）

属机关工委、市供销社党委等9家牵头单位，9个县（市、区）委组织部、直属机关工委和供销社负责人等参加。建立市级综合协调、浙丽供、浙丽销、浙丽产、浙丽服、浙丽治6个协调组，县级也成立联席会和服务党支部，村级设服务党小组，将市、县两级22类、78项服务事项"捆绑"，实现山区公共服务的跨域一体、精准集成，构建山区共同富裕服务体系，架起丽水革命老区"共富跑道"。开通庆元龙溪至寿宁下党、庆元安南至政和岭腰、龙泉上垟至蒲城富岭等服务线路8条，运行系列服务车11辆，打造党建联动、发展共谋、活动合办、信息互联的共富党建共同体。

【市农民合作经济组织联合会第二次代表大会】 2022年11月9日，市农民合作经济组织联合会第二次代表大会在莲都区召开，省农合联副主任、省供销社副主任冯冠胜，市委副书记张赟出席会议并讲话，副市长李汉勤当选为丽水市农合联第二届理事会理事长，选举产生新一届理事会、监事会，聘任新一届理事会执委会。（刘任和）

粮食业

【概况】 2022年，全市粮食行政管理机构10个，事业单位2个，国有粮食企业10个，在岗粮食行政管理人员41人，国有粮食企事业人员304人。

【落实粮食安全责任】 2022年，省委书记袁家军、省长王浩与市委书记胡海峰、市长吴舜泽签订《粮食安全责任书》，市委书记胡海峰、市长吴舜泽和各县（市、区）党委书记、县（市、区）长签订《粮食安全责任书》。9月，市粮安办印发《丽水市粮食安全责任制考核办法（暂行）》《2022年度县级党委政府落实粮食安全责任制考核方案》《2022年度市粮食安全工作协调小组成员单位粮食安全责任制考核方案》，明确粮食安全党政同责，压实粮食安全责任。2022年度，丽水市在全省粮食安全市长责任制考核中列第十位，莲都区、缙云县、青田县分别列市粮食安全县长责任制考核前三名。

【粮食数字化改革】 2022年，全市部署推广"浙江粮仓"，贯通"浙政粮安"多跨场景应用。列出时间表，挂好作战图，抢时间赶进度，全市投资约500万元，用于升级改造。11月中旬，10家中心粮库全部完成出入库系统、粮温监测系统、AI智能安全监管系统改造建设，并在晚稻收购中全面运用"浙江粮仓"系统。

【粮食仓储项目建设】 2022年，丽水市落实《浙江省"未来粮仓"指引》，探索实践"未来粮仓"应用技术。总投资14.33亿元，浙西南粮食物资仓储物流园区项目取得突破性进展，至年底，进场清表作业。加强粮食企业光伏项目推广使用，全市粮食企业实现光伏发电装机容量1259千瓦。规范国有粮食仓储物流设施保护管理，做好调入调出备案管理，全年新增列入保护清单粮库1个，为云和县中心粮库（工业园区）。丽水市粮食收储有限公司的"多措并举 提升绿色储粮能力 营造节粮减损环境"获评全省第二批节粮减损工作典型案例。

【粮食应急体系】 2022年，丽水市粮食应急保障企业273家。11月18日，丽水市暨青田县粮食安全应急预案演练及培训会议在青田县召开，学习《粮食安全应急预案》，厘清响应流程，提高紧急情况下的粮食应急保障能力。市大花园建设发展中心领导、市发改委相关负责人，青田县常务副县长以及各县（市、区）发改局分管领导，粮食科负责人，国有粮食收储企业负责人等50人参加会议。

【粮食收购】 2022年，全市有莲都、龙泉、庆元、缙云、松阳、遂昌、景宁7个县（市、区）国有粮食收储企业开展粮食收购业务，其中景宁县为2005年以后首次收购。全市国有粮食企业收购程序规范，落实"一车一检、依质论价"制度，保障农户利益，让粮农卖"明白粮""称心粮""安心粮"，未发生粮农卖粮难、"打白条"现象。

【粮食产业经济暨"五优联动"试点】 2022年，丽水粮油企业工业总产值16.29亿元，粮食机械制造企业工业总产值0.94亿元。9个县（市、区）出台"五优联动"实施方案，立足山区特色，开展多方式、多种类"五优联动"提质扩面工作，打造丽水粮食产业发展新亮点。全市优质晚稻最低收购价3.14元/千克，最高3.46元/千克，助力种粮农民增收。全市通过收购储备、市场多元主体收购、储备粮包干轮换等模式实现"五优联动"任务。创成莲都区、缙云县2个省级"粮食五优联动"示范县。

【粮食交易市场】 2022年，丽水市粮油副食品批发市场商品交易金额12亿元，比上年减少4.46%。全市地方储备粮出入库拍卖全部实现网上交易，防范各县（市、区）收储企业粮食轮换风险。

【粮食质量安全】 2022年，市发改委（市粮食物资局）印发《2022年粮食质量安全风险关口前移监测和超标处置工作方案》和《2022年丽水市粮油质量安全专项监测方案》，委托市质量检验检测研究院牵头负责对全市28家粮油经营企业进行现场抽样和检测工作，涵盖政府储备粮、油，“放心粮油”示范企业、店，中央储备粮抽检和关口前移监测等，192批次，合格率97.9%。各县（市、区）粮食物资部门做好收购粮食质量安全风险监测工作，全年完成安全监测样品12个、品质测报样品60个和质量调查样品60个。

【粮食监督检查】 2022年，市发改委（市粮食物资局）制定印发《关于进一步加强粮食物资监督检查工作的通知》《丽水市仓储精细化管理考核标准》和《关于开展粮食购销定期巡查工作的通知》，推动落实地方储备粮一月一巡查、储备成品粮一月一查，安全生产属地监管一月一查等定期巡查。印发《关于建立完善库务监督机制推进“勤廉粮仓”建设工作方案》，9月，在市本级粮库探索开展“勤廉粮仓”建设试点工作，全市地方国有粮食收储企业全部建立企（库）监督委员会。

【粮食库存检查】 2022年，市发改委（市粮食物资局）联合市财政局、市农发行下发《关于开展2022年丽水市政策性粮油库存检查工作的通知》，成立库存检查工作领导小组，组织各地开展自查，并到丽水国家粮食储备库、松阳县、景宁县开展库存重点交叉检查，检查粮食收储企业3个、库点9个，检查发现的问题5个，5月，全部整改到位。

【粮食购销领域腐败问题专项巡察整改】 2022年，市发改委（市粮食物资局）根据市委涉粮问题专项巡察组和全省储备粮管理情况专项审计反馈的问题，制定整改方案，形成问题清单、任务清单、责任清单、整改清单“四张清单”，建立“一个问题、一个专人、一个档案、一月回头”销号制度，严守时间节点，实行闭环管理。至年底，市委涉粮问题专项巡察组反馈的问题55个，完成整改54个；全省储备粮管理情况专项审计反馈的问题48个，完成整改47个，未完成整改的问题按照计划推进中。

【人才兴粮】 2022年，全市粮食系统推进人才兴粮兴储，新增专业技术人员23人，其中浙江农林大学毕业委培生8人、签约定向委培5人。举办粮食系统仓储管理、安全生产、检验人员、基建项目等业务培训，邀请省、市专家进行理论授课和实操培训，提升专业水平。全市10家国有粮食购销企业均为同级粮食行政主管部门下属企业，实现人事权、事权、财权“三统一”。 （蓝　皓　潘菁菁）

烟草专卖

【概况】 2022年，丽水市烟草专卖局（公司）围绕行业、地方工作部署，聚焦“生态培基年”主题定位，谋划实施“1113”（保持1个领跑优势，攻坚1个特色课题，锻造1支数字强军，筑牢“生态化经营”“智慧化监管”“现代化治理”3个发展基础）工作思路，通过保持一个党建引领优势、攻坚一个农网特色发展课题、锻造一支数字强军，筑牢“生态化经营”“智慧化监管”“现代化治理”三个发展基础，增强服务社会、服务群众的能力，开展助农直播等志愿服务活动，助力提升群众的获得感、幸福感。全年实现卷烟批发销售额48.09亿元，同比增长4.32%；单箱销售额4.69万元，同比增长4.03%；实现税利12.23亿元，

2022年，丽水市烟草专卖局（公司）开展“香溢助农”直播活动，助力地方农副产品销售 （胡　婷　提供）

同比增长 5.19%。

【专卖监管】 2022 年，全市查获涉烟违法案件 1107 起，查获各类违法卷烟 4123.5 件，成功申报国标网络案 6起，其中特级国标网络案 1 起；拦截运假专车 31 辆，查获卷烟 2631 件。加强涉毒电子烟违法行为惩治，全年开展惩治行动 10 次，查办案件 18 起，推动电子烟监管步入法治化、规范化轨道。

【社会公益】 2022 年，丽水市烟草专卖局（公司）分批次推进“1+8”帮扶项目体系，落实产业帮扶资金 428 万元。加强“村烟政企”生态合作模式，落实联合甄选助农产品机制，开展“香溢助农”直播活动，助推丽水本地农产品销售 318 万元，惠及村民 200 余户。 （金艳萍）

食盐销售

【概况】 2022 年，浙江省盐业集团丽水市盐业有限公司为国有控股的专营企业，是丽水市唯一一家拥有食盐定点批发资质的企业，对全市盐品产购销和人财物实行集中统一管理，为浙江省盐业专营有限公司的全资子公司。履行食盐专营企业职责，聚焦市场供给保障和盐业主业转型升级，规范管理体系，完善经营理念，提供健康科学的盐品，打造健康浙盐、科技浙盐、数字浙盐，加快实现资产证券化，打造全国一流盐业标杆企业。

【食盐供应保障】 2022 年 4 月，市区、云和县、松阳县等地突发疫情，丽水市盐业公司迅速反应、及时跟踪，启动应急预案，成立防控疫情保障供应领导小组，统一调配全市库存，紧急调运，增加食盐储备，确保食盐市场供应充足。借助地方政府宣传平台和媒体，做好正面舆论引导，引导消费者理性适量购买食盐。截至 4 月中旬，食盐市场逐步趋于稳定，食盐供给充足，完成应急保供工作。全市当月销售食盐 56 万余千克，全市调入食盐 60 万余千克，维护市场正常供应秩序。

【雪涛品牌建设】 2022 年，丽水市盐业公司实施增品种、提品质、创品牌“三品”战略，推进浙盐雪涛品牌建设。成立浙盐雪涛品牌建设丽水地区工作领导小组，系统重塑雪涛品牌价值体系。完成浙盐雪涛商标、雪涛 IP 形象、广告语、VI 视觉识别系统的设计，完成产品整体规划和产品包装标准设计，制成企业宣传片、产品宣传片和 IP 宣传片。加大营销推广活动力度，提升雪涛品牌知名度。梳理和优化现有产品体系，突出个性化、细分化、高端化特质，制订浙盐雪涛全新产品矩阵和推进方案。推出浙盐雪涛亚运•江南雪、亚运•运动健康、亚运•自然鲜晒及岱山贡盐等系列新品。

【食盐储备体系建设】 2022 年，丽水市加强食盐储备体系建设。丽水市盐业公司承担省级食盐储备任务 65 万千克，全市食盐储备任务 108.5 万千克，全年食盐储存量稳定在 180 万千克以上，超额完成市政府赋予的目标任务。建立和实施政府食盐储备，确保全市食盐市场稳定供应。 （王炉亮）

金 融 业

综 述

【金融助力共同富裕示范区建设】 2022年，中国人民银行丽水市分行（简称市人行）组织开展"共富丽水"金融服务年活动，指导各金融机构出台金融支持山区县跨越式高质量发展"一县一策""一行一特色"工作方案，创新推出"央行再贷款+帮扶结对"的"携手共富贷"等一批特色信贷产品，推动金融资源向山区重大项目、富民产业、扩中提低、"飞地"经济等领域倾斜，辖内山区县贷款平均增速持续高于全省平均水平。会同市金融办、市农业农村局等部门组建共同富裕金融联络员队伍，实现全市乡镇100%覆盖，通过再贷款资金注入、引入产业项目、银村对接服务等方式，帮助结对村实现"村兴民富"。其中，总行、省行、市、县四级联动帮扶景宁县北溪村的做法和成效获省委副书记黄建发批示肯定。

推进金融支持生态产品价值实现机制创新，"三贷一卡、一行一站"业务持续扩面提质。探索开发性金融支持生态产品价值实现新路径，遂昌县试点案例被人民银行总行刊发宣传。构建"碳信用""碳增信"数字化服务机制，该经验被省人民银行刊发宣传。加强"国家公园+绿色金融"品牌建设，新建成国家公园特色支行7家，绿色金融产品持续扩面增量，全市首笔用能权抵押贷款落地。推进法人银行机构环境信息披露，实现绿色信贷业绩评价全覆盖。配合市政府申建气候投融资试点。

金融数字化改革取得突破性成果。建成全国首个针对市域外小超市、小宾馆的丽水域外"两小"创业通平台，自4月上线开始，注册"两小"商户1.6万户，授信18.68亿元，带动资金48.82亿元，实现市域内外"资金联通、融资畅通、信息互通"，该项目入选2022年全省"数字经济地方特色应用"和全省数字政府系统优秀应用案例，该工作获浙江省副省长张雁云、市委副书记张赟等领导批示肯定。

【普惠金融服务乡村振兴改革试验区建设】 2022年，市人行推进全国普惠金融服务乡村振兴改革试验区建设，联合市总工会举办"普惠金融服务乡村振兴改革"劳动竞赛，围绕金融支持生态产品价值实现、绿色金融、金融数字化改革等领域推出系列创新模式。9月22日，获批全国普惠金融服务乡村振兴改革试验区。12月1日，组织举办"普惠金融服务乡村振兴"钱塘江论坛丽水平行峰会。

金融支农服务扩面提质。配合市政府申报获批中央财政支持普惠金融发展国家示范区。持续完善农村产权融资机制，至年底，农村产权融资贷款余额129.9亿元。实施乡村振兴金融服务站示范提升工程，建成标准化乡村振兴金融服务站850家，评出示范点127个。开展信用户、信用村、信用乡镇创建，新增创建省级信用乡2个、信用村7个。升级完善丽水市信用信息服务平台，开发"两山信用贷款码"，涉农经营主体融资便利性提升，农户信用贷款余额278.3亿元，增速28.9%。

3月22日，获批个人侨汇结汇便利化改革试点，累计办理便利化结汇2773万美元，结汇金额比同批试点城市（温州）高出500万美元。优质企业贸易外汇收支便利化试点扩容提质，累计办理便利化业务4.17亿美元，同比增长25.8%。3月，全市首笔跨国公司跨境资金集中运营业务及首笔境外发债业务落地。开展跨境人民币"首办户"拓展行动，跨境人民币结算量38.8亿元（全口径），同比增长34%，增速居全省第三位。

【金融管理和服务】 2022年，市人行指导全市金融机构落实支付结算、现金保障、国库资金收付、征信管理、金融统计、金融消保等方面要求，持续提升合规经营意识。创新实施金融消保"金惠工程"，构建"城区+农村"全覆盖金融消保阵地。开展金融知识宣传普及教育，培育市级特色金融教育基地12个，创建省级金融教育示范基地1个；创新开展金融知识进乡村"百村示范•千村提升"宣传直播活动。与中国金融教育发展基金会签约推进"星海计划•金育工程"浙江丽水项目，成为全省首个全域将金融知识纳入国民教育体系建设的地市。加强老年人金融服务示范点创建工作，构建"城区示范、覆盖乡镇、辐射农村"的金融助老适老服务体系，得到中国老龄协会、联合国人口基金驻华代表处点赞。开展汇率避险三年行动，全市汇率避险签约金额6.4亿美元，其中小微企业占比35%，列全省第三位，参与汇率避险企业家数199家，占全市外贸企业的17.6%。推动政策性融资担保支持小微企业汇率避险政策落地，为市场主体节约资金占用超过600万元。推广银行业移动支付，运用云闪付平台发放消费券带动消费超2.5亿元，"银福通"公职人员餐补平台推广至5个县（市）。制定实施小面额人民币服务工作标准，全市小面额人民币服务持续优化。开展拒收现金整治，建立形成网格化管理机制。优化国库服务，办理增值税留抵退税业务43.7亿元，惠及企业3416家；推进储蓄国债下乡，优化乡村国债服务质量，在全省率先实现在金融空白乡镇销售凭证式储蓄国债。优化征信服务，举办信用报告自助查询代理点星级评定和征信窗口服务劳动竞赛。完成地方法人金融机构二代征信系统切换。8月，首部《丽水市金融志》出版发行。完成金融统计数据治理目标任务，推进地方金融组织统计扩面。（陈俊威）

【银行保险监管】 2022年，丽水银保监分局引导银行业保险业金融保障交出高分答卷。引导全市银行保险机构实施丽水金融要素助力经济稳进提质攻坚行动，推进服务实体经济十件实事。全年全市存贷款增速均列全省第二位，合计增速列全省第一位；保险赔付全市支出增速列全省第一位。聚焦制造业、小微企业等重点领域和薄弱环节，推广"双保"助力融资、"连续贷+灵活贷"机制、延期还本付息等政策工具，优化出口信用保险服务，主动让利降低企业融资成本，帮助企业纾困发展。全年全市制造业贷款新增165.48亿元，增速列全省第一位。开展"助企开门红""金融稳外贸，服务零距离"等助企走访活动，实施科技企业专项金融服务，加强融资对接，2022年人才科技贷款增速创近四年（2019—2022年）最高，设备购置与更新改造贷款顺利落地。

丽水银保监分局制定支持山区9个县（市、区）跨越式高质量发展工作要点，开展"金融支持山区县跨越式高质量发展推进年"活动。建立"一县一策"政策清单、县域重点项目和产业清单等四张清单，完善县域金融统计监测机制，构建金融服务山区县发展数字驾驶舱。设立金融青年服务共同富裕志愿者队伍，全年组织各类志愿活动235场次。印发服务乡村振兴工作要点，推进农户家庭资产负债表融资模式，至年底，为全市45.9%农户建立家庭资产负债表。推动"浙丽保"稳健运行，参保率93.3%。推广农业保险，实现政策性水稻完全成本保险财政补贴全覆盖。

2022年，丽水获批全国普惠金融服务乡村振兴改革试点、全国首批气候投融资试点、全省巨灾保险试点。依托"三大试点"以及丽水市共同富裕联合创新实验室平台，"政银保"合作，推出一系列创新产品和服务。出台全国首个生态产品区域公用品牌金融业务操作指引，落地"丽水山耕"区域公用品牌综合保险、"青田青"农遗生态品牌贷等产品。推进金融数字化改革，上线丽水市生态金融综合服务平台。各银行保险机构探索数字普惠工作，"农业产业链+数字化改革"金融服务模式复制推广，实现"智慧茶城"业务迭代升级。全国率先结合林业碳汇交易落地2家零碳金融网点，绿色金融特色网点实现9个山区县全覆盖，全省率先制定地市版绿色保险统计标准。创新评定全省首批3家人才科技保险公司，加强保险服务首台（套）。实现二手房交易"带押过户"改革试水破题。落地保险创新项目保护机制，全年推进政保合作重点项目20个，推出遂昌棘胸蛙、龙泉灵芝、庆元中药材、龙泉茄价格指数等区域特色农业保险产品。

丽水银保监分局营造安全稳定金融环境，建立完善信用风险"3+1"（按月编制3张不良贷款报表，按季撰写1份不良贷款分析报告）、重点企业风险清单式管理、企业风险前瞻性预判、大额授信企业出险快速报告等信用风险监测机制。加大存量风险处置力度，全年处置不良贷款23.72亿元，比上年多处置1亿元。至年底，全市银行业不良贷款率0.51%，比年初下降0.03个百分点。完善房地产融资风险预警，推动新的预售资金监管制度落地。开展案件风险专项治理，聚焦员工行为、车险及农险反欺诈等重点领域，开展车险"两难"等专项整治工作。完善金融纠纷多元化解机制，成立银行业保险业"共享法庭"37家，完善农村金融消保工作站标准。全市"放心金融"网点建设实现县域全覆盖，推进金融服务适老化改造。惩治治理电信网络诈骗违法犯罪

活动。重拳整治市场乱象，全年处罚机构20家次、责任人22人次，罚没金额合计1100万余元。（叶黎昱）

银行业

【概况】 2022年，市人行指导、协调全市金融系统贯彻落实稳健货币政策适度灵活的要求，推进普惠金融服务乡村振兴改革试验区建设，防范化解金融风险，持续优化金融服务，促进地方经济跨越式高质量发展，实现金融业自身改革发展的新成绩。至年底，全市银行业金融机构本外币各项存款余额4724.34亿元，新增752.17亿元，余额比上年增长18.94%，增速居全省第二位，其中，住户存款余额2815.07亿元，增长19.27%；非金融企业存款余额1100.72亿元，增长22.85%；广义政府存款余额649.32亿元，增长7.69%。本外币各项贷款余额3950.62亿元，新增658.73亿元，余额增长20.01%，增速居全省第二位，其中，住户贷款余额2091.78亿元，增长8.58%；企(事)业单位贷款余额1850.55亿元，增长35.63%。境外存款余额58.27亿元，新增7.24亿元，余额增长14.19%；境外贷款余额0.80亿元，减少0.12亿元，余额下降13.32%。全市金融机构不良贷款率0.51%，比年初下降0.03个百分点。全年投放现金113.97亿元，增加9.2亿元，增长8.78%；累计回笼现金92.85亿元，增加0.15亿元，增长0.16%；净投放现金21.12亿元，增加9.05亿元，增长74.98%。

市人行落实稳经济“一揽子政策”要求，组织全市金融机构打好“稳总量”“优结构”“降成本”组合拳。全年全市各项贷款同比增加141亿元，增速高出全省平均水平5.5个百分点；全市发行企业债务融资工具42.6亿元，同比增加14.2亿元，是全省企业发债同比增加的3个地市之一。货币政策工具运用快速直达。全年累计落地央行资金105.5亿元。其中，高效推动政策性开发性金融工具落地获市长吴舜泽批示肯定；碳减排支持工具支持缙云抽水蓄能项目案例被《人民日报》宣传；高效落实普惠小微贷款支持工具激励比例由1%提高至2%。建立金融服务小微企业敢贷愿贷能贷会贷长效机制，持续开展“小微企业和个体工商户信用融资破难”“首贷户拓展行动”等系列活动，信贷投向精准有效。全市普惠小微贷款、中长期制造业贷款、涉农贷款、绿色贷款增速分别高出全部贷款增速3.7个、116.2个、7.9个和46.7个百分点；新增小微企业“首贷户”2877户。实施金融服务“专精特新”企业专项行动，建立完善企业培育机制，有融资需求企业贷款支持率100%。帮助企业纾困解难，推出金融支持举措15项，对受疫情影响市场主体做到贷款“应延尽延”“应续尽续”。落实降准、降息、普惠小微贷款阶段性减息等政策，12月，全市企业贷款利率和小微企业贷款利率分别为4.22%和4.25%。同时，落实支付手续费减费让利工作，向实体经济让利1819.3万元，惠及市场主体7.77万户。

树立风险责任意识，指导金融机构落实金融风险防控要求，维护全市良好的金融生态。组织开展存款保险知识竞赛，持续提高社会公众存款保险认知度。联合银保监部门建立中小银行风险研判会商机制，推进中小银行风险防控工作，妥善应对豫皖村镇银行事件外溢风险。至年底，全市不良贷款率0.51%，辖内无高风险或“亚健康”机构。保持房地产金融平稳运行，配合地方政府“因城施策”，加强房地产配套融资支持，在全省率先下调首套住房按揭贷款利率，推动二手房“带押过户”业务在丽水落地。持续做好金融支持“保交楼”工作，做好房地产开发项目融资对接，配合做好房地产出险项目风险化解工作。惩治治理电信网络诈骗和跨境赌博犯罪，建立完善银警合作、“群防群治”工作机制，全年全市银行系统柜面堵截涉诈案件150起，为群众止损1242.39万元，涉案账户数同比下降21.94%。加强“反洗钱示范单位(点)”创建，会同公安机关推进打击治理洗钱违法犯罪三年行动，向公安机关移送可疑交易线索29起，推动“洗钱罪”判决3起。开展“征信修复”乱象治理百日行动，维护市场秩序。（陈俊威）

【中国农业发展银行丽水市分行】 2022年，中国农业发展银行丽水市分行(简称市农发行)立足服务国家战略和“三农”发展主责主业，提高政治站位，加大信贷投放力度，全年累放各项贷款69.18亿元，各项贷款余额139.12亿元，比年初增加39.1亿元，增幅39.09%。市农发行围绕“三农”重点领域，持续擦亮粮食、水利、农地、绿色等特色品牌，服务共富建设，助力乡村振兴。全年累计发放粮油类贷款2.58亿元，支持收购调入粮油3.398亿千克，至年底，粮油类贷款余额6.62亿元。累放贷款2250万元，支持优质市场主体开展市场化收购，助力推进保供稳价。累计发放贷款8.86亿元支持农地类项目建设，助推耕地提标升级。聚焦“一带三区”山城发展新模式、新格局，加大对交通、水利、城乡一体化等基础设施领域支持力度，累计发放基础设施贷款65.15亿元，同比多放33.81亿元。推动生态价值和经济价值双向转化，累计发放绿色贷款 11.31 亿元，净增 12.99 亿元，增幅 118.74%。贯彻落实党中央、国务院以及市委、市政府稳住经济大盘决策部署推进政策性金融工具落地实施，全年支持基金项目 11 个，投放额 17.13 亿元，重点投向水利、交通、农村基础设施、产业园区建设等领域。贯彻落实国务院关于支持社会发展薄弱领域设备更新改造的决策部署，投放 300 万元设备更新改造专项再贷款，支持遂昌公共交通基础设施整体提升工程充电桩项目。加大对小微企业支持力度，增效降本，普惠金融当先导，服务实体经济。用足用好惠农助农政策，采用无还本续贷、支持首贷户等方式，帮助小微企业纾困解难。普惠小微企业贷款余额 0.61 亿元，比 2021 年增长 18.54%；办理小微企业无还本续贷业务 5 户、金额 0.29 亿元。助力打造中国产茶、产菌强市，擦亮特色农产品金字招牌，全年投放民营企业贷款 1.22 亿元。累计发放帮扶贷款 1.14 亿元。为帮扶县引入无偿帮扶资金 10.1 万元，帮助销售脱贫地区农产品 97.5 万元。（姚 倩）

【中国工商银行丽水分行】 2022 年，中国工商银行丽水分行（简称市工行）本外币各项存贷款规模分别为 609 亿元、433 亿元，不良贷款率控制在 0.47%。始终坚持党建引领，助力稳住经济大盘不动摇，全年新增各项贷款同比增长 16%，县域贷款增量同比增长 133%。打造丽水市服务制造业高质量发展标杆银行，制造业贷款突破 100 亿元，并落户全市首个“人才金融港”。践行“绿水青山就是金山银山”理念，落地全省工行系统首笔 GEP（生态系统生产总值）生态价值转化创新项目“绿水青山贷”。加速推进“融资畅通工程”，普惠贷款增速 25%，打造“丽农 e 贷”项目特色品牌，解决“三农”信贷服务难题。坚持提升金融服务水平，推出一系列“尊老、敬老、爱老、助老”金融特色服务。全年实现安全经营，创建省级“平安单位”暨省级“智安单位”，连续 27 年获评“省级文明单位”。（赵歆宜）

【中国农业银行丽水分行】 2022 年，中国农业银行丽水分行（简称市农行）围绕市委、市政府中心工作，突出党建引领，服务乡村共富，支持实体经济，助力稳进提质，聚焦现金管理，为丽水跨越式高质量发展和创建革命老区共同富裕先行示范区持续输送金融“活水”。至年底，各项存款总量 609.78 亿元，各项贷款总量 475.14 亿元，存贷总量 1084.92 亿元；各项存款、各项贷款、存贷款增量分别为 108.98 亿元、88.09 亿元、197.07 亿元，位居“工、农、中、建”四大国有商业银行（简称四行）第一，相关工作得到市党政主要领导批示肯定 5 次。全年获金融支持地方经济发展业绩综合考评第一名，人行综合评价 A 类行以及 2022 年丽水银行业服务最优银行、支持乡村振兴先进单位、消费者权益保护先进单位、支持气候投融资试点先进单位、新闻信息宣传先进单位一等奖等荣誉。

加强党建引领，筑牢融合发展根基。通过党委会、理论学习中心组、专题调研等形式传达学习中共二十大精神、习近平总书记关于金融工作重要论述、“三农”和乡村振兴重要讲话精神、《习近平经济思想学习纲要》等一系列重要论述和书籍，学习市人行办公室关于印发账户业务投诉典型案例的通知等业务文件。至年底，市农行组织开展党委理论学习中心组学习 142 次，其中市分行党委开展理论学习中心组学习 36 次。启动支委轮值制试点工作，夯实基层党建基础，发挥基层党组织战斗堡垒作用，开展“两优一先”与榜样人物评选表彰工作。持续推动“1+11+X”（以丽水分行党委为中心，以 11 家一级支行党组织为支撑，以各级基层党支部为架构，以党员突击队为网络的特色党建品牌体系）品牌矩阵与基层党建“一行一品牌”创建工作，推进“书记领航”项目，落实“党支部星级管理”“党员积分管理”“党委班子目标管理”“党建阵地标准化管理”“基层党组织清单管理”五大工作，推动形成党建品牌长效机制。支持“三旧”改造、未来社区、抽水蓄能、交通水利等全市重点建设项目。组建项目贷款直营团队，发挥团队专业能力，提前介入支行项目评估、前端调查与后端审批，缩短评估流程，提高评估效率。全年获批项目 54 个，金额 218.57 亿元，分别同比增加 9 个、39.32 亿元；全年投放项目 71 个，金额 74.36 亿元，分别同比增加 9 个、9.49 亿元。抢抓人民银行金融政策窗口，发放丽水市同业中首个国开基金、首个农发基金项目、首个设备更新改造项目贷款。

服务乡村共富，普惠金融更“普”更“惠”。围绕革命老区共同富裕先行示范区建设，聚焦山区 26 个县跨越式高质量发展，创新金融产品，发挥农总行“三农”产品创新基地优势，推出“生态共富贷”产品，获 20 余家主流媒体报道，线上浏览量突破 180 万人次；获市人行主办的丽水市普惠金融服务乡村振兴改革创新劳动竞赛活动二等奖。以“人工网点+自助银行+惠农通服务点+网上银行+移动服务”五位一体模式，推进农村金融扩面提质。实施县域“三农”业务“四提升、八覆盖”专项行动，成立党员先锋队 32 支、“深耕乡村”团队 31 支、青年志愿服务队 12 支，把金融服务

2022年，农行丽水分行服务乡村振兴战略深入推进。图为工作人员走访种植户了解茶叶生长情况　　（王思豪　提供）

送至田间地头。累计建立村民档案21.43万户，比年初增加1.25万户。完成全省农行系统首笔“智慧乡村综合服务平台”上线签约。惠农通转型升级持续推进，至年底，全市惠农通服务点717个，星级服务点530个，比年初增加141个，星级率73%，在全省系统率先实现惠农通服务点乡镇全覆盖，打造金融服务乡村振兴、乡村治理的标杆。全年县域贷款、涉农贷款和“惠农e贷”增量分别为74.66亿元、43.25亿元和9.04亿元。市农行乡村振兴金融部获“丽水市工人先锋号”称号。

细化出台《中国农业银行丽水分行支持市场主体纾困稳增长金融服务十六条措施》，成立专项领导小组，实施“最优政策”，组建“最强团队”，匹配“最优产品”，灵活运用纯信用贷款、“续捷e贷”、无还本续贷、“双保”应急融资等“一揽子”信贷产品，开展“三服务”“夏季大走访”“百行进万企”等融资服务活动670场次，对接企业2875家，帮助解决问题490个，提供融资金额52.85亿元。新增普惠贷款小微企业1323户、小微企业法人首贷户200户。全年新发放普惠贷款加权平均利率3.77%，连续5年同比下降。加强对制造业贷款、民营企业贷款、中长期流动资金贷款等重点领域的专项信贷供给。全年全行制造业贷款增量、民营企业贷款增量、中长期贷款余额分别为17.11亿元、29.17亿元、24.68亿元，超额完成年度计划的6.94%、82.31%、59.25%。开展信用风险全周期监测、重点信贷领域风险排查、逾期业务风险监控、贷款分类准确性治理，信贷风险“全流程”经营管理能力提升。关注类贷款比年初下降0.93亿元，占比下降0.31个百分点。加强反洗钱可疑交易监测，向人行报送重点可疑交易报告23份，涉及金额7.95亿元，涉及风险客户40人，其中9份重点可疑交易报告被列为有价值线索移送公安机关侦查。研发上线“反电信诈骗数据清洗”系统，筑牢反电诈安全防线。开展全行声誉风险自查4次，排查出潜在声誉风险线索12条，落实相关责任人做好风险监测与预案设置，建立由各支行办公室主任为成员的工作小组，健全“零报告”工作机制。开展“庆国庆 迎二十大”专项排险行动，组织突击检查20余次，落实疫情防控、信访、防汛减灾应急管理等重点领域风险防范，保障平安经营。

完善金融服务，打造一流服务标杆。开展“浓情暖域”品牌推广，做好“浓情暖域”网点服务品牌启用及推广，加快所有正常营业网点品牌挂牌，达成“一块标牌、一个专区、一次培训、一项特色、一个案例”的“五个一”标准。9月末，农行丽水分行营业部作为全国农行4家示范网点之一，参与农总行“浓情暖域”品牌发布会在线直播，在全国打响丽水金融服务品牌。加强消保服务，围绕人民银行消费者权益保护要求，压实“一把手”“第一责任人”制度，落实各一级支行、二级支行行长“一把手”为消保工作第一责任人，加强现场管理，要求全行现场投诉必须由网点负责人和内勤副行长直接处理，对客户诉求不推诿拖延，避免投诉升级，力争做到“用心服务常态化、升温服务品牌化”。贯彻落实2022年浙江省金融联合宣传教育活动“全民学金融，共富看浙里”部署要求，通过“现场宣教+线上直播”的方式，到全市9个自然行政村开展金融知识进乡村“百村示范·千村提升”直播宣传活动，参与场内外宣传417人次，覆盖消费者5.59万人次。　　（王思豪）

【中国银行丽水市分行】 2022年，中国银行丽水市分行（简称市中行）本外币时点存款余额512.38亿元，比年初新增88.57亿元，增幅20.90%，四大行市场份额23.86%，比年初提升1.03个百分点，市场份额增幅居四大行第二位。本外币时点贷款余额427.20亿元，比年初新增54.34亿元，新增四大行第三位，增幅14.57%，四大行市场份额24.41%。不良余额

9419万元，比年初减少1160万元，不良率0.22%，比年初下降0.06个百分点。11月，设立云和县中行，在金融助力山区县跨越式高质量发展中展现新作为。加大重点领域金融支持力度。省中行、市中行分别与缙云县人民政府、庆元县人民政府签署战略合作协议。为丽水南城新区投资发展有限公司、浙江丽缙五金科技产业开发有限公司、云和县新汇玩具科技有限公司、深圳市莲深投资服务有限公司等17个政府重点项目批复信贷资金113.94亿元。牵头中行深圳分行为全省首个省际科创飞地项目投放项目贷款1.9亿元。加大对民营企业、制造业、小微支持力度。民营企业、制造业、科技贷款增速分别为13.95%、17.23%、7.71%。累计投放设备更新改造专项贷款8987万元，投放量在当地同业中占比28.48%。“两小创业经营贷”“剑瓷贷”“烧饼贷”“甜桔柚贷”“一县一品”“一业一策”的产品服务体系持续完善。普惠贷款余额69.52亿元，比年初新增17.72亿元，增速34.21%，高于四行平均增速9.07个百分点，高于全行各项贷款平均增速19.64个百分点，四行市场份额22.59%，比年初提升1.53个百分点，新增量、新增市场份额、增速均居四行第一。持续加强绿色金融创新，紧扣“双碳”发展目标，加大绿色贷款投放力度，支持产业低碳绿色转型。投放碳排放配额抵押贷、林地经营流转权抵押贷、用能权质押贷，至年底，市中行绿色信贷余额67.27亿元，增速55.03%，四行第二位；余额占全部贷款比重15.75%，比年初提升4.11个百分点。加大金融支持稳外贸力度，发挥“外汇银行”专业优势，全年新增便利化企业10家，新增户数居同业首位，叙做便利化业务1429笔，业务量1.66亿美元。发挥政府性融资担保体系作用支持企业汇率避险增信，全年叙做政府性融资担保项下远期结售汇业务1892.3万美元。推广侨汇结汇便利化政策，助力华侨客户资金回流回乡创业，累计叙做业务361笔，1047.45万美元，居同业首位。加大消费领域金融支持力度，落实差异化信贷政策，全年累计投放个人住房贷款28.86亿元，余额市场占比29.32%，新增市场占比58.28%，均居四行第一位。加强政策支持，以金融之力提振消费信心，累计投放个人消费贷款23.25亿元，四行新增市场占比25.85%，列第二位。（郗佳倩）

【中国建设银行丽水分行】 2022年，中国建设银行丽水分行（简称市建行）年末一般性存款余额416.04亿元，同比增长11.7%。至年底，本外币各项贷款余额414.52亿元，同比增长11.3%。全年实现中间业务净收入1.28亿元，比上年增长1.4%。系统口径不良贷款余额0.91亿元，同比减少0.65亿元；不良贷款率0.22%，同比下降0.2个百分点。

优化资源配置，支持地方重大项目，新增基础设施贷款12.60亿元，增幅14.50%，支持交通、水电、新能源等基础设施项目建设。做好资产配置，信托、托管业务实现新突破，新增债券投资业务1.6亿元、募集资金监管账户业务4500万元。培育绿色金融和生态金融新引擎，加大对清洁能源、新能源与可再生能源、绿色建筑、绿色交通等绿色项目的金融支持力度，至年底，绿色信贷余额81.40亿元，同比增长49.36%，其中“碳减排”支持工具贷款2.1亿元、战略性新兴产业贷款5.5亿元。

关注实体经济，支持中小微企业高质量发展。加大高端制造业支持力度，全年获批制造业项目8个，总授信16.78亿元，发放高科技半导体制造项目贷款1.55亿元，支持住房租赁市场发展，助力实现“住有所居”，至年底，住房租赁贷款余额1.97亿元，新增住房租赁贷款授信3.9亿元。搭建平台，推进“公抵租”创新业务，入驻公租房2677套（间），公租房交易笔数13479笔。立足产业集群、行业联盟、块状经济、专业市场，加大小微企业“建行快贷”“建易贷”“账户云贷”“云税贷”“信用贷”等创新产品推广力度，把“普”做大，把“惠”做实，比年初新增银保监口径普惠贷款10.76亿元。推出存量房“带押过户”贷款业务，投放全省建行系统首笔贷款，提升房地产金融服务水平。完善“连续贷+灵活贷”机制，稳定企业融资预期，缓解企业转贷压力，承担小微企业贷款押品评估费、保险费，下调普惠金融贷款定价，降低小微企业融资成本。按照“一县一品一策”思路，制订莲都碧湖“三农”群体、缙云五彩农业客群、松阳县茶产业群体、景宁县惠明茶群体、庆元县菌菇群体等定制专属创新服务方案。针对青田侨乡进口商品城，创新推出的单一专业市场“侨商贷”信贷产品。立足产业集群、行业联盟、块状经济、专业市场，加大“汽配贷”“木玩贷”“点滴平台贷”等创新产品推广应用力度。

关注乡村振兴，支持“三农”生态产品价值转化。对接县域乡村振兴建设项目融资需求，支持“大搬快聚，富民安居”项目建设，全辖8个县市“大搬快聚”项目总授信58.8亿元，累计投放贷款27.34亿元，比年初新增16.25亿元。搭建“裕农通”普惠金融服务平台，推广整镇合作模式，做好普惠助农、金融支农，助力乡村振兴，推动共同富裕示范区建设。至年底,"裕农通"服务点总量624个,新增服务农户1.4万户。关注农业产业化重点龙头企业等新型农业经营主体,推广运用"裕农快贷""共富贷""两山惠农贷""浙担贷""农担e贷"等创新产品,加大特色种养业、农产品加工业、休闲农业、乡村旅游、农村电商、特色民宿和农村康养等产业金融支持力度,至年底,涉农贷款余额106.69亿元,增长47.07%。

关注数字化改革,提升科技金融服务能力。融入"浙里安居"品牌建设和数字化改革,关注政府保障性租赁政策动态,结合公租房系统推广应用,优化住房租赁平台系统功能,"保租房"App系统上线。为财政、社保、公积金、未来社区、医院、学校等政府机关和事业提供技术支持和服务支撑,推广上线"浙里乡"数字村社服务平台、财政局其他资金缴费系统、三甲医院医保移动支付商户平台。提升网络金融发展速度,企业网银活跃客户同比增长27.95%,企业手机银行活跃客户同比增长183.72%,增速居全省建行系统首位。打造场景化平台,推进消费支付生态场景建设。与教育系统合作,开发完成校外培训监管平台、清廉食堂和智慧食堂等12个项目建设。利用"悦生活"平台持续开展学校餐费、服装费以及党费缴费金融生态圈建设,"悦生活"全渠道活跃场景数同比增长33.33%,居全省建行系统第一位。发挥"善融商务"平台优势,助企发展,帮扶兴农,全年实现"善融商务"交易额13.67亿元,其中实现善融帮扶兴农交易额1270.42万元,占全省建行系统12.6%。加大"建行生活"平台推广应用力度,全年净新增入驻商户661户,注册用户27.69万户。发挥"建行生活"平台优势,承接发放景宁县、松阳县、青田县等政府消费券1300万元,办理开发区、景宁电动自行车置换补贴发放工作。

(王学亮　吴沁锦)

【中国交通银行丽水分行】 2022年,中国交通银行丽水分行(简称市交行)贯彻落实中共二十大精神,总行、省分行年度工作会议精神,锚定"提质增速"总目标,围绕"五个聚焦"工作要求,各项业绩取得提升。至年底,本外币存款时点余额27.46亿元,比年初新增8.04亿元,增幅41.36%;存款日均余额22.45亿元,比年初新增10.25亿元,增幅84.02%;贷款时点余额36.33亿元,比年初新增0.86亿元,增幅2.42%;贷款日均余额36.49亿元,比年初新增5.03亿元,增幅15.99%。不良贷款余额840.27万元,不良率0.23%。

市交行紧抓政府"稳经济"的一系列政策举措,加大对政府类、优质民营企业、高端装备制造企业的支持力度,服务实体经济结构不断优化。至年底,制造业贷款余额5.69亿元,比年初新增3.79亿元,其中制造业中长期贷款余额4.8亿元,比年初新增4.35亿元。绿色信贷余额4.98亿元,比年初新增2.18亿元。借力"普惠金融服务乡村振兴改革试验区"政策东风,加快普惠业务拓展。制订普惠专项活动方案,加强普惠考核,经营机构客户经理全员参与普惠业务营销,并组织业务骨干组成工作小组,到丽水市下辖各县(市、区),开展"烟户贷"营销。结合丽水当地特色产业,推出"杨梅贷"等产品。全年普惠两增贷款净增142户,金额净增1.43亿元,完成监管考核目标。加大对代发企业和机关事业等优质单位营销力度,提升非房消费贷的余额,至年底,全行零售信贷余额10.50亿元,比年初净增1.44亿元,全年任务完成率列全省系统内第二名。全年开展金融知识普及活动100余次,宣传防电诈等金融知识,提升公众自我保护意识。开展爱心捐款、购买贫困山区的土特产等活动,慰问在高温下坚守一线的交警,派员参与金融系统献血活动,组织员工参与创文创卫等志愿者活动。

(罗婷婷)

【农村合作金融】 2022年,丽水农商银行系统服务地方经济发展大局,助力丽水跨越式高质量发展,各项工作取得成效。至年底,各项存款余额1211.23亿元,比年初增加182.76亿元,增幅17.77%;存款市场份额25.64%,居全市银行业第一位。各项贷款余额985.18亿元,比年初增加174.22亿元,增幅21.48%;贷款市场份额24.94%,居全市银行业第一位。资产质量保持良好。至年底,实际不良贷款余额8.06亿元,比年初增加1.29亿元,不良率0.82%,比年初下降0.02个百分点;拨备覆盖率502.77%,抵御风险能力较强。纳税贡献持续提升,全年纳税5.95亿元,近三年(2020—2022年)纳税15.78亿元,排名全市银行业第一位。

加强普惠金融,紧贴山区26个县高质量发展主题制定"一县一策"行动方案,9家农商行与当地政府实现联合发文全覆盖,持续加大县域金融供给。推动农户小额普惠贷款,推进"农户家庭资产负债表融资模式",实现60.69万户农户基础额度授信100%全覆盖。参与丽水市普惠金融服务乡村振兴改革试验区建设,承办第四届钱塘江论坛"丽水平行峰会",发布《丽水农商银行系统普惠金融发展报告(2022)》。支持家庭农场、农民

2022年，丽水农商行承办第四届钱塘江论坛“丽水平行峰会” （舒 畅 提供）

专业合作社、农创客等新型农业经营主体发展，参与“三位一体”改革、村级集体经济“强村计划”等，帮助低收入农户增收，发放低收入农户贷款2.23亿元，惠及低收入农户2016户。助力经济稳进提质，组织金融支持百万市场主体、信贷投放攻坚、增户扩面夯基提质、首贷户拓展三年行动计划等专项行动，开展“网格化、全覆盖”走访，累计走访市场主体29.24万家。创新小微企业链贷通、订单融资贷、仓单抵押贷、知识产权质押贷款等产品，清单式支持小微企业发展。落实减费让利政策，全年减费让利3.39亿元。

聚力发展绿色生态金融，持续加强金融助力生态产品价值实现机制建设，全市首发“林业碳汇贷”“林地地役权补偿收益权质押贷款”“取水权质押贷款”“农房流转使用权抵押贷款”等，投身“气候投融资”试点，创建“零碳金融网点”3家，生态信用贷、生态抵质押贷余额101.2亿元，成为金融助力生态产品价值实现的重要展示窗口。加强政务服务优质共享，率先全省探索“政务服务便利化”项目，与市行政服务中心、市大数据局打造“就近办、自助办、掌上办、上门办”的“4个办”服务模式，代办政务服务328项，全年办件26.81万件，占基层总办件量的52.61%，成为全市首家全国“社银通”标准化服务试点合作银行。助力司法领域跨区域“最多跑一次”，与市中级人民法院共建“共享法庭”28家，联合推出“诚信履行贷”“重整贷”等专项产品，联合开展“终本库存案件出清专项行动”等。助力市市场监管局把更多的农贸市场及商户纳入食品溯源监管系统。创新数字金融场景建设，打造智慧菜场、智慧医疗、智慧校园、智慧停车、智慧茶城、智慧菇城等系列项目，助力市场监管局打造“放心消费”平台；助力市医保局把更多的定点医药机构纳入“医保监管系统”，为百姓提供便捷民生金融服务。

加强风险管控，除险保安严守底线，规范公司治理机制，坚定支农支小战略定位，坚持做小做散；建立健全“三会一层”治理架构，加强董事会履职，增强监事会监督作用；制定党委前置研究讨论事项清单。加强重点领域防控，持续完善风险合规监测机制，建立“T+1”（事件发生的次日）智能风险监测日报机制，汇编涵盖各类风险点的《风险合规管理问题集》。建立大额贷款风险分析会制度、小额个贷回访机制等，持续健全听证问责、责任认定等内部管理机制，研判风险形势。守牢内控严守底线，落实案防“一把手”责任制，层层签订案防责任书，推进“清廉金融文化深化年”活动，落实员工行为网格化监督机制，加强员工行为管理；督导各行更新风险处置预案，加强舆情监测和声誉风险防控，确保全年安全经营无事故。

发展红色金融，与各部委办局开展合作，融入市委、市政府改革发展大局，被市委组织部授予“共富党建联盟合作银行”称号，联合发布红色互动“七个一”服务举措，创新“红耀绿谷贷”，开展党建联建，向全市365家星级党组织企业发放贷款29.22亿元。提升队伍服务能力，构建“走出去”“请进来”服务体系，建强干部员工队伍，打造“数据支撑+移动设备+人员下沉”数字化服务模式，做到走访清单式、网格化、全覆盖。推广智慧厅堂服务系统和积分系统运用，开展“比拼在大堂”活动，加强部署智能柜员机，推进网点数字化、智能化转型，提升厅堂服务效能。推动三能机制优化，推进能上能下、能高能低、能进能出“三能”机制建设，推进干部队伍优胜劣汰；全面优化资源配置，推进薪酬体系改革，加强客户经理队伍建设，队伍战斗力提升。 （舒 畅）

【中国邮政储蓄银行丽水市分行】 2022年底，中国邮政储蓄银行丽水市分行（简称市邮储银行）资产总额339.18亿元，比上年增长8.07%。全年实现自营收入5.33亿元，考核净利润1.80亿元，预算目标完成率分别排名系统内全省第七位和第九位。各项存款余额331.25亿元，增长15.99%。其中，自营个人储蓄存款余额76.38亿元，年净增5.86亿元；公司存款余额30.42亿元，年净增1.88

亿元。各项贷款余额181.76亿元，同比增长17.82%。其中，个人贷款余额138.77亿元，年净增18.49亿元；小企业贷款余额25.73亿元，年净增6.04亿元；公司贷款余额10.15亿元，年净增0.09亿元。不良贷款率0.46%，比年初上升0.17个百分点。

市邮储银行贯彻党中央国务院战略部署和上级行工作安排，以“质量第一、效益优先”为主线，统筹兼顾疫情防控和经营发展。聚焦金融天职，加大“专精特新”企业金融支持力度，贷款结余2.02亿元，服务案例在《人民日报》头版刊发；服务生态文明战略，绿色贷款增速65.67%；完成普惠贷款“两增”目标，普惠小微贷款增速21.37%，高于各项贷款增速3.56个百分点，普惠小微户数比上年新增776户；加大涉农贷款投放力度，涉农贷款增速21.01%；探索农村信用体系建设，年增信用村818个，农户信用贷款增速28.57%；开展惩治治理电信网络诈骗工作，成功堵截电信诈骗案5起，挽回客户损失9.07万元。聚焦业务转型，发展质效提升。个人客户资产管理规模年增13.43亿元，完成率系统内全省排名第七位；个人财富客户新增800户，完成率系统内全省排名第五位；私行客户新增11户，完成率系统内全省排名第三位。公司价值客户净增14户，增长率系统内全省排名第八位；公司有效客户净增72户，增长率系统内全省排名第二位。聚焦除险保安，加强风险防控。抓好不良处置工作，全年累计清收4016.24万元，完成率全省排名第四位；核销呆账176万元，不良资产证券化1239万元。推进风险经理派驻工作，履行“二道防线”监督管理职责，落实“疫情要防住、发展要安全”。

聚焦人才强行，加强干部队伍管理，完成领导人员提任6人，交流调整领导人员12人；市分行管辖专业类干部提任10人，调整交流15人次。完成全辖领导人员任期制和契约化签约工作。推进基层人才库建设，全年推荐入库117人。加强学习型组织打造，实施关爱计划、成长计划、造星计划和珠峰计划。聚焦提质增效，管理效能释放。持续优化员工队伍结构，销售类人员占比30.5%。提升客户体验，建成系统内全市首家财富中心和主题网点6家；创建老年人金融服务示范点2个，宣传视频被推选总行做案例分享。聚焦政治建设。学习中共二十大精神，开展“三廉三固”廉洁教育活动和“清廉金融文化深化年”活动。持续提升企业形象，获评丽水银保监分局2022年丽水服务最优银行、2022年丽水银行业小微金融服务先进单位和2022年丽水银行业保险业新闻信息宣传先进单位，当选丽水市银行业协会新一届会长单位；景宁县支行获全国金融五一劳动奖状。（留津津）

保险业

【概况】 2022年，丽水市保险行业协会有会员单位136家，其中，理事单位23家，财险公司13家，寿险公司10家。全年保费收入69.34亿元。其中，财产险保费收入21.84亿元，人身险保险收入47.50亿元。全辖从业人员7652人。其中，财产险2671人，人身险4981人。

推进基层党建工作，推动党建工作与中心工作融合。加强支部内部学习，落实“三会一课”，上报党建特色做法和动态信息，持续开展廉政警示教育学习。

【保险行业自律】 2022年，丽水市保险行业协会根据最新监管要求，制定《丽水市保险业摩托车交强险自律公约》，印发《丽水市摩托车交强险承保规范》《丽水市摩托车交强险投保告示》，规范摩托车交强险投保资料及流程、服务价格和收费标准，在各网点服务窗口张贴公示。开展财险公司摩托车交强险及车险领域投保难、理赔难“两难”问题专项督导；完成市本级14家保险机构、市车管所保险服务窗口以及部分县市财险机构服务窗口摩托车“三项公示”现场督导，维护摩托车险市场秩序。开展行业自律调查，查处违反《丽水市保险营销员业内流动管理自律公约》保险机构案件2起。

推进清廉金融文化建设，落实丽水银保监分局清廉金融文化深化年工作，组织各公司开展新春清廉金融文化宣传月活动、清廉金融“学典型 树标杆”之“寻访红色印记，讲述清廉故事”活动、“选树身边好榜样 汇聚清廉正能量”之“清廉保险人”等一系列主题活动，评选行业清廉机构、清廉保险人，微信公众号推送公司新春清廉活动掠影，七一期间推送甄选5件优秀讲述清廉故事短视频作品，推进清廉金融文化入脑入心，展示风清气正行业新风尚。

【消费者权益保护及服务工作】 2022年，丽水市保险行业协会与丽水市金融办共同组织开展“寻找保险生存金领取人”专项活动。向社会发布《致保险客户的一封公开信》，在《丽水日报》、“丽水发布”微信公众号等当地主流媒体刊发。通过持续组织推动、督导促达，保险机构多层面开展工作，全年度满期生存金客户领取2032件，通知待付701件，件数领取率96.47%；满期生存金客户领取

1848.53万元，通知待付485万元，生存金领取率96.79%。配合丽水银保监分局开展丽水保险业2021年十大最具影响力赔案、服务最优保险机构评选活动，树立行业标杆，提升行业美誉度。做好金融知识普及宣传教育，组织开展“3·15”保险消费者权益保护宣传周活动，开展线上线下教育宣传活动249次。推动保险机构客户服务标准窗口建设，开展标准窗口申报、复查、验收等工作，全市建成标准窗口38家，星级窗口4家，标准窗口占总服务窗口的27.14%。发挥调解功能，完善多元化纠纷解决机制。推动辖内保险机构对接法院系统开展“共享法庭”建设，打造“一站式”诉讼服务、“一站式”多元解纷、“一站式”基层治理，实现保险纠纷解决在诉前、化解在基层，助力建设共同富裕示范区。全年辖内建立“共享法庭”服务站4个，调解案件169件。其中，线下调解案件161件，线上调解案件8件。全年银行保险调解委员会调解保险案件307件，调解申请总金额4199万元，其中调解成功件数267件，调解成功件申请总金额3723.94万元，调解成功达成金额2835.94万元。

【保险行业监管辅助作用】 2022年，丽水市保险行业协会做好“6·18”大暴雨预警提醒，向辖内保险公司转发市防汛办《防汛风险提示单》；启动庆元县、龙泉市暴雨灾害应急预案；收集统计暴雨灾害数据，会同丽水银保监分局保险科到龙泉调研指导暴雨大灾救援理赔工作；组织保险机构做好台风“梅花”抗台防汛工作等。对接市金融办，做好《丽水政保合作创新项目立项评审办法（试行）（征求意见稿）》等3份征求意见稿的意见反馈、支持地方经济业绩考评、政保合作总结的报送等工作。按市应急管理局要求，出具《丽水市应急管理局关于公布行政规范性文件清理结果的通知（送审稿）》合法性审核意见。加强与公安、司法机关、丽水仲裁委等交流合作，推进保险反欺诈和消费者依法维权事宜。对接交警推进“警保联动”再加强，国庆、春节期间联合组织市级14家财险公司在高速路口设立“警保联动心服务站”，为群众假期出行提供轻微事故快处快赔、旅途救助等便民服务。

【保险宣传服务】 2022年，协会通过媒体开展内外宣传，提升行业正能量。在《丽水日报》整版刊登“丽水银行业保险业亮出服务实体经济高分报表”文章，树立行业形象；协会自有媒体“丽水保险”微信公众号信息推送信息78期、116篇。全年保险业订阅《中国银行保险报》230份。联合丽水市银行业协会举办《丽水市银行业保险业从业人员金融违法犯罪案件警示教育》培训会，宣导合规经营、合规从业价值理念。全年对经营困难的3家公司、18家会员单位减免会费6万元。
（李　莉）

【人保财险丽水市分公司】 2022年，中国人民财产保险股份有限公司丽水市分公司（简称人保财险丽水市分公司）有区、县支公司9家，内设区县级经营单位3家，本级职能管理部门14个，在职员工847人，其中公司用工519人，其他用工328人，开办门类齐全的财产保险、机动车辆保险、船舶货运保险、责任保险、信用保证保险、意外健康保险等险种。全年实现保费收入12.54亿元，比上年增长10.01%，增量保费1.14亿元，占全行业增量比重92.8%。高于同期全市GDP增速6.01个百分点，成为丽水财险业首家突破12亿元的保险公司。累计提供各类风险保障2.51万亿元，比上年提升9.1%；缴纳各项税收1.03亿元，新增就业岗位81个。全年处理各类赔案203.49万件，累计赔款11.89亿元，比上年增长20.49%，其中庆元“6·18”、龙泉“6·20”暴雨灾害支付各类赔款9542万元，全市水稻旱灾，为17833户农户支付赔款3042万元。

加强对景文高速工程、景宁金村水库、丽水机场工程、云和G235、青田330国道等重大工程建设项目的跟踪服务和配套支持。对接和融入丽水311工程圈建设，制定《丽水综合交通项目推进计划表》，全方位跟踪项目88个。9月，落地全市首单碳配额保险业务，推进“生态经济化、经济生态化”，助力企业低碳转型；创新开展市首个农业生产全成本险种——水稻完全成本保险，推进水稻保险由物化向全成本的拓展。全年全市水稻承保面积2.77万余公顷，惠及农户8.1万户，累计保障额度5.68亿元，覆盖面居全省主产区首位。优化完善“浙丽保”商业补充医疗保险，项目参保率连续2年位居全国第一。至年底，项目累计享受报销待遇95.86万人次，累计赔款超过3亿元，单人最大赔款89.62万元，报销额在10万元、50万元以上的重大疾病综合保障率分别提高34%、41%，破解群众因病致贫、因病返贫难题；落地丽水首个巨灾保险项目，累计保额1.75亿元，提供365天、24小时全天候便捷式理赔服务。助力加强知识产权“全链条”保护工作，累计为15家企业、110余项专利技术，提供超过2536万元的风险保障。入选全省首批人才科技保险公司，开发专属保险产品，降低科技型企业的试错成本，融入“科技、产业、金融”的良性循环。推动建筑施工行业安全生产责任险，至年底，承保项目883个，累计提供风险保障超过32.59亿元，开展安全检查服务866次；加强“警保联动”，在县域“两站两员”全覆盖、道路联合巡查、事故线上联动快处、车驾管代理服务、联手惩治交通违法和欺诈等方面取得实效。（周全鑫）

【中国人寿丽水分公司】 中国人寿保险股份有限公司丽水分公司（简称中国人寿丽水分公司）拥有遍及全市的机构网点和服务网络，县（市）支公司8家，营销服务部9个，至年底，有员工259人，销售人员1446人。公司通过个人营销、团体直销、银行代理、网络销售等渠道，为社会大众提供生存、养老、疾病、医疗、身故、残疾等保险保障与服务。全年实现保费收入15.43亿元，市场份额35.31%，继续引领寿险行业发展。公司坚持党建引领，把全面从严治党向纵深推进，通过举办专题培训会和规范开展党内组织生活、“三会一课”和主题党日活动，加强党员发展和日常管理，推动党建与业务、人才培养的深度融合。助力乡村振兴，持续开展缙云县方溪上陆村、景宁县毛垟乡沙垟村、景宁县英川镇岗粗岭村、庆元县淤上乡外童村等结对单位精准帮扶及“一户一策一干部”等主题帮扶活动。加强政保合作，持续开展大病保险、“浙丽保”、农村小额保险、计生系列等项目，承办外伤调查经办项目，维护医保基金安全，发挥保险业的社会治理功能。以“诚实守信、客户至上”为服务理念，践行服务承诺，服务细节优化提升，优化服务环境，发挥科技赋能作用，打造智能化柜面，适老服务升级，提升客户服务体验。加大科技对销售、运营和客户服务的支持力度，持续推进“浙里办”和理赔直付服务。加强消费者权益保护，改善客户体验，市公司被丽水银保监分局评为“2022年丽水保险业服务最优保险机构”“2022年丽水保险业推进政保合作项目先进单位”“2022年丽水银行业保险业支持共同富裕先进单位”；景宁县支公司获评2022年“放心消费金融网点”；青田县支公司获青田县2022年度保险业金融机构支持地方经济发展业绩考评一等奖及地方发展特殊贡献奖。全年赔付案件12.32万件，赔付金额1.82亿元。推动客户经营计划，提供创业和就业平台。被中国人民银行丽水市中心支行命名为2022年度丽水市“反洗钱示范单位”，是丽水市唯一一家获此称号的保险公司。（胡宸瑜）

【太保财险丽水中心支公司】 2022年，中国太平洋财产保险股份有限公司丽水中心支公司（简称太保财险丽水支公司）全年实现保费收入3.86亿元，市场份额15.3%，稳居全市财险市场第二位。响应丽水市委、市政府关于开展保险服务经济社会发展工作要求，发扬浙西南革命精神，发挥保险服务实体经济的作用，参与政保合作项目，开发新型险种，丰富产品结构，探索解决脱贫问题途径，推进乡村振兴工作，被评为2022年丽水保险业推进政保合作项目先进单位。公司首创的“灵芝种植保险”在龙泉市落地，保障金额184.5万元；开发新型险种“龙泉茄”价格指数保险，为当地知名蔬菜品种——“龙泉茄”种植户因受价格波动带来的风险撑起“保护伞”，首批试点“龙泉茄”种植面积133.33余公顷，提供风险保障2000万元；签发全省首单林木碳汇价格指数保险，提供风险保障1357.2万元；参与各县市政府出资的农批农贸市场和农村家宴食品安全责任保险项目，独家承保遂昌县、景宁县、松阳县、青田县食品安全责任保险，并配合政府推进学校配送餐等食品企业安全责任险，提供风险保障2亿元。对承包区域及企业开展安全风险管理、业务培训、公益宣传、督促检查等防灾防损活动，发挥保险社会治理功能；面对庆元“6·18”、龙泉“6·20”暴雨灾害，公司合理调度，结案迅速。一周时间庆元案件结案率100%。（王一智）

【太保寿险丽水中心支公司】 2022年，中国太平洋人寿保险股份有限公司丽水中心支公司（简称太保寿险丽水中心支公司）实现总保费收入5.02亿元，保费首次突破5亿元，同比增长3.59%，占当地市场份额11.48%，继续保持第四位。新保保费收入1.54亿元，受理审核并结案理赔案件3118件，累计赔款给付0.41亿元。公司致力于提供基于客户全生命周期的风险保障解决方案，覆盖人寿保险、年金保险、健康保险、意外伤害保险等领域。围绕客户需求，打造责任、智慧、温度的“太保服务”品牌，在“保险+健康管理”方面，持续完善以“太保蓝本”为代表的健康服务体系；在“保险+养老服务”方面，构建“太保家园”养老社区。加快人工智能和大数据等新技术应用，推进投保、核保、理赔、客服等运营服务全流程的数字化、智能化，提升客户服务体验和运营效能，保障保险消费者的合法权益。（沈　丹）

【平安产险丽水中心支公司】 2022年，中国平安财产保险股份有限公司丽水中心支公司（简称丽水平安产险）践行“以人民为中心”的立业初心，依托平安集团综合金融优势，实现业务稳步攀升，服务创新优化。全年实现保费收入2.75亿元，纳税额3844万元，累计为19.06万户个人客户、0.69万户企业客户提供保险保障，获评2022年度丽水保险业服务最优保险机构、2022年丽水银行业保险业支持乡村振兴先进单位、2022年丽水银行业保险业消费者权益保护先进单位称号。

丽水平安产险投身浙江共同富裕示范区建设，以党建为纽带，推动保险、金融下乡，通过开发乡村振兴保、溯源保险等特色产品，为共建乡村提供风险保障，利用线上平台拓宽销售渠道，提升农民收入，助力解决农村发展问题。至年底，丽水平安产险在缙云庙下村、遂昌大茂坑村、庆元大济村、景宁葛山村落地共建乡村。在保险保障方面提供“劳有所得、险有所保、老有所养、医有所护”的保险服务，发挥保险“稳定器”作用。落实服务稳经济一揽子政策工作要求，为运输业纾困解难，保通保畅。迭代技术能力，依托平安好车主App科技与场景融合，实现丽水市内600余家合作网点深度连接，构建车服务生态圈，累计服务30万余户用户。创新推出“一键理赔”“预约修车”“人伤先赔后治”等服务，实现在线报案、AI智能定损、理赔款即时到账。全年处理线上车险理赔案件超过1.27万件。践行社会公益服务，在“五一”、高考、国庆等节假日期间，开展“高速护航”、停车关爱、高温送清凉等公益活动；开展党员志愿行动、“3·15”金融消费者权益保护教育宣传周活动、反洗钱宣传活动、非法集资宣传活动、“7·8”扶贫健步走公益活动、金融知识宣传活动等；参与创建文明城市工作。（吴蓉蓉）

【平安人寿丽水中心支公司】 2022年，中国平安人寿保险股份有限公司丽水中心支公司（简称平安人寿丽水中心支公司）累计原保保费收入5.87亿元，同比增长4.33%，丽水市市场份额13.44%，排名第二位，其中个人代理渠道保费收入5.53亿元，同比增长10.57%，增速超市场7.38个百分点。赔付支出1.03亿元，同比增长8.60%。在职代理人数555人。

平安人寿丽水中心支公司落实“三到位一处理”的客户投诉案件处理要求，消费者合理诉求解决到位，不合理诉求思想教育和解释到位，人民群众生活困难帮扶到位，行为违法必须依法处理。参与惩治黑产代理行动，收集代理退保线索30余条，配合公安机关惩治黑产，保护消费者权益，维护市场正常经营秩序。通过“3·15”消费者权益日、“7·8”全国保险公众宣传日、“金融知识普及月”等宣传活动，并结合反电信网络诈骗知识，采用线上线下相结合的方式，向消费者特别是老年人普及金融知识，增强反诈意识。联合丽水公益组织——侠姐工作室对困境儿童开展“德不孤·欢乐绘·伴成长”公益活动。开展给环卫工人送清凉的公益活动，参与创建文明城市工作，维护城市文明秩序。（付玲玲）

【新华保险丽水中心支公司】 2022年，新华人寿保险股份有限公司丽水中心支公司（简称新华保险丽水中心支公司）有县（市）支公司2家，营销服务部4个，内设业务部5个，职能管理部门10个。至年底，内勤员工71人，销售人员624人。全年实现保费收入5.79亿元，比上年增长2.53%，市场份额占比13.24%，累计赔付10551.93万元，平均理赔申请支付时效0.56天，获丽水银保监分局2022年度消费者权益保护先进单位、2022年放心消费金融网点称号。

2022年，新华保险坚持“党领导一切”，学习宣传贯彻中共二十大精神，坚持全面从严治党战略方针，推动党建和业务融合，推进清廉文化建设，加强合规运营，筑牢发展根基，保护消费者合法权益。践行“保险姓保”理念，聚焦主责主业，坚持以客户为中心，提供保险产品和保险服务。打开“双险并行，渠道并重”新思路；做优服务品质，践行“快理赔、优服务”服务内涵；推动科技赋能，围绕数据中心建设、新核心系统和做新掌上新华App为消费者提供保单基础服务和差异化的附加值服务。发挥保险保障优势，支持经济社会发展和民生福祉且全面践行社会责任，投身于扶贫、教育、环境等领域，逐步形成“保险产品+公益平台+志愿服务”的独特公益模式。全年开展公益活动46场，涵盖环卫工人、乡村振兴、防疫保障、敬老爱幼等领域，为丽水市环卫工人送出意外伤害保险保额1.988亿元，惠及环卫工人1988人次，服务地方经济社会发展大局。（麻蓓）

证　券

【概况】 2022年，丽水市证券期货行业在协会登记的证券公司有财通证券丽水分公司、浙商证券丽水分公司2家，有证券营业部24家，期货营业部3家。至年底，丽水辖区内证券开户数401237户。其中，新增开户数36729户，证券交易额累计8242.45亿元。证券机构服务地方经济发展，通过债券承销发行、股票质押等方式为丽水企业融资，全年累计承揽发行企业债券融资100亿元。（李沛佩）

【银河证券】 2022年，银河证券丽水营业部全年新开5669户，新增资产6000万元，客户总资产50亿元。全年交易量925.40亿元，股基债交易量731.03亿元。全年财富星——股票签约313户，增量佣金65.77万元。财富星——配置签约386户，日均委托规模3889.10万元。全年实现收入3197.32万元，净利润1271.38万元。为国家和地方实现税收286.24万元。至年底，开立融资融券信用账户2718户，日均融资余额3.68亿元。参与北京证券交易所业务，发展港股通、融资融券业务；针对风险测评保守型客户，推出金自来、水星、天天利系列、金山银河系列等固定收益类理财产品。力推雪球、香草等新型理财工具及财富星智能管家理财服务。通过走访社区，开办股民学校，举办投资者教育讲座、柜台宣传、发送投教短信等活动，进行理财知识普及，引导投资者树立理性投资理念。增强社会公众防范非法证券活动的意识，提高识假防骗能力。获公司级“2022年度优秀投教营业部”称号。 （甘雨婷）

【浙商证券】 2022年，浙商证券丽水分公司坚定发展信心，聚焦全年工作任务，踔厉奋发、逆势奋进，整体经营稳健有序。全年实现A股交易额1771.98亿元，占比全市31.63%（数据来源浙江证券业协会）。根据浙商证券助力浙江“山区26个县”高质量发展统一部署，推动与缙云县人民政府、青田县人民政府、龙泉市人民政府签订战略框架协议，支持辖区国有资本、国有企业做大做强，促进实体经济发展。全年发行缙云县国有资产投资经营有限公司债5亿元、丽水市文化旅游投资发展有限公司企业债二期7亿元、丽水市南城新区投资发展有限公司债4亿元。响应青田县人民政府上市公司限售股减持政策，完成减持15亿元，实现税收2.35亿元。推动辖区4家国资平台参与浙商期货混改项目，签约投资金额2亿元，助力国有资产保值增值。联合辖区政府开展业务交流会，指导企业科学套期保值。通过浙商证券红烛教师奖励计划，鼓励支持乡村教师群体。全年全市入选第一批次奖励计划名单教师38人。为仙渡乡仙渡小学、幼儿园捐款购置校服，助力儿童快乐学习、健康成长。浙商证券丽水分公司获2021年度“丽水市金融支持地方经济发展”一等奖。浙商证券丽水分公司团支部获评浙江省青年文明号。 （钟剑佩）

【中信证券】 2022年，中信证券股份有限公司丽水寿尔福路证券营业部以“专业创造价值”为经营理念，以优质服务推动业务开展，各项工作规范运作，业务平稳发展。全年股票交易量324亿余元，新增开户数2823户，上缴国家和地方税收496.55万元，为客户提供各类金融产品2.13亿元；与公司总部协同完成各类综合业务，中标本地国有企业PPN项目15亿元。加强投资者的知识宣传和风险教育，通过投资者教育园地持续展示、开展外部专题宣传活动等渠道，引导投资者树立正确的投资理念，增强风险防范意识。 （危　欣）

【财通证券】 2022年，财通证券股份有限公司丽水分公司学习贯彻中共二十大、省第十五次党代会和市五届二次全会精神，紧扣“服务大局、争创一流、除险保安”三大总目标。全年实现A、B股交易量805.54亿元，新增开户10601户，产品销售量10亿元（剔除货币基金），上缴国家和地方税收1095万元。与遂昌县、缙云县和景宁县政府签署战略合作协议，与龙泉市政府签订营业部入驻招商协议，助力各县市经济跨越式高质量发展。全年为青田县水利发展投资有限公司、青田经济开发区投资发展有限公司、缙云县城市建设投资有限公司、浙江丽缙五金科技产业开发有限公司、景宁畲族自治县国有资产控股集团有限公司5家平台公司完成整合与AA评级，助力缙云县国有资产投资经营有限公司发行县城新型城镇化建设专项企业债券第一期5.4亿元，助力龙泉市国资控股有限公司发行公司债券5.2亿元，助力青田国有资产控股集团有限公司发行6亿元离岸债券，实现浙江省山区26个县境外债零的突破。与遂昌拟上市企业浙江双彩新材料有限公司签约资本市场合作协议；为缙云大央泱生态农业有限公司完成丽水市首单生猪“保险+期货”套保产品落地；出资100万元，与青田县金融发展中心共同搭建首家县域省级投资者教育基地。以财务顾问身份配合青田县政府参与上市企业“起步股份”的资金纾困服务；由财通证券丽水分公司牵头的丽水市金融顾问工作室获2022年“浙江省优秀金融顾问工作室”称号。分公司青年骨干、团员组成青年金融服务团，走进企业、社区和学校，全年组织投资者教育讲座55场，普及金融知识，开展反诈宣传。 （张小蓉）

旅 游 业

旅游市场管理

【概况】 2022年，市文广旅体局打造"世界一流生态旅游目的地、中国山地休闲旅游度假目的地"的工作目标，构建与现代旅游产业体系相适应，结构优化、竞争力强的文旅行业新体系。聚焦重点领域，推进文旅市场"三不"问题、防汛防台、消防等问题的大排查大整治专项行动及督导检查，坚定守好安全生产底线。坚持依法行政，围绕法治建设推进文化和旅游领域治理体系和治理能力现代化，推进"放管服"向纵深发展。

【旅游行业发展】 2022年，全市新获评五星级旅游饭店2家、四星级旅游饭店1家，国家绿色饭店金树叶级2家，浙江省特色文化主题饭店金鼎级1家，浙江省品质饭店银桂级1家，复核通过10家星级旅游饭店。3名导游参加浙江省导游大赛，获三等奖1人、优秀奖2人。

2022年丽水市旅游饭店一览表

表21

序号	饭店名称	星级	地址	备注
1	丽水东方文廷酒店	5	丽水市莲都区人民街688号	金桂级品质酒店 金树叶级绿色旅游饭店
2	浙江丽水华侨饭店	5	丽水市莲都区丽阳街651号	银桂级品质酒店 金树叶级绿色旅游饭店
3	景宁天元名都大酒店	5	景宁畲族自治县红星街道办舍路318号	—
4	遂昌凯兴开元名都大酒店	5	丽水市遂昌县妙高街道古院名都花园	—
5	景宁畲乡鸿宾大酒店	4	景宁畲族自治县红星街道团结西路129号	金桂级品质酒店 金鼎级特色文化主题饭店 银树叶级绿色旅游饭店
6	缙云县中维香溢大酒店	4	缙云县五云街道仙都路99号	银桂级品质酒店 银树叶级绿色旅游饭店
7	松阳天元国际酒店	4	丽水市松阳县西屏街道长虹东路138号	银树叶级绿色旅游饭店
8	浙江润泽大酒店	4	丽水市青田县鹤城街道新大街8号	银树叶级绿色旅游饭店
9	云和华威酒店	4	浙江省丽水市云和县浮云街道仙宫大道8号	银树叶级绿色旅游饭店
10	遂昌元立国际饭店	4	遂昌县东街95号	银树叶级绿色旅游饭店
11	庆元明悦大酒店	4	丽水市庆云县濛洲街道濛洲街211-8号	金树叶绿色饭店
12	松阳隐巷艺术酒店	3	丽水市松阳县水南街道要津南路53号国宇大厦隐巷艺术酒店	银桂级品质酒店
13	龙泉市将军大酒店	3	丽水市龙泉市龙渊街道东茶路668号将军大酒店	银桂级品质酒店 银树叶级绿色旅游饭店
14	龙泉大酒店	3	浙江省龙泉市新华街83号	银树叶级绿色旅游饭店

续表21

序号	饭 店 名 称	星级	地址	备 注
15	龙泉市南国花园酒店	3	浙江省龙泉市剑川大道155号	银树叶级绿色旅游饭店
16	青田侨乡国际大酒店	3	浙江省丽水市青田县瓯南街道江南大道108号	银树叶级绿色旅游饭店
17	丽水市新世界大酒店	3	丽水市丽青路219号	银树叶级绿色旅游饭店
18	金矿黄金大酒店	3	浙江省丽水市遂昌县濂竹乡花园岭	银树叶级绿色旅游饭店
19	遂昌县红星坪温泉度假村	3	遂昌县湖山乡红星坪村	金鼎级特色文化主题酒店
20	遂昌汤公度假酒店	3	遂昌县君子路与水阁路交叉口	银树叶级绿色旅游饭店
21	遂昌凯恩大酒店	3	浙江省丽水市遂昌县妙高街道北街1号	银树叶级绿色旅游饭店
22	云和县云和大酒店	3	浙江省丽水市云和县府前路8号	银树叶级绿色旅游饭店
23	丽水市莲城宾馆	3	丽水市丽阳街254号	银树叶级绿色旅游饭店
24	浙江丽水东方宾馆	3	浙江省丽水市莲都区中山街433号	银树叶级绿色旅游饭店
25	丽水市现代广场大酒店	3	浙江丽水市大洋路598号	银树叶级绿色旅游饭店
26	庆元国际大酒店	3	浙江省丽水市庆元县濛洲街道濛洲街201号	银树叶级绿色旅游饭店
27	遂昌南尖岩山庄	3	遂昌县王村口村石笋头村	—
28	丽水新飞达大酒店	3	丽水市莲都区中东路848号	—
29	庆元山水九章大酒店	3	丽水市庆元县濛洲街道西演村新中路1号1幢	—
30	景宁正明酒店	3	景宁县人民北路111号	—
31	景宁凤凰国际大酒店	3	景宁县人民北路188号	银桂级品质饭店
32	丽水辉煌大酒店	3	丽水市南明山街道绿谷大道208号	—
33	松阳中澳大酒店	2	松阳县长虹中路85号	—
34	松阳箬寮山庄	2	丽水市松阳县安民乡李坑村	—
35	龙泉信用宾馆	2	龙泉市公园路70号	—
36	景宁鸿宾大酒店	2	景宁畲族自治县人民中路68号	—
37	丽水叁拾伍艺舍酒店	—	浙江省丽水市莲都区北环路288号	金鼎级特色文化主题酒店
38	浙江松泰酒店	—	丽水市松阳县水南街道要津南路56号	银桂级品质酒店 银树叶级绿色旅游饭店银鼎级特色文化主题酒店
39	青田侨乡世茂大酒店	—	青田县鹤城街道平演村高湾1号-1	银桂级品质酒店 金树叶级绿色旅游饭店
40	龙泉市金沙温泉酒店	—	龙泉市剑池街道青瓷博物馆北面	银桂级品质酒店 银树叶级绿色旅游饭店银鼎级特色文化主题酒店
41	遂昌县久宿文化酒店	—	遂昌县妙高街道东街38号	银桂级品质酒店
42	龙泉市红豆林酒店	—	龙泉市西街街道清风路2号	银桂级品质酒店 银树叶级绿色旅游饭店银鼎级特色文化主题酒店
43	丽水市和隐酒店	—	丽水市莲都区学院路36号402室	金树叶级绿色旅游饭店银鼎级特色文化主题酒店
44	丽水市智选假日酒店	—	浙江省丽水市莲都区人民路886号	银树叶级绿色旅游饭店
45	龙泉国际大酒店	—	浙江龙泉市剑池东路29号	银树叶级绿色旅游饭店
46	松阳县旭日摄影主题酒店	—	松阳县西屏街道长虹中路2号	银树叶级绿色旅游饭店银鼎级特色文化主题酒店
47	丽水万廷大酒店	—	丽水市莲都区丽阳街699号	金树叶级绿色旅游饭店

【旅游行业助企纾困】 2022年，全市旅行社暂退质保金总额530万元，愿退尽退、应退尽退完成率100%。完成旅游行业多项纾困政策补助426.15万元。其中，2021年终身金牌导游专项奖励16万元；2022年度促返岗保用工助力“开门红”补贴1.44万元；2021年品牌饭店奖励150万元；2021年旅行社地接奖励142.47万

元；2022年市本级旅行社1—6月困难补助50.84万元；2022年市本级文旅企业防疫消杀补贴54万元；2022年度市本级一线专职导游生活补贴11.4万元。

【文旅市场安全】 2022年，市文广旅体局制订《丽水市文化和广电旅游体育局防汛防台应急预案》和《丽水市文化和广电旅游体育系统防汛防台专项工作指南》，以制度规范化引领文旅系统防汛防台工作。6月，在缙云仙都主景区开展极端天气景区应急疏散和景区关停演练，全方位提高文旅行业汛期处置突发事件的能力，增强全市文旅行业防汛防台的责任意识和风险意识。紧扣中共二十大召开等重要时间节点，开展"除险保安"安全生产问题隐患专项整治行动、文旅领域暗访督查行动等多轮安全检查，下发《丽水市文广旅体系统防汛防御警示函》《市文广旅体局二十大重保期安全防范风险警示单》等重要提示性信息，以高度的警觉做好文旅市场安全生产工作。

【文化旅游体育领域"最多跑一次"】 2022年，完成行政许可事项119件，其中旅行社新设立9家，内资演出经纪机构设立2件、延续换证1件，经营性互联网文化单位延续换证审批1件，体育游泳馆新设立6家，市、县级文物保护单位修缮许可2件，市级文物保护单位建设控制地带内建设工程设计方案许可(非投资类)1件，省级行政区域内经营广播电视节目传送(有线)业务审批(变更)1件，广播电视节目制作经营单位变更1件，导游证核发96本；备案事项21件，其中旅行社变更17家，旅行社注销3家，国有文物收藏单位之间借用馆藏文物备案1件；行政确认事项221件，其中二级运动员资质审批190人次，一级运动员审核转报31人次。无差评件、无超期办结件、无超期未办件，好评率100%。制作全局政务服务事项办事指南的二维码，其中导游证核发、国家二级运动员等级技术评定等七项高频审批事项印发纸质办事指南，推进"放管服"向纵深发展。

旅游资源开发与产品建设

【概况】 2022年，市文广旅体局实施文旅扩大有效投资专项行动，紧盯15个省"4+1"工程项目和35个省"四十百千"项目，项目建设与招商引资工作稳中有进。花园路精品酒店、那云天空之城等项目建成开放，郎奇白桥康养旅游、缙云城市滨江休闲服务中心、松阳清露乡隐旅游度假区等项目稳步推进。

【文旅项目招引建设】 2022年，全市在建实施文旅项目282个，总投资1530.64亿元，年度投资计划428.99亿元，累计实际完成投资457.42亿元，较2021年同期增长45.55%，完成年度计划的106.63%。新签约文旅项目28个，总签约额130.08亿元；签订意向、框架协议21个，签约额108.16亿元；签订正式协议7个，签约额21.92亿元。

【"微改造　精提升"行动】 2022年，全市文旅行业按照"全域覆盖、点面结合、统筹推进、以人为本"原则，完成275个微改造示范点改造，微改造项目总数1481个，当年计划投资66亿元，实际完成投资65.9亿元，投资完成率99.8%。推进民宿微改造工作，创建省级白金宿1家，金宿1家、银宿24家，文化(非遗)民宿3家。

【高等级景区(旅游度假区)创建】 2022年，遂昌金矿国家矿山公园被列入国家AAAAA级旅游景区意向名单，瓯江风情旅游度假区被列入国家级旅游度假区意向名单。云和梯田景区、遂昌金矿景区、瓯江风情旅游度假区、景宁畲族风情旅游度假区被列入第一批山区26个县"造月工程"培育名单。龙泉宝剑厂景区通过国家AAAA级旅游景区景观价值评审。丽水市博物馆、缙云县博物馆、遂昌关雎文化园创成国家AAA级旅游景区。

【乡村旅游】 2022年，松阳县三都乡上田村和青田县方山乡龙现村入选第四批全国乡村旅游重点村，松阳县四都乡入选浙江省旅游助力乡村振兴案例。浙江省乡村旅游高质量发展大会暨万户农家旅游致富计划启动仪式活动在遂昌县召开，会上浙江省文化和旅游厅授予丽水市"乡村旅游产业转型升级试点市"称号。遂昌县王村口村省级红色旅游教育基地通过复核。遂昌县申报浙江省红色旅游融合发展试点，编制完成《遂昌县红色旅游融合发展试点实施方案》。

【旅游建设和产业融合基地建设】 2022年，龙泉市泉灵谷生物科技有限公司、浙江蜂皇谷农业开发有限公司被评为省级中医药文化养生旅游示范基地；浙江科达生物科技有限公司被评为省级工业旅游示范基地；丽水莲丰享绿色农业科技有限公司等10家被评为浙江省采摘旅游体验基地，其中AAA级1家，AA级9家；浙江和信玩具集团有限公司被评为省级文化产业示范基地；松阳老街入选第

2022年丽水市国家A级旅游景区一览表

表22

市县区	序号	景区名称	等级	景区地址	电话
缙云县	1	仙都景区	AAAAA	缙云县仙都街道鼎湖村	3012861
遂昌县	2	丽水市遂昌金矿国家矿山公园	AAAA	遂昌县濂竹乡花园岭	8146488
遂昌县	3	丽水市遂昌南尖岩景区	AAAA	遂昌县王村口镇石笋头村	8126018
龙泉市	4	丽水市龙泉山旅游区	AAAA	龙泉市龙南乡	7755888
遂昌县	5	丽水市遂昌县神龙飞瀑景区	AAAA	遂昌县安口乡桂洋林场	8366777
景宁县	6	丽水市景宁中国畲乡之窗景区	AAAA	景宁县大均乡大均村	5088567
青田县	7	丽水市青田石雕文化旅游区	AAAA	青田县鹤城街道	6512887
莲都区	8	丽水市东西岩景区	AAAA	莲都区老竹镇东西岩	2186819
缙云县	9	丽水市缙云仙都黄龙风景区	AAAA	缙云县五云镇黄龙景区内	3128333
景宁县	10	丽水景宁云中大漈景区	AAAA	景宁畲族自治县大漈乡	5066110
遂昌县	11	丽水市遂昌千佛山景区	AAAA	遂昌县石练镇黄皮村	8522999
青田县	12	丽水市青田石门洞景区	AAAA	青田县高市乡石门洞林场	6503683
云和县	13	丽水云和梯田景区	AAAA	云和县崇头镇	5156688
云和县	14	丽水市云和湖仙宫景区	AAAA	云和县紧水滩镇	5141173
庆元县	15	丽水市庆元百山祖景区	AAAA	庆元县百山祖镇车坑村	6133333
松阳县	16	丽水市箬寮原始林景区	AAAA	松阳县安民乡李坑村	8095288
莲都区	17	丽水市古堰画乡景区	AAAA	莲都区大港头镇渡南路31号	2577297
龙泉市	18	丽水市中国青瓷小镇•披云青瓷文化园景区	AAAA	龙泉市上垟镇木岱口村	7398253
松阳县	19	松阳大木山茶园景区	AAAA	松阳县新兴镇横溪村	8013788
龙泉市	20	龙泉宝溪景区	AAAA	龙泉市宝溪乡溪头村	7421339
庆元县	21	庆元巾子峰森林公园	AAAA	庆元县屏都镇八都大街18号	6136160
松阳县	22	松阳松阴溪景区	AAAA	松阳县水南街道	—
松阳县	23	松阳双童山景区	AAAA	松阳县水南街道岩下村	8055699
缙云县	24	缙云河阳古民居景区	AAAA	缙云新建镇河阳村	3172808
龙泉市	25	龙泉住龙景区	AAAA	龙泉市住龙镇住溪村	7181306
青田县	26	青田县阜山清真禅寺旅游区	AAA	青田县阜山清真禅寺	6601169
遂昌县	27	遂昌竹炭博物馆	AAA	遂昌县上江工业园区	8185218
遂昌县	28	遂昌红星坪温泉度假村	AAA	遂昌县湖山乡红星坪村	8155158
龙泉市	29	龙泉白云岩景区	AAA	龙泉市西街街道下樟村	7763655
缙云县	30	丽水市缙云大龙门景区	AAA	缙云县壶镇镇大龙门景区	3550303
景宁县	31	丽水市景宁中国畲族博物馆	AAA	景宁县鹤城镇	5096381
遂昌县	32	遂昌长濂村	AAA	遂昌县云峰街道长濂村	8195798
遂昌县	33	遂昌高坪新村	AAA	遂昌县高坪乡高坪新村	13735928717
龙泉市	34	龙泉宝剑厂	AAA	龙泉市大沙工业区	7218369
松阳县	35	松阳象溪一村景区	AAA	松阳县象溪镇象溪一村	—
松阳县	36	松阳李坑村景区	AAA	松阳县安民乡李坑村	8095528
云和县	37	云和小顺景区	AAA	云和县石塘镇小顺村	5520833
莲都区	38	莲都诗画利山景区	AAA	莲都区大港头镇利山村	2278128
莲都区	39	莲都区西城广场	AAA	莲都区学院路36号	2183995
遂昌县	40	遂昌独山村	AAA	遂昌县焦滩乡独山村	8451003
庆元县	41	庆元月山村	AAA	庆元县举水乡月山村	6196557

续表22

市县区	序号	景区名称	等级	景区地址	电话
松阳县	42	松阳古驿界首旅游区	AAA	松阳县赤寿乡界首村	649517
缙云县	43	缙云笕川花海景区	AAA	缙云县新建镇笕川村	3173535
龙泉市	44	龙泉青瓷博物馆	AAA	龙泉市剑川大道258号	7129071
龙泉市	45	龙泉兰巨现代农业观光园景区	AAA	龙泉市兰巨乡独田村	7761663
龙泉市	46	龙泉市沈广隆铸剑园景区	AAA	龙泉市广通街88号	7122257
云和县	47	云和县长汀景区	AAA	云和县石塘镇长汀村	5520833
松阳县	48	松阳县七沐山景区	AAA	松阳县象溪镇南坑口村	8818999
缙云县	49	缙云县仁岸景区	AAA	缙云县舒洪镇仁岸村	3193881
缙云县	50	缙云县岩下石头村景区	AAA	缙云县壶镇镇岩下村	—
龙泉市	51	龙泉市唯珍堂石斛文化园景区	AAA	龙泉市西街街道周村村	7311888
庆元县	52	庆元县莲湖村景区	AAA	庆元县隆宫乡莲湖村	6012727
云和县	53	云和县梅湾景区	AAA	云和县元和街道梅湾村	5520833
缙云县	54	缙云县机床小镇	AAA	缙云县壶镇	3312573
松阳县	55	松阳云上平田景区	AAA	松阳县四都乡平田村	15957826452
青田县	56	青田石雕小镇景区	AAA	青田县山口镇永安路242号	6861254
云和县	57	玫瑰小镇景区	AAA	云和县赤石乡赤石乡村	15990823399
景宁县	58	红色毛垟景区	AAA	景宁畲族自治县毛垟乡人民政府	15988071017
景宁县	59	封金山景区	AAA	景宁县澄照乡金坵村	13867047658
庆元县	60	庆元香菇小镇景区	AAA	庆元县松源街道电商创业园	18806780565
龙泉市	61	龙泉青瓷小镇景区	AAA	龙泉市上垟镇源底村至木岱口村	15990464036
莲都区	62	莲都绿谷智慧小镇景区	AAA	莲都区城北街368号	—
云和县	63	云和黄家畲清凉景区	AAA	云和县崇头镇黄家畲村	13867048588
松阳县	64	松阳茶香小镇景区	AAA	松阳县青云路208-1号	15990864590
缙云县	65	缙云县博物馆	AAA	缙云县黄龙路140号	—
莲都区	66	丽水市博物馆	AAA	丽水市大猷街30号	—
龙泉市	67	龙泉宝剑小镇景区	AAA	龙泉市剑池街道	—
遂昌县	68	遂昌关雎文化园	AAA	遂昌县三仁畲族乡高碧街村	—
遂昌县	69	遂昌汤沐园温泉景区	AAA	遂昌县大柘镇大田村	8151978
龙泉市	70	龙泉凤羽山庄景区	AA	龙泉市龙南乡西岙	7316888
青田县	71	青田太鹤公园	AA	青田县鹤城镇公园路	6823094
景宁县	72	草鱼塘森林公园	AA	景宁县草鱼塘林场	5088567
遂昌县	73	神龙谷漂流景区	AA	遂昌县垵口乡	8380008
青田县	74	青田诗画小舟山景区	AA	青田县小舟山乡小舟山村	6500933
莲都区	75	蘑幻菇林	AA	莲都区碧湖镇采桑路808号	18906780511
莲都区	76	鱼跃1919文化产业园	AA	莲都区碧湖镇碧云街862号	18805781919

二批省级夜间文化和旅游消费集聚区。浙江金棒运动器材有限公司等3家企业被评为2022年文化和旅游企业梯度培育计划领军企业，云和县奇美乐玩具有限公司等10家企业被评为2022年文化和旅游企业梯度培育计划骨干企业，浙江七彩木制工艺品有限公司等5家企业被评为2022年文化和旅游企业梯度培育计划新锐企业。持续推进文旅融合IP建设，缙云烧饼入选浙江省首批示范级文化和旅游IP名单，缙云黄帝文化、不灭窑火入选浙江省第二批示范级文化和旅游IP名单。

【全域旅游创建】 2022年，云和县创成省级全域旅游示范县，景宁县创成浙江省AAAAA级景区城，莲都区（市区）创成浙江省AAAA级景区城；遂昌创成浙江省AAA级景区城；新创成A级景区镇34家。超额完成年度创建任务。松阳县、龙泉县、遂昌县、缙云县四地进入山区26个县旅游业高质量发展实绩评价前十名。全市景区城、镇、村覆盖度达100%、84.4%、74.4%。全年全市接待游客2293.8万人次，同口径比减少12.9%；实现旅游总收入282.8亿元，同口径比减少10.2%。

旅游宣传营销

【**概况**】 2022年，市文广旅体局围绕“新媒体、新营销”，“两手硬、两战赢”，采取市场细分，培育亮点，活动促销等手段，坚持线上线下结合的方式，切实增强“秀山丽水”文旅品牌的热度和影响力，助力文旅行业健康持续发展。

【**数字文旅建设**】 2022年，市文广旅体局全面推进数字化改革“一号工程”，丽水“处州游学”一张网应用入选全省文化和旅游数字化改革最佳应用名单。“丽水山路·山民共富”自驾游公共服务协同应用获评省数字文化系统第二批优秀应用。“畅游美丽大花园”多跨场景应用、“拯救老屋”应用入选全省数字文化系统第三批优秀应用名单。“一机游丽水”数字文旅综合服务平台迭代升级项目完成终验。发布“秀山文旅·一卡通”退出准入机制，达成一机游丽水与文旅一卡通无缝衔接联通。优化丽水文旅数字中心客流数据、消费数据导入及页面设计。12月11—14日，在杭州参加首届未来数字文旅展，集中展示丽水文化和旅游数字化改革成果。

【**山海协作互动和区域旅游营销**】 2022年11月，市文广旅体局召开2022丽水文化旅游（湖州、嘉兴）文旅推介会。活动围绕全市9个县（市、区）自然风光、文化底蕴、民俗风情、新兴业态等资源，设计发布20条线路产品。丽水分别与湖州市、嘉兴市两地企业工会、疗休养组团社、线路产品企业代表沟通对接，进一步深化和拓展丽水与湖州、嘉兴两地文化旅游领域的交流合作，推动文旅“山海协作”走深走实，持续探索文旅高质量发展新路径。

【**长三角与珠三角文旅合作营销**】 2022年10月，丽水市文化和广电旅游体育局牵头，联合金华市、温州市、衢州市文化广电旅游局共同举办2022金丽温衢旅游联合体推介会，丽水市文化和广电旅游体育局作为2022年联合体轮值单位，以市县一体、政企联动的营销模式，亮相此次推介会。通过本次推介活动，为浙江省金华、丽水、温州、衢州及广东省广州五地市文旅企业搭建起相互交流合作的桥梁，并以此为新起点，不断加强珠三角与长三角文旅产业的联动、对接，协同推进文旅事业繁荣发展，实现合作共赢。

【**旅游交易会营销**】 2022年11月，丽水20余家重点文旅企业到四川成都参加“游诗画浙江，蜀浙里好玩”2022浙江（四川）旅游交易会。围绕“吃、住、行、游、购、娱”六大板块，展示丽水文化旅游资源，提升“秀山丽水”文旅品牌的知名度和影响力。丽水主题形象馆以“SHOW”为主题，以瓯江的起源和发展为脉络，通过丽水三宝特色展区、侨乡文化专区、红色旅游专区、瓯江山水诗路展示区、非遗舞台展示区、宋韵点茶展示六大板块，多元展示丽水秀美的自然风光和深厚的人文底蕴。丽水馆内展销的文旅产品丰富多彩、极具特色，深受参展商及当地市民游客的喜爱。同时，丽水文旅通过云直播活动线上推介展示松阳高腔、宋韵点茶、丽水三宝等特色文旅资源及产品。展会现场，丽水市文化和广电旅游体育局为成都市民代表送上包含300张丽水重点景区门票的“浙游好礼”游丽礼包，发放1.5万余份宣传资料，邀请成都市民游客畅游丽水。

2022年12月，丽水文化和旅游数字化改革成果展 （何俊华 提供）

【**2022云端文旅年货节**】 2022年1月，市文广旅体局在全市范围内开展

"宅家看村晚·云上备年货"2022云端文旅年货节系列直播活动，让广大市民在家里就能抢到实惠好物。活动持续10天时间，开展10场直播带货。此次直播带货活动，采用云直播、云助农的形式，通过"一机游丽水"App线上商城，推广售卖丽水重点景区门票、酒店住宿、线路产品、旅游地商品、文创产品等优质文旅产品。此次直播活动总观看110万人次，其中，市本级直播观看51.5万人次，莲都区直播观看21.8万人次，庆元县直播观看17.3万人次。直播活动总销售额39.43万元，其中，莲都区专场直播活动销售金额最高为27.2万元。

【"惠游丽水 直播嗨购"系列直播】 2022年5月，市文广旅体局借助"一机游丽水"平台开展"惠游丽水 直播嗨购"系列直播活动。第一场"丽水山景"专场直播，推出景区、酒店、民宿等文旅产品；第二场"户外休闲"专场直播，推出丽水特色户外运动项目、基地的门票、套餐等产品；第三场"百县千碗"专场直播，选取星级饭店、特色餐饮机构、美食网红店等优惠券、套餐，选取"百县千碗"中的黄粿、缙云烧饼、松阳十大风味小吃等；第四场"丽水文创"专场直播为龙泉青瓷、龙泉宝剑、青田石雕等特色非遗文创产品。四场直播共吸引13.5万人观看，"一机游丽水"专题访问量10万人次，总销售额35万余元。

【丽水时尚购物季营销】 2022年11月，市文广旅体局举办2022丽水时尚购物季暨万象市集夜市活动。"万象市集"分为"潮"物集、"潮"好玩、"潮"有戏、"潮"美宿、"潮"有味、"潮"非遗活动6个板块，集合全市艺术文创、咖啡餐饮、潮流体验等文旅企业40余家，成为年轻人打卡、体验、消费的网红集市。活动3天，参与市集的50家文旅企业吸引2万余人参观，体现丽水年轻态城市形象。

【"百县千碗·丽水味道"推广】 2022年，市文广旅体局认定市级"百县千碗"特色美食体验店10家，示范店29家，旗舰店6家，美食街区1条（处州府城）。其中，处州味道等31家被认定为省级"百县千碗"体验（示范）店，旗舰店1家（景宁畲乡鸿宾大酒店）。开展2022中国（丽水）首届"百县千碗·特色菜肴烹饪技能大赛"暨丽水食材推介活动；举办首届"百县千碗·丽水味道"美食讲解员大赛，评选出十佳美食讲解员；实施"百县千碗·丽水味道""六进"工程；开展舌尖上的青山绿水之"百县千碗·丽水味道"进中共浙江省委党校餐厅专场活动、进省文化和旅游厅食堂活动、进冒险岛"FUN 肆一夏"2022丽水文旅消费季活动。推进"百县千碗·丽水味道"进政府接待，包括省党代会用餐，全省乡村旅游高质量发展大会、丽水世界摄影大会等重要活动餐叙，推动处州府城"百县千碗"美食街区创建。

【"处州游学"品牌建设】 2022年，市文广旅游局深化"处州游学"品牌建设，举办"处州游学"产品策划与设计训赛活动，择优评选出17条优秀游学线路。举办2022年"处州游学"十佳基地推介路演活动，缙云仙都研学基地、遂昌金矿研学营地、COOL玩艾莱依研学基地等10家基地（营地）被评为"处州游学"十佳基地。完成10家2022年丽水市中小学生研学实践基地认定工作，推进"处州游学一张网"数字化项目，项目通过专家联审，完成应用建设实施方案。（何俊华）

2022年11月24日，市文广旅体局举办万象市集夜市活动　（何俊华　提供）

交通 水利

综 述

【综合交通规划】 2022年，市交通运输局发布《丽水市综合立体交通网规划（2021—2050 年）》。2 条全长 470 千米普通公路（S324、S325）上升为国道，可获上级补助资金超 100 亿元，同步破解占用永农审批等难题。全市普通国道总里程突破 1000 千米。省“十四五”规划丽水公路水运项目全部纳入“三区三线”调整范围。清单化落实、节点化攻坚，完成义龙庆高速庆元段、长深高速云和赤石互通等 7 个重大项目省级工可审查，省道 209 奉化至庆元公路莲都段等 29 个项目完成项建书批复。杭丽铁路成立省级前期研究小组，明确建设年限，完成规划方案深化研究成果初审；义龙庆高速遂昌至龙泉段完成初设技术审查和投资人招标；合温高速缙云段完成线位论证和工可编制单位招标；青文高速青田段完成特许经营实施方案审定和勘察设计招标。322 国道龙泉安仁段、528 国道龙泉西街至兰巨段完成工可批复。638 国道庆元县景庆交界至照田圩段、景宁九龙至红星段取得省发改委立项。235 国道云和段、322 国道景宁段、330 国道青田温溪至船寮段用地获自然资源部批复。瓯江航道养护项目对鼋保护区生态影响专题报告通过专家论证评审。

【综合交通投资】 2022 年，全市完成综合交通投资 118.8 亿元，比上年增长 10.4%，在交通强省重大项目推进晾晒激励考核中位列全省第三，并获 2000 万元资金奖励，创造丽水交通在全省历年考核激励中的最好成绩。528 国道遂昌段、水东客运综合枢纽等 26 个重点续建项目年度累计完成投资 71.3 亿元，占年度计划的 103%。衢丽铁路二期、322 国道龙泉安仁段、235 国道云和段等 8 个总投资 228 亿元的重大项目开工建设，景文高速（景宁段）、330 国道缙云东渡至永康段等 4 个项目如期建成通车。

【交通强市建设】 2022 年，市交通运输局组织编制《交通强市实施方案》。吸纳各方意见建议，坚持对标对表交通强省建设要求、坚持因地制宜结合丽水实际、坚持跳起来摘桃子，编制形成以“三大跨越”“九大标志性成果”“七大战略性引领性重大工程”为主要内容的实施方案，明确交通强市建设路线图、时间表。实施方案经市政府常务会议、市委常委会审议，由市委办、市府办联合发文实施。全面构建高起点的项目推进体系。及时推动调整全市交通强市建设领导小组成员，组建实体化交通强市建设领导小组办公室，交通强市工作被纳入市委、市政府年度综合考核范畴。逐一明确 116 个重大项目的目标体系、

2023 年 1 月 4 日，溧阳至宁德高速公路浙江景宁至文成段项目通车

（何　希　提供）

工作体系、政策体系、评价体系，完善重大项目协调推进机制，制订重大项目晾晒考核方案，构建“周分析、月通报、季考评、年考核”项目推进机制，推动项目攻坚常态化、精细化。

【绿色出行城市】 2022年，市交通运输局编制实施《丽水市交通领域碳达峰实施方案》，开展绿色低碳美丽渡口创建试点，完善绿色出行基础设施体系。全年新增新能源出租车（网约车）187辆、公交车67辆，新能源公交车占比85%，淘汰老旧营运车辆164辆。实施公交站点无障碍改造484个，新改建公交站亭20个，设置公交“敬老专线”2条，公交站点500米覆盖率、公共交通服务满意度分别98.1%、95.6%。12月，丽水市创成首批国家绿色出行城市，为丽水再添一张国家级名片。至年底，交通运输部、国家发改委公布全国97个绿色出行创建城市名单，丽水榜上有名，自2020年创建工作开展以来，丽水深入贯彻落实公共交通优先发展战略，持续提高城市公共交通服务水平，不断满足市民多样化的绿色出行需求；通过三年时间的创建，丽水的绿色出行工作不管是硬件设施、软件配备还是市民意识均得到明显提升，绿色出行比例70.20%，绿色出行服务满意率83.28%，公交乘客满意度95.04%，基本建成“布局合理、生态友好、清洁低碳、集约高效”的绿色出行服务体系，市民对绿色出行的认同感、获得感和幸福感不断增强。

【交通数字化改革】 2022年，市交通运输局注重顶层设计与基层探索双向发力，以重大需求为牵引，形成一批具有辨识度、引领性的硬核成果。松阳自动驾驶和智慧交通助推山区共同富裕创新示范项目成为浙江省交通强国新增试点项目、年度地市改革创新优秀项目。“智安农路”数字化应用获评全省交通数字化改革基层和社会最佳实践，龙泉农村公路安全应急、遂昌农村公路服务三农改革场景被列入省交通运输厅试点。市公航运管理中心在全省率先应用“无人驾驶”智能化养护技术。浙江交通集团高速公路丽水管理中心率先在全省启用高速公路隧道数字化“水幕”技术。

【交通法治建设】 2022年，市交通运输局推进法治政府部门建设各项工作，被省委办公厅、省政府办公厅授予“2016—2020年全省普法与依法治理工作先进集体”称号。在全国法治政府建设示范市创建中表现突出，法治丽水建设考核中排名市级执法单位第三位。建立公职律师共商机制获评全省交通系统法治政府部门建设“最佳实践”，市交通运输局被评为“全省普法与依法治理工作先进集体”，参加交通运输部执法人员考试成绩获全省第三名。推进“大综合一体化”改革，完成26个基层站所执法规范化建设，创成省级示范基层站所4个。举行全市交通执法队列操比武和换装仪式，提升“交通铁军”新形象。

【交通政务服务优化】 2022年，市交通运输局持续推进“放管服”，全市交通运输系统作出行政许可决定7735宗（其中市本级3182宗），行政确认42689宗（其中市本级7918宗），其他行政执法行为31079宗（其中市本级20188宗）。全面提升政务服务水平，完成市交通运输局行政许可清单编制，完成省交通运输行政审批系统2.0各模块配置并运行。“互联网+政务服务”网上办、掌上办、跑零次率、“一网通办”收件率100%，好评率99.78%，超过全市平均水平。设立“跨省通办”服务专窗、党员先锋岗，为在丽外省交通从业人员提供指导服务，办理“跨省通办”业务92件，挖掘宣传党建联盟跨省通办典型案例3件。建立全市危险货物道路运输许可审核专家库，进一步规范危险货物道路运输新增企业和运力管理工作。完成省、市交通运输行政许可评议考核，25名行政审批人员参加全省审批法规及业务知识考试，1名行政审批人员获省许可评议表现突出人员，1份案卷获评“优秀许可案卷”。推广司机在线“一窗通达”服务，内河船舶实现“多证合一”、进出“一件事”办理，推进“无证明化”办理事项65项，网上办、掌上办事项实现率100%。推广“电子证照”社会化应用场景，新发证件电子申领率80%以上。全市作出行政许可7735件、行政确认4.27万件。

【公路治超】 2022年，市交通运输局坚持多方位协同管理，突出数字化精准打击，强化跨区域联动执法，重拳出击、铁腕整治违法超限行为。全年查获违法超限车辆3499辆次；新增非现场执法车道8条，完成率160%，非现场执法处罚率100%；重点货运源头单位称重数据和监控视频接入率100%，“双百”车辆处罚率82%。率先运用“浙大件”事中监管功能查处超限运输违法案件2起。普通公路超限率0.21%，列全省第三位。

【交通除险保安】 2022年，市交通运输局推进平安交通建设，事故起数和死亡人数分别比上年下降53.8%、61.5%。推进交通工程建设领域“利剑”行动，全面开展拉网式、全覆盖排查整治，坚决压实建设、施工、监理单位责任，实现项目建设安全形势的根本好转。完成平安护航中共二十大百日攻坚行动，“三化一平”专项整治累计排查整改问题点位1637处，位居非亚运举办城市第一。落实普速铁路“平改交”资金1.8亿元，完成15处行车和人行涵洞提升建造销号，拆除铁路道口9个，全省率先开展铁路应急处置演练。

2022年1月30日，云和县交通应急保障队开展除雪保通工作　（何　希　提供）

【春运工作】 2022年1月17日至2月25日春运40天，全市道路水路共完成旅客运输量238.28万人次，较2021年春运同期下降4.39%。道路运输完成客运量224.74万人次，完成客运周转量7466.73万人千米（含城乡公交与旅游车），与2021年春运同期相比，客运量下降0.67%，客运周转量上升23.63%；水路运输完成旅客运输量13.54万人次（客运量1.77万人次、渡运量11.77万人次），旅客运输量与2021年春运同期相比下降40.99%。丽水辖区各收费站（包括省界）进出口总流量达420.15万辆，比2021年同期上升3.92%。春运期间，市公航运中心出动检查人员63人，开展春运安全检查21次，排查出安全隐患5起，现场落实整改5起。市交通运输综合行政执法队出动路政执法人员789人次、检查企业8家，排查安全隐患点数36个，整改安全隐患点数36个，行政处罚案件数31件，罚款金额64506元，出动水上执法人员136次，检查船舶125艘次、水运企业34家次，排查各类水上安全隐患11处，整改9处；累计出动执法人员3102人次，检查车辆10279辆，检查企业89家，立案51件，罚款金额25.07万元，打击“黑车”、“宰”客、“车匪路霸”等各种侵害旅客合法权益的非法活动。为有效应对极端恶劣天气和突发事件，全市交通运输部门10支（在编272人）应急抢险队伍，185辆应急救援车辆，50艘应急救援船舶等应急力量随时保持待命状态，春运期间累计出动抢险人员466人次、投入装载机33台次、除雪机械设备74台次、抢险车辆15辆、撒融雪剂102吨，抢通线路27条、清理塌方落石5000余立方米，及时有效处置春运期间恶劣天气、冰冻灾害对丽水市公路水路造成的不利影响。客运方面，根据学生、民工、探亲、旅游等客流特点，提前做好运力的组织安排，春运期间高铁丽水站日均发车125班次，道路运输日均投放客运车辆1865辆，投入船舶106艘。货物运输方面，现有的公路运力可以满足春运期间物资调运需求。同时储备应急客运车辆30辆，1163个客位，预备应急货运企业31家、应急运输货车68辆、核载吨位1121吨。全市道路水路运输未发生安全生产责任事故，疫情防控及安全形势总体稳定，连续13年实现春运旅客零死亡，未发生运输领域疫情防控不力情形，未发生旅客滞留事件，维护丽水市社会经济秩序的平安、和谐、稳定，保障广大人民群众度过安乐祥和的新春佳节。丽水市交通运输局被评为2022年度省春运工作成绩突出单位。

【信用交通建设】 2022年，市交通运输局推进“无证明化”办理事项65项，其中，直接取消2项、部门核验41项、数据查询22项。完成客运车辆年审等10个高频事项办事指南再梳理，完成382项交通运输办事指南二维码编制。根据省交通运输厅统一部署，道路运输从业人员诚信考核利用数据共享，实现“零上门、零材料、无感办”，9月1日起，诚信考核合格无需参加继续教育，进一步减轻道路运输从业者的负担。推进“信易行”，深化信用乘车试点，对绿谷分激励对象在公交乘坐方面继续实施优惠乘车。开展“3·15”“6·14”“信用交通宣传月”诚信主题宣传活动。　（何　希）

铁　路

【概况】 2022年，丽水市铁路工作委员会办公室抓住国家宏观政策“窗口期”和交通强国建设“机遇期”，坚定实施交通先行战略，推进全市铁路项目建设，各项工作难中有为、稳中求进，取得较好成效。推进在建铁路项目建设。衢丽铁路松阳至丽水段项目，完成最后一个标段招标，进入全线施工阶段，项目全线新建桥梁34座，现开工小安溪特大桥、丽水特大桥等19座；全线正线隧道24座，现已进洞施工界牌隧道、丽阳山隧道等13座；全线土石方工程开工累计完成98万立方米；项目红线用地完成交付114.04公顷，征地完成率100%，房屋拆迁完成率100%。全年完成投资12.228亿元，至年底，累计完成投资28.373亿元，占总投资的31.23%。衢丽铁路衢州至松阳段，完成项目可研批复，初步设计审批。12月28日，先行段仙霞岭隧道群举行开工仪式，同时争取到3.18亿元金融工具。推进前期铁路项目研究。杭丽铁路义乌至缙云段项目取得重大进展，省发改委发文成立杭丽铁路义乌至缙云段项目前期研究小组；杭丽铁路义乌至缙云段项目被纳入《浙江省大通道建设2022年重大项目清单》；10月，省发改委通过竞争性磋商方式公开招标，委托中国铁路经济规划研究院有限公司开展杭丽铁路义乌至缙云段规划设计方案深化研究。温武吉铁路项目被纳入国铁集团2022年勘察设计计划，同时被纳入《浙江省大通道建设2022年重大项目清单》，浙闽赣三省联合向国铁集团行文，恳请适当提高项目建设标准，按新建双线，设计时速160千米（预留200千米）推进项目前期工作。丽水经云和至宁德铁路被纳入《浙江省综合交通运输发展“十四五”规划》前期研究类项目以及《浙江省铁路网中长期布局规划（2022—2050）》；《丽水市对外铁路通道规划及重点项目实施方案》课题组到丽水开展课题现场调研活动，完成审查稿，并征求市直相关部门和县（市、区）意见，为后续杭丽铁路、丽云宁铁路等项目推进强化技术支撑、打好工作基础。（卫　霞）

【丽水高铁站】 2022年，丽水高铁站推进安全生产、运输经营、改革管理、队伍建设、职工生活等各项重点任务，确保车站保持良好的发展局面。丽水高铁站有旅客列车65对，其中，动车组列车55对，普速旅客列车10对。至年底，丽水高铁站实现车站安全8615天，无有责投诉730天，完成旅客发送224.23万人，其中单日（10月1日）最高发送旅客14364人。车站深入贯彻“人民铁路为人民”的服务宗旨，全年服务特殊重点旅客678人，查找旅客遗失物品575件。（王方清）

【浙江金温铁道开发有限公司丽水经营部】 2022年，浙江金温铁道开发有限公司丽水经营部（简称丽水经营部）以强化运输管理和安全治理体系建设为重点，坚持强基达标、提质增效，以“安全生产综合治理三年行动计划”和安全生产标准化创建为抓手，按照“六个有”（风险有预控、事件有预警、装备有标准、人员有保障、演练有实效、处置有规范）要求构建人防、物防、技防“三位一体”安全保障体系，依法履行经营部安全主体责任，实现“五杜绝，六实现”（“五杜绝”指杜绝责任铁路交通一般D类及以上和程度相当的其他生产安全事故；杜绝责任职工轻伤事故；杜绝同责及以上的道路交通轻伤事故；杜绝较大环境污染事件；杜绝较大职业卫生健康事件。“六实现”指1月10日实现安全生产2700天；4月20日实现安全生产2800天；7月29日实现安全生产2900天；8月18日实现全生产8周年；11月6日实现安全生产3000天；12月31日实现第9个安全年）的安全生产总体目标。丽水经营部所辖区域有小处、石帆、祯埠、南岸4个中间站。丽水经营部开办铁路批量快运、集装箱、混装货物。全年到发货物突破125.9万吨，其中货物到达68.8万吨、货物发送57.1万吨，完成运输收入5334.1万元，货车平均停留时间19小时/车。至年底，实现行车安全8251天，实现第23个行车安全年。（王起武）

【龙泉火车站】 2022年，龙泉火车站有职工24人，车站图定旅客列车10列，其中动车组列车6列、普速列车4列；货物列车14列。车站办客站台为2站台和3站台，长度均为550米。至年底，龙泉市站合计旅客到发客流13.98万人、日均到发客流量383人；运输收入505.30万元，日均运输收入1.38万元。12月28日，衢宁铁路龙泉市站举行货运开通仪式，衢宁铁路货运全面开通。（祝峰军）

【青田火车站】 2022年，青田火车站围绕“强管理，抓安全，保质量，讲信誉，扎实高效”的工作思路狠抓安全生产。加大质量管控力度，努力实现节能降耗。至年底，青田火车站实现安全生产8971天，客运无责投诉730天。全年计划发送旅客130.6万人，实际发送旅客77.03万人，完成计划的59%，比上年减少32.71%；计划客运收入4530万元，实际客运收入4178.98万元，完成计划的92.3%，同比减少35.66%。（沈　剑）

【庆元火车站】 2022年，庆元火车站秉持“用心用情，一路畅行，爱在这里”的服务理念，致力于让旅客体验更美好的乘车体验，完成全年任务指标。车站有职工 22 人，旅客列车运行 5 对，其中，动车组列车 3 对，普速旅客列车 2 对。至年底，车站发送旅客 6.32 万人，日均发送旅客 173 人次，其中单日最高发送旅客 1426 人次；完成运输收入 498.79 万元，日均运输收入 13665 元。庆元火车站实现安全生产 825 天，无有责任投诉 702 天。（戴　骁）

【缙云火车站】 2022 年，缙云火车站在职员工 69 人，管辖两个中间站（新碧站和长坑站）。开行旅客列车 13.5 对，全年旅客发送 3.9 万人次，货运到发量 84.5 万吨，实现“五杜绝，六实现”的安全生产总目标，确保职工卫生健康，至年底，车站实现安全生产 8801 天。通过丽水市级文明单位、市巾帼文明岗等称号复评。车站围绕年度安全经营目标开展相关工作，强化党建引领助推稳进提质攻坚，开展车站党支部标准化建设工作，以高质量党建推动高质量发展。抓住季节特点和运输关键，开展好防汛抗洪、反恐防暴、消防安全等安全培训和应急演练 18 次。做好“春运”“暑运”“中共二十大”“冬（残）奥会”等重点时期安全生产保障工作。结合当地风俗和春耕特点，车站开展“五进”铁路安全宣传工作，发放传单 1000 余份，拆除 5 处看守道口（平改立），进一步提高铁路安全治理水平。做好设施设备的管、用、修，全年排查出安全隐患 10 余处，均落实整改（货运集装箱作业地面下陷、候车室漏水、电线老化等）。做好网络安全及防诈骗安全教育工作，发放防诈宣传资料 300 余份，签订承诺书 87 份。完善各类管理制度，助力安全生产。（陈阿慧）

【遂昌火车站】 2022 年，遂昌火车站采用“售服合一、验检合一”的旅客购票乘车模式，售票厅设有自动售（取）票机 3 台，候车大厅设有“售服合一”服务台 1 个，自动售（取）票机1 台。遂昌火车站有职工 28 人，其中党员 5 人。全年发送旅客 4.84 万人，日均发送旅客 133 人，其中单日最高发送旅客 592 人；完成运输收入 246.31 万元，日均运输收入 6748.46 元。（张晋诚）

【松阳火车站】 2022 年，松阳火车站以新模式、新方法探索创新，服务台在传统的服务台问询基础上，增加售票、公安制证、旅服、站台报警、监控查看等多项功能。服务台售票员负责旅客问询、售票、公安制证等服务。候车室检票闸机“验检合一”，集实名制验证与检票功能于一体，检票员负责进出站旅客车票检验工作，做到一岗多能，一岗多职，进一步提升人员利用率。松阳火车站发送旅客 51189 人，日均发送旅客140 人，其中单日最高发送旅客达 706 人。（黄　博）

公路港航与运输

【概况】 2022 年，丽水市公路港航与运输管理中心（简称市公航运管理中心）累计完成投资 22.06 亿元，占年度投资计划 16.72 亿元的 132%。以“建设堪当民族复兴重任的高素质干部队伍”为导向，以党风带行风、以行风促作为。组织选送“一路先行•党建先锋”品牌标识获全省公运系统第一名。市公航运管理中心党委“一路清风”廉文化微阵地被评为市级廉政文化示范点。市直属公路港航管理中心党总支创建“党小组+”品牌，“五小工作法”（小课堂、小活动、小竞赛、小关爱、小典型）被市直机关党工委评为全市优秀创新工作法案例。全年被市级及以上平台录用稿件和短视频 315 次，其中 6 篇信息获副市长朱磊批示肯定，23 篇稿件被“学习强国”学习平台、《人民日报》录用。市公航运管理中心获省市级先进集体称号 10 个，40余人次获先进个人称号。市公航运管理中心被省交通运输厅授予“十三五全省干线公路养护管理突出集体”称号；直属中心被省双拥办授予浙江省首批“社会化拥军成绩突出单位”称号；聂如伟获“浙江工匠”称号，入选省、市级党代表；金君连获“浙江交通技术能手”及“浙江金蓝领”称号，并代表浙江省参加第十三届全国交通运输行业职业技能大赛公路养护工（职工组）赛，获团体第一、个人金奖。

【公路水运规划研究】 2022 年，市公航运管理中心坚持“交通先行”发展战略，交通的基础性、先导性作用得到发挥，强力促进共同富裕。编制《丽水市“红绿金融合共富农村路”创建三年（2023—2025）行动实施方案》《丽水市“四沿”美丽富裕干线路总体创建方案》《丽水港总体规划修编》等 10 余项课题研究，为行业发展提供有力遵循。市公航运管理中心承办《浙江省乡级农村公路管理站管养内业资料整理要点》编制工作。

【公路水运重点项目建设】 2022 年，市公航运管理中心推进公路水运项目建设。协助建成景文高速等 4 个共 69.7 千米重大项目；协助开工 322 国道龙泉安仁段改建工程等 9 个共 61.5 千米重大项目；协助推进 528 国道遂昌新路湾至石练段公路改建工程等 13 个共 248 千米重大续建项目，不断完善外联内畅、优质便捷的交通出行网，硬核支撑“311”（国内3小时、省内1小时、市内1小时）交通圈。在全省率先提出打造“绿色低碳美丽渡口”创建试点（景宁金头会绿色低碳美丽渡口），项目被列入“丽水市‘6+1’领域碳达峰重大项目清单”。至年底，温溪港区综合改造提升工程（一期），总投资7989万元，已完成投资850万元；船寮港区一期工程，总投资7060.88万元，已完成投资2800万元；瓯江小峙村综合码头，总投资8905万元，已完成投资8450万元，丽水港青田港区温溪作业区（浙西南江海联运中心港）工程，总投资近30.06亿元，青田港温溪港区综合改造提升工程（一期）作为该项目的子项目先行开工建设，工可已完成送审稿编制；日常养护项目以及公共服务均等化项目等完成投资3000万元。

【“四好农村路”建设】 2022年，市公航运管理中心坚持打造“车在景中行、人在画中游”的出行环境，开展“红绿金共富农村路”创建三年行动，推动碧水蓝天与公路设施有机融合，带动生态旅游、民宿经济快速发展。通过“红黄绿”晾晒、工作任务清单化等措施，提前超额完成省民生实事新改建农村公路650.88千米，完成率112%。全市超额完成农村公路养护工程876.7千米，完成率115.8%。龙泉市被交通运输部确定为2022年“四好农村路”全国示范县创建单位，实现丽水市在该领域零的突破。开展“四好农村路”示范县、示范乡镇和精品示范路线三大示范创建活动，累计创成“四好农村路”省级示范县4个；培育“四好农村路”示范乡镇28个；建成“四好农村路”精品示范线36条，其中，龙泉西独线获全国“十大最美农村路”月度评选冠军，庆元枫曹线获评浙江省首批“十大最美农村路”。完成各县（市、区）9条总里程为140千米的一县一特色“共同富裕美丽农村路”的路面提升、绿化改善、节点打造、路域环境治理等工作。在全省率先开展第三方路况检查考评，累计抽查农村公路6522千米；全省率先全域出台《深化农村公路“路长制”实施细则》。推动龙泉市、青田县成为省交通运输厅农村公路路网布局规划编制试点地区，全方位提升丽水市管养水平。

【公路管养】 2022年，市公航运管理中心实施国省道养护工程277千米，高速公路PQI均值94.85，普通国省道PQI均值92.9，较2021年的PQI均值91.41上升1.49。提前超额完成省级民生实事任务，完成桥头跳车整治3处、实施国省道病害点段整治98.29千米，完成率分别为300%、120%。建设完成48千米“四沿”美丽富裕干线路。深化普通国道养护工程“EPC+绩效评价”试点，全面开展普通国省道全寿命周期养护松阳试点工作，出台《松阳县普通国省道周期性养护总承包项目管理办法》。在S328丽浦线省道（莲都段）大中修工程中全省首次使用“无人驾驶”智能化养护技术，进一步提升公路养护效率，获副市长朱磊批示肯定；在青田、缙云、云和、遂昌4个县推广应用“高性能灌入式抗车辙路面”四新技术等，有效解决路面车辙等问题，进一步延长公路使用寿命。

【行业安保】 2022年，全市公航运系统落实“防风险、保安全、护稳定”等工作要求，全力保障公路水路安全畅通和人民群众生命财产安全。抓好隐患整治，持续开展“四不两直”（不发通知、不打招呼、不听汇报、不用陪同接待，直奔基层、直插现场）专项行动，督促指导各县（市、区）进行排查整治。累计完成迎亚运“两路两侧‘三化一平’”点位整治350处、桥头跳车高差3厘米以上65处，省级事故多发点段治理3处，完成率100%；国省道老旧护栏改造292千米，完成率163%；平交道口点位整治76处，其中，国省道47处、农村公路29处，完成率101%；农村公路边坡抗灾能力提升27处，完成率100%；农村公路危桥改造21座，完成率100%。严格落实浙江省C版船舶检验质量管理体系，共检验商、渔船803艘次，均未发生重大责任事故。抓好体系建设，全省五个之一的省级公路应急保障基地（丽水）投入使用，稳步推进松阳县、遂昌县、缙云县、景宁县、龙泉市储备点5个县级应急保障基地改扩建工程。依托“1+9”（1个省级应急保障基地、9个县级应急保障基地）应急保障体系，不断突出应急联动，全市累计开展各种应急演练、技术比武102次，抢通线路193条、清理塌方落石8.2万余立方米，出警水上救援21次并成功搜寻遇险人员7人。丽水交通应急抢险队在全省公路应急钢桥架设比武中排名全省第三，获二等奖。

【数字化改革创新】 2022年，市公航运管理中心坚持实施创新驱动发展战略，以数字化改革与试点创建任务为契机，推进治理体系和治理能力现代化。指导龙泉市、遂昌县等地交通数字化改革场景建设，3个数字化改革场景应用入选浙江省交通运输厅重点推进试点清单，其中龙泉智安农路应用被评为2022年度全省交通运输系统数字化改革最佳实践之一；创新打造“山区公路应急联动”平台，被列入市数字政府年度重点推进项目；景宁县牵头开展全省内河航运智控平台渡运安全履职场景梳理工作，推动传统管理向现代治理转型。深入探索实践试点工作任务，完成2项(丽水市农村公路灾毁保险，景宁金头会、上坑、兰头圩渡口提升改造工程)交通强国建设试点任务以及4项(丽水市农村公路灾毁保险、莲都区农村公路长寿命周期养护项目、遂昌县农村公路抗灾能力、松阳全寿命周期养护)养护体制改革省级试点任务。

【出行服务提质】 2022年，市公航运管理中心提前超额完成省民生实事建设任务。以问题为导向，利用“清单制+责任制+销号制”的工作推进机制，提前4个月且超额完成省级民生实事任务，完成桥头跳车整治3处、实施国省道病害点段整治98.29千米、新改建农村公路650.88千米，完成率分别为300%、120%、112%。其中，新改建农村公路任务占全省任务量1600千米的三分之一以上，为全省任务最重的市。全省率先开展公交站台无障碍改造，涉及公交站台点位485个。指导松阳县物流协会“司机之家”创建通过交通运输部评审，获评“浙江省快递物流行业党建示范点”。完成16个市本级公交站点、5个公路服务站、3个内河水上服务区(站)、2套岸电设施、陆岛交通建设。全省率先提出打造“绿色低碳美丽渡口”创建试点(景宁金头会绿色低碳美丽渡口)。以“双碳”目标为导向，编制完成《丽水市交通领域碳达峰实施方案》，开展千峡湖库区景宁段航道消落带种植耐水性植物示范行动，促进低碳转型升级。完成航道例行性养护资金234万元、专项养护资金1646万元。完成航道通航影响评价技术审核6项、航道巡查总里程8739千米、跨航道桥梁隐患治理21座、管理码头(渡埠)维护8座、航标维护7227座次、清障44处20.6万千克。 (李琳瑜)

城(乡)公共交通

【概况】 2022年，丽水市公共交通集团有限公司(简称市公交集团)有公交车641辆(新能源占比90%)，运营线路78条，线网总长度1508千米，公交站场14个，公交站点(牌)近1600个，完成运营里程2903.5万千米，实际完成运营班次194.7万趟次，完成客流量2632.7万人次；市区公交IC卡发行量16096张，刷卡量1851.64万人次；市区办理公共自行车卡2331张，各县市办理公共自行车卡2928张，全年投入使用自行车服务点194个，有桩车位5116个，投放运营车辆5556余辆(其中，市区4706辆、水阁500辆、碧湖350辆)；公共自行车租用量117.76万人次，移动扫码无桩租用量16.09万人次，有桩租用量101.67万人次，单个车位市民日均使用率0.55次。市公交集团为70岁以上老年人、残疾人、现役军人、符合条件的无偿献血人员等特定人群提供免乘服务近840万人次。5月底，市公交集团基本完成国企三年改革任务，形成符合公交特色的标志性成果。参加“交投杯”市直国有企业职工体育月、丽水市微型党课比赛、市直国有企业青年说宣讲暨微型党课比赛等活动。丽水公交好人好事“扎堆”涌现，救火女司机周秀月的事迹被《人民日报》、央视新闻等媒体先后报道，点击量超过2亿人次。完成乡镇居民到市区疫苗接种点的6332人次免费接送任务；征调10名优秀的

2022年丽水市公路里程一览表

表23 单位：千米

行政区域	公路总里程	按行政等级分									
		国道	国道高速	普通国道	省道	省道高速	普通省道	县道	乡道	专用道路	村道
合　计	15134.625	1038.344	414.91	623.434	567.497	36.915	530.582	3431.107	1448.37	149.482	8499.825
莲都区	1266.249	95.915	68.603	27.312	86.54	—	86.54	317.466	57.69	27.164	681.474
龙泉市	2515.474	217.083	65.484	151.599	73.789	23.192	50.597	614.032	218.116	32.289	1360.165
青田县	2405.224	139.919	67.301	72.618	70.385	—	70.385	404.387	171.426	—	1619.107
云和县	849.487	124.859	43.9	80.959	5.568	—	5.568	135.387	178.051	26.399	379.223
庆元县	1527.302	66.759	21.332	45.427	112.413	—	112.413	411.049	157.06	4.215	775.806
缙云县	1435.814	50.288	21.3	28.988	118.58	13.723	104.857	353.9	69.06	20.593	823.393
遂昌县	1761.259	126.762	28.987	97.775	54.129	—	54.129	590.569	239.127	28.178	722.494
松阳县	1472.446	99.209	52.791	46.418	46.093	—	46.093	246.194	138.892	10.644	931.414
景宁县	1901.37	117.55	45.212	72.338	—	—	—	358.123	218.948	—	1206.749

驾驶员组成医疗急救应急支援小队，协助市急救中心做好紧急医疗运输工作。

【公交安全生产】 2022年，市公交集团以安全生产标准化建设为抓手，全面落实全员安全生产责任制，层层签订安全生产责任书，横向到边，纵向到底，明确各层级、各岗位安全责任清单，让每位员工将安全责任真正抓在手里、扛在肩上。抓源头管理，围绕"人、车、路、环境"等四个重点环节开展隐患排查治理工作，安全设施设备检查近200次，检查公交车辆5800余车次，巡查公交站场180余次，上路检查40余次，参加检查人员900余次，查出问题40余处，及时落实整改，推进安全建设。开展"安全生产月"活动，组织公司安全知识培训2次，覆盖安全管理人员和各部门副职以上人员80余人。为进一步提高全员应急处置能力，开展综合实战演练1次和单项演练6次。开展安全生产百日攻坚行动，进一步推进平安公交建设，为中共二十大召开营造良好的安全环境。筑牢消防安全防线，夯实消防安全基础，同市消防救援支队沟通协商，深入开展消防安全宣传系列活动，打造"消防专线"，选聘"消防宣传大使"。

【公交服务民生】 2022年，市公交集团坚持优化线网，新增线路1条，同时根据市民出行需求优化线路6条，优化后的这6条公交线路，覆盖、辐射丽水市区的40个企业（含居民小区）、21所学校、5所医院，填补4处公交出行空白，使5万余名群众出行受益；根据莲都区政府民生实事实施方案的要求，开通"村村通"班线11条，优化"村村通"班线8条，解决碧湖镇、大港头、峰源乡、黄村乡、紫金街道和岩泉街道部分尚未通达客车的自然村百姓出行最后一公里难题。加快基础建设，碧湖公交首末站建设已完工，雅溪公交首末站初验已完成，后续投入使用可集结12条线路，周边百姓的公交出行问题将得到明显改善。发展绿色公交，响应国家"双碳"战略，推广使用新能源公交车，全年新增新能源公交车58辆，新能源公交车占比达到90%以上，助力丽水成为全国首批绿色出行城市。开通公交敬老专线等特色公交，对中心城区具备改造条件的公交站点进行无障碍改造，投入使用58辆新能源"非站立式公交车"，在百姓关心的行车准点率、礼让斑马线、规范停靠站台等方面持续发力，不断改进运营服务品质。

【公交文明创建】 2022年，市公交集团贯彻落实文明创建的总体目标，通过专题部署、开展志愿服务和宣传活动等方式，营造良好氛围。从现场督查、站点排查、车身清洁、整改落实等方面入手，打造高效的工作闭环，确保文明建设工作更好地落到实处。常态化开展公交车、站牌、公益广告等问题巡查工作，通过多种方式对标对表做好检查，排查出问题160个，并持续跟进落实整改。利用智能监管平台持续加大对安全营运和服务质量的监督力度，第一时间处理工作问题，提升服务质量。依托公交车身、候车亭站牌的载体优势，确保公益广告覆盖率100%。

【公交信息科技投入】 2022年，市公交集团推进"智慧公交"工程，从传统型公交逐步转变为数字化公交，不断提升公共交通"绿色化、智慧化、科学化、有序化、便民化"。至年底，市公交集团已实现移动支付全覆盖，同时支持公交IC卡、乘车码、银联云闪付、第三代社保卡等多种数字化支付方式，另外公交IC卡还加载交通运输部一卡通功能，能与全国300余个城市互联互通。在公交智能管理系统方面，市公交集团已经建成智能调度系统、视频监控系统等多个板块，并覆盖全部线路和车辆，完成公交场站监控设备升级改造，后台监控系统实现"实时化"，在运营区域建立电子站牌369个，实现公交运营信息实时查询服务。（朱雪晴）

航　空

【概况】 2022年，丽水机场工程建设指挥部坚持"安全第一、质量至上、能快则快"的原则，系统谋划、统筹推进，聚焦项目，强力攻坚，加快推进机场及配套工程建设，机场及配套工程建设进入"快车道"。

【机场通村路改造工程全线通车】 2022年8月15日，丽水机场沙溪区块务章线（通村路改造工程）全线通车。通村路（务章线）路线全长3.831千米，该道路按照双车道准四级公路标准建设，设计速度为20千米/小时，路基宽度6.5米。务章线通村路的全线通车，为周边5个村落及企业的700余人解决出行问题，也为机场主体施工消除制约因素，土石方工程进入全域无障碍施工阶段。

【航站区工程奠基开工】 2022年，丽水机场工程建设指挥部成立专班，集中专业力量，以远程在线办公形式推动北京MAD和上海民航设计院设计进度，促成对航站楼造型、结构、风格、选材等达成共识，多方协

2022年12月23日，丽水机场航站区工程开工奠基仪式举行　（涂敏静　提供）

同合作完成第二批工程施工图设计。10月21日，航站区工程奠基开工，北京建工集团有限责任公司为中标单位，中标金额约3.405亿元，工期630天；监理中标单位为浙江方圆监理有限公司。12月23日，航站区工程开工建设。

【机场及配套工程建设】　2022年，丽水机场工程建设指挥部紧盯2024年底通航为目标，倒排时间，编制总进度计划及关键路线，落实责任清单，统筹推进丽水机场主体工程、取土区工程、进场道路工程、场外给排水、供电等系列配套工程，先后组织土石方工程冲刺300天、航站区招标专项攻坚、安全管理能力提升专项行动、“流动红旗”劳动竞赛等行动，不断排除障碍，解决难点，保障推进项目建设。全年完成投资14.63亿元。取土区工程完成土石方开挖3934万立方米，总体进度超96%，完成向机场主体供料，开展复垦方案设计。进场道路工程已完成2.1千米的路基回填及边坡防护工程，完成桥梁下部工程44根桩基和10座承台浇筑，桥墩浇筑463米（完成94.4%）；场外供水工程投入使用；场外排水工程已进场施工；场外供电工程委托市电业局代建，完成土建部分，电缆敷设稳步推进。综合楼地下停车场工程已完成立项、可研等前期工作。　（涂敏静）

水　利

【概况】　2022年，丽水市水利局推进实施水利项目115个，新续建重大水利项目20个，完成投资51.35亿元。有序推行河（湖）长制工作联席会议制度，河长制工作获国务院督查激励，并获2000万元专项资金。创成省级美丽河湖15条，水美乡镇23个。抵御历史极值降雨，平稳应对历史罕见旱情。数字孪生瓯江大溪（玉溪—开潭段）项目入选水利部数字孪生流域建设试点。水文化工作持续保持全省领先水平，松阳松古灌区入选2022年度（第九批）世界灌溉工程遗产名录，成为全国唯一一个拥有两项世界灌溉工程遗产的地级市。丽水市获2021年度水土保持目标责任制考核和最严格水资源考核两项全省第一。丽水市水利局在全省水利工作综合绩效考评中位列第四，再次获评年度优秀。丽水市河道砂石资源管理工作获省水利厅厅长马林云批示、获市长吴舜泽肯定；水经济工作获省委书记袁家军批示肯定；河长制工作获省长王浩的批示肯定。

【水资源】　2022年，丽水市水资源总量200.46亿立方米。其中，地表水资源总量200.46亿立方米，地下水资源总量43.87亿立方米，地表水资源间重复计算量43.87亿立方米。全市产水系数0.65，产水模数115.7万立方米/平方千米。人均年拥有水资源量7970.64立方米（常住人口）。全市有大中型水库33座，总蓄水量38.55亿立方米，比年初增长1.026亿立方米。全市总用水量7.32亿立方米，水资源利用率3.65%。其中，农田灌溉用水占57.78%，工业用水占11.71%，城乡居民生活用水占15.81%。城乡居民人均年生活用水量46.02立方米，农田灌溉亩均年用水量338.65立方米，万元工业增加值用水量15.13立方米，万元GDP用水量39.96立方米。全市总耗水量4.44亿立方米，其中，农田灌溉耗水量3.02亿立方米，占总耗水量的68.0%。全市城镇居民生活、第二产业、第三产业退水总量1.3亿立方米。

【水旱灾害防御】　2022年，丽水市遭遇梅汛前一轮集中降雨、梅汛期二轮集中降雨、夏秋极端连旱等自然灾害侵袭，水利设施直接经济损失6.05亿元。汛前，市县两级水利部门调整水旱灾害防御领导小组，并开展防汛检查工作，全市累计派出技术人员6238人次，检查防御重点部位2416处，发现隐患240处，完成整改销号201处，落实管控措施39处。落实资金1126万元，完成水毁工程修复10处。

储备价值1300万余元防汛物资。汛期，执行24小时值班制度，发送各类预警短信38万余条，下发调度令132次。梅汛期第二轮强降雨期间，6月18日，庆元县遭遇有记录以来第二次强降雨；6月20日，龙泉市普降暴雨，紧水滩水库汛情和调度过程创造四个“历史极值”(入库流量首次达到7540立方米每秒、首次全部开启4个闸门大流量泄洪、水位首次达到188.05米、出库流量首次达到4500立方米每秒)；6月26日至10月31日，丽水市遭遇1954年有记录以来最强干旱，全市投入各类抗旱设施累计解决饮水困难人口56755人。台风“轩岚诺”“梅花”极大缓解缙云县和丽水市区的旱情。8月19日至11月29日，丽水市发布水利旱情蓝色预警。

【水利基本建设】 2022年，丽水市完成水利建设投资51.35亿元，超计划3个百分点，比上年增长19.14%，位列全省第四。水利管理业投资增长17.4%，位列全省第七。全年争取省级以上补助资金18.54亿元，其中，中央资金7.35亿元(含山水林田湖草沙一体化项目)，省级资金11.19亿元。完成山塘整治37座、水库除险加固8座，中小河流综合治理65.8千米，完成城乡供水管网改造874.72千米，水土流失综合治理面积68.05平方千米。

【河湖管理与保护】 2022年，丽水市“美丽河湖”建设累计完成年度投资4345万元，创建莲都区仙渡溪、龙泉市竹垟溪、青田县瓯江(五里亭电站—外雄电站)、云和县龙泉溪(石塘水库—规溪村)、庆元县小安溪(东村—安溪村)、缙云县樟溪、遂昌县湖山源上游段、松阳县安民溪(李坑村—小港)、景宁县梅岐坑等15条省级“美丽河湖”，创建里程175.13千米，创建莲都区太平乡、龙泉市竹垟乡、青田县祯埠镇、云和县崇头镇、庆元县张村乡、缙云县舒洪镇、遂昌县垵口乡、松阳县斋坛乡、景宁县梧桐乡等23个水美乡镇；完成中小河流综合治理65.8千米。

【河湖长制】 2022年，丽水市河长办从市治水办独立出来，办公室设在市水利局，市水利局局长李见阳任河长办主任，副局长封亮任副主任，建立了全面推行河湖长制工作联席会议制度，丽水市政府副市长李汉勤任召集人，市政府副秘书长叶龙标、市水利局局长李见阳任副召集人。完成市级河(湖)长更新，实施“双河长制”；丽水市总河长市委书记胡海峰、市长吴舜泽联合发布2022年1号、2号总河长令。各级河(湖)长巡河91001次，巡河率94.32%，发现问题25484个，问题解决率99%；完成23条河湖健康评价，完成水利部推送的1128个遥感点位的复核，发现34处碍洪问题，并全部完成整改；落实2021年国务院河湖长制激励资金使用工作，对丽水市全域县级河湖进行健康评价，建立连续五年(2022—2026年)的丽水市河湖水生态健康动态监测、定期评价机制，对全市108个县级河长管辖的142个责任河(湖)段进行健康评价；对丽水市河长制管理系统进行提档升级，实现数字“智”河迭代升级。

【水利工程运行管理】 2022年，丽水市1310座山塘、391座水库、188段堤防、17座水闸、3座闸站落实“三个责任人”和“三个重点环节”的安全管理责任制。持续开展安全鉴定和安全评定工作，完成50座水库、4段堤防、1座闸站的安全鉴定，有效掌握全水利工程的运行状态，为水利工程安全管理提供依据。完成33座中型水库(包括河床式水电站)、6座小型水库、20座泵闸的控制运用计划审批工作；在日常检查、专项检查中，不定期对水库、泵闸开展调度运行检查，确保按照已批复的控运计划开展调度运行。落实山塘、水库、堤防、泵闸汛前检查，组织开展安全度汛专项行动方案，对于发现的问题隐患，全部整改到位。开展病险水库除险加固和清零销号工作，全年完成8座水库除险加固和8座病险水库清零销号。丽水市规模以上水利工程产权化完成率58%，物业化完成率96%，规模以上水利工程被纳入浙水安澜管理率100%。

【水利工程建设管理】 2022年，丽水市水利局完成对水利工程施工企业资质、市场行为、体系管理、人员资格等情况的“双随机”抽查；开展安全生产巡查，全市抽查在建水利工程40个，对9个县(市、区)和市本级12个在建水利工程开展质量抽检，全年组织各类质量检查活动270余次，发现问题1568条。云和县龙泉溪治理工程(溪口、局村、三潭段)获2022年度丽水市建设工程九龙杯奖(优质工程)，松阳县黄南水库工程等9个工程被评为“2022年度丽水市水利建设工程安全文明施工标准化工地”。全市水利工程建设未发生质量事故，其中丽水市代表浙江省接受国务院保障农民工工资支付考核，取得A级优异成绩。全年完成水利项目竣工验收55个，省重点工程丽水盆地易涝区防洪排涝好溪堰水系整治一阶段、瓯江治理工程云和县龙泉溪治理工程(石浦段)、瓯江治理工程云和县龙泉溪治理工程(小顺段)工程通过竣工验收。

【莲湖水库建设】 为补丽水市防洪短板，改善流域水生态环境，市水利局在前期充分分析"蓄、分、滞、疏、挡"5种方案后，最终谋划建设莲湖水库。2021年11月，丽水市莲湖水库建设管理中心成立。莲湖水库工程已被列入《瓯江流域防洪规划》《全国"十四五"水安全保障规划》《长江三角洲区域发展水安全保障规划》等多个规划，项目建设依据充分，建设十分迫切。2022年，市水利局协同莲湖水库工程建设指挥部的有关部门，积极推进莲湖水库工程前期工作。在各部门的配合努力下，莲湖水库项目建议书通过省发展改革委备案受理，规模论证报告通过省水利厅审查，实物调查移民入户房屋测量工作基本完成。

【水利政策法规】 2022年，市水利局制定年度重大行政决策事项目录，组织对《丽水市水资源节约保护和利用总体规划(2021—2035)》《丽水市水资源管理办法》2项重大行政决策及70件行政合同开展合法性审查。《丽水市城市内河整治提升工程前期勘察咨询服务合同》等7件重大合同均按时报备并通过备案审查。加强普法宣传工作。结合第30届"世界水日"、第35届"中国水周"，围绕"节水就是保护绿水青山，节水就是节能减排""丰水俭用，好水精用，建设幸福瓯江"等主题开展节水宣传周及"五进"活动累计181次，在市级及以上媒体开展水资源及节水宣传工作。建成丽水市水情教育基地，增强市民对丽水水情的了解，同时促进节水型社会建设，为水利法治宣传提供新基地。组织举办学习贯彻中共二十大精神主题演讲比赛，评选出"十佳宣讲员"；组织举办水利青年宣讲团培训班，培养宣讲员开展水法、水土保持法、安全生产法等知识的社会宣讲，营造全社会学法懂法的氛围。

【水利执法】 2022年，全市主要河流纳入卫星遥感平台监管，每月提供一张卫星比对图谱，避免出现监管盲区。在全市水域重点河段安装监控544个，基本实现主要干流河道和在建涉水工程全天候、全范围、全覆盖监管，使水利执法更及时、更精准、更有依据。同时执法人员对本辖区内沿河区域进行执法巡查，市本级共巡查水域14865千米，查处并移送立案18起，其中，违法采砂案件1起，在河道管理范围内违法搭设建筑物、构筑物13起(其中通信铁塔9起)，倾倒泥土2起，未经水行政主管部门审批或未按照批准方案建设的项目2起。

2022年3月23日，庆元县实验小学开展世界水日、中国水周宣传活动

（张小凤 提供）

【水土流失治理和水土保持监管】 2022年，全市持续加强水土流失治理，通过山水林田湖草系统治理项目中的松阳县松阴溪流域水生态保护修复项目(一期)以及龙泉市、庆元县、遂昌县的生态清洁小流域项目，完成水土流失综合治理面积68.05平方千米，生态林业改造、矿山生态修复、高标准农田等治理水土流失面积6.76平方千米，完成水土流失治理面积74.81平方千米。水土保持率93.27%。水土流失强度下降，现状以轻度水土流失为主，占比为水土流失面积88%。全年全市完成水土保持方案审批474个，其中，水土保持方案报告书138个，报告表132个，登记表204个；全市水土保持设施验收备案109个，累计验收后核查项目59个，占比54.13%；在建生产建设项目监督检查552个，累计发出监督检查意见662份；需开展水土保持监测的生产建设项目421个，其中，自行监测72个，委托第三方技术服务单位开展水土保持监测349个；卫星遥感图斑复核645个，发现问题12个，全部落实整改；入选"重点关注名单"信用监管单位2家，挂牌督办项目10个。

【重点水利工程建设】 2022年，全市水利20个项目被列入省重大建设项目实施类，累计完成投资28.15亿元。莲都区碧湖平原水系综合治理工程

（一期）、松阳县松古平原水系综合治理工程、青田县中西部引水工程、大溪治理提升改造工程开工建设；丽水市滩坑引水工程、丽水市城区排水防涝工程、龙泉市梅溪八都溪岩樟溪流域综合治理工程、青田县小溪水利枢纽工程、龙泉市竹垟一级水库及供水工程、庆元县兰溪桥水库扩建工程、庆元县松源溪流域综合治理工程、缙云县好溪流域综合治理工程、缙云县潜明水库引水工程、松阳县松古平原水系综合治理工程、景宁县金村水库及供水工程和景宁县小溪流域综合治理工程（一期）进展顺利；遂昌县清水源水库工程和景宁县水系连通及农村水系综合整治试点县基本完工；云和县浮云溪流域综合治理工程、云和县龙泉溪治理二期工程和金村水库及供水工程进度稍滞后；庆元县杨楼溪水库及供水工程暂缓实施。

【水利规划计划】 2022年，市水利局完成《丽水市滞洪水库规划》《丽水市防洪薄弱环节实施方案》《丽水市优质水外输研究》《丽水市现有梯级水库抽水蓄能利用研究》4个课题编制工作。《丽水市滞洪水库规划》规划确定全市35座滞洪水库，解决丽水市部分小流域乡镇、行政村、自然村山洪防御不达标问题。《丽水市解决防洪突出薄弱环节实施方案》系统梳理全市范围内重点区域的防洪排涝短板，针对性提出解决防洪突出薄弱环节的工程与非工程措施，提高城镇防洪达标率，提升洪涝灾害预报预警与应急协同处置能力。《丽水市优质水外输研究》初步拟定丽水市优质水资源外输东线、西线和南线三条线路。《丽水市现有梯级水库抽水蓄能利用研究》确定9处梯级水库抽水蓄能利用推荐资源点，并对推荐的资源点进行工程投资及效益分析。

【水资源管理与节约保护】 2022年，根据《浙江省水利厅关于全面推进取用水监测计量标准化建设的通知》文件要求，全市完成年取水1万立方米以下标准化建设方案编制，年底完成182个取水计量设施标准化建设任务。依据瓯江、建溪、交溪、松阴溪等流域水量分配方案，全面落实跨行政区江河水量分配目标任务。实施国家节水行动，市、县全部印发年度节水行动工作方案。市、县两级均按要求编制完成水资源节约保护和利用总体规划，并通过市级、省级相关部门初审和复审。至年底，全市创成节水标杆酒店4个、节水标杆校园2个、节水标杆小区4个、节水标杆企业9个，创成省级节水型企业5个、省级节水型单位（小区）25个，完成清洁生产审核企业28个，完成建设水利行业节水型单位8家。丽水市青田县、缙云县、遂昌县通过国家级县域节水型社会达标创建，并获中华人民共和国水利部命名，全市县域节水型社会创建率44.4%；龙泉市、庆云县、松阳县、景宁县县域节水型社会达标创建通过省水利厅评估并推荐至中华人民共和国水利部。“丽水经济技术开发区：高位推动 技术引领 全力打造省级节水标杆园区”入选浙江省2022年度节水行动优秀实践案例。

【水利行业监督】 2022年，丽水市探索新型行业监督工作模式，逐步形成“系统化整合、清单化管理、专业化检查、制度化运行、信息化操作”的水利监管工作新格局，切实提高全市水利行业监督水平。按照水利建设、水利工程运行等五大领域，梳理各业务领域的监督检查的范围、对象内容、程序，形成监督任务清单；对检查发现的问题制作问题清单；针对检查出的各类问题，建立责任清单，明确整改时间表，落实整改责任人，实行销号制，实现“三张清单”闭环管理。至年底，全市开展监督18632人次，实行一月一通报、问题“红黄牌”警告，共发出监督通报31期。

【南明湖景区管理】 2022年，南明湖管理所建立健全景区管理长效机制，加大对水面保洁、绿化养护、环境卫生、安全护卫等物业公司的考核力度，实现景区管理规范化、标准化。加强景区数字化管理，对南明湖核心区现有智能化监控系统进行整合升级，推进南明湖景区停车场基础设施、监控系统提升改造，实行收费管理，进一步规范景区车辆管理。推进《丽水市南明湖保护管理条例》执法检查整改工作，牵头落实南明湖综合管理联席会议机制、成员单位问题整改推进、南明湖景区联合执法队伍组建、社会监督员聘用、南明湖保护管理范围明确及界桩设定，并对景区违法行为及不文明行为开展联合执法行动，凝聚齐抓共管合力，提升秩序管理水平。服务全国文明典范城市创建和国家卫生城市巩固工作，获丽水市高水平巩固国家卫生城市工作集体嘉奖。配合市体育发展中心等部门做好2022年全国航海模型锦标赛、2022年全国赛艇锦标赛及浙江省第三届公开水域游泳系列赛（丽水站）等后勤保障工作。

【农村供水保障行动】 2022年，丽水市印发《丽水市农村供水保障行动计划（2022—2024年）》，开始实施新一轮农村供水保障行动，持续强化城乡同质饮水标准，落实县级统管责任。全年全市完成农饮水投资14.4亿元，新增供水保障人口40.2万人。加大城乡供水管网联网、提升改造力度，完成省民生实事管网改造863.04

千米。626个供水水厂（水站）实现实时水质、水量接入省城乡供水数字化管理平台。常住人口50人以上的农村简易水厂销号334座。创建省级规范化水厂6座。中央抗旱资金投入3841万元，有效应对重大旱情的极端挑战。

【绿色水电】 2022年，丽水市持续推进绿色水电创建工作，全年通过认证电站5座，占全国134座的4%，占全省11座的45%。2017—2022年，累计通过绿色小水电示范电站认证总数135座，通过率占全国的14%、占全省的52%；累计创建省级生态水电示范区20个，示范区创建数量占全省总数30%；完成小水电安全生产标准化复评及初评177座。全国首创小水电行业生态信用体系，上线小水电生态信用应用场景。9月，智慧水电生态信用评价应用场景获全省十大优秀案例称号；10月，完成丽水示范区首批6座电站14万张国际可再生能源证书（I-REC）的注册、签发和交易。11月，完成《丽水市水电站绿色改造和现代化提升规划》和《丽水市水电生态产品价值实现机制研究》。（刘晓敏）

“五水共治”工作

【概况】 2022年，丽水市“五水共治”工作坚持以习近平生态文明思想为指导，坚定践行“两山”理念，贯彻落实市委、市政府决策部署和全省“五水共治”碧水行动计划，持续打好“五水共治”“攻坚深化战、巩固提升战”，勇夺2022年度“五水共治”大禹鼎金鼎。丽水市开创的“三精化”工作法获评全省“五水共治”“一市一样板”；丽水市的数字化考核评价体系入选全省“五水智治”数字化建设试点项目；“瓯江山水诗路 水乡之旅”、“瓯江山水诗路 亲水之旅”两条精品旅游路线入选全省“水之旅”线路。6月9日，国务院办公厅发布《关于对2021年落实有关重大政策措施真抓实干成效明显地方予以督查激励的通报》，丽水市河（湖）长制受到通报表彰，并获2000万元激励资金。

【水环境质量】 2022年，丽水市水环境质量居全省第一位，居全国339个地级及以上城市第十位，国控断面水质指数2.5977，比2021年改善2.29%。全市17个国控断面、18个省控断面、16个出境断面、10个县级以上集中式饮用水水源水质达标率实现四个100%；18个省控断面走航排查和“一点一策”治理方案实施任务完成率100%。其中，小溪口、外舍、鱼条滐3个国控断面水质保持Ⅰ类，紧水滩水库近坝国控断面水质从Ⅱ类提升至Ⅰ类；光瑶省控断面水质从Ⅲ类提升至Ⅱ类，石塘电站坝下、紧水滩水库中心2个省控断面水质从Ⅱ类提升至Ⅰ类。

【“污水零直排区”建设】 2022年，龙泉市、缙云县完成全域“污水零直排区”创建，全市年度“污水零直排区”建设任务已全部完成。9个镇（街道）、3个工业园区、23个生活小区的“污水零直排区”建设已全面完成并通过验收评估，总计投资额77534万元。开展“污水零直排区”提质增效工作，3个工业园区被列入省级“污水零直排区”标杆园区创建名单，3个镇（街道）创成省级“污水零直排区”示范镇（街道）。

【“找寻查控”专项行动】 2022年，市治水办对全市治水9年（2014—2022年）来遗留的问题开展系统排查整改，做实做细做准“找寻查控”工作方案，建立问题动态数据库和“四张清单”，构建“问题发现—处置反馈—整改销号”的闭环管理机制。自查互查问题6400个，完成整改6400个，整改率100%。排查和整改的问题数量、质量考核位居全省第二。市级互查问题267个，省治水办认定重点问题29个，排名全省第一。

【“五水共治”宣传】 2022年，丽水市在“五水共治”满意度调查中居全省第二位，宣传信息工作居全省第二位。全年被省治水办录用微信116篇，居全省第一位；简报12篇，居全省第二位。云和《瓯江出蛟龙》治水案例上央视新闻直播间，缙云县生态保护与修复治水案例入选央视《焦点访谈》，仁岸村治水促共富案例入选《浙江日报》头版、上浙江新闻客户端。组织开展龙舟赛、长跑健步走、亲水节等31场治水宣传大型活动，301场小型宣传活动，参与30万余人次。（蓝 帅）

城市建设　环保

城市规划

【概况】 2022年，丽水市自然资源和规划局贯彻国家、省重大战略部署，坚持新发展理念，坚持以人民为中心，立足丽水实际，以"一带三区"发展战略为引领，将跨山统筹等三把金钥匙充分融入空间规划中，高标准编制各类规划，全面推进国土空间规划体系建设，发挥国土空间规划的基础性作用，为发展规划落地实施提供空间保障。

【国土空间总体规划】 2022年9月30日，市自然资源部门划定的"三区三线"成果获自然资源部首批批准启用；推进完善市级国土空间总体规划，完成三轮市级部门意见征求，组织交通能源水利、市政基础设施、综合防灾减灾等10余个专题的部门联合审查；加强对县级国土空间总体规划指导，完成一对一形式的市、县级国土空间规划两轮对接；创新推进"两山"转化实践试点，到市直相关部门、9个县(市、区)进行现场调研、座谈和指导，坚持问题导向，编制印发《2022年度丽水市国土空间规划支撑"绿水青山就是金山银山"转化实践试点工作考核细则》，建立日常考核机制，全面落实责任分工，加大试点推进力度。

【中心城区规划设计】 2022年，市自然资源部门推进天宁区块概念性规划，组织部门审查，并同步落实完成金融创新中心一期区块控制性详细规划编制；开展中心城区重要区块的控制性详细规划编制，完成中心城区凤鸣、刘祠堂背、中山街与丽阳街交叉口(丽水大饭店及中心医院东侧地块)、好溪路与东地路东南侧等10个区块控制性详细规划并获市政府批准实施，进一步做优中心城区存量空间，落实重点项目空间布局，实现城市建设的空间管控。　(纪　颖)

【勘察测绘】 2022年，丽水市国土空间规划测绘研究院以碧湖新城、"三江口"片区、衢丽铁路、碧湖大桥改扩建、石郎线改造提升、大溪治理提升等重点工程建设任务为工作重心，完成执法、土地储备、农民私人建房、土地开发、土地征收等项目的测绘工作，合计测量面积近2.17万公顷，出具报告2432份。另外完成建设项目规划监测并出具成果报告23个，在建项目监测建筑面积190.62公顷。做好土地勘测工作，保障各部门审批、监管科学化、规范化、制度化，保护国家资源和公民利益。　(周雅宁)

【专项规划】 2022年，市自然资源和规划局有序推进专项规划编制。完成殡葬、人防、水域保护专项规划的编制。配合行业主管部门，组织城镇社区建设、养老、医疗卫生等专项规划的审查，推进排水、燃气等专项规划的进一步修改完善。根据省自然资源厅《浙江省村庄规划"一评估两覆盖三提升"专项行动计划》要求，指导各县(市、区)完成村庄规划评估及18个村庄的规划编制工作。　(张　越)

【丽水山水城市馆】 2022年，丽水市城市规划展览馆更名为丽水山水城市馆。1月开始闭馆改造，9月底竣工验收，10月起试运行。丽水山水城市馆是了解丽水自然资源本底、人文历史、城市规划建设等内容的重要窗口，也是丽水传承中国山水精神，践行生态文明理念、拓宽"绿水青山就是金山银山"转化道路的生动写照。围绕宣传自然资源、规划等主题，开展群众社科宣传教育活动，包括征集"最美城市寄语"主题活动及开展"我们的家乡"青少年暑期社会实践活动2期。结合社会热点，推出临展5期，分别为"聚焦'浙'十年·丽水8件物品展城市风采""中国共产党从一大到十九大回顾""党的二十大专题展""丽水全力推进自然资源治理能力现代化——数字赋能国土空间整体智治"及"2022年度浙江自然资源法治建设成果展"。丽水山水城市馆对外试运

行后，完成现场项目公示10余个，接待团队30余批，游客1万余人次，接待满意度100%。（汤伟娥）

城市建设

【概况】 2022年，丽水市建设系统围绕"全面建设绿水青山与共同富裕相得益彰的现代化新丽水"这一主线，以完善基础设施建设、加强老旧小区改造、抓好城区景观提升等为重点，持续开展城市体检，实施城市有机更新行动，加快推进新时代山水花园城市建设。青田县燃气一网智防应用入选浙江国资国企"一件事"最佳改革实践案例。印发浙江省首部市级窨井盖建设地方标准，突破"各自产权单位各自标准"的现状。全面完成新增主城区停车位、整治起伏不平城市道路、整治"桥头跳车"城市桥梁等民生实事，垃圾分类工作提档升级。（李晓晓）

【基础设施建设】 2022年，全市累计完成基本建设投资62.92亿元，建成好溪路延伸段（灵山大桥引桥—丽阳街）、城东区块规划支二路、人民路东延伸段、河湾路（徐宅路—樟树路）、欣苑街（教工北路—括苍路）、花园路中段东侧支路等城市道路共26.44千米，其中主城区建成11条共5.63千米，打通"断头路"3条。新建绿道308千米，新增绿地52.19公顷，创建省级最美绿道1条。切实抓好各县（市、区）城市品质提升"五个一"（建一座商业综合体、打造一片文化街区、培育一条高品质步行街、建成一个五星级酒店、建设一个未来社区）项目，完成项目投资额131.26亿元。（李晓晓）

【市政设施建设】 2022年，新增主城区停车位2760个、整治起伏不平城市道路13余千米、整治"桥头跳车"城市桥梁5座；完成23个城镇生活小区"污水零直排区"建设，建成污水管网116.267千米、新建供水管网111.68千米、改造供水管网45.73千米，完成4个城镇污水处理厂清洁排放改造；完成32个省级高标准垃圾分类小区建设，实现生活垃圾总量"0"增长，全市城镇生活垃圾分类覆盖面100%、无害化处理率100%、回收利用率61.69%，易腐垃圾分类收集清运量占比19.83%；完成"定时定点"商业街200条、占比98.52%，完成"定时定点"小区388个、占比82.38%；新增天然气管道入户数19502户，城市中压管道建设76.4千米。城镇管道燃气建设储气设施或与上游签订应急保供协议，应急储备能力达到1991万立方米。（吴越 潜程炮）

城乡一体化建设

【概况】 2022年，市建设局构建共同富裕现代化基本单元，通过美丽宜居示范村试点和传统村落保护发展，全力推动城乡一体化建设，松阳县入选2022年全国传统村落集中连片保护利用示范县。3个城乡风貌样板区获首批省级命名"新时代富春山居图样板区"。3个未来社区通过验收，实现零的突破。启动全市首个"联盟式美镇圈"，并入选2022年全省美丽城镇集群化典型案例培育名单。（李晓晓）

【美丽乡村建设】 2022年，丽水市239个农村生活污水处理设施建设改造项目开工，完成3499个处理设施标准化运维，农村生活污水治理行政村覆盖率89.61%，出水达标率90.49%。全市新增省级美丽宜居示范村试点23个，累计省级美丽宜居示范村试点237个。龙泉市龙渊街道石马村、云和县崇头镇黄家畲村、庆元县百山祖镇三堆村等11个中国传统村落被列入第六批中国传统村落名录村落名单，全市累计有中国传统村落268个（松阳县78个、景宁县56个、龙泉市50个、遂昌县24个、庆元县17个、缙云县16个、莲都区13个、云和县10个、青田县4个），占全省总数（701个）的38.23%。（蓝振奇）

【农村住房救助】 2022年，持续推进农村困难家庭危房改造即时救助工作，做到发现一户、改造一户、确保"动态清零"。全市完成农村困难家庭危房改造868户，争取上级资金1302万元。

【农村危旧房治理】 2022年，长沙"4•29"事故发生后，丽水市迅速成立自建房安全整治工作专班，部署落实自建房安全隐患排查整治"百日攻坚行动"，集中力量对四类重点房屋开展地毯式排查，特别对存在安全隐患的经营性自建房，按照"分类治理、分类管控"的原则实现全面治理管控。至年底，全市排查自建房654030栋（其中经营性自建房40274栋），通过排查初步判断存在安全隐患自建房16105栋，调查系统已录入安全鉴定6139栋，鉴定结果为B级2962栋、C级2083栋、D级1094栋，开展整治5313栋，其中工程整治1238栋、管理整治4075栋。（邝璐伟）

【城乡风貌整治提升】 2022年，创成并获省级命名风貌样板区9个。完成全市9个城镇社区建设专项规划编制工作，其中，云和县、松阳县专项规划入选优秀名单，上报的20个“一老一小”服务场景均入选省级名单，覆盖9个县（市、区）。5个街道获评山区县县城城镇省级样板，数量位居全省第一；10个未来社区优秀案例入选省级优秀案例库。（吴　飞）

美丽城镇建设

【概况】 2022年是新时代美丽城镇建设工作的收官之年，按照“谋创新、抓保障、促发展、推创建”的思路，全市实施美丽城镇建设项目773个，完成项目投资额81.1亿元，已超额提前完成省厅下达的一类工作目标56亿元投资额度，创成美丽城镇建设省级样板13个、山区县县城样板5个、基本达标乡镇41个。其中，景宁县和青田县获评2022年度新时代美丽城镇建设优秀县。全省跨市区域美丽城镇版“山海协作”增量扩面，丽水、嘉兴两市结对乡镇（街道）总数54个；全市美丽城镇省级样板累计总数32个、山区县县城样板累计总数6个、基本达标乡镇累计总数103个。

【乡村振兴】 2022年，丽水市在首创美丽城镇版“山海协作”基础上增量扩面，景宁—海宁、莲都—桐乡、庆元—嘉善达成新协议，在合作探索“生态+工业发展”“绿色农科高新技术开发”“产供销”一体化实体经营项目等模式上富有新成效。相继挖掘青田县“一镇三乡”组建温溪片联盟，莲都、松阳和金华武义县打造的“竹柳新桥”三月三活动等品牌，探索符合山区乡镇实际的美丽城镇集群发展新路径。聚焦“人、钱、地”等关键要素，制定18个样板创建乡镇的“一镇一策”；及时下拨市级奖补资金900万元，与省级财政奖补政策叠加后，实现各县（市、区）专项资金成倍增长，总数达到3.36亿元。新增城镇道路409千米，停车泊位1.14万个，公交站点150个，新（改）建公共厕所333个，新建居住小区110万平方米，改扩建医疗设施27个，新增大型图书馆29个，新增灯光球场1.5万平方米，新建设商贸综合体6.5万平方米，新增居家养老服务中心56个，新增邻里中心2万平方米，乡镇公共服务基础得到持续改善。新增市级以上创新创业基地11个，新培育和引进省级以上科研院所8个；新增智能工厂、无人工厂41个，新增高端装备制造工程37个，龙头企业5家；新增田园综合体33个，新培育省级以上农产品品牌23个，新增星级酒店9个、民宿180家。新增休闲广场77个，改造提升老民居、老厂房25.99万平方米，新建小镇客厅33个，改造提升历史街区和特色街区63条。坚持以环境卫生、城镇秩序、乡容镇貌管控为重点，强化社会事务综合治理，全市新增枫桥式基层站所47个，新建智慧管理平台83个。（吴　飞）

市政公用事业管理

【概况】 2022年，丽水市本级市政管养道路共98条，总长度171.4千米，总面积近474.66万平方米。其中，城市道路93条，长度近137.1千米，面积近375.8万平方米，雨水管道近243.2千米，污水管道近167.7千米；委托管养公路5条，长度近34.3千米，总面积近98.86万平方米，雨水管道近8.1千米，污水管道近3.1千米。职责范围桥涵117座、隧道2座，其中，城市桥梁95座，Ⅰ类养护城市桥梁1座（紫金大桥），Ⅱ类养护城市桥梁2座（水东大桥和小水门大桥），其余为Ⅲ—Ⅴ类桥梁。委托管养公路桥梁22座、隧道2座。其中，特大桥1座（社后特大桥），大桥7座（塔下大桥、联城大桥、敏河大桥、牛岭头栈道、九里立交桥、太平港大桥、白岩大桥），中小桥14座，隧道2座为路湾隧道、塔下隧道。

【市政设施维护管养】 2022年，全市累计修复人行道近16338.63平方米，修复沥青路面近12913.61平方米，改造人行道近5160.87平方米，修复砼路面1410.31平方米，更换各类井盖164座，确保设施完好率99%、数字城管案卷结案率99.9%、及时结案率97.64%。维护管养截污泵站和污水泵站4座（大洋河截污泵站、东银苑截污泵站、教工路1号污水泵站和好溪东路泵站），截污管线3条，其中，丽阳坑截污管线长近2.7千米，海潮河截污管线长近1.1千米，贺家坑截污管线长近1.1千米；南明大钟1座，市区街道休闲坐凳981张，道路护栏维护管理总长6707米（其中，人车分离护栏6167米，中央分离护栏540米）。

【市政设施建设】 2022年，全市完成丽阳街（括苍路—开发路）南侧人行道美化改造及地下自来水主干管（括苍路—大洋路）建设工程；完成丽水市区部分主次干道沥青路面和人行道修复工程（一期）前期研究工作；完成丽阳街北侧人行道改造提升工程前期研究工作；开展丽水市区建筑垃圾（渣土）消纳场二期项目前期报批工作。

【燃气行业安全监管】 2022年，市市政设施管理中心完善城市燃气管网。至年底，北城区共建有燃气管网 630.75 千米。其中，市政中压管网 137.91 千米，庭院低压管网 492.84 千米，燃气管网到小区门口覆盖率 95%以上，基本形成框架；加快老小区管道天然气普及，市区完成 50 余个老小区、开放式小区天然气管道建设施工，建设完成户数 6.8 万余户；规范瓶装燃气行业管理，全面落实瓶装燃气实名制销售管控工作，同时通过专项整治行动进一步提升燃气行业规范化管理和监管水平。（施力诚）

园林绿化建设管理

【概况】 2022 年，丽水市园林绿化工作以“加快建设新时代山水花园城市”为目标指引，奋力加快跨越式高质量发展。全市实施街头绿地、“口袋公园”等城市“微改造”20 处，新建改造大众街四牌楼口袋公园、莲都区政府对面口袋公园等一批富有特色并展现丽水生态魅力的城市新空间 10 处，其中，市本级完成新增绿地 12.53 公顷、公园绿地 3.45 公顷、立体绿化 0.35 公顷、提质改造公园绿地 2 公顷；建成海绵城市 2.25 平方千米、示范性工程 2 个；实施街头绿地、“口袋公园”等城市“微改造”16 处；建成中山公园、“口袋公园”、花园路“增花添彩”、立体花墙、公园基础设施提升等项目，完成投资额 6795 万元。公园绿地内新增（改造）公共座椅 267 组，“一老一少”、嵌入式体育设施等工作取得明显成效。

【园林绿化建设管理】 2022 年，市园林管理中心以城市体检问题为导向，推进“口袋公园”建设，相关案例入选省建设厅 2022 年度城市体检成果应用优秀案例。出台浙江省首部绿道管理办法《丽水市绿道管理办法》，编制《丽水市景观微改造导则》，印发《丽水市市区城市绿地易地绿化和临时占用实施细则》，推进城市园林系统化治理，其中，城市古树名木保护研究和苔藓蕨类在城市景观应用的“丽水样本”被省建设厅作为经验推广，城市古树名木保护研究推选建设部作为典型案例。与杭州植物园、杭州西湖园林科学研究院、浙大研究院就植物科研、花事花展等方面建立协同机制，2022 丽水宋韵菊花展入园人数近 8 万人次，社会各界给予肯定。开展“家家户户三角梅 万株紫薇进绿地”、认建认养、守护古树名木等主题活动，累计参与近 3 万人次，进一步提高市民群众对城市园林的满意度。（麻安翊）

建筑业

【概况】 2022 年，全市建筑业总产值完成 458.3 亿元，同比增速 13.7%；其中，省内产值完成 441.76 亿元，同比增速 13.7%。全市建筑业税收 27.3 亿元，增速 5.4%，总税收占比 10.5%。完成高星级绿色建筑示范工程 2 项；超低能耗建筑任务量 2 万平方米；太阳能光伏装机容量任务量 10.5 兆瓦；既有建筑节能改造 3.4 万平方米，既有居住建筑节能改造 1.6 万平方米。完成可再生能源建筑应用面积 52.9 万平方米，其中高比例可再生能源面积 9.6 万平方米。新开工装配式建筑面积 513.42 万平方米，完成全年任务 128.36%，其中装配式住宅面积完成 197.13 万平方米，完成全年任务 115.96%，装配式建筑占新建建筑比例 36.1%。全年全市有 21 个项目获市级“九龙杯”优质工程奖，3 个项目获省级“钱江杯”优质工程奖，19 家建筑业企业被市政府授予 25 项荣誉称号，上报省建设厅 6 家企业申报省级建筑业现代化示范企业。新增建筑业企业资质 77 家，累计 711 家（其中，一级总承包 47 家，一级专业承包 34 家；二级总承包 119 家，二级专业承包 188 家；三级总承包 295 家，三级专业承包 28 家）。新增总承包一级企业 8 家，累计 47 家；其中新增房建和市政总承包双一级企业 2 家，累计 9 家。（叶剑平）

【安全生产】 2022 年，市建设局不断强化责任落实，开展督查 5 次，签订安全生产责任书 21 份，处罚 13 起 171.66 万元。标准化水平不断提升，评出丽水市红绿标杆工地 14 个，丽水市建筑安全文明施工标准化工地 68 个，浙江省建筑施工安全生产标准化管理优良工地 24 个，全国建设工程项目施工安全生产标准化工地 2 个，省级优秀平安工地 7 个。应急抢险能力不断提高，修订应急预案，组织应急演练，完成各项防灾任务。完成第一次全国自然灾害综合风险普查相关任务，丽水市有城乡房屋建筑 84.36 万栋，已调查 74.50 万栋、30215.15 万平方米，不需要调查 9.8639 万栋；道路总量 721 条，其中，已调查 601 条、766.01 千米，不需要调查 120 条；桥梁总数 357 座，其中，已调查 298 座、32525.23 米，不需要调查 59 座；已调查的供水厂站 2 座、供水管线 288 条、279.76 千米。开展丽水市建设施工安全百日攻坚专项行动，聚焦危险性较大的深基坑、高大支模架、高处施工平台等分部分项工程，地下空间、大型机械设备、临时工棚等重点部位、场所，深入开展建设施工领域安全整治攻坚。其间，全市组

织3070人次、检查点位1193处，发现一般隐患5246处，重大隐患30处，均已全部落实整改。（武晨静）

房地产业

【概况】2022年，丽水市建设系统把握“稳字当头、稳中求进”总基调，出台系列促进房地产市场平稳健康发展的政策举措，印发《丽水市保交楼专项借款资金管理办法》《丽水市区房地产行业全流程闭环监管办法》，率先在城区推出二手房“带押过户”交易，化解“带押”房屋交易难、过户难的困局。坚持“稳进提质”总基调，不断完善配套政策，落实全市招投标“一盘棋”、信用监管“一体化”，鼓励丽水市建筑业企业做优做强，推动建筑业高质量发展。深化发展保障性租赁住房，稳步推进棚户区改造，切实为构建起多主体供给、多渠道保障、租购并举的住房制度提供支撑，进一步夯实“安居”这个幸福基点。（李晓晓）

【房地产市场运行】2022年，丽水市房地产市场形势总体保持平稳。全市完成房地产投资343.3亿元，比上年增长3.5%，位居全省第六；全市房屋施工面积2272.3万平方米，增长10.1%；房屋竣工面积375.4万平方米，增长135.4%；销售面积247.4万平方米，下降25.5%，位居全省第四；实现销售金额286.0亿元，下降42.6%。至年底，全市新建商品住宅库存354.1万平方米，消化周期19.64个月，其中市本级新建商品住宅库存158.3万平方米，消化周期20.89个月。

【房地产开发企业】2022年，全市资质有效期内的房地产开发企业203家，其中一级房地产开发企业1家，二级房地产开发企业195家，三级房地产开发企业2家，四级房地产开发企业1家。（胡晓荣）

测绘事业

【概况】2022年，全市基础测绘年度计划和实施经费基本被列入国民经济和社会发展计划和财政预算。全市基础测绘经费投入5852万元，其中市区财政投入2044万元。全市1:2000比例尺基础地理信息资源更新取得新进展。全市域1.73万平方千米范围完成0.2米分辨率高精度地理信息资源获取更新。加强应急测绘预案演练。为提升丽水市测绘队伍应急响应能力，市自然资源和规划局组织丽水市国土空间规划研究院等7支测绘队伍在松阳县举行全市测绘应急演练；组织丽水市国土空间规划研究院参加省厅举办的2022年全省测绘应急演练比赛。加强测量标志保护工作，健全保护机制，确定测量标志管护责任主体为各县（市、区）自然资源局，实施主体为自然资源所，按实施方案对测量标志进行分类保护，按规定进行巡查。

【测绘数字化管理】2022年，丽水市推进“多测合一”改革，发布《丽水市自然资源和规划局关于深化建设项目“多测合一”改革的通知》，以数字化改革为牵引，以提质增效降成本为目的，继续扩大涉改项目范围，优化办事流程，健全管理机构，完善技术标准体系，实现“服务效率提升30%以上，服务收费降低30%以上”的目标，保障投资建设项目推进的改革目标。为规范测绘市场，加强成果监管，进一步提升测绘产品质量。根据省自然资源厅统一部署，市、县通过浙江省政务资源采集信息系统数据资源进行要素在线更新，全年上报并审核通过1466条，在省级下发POI数据的基础上整理形成本底库，通过共享资料利用、外业采集补充等方式，主要完成全市域28846条POI数据清洗和在线更新；天地图•丽水市级节点完成267.4平方千米的1:2000电子地图融合更新；完成主城区、联城街道、南明山街道等150平方千米主要要素的采集更新。天地图•丽水支撑省域空间治理数字化平台2.0和各政府部门应用，市委政法委、市农业农村局等7个部门的平台应用证明，体现天地图•丽水平台数据现势性好、精度高、要素齐全的成果优势，为各部门提供便利。组织各县（市）开展省级测绘成果使用情况核查工作，8月25日，召开丽水市省级基础测绘成果使用情况核查工作部署会议。丽水市率先完成省级测绘成果核查工作。此次完成领用单位记录525条。其中，续存状态482条，注销状态33条，无法找到状态10条。领用成果已核查916批次。其中，销毁765批次，仍在使用中105批次，已注销领用单位涉及领用成果35批次，无法找到的领用单位涉及领用成果11批次。

【测绘资质与市场监管】2022年，丽水市为加强地图管理，维护国家主权、安全和利益，促进地理信息产业健康发展，规范地图市场秩序，根据《地图管理条例》，开展地图审核工作，全年发放地图审核号10个，并对相关制图单位进行国家版图意识宣传教育。加强行业监管，规范市场秩序。通过浙江省行政执法监管（互联网+监管）平台随机抽取全市9家测绘资质单位进行"双随机"检查。检查内容包括测绘资质监督检查、测绘活动情况检查、测绘成果质量检查、地图管理监督检查、涉密地理信息保密检查和测绘安全生产管理检查等，抽查结果为9家测绘资质单位均合格，并通过浙江政务服务网进行公示。依法行政，加强测绘资质和成果申领监管。行政许可事项基本实现网上办理，共办理125件。其中，成果申领111件，地图审批10件，测绘资质审批4件。开展"8•29"测绘法宣传日活动。市自然资源和规划局根据测绘法宣传日"规范使用地图 一点也不能错"主题活动要求，开展测绘法宣传进社区、进媒体、进学校活动。测绘法宣传日活动共发送宣传短信25000余条，悬挂测绘法宣传横幅或电子屏幕滚动播放宣传语8条，展示宣传展板15张，向市民免费发放新《中华人民共和国测绘法》宣传册2000余册，发放地图拼图、全国地图、市、县(市)城区图等4000余张，现场提供咨询服务近2万人次，解答市民关心的测绘法律法规和测绘地理信息新科技等问题。强化测绘成果保障服务。为政府和部门及各行业领域提供高精度、现势性的地理信息数据资源，包括正射影像成果、矢量地图数据，为市政府领导决策分析、国土空间规划编制、自然灾害、气象灾害分析、应急演练指挥等工作提供保障服务。提供最新的丽水市域0.5米、0.2米分辨率的高精度地理信息资源成果和领导用图，为政府部门领导调研和区域功能规划等决策提供科学依据和保障服务。

【测绘重大项目建设】 2022年，市自然资源和规划局围绕国家自然资源管理"两统一"职责和经济社会发展需要，坚持需求牵引，推进全市域1:2000线划图更新和航天影像统筹项目建设。全市完成数字正摄影像生产更新(DOM)8639平方千米，投入资金近320万元。完成数字线划图更新(DLG)8262平方千米，投入资金近573万元。推进城市地下市政基础设施普查工作。根据浙江省城市地下市政基础设施普查工作部署，为全面完成该项重点工作任务，丽水市统一谋划，统筹推进，全市累计完成普查任务面积319平方千米，完成普查管线长度15399千米。城市地下通道普查17处，面积4.9万平方米；城市地下停车场普查157处，面积107.7万平方米；城市地下人防设施普查247处，面积104.7万平方米。 (张纯豪)

"三改一拆"工作

【概况】 2022年，市"三改一拆"行动领导小组办公室(简称市"三改一拆"办)推动违法建筑治理体系迭代升级。全市上下践行"两个先行"，坚持"用改互促"，突出"除险保安"，借力"三大专项"，依托浙江省违法建筑防控治理应用场景，重点摸清存量底数，做好违法建筑的治理工作，开展无违建创先争优活动，全面形成不能违、不敢违、不想违的治理结构。全年全市"一拆"(拆除违法建筑)面积261.05万平方米，"三改"面积138.86万平方米(其中，城中村改造38.66万平方米、旧住宅区改造50.29万平方米、旧厂区改造49.91万平方米)。

10月，根据浙江省"三改一拆"(违建别墅清查整治)行动领导小组办公室关于《浙江省2021年度无违建创先争优示范的通报》，松阳县、缙云县获评无违建创先争优示范县；云和县获十佳新增违建管控示范典型；龙泉市宋韵西街拆改项目和松阳县榔树民宿拆改项目分别获十佳拆改示范典型称号和拆改示范典型提名；青田县汤垟乡、云和县崇头镇、缙云县新碧街道、遂昌县湖山乡获评治违控违示范乡镇街道。

2022年，市"三改一拆"办将"三改一拆"工作与"三服务"结合起来。全年开展宣传活动134次，开展送戏下乡40次，发放宣传手册32050本，走深走实扩大基层宣传面，赢得群众理解与支持。全市上报信息稿3593篇，在市级媒体刊发报道664条，在省级媒体上刊发"三改一拆"宣传报道488条，在《浙江日报》《丽水日报》及省、市级简报上发表创先争优经验做法及成效的文章10余篇，展现"三改一拆"工作在促进经济高质量发展、服务民生、守护绿水青山方面的成效。

【全域智治成效】 2022年，全市建立健全违法建筑治理"用数据说话、用数据监管、用数据考评"工作机制。在防控新增违法建筑和摸清存量违建底数上运用科技手段，做到及时发现、精准定位、快速处置。全年召开小型培训会、交流会50次，有力推广县(市、区)治违控违、数据排摸的优秀做法和先进经验。在互相交流工作经验的良好基础上，全市逐步推进全域数字化巡检模式，全年上报浙江省违法建筑防控治理应用场景系统库违法建筑93612宗、违法建筑面积1443.95万平方米，已处置违法建筑27010宗、违法建筑面积548.95万平方米。在全省线上"无违建"指数赋分排序中，丽水市松阳县、云和县、庆元县等7个县排名全省前50。

【督查指导】 2022年，市“三改一拆”办以“督导月”、数据质量核查等方式推进督查工作，根据《关于开展涉及安全隐患违法建筑整治及违法建筑数据质量管控督导的通知》《关于深化治违除患行动推进涉及自建房的违法建筑安全专项整治的通知》《关于开展违法建筑数据质量核查工作的通知》等文件，随机抽查县（市、区）上报浙江省违法建筑防控治理应用场景违建数据，指导各县（市、区）对辖区内违法建筑开展排查及自查自纠工作。其中，自带图斑对县（市、区）的违法建筑数据质量进行线下、线上混合式核查，核查点位700个。经核查，下发意见10份、点位175个；下发通报5份，点位35个。至年底，在违法建筑数据质量核查工作中发现的漏报、错报、少报等问题全面完成整改，面积近49.91万平方米。（李佩蓉）

综合行政执法

【概况】 2022年，全市综合行政执法系统贯彻落实《浙江省综合行政执法条例》，以“大综合一体化”行政执法改革为统领，聚焦主责主业，服务中心工作，全力服务保障全面建设绿水青山与共同富裕相得益彰的社会主义现代化新丽水。全年全市综合执法系统办理案件10017件（其中，普通程序4705件、简易程序5312件），涉及16个案件领域，办理信访投诉处置件1.4万件，处置率100%。

【“大综合一体化”行政执法改革】 2022年，市综合行政执法局有序推进“大综合一体化”行政执法改革，全面构建“1+3”全覆盖的执法事项管理体系，全市划转25个领域1461项综合执法事项，占整体执法事项的28.3%，行政执法领域覆盖率62.5%；梳理完成全市8支专业执法队事项2573项；构建乡镇（街道）分类赋权事项“基础库+自选库”并建立动态调整机制，98个赋权乡镇（街道）均编制完成目录清单并通告实施。市、县两级“1+8”（综合执法+市场监管、生态环境、交通运输、农业农村、文化旅游、应急管理、自然资源、卫生健康）执法队伍体系全面形成，精简人力社保、水利、建设、民政、发改5个领域执法队伍32支；全市89.1%的行政执法力量部署在县乡两级，其中64.2%的执法力量下沉乡镇（街道），均高于省定目标（85%、60%）。建立“综合执法+专业执法+联合执法”一体联动执法体系，全市173个乡镇通过赋权、派驻、“1+X”中心辐射等模式均实现“一支队伍管执法”，推进“一支队伍管执法”进国家公园、南明湖、千峡湖构建绿水青山生态文明行政执法体系；落实涉企检查备案制度，常态开展“综合查一次”5689次，缩减检查频次53.95%，实现“进一次门、查多项事、一次到位”，进一步优化营商环境。依托一中心四平台一网格“141”体系，构建行政执法指挥中心，全面承接贯通省执法监管数字应用系统；全省首推“执法宝典”，集执法事项查询、典型案例分析、专家会商研判于一体，为一线执法人员提供案件全流程“教科书式”执法指引。开发推出餐饮油烟、工地噪声、渣土运输、违建智管通、茶叶在线等执法监管“一件事”多跨场景应用，遂昌美丽河湖治理“一件事”应用入选全省“一地创新、全省共享”“一本账”S0清单和省第五批“数字司法好应用”。绿水青山生态文明行政执法实践体系等11项实践成果、3项制度成果、4项典型经验，分别入选省“大综合一体化”行政执法改革实践成果100例、制度成果50例案例集、乡镇（街道）综合行政执法经验做法汇编。

【执法规范建设】 2022年，市综合行政执法局坚持严格执法与引导守法并重，将执法与普法、执法与服务相结合，以法治精神增效能、提能力、促创新，严格落实“三项制度”，完成全市执法案卷交叉评查，细化完善990项综合执法事项自由裁量基准细化率100%；持续推进“轻微违法免罚”“柔性执法”“涉企首违不罚”等创新实践，让执法既有力度又有温度；落实“谁执法谁普法”制度，常态化推送“以案释法”案例，坚持“线上线下”融合，以执法队员、网格员为宣讲主力军，推进执法进校园、进社区、进机关等多渠道开展普法宣传，通过新闻报道、新媒体宣传报道，让执法改革、垃圾分类、违建治理、犬只管理等宣传深入人心。系统办理信访投诉处置件1.4万件，处置率100%，通过组建错时工作专班、网格微信群方式化解疑难问题，提升群众获得感满意度。全市系统“菜单式”法制审核新模式等3个项目入选省2022年度县乡法治政府建设“最佳实践”项目。

【城市精细化管理】 2022年，市综合行政执法局开展市容市貌整治，以日常监管为基础，以专项整治为手段，全面开展流动摊贩、占道经营等8大类市容管理重点整治；发布户外广告设置专项规划，拆除市区严重影响安全的罗马大厦、星火商城大型户外广告等户外广告设施170处，清理沿街横幅广告、移动广告706处，擦亮城市窗口形象；构建“浙丽骑行”场景，在全省首创AI实景精准停车技术实现精准定点停车，促进用户规范停车，有效破解共享单车乱停乱放、企业无序竞争、市民用车不文明等难题，实现智治管理、智慧出行。聚焦秸秆禁烧、工地扬尘治理、餐饮油烟监管、域外建筑垃圾倾倒精准发力，借助数字化场景应用，提升网格监管处置效能，全市处罚秸秆焚烧案件910件，同比增长183%；开展渣土运输车专项联合执法211次，道路污染处罚120起，完成环境空气质量“保十”攻坚目标。开展县城以上城市人行道盲道清障行动民生实事，聚焦全市53条主要街道开展专项行动113次。

【违建管控】 2022年，市综合行政执法局对新发违建保持“零容忍”高压态势，构建网格巡查体系，严管严控新交付小区，坚持“早发现、早制止、早拆除”，同时强化设计审核、基层巡查、投诉举报、违建审核、共建共管、督察考核等机制，将是否存在违建问题纳入干部提任、两代表一委员、双委候选人提名、评优评先等联合审查内容，形成有效威慑作用，推进违建问题整改落实。全年全市系统拆除新发违建705处，完成各类晋级评先评优违建资格审查11931人次、房产13756套。

【行政执法“最多跑一次”改革】 2022年，市综合行政执法局围绕“最多跑一次”改革部署，市本级“最多跑一次”审批和登记服务事项6项，实现跑零次实现率、即办率、承诺期限压缩比、网上办实现率、掌上办实现率、材料电子化率6项指标均100%。全年“城市大型户外广告设置审批”类办理量15件；临时占用城市道路审批类办理量980件，总办件量995件；办理犬类登记1161起。 （吴晓慧）

生态环境保护

【概况】 2022年，市生态环境局高质量推进美丽丽水建设，全市生态环境质量持续改善，生态环境状况指数连续19年居全省首位，生态环境公众满意度跃居全省第一位。$PM_{2.5}$浓度为19微克/立方米，比2021年度下降2微克/立方米，首次闯进20微克/立方米的关口，提升幅度位居全省第一，全年空气质量在全国168个重点城市列第七位；实现1个国控断面、2个省控断面从Ⅱ类到Ⅰ类的水质类别提升，国控断面水质Ⅰ—Ⅱ类比例100%，水环境质量列全国第十位。丽水再次成为全国唯一一个水、气环境质量均进入全国前十的城市。

【生态环境治理】 2022年，丽水市治污攻坚力度全面跃升。浙江松阳经济开发区、遂昌县云峰石材园、青田县油竹田步垟工业园区3个工业园区入选省级标杆工业园区“污水零直排区”培育名单，数量位居全省第一；全市新增城镇污水处理能力6.5万吨/日，出台《丽水市重要水系水生态保护与修复实施方案（2022—2025）》，五水共治考核获省委、省政府大禹鼎银鼎，河长制工作受到国务院督查激励表彰。省级清新空气示范区实现全覆盖，完成工业废气治理项目72个，淘汰落后产能涉及企业84家。推动松阳活性炭集中再生“绿岛”项目建设。创成全省首批“无废城市”1个，培育一批“无废城市”样板。有序推进4个国家地下水污染防治试点项目建设，丽水经济技术开发区土壤和地下水智慧监管项目入选全省土壤“一件事”改革试点。落实生态环境损害赔偿制度，办理损害赔偿案件60件，赔偿总额83.9万元。

【生态环保督察】 2022年，市生态环境局一体推动中央和省生态环保督察、长江经济带警示片问题以及“七张问题清单”整改，营造以督强责、以督促治的浓厚氛围。第一轮中央生态环境保护督察交办信访件250件，省环保督察交办信访件392件、反馈问题29项均已全部完成整改。第二轮中央生态环境保护督察11项反馈问题已整改完成9项，其余2项均按照时序要求推进；211件交办信访件已整改完成208件，完成率98.6%。2021年省委生态环保专项督察20项反馈问题已整改完成18项，其余2项均按照时序要求推进，43件交办信访件已整改完成41件，完成率95.3%。全年，省委生态环保专项督察10项反馈问题已整改完成6项，其余4项均按照时序要求推进，23件交办信访件均已完成整改，完成率100%。

【应对气候系列】 2022年，市生态环境局发展绿色低碳产业，整治高耗低效企业378家，战略性新兴产业增加值占全市规上工业增加值比重26.6%，较2021年提高10.3个百分点。以碳汇资源可量化、可交易为导向，开展大型会议活动碳中和实践，累计抵消2616吨碳排放量。推进低（零）碳试点建设，景宁县入选全省第二批低碳试点县，松阳县古市镇、云和县崇头镇、景宁县大均乡入选全省低（零）碳乡镇（街道）试点，42个村入选全省低（零）碳村试点。“龙泉市借‘益林富农’应用推进林权落界管理和碳汇价值实现”等3个案例入选全省2022年度绿色低碳转型典型案例。丽水市入选全国首批国家气候投融资试点城市、首批全国林业碳汇试点市（县），获批省级温室气体自愿减排交易试点。缙云抽水蓄能等5个项目入选国家首批气候投融资重点项目库，获37.5亿元的优惠信贷审批额度。

【生态改革创新】 2022年，市生态环境局推进生态环境法治化建设，贯彻落实《丽水市扬尘污染防治规定》，依法依规强化监管。配合市人大对《中华人民共和国环境保护法》贯彻实施情况开展市县联动"全覆盖"执法检查，对环境报告制度落实情况进行调研，切实以法治力量保护生态环境。纵深推进全国环境健康风险管理试点，基本建成丽水市环境空气质量健康指数（AQHI）实时发布应用，并在全省首个开展环境健康重点行业筛查和区域健康风险评估工作。建立健全全域生态环境监测感知网络，持续建设智慧环保相关系统应用，构建"一个云桌面，一个驾驶舱系列，一个数据支撑系统，两端业务应用和N个应用场景"的数字化守望绿水青山新模式。

【生物多样性保护】 2022年，丽水市受邀参加《生物多样性公约》第十五次缔约方大会（COP15）第二阶段会议并作典型经验分享，丽水市以多种形式全面参与大会议程，推动生态文明建设和生物多样性保护的典型案例在多场边会上向世界展示，以实际行动助力全球生物多样性治理。瓯江山水项目亮相《生物多样性公约》第十五次缔约方大会。召开高水平推进美丽丽水建设暨全国生物多样性保护引领区创建大会，对生物多样性保护工作进行系统部署。丽水市生物多样性本底调查丛书——《秀山丽水万物生》出版。在全国率先完成全市域生物多样性本底调查，发现瓯江小鳔鮈等16个全球新物种。建成庆元坑里、龙泉住龙生物多样性体验地，并获评首批浙江省生物多样性体验地。景宁县、庆元县分别被列为省级"生物多样性产学研用"和"生物多样性价值转化实践地"试点。

【生态环保助力经济提质】 2022年，市生态环境局坚持发展服从于保护、保护服务于发展，出台《关于进一步加强部门协作精准服务企业的若干意见》，组建环保专家组为企业提供环保"体检"服务，全年上门服务企业417家，参加服务人员585人次，"体检"项目总数2544项，帮助查改问题822个，解答企业疑问咨询381个。办好"丽水生态环境大学堂"，分行业、分领域对涉污企业开展菜单式培训。建立健全"轻微违法不予处罚"清单制度，出台环境监督执法正面清单实施细则，将167家企业纳入正面清单管理，对守法者"无事不扰"。全年全市办理环境信访举报投诉件874件，信访总量同比下降2.13%，生态环境信访总量连续5年实现持续下降。集中开展"绿剑"等执法专项行动，有效震慑环境违法行为，维护生态环境安全。全市作出行政处罚242件，罚款金额2680万元，办理适用5类配套措施的行政处罚案件46件，其中涉嫌环境污染犯罪4件。

瓯江小鳔鮈　（朱滨清　提供）

【全民宣传教育】 2022年，市生态环境局召开新闻发布会2起，发布全国首个地市级生物多样性保护白皮书。发布会吸引中央电视台、新华社、《光明日报》等主流媒体聚焦，其中，新华社从不同角度持续推出重点报道4篇，"浙江发现全球新物种瓯江小鳔鮈"当日最大微博的阅读量6300万人次。围绕"红绿"融合讲好"共富"新故事这一主题，共同采访丽水市中共二十大代表雷晓华，并在央视《焦点访谈》栏目中播出。组织美丽中国丽水行环保主题摄影大赛，将评选出的获奖照片和短视频在人流量密集处布展，浏览量6万人次。开展守护"中国最美小鸟"——蓝喉蜂虎繁殖栖息地等活动，极大提升社会公众对生态环保的关注度。指导莲都外国语学校专门成立环保志愿小分队，组织参观环保设施，撰写绿色生活体会，唱响六五环境日主题歌曲。美丽丽水建设各项工作成果，被新华社、《人民日报》、中央电视台等国家级主流媒体及新媒体报道和转载，累计阅读量突破2.3亿人次。创建省级生态文明教育基地3家，全市累计24家。（董　浩）

区域发展

山海协作工程及区域合作

【概况】 2022年，丽水市把实施山海协作工程作为提升对外开放水平、加快经济转型升级的重要引擎，创新运用"跨山统筹、创新引领、问海借力"三把"金钥匙"，聚焦产业平台共建、乡村振兴发展、民生领域合作、协作方式创新，持续打造山海协作升级版，形成"山海共赢"良好格局。全市签订各领域专题合作协议199个，组织开展招商推介、产业项目洽谈和签约会94个；新签山海协作产业合作项目196个，续建项目274个，实现到位资金307.8亿元（包括2019—2022年3年内续建项目）；实施山海协作援建项目139个，到位援建资金9110.06万元，建设乡村振兴示范点59个；实现消费帮扶销售额5.6亿元；举办劳动力培训班587个，培训劳动力32953人次；举办干部业务培训51批次，组织干部培训3370人次；市、县两级完成高层互访25次；10个省级山海协作产业园完成投资92.91亿元；山海协作产业基金规模14.08亿元，已投项目13个。

【山海协作结对关系】 2022年，丽水市在省定市、县结对基础上构建横向到边、纵向到底的结对网络。市本级与宁波市、嘉兴市、湖州市结对，丽水9个县（市、区）、经开区与省内7个市的24个经济强县、5个开发区结对全覆盖。

2022年，丽水—宁波山海协作生态旅游文化产业园　（季达杰　提供）

【高层互访交流活动】 2022年7月4—5日，市委书记胡海峰率丽水市党政代表团到宁波学习调研。7月5日，召开宁波—丽水浙西南革命老区对口合作暨山海协作工作座谈会。会上，2个市签署《新时代支持浙西南革命老区振兴发展对口合作框架协议》和《宁波—丽水2022年度山海协作工程合作协议》，并签约青田技工院校、麦迪森数字科技集团等合作项目，总计协议金额21.2亿元。11月29日至12月1日，市委书记胡海峰率丽水市党政代表团到湖州市、嘉兴市学习调研，并召开山海协作工作交流座谈会，签订《湖州市人民政府丽水市人民政府2022年山海协作工程合作协议》。12月5日，宁波—丽水山海协作暨浙西南革命老区对口合作"云端会商"视频会议召开，宁波市市长汤飞帆，丽水市市长吴舜泽出席并讲话。12月20—21日，嘉兴市市长李军率党政代表团到丽水调研山海协作工作，并看望慰问嘉兴在丽水挂职干部。

【"飞地"平台建设】 2022年，全市山海协作"飞地"38块。其中，"产业类"12块、"科创类"9块、"消薄类"

17块。全市在大湾区新区、省级高能级平台等产业发展平台签约的以先进制造业为主的9块“产业飞地”全部开工建设，总规划用地面积994.6公顷，已开发面积80.184公顷，完成投资29.64亿元，引进项目23个，引进项目到位资金31.06亿元。2个固定资产总投资27.7亿元的“产业飞地”项目入选2022年省重大产业项目名单，全年获省奖励用地指标15.47公顷。至年底，全市9块山海协作“科创飞地”已建成8块。全市首个“科创飞地”——杭州丽水数字大厦2022年新引进项目11个，累计引进企业61个，入住率74%，落地丽水45个，项目产业化率74%，吸引副高及硕士以上人才数214人；至年底，推进全省投资总额及建筑面积最大的山海协作“科创飞地”项目——义乌莲都大厦建设，全年完成投资3.04亿元，完成全部工程的41.74%。全市17块“消薄飞地”规划总建筑面积65.74万平方米，全年到位返利资金9530万元，惠及消薄村1503个。

【省级山海协作产业园建设】 2022年，10个省级山海协作产业园完成投资92.91亿元，引进产业项目73个。其中，莲都—义乌、龙泉—萧山、遂昌—诸暨、松阳—余姚4个省级山海协作工业产业园完成政府性投资4.53亿元，社会性投资46.17亿元，引进产业项目61个；青田—平湖、云和—北仑、庆元—嘉善、缙云—富阳、景宁—温岭等6个省级山海协作生态旅游产业园完成政府性投资8.95亿元，社会性投资33.26亿元，引进产业项目12个。

【乡村振兴和社会事业合作】 2022年，全市继续推动山海协作乡村振兴示范点及产业发展、促进低收入群众增收、消除集体经济薄弱村、教育卫生等公益社会事业建设等项目建设。全市实施群众增收、新农村建设和社会事业合作项目139个，到位援建资金9110.06万元。其中，县（市、区）援建项目116个，到位援建资金7158.06万元，市本级援建项目23个，到位援建资金1952万元。全市安排乡村振兴示范点项目63个，促进低收入群众增收项目34个，公益社会事业建设项目20个，其他项目22个。市、县两级与结对地民生领域合作拓展延伸，涉及文化旅游、医疗卫生、学校教育、农业科技、人力资源等方面。全年全市签订科技、教育、医疗、文化等各领域专题合作协议199个。其中，市本级与宁波、湖州、嘉兴签订合作协议16个，各县（市、区）签订合作协议183个。

2022年，云和—宁波北仑山海协作乡村振兴示范点项目云和长汀沙滩

（季达杰　提供）

【人力资源合作】 2022年，市山海协作领导小组办公室继续组织市、县两级开展山海协作干部及劳动力培训，全年全市举办劳动力培训班587个，培训劳动力32953人次，开展干部业务培训51批次，组织干部培训3370人次。包括山海协作干部、农村致富带头人、专业技术人员、乡村振兴合作创业带头人等干部培训；电子商务技师、民宿创业职业技能、苗木种植、中式烹调师、西式糕点师、家政服务等劳务培训。通过结对双方多层次人才交流，提升山海协作干部综合素质，提高劳动力专业能力，助推共同富裕示范区建设。（季达杰）

对口支援工作

【概况】 2022年，丽水市贯彻落实党中央和省委、省政府有关援疆援藏援青工作各项决策部署，坚持把铸牢中华民族共同体意识作为对口支援工作的主线贯穿始终，坚持出成果、出亮点、出模式，提升对口支援工作成效，打造丽水对口支援金名片。丽水援疆指挥部连续3年获评浙江省援疆系统先进集体。全年投入资金1.26亿元，实施项目30个。

【产业援疆】 2022年，丽水市支援新和县实施“十城百店”“百村千厂”“万亩亿元”工程项目，建成新和仓、西安

仓、杭州仓三级中转仓，每年储存农产品500万千克以上，新增“十城百店”各类销售网点6个。助力“新和卤鸽”通过全国名特优新农产品名录认证。建成劳动密集型标准化厂房3000平方米和标准化红枣示范基地133.33余公顷，惠及农户600余户。举办“新货迎新岁和家享团圆——2022年新和电商聚力年货节”“新和‘都护臻品’线上年货节”等直播活动16次，助力销售苹果、红枣、核桃、牛羊肉等特色农产品0.1亿余千克，实现销售额1.9亿元。开展招商引资活动86批次、380余人次，达成投资意向5个，签约项目3个，签约金额4.4亿元。

【智力支援】 2022年，丽水市选派3名优秀教师分别到西藏拉萨那曲高级中学和青海海西州高级中学参与全省“组团式”教育支援。率先开展骨干教师“强雁”行动，组织新和县干部人才13批次、350人次到丽水培训，并培训当地教师1500余人次。推出朗读作品1500余期，带动10万名少数民族群众参与学习。投资440万元，新建“丽新培训中心”，开展医疗卫生理论和实操培训251场次，参加14050人次。开展护理、院感、医保等考试培训94场次，参加8600余人次，考试合格率98.5%。指导新和农民黑木耳种植，购入黑木耳菌棒280万余棒，种植面积11.07公顷，带动1500余户农户增收。援藏2名人才通过短期育肥、多胎繁育、智能分群等新技术新模式新装备的实施使用，实现藏系绵羊效益每只增收500元，提高农牧民收入，助力当地乡村振兴。

【文化润疆】 2022年，丽水市支援新和县建成新和县图书馆、新时代文明实践中心、“城市书房”公共卫生厕所等文化阵地项目。举办“5•20”浙阿“书信手拉手”暨“我爱浙疆”•丽新书信文化交流、梦回汉唐、丽新石榴籽•共读中秋节等各类文旅活动，其中“我爱浙疆•丽新书信文化交流”活动邮资标签在新和首发，环球网、《人民日报》、《中国日报》等36家国家级主流媒体进行宣传。组织开展文旅从业人员业务能力提升培训，培训学员500余人，并组织37名新和文旅干部到丽水进修学习，实施“青瓷文化”“石雕文化”“婺剧文化”进课堂活动。资助新和困难大学生圆“大学梦”，投入援疆资金65.4万元，支持109名学生到全国各地就读，增进文化认同，铸牢中华民族共同体意识。

东西部协作

【概况】 2022年，丽水市贯彻习近平总书记关于深化东西部协作的重要指示精神，落实党中央和浙川两地省委、市委关于东西部协作的部署要求，以“出成果、出亮点、出模式”为工作导向，助力泸州市巩固拓展脱贫攻坚成果，衔接乡村振兴，坚持双向协作、互利共赢，加快构建浙川东西部协作新格局。投入东西部协作项目资金7800万元，实施项目20个，超额完成各项指标任务。

【丽泸东西部协作】 2022年，市长吴舜泽和泸州市市长余先河分别率党政代表团到对方市调研东西部协作，并召开联席会议共同研究商讨进一步深化丽泸两地东西部协作有关事宜，推动形成全方位、多层次、宽领域的协作格局。印发《丽水市东西部协作2022年度工作任务书》《丽水市东西部协作工作2022年指标任务分解表》《关于进一步加强东西部就业帮扶巩固拓展脱贫攻坚成果助力乡村振兴的通知》《关于做好2022年助力四川省泸州市叙永县、古蔺县两地开展消费帮扶工作的通知》等工作文件，明确各地各部门责任，推进年度任务目标完成。建立丽水市对口支援帮扶合作高端智库并制定《丽水市对口支援帮扶合作高端智库工作规则》，发挥智囊团对丽水对口工作中的战略性、前瞻性和全局性问题提出意见建议和解决方案的作用，并为对口地区的经济社会发展提出建设性咨询意见。

【东西部劳务协作】 2022年，丽泸两地联合开展“直播带岗”网络招聘、高校毕业生和退役军人专题现场招聘、分社区定制化招聘等线上线下招聘活动30余场，新增帮助引导农村劳动力到浙稳定就业1466人（其中脱贫人口365人）。推行“东西部协作+易地扶贫搬迁”模式，引导在外泸州籍人士回乡创办“帮扶车间”13个，吸纳农村劳动力就业812人。助力引进15家企业落地入驻叙永、古蔺，新增投资11.96亿元，带动1368名农村劳动力实现就近就业。开展家政服务、建筑工匠等技能培训班，培训农村劳动力2788人次，其中脱贫劳动力1427人次。

【东西部产业协作】 2022年，丽水市投入东西部协作项目资金7800万元，实施项目20个，建成古蔺县稻田养鱼示范区、叙永县竹源农业年产500万千克竹笋加工、油茶初加工产业基地等项目，其中稻鱼共生模式作为典型案例在全国东西部协作现场会上作交流。构建拓宽线上线下助销双通道，组织丽水特色农产品参展泸州市商博会，在浙江政采云乡村振兴馆、丽水商超联合会等平台展销泸州特色农产品，精选古蔺麻辣鸡、赶黄草等30余种特色农产品入驻丽水·泸州东西部协作消费帮扶馆，通过电商营销、活动促销、商超直销、专合社助销、工会帮销等渠道累计销售四川农特产品14945万余元。

【丽蔺帮工作】 2022年，丽水市坚持社会帮扶资金优先保障民生原则，在医疗保障、教育事业等方面做实做细。借鉴"浙丽保"全民健康补充医疗保险做法，依托丽水社会捐赠资金设立"丽蔺帮"医疗救助基金，突出救助因医疗自付费用较高而导致家庭生活出现严重困难的监测对象，防止因病返贫致贫现象发生，救助脱贫群众32人，拨付救助资金80.5万元。持续推进百名华侨结对千名乌蒙山区学子活动，开展松阳县实验小学与叙永县赤水镇中心幼儿园"云上捐书"活动，实施成都丽水商会助力帮扶古蔺"护眼工程"行动等。丽水爱心人士、爱心企业向2个帮扶县捐赠款物1057万余元。

对口合作交流

【概况】 2022年，丽水—梅河口两地贯彻习近平总书记关于东北振兴的重要讲话和指示批示精神，落实浙江和吉林2个省关于对口合作的安排部署，建机制、搭平台、推项目，交流发展理念、互鉴发展经验、共享发展成果，助推两地协同高质量发展。

【"一市一平台"建设】 2022年，丽梅河口电商产业园是第一批吉浙合作的一市一平台项目，丽水电商企业帮助该产业园完成直播基地、5G智能仓等建设，创成国家级电商示范县。谋划并服务产业园发展提升，组织浙江赶街网、浙江神秘集团、丽水山耕等企业到梅河口考察交流，并开展电商讲座、直播宣传等活动，助力梅河口电商产业发展，全年实现电子商务交易额69.04亿元。

2022年，松阳县实验小学与叙永县赤水镇中心幼儿园开展"云上捐书"活动

（金伟晓 提供）

【重点项目推进】 2022年，丽水市帮助引进梅河口传化物流港项目，占地面积31.07公顷，建筑面积85360平方米。协助打通货运网络，引入大量货流、车流，增加物流从业人员、财务人员、司机等20余个岗位，增加就业1000余人，其中仅东北物流结算中心平台收入30亿元。借鉴丽水市美丽乡村和"千村示范、万村整治"经验，助力吉林梅河口市打造人居环境整治项目的案例入选全省对口工作典型案例。

【经贸合作】 2022年，丽水市围绕对口合作经贸与招商2个重点，协助梅河口市政府加大对浙招商力度。邀请浙江经济信息协会、长春杭州商会等单位负责人率团到梅河口参观调研。浙江中广电器（丽水）集团在梅河开展空气能业务，浙江华东院控股有限公司拟在梅河口投资60亿元建设1000兆瓦风力发电项目等。7月14日，召开丽水—梅河口对口合作经贸洽谈会，邀请20家丽水本地知名企业参加，交流对接两地经贸合作。提高梅河大米在丽水的知名度和销售额，对原梅河大米丽水体验店进行改造提升，帮助丰源、雪天琦等米业在丽水拓展市场，建立批发商、连锁超市及机关单位食堂和工会用品3条销售渠道。全年梅河大米在丽水销售47万千克，销售额300万余元。（金伟晓）

电子政务 信息 邮政

电子政务建设

【概况】 2022年，市大数据局紧扣"打造数字变革高地"的战略目标，切实在建设"先进完备、支撑有力"的平台底座上下更多实功，不断提升平台"一体化""智能化"水平，以丽水大数据局之"干"，助力实现数字化改革"两年大变样"，为丽水加快跨越式高质量发展做出贡献。丽水市"核心业务梳理模块"入选浙江省数字化改革"一地创新、全省共享"一本账。在2022浙江数据开放创新应用大赛上，丽水团队收获一等奖1个、三等奖1个、优秀奖1个，市大数据局获优秀组织奖。在2022年度中国地方政府数据开放数林指数排名中，丽水市首度进入全国第17名。丽水市本级入选浙江省项目管理系统"项目查重"和"预算核价"工具模块的"一地创新 全省共享"试点。数字化改革省级重大应用贯通平均得分位列全省第一。

【基础设施建设】 2022年，丽水市政务云平台稳定运行，省、市、县三级政务外网主备网络关键链路负载保持平稳，骨干网络无故障时间100%。每月定期开展安全隐患检查通报，全年累计扫描政务外网IP地址3.24万个，发现隐患IP地址7603个。指导政务云、政务网络承建运维单位做好网络安全防护监测工作，政务云累计防护218万次攻击。公共视频资源接入8.73万路，完成森林防火、水利监控等各类标签标注5.46万路。持续开展资源使用监测，每月节约财政资金30万元以上，对556个云资源实例优化配置，全年节约财政资金611万元，实现政务云8类实例资源自动化开通，资源平均开通时长从5.02天缩短至10分钟。

【数据资源治理】 2022年，市大数据局推进数据供给侧改革，不断强化数据高质量供给，有效赋能重大改革。推进数据归集治理，新增归集数据32亿条，数据编目率99%，累计治理数据47亿条，数据治理率、问题数据及时整改率98%以上。加速推进数据共享开放，满足90个单位提出的1327个数据共享需求，数据共享需求满足率99%以上，数据平台年度调用数据接口11亿次，新增开放数据项468个，累计开放数据6亿条。推进数据开发利用，市本级累计建设专题库14个，支撑16个场景应用，各县(市、区)均搭建完成县级数据仓，累计接收省市级回流数据11亿条，归集本地个性化数据7亿条。组织2022年数据开放创新大赛，围绕共同富裕、绿色低碳发展、社会保障等重点领域，挖掘群众获得感强、社会经济效益明显的创新应用，有效促进公共数据和社会数据融合应用。

【掌上应用】 2022年，市大数据局聚焦"浙里办"好用、易用更突出，打造"浙里办"成为服务群众、企业的掌上办事总平台、总入口。全市"浙里办"注册用户219万户，比上年增长16.9%，企业注册数24万户，比上年增长15.3%，平均日活跃用户数9.73万户，新上线应用56个。青田县入选省第一批县级城市频道试点清单，于5月上线县级城市频道，实现"一城一界面"。聚焦"浙政钉"管用、实用再深化，打造"浙政钉"成为政府部门掌上办公、掌上治理的协同总平台、总入口。全市"浙政钉"用户数11.43万户，单位组织3462个，工作群组5.92万个，日均活跃率84%以上，新上架应用150个，全年清理非政务人员500人。全市使用新版协同办公系统的单位973家， 累计收文256万份，发文8万份。

【政府数字化】 2022年，市大数据局持续深化一体化数字资源系统(IRS)建设，规范应用目录编制，统一目录要素审核规则，实现全市686

个应用“一本账”管理，应用累计产生数据目录8838个、使用云资源实例2802个。推进组件开发利用，全年全市新建应用统一组件应用尽用率96.55%，申请组件使用51个，覆盖336个应用，上架组件16个。开展党委部门核心业务梳理和数据目录编制工作，基本完成市委组织部“缩小人力差距”核心业务事项梳理。 （杨 威）

电信传输

【概况】 2022年，丽水长途电信传输局（简称传输局）紧扣行业发展攻坚目标，围绕“双向驱动”战略，结合“干线保畅”“市场利润”两要素，全面提升发展质量和效益，稳中有进拓展市场化工作，确保双轮驱动战略效益获得稳步提升，助力企业转型升级，较好地完成各项任务指标。至年底，丽水传输局负责维护管理的国防光缆线路19722.84千米。其中，干线光缆1607.14千米（一干光缆872.45千米、二干架空光缆734.69千米），本地网光缆18115.7千米（C3光缆1659.31千米、中继光缆11891.72千米、主干光缆4509.31千米、集团客户光缆55.36千米）。干线光缆维持全年0障碍率，本地网障碍率0.017次/月。全年更换本地网光缆64.66千米，更换电杆135根，更换防鼠光缆25.44千米，新增三线交越保护23处。

【缆路整治】 2022年，传输局在路薄弱环节整治和明显化补缺方面，整治提升缆路237.25千米，管道明显化提升149.51千米，缆路隐患和明显化补缺228.85千米；干线直埋光缆迁改47.32千米，干线架空光缆迁改15.49千米；水泥封沟11312米，水泥台阶8255米，油漆标石7596块。受2022年暴雨极端天气影响，区域内水毁加固保护和优化项目立项5个。丽水辖区内接收维护25家27条集团客户光缆，全部完成光缆摸底、定位和基础维护资料成册等工作，并对其中单物理路由的光缆进行第二物理路由保护。

【专业化支撑服务】 2022年，传输局在全市范围内开展光网建设质量联合检查验收，对装维服务进行帮扶支撑，共联合验收光网项目45个（光网建设项目35个、维护类项目10个），累计组织培训60人次，完成属地装维实操培训1期，覆盖40人次，其中为第三方队伍开展装维培训26人次。注重提升本地网光缆专业维护的集约化、标准化管理能力和专业化管理支撑能力。开展装维质量管控12期，涉及工单1876张，复查工单62张，出具质量分析报告，FTTH装维重点管控环节质量指标中9项明显改善，1项劣化，装维质量较2021年提升12.5%。介入资源准确性的管控，全年资源工单核查工作完成政企1743条，接入2894条。

【汛期电信保障】 2022年6月，各县（市）通信线路遭受到巨大冲击和损失，龙泉市、庆元县、云和县等多地受灾，多处光缆路由水毁严重，线路出现重大隐患。传输局主动与当地政府、各级防指以及相关部门对接，满足通信保障需求；加大隐患排查力度，全方位排查易发山洪、低洼地带、地质灾害隐患点等，对发现的隐患点建立整改台账，将常态化、动态化隐患治理贯穿始终，确保重要通信线路安全可靠运行；落实隐患治理措施，针对当前缆路水毁和受灾情况，贯彻落实省局光网部的指导意见，采取严密有效的应急防范措施，加快加固抢修进度，加强值守、巡查守护以及施工过程的管控，防止次生灾害发生，以最快速度恢复缆路安全，全市完成143个点位的水毁修复工作。开展洪涝灾后线路资产保险理赔工作，启动相关保险理赔程序，最大范围内减少企业财产损失。

【通信保障】 2022年，传输局牵头组织开展2022年丽水市“三电”设施保护活动，持续开展分层次走访，走访沿线相关单位260余家，张贴公告6000余张，发放宣传册2万余份，利用电视、媒体、抖音平台等形式进行宣传，其中丽水市电视台报道1次，广播电视宣传30天，从解决难点、重点上寻突破，将全国两会、中共二十大召开等重要通信保障和护线宣传工作有机结合，普及线路防护知识，发挥护线联防网络作用，营造群防群治的良好氛围，开展线路隐患大排查活动，拆除违章建筑安全隐患30处，制止违章施工26处，消除线路隐患10处，确保问题清零、安保隐患清零。加强护线宣传、节假日快速巡回，加大线路巡检、漏洞排查和隐患整治力度，特殊时期采取7×24小时值班等措施，完成全国重大活动期间和重要节假日的通信保障任务。 （吴夏冰）

电 信

【概况】 2022年，中国电信丽水分公司（简称丽水电信），深入贯彻中共二十大精神和市委相关会议精神，接应落实上级公司云改数转战略，全面承接省公司党委“143”（1个导向、4项重点、3大平台）工作主线和“改革再深化，发展再聚焦”整体部署，在丽水市推进全面深化改革、共同富裕示范区重大改革和数字化改革一体融合，奋力推进中国特色社会主义共同富裕先行和现代化先行的重要阶段，坚定履行建设网络强国和数字中国、维护网信安全的使命责任。1月12日，2021年度主要工作情况报告得到丽水市委书记胡海峰批示：“丽水电信公司发挥在网络设施及通信信息技术方面的优势，为丽水市跨越式高质量发展、奔向共同富裕做出重要贡献，自身也得到长足进步。希望新的一年再接再厉，再立新功，再创佳绩。”7月20日，丽水电信主要负责人调整，周立峰任党委副书记（主持）、副总经理（主持）。

【助力结对村全面振兴】 2022年，丽水电信落实集团和省公司的乡村振兴要求，因村因户因人施策，对症下药、精准滴灌、靶向治疗，使乡村振兴落到实处、惠及每个人。面向农村低收入用户、残疾人群体给予基础通信服务资费折扣优惠，享受优惠4000余人。通过“数字乡村基础设施建设”“数字乡村应用创新”“智慧农业示范推广”“数字乡村信息惠农服务”四大行动，基站补盲16个，行政村和自然村FTTH补点14个，行政村基站覆盖率98%、光网覆盖率98.4%，推进农村区域“双千兆”网络优化。通过丽水市红十字会向各扶贫结对村捐赠扶贫资金11.5万元。

【“爱心翼站”暨全屋智能家居馆揭牌仪式】 2022年9月21日，丽水电信“爱心翼站”暨全屋智能家居馆揭牌仪式在城东中心营业厅举行。“爱心翼站”是中国电信联合中华全国总工会共同发布的公益活动品牌，丽水电信是行业内首家获丽水市总工会认可的“户外劳动者服务站点”的共建品牌企业。“爱心翼站”为广大户外劳动者提供“冷可取暖、热可纳凉、渴可饮水、急可如厕、累可歇脚、伤可用药”的全天候免费的标准服务，中心营业厅除标准化服务外，还提供手机贴膜、餐食加热以及针对老年人智能手机使用辅导的“幸福学堂”服务。揭牌仪式上，市总工会副主席程浙军、市国资委副书记陈巍分别致辞，对丽水电信立足于打造信息化主力军的使命，履行社会责任的担当，建设“爱心翼站”表示肯定，希望更多户外劳动者能够享受到“爱心翼站”便利、实在、暖心的服务，让市民享受信息化红利。

【推动数字应用赋能千行百业】 2022年，丽水电信发挥信息化资源禀赋优势，参与丽水市数字化改革，为全市数字化改革迭代升级、提质扩面，提供管用好用、实战实效的电信智慧、电信方案。加快推进以5G、云计算、人工智能、大数据等为代表的新一代信息通信技术与“6+1”系统的深度融合，聚焦市场监管、社会管理、公共服务、民生服务等领域的民生热点，以数字化手段为载体，助力打造数字化改革标志性成果。推动现代数字技术与城乡生产生活生态全面整合，开展乡村振兴“数智助力行动”，完成数字乡村实质签约村608个、示范村82个。落实市卫生健康委关于全省所有二级生物实验室“生安眼”系统部署要求，对实验室内数据采集进行AI分析，实时监管实验室人员、设备、行为的安全风险。利用视频AI算法，开发危废在线平台，提升环保部门监管企业危废物品倾倒现象，全市累计接入视频185路，锁定企业清单接入率41.3%。参与建设景宁教育魔方项目，基于教育大数据中心，打造入学入园一件事、课后服务一件事、资助一件事服务等多种服务场景，构建学校、家庭、社会协同。 （钟郑卉）

移　动

【概况】 2022年，中国移动通信集团浙江有限公司丽水分公司（简称丽水移动）通信服务收入超18亿元，比上年增长超10%，全省排名第四位；实现利润近1亿元，同比增长187.63%。个人市场手机通信客户超220万户，手机通信客户月通份额77.2%，位列全省第一；手机客户满意度88.3分，位列全省第一。家庭市场家宽用户超63万户，行业份额超66%，位列全省第一；宽带客户满意度85.9分，位列全省第一。政企市场收入突破4亿元，行业份额近54%，位列全省第一；政企客户满意度95.7分，位列全省第七。全年无线网络累计投资超3亿元，新建5G基站2100余个，占全市41%以上，实现全市1893个行政村100%覆盖；有线网络累计投资超1亿元，新建端口8500余个，千兆用户接入76万户，XGPON端口占比25.24%，达到千兆城市网络标准；加快算力网络建设，算力规模达到每秒650次浮点运算，属地云规模位列全省区域第一。

丽水移动开展“四学七讲四做”系列活动，党委班子带头开展专题学习及研讨5次，基层宣讲调研7人次；支部书记主题党日宣讲19人次；创新开展“庆祝二十大·一起来答题”特色活动，覆盖党员879人次。升级“向阳·闪耀”党委党建品牌，充分融合丽水市委“红耀绿谷、强基共富”工程和浙江移动“红色新闪耀”实践活动的核心要义和丰富内涵，制定“一图三单一体系”，实现党建工作和生产经营同谋划、同推进、同考核。创新开展“党员 i”模式实践，组建“党员 i”家服务联盟 99 家；优化升级“党建和创”品牌，打造“党建和创”联盟，累计发展共建单位 81 家，新签约项目 26 个，带动收入 5428 万元。

【新型信息基础设施建设】 2022 年，丽水移动主动融入经济社会发展大局，不断提升“连接+算力+能力”的新型信息服务能力，创新应用 5G+AI、物联网、云计算、区块链等技术，打造 5G 场景应用标杆，全年累计参与数改项目 79 项，其中庆元组织部“技能百事通”项目在全省数改推进会上被省委书记袁家军点名表扬；“青田燃气安全一网智防”“景宁浙里畲乡共富”场景应用为全市典型改革案例；多个特色项目为全国首创的特色行业应用，打造全国首创 5G 物联网能力+公安内部数据应用于民生领域的数字场景应用、全国首例 5G 政务专网领域安全解决方案、全国首个低空域 5G 电力专网等，助推地方数字经济发展。推进云计算发展，政务云 vCPU 算力规模 1 万核，承载 245 家单位的 549 项业务系统，支撑包括大数据中心平台、浙丽通行码等重要应用，政务云平台可靠性 100%。

【助力乡村振兴】 2022 年，丽水移动以“信息、网络、资金”三要素助推乡村振兴，全年承建省级未来乡村项目 13 个，建设移动星级数智乡村近 600 个，打造松阳陈家铺、龙泉溪头村、云和小顺村等未来乡村样板，并落实 7 个县（市）9 个结对村帮扶资金 21.4 万元，助销产品 36 万余元，为丽水创建革命老区共同富裕先行示范区注智赋能。助力未来社区建设，作为技术方承建全域未来社区智慧服务平台—未来 e 家，重点打造未来社区样板 2 个、精品社区 91 个。助力景宁建设成为山区 26 个县首个自然村移动通信网络全覆盖县市，实施景宁县支持共同富裕网络建设项目，一次性投资 2091 万元，以实现“五个全覆盖”（自然村、红色教育基地、文旅景区、县级重要产业区、交通干线全覆盖），并将同步开展涉及自然村等区域的宽带覆盖建设，为景宁县实现共同富裕、乡村振兴提供大力支持。

【网络通信保障】 2022 年，丽水移动履行央企职责，制定《丽水移动党的二十大信息通信保障工作总体方案》，围绕通信网络、通信服务、网络安全、综合服务四方面全力做好专项保障工作。10 月 31 日，丽水移动与中国移动集团公司、浙江移动、北京移动联动，全程保障在市政府召开的“处州讲堂——中共二十大精神专题辅导报告会”。完成北京冬奥会冬残奥会、全国两会及省公安厅护网行动、工信部护网行动等重大活动网络及信息安全保障。应对梅汛、强对流及台风“梅花”“轩兰诺”等灾害天气，全年网络通信保障共启动市本级应急响应 5 次、县级应急响应 7 次，累计参与各类应急、活动通信保障 200 余次，出动人员 1500 余人次、车辆 755 车次、油机 584 台次，为 20 余万户用户提供网络保障。

【创新能力提升】 2022 年，丽水移动自主开发“小丽理财”“商客通”“智慧小喆”等工具，赋能一线，全面提升工作效率。比学赶超，全员创新能力持续提升，在各类专业条线取得突破，浙江移动“政企铁三角”销售技能大赛总分第一、团队二等奖；《研制基于 5G 的公交安全系统》获全国 QC 大赛专业级成果荣誉；《浙江丽水 5G 应急可视化指挥系统》入选 GSMA 2022 中国 5G 垂直行业应用案例；《基于融合零信任架构的 5G 政务双域专网》入选由信通院公布的“2022 年安全守卫者计划·零信任优秀案例”；中国移动浙江有限公司丽水分公司获中国通信企业协会授予的“2022 年全国信息通信行业满意企业”称号。

【服务社会】 2022 年，丽水移动传承红色基因践行“我为群众办实事”的初心，响应浙江移动工会和市总工会的“暖心工会”新业态劳动者服务的号召，依托自身站点服务优势，建设“标识统一、环境舒适、功能完善、便捷实用”的移动之家 55 家，向环卫工人、快递外卖小哥等户外劳动者及站点周边群众提供便民服务，解决户外劳动者工作中遇到的“喝水难、休息难、上厕所难”等现实问题，莲都丽阳街移动营业厅获中华全国总工会“最美工会户外劳动者服务站点”称号。重点加强信息安全保障，制定“1+2+1”（1 小时内涉诈号码信息反馈、2 小时内涉诈成因和定责反馈、1 天内完成闭环处理）的市县涉诈号码反馈机制，通过对反诈模型和红黄码模型的迭代升级，配合本地公安累计捣毁猫池等诈骗窝点 9 个，抓捕嫌疑人 15 人，缴获设备 23 台，号卡 100 余张，获评浙江移动年度安全生产优秀单位。（李　丹）

联　通

【概况】 2022 年，中国联合网络通信有限公司丽水市分公司（简称丽水联通）发展势头持续向好，主营收入2.7亿元，比上年增长12.4%，位列全省第三。推进“清廉浙江”示范点建设，创成市级“清廉浙江”示范点6个。完成青田县、庆元县、龙泉市、缙云县现场“微巡察”。联合遂昌县老干部中心成立“智慧助老”服务体验中心，助力老年人的智能生活，让更多老年人畅享信息高速发展带来的美好智慧生活。完成庆元洪灾线路抢修工作，出动抢修人员60人次、抢修车辆12车次、油机8台，落实待命应急抢险车4辆。与电信全面深化共建共享，成立“电联网络共建共享党员突击队”，以支部联建共建的形式合力推进共建共享工作向深层次发展。

2022年8月3日，丽水联通助力非标电动自行车淘汰置换专场 （楼雷君 提供）

【助力农村信息化建设】 2022年3月7日，丽水联通与云和县农业农村局签订《云和县数字乡村平台》一期项目合约。云和数字乡村平台项目是丽水市乡村振兴产业发展的示范建设项目之一，是云和县“乡村振兴战略和数字经济”一号工程，该项目将信息化手段融入农业生产经营的全过程，建立符合当地农业生产个性化的智慧农业服务基地和支撑平台，兼顾地方政府数字农业的整体智治和本地农业实体经济的数字化支撑及赋能两大功能。该项目是丽水联通参加浙江省乡村振兴产业发展战略的首个成功案例，也是市县两级公司探索县域特色农业经济，抓住政府核心诉求，综合运用各方优势资源取得的一项重大成果。

【直播宣讲】 2022年8月23日，丽水联通金牌主播“联通小姐姐”洪淑颖携手市场监督管理局章乐民走进联通直播间，在线宣讲丽水市政府关于旧电动自行车淘汰置换范围及相关政策，详细讲解新国标电动自行车技术标准，同时结合电动自行车闯红灯、违规改装电池等一系列违规违章引发的安全事故开展案例出行教育，直播点赞数8400余人次。

【乡村振兴助力】 2022年6月8—9日，丽水市分公司党委书记胡汀汀、党委委员陈斌等人先后到云和梅垄村、青田周济村进行走访调研。参观重点帮扶项目，了解数字乡村建设和使用情况。云和梅垄村水塘边健步道及围栏项目建成，改善村庄环境，为村民提供休闲、健身等场所，也为梅垄村打造旅游村奠定基础，是在云和县“十大民生实事项目”上的亮化提升；青田周济村智慧乡村系统建设项目成为丰富农民群众文化活动的家园，村民在此地组织开展节庆礼仪、乡风文明、教育培训、文体娱乐等各项活动。

【反诈宣传】 2022年9月6日，丽水联通因提供线索并协助莲都公安分局查获涉诈GOIP可疑设备，被丽水市打击治理电信网络新型违法犯罪工作联席会议办公室通报表扬。2022年，丽水联通不断创新反诈宣传的方式方法和工作载体，立足通信运营商的资源禀赋，每月开展网络直播1次，“每月一播”侧重对丽水当地每月发生的真实诈骗案例、个人信息保护方法、用户实名制等内容进行宣传，共开展线上反诈相关内容直播12次，覆盖近2万人次；每月举办联通“乐课堂”1次，通过开展老年群体反诈宣传、指导老年人安装反诈App、向老年人发放反诈宣传单页等，提升老年人对于电信诈骗的认识，树立防范意识，守住“钱袋子”。丽水联通深入13个场景针对老年群体开展反诈宣传，覆盖老年人5000余人。 （楼雷君）

邮　政

【概况】 2022年，全市邮政快递业加快“丽水山递”品牌建设，攻坚推进县级邮政监管机构组建，深化实施“两进一出”（进村、进厂、出海）战略工程，开展快递包装绿色治理，全面加强快递员权益保障，提级升格筑牢行业疫情防控屏障，保驾护航寄递渠道安全稳定，多措并举夯实强邮共富基石，全市邮政快递业发展态势稳步提升。全年全市邮政行业寄递业务量累计2.65亿件，同比增长7.30%；邮政行业业务收入（不包括邮政储蓄银行直接营业收入）累计17.72亿元，同比增长8.41%。全市快递业务量累计1.89亿件，同比增长5.68%；快递业务收入累计11.64亿元，同比增长7.07%。市邮政管理局连续六年获评市委、市政府综合考核优秀单位，获全省“扫黄打非”工作成绩突出集体、全市生活垃圾分类示范单位、全市“建设清廉机关、创建模范机关”工作先进集体称号。在“丽水茶叶”连续三年获评国家邮政局快递服务现代农业金牌项目的基础上，又培育“丽水香菇”第二个金牌项目，松阳县客货邮融合项目获评交通运输部第三批农村物流服务品牌，松阳县被评为农村客货邮融合发展省级四星级样板县，庆元县优秀从业人员1人获“最美浙江人·浙江骄傲”提名人物。

【“扫黄打非”示范点创建】 2022年，市邮政管理局联合市“扫黄打非”办印发市邮政快递业“扫黄打非”示范站点创建工作方案，创成全市邮政快递业“扫黄打非”示范点36个，缙云县蓬莱邮政所和丽水市顺丰速运有限公司天宁营业部获评全省首批邮政快递业“扫黄打非”示范标兵，龙泉市伟林快递服务有限公司等6个单位获评全省首批邮政快递业“扫黄打非”示范点。市邮政管理局获评全省“扫黄打非”工作成绩突出集体。

单位：万件

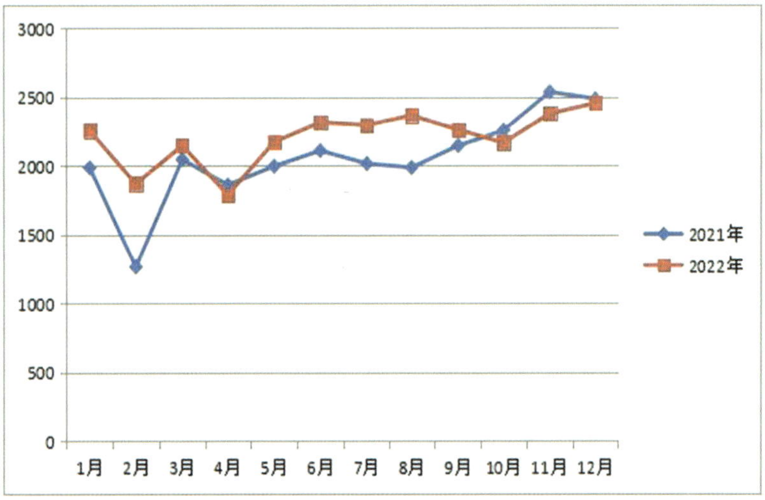

图1　2021年和2022年邮政行业寄递业务量情况

2022年丽水市分县（市、区）快递业务发展情况一览表

表24

地区	全年业务量（万件）	同比增长（%）	全年业务收入（万元）	同比增长（%）
莲都区	4171.13	2.43	31278.8	1.83
龙泉市	1866.02	-19.01	15593.14	-4.77
青田县	1013.04	7.16	11925.05	19.85
云和县	2609.39	23.45	11032.2	18.69
庆元县	781.96	-1.43	5167.96	4.67
缙云县	6129.34	11.05	25826.56	8.89
遂昌县	739.36	5.88	5149.02	8.70
松阳县	1361.49	17.70	8220.84	15.97
景宁县	252.93	-16.65	2239.85	16.54
合　计	18924.66	5.68	116433.42	7.07

说明：同比增长数据为累计业务同比增长

【邮政综合服务平台建设】 2022年，市邮政管理局推广政务服务“互联网+政务服务+邮政寄递”的便民服务模式，进一步助力“不见面审批”。至年底，全市有警邮合作网点60个，县（市、区）覆盖率100%。开通办理代办驾驶证、行驶证、抵押、补领、违章处罚、信息变更等“警医邮”，累计寄递业务量9989件。进驻政务大厅，“政邮合作”县（市、区）全覆盖，丽水邮政政务服务中心累计寄递业务量76.7万件、开办税邮合作网点41个、代征税款额36万元。

【县级监管机构全覆盖】 2022年10月9日，遂昌邮政管理局挂牌成立，全市9个县（市、区）邮政管理机构实现挂牌运行全覆盖，其中增设县局党组3个（莲都区、青田县、缙云县），为市邮政业安全监管提供有力支撑，县级机构作用进一步发挥，形成市县联动的监管格局。12月28日，丽水市邮政管理局挂牌成立10周年。

【农村寄递物流体系建设】 2022年6月，市邮政管理局联合市委组织部开展党建统领农村寄递物流体系建设专题调研，组织两新工委和全市邮管系统在遂昌召开现场经验交流会，借鉴推广遂昌农村寄递物流体系建设成果，不断夯实寄递物流体系建设调研基础。组织市发改委、财政局、商务局等8个单位，召开加快推进农村寄递物流体系建设工作专题会议。7月4日，丽水市人民政府印发《关于加快推进丽水市农村寄递物流体系建设的实施方案》，为各县（市、区）健全三级寄递物流体系、补齐农村基础设施短板弱项提供制度保障。全市开展4个“农村寄递物流体系建设”试点县建设，将邮政快递服务纳入全市公共服务标准，协调将“快递进村”工程纳入《丽水市强村富民乡村集成改革行动计划》。对接市人力社保局将邮政快递行业技能人才提升纳入“金蓝领”等共富能力提升行动，市本级有163名快递员直接获高级工证书。

【“丽水山递”品牌打造】 2022年，市邮政管理局实施“先锋”工程，开展“丽水山递”品牌体系建设，建立农村邮快合作共配中心党建联建机制。7月20日，市邮政管理局制定《关于印发快递进村“共富驿站”建设标准的通知》，明确“共富驿站”建设标准与任务、统一“共富驿站”“丽水山递”LOGO标识。全市建成村级“共富驿站”112个。建立“党员联系驿站”制，深化“快递进村”工作。

【县级快递行业党组织全覆盖】 2022年，市邮政管理局加快快递行业党组织建设，实现县级快递行业党委全覆盖，推动快递企业建立基层党组织9个，培育市级行业党建示范点5个、省级行业党建示范点3个，青田县浙江鑫汇供应链支部委员会创建“2022年度丽水市十佳两新党组织品牌”。构建“1+7”（1个市级党支部+7个基层/企业党支部）行业党员突击队服务矩阵，参与社区志愿服务、防诈骗宣传和扫黄打非等基层治理工作1.5万余人次。印发《“丽水山递”“三型”精英选拔评定管理办法》，深入实施工匠型立邮、专家型兴邮、领军型强邮工程，力争2025年前基本列齐“丽水山递”行业百名人才方阵。对接市委两新工委出台《关于印发〈丽水市新业态新就业群体“十大暖新”举措〉的通知》，多方合力保障快递员权益。

【“丽水香菇”获评全国快递服务现代农业金牌项目】 2022年，市邮政管理局发挥丽水香菇源头优势，全面实施香菇富民战略，推进“互联网+寄递服务+香菇（食用菌）”的现代农业发展模式，通过引导快递企业与香菇（食用菌）生产加工企业签订相关合作协议，架构“菇农+生产销售企业+互联网市场”综合服务平台，助农直播活动、快递优先寄递服务等政策，精准服务香菇生产和销售。全年全市邮政快递企业寄递香菇（食用菌）快递业务量近1050万件，业务收入近2300万元，带动农业总产值2.84亿元，服务380余家香菇生产、销售企业和个体工商户。（刘　辉）

科学技术

自然科学

【概况】 2022年，丽水加强实施人才科技首位战略，把握“创新制胜”工作导向，以科技创新助推产业发展，为共同富裕先行示范提供人才科技支撑。推进国高新区升级进程，丽缙高新技术产业园区挂牌省级高新区；丽水经济技术开发区孵化器、丽水绿谷信息产业孵化器获批国家级科技企业孵化器，实现国家级创新载体零的突破；方德智驱应用技术研究院有限公司被认定为省级新型研发机构，实现零的突破。缙云县在山区26个县中首个捧回全省科技工作最高荣誉“科技创新鼎”。全年全市规上工业企业研发费用62.47亿元，比上年增长15.9%，完成年度目标115.7%；高新技术产业投资增速52.6%，位列全省第二，高于固定资产投资增速36.6个百分点。其中，高新技术产业制造业投资增速66%，位列全省第二；实现高新技术产业增加值206.7亿元，增速8.3%，位列全省第四，高于规上工业增加值增速3.3个百分点。

【高新技术】 2022年，丽水市推进科技企业“双倍增”行动计划，打通“微成长、小升高、高变强”创新链，打造一批竞争优势明显、产业带动作用强的创新型企业，实现科技企业量质双升。全年全市高新技术产业投资增速52.6%，位列全省第二；实现高新技术产业增加值206.7亿元，增速8.3%，排名全省第四。全年新认定省级科技型中小企业522家、国家高新技术企业180家，国家科技型中小企业入库978家；浙江青山钢铁有限公司获批省级科技领军企业，实现零的突破。至年底，全市有国家高新技术企业753家，省级科技型中小企业2334家。出台市级重点实验室、新型研发机构管理办法，构建高能级创新平台建设体系，评定首批市级重点实验室9家、市级新型研发机构1家；全年认定省级高新技术企业研发中心41家、省级企业研究院10家、省级重点企业研究院2家。

【科技合作】 2022年，丽水市科技局持续拓展科技开放合作，在区域内，实施丽水市全社会研发投入提升专项五年行动，提出研发活动全覆盖、金融资本支持等落实举措16条，引领企业加强开放合作、技术攻关、成果转化，加速补齐创新资源要素短板。在区域外，深入实施全方位深度接轨上海、高质量融入长三角区域一体化发展行动，9月14日，全省山区26个县与大院名校“一县一校（院）”结对合作签约活动在缙云县举办，推进与浙江大学战略合作，新增浙江省农业科学院等技术转移中心2家。实体化研究院实现多点突破，注册落地杭州电子科技大学丽水研究院、浙江中医药大学松阳研究院有限公司、龙泉产业创新研究院等实体化研究院5家。全年全市规上工业企业研发费用62.47亿元，比上年增长15.9%。全市同省内外17所大院名校签订合作协议45项，共建创新载体33个，注册落地杭电丽水研究院等实体化研究院3家。

【科技人才】 2022年，丽水市科技局围绕人才科技强市战略，聚焦五大主导产业，强政策、建平台、引人才，为丽水推动高质量发展提供人才科技支撑。全年全市围绕五大主导产业遴选绿谷精英项目184个，落地76个，比上年增长43.4%，兑付财政资金6651万元。通过调研、对接、专班跟进等方式，引育高层次人才资源，新增省领军型创新创业团队1个，国家高层次人才特殊支持计划项目申报21人，通过评审2人；引进D类以上高层次人才102人。莲都在深圳签订“人才科创飞地”协议，市数发收购杭州德信AI产业园，遂昌上海飞创园（外滩）、青田杭州奥克斯中心人才科创飞地即将投入使用。至年底，全市建成“人才科创飞地”13个，投入使用4个，入驻落地企业220家。推动首个市人才科技产业基金项目投资落地，广芯微电子项目获9000万元立项支持，带动企业投资13.97亿元，建设年产120万片6英寸高端特色硅基晶圆代工生产线。争取首个省创新引导基金支持，促成友创基金投资晶睿电子3000万元。

【技术攻关】 2022年，丽水市科技局围绕产业链攻坚关键技术，通过市县联动征集产业共性难题、行业亟须破解的技术需求，创新“揭榜挂帅”攻关模式，实施1094个技术攻关，单个项目按挂榜金额的25%进行奖励，最高支持为150万元，形成“需求导向、聚焦转化、全域揭榜”的技术攻关模式。全年揭榜率73%，全省排名第一，累计兑现金额1.78亿元，全省排名第四；聚焦丽水“1315”（打造1个千亿级、3个五百亿级、15个以上县域特色百亿级产业链）主导产业发展，省“尖兵”项目取得零的突破，争取到立项项目13项，争取到省财政科技补助经费2565万元；聚焦创新链构建攻关机制，发动龙头企业联合高校院所、产业链上下游企业组建一批重大攻关任务牵引的创新联合体，组织实施重大研发攻关项目，突破一批产业链的“卡脖子”技术，至年底，组建特钢材料与装备等创新联合体6家。

【成果转化】 2022年，丽水围绕“1315”产业链，以产业定位科技，成为全省唯一一个科技成果“转移支付”改革试点地级市，探索“浙丽转”科技成果转化新模式，出台《加快科技成果转化促进产业高质量发展三年行动方案》，通过创设每条产业链绘制一张创新思维导图，同步编制技术需求清单、技术匹配清单、成果转化清单和人才引育清单“四张清单”，实施七个工作步骤的“147”（“147•浙丽转”模式，通过“打造一个管理体系、梳理四张转化清单、聚焦七个实施步骤”加速科技成果转化）工作法，通过构建有组织、有平台、有团队、有路径、有政策的“五有体系”，推动高校院所、发达地区科技成果资源以“先用后转”的方式在丽水有效转化，助力丽水革命老区共同富裕先行示范区建设。至年底，通过“浙丽转”模式达成合作86项。其中，签订专利转让合同5项，签订免费试用合同76项，形成合作意向5项。

【科技服务】 2022年，丽水实施迭代升级科技创新政策，出台新一轮人才科技新政38条，对新认定的科技型企业奖励金额较之前提升50%以上，（其中省级科技型中小企业认定奖励从5万元提高到10万元；国家高新技术企业原首次认定奖励从40万元提高到60万元。）并对符合条件的企业给予贷款贴息、政府性融资担保贷款补贴。紧抓政策兑现助企纾困、推进资金直达快享，保障科技政策兑现的专项资金规模从2863万元提高到6000万余元；全市兑付涉企资金3.46亿元，兑付率100%。分地区分行业精准化开展全市科技系统“大走访大调研大服务大解题”活动，建立常态化政企交流机制，零距离、面对面协调解决企业创新难题，全年通过举办高企申报认定、科技型企业入库评价等培训会22场次，累计培训800余人次，走访服务企业1000余家次，征集技术需求396项，促成技术转让许可合同4684万元。通过大院名校走访企业1277家次，征集技术难题867项，成功对接323项，成功对接率37.25%。组织分县分行业技术对接会61场次，直接服务企业322家次，共建研发载体、实验室、研究中心等15家，发布成果信息293条，达成校企合作技术服务303项，签订合同金额6964.946万元。

【防震减灾】 2022年，丽水贯彻落实习近平总书记关于防灾减灾救灾工作“两个坚持、三个转变”新理念，围绕普及防震减灾知识和应急避险技能，增强地震安全风险防范意识。发挥各级防震减灾科普基地、示范学校的宣传辐射作用，龙泉市防震减灾科普馆被认定为国家级防震减灾科普教育基地，实现丽水市的零的突破；至年底，全市创成国家级科普教育基地1个，国家级科普示范学校1所，省级科普教育基地1个，省级科普示范学校3所。在天宁中学投资46万元建设面积为117平方米的防震减灾科普教育基地。在“5•12”防灾减灾宣传周、“7•28”唐山地震纪念日和国际减灾日等重点时段，与丽阳门社区、接官亭社区等联合开展防震减灾科普宣传六进活动，提高市民防震减灾意识和应急避险技能。联合市应急管理局、丽水经济技术开发区管委会、丽水消防支队等部门在丽水经济技术开发区举办丽水市2022年度地震救援实战演练，参演人员100余人，出动生命探测仪、搜救犬等装备和车辆60余台套。开展防震减灾知识“进社区、进家庭”活动，发放宣传资料、宣传品5000余份。走进校园举办防震减灾知识讲座，增强师生防灾减灾意识，提高校园应对灾害能力。全年开展防震减灾宣传讲座10场。（舒　康）

农林科学研究

【概况】 2022年，丽水市农林科学研究院（简称市农林科院）在编人员90

人。其中，正高职称13人，副高职称29人，博士、硕士39人。其中，享受国务院政府特殊津贴2人，省有突出贡献中青年专家2人，省“151”第一层次培养人员2人，第二层次培养人员4人，第三层次培养人员8人，其他省级各类人才5人，市“138”人才27人。拥有国家级综合试验站（食用菌、茶叶）2个，科技部国家食用菌工程技术研究中心浙江省安全生产技术示范基地1个，国家博士后科研工作站1个，省茶树种质资源圃1个，市级科技创新团队（食用菌、茶叶、中药材、加工）4个，是省级种质资源保护单位。

【科学研究成果】 2022年，市农林科院锚定“科技创新在若干领域国内省内有影响、成果转化为丽水现代生态农业提供重要支撑”工作目标，携手浙江大学等大院名校共建技术创新孵化池，探索人才互通、技术互通、成果互通“三通”模式，合作申报国科金、领雁计划等科技项目40项，立项28项，其中省部级、市重点研发项目7项，累计合同经费2671万元，持续为丽水实现高质量绿色发展提供科技支撑。加强科学研究成果集成创新，申请各种科学技术奖励，主持参与省科技进步二等奖等各类科技奖项2项；授权发明专利和实用新型专利6项；发表各类学术论文40篇，其中3篇学术论文发表在《Food Chemistry》《Entomologia Generalis》等国际权威杂志；主持制定《方竹栽培技术规程》等省市地方标准3项。全年新增收集茶叶、食用菌、竹类等特色种质资源400余个，完成种质资源初评2000余份。其中，繁育红豆杉优质种源300份，杂交选育F1代100份，完成香菇杂交配对987株，筛选出357株进行出菇评价。申请菊米、覆盆子、食用豆等植物新品种权5个，累计推广应用菜豆、蚕豆、大豆等新品种约2333公顷。

【示范平台渠道拓宽】 2022年，市农林科院建设科技创新平台，塑造丽水农林产业绿色高质量发展新动能。依托丽水农科教旅一体化基地，夯实浙江省茶树种质资源圃基础，创建省级农业科技园区。结合浙江松阳茶产业创新服务综合体建设工作，推进“中国农业科学院茶叶研究所长三角创新中心”“茶树种质资源开发与利用重点实验室”建设。与浙江省农科院合作，共建国家大院名校丽水产业科技服务中心（浙江省农科院丽水技术转移中心）。继续提升国家产业技术体系丽水综合试验站（茶叶、食用菌）成果转化水平。以市人社局双百引领计划、市科技特派员、市科协“百名专家连百村”行动、市供销社农作物放心工程为抓手，选派29名科技干部下乡入企进部门，深入一线实践、调查研究，提出仙渡乡甘薯产业三产融合等针对性发展建议。持续完善四季服务“两山”实践行动工作机制，出台《丽水市农林科学研究院深入推进“三服务”大比拼活动方案》，建立“看—学—传”浙西南山区农技示范基地群，打造科技共富示范基地29个。构建“点—面—点”技术推广模式，示范生态高效栽培技术30余项，组织各类专题讲座17期，技术培训620人次。开展科技服务、技术下乡等活动，解决技术难题26个，服务群众540余人次。

【会聚产业“人才雁阵”】 2022年，市农林科院邀请国家产业体系综合试验站体系岗位科学家、省农科院专家等省内外权威专家到丽水指导48人次，开展技术专题讲座4期，合作实施国科金、领雁计划等各类科技项目2项。其中农产品加工所柔性引进加拿大阿尔伯塔大学、浙江省农科院专家，组建团队开展植物蛋白、天然高分子材料和功能食品等方面研究，服务松阳地区“非粮化”冬闲田盘活增收工作。结对组团用好“院专家”。以产业需求为导向，以学科交叉组团结对为服务模式，开展“技术提质升级，产业增产增效”行动，提升发展专业学科团队12个，组建技术服务团队20余个。其中动科团队牵头与蔬菜团队、食用菌团队共同开展农业副产物资源饲料化利用技术研究，利用笋壳、菌糠、茭白叶等当地农业副产物资源，变废为宝，降低肉羊等饲料投入成本超过20%。以渔代鱼培养“土专家”，持续提升“农民讲师团”服务模式，通过“1+1+N”（1个农民讲师加1个科技人员服务N个经营主体）服务体系，培养一批懂技术、可示范、能推广的“土专家”，全年示范新品种新技术新模式40余项，开展项目合作10余项，邀请指导、宣讲等50余人次。其中中药材研究所团队把讲师团成员洪碧伟培养为地方产业技术带头人，以当地农企为依托通过推广中药材“借种包收”合作模式，累计借种于周边农户浙贝母种球19.5万千克，推广药（浙贝母）—粮（稻鱼米）水旱轮作模式40余公顷，增加农民收入超过400万元。 （尹仁福）

教　育

综　述

【学校规模】 2022年，丽水市有各级各类学校(包括幼儿园)710所，其中小学184所，初中77所，普通高中26所，中等职业教育学校13所，高等院校3所，幼儿园398所，特殊教育学校9所。各级各类学校在校生428826人，其中小学150861人，初中81387人，普通高中41389人，中等职业教育学校26426人，高等院校52367人，幼儿园75666人，特殊教育730人。全市学前三年幼儿入园率98.97%，小学入学率、巩固率分别为100%、100%，初中入学率、巩固率分别为100%、100%，义务教育三类残疾儿童少年入学率99.8%，初升高比例98.91%，高中段招生普职协同发展，少数民族学生初升高比例99.62%，高等教育毛入学率65.9%。

丽水市2022学年各级各类学校情况一览表

表25

类　别	学校数(所)	毕业生数(人)	招生数(人)	在校生数(人)	班　数(个)	教职工总数(人)	专任教师数(人)
总计	710	112307	112646	428826	10621	38046	30046
学前教育	398	22564	18368	75666	2725	10987	5766
义务教育	261	53572	48701	232248	6217	17928	16800
小学	184	25802	23029	150861	4304	9520	10468
普通小学	184	22149	19642	128034	3647	9520	—
九年一贯制学校	—	3431	3237	21417	615	—	—
十二年一贯制学校	—	222	150	1410	42	—	—
初中	77	27770	25672	81387	1913	8408	6332
初级中学	50	22127	19356	62760	1449	5276	—
九年一贯制学校	27	4766	5069	14799	374	3132	—
十二年一贯制学校	—	877	858	2575	60	—	—
完全中学	—	0	389	1253	30	—	—
高中	26	12005	14895	41389	964	4566	3539
完全中学	1	165	172	519	12	150	—
高级中学	23	11449	13953	39220	913	3925	—
十二年一贯制学校	2	391	770	1650	39	491	—
特殊教育	9	79	95	730	75	174	134
中等职业学校	13	9391	7899	26426	640	2414	2350
中等技术学校	2	354	462	1084	25	172	141
职业高中学校	11	8288	7275	23326	615	2242	2021
附设中职班	3	749	162	2016	—	—	188
丽水学院	1	8121	13059	29874	—	1216	831
丽水职技院	1	3507	5626	11884	—	520	465
丽水开放大学	1	3068	4003	10609	—	241	161

2022年丽水市市直学校基本情况一览表

表26

学校名称	毕业生数（人）	招生数（人）	班级数（个）	在校学生（人）	毕业班学生数（人）	教职工数（人）	专任教师（人）					学校占地面积（平方米）	校舍建筑面积（平方米）	数字终端（台）	图书藏书（册）
							小计	研究生	本科	专科	高中及以下				
浙江省丽水中学	751	764	56	2266	745	239	215	65	150	0	0	115830	83753.93	646	115680
丽水学院附属高级中学	572	641	42	1929	541	165	155	40	115	0	0	68670	50672	382	61728
丽水第二高级中学	613	724	48	2068	634	202	175	38	136	1	0	89307	65641	1127	62390
丽水莲城书院	0	180	7	303	0	17	17	2	15	0	0	28073	18653	137	70000
丽水市文元高级中学	423	478	37	1533	605	150	113	7	105	1	0	84111	39337.9	235	77000
丽水外国语实验学校（高中部）	391	494	33	1374	446		101	9	91	1	—				
丽水外国语实验学校（初中部）	370	340	24	997	325	252	69	1	62	3	—	59104	59094.46	474	150000
丽水外国语实验学校（小学部）	134	—	16	507	134		38	—	33	5	—				
吉时雨中学	112	25	5	166	122	24	17	1	16	—	—	5419	3300	52	5450
丽水市经济开发区中学	755	608	44	1997	755	175	173	9	161	3	—	83390	38572	509	84592
丽水市实验学校（初中部）	369	330	25	1066	306	199	85	16	69	—	—	63757	51170	645	101670
丽水市实验学校（小学部）	217	408	43	1951	266		110	6	101	2	1				
华师大附属丽水学校（初中部）	—	298	13	570	—	81	43	9	34	—	—	32597	25788.4	357	15000
华师大附属丽水学校（ 小学部）	—	339	14	595	—		36	5	31	—	—				
丽水市文元中学（初中部）	314	280	24	891	296	282	76	—	73	3	—	80588.8	62103	—	84920
丽水市文元中学（小学部）	170	189	36	1232	208		105	—	102	3	—				
开发区文尚学校（初中部）	69	64	6	241	79	68	16	1	6	9	—	7755	11108.7	114	32668
开发区文尚学校（小学部）	90	70	20	766	100		32	—	22	10	—				
丽水市经济开发区第一小学	313	432	62	2756	415	186	164	3	155	6	—	40037	33364.3	222	85436
丽水市经济开发区第二小学	70	65	14	524	64	33	28	—	20	8	—	9221.09	3533.26	97	10748
丽水市秀山小学	297	265	39	1766	288	91	91	4	86	1	—	35722	23628.87	315	47309
丽水市特殊教育学校	19	17	18	171	37		57	1	56	—	—				
丽水市特殊教育学校（附设中职）	16	23	6	70	31	91	21	3	18	—	—	35800	15173.5	15	26291
丽水市特殊教育学校（附设幼儿园）	—	55	4	84	—		8	—	8	—	—				
丽水市实验幼儿园	527	592	63	2108	—	280	167	3	148	16	—	27884.9	21619.16	—	28007
丽水市实验幼儿园（水木清华园）	140	133	12	412	—	54	29	—	26	3	—	3356.4	2772.8	—	9227
丽水市实验幼儿园（阳光园）	119	120	12	359	—	52	27	1	25	1	—	1985.4	2185.7	—	6970
丽水南城实验幼儿园	210	377	32	1034	—	149	78	—	48	30	—	27826	10127	—	4928
丽水市职业高级中学	1041	960	72	3032	984	265	252	29	215	4	4	128062	80092.52	109	107599
丽水中等专业学校	191	117	10	389	152	115	96	32	64	0	0	133333	68022.83	348	77713
丽水护士学校	163	343	15	695	207	57	45	12	33	0	0	41632	31872	289	27899
丽水旅游学校	552	1058	59	2391	615	241	176	3	173	0	0	85972	40832	605	119600

2022年丽水市高校基本情况一览表

表27

学校名称	毕业生数（人）	招生数（人）	在校学生（人）	教职工数（人）	专任教师（人）				学校占地面积（平方米）	校舍建筑面积（平方米）	数字终端（台）	图书藏书（册）
					小计	硕士生	本科	专科				
丽水学院	8121	13059	29874	1216	831	499	330	2	672033.1	419296.21	3845	1646545
其中，普通本科	2629	3226	11195	—	—	—	—	—	—	—	—	—

续表27

学校名称	毕业生数（人）	招生数（人）	在校学生（人）	教职工数（人）	专任教师（人）				学校占地面积（平方米）	校舍建筑面积（平方米）	数字终端（台）	图书藏书（册）
					小计	研究生	本科	专科				
丽水学院	8121	13059	29874	1216	831	499	330	2	672033.1	419296.21	3845	1646545
其中：普通本科	2629	3226	11195	—	—	—	—	—	—	—	—	—
普通专科	1113	624	2170	—	—	—	—	—	—	—	—	—
成人本科	2660	6719	11265	—	—	—	—	—	—	—	—	—
成人专科	1719	2490	5244	—	—	—	—	—	—	—	—	—
丽水职业技术学院	3507	5626	11884	520	465	190	274	1	348174	203231	4698	772413
其中：普通专科	3057	2836	8431	—	—	—	—	—	—	—	—	—
成人专科	450	2790	3453	—	—	—	—	—	—	—	—	—
丽水开放大学	3068	4003	10609	241	161	20	139	2	107902.6	132153.56	1485	107729
其中：成人专科	34	98	199	—	—	—	—	—	—	—	—	—
开放教育专科	1129	1555	3770	—	—	—	—	—	—	—	—	—
开放教育专科（一村一名大学生计划）	590	541	1638	—	—	—	—	—	—	—	—	—
开放教育本科	1240	1481	4355	—	—	—	—	—	—	—	—	—
开放教育本科（一村一名大学生计划）	75	328	647	—	—	—	—	—	—	—	—	—

【教育党建工作】 2022年，全市学习贯彻中共二十大精神，丽水市委书记胡海峰、市长吴舜泽分别到2所在丽水的高校宣讲中共二十大精神，教育局领导班子成员到联系学校开展宣讲。加强教育系统党的建设，把民办学校作为党建工作重点，推动21所民办学校把党建工作写入办学章程。加强对权力运行的制约和监督，落实“三重一大”事项议事规则。推进“清廉学校”建设，丽水市南城实验幼儿园获全省百家清廉建设成绩突出单位，丽水第二高级中学、缙云县李阳冰学校等5所学校入围全省首批清廉学校示范校。

2022年，缙云县新碧初级中学教师为少数民族学生宣讲中共二十大精神
（杜益杰　提供）

【丽水市委教育工作委员会成立】 2022年12月23日，经丽水市委机构编制委员会同意设立丽水市委教育工作委员会，为市委派出机关，与市教育局合署办公，丽水市委教育工委书记由丽水市委副书记、市委教育工作领导小组组长担任，部署落实“双控”、“双减”、校园安全、招生考试安全等重大问题，加强地方党委政府履行教育职责，教育工作被纳入党委（党组）书记述职评议内容，职能部门教育履职情况纳入年度综合考核体系，推进党组织领导的校长负责制，全市22所设党总支的中小学校校长和书记分设。

【教育现代化创建】 2022年，全市教育现代化创建进展效果明显，松阳县全国义务教育优质均衡县被推荐国家评估，云和县、遂昌县通过全国义务教育优质均衡县省级评估，庆元县通过全国学前教育普及普惠县省级评估，松阳一中、遂昌三中、莲都区碧湖小学等24所学校获评浙江省现代化学校；2021年度县域基础教育生态监测指数81.13分，超过省均值1.02分，排名全省第四；2021年度教育工作公众满意度指数8.504分，排名全省第七。建设丽水教育大脑，集成丽水数字教育E平台场景应用，建成数据驾驶舱10个，教育系统累计13个应用上架浙里办和浙政钉，7个项目入围全省教育领域数字化改革创新试点项目，《丽水市创新学区"一张图"生动解读入学政策信息》在国务院办公厅《政务公开工作交流》第57期刊登报道，入选浙江省数字社会系统2022年度"最优理论"成果。

【中小学思政】 2022年，丽水市教育局加强和改进中小学思想政治教育，贯彻落实习近平总书记关于思政课建设的重要论述精神，推动思政课建设落地见效提供有效工作抓手，11月3日，印发《丽水市深化中小学思政课建设落实清单》。景宁中学教师邢方方、缙云中学教师王莲英分别获浙江省首届中小学思政课教师年度人物和提名奖，松阳浙西南革命根据地党性教育基地、云和小顺爱国主义教育基地等6个基地被评为首批浙江省思政课教师实践教育基地。

【中小学生素质全面发展】 2022年，丽水市教育局完善中小学生素质全面发展机制，加强青少年近视防控工作，青少年总体近视率由54.63%下降到53.45%，比上年下降1.18%。新增心理健康教育示范点20个，配备专职心理健康教育教师的中小学校比例为94.43%。提升学生艺术素养，获省中小学生艺术节一等奖32个。12月，印发《丽水市中小学劳动教育实施方案》，指导学生参加劳动课程教学实践，引导学生树立正确的劳动观念、培养劳动能力、养成劳动习惯、塑造优秀的劳动品质，促进中小学生全面健康成长。建设"浙里校外实践绿谷知行"数字化应用平台，鼓励青少年开展公益实践活动，培养家国情怀。

【特殊教育学校标准化建设】 2022年，市教育局推进特殊教育学校标准化建设，评出示范性资源教室26个，推动特殊教育"向两头"延伸，持证残疾儿童少年学前、高中段入学率分别为98.01%和90.5%。完善"县级社区学院、区域中心成校、乡镇教学点、村联络点"四位联动的成教网络化布局，老年学校在乡镇街道覆盖率69.94%。

【教育提质行动】 2022年，高中物理学科竞赛获全国金牌，实现零的突破。"互联网+义务教育"结对帮扶、城乡教育共同体实现公办学校全覆盖，初中毕业生升入普高的比例55.39%。实施学前教育发展四轮行动计划，公办园在园幼儿占比52.14%，省一、二级幼儿园在园幼儿占比72%。

【"教育赋能 共富先行"山区26个县高质量发展讨论会】 2022年11月14—15日，"教育赋能 共富先行"山区26个县高质量发展讨论会在丽水职业技术学院举办，会议由丽水市委、丽水市人民政府主办，邀请到北京师范大学教授顾明远、中国科学院生态环境研究中心主任欧阳志云等专家学者参加，围绕中共二十大报告中提出的"实施科教兴国战略，强化现代化建设人才支撑"，以"教育•共富"融合发展为主线开展学术研讨，携手探索教育助力山区共富发展新途径。论坛现场，成立帮扶高校与丽水学院人才引育共同体，丽水学院与高水平创新团队、中国科学院生态环境研究中心博士后工作站进行签约仪式，丽水学院松阳校区、中医药与健康产业学院、丽水市中小学（幼）师干训中心以及研究生教育实践基地举行揭牌仪式。

学前教育

【概况】 2022年，丽水市有幼儿园425所（含幼教集团分园27所）。其中，公办园204所，民办园221所。省三级以上幼儿园417所。其中，一级园32所，二级园202所，三级园183所。在园幼儿75666人，其中公办幼儿园在园幼儿39852人，公办幼儿园在园幼儿比例52.7%；学前三年毛入园率98.9%，等级园在园幼儿比例98.01%，其中省一、二级幼儿园在园幼儿比例73.7%，比上年提升3.8个百分点。普惠性幼儿园407所，普惠性幼儿园在园幼儿比例96.1%，比上年提升6.4个百分点。全市幼儿园专任教师5766人，丽水市幼儿园教师大专及以上学历占比100%，专任教师持证率100%。全市学前教育集团149个，集团在园幼儿占比51%。丽水市162所幼儿园办有托班，提供托位数4686个。

丽水市教育局、财政局等12个部门联合印发《丽水市学前教育发展第四轮行动计划（2021—2025年）》，计划到2025年，全面建成覆盖城乡、布局合理、公益普惠、优质均衡的学前教育公共服务体系。

【幼儿园办学层次提升】 2022年，丽水经济技术开发区睿思幼儿园等19

所幼儿园通过二级幼儿园评估、丽水市实验幼儿园教育集团(实验园)等30所幼儿园通过二级幼儿园复核、丽水市莲都区灯塔幼儿园教育集团中骏璟园分园等9所幼儿园通过二级幼儿园预评估。丽水市莲都区东方明珠幼儿园教育集团(东方明珠园区)等6所幼儿园被认定为浙江省级一级幼儿园。景宁畲族自治县民族幼儿园(民族园区)、龙泉市滨江幼儿园和青田县华侨幼儿园3所幼儿园获评省教育现代化学校。

【优质学位供给】 2022年9月,丽水市新增10所公办幼儿园投入使用,新增学前教育学位3590个,关停薄弱民办幼儿园10个,教学点6个。丽水市南城实验幼儿园吴垵托幼一体幼儿园开园,新增托幼学位60个。

【幼儿教师工资待遇保障】 2022年6月15日,丽水市教育局、中共丽水市委机构编制委员会办公室、丽水市财政局、丽水市人力资源和社会保障局联合出台《丽水市本级公办幼儿园劳动合同制教职工管理办法(试行)》,保障公办幼儿园劳动合同制教师的工资待遇不低于在编教师,做到同工同酬,在学历进修、业务培训、教研指导、职称评聘、年度考核和评优评先等方面与在编教师享有同等待遇。

义务教育

【概况】 2022年,丽水市小学有184所,比上年减少8所。小学毕业生25820人,比上年减少1669人;招生23029人,比上年减少716人;在校生150861人,比上年减少2668人。学校规模有所增加,校均规模820人,比上年增加37人。6个班及以下学校78所。100人以下的小学45所,其中50人以下的14所。小学教职工9520人,比上年减少4人(其中一贯制学校的小学教职工数计入中学)。其中专任教师10468人,比上年减少189人。教师学历水平有提高。研究生毕业114人,本科学历教师9165人,比上年增加51人;专科学历教师1182人,比上年减少243人;小学教师学历合格率100%。专科及以上学历教师占99.93%,比上年提高0.27个百分点。本科及以上学历教师占88.64%。从专业技术职务情况看,副高级及以上教师982人,中级教师5215人,两者合计占专任教师总数的59.2%。小学入学率100%,巩固率100%,小学升初中比例100%。推进小学生综合评价改革,开展义务教育阶段学生绿谷系列人文科技学科素养展示活动。

全市初中毕业生27770人,比上年增加74人;招生数25672人,比上年减少2008人;在校生数81387人,比上年减少2240人。全市普通高中毕业生数12005人,比上年增加437人;招生数14895人,比上年增加892人;在校生数41389人,比上年增加2391人。初中规模趋于合理,校均规模从2021年的1059人下降到1057人。初中教职工8408人,专任教师6332人,专任教师学历合格率100%,专任教师本科及以上学历98.2%,具有中高级职称的专任教师为4379人,占专任教师总数的69.16%。初中入学率、巩固率分别为100%和100%。初中毕业生升入普高的比例从50.9%提升至55.39%,优质普通高中招生名额分配到区域内初中比例达到61.79%,随迁子女就读公办学校比例78.6%。初中毕业生升入高中段比例为98.91%,比2021年提高0.27个百分点。

【学校心理健康教育】 2022年,丽水市有20个学校心理健康教育示范点建设项目被列入2022年丽水市政府十方面民生实事,并投入使用,加上省示范点54所,全市建成心理健康教育示范点学校74所。举办丽水市心理健康专职教师专业能力提升高级研修班第二、第三次培训活动。开展7批次C证的培训、考证工作,全市取得C级资格证教师1335人。协助省心指办组织二期B证培训,取得B证教师567人。取得A证教师40人。至年底,全市有C证24760人,B证3715人,A证224人。

【教育共同体建设】 2022年12月,丽水市委编办、丽水市教育局、丽水市财政局、丽水市人力资源和社会保障局联合成立新时代城乡义务教育共同体建设工作协调小组,加强对城乡义务教育共同体的领导、协调、督查和指导。印发《丽水市教育局关于进一步加强中小学城乡教育共同体建设的通知》,推进义务教育阶段城区学校与农村学校结对共同体建设,目标结对受援学校75所,实际结对受援学校77所。实现公办学校教共体全覆盖,"以强带弱、共同发展",提升义务教育优质均衡水平。

【小学生综合评价改革】 2022年,丽水市教育局印发《丽水市小学生综合评价改革推进方案》,秋季开始试点先行,龙泉市、青田县、缙云县为小学生评价改革试点县(市),整体推进小学生综合评价改革,其余6个县(区)至少三分之一学校开展综合评价改革试点。

【初中强校培育】 2022年10月31日至11月1日,丽水市初中教育管理工作暨"初中强校 全面育人"主题培训会在松阳县举办,市教育局局长等180余人参加培训会，落实“双减”工作要求，合理布置作业，减轻学生课外作业负担，实施初中强校培育，提升初中教育质量。

【中小学教材管理】 2022年，丽水市教育局做好教材征订供应工作，启用中小学教材管理系统，召开市直中小学（市、区统筹安排）教材预订管理系统操作培训会。6月，印发《丽水市开展教材教辅读物排查整改工作方案》，开展全市中小学教材、教辅和校园课外读物排查整改工作。

普通高中教育

【概况】 2022年，丽水市有普通高中26所（高级中学23所，完全中学1所，十二年一贯制2所），毕业生数12005人，比上年增加425人；招生数14895人，比上年增加936人；在校生数41389万人，比上年增加2165人。教职工4566人，专任教师3539人，专任教师学历合格率99.89%，专任教师研究生及以上学历为10.85%，具有中高级职称的专任教师2424人，占专任教师总数的70.9%。高中段教育毛入学率98.91%。加强初高中衔接教学模式，通过“一校一策”推进“县中崛起”，制定市、县政策支撑体系，实施普通高中“公民同招”，严禁高中学校违规跨区域招生。2月9日，丽水市普通高中教育教学工作会议在丽水市教育局召开，会议分析2022年高考首考质量，交流普通高中教育教学经验，研究县中崛起的任务和举措。

【校际合作】 2022年9月14日，丽水市云和中学与宁波市慈溪中学签署合作协议，确定合作期限3年，合作项目涉及学校管理、教研活动、教师发展、学生培养四大方面。2所学校通过对口岗位挂职、教学研讨活动、突出创新拔尖人才培养、建立名师工作室等方面合作，提高云和中学整体办学水平。

【纪念浙江省丽水中学建校120周年大会】 2022年12月4日，纪念浙江省丽水中学建校120周年大会在丽水中学报告厅召开，市领导胡海峰、吴舜泽、李锋、卢彩柳等出席并共同启动浙江省丽水中学教育发展基金会。市长吴舜泽致辞，西湖大学校长施一公发来视频祝贺。参加大会的有浙江省丽水中学校友代表、高校代表等700余人。教育发展基金的成立，激励浙江省丽水中学学子刻苦求学、丽水中学教师严谨治学，打造具有辨识度和影响力的教育品牌。

2022年12月4日，纪念浙江省丽水中学建校120周年大会召开。图为与会人员合影
（丽水中学 提供）

中等职业教育

【概况】 2022年，丽水市有中等职业学校13所，全市中等职业学校在校生26426人，当年计划招生14725人（含技工），其中，中高职一体化招生2865人，全省中本科一体化面向丽水招生120人。全市中职学校核定教师编制数2414人，其中，专任教师数为2350人，专业课教师（含实习指导师）数1128人，“双师型”教师1013人，占专业课教师和实习指导师的比例为89.8%，高素质“双师型”教师775人，高素质“双师型”教师数占“双师型”教师比例为76.5%。专任教师师生比1∶12.6；专任教师学历合格率99.87%，副高级及以上职称占比36.75%，研究生以上学历占比9.1%。11月15日，“职教赋能”革命老区现代职业教育高质量发展研讨会在丽水举办。

【中职“双高”建设中期绩效评价】 2022年，丽水职业高级中学和缙云县职业中等专业学校获评优秀高水平学校；丽水中等专业学校的学前教育专业、缙云县工艺美术学校的工艺美术专业、松阳县职业中等专业学校的茶叶生产与加工专业、青田县职业技术学校的工艺美术（石雕工艺）专业获评优秀高水平专业。至年底，丽水职业高级中学等4所高水平学校，工艺美术专业等19个高水平专业通过1年半时间的建设，形成成果102个，在省教育厅和省财政厅争取的联合中期验收中获评优秀"双高"建设地级市。

【师生职业技能水平】 2022年,丽水市承办蔬菜嫁接项目比赛,在省职业能力大赛中,全市参加的师生人数133人,全市获奖师生69人,获奖总人数比上年增加11人。丽水职高学生毛浩楠和韩景灏获全国技能大赛二等奖。云和中职校的老师季海平获全国技能大赛第一名,被评为"全国技术能手"。10月,丽水市第二十届中职学校师生技能大赛在丽水职业高级中学、缙云中职校等地举办,设学生普赛项目28个,另设指定项目9个和特色项目7个;设教师项目15个。参赛学生数2249人,参赛教师数973人。

【中职毕业生升学就业情况】 2022年,丽水市中等职业学校毕业生人数9391人,双证获得率82.4%,就业学生人数9321人(包括升入高一级学校继续接受高等教育的学生),毕业生的初次就业率99.26%,专业对口率92.4%。全市4348名学生争取参加单考单招考试,上线4297人,上线率99%,其中本科上线人数273人(比上年增加90人),本科率6.28%。云和职技校学生钟薇薇成绩位列全省旅游类第二名,景宁职高旅游类上本科人数排在全省第二名。实施10个中职学校专业毕业标准,在全省率先推出中职学生专业理论和专业技能毕业统测;完成各类职业培训58383人次,完成率超额16.77%,完成职业教育共富能力提升培训20612人次,完成率超额100.12%。

【职业院校联盟】 2022年,丽水市教育局按照"一带三区"的发展理念,加强职业教育统筹发展,成立"丽缙青中职联盟校""云景中职联盟校""龙庆中职联盟校",加强人才共育、师资队伍共享、信息资源共用、社会服务共推、就业渠道共建、招生信息共通。在丽水市职业高中增挂"丽水市红色旅游产业学校"、缙云职业中专增挂"丽水市装备制造产业学校"、青田职业技术学校增挂"丽水市石雕产业学校"、景宁职高增挂"丽水市全域旅游产业民族学校"等专门化学校牌子,实现职业院校全市性统筹发展。

【产教融合】 2022年,市教育局与市人力社保局、市财政局联合出台《丽水市职业教育"百名大师、千名高徒"结对培养工程实施方案》,全年丽水市中职校聘请44位企业大师与331名中职师生进行师徒结对,形成"大师结对带高徒"的培养机制。根据与市经信局、市人社局、市文旅局联合印发的《丽水市产教融合型企业认定办法》,建立产教融合企业13家。

高等教育

【概况】 2022年,丽水市有高校3所。其中:普通本科高校1所(丽水学院)、高职院校1所(丽水职业技术学院)、开放大学1所(丽水开放大学)。丽水市高等教育在校(籍)学生52367人。教职工数1977人,其中专任教师1457人。专任教师中,研究生学历709人,本科学历743人,专科及以下5人,分别占专任教师总数的48.66%、51%和0.34%。高等教育毛入学率65.9%,比上年提高1.3个百分点。

【丽水学院成果】 2022年1月28日,浙江省教育厅公布2021年省教学成果奖获奖名单,丽水学院获5项教学成果奖。其中,以第一完成单位获一等奖1项、二等奖2项,以第二完成单位获一等奖1项、二等奖1项。2月8日,由省文旅厅批准,以联合共建方式在丽水学院建立"浙江省非物质文化遗产研究基地",该基地落户民族学院。6月10日,丽水学院计算机科学与技术专业入选国家级一流本科专业建设点,汉语言文学和园林2个专业入选省级一流本科专业建设点。8月2日,丽水学院学前教育、体育教育2个专业通过教育部师范类专业中学教育第二级认证。办学水平提升,丽水学院中医药与健康产业学院被列入省级重点支持现代产业学院建设点名单,重点建设教育、农业、护理3个专业学位硕士点依托学科。

【丽水职业技术学院成立产业学院】 2022年5月11日,丽水职业技术学院成立全国首家专门培育滚动功能部件全产业链条人才的产业学院——"丽水滚动功能部件产业学院",围绕丽水精密制造产业,突出滚动功能部件产业升级与技术变革方向、产业发展与专业建设、企业需求与学生职业能力、产业领军人才队伍与教师团队的协同推进,实现教育链、产业链、人才链、创新链的"四链融合"。9月13日,丽水职业技术学院龙泉分院挂牌暨"区域中高职一体化人才培养"启动仪式举行,龙泉分院利用区域高校、地方优质资源,培养地方经典特色产业集群的复合型高端技术技能人才。全年丽水职业技术学院成立橙点乡村振兴、京东电商直播、会计数智化等4个特色产业学院,全年招生工艺美术专业60人。

【丽水开放大学揭牌成立】 2022年6月22日,根据《浙江省人民政府关于同意浙江广播电视大学更名为浙江开放大学的批复》和《浙江开放大学综合改革方案》文件精神要求，经浙江开放大学同意，丽水市人民政府批准，丽水广播电视大学更名为丽水开放大学。

成人教育

【概况】 2022年，丽水市有44所区域中心成人文化技术学校，覆盖乡镇街道173个。15所社区学校创成省级现代化学校，创建率34.09%。121个乡镇建有老年学校，占比69.94%。全年完成社会人员初高中学历提升4864人，完成率超额12.54%。大专及以上学历提升学员15911人，完成率超额35.73%；老年人智能技术教育培训56447人次，完成率超额10.46%。

【成人教育品牌建设】 2022年，丽水市评选市级学习型社团39个、绿谷学习之星83人、社区教育示范基地11个、学习型社区7个，省百姓学习之星1人、省终身学习品牌1个、省示范性职业培训基地2个、示范性继续教育（社会培训）基地7个、社区教育示范基地8个、学习型社区4个。

【老年教育服务】 2022年，丽水市评选优质（示范）老年学校20所，组织老年人智能技术运用培训56447人次，超额10.46%完成省年度计划；征集老年人智能技术运用培训优秀教材24个、老年智能技术运用培训优秀教学案例23个。

【成人教育制度创新】 2022年，全市推进成人教育制度创新。缙云县单列成校考核，考核结果被纳入中小学督导评估，云和县成教校长被纳入事业单位中层评议考核，庆元县设成教工作教学质量奖，青田县成教校长被列入校长职级制考核，遂昌县成校获取技能考证资质，景宁县开展弱势群体保护性培训。

民办教育

【概况】 2022年，全市落实规范民办义务教育发展工作，民办学校撤销4所，整体转公2所，全市保留民办中小学校27所，其中民办普通高中（独立）5所，民办中等职业学校1所，民办完全中学1所，民办初中（独立）6所，民办小学（独立）5所，民办九年一贯制学校7所，民办十二年一贯制学校2所。民办义务教育学校在校生9236人（不包括政府购买学位的学生），占义务教育在校生总数的3.94%；民办学校普通高中在校生6283人，占普通高中在校生总数的15.3%；民办中职学校在校生2368人，占中职学校在校生总数的8.83%。民办中小学教职工3233人，专任教师2538人。

【民办学校办学规范】 2022年，全市所有民办义务教育学校均落实党组织班子与民办学校决策层、管理层“双向进入、交叉任职”，健全党组织与学校董（理）事会、监事会日常沟通协商制度。规范管理民办学校课程方案、课程标准、教材使用。

【民办学校分类登记】 2022年，丽水市教育局印发《丽水市现有民办学校（幼儿园）分类登记管理工作方案》，至年底，完成现有义务教育段民办学校、民办幼儿园、高中段民办学校的分类登记工作。丽水市242所民办学校（幼儿园）中，229所登记为非营利性民办学校，2所幼儿园登记为营利性民办学校，另有11所幼儿园因情况复杂尚未完成。

【培训机构】 2022年，丽水市推进对学科类校外培训机构的二次压减工作，7月，原有293家学科类培训机构完成“学转非”199家、注销94家，实现全市学科类培训机构清零。保留非学科类校外培训机构683家。联合艺术类、科技类、体育类校外培训机构主管部门陆续出台管理文件，实现对非学科类校外培训机构的分类监管。丽水市教育局联合市文广旅体局、市科技局印发《丽水市校外培训机构预收费管理实施办法（暂行）》。10月，市教育局公布选聘的124名校外培训机构常态化监管市民监督员。全年入选全国“双减”工作优秀案例1个，入选省“双减”优秀实践案例9个。其中，《莲都区创新“社会监督”机制助力校外培训治理》入选全国“双减”工作优秀案例。

教师队伍

【概况】 2022年，丽水市有教职工38046人。其中，小学9520人，初中8408人，普通高中4566人，中等职业教育学校2414人，高等院校1977人，幼儿园10987人，特殊教育学校174人。全市专任教师30046人。其中，小学10468人，初中6332人，普通高中3539人，中等职业教育学校2350人，高等院校1457人，幼儿园5766人，特殊教育学校134人。保障中小学教师待遇，保障义务教育学校教师工资收入不低于当地公务员水平，落实“多劳多得、优绩优酬”绩效考核分配原则，出台《丽水市本级公办幼儿园劳动合同制教职工管理办法（试行）》，保障公办幼儿园劳动合同制教师的工资待遇不低于在编教师；加强师德师风建设，对违反师德师风的教师，按规定给予相应处分和扣发奖金。

【优秀教师引育培养】 2022年，丽水市教育局联合市委人才办出台《丽水市关于加快新时代教育人才引进与培育工作的实施意见》，加大对优秀教育人才引进和成长的奖励力度。全年全市获第十三批“浙江省特级教师”称号教师23人，获“浙江省杰出教师”称号1人，获“首届浙江省教书育人楷模”称号1人，获“首届浙江省中小学思政课教师年度人物”称号1人，获“省春蚕奖”教师13人。开展“来浙丽 育新人”绿谷名教师引育工程，教师招引质量提高，全市中小学（幼儿园）招引教师研究生占16.1%。加强绿谷名校长、名教师“双名”培育工程，获评省特级教师23人、正高级教师20人。实施“绿谷名教师”全员进阶，1人获评国家级教学名师，1人获评省级教学名师，云和三中1人当选中共二十大代表，缙云县章村小学1人、丽水职业技术学院1人入选年度浙江教育影响力人物。

【职称评审信息化建设】 2022年，丽水市职称评聘自主评聘单位和非自主评聘单位职称评审依托“浙江省专业技术职务任职资格申报与评审管理服务平台”，推进线上评审。开展中小学正高级教师二、三级岗位聘任，经考核评审，确定二级岗位聘任人选1个，三级岗位聘任人选1个。经推荐报省里评审通过正高级职称教师20人，经市级职称评委会评审通过高级教师225人，副研究员10人。

办学条件

【概况】 2022年，丽水市各级各类教育学校用地总面积12662289平方米。其中，幼儿园1340065平方米、特殊教育60305平方米、小学3429880平方米、初中3317879平方米、普通高中2133664平方米、中等职业学校1252386平方米、高等教育学校1128110平方米。全市各级各类教育学校校舍总面积7589889平方米。其中，幼儿园1006798平方米、特殊教育26350平方米、小学1900819平方米、初中1941200平方米、普通高中1191444平方米、中等职业学校768597平方米、高等教育学校754681平方米。全年全市教育经费总投入138.85亿元，比上年的123.79亿元增加15.06亿元，增长12.17%。其中：一般公共财政预算教育经费投入102.86亿元，占总投入的74.08%，比上年增加7.57亿元，增长7.94%。政府性基金预算投入15.56亿元，占总投入的11.21%，比上年增加6.67亿元，增长75.03%。校办产业和社会服务收入用于教育0.01亿元，占总投入的0.01%。其他属于国家财政性教育经费0.1亿元，占总投入的0.07%。民办学校中举办者投入0.08亿元，占总投入的0.06%。捐赠收入0.08亿元，占总投入的0.06%。事业收入17.19亿元，占总投入的12.38%，比上年增加0.73亿元，增长4.43%。其他收入2.98亿元，占总投入的2.14%，比上年增加0.22亿元，增长7.97%。

【教育“双百亿”工程建设】 2022年，丽水市教育项目“双百亿”工程完成投资27.49亿元，新增学位16770个，建成幼儿园项目12个，新增学位3960个；建成小学项目1个，新增学位2280个；建成初中项目2个，新增学位2880个；建成高中项目5个，新增学位7650个。莲城书院、丽水旅游学校、丽水护士学校、丽水中等专业学校、云和县实验小学分校、龙泉第五中学等一批项目投入使用。莲都区新青林小学新建工程、莲都区灵山未来学校、庆元县实验小学濛洲校区建设工程、松阳县育英小学等项目有序推进。

【主城区教育资源】 2022年，丽水市教育局推进教育资源统筹配置谋划，根据9个县（市、区）主城区教育资源配置情况，下达编制当地主城区资源配置方案任务。明确至2025年，义务教育学校校生均用地面积、建筑面积不达标情况实现清零。至年底，丽水9个县（市、区）主城区义务教育学校用地面积达标率59.62%，其中小学50.79%，初中82.76%，九年一贯制学校50%；建筑面积超规模学校达标率为87.5%，其中小学80.95%，初中100%，九年一贯制学校91.67%。

【扶困助学】 2022年，丽水市资助中小学（幼儿园）家庭困难学生10.2万余人次，资助金额11128.22万余元；继续实施“学生营养改善提升工程”，受益学生3.0713万人次，蛋奶补助经费761.66万余元；继续实施民族教育券资助，资助少数民族学生1.479万人，资助金额417.67万余元。

【争取省补助经费】 2022年，丽水市争取到省补助经费10.6063亿元。其中：教育发展专项1.6339亿元，学前教育专项资金0.2289亿元，义务教育保障机制专项3.8139亿元，义务教育办学条件改善专项资金1.7393亿元，义务教育薄弱学校改造工程补助资金0.8161亿元，规范民办教育专项资金0.7693亿元，现代职业教育专项经费0.3847亿元，高等教育专项经费0.143亿元，学生资助1.0586亿元，其他专项0.0186亿元。　（谷俊豪）

文化　广播电视

公共文化服务

【概况】 2022年，丽水市坚持全面推进基本公共文化服务的标准化、均等化，加快健全覆盖城乡的公共文化设施网络，不断丰富优质的公共文化产品和服务，城乡间、区域间公共文化发展差距明显缩小，人民群众对美好精神文化生活的新期待得到更好满足。

景宁畲族博物馆　　（何俊华　提供）

【公共文化服务体系建设】 2022年，市文广旅体局开展送戏下乡1000场，送书20万册，送展览、讲座下乡1422场。开展"浙文惠享"省民生实事工程建设，新建成"15分钟品质文化生活圈"752个，城市书房18家，文化驿站9家。开展基层重点公共文化设施专项提升工作，景宁畲族自治县东坑镇文化站、景宁畲族自治县大均乡文化站2个乡镇（街道）文化站提升为特级，青田县贵岙乡文化站、景宁畲族自治县梧桐乡文化站2个文化站提升为一级，青田县方山乡文化站等8个文化站提升为二级。松阳县古市镇综合文化站、缙云县新建镇笕川村文化礼堂等12家公共文化场馆通过公共文化场馆服务功能拓展先行先试验收，缙云县图书馆西桥分馆、景宁畲族自治县畲族博物馆等5个文化空间获评首届浙江省最美公共文化空间，遂昌汤显祖纪念馆和昆曲茶艺入选公共文化国际交流基地和交流项目。

【乡村春晚品牌建设】 2022年，丽水市制定《丽水市深化国家公共文化服务体系示范项目建设暨创建省公共文化服务现代化领航项目"村晚联盟"实施计划（2022—2023）》，推出村晚山宴、村晚山路、村晚山货、村晚山歌四个"村晚山字号"生活IP，以"百村联建、百县联盟、百企联推、百业联产"四联模式推动春晚变村晚。举办丽水首届乡村春晚摇滚昆曲音乐露营节，活动以多元的文化表现形式，以"'村晚'星火　向山而行"为主题，通过"村晚+"文旅融合产品打造和推广，以"一场摇滚昆曲音乐节、一场'村晚'共富营地体验、一场'村晚'露营山宴、一场'村晚'山路自驾体验"为核心内容，线上线下超120万人参与。12月，"丽水市农村综合改革（乡村春晚建设）标准化试点"成为全省唯一入选第五批全国农村综合改革标准化试点的项目。

【文化市场行政执法】 2022年，市文广旅体局以护航中共二十大召开，以保障文旅安全发展为主线，组织开展元旦春节期间文化市场检查、冬奥版权集中行动、中共二十大期间专项巡查、"百日攻坚"暨安全生产"执法季"行动、网络文化单位检查、扫黄打非"护苗""净网"等系列专项行动，确保文化市场安全、健康、稳定。全市出动执法人员 8594 人次，检查经营单位 3915 家次，线上巡查 30 余次，收缴非法出版物 1189 册、非法印制的国家领导人画像 27 幅，处理违规 38 家次；立案调查 96 起，警告 42 家次，罚款 30.63 万元，停业整顿 4 家次，吊销许可证 1 家次，没收非法所得 49188.81 元，没收违法物品 1193 个。　　（何俊华）

文艺精品创作

【概况】 2022 年，丽水市文化引领出新出彩，以喜迎中共二十大为主题，完成首届丽水艺术节、乡村春晚原创歌曲大赛等系列文艺活动赛事，丽水原创艺术精品获奖数量和等次再创新高。

【文艺精品创作成果】 2022 年，全市文艺工作者组织创作作品 129 项，其中，原创歌曲 59 首，原创舞蹈 17 个，原创戏剧曲艺作品 33 个，原创舞台剧 20 个。10 个原创作品获省级奖项：戏剧小品《爱情凶手》获浙江省第三十二届群众戏剧小品大赛金奖，戏剧小品《根》《星星的约定》《手镯》获银奖；舞蹈《山哈龙凤嘻》获第三十二届群众舞蹈大赛金奖；歌曲《山哈人家》《爆裂老妈》《三月三人最美》获第二十一届群众音乐大赛金奖，歌曲《背影》《秘境畲山》获银奖。

【原创艺术精品比赛】 2022 年，市文广旅体局组织举办“喜迎二十大红歌献给党”流行音乐演唱会直录播、2022 年丽水市第四届少儿小金桂比赛、2022 年丽水市第二届戏曲票友大赛、浙江省第三十三届戏剧小品大赛；在全市发动“喜迎二十大　奋进新征程”——丽水市第七届群众文化理论研讨会征文活动，配合省里发动乡村诗歌大赛、长三角网络文学大赛等赛事；举办丽水市第十七届乡村春晚原创歌曲大赛、丽水市原创歌曲大赛作品征集、丽水市第六届戏剧小品大赛等活动。　　（何俊华）

图书馆

【概况】 2022 年，丽水市图书馆探索公共文化服务供给侧改革，启动“书香丽水”精品工程，通过建强阅读阵地、盘活闲置点位、尝试跨界融合等举措，推动全民阅读服务供给现代化，打响“爱阅之城”文旅 IP。

【读者服务】 2022 年，丽水市图书馆接待读者 746.2 万人次，图书借阅 224.4 万册次，新增读者 104181 人；新增藏量 45.9 万册；纸质藏书总量 388.8 万册；开展阅读推广活动 2172 场，参与 129.3 万人次，全市新建城市书房 18 家，全市居民综合阅读率 90.9%，比上年提高 1.2%。

【丽水市首届朗读大赛】 2022 年，丽水市举办全市首届朗读大赛，活动通过无限丽水、金蝉视频、丽水市图书馆视频号等多平台线上直播，共吸引近 30 万人次在线观看。大赛助推文旅融合高质量发展，加快推动丽水市全民在共同富裕中实现精神富有，着力推进全民阅读工作，成为丽水市深入建设“书香丽水”、推广“文兴丽水”的重要平台。

【长三角阅读马拉松大赛】 2022 年 11 月 19 日，长三角阅读马拉松“开跑”，丽水十个公共图书馆赛区共有 58 支队伍，290 名读者参与其中。所有参赛者均过奖牌线，来自云和县、遂昌县的 2 支队伍分获长三角地区团队总成绩第 18 名和第 37 名，丽水市图书馆赛区获第一名的选手杨木英作为长三角阅马个人阅读速度第一名、总成绩第 27 名，“飞阅长三角”队伍获丽水赛区团队一等奖。　　（何俊华）

社会科学

【概况】 2022 年，丽水市社科联强化品牌意识、项目推进、系统借力，发挥社科研究、社科普及、社科管理职能，推进哲学社会科学工作，为丽水奋力创建革命老区共同富裕先行示范区贡献智慧和力量。1 月 12 日，省社科联公布 2021 年度市县社科联测评优秀单位名单，市社科联获评理论研究工作优秀单位，松阳县、龙泉市、青田县获评县社科联测评优秀单位。3 月，市社科联协助省社科联在丽水各县（市、区）开展为期一个月的“社科赋能山区 26 个县跨越式高质量发展专项行动”，通过调研、座谈，助推山区 26 个县跨越式高质量发展，赋能丽水革命老区共同富裕先行示范区建设。调研成果《集聚“四个年轻”，加快构筑碧湖新城面向未来新优势》被立为省社科规划办“社科赋能山区 26 个县高质量发展行动”专项课题，入编《浙江社科要报》；《改善产业布局、治理方式、生态环境和公共服务环境——艺术赋能乡村共同富裕的莲都探索》在《浙江日报》发表，在“浙江社科网”发布。市社科联与市委宣传部联合征集“永做挺进师，建设新丽水”——“八个必须坚持”丽水优秀实践案例，于 10 月底编印，内部发行。6月，浙西南革命史读本《红色浙西南》出版发行。联合举办浙西南革命精神学术论文征集活动，收到学术论文83篇，录用57篇。6月19日，联合承办浙西南革命精神重大成果研讨会暨浙西南革命精神论坛。3月8日，召开全市社科理论界学习贯彻浙江省第十五次党代会精神理论研讨会暨全市社科联工作会议；8月1日，召开全市社科联理论界学习贯彻市第五次党代会精神理论研讨会；11月15日，召开全市社科理论界学习贯彻中共二十大精神理论研讨会。8月12日，组织参加全省社科界《浙江省哲学社会科学工作条例》学习培训会。10月21日，公布"丽水·瓯江文化丛书"第十辑6本，系"处州教育文化专题"系列。全年编发"丽水社科要报"12期，与中国（丽水）两山学院合作编发"丽水社科要报·智库专报"26期，共有11期获市领导批示。

【市社科普及示范项目】 2022年1月19日，市社科联公布2021年度市社科普及示范项目10项，分别是丽水职业技术学院申报的原创校史话剧《大樟树下》，丽水学院幼儿师范学院申报的"守根铸魂，德技并修——多元活动助推红色教育走深走实"系列活动，莲都区社科联申报的"邮"说党史——献礼中国共产党百年华诞系列活动，龙泉市文广旅体局、龙泉市青瓷博物馆申报的"听瓷语，观世界"——探秘龙泉青瓷线上互动体验展，青田县委宣传部、青田县社科联申报的"越洋学史"华侨课堂，缙云县社科联、仙都国际人文交流中心申报的"想象新地球村"国际人文交流成果展，遂昌县社科联、王村口镇人民政府申报的王村口镇文旅融合，松阳县社科联申报的"田园文化大讲堂——古城故事会"，浙西南革命根据地——安岱后申报的"守好红色根脉，推进老区振兴"红色主题教育系列，景宁畲族自治县社科联申报的畲乡社科大集市。1月7日，省社科联开展2021年度"浙江省社科普及创新项目""浙江省红色科普基地科普精品项目"推荐，市社科联分别推荐省级社科普及创新项目5项、红色科普基地科普精品项目3项、重点基地项目3项。

【全市社科联工作会议暨省社科联八届三次理事（扩大）会议】 2022年3月8日，市社科联召开全市社科联工作会议，各县（市、区）社科联专职副主席、各院校社科联（科研处）负责人参加。交流2021年度工作，通报2021年度市社科联工作，部署2022年度全市社科联工作，市社科联专职副主席余群勇主持。组织参加省社科联八届三次理事（扩大）会议，市社科联全体干部、在丽水的省社科联理事，各县（市、区）社科联、各院校社科联（科研处）负责人参会。主会场设在杭州，丽水设分会场。参会人员通过视联网听取省社科联主席郭华巍作省社科联八届三次理事会工作报告。省社科联党组书记郭华巍用"突破""集成""传承""创新""攻坚"五个关键词、七个"聚焦"回顾总结2021年工作及主要成绩，提出2022年省社科联将围绕打造新时代文化高地和建设社科强省目标任务，紧扣社科赋能高质量发展建设共同富裕示范区主线，实施"三大工程"、提升"三大平台"、推进"三大项目"、完善"三大机制"、开展"三大行动"。省社科联理事童杰就科研平台搭建、资源整合、成果转化、创新体系建设等提出建议。

【革命老区共同富裕经验做法调研座谈会】 2022年3月15日，省社科院院长何显明一行到丽水调研。3月16日，市社科联召开革命老区共同富裕经验做法调研座谈会，市委宣传部、市发改委、市委改革办、市科技局、市农业农村局等12个单位负责人参会，6个部门介绍丽水弘扬践行浙西南革命精神、推进高质量绿色发展及打造共同富裕美好社会山区样板等方面的创新经验和典型做法，莲都区仙渡乡政府、老竹畲族镇新陶村双委介绍革命老区加快红绿融合发展的鲜活案例。调研组专家表示，丽水被国务院列为全国支持发展的12个重点革命老区之一，为丽水推进共同富裕建设提供有利条件和新的机遇。座谈会后，调研组深入9个县（市、区）开展调研，总结丽水在打造共同富裕示范区方面的好经验好做法。

【市院合作课题《革命老区共同富裕的丽水实践》】 2022年3月，市社科联牵头，丽水市与省社科院再次开展合作，就丽水创建革命老区共同富裕先行示范区的实践经验开展研究。11月，研究成果《革命老区共同富裕的丽水实践》由中国文史出版社出版发行，全书31.3万字。开展市院合作研究，旨在贯彻落实2021年1月24日国务院印发的《关于新时代支持革命老区振兴发展的意见》精神，以丽水市为中心区域的浙西南革命老区被列入全国12个重点革命老区行列，肯定丽水市发挥老区人民的革命精神在共同富裕实践上取得的显著成就，也充分彰显革命老区共同富裕实践经验的丽水样本意义。省第十五次党代会明确提出，要支持"丽水创建革命老区共同富裕先行示范区"，丽水共同富裕的实践经验必将对全国革命老区的共同富裕实践产生极为重要的影响。

【刘基廉洁文化研讨会】 2022年3月29日，刘基清廉思想理论研讨会筹备会在丽水召开。4月25日至5月31日，开展刘基廉洁文化研讨会论文征集活动，收到34篇。8月12日，市社科联公布刘基廉洁文化研讨会优秀论文名单，“刘基的廉政思想及其时代价值”“论刘基法治思想与实践的深远影响和现代传承”“从刘伯温的《郁离子》中探索其中的清廉思想”“刘基廉洁文化与家教家风建设”等18篇优秀征文入选，市社科联为作者颁发证书及奖金。8月21日，市社科联承办的刘基廉洁文化学术研讨会在青田县召开，省社科院院长何显明出席并致辞。会议期间，浙江省社科院为“浙江省社科院丽水研究院刘基文化研究中心”授牌，并为钱志熙、黄仕忠等专家、学者颁发“浙江省社科院丽水研究院刘基文化研究中心”特聘专家证书。还举行《刘基廉洁文化名篇选读》授书仪式，有关专家、学者以“刘基廉洁文化”为主旨发表相关演讲。

【第二届学术年会暨第八届河阳论坛】　2022年4月1日，丽水市社科联第二届学术年会暨第八届河阳论坛在缙云县举办，由丽水市社科联、缙云县委宣传部主办，以“厚植乡土，绿色共富”为主题，来自全球各地近100名专家学者、媒体记者相聚云端参会，40余名丽水市社科联和缙云县相关部门和乡镇干部在线下参会。会议吸引来自学界、业界的100人在线旁听。

河阳论坛发起人、清华大学马新中心学术委员会主席、缙云县河阳乡村研究院执行院长赵月枝教授主持开幕式。中国农业大学水利与土木工程学院教授、博导李保明主持研讨会，中国农业大学经济管理科学研究所所长、教授、博导卢凤君，华东师范大学传播学院特聘教授、博导吕新雨，中国农业大学人文与发展学院教授、博导何慧丽3名学者作主旨发言。会议秉承河阳论坛坚持的跨学科理论与实践相结合的学术模式，在会议的内容和形式上均实现新的突破。其间，开展“乡村故事与中国式现代化道路”的特别圆桌讨论，对近70篇论文中具有代表性的18篇论文进行深入研讨，以期为青年学者提供更开阔的视野和全新的理论视角。

【《处州文献集成》编纂出版工作推进会】　2022年5月20日，市社科联召开《处州文献集成》编纂出版工作推进会，编纂工程指导委员会、编纂学术委员会、编纂工作委员会成员，浙江古籍出版社代表等20人参会。市委宣传部常务副部长李志伟主持，市委常委、宣传部部长李一波出席，听取学术委员会副主任杨贤高汇报《处州文献集成》编纂工程整体运行情况，编纂工作委员会主任教授吕立汉汇报编纂团队编纂工作完成情况，浙江古籍出版社总编钱之江汇报文献出版及古籍底本搜集情况。12月，《处州文献集成》第二辑元明文献编纂完成，由浙江古籍出版社出版发行，共89册，其中，元代收录文献22种（部），明代收录文献55种（部），每册平均500页。市委常委、宣传部部长李一波任主编，吕立汉任执行主编。

【市社科普及周活动】　2022年7月17日，市社科普及周活动在松阳县象溪镇象溪村举行，主题为“喜迎二十大，挺进共富路”，内容为学习宣传贯彻省第十五次党代会精神，举行2022年社科普及周启动仪式暨广场咨询服务活动，考察千年耕读村象溪村，举办丽水人文大讲堂线下版第137期，开展大学生乡村振兴实践、小学生象溪营地研学活动等，让社科理论走进大众、让传统文化丰富百姓生活。各县（市、区）社科联专职副主席，各院校社科联（科研处）负责人、社科骨干，市、县级学会（协会、研究会），社科普及基地代表近200人参加。

【市社科人才骨干培训班】　2022年8月15—19日，市社科联在浙江工商大学举办丽水社科人才骨干培训班，各县（市、区）社科联负责人、秘书长及社科专家、各院校社科骨干、部分学会（研究会）骨干等近60人参加培训。市委宣传部部务会议成员、市社科联专职副主席余群勇，浙江工商大学公共管理学院党委副书记赵恒出席培训班开班典礼并讲话。培训班邀请省社科联副主席陈先春、杭州市委党校教授高国舫、浙江大学管理学院教授毛文佳、浙江工商大学规划处教授徐越倩分别作《高质量建设社科强省的理论与实践》《浙江省哲学社会科学工作条例》《省第十五次党代会精神解读》专题讲座。其间，组织学员参观考察杭州国家版本馆、杭州良渚文化博物馆，体味宋韵文化，浸润中华文脉。培训班以提升社科研究能力为培训目标，以服务本土特色发展为培训主线，是加强社科工作者思想政治教育的基础工程，也是加强社科人才队伍建设、培养和造就一批与建设“重要窗口”相匹配的高素质哲学社科人才的重要举措，为丽水打造浙西南革命老区共同富裕先行示范区提供理论支撑和智力支持。

【《“浙江宣传”微信公众号“浙江风物志”丽水市用稿奖励办法（试行）》出台】　2022年8月25日，市社科联制定出台《“浙江宣传”微信公众号“浙江风物志”丽水市用稿奖励办法（试行）》，旨在提高丽水作者撰写“浙江宣传”微信公众号“浙江风物志”文章积极性，提高供稿用稿率，参照市委宣传部《2022年度“浙江宣传”微信公众号供稿用稿考核办法(试行)》制定，奖励对象为各院校社科联(科研处)、各县(市、区)社科联、各有关单位推荐的“浙江风物志”全体通讯员。凡被“浙江宣传”微信公众号“浙江风物志”录用的文章，每篇给予奖励1000元。9月18日，市社科联举办“浙江宣传”微信公众号专题培训会。

【社会科学优秀成果评选】 2022年9月1日，市社科联开展市第28次(2020—2021年度)社会科学优秀成果评选工作。限评2020—2021年度在国内出版(包括内部出版，有临时书号)或发表(包括市级连续性内部资料出版物，有内部资料准印证)的社会科学研究成果，形式包括专著、编著、译著、科普读物、学术资料整理、工具书、教材、史志、论文集、论文、研究报告等。不宜公开发表的研究报告要求在市(厅)级以上党委、政府部门主办的内部简报上发表。边缘学科、交叉学科的成果，只要研究对象是社会科学方面的，虽借鉴运用自然科学的内容、手段和方法，其成果亦可被列入社会科学评奖范围。根据《丽水市社会科学优秀成果评奖办法》，奖项设一、二、三等奖，共100项，由市人民政府颁发获奖证书和奖金。至9月30日，收到全市范围内社科工作者的申报成果325项，经组织评选委员会评定，共有100项成果分获一、二、三等奖，评选结果由市政府发文公布，并为获奖者颁发证书及奖金。

【第七批市社科普及基地申报】 2022年10月21日，丽水市组织申报第七批市社科普及基地，参与申报的组织和机构分城乡公共文化场所，人文旅游景点，社会力量创办的文化、艺术、健康等公益传播组织，教育场所4种类型。至11月11日，16家单位申报，分别是东西岩社会科学普及基地、莲都区人民路小学、岑庄日益书院、龙泉市宝剑博物馆、青田县万山村红色科普基地、青田县高市乡学校冰雪运动体验馆、木制玩具制作和体验科普基地、木玩探索体验馆、安溪红色高地、庆元县贤良镇湖源村文化礼堂、缙云半书房、小章村红色纪念馆、相圃书房(城西分馆)、松阳县礼仪与口才协会、高焕然故居——象溪村研学基地、马克思与社会主义主题展馆。至年底，全市有各级社科普及基地218家，其中，省级24家、市级92家、县级102家。

【省级社科普及基地评估及科普数字化工作】 2022年10—12月，市社科联配合做好省社科联开展省级社科普及基地评估工作，对丽水市获“浙江省社科普及基地”称号2年以上的1—9批共24家基地展开评估，通过听取汇报、实地调研、查看科普台账等方式，就“组织领导、阵地建设、管理制度、科普活动、社会效益”等5个方面进行评估。经专家考评和基地自评，全省共261家省级基地，有60家基地被评为省级优秀科普基地，丽水市博物馆(丽博瓯朋)、莲都区文化馆、龙泉市青瓷博物馆(龙泉市博物馆)、景宁畲族博物馆4家基地被评为省级优秀科普基地，遂昌县汤显祖纪念馆被评估为省级重点科普基地。开展科普基地数字化建设。以数字化手段整合科普基地、科普活动、科普读物、视频讲座、科普志愿者专家等多元化科普资源，为广大群众提供“一键式”社科普及服务。做好全省“云上社科普及平台”数据上传工作。云上社科普及平台(简称“云上科普”)是全省统一的社科普及数字化平台，实现省市县三级联动、协同推进“云上科普”上线浙里办。至年底，完成丽水属地范围内基地管理、云视频管理、云课程管理等基础数据上传、归集工作。

【丽水人文大讲堂】 2022年，在疫情可控情形下，市社科联创新丽水人文大讲堂举办模式，每月推出“云上社科”视频、每周推出“云上社科”音频，推出“云上社科”之专家解读市第五次党代会精神、中共二十大精神专栏节目。继续与市广播电视总台合作，录制丽水人文大讲堂短视频11期，其中，邀请中国文化和旅游部优秀专家、省文物考古研究所研究员、副所长郑嘉励，分三次主讲《从“瓯江山水诗路”到“宋韵文化工程”》系列。录制《宋韵文化的精神实质》《宋韵文化的传承与弘扬》《宋代浙江学术的历史地位及启示》《“宋韵”承载着中国传统文化精华》等13个科普音频节目，每周一下午2:00—2:10，在FM106.9丽水交通音乐广播首播，每天22:30—22:40，在FM88.3丽水新农村广播重播，以图文+音视频的形式推出，实现传统科普模式的华丽变身。

【《丽水研究》会刊编辑出版】 2022年，市社科联《丽水研究》会刊编辑出版普刊6期、财政与会计版4期，发表论文、研究报告等300余篇。每期封面刊登丽水生态风光，封二、封三页面刊登社科信息。先后设有“新时代，新思想”“调查研究”“瓯江文化”“社科探寻”“学习中共二十大精神”“浙西南革命精神研究”“百年党史与浙西南革命精神”“学习贯彻市第五次党代会精神”“深入学习贯彻省第十五次党代会精神”“学习贯彻中共二十大精神”等栏目。注重把握舆论导向，立足丽水、研究丽水、服务丽水，及时掌握社科专家学者研究动态，挖掘各类具有决策参考价值的研究成果，成为全市社科工作者发表科研成果的园地，进行学术研讨与交流的重要平台。

【丽水市与中央党校报刊社合作推进】 2022 年，市社科联致力于推进丽水市与中央党校报刊社合作，根据 2020 年 8 月 27 日签订的深化全面合作战略协议，《学习时报》每年至少安排 4 个理论专版，推荐丽水先进经验优先入选中央党校教学案例库。2022 年，《学习时报》推出《"八个必须坚持"：加快跨越式高质量发展的丽水实践》等 2 个专版报道和《永做新时代"挺进师"》等 4 篇理论文章，提升丽水的对外知名度和影响力。6 月 15 日，《学习时报》开辟"奋进新时代，老区新貌"专栏，刊发丽水市委主稿的《永做新时代"挺进师"》和中央党校中共党史研究部任伟执笔的《浙西南革命根据地：楔入敌人腹地的红色堡垒》理论专版，人民网、理论网等转载该报道。1 月 7 日，刊发《市域社会治理现代化的"丽水实践"》，4 月 4 日，整版刊发市社科联挂职副主席邵彬彬、《丽水日报》记者钟根清的署名文章《"八个必须坚持"：加快跨越式高质量发展的丽水实践》。11 月，围绕丽水人才建设和科技创新工作，刊发《创新引领，点燃高质量驱动引擎》专版报道。11 月 12 日，《学习时报》刊发

2022 年丽水市获立项的国家社科基金项目、省社科系列课题一览表

表28

课题编号	课题名称	课题负责人	工作单位	课题类别	立项时间
22BMZ062	民间契约文书中的畲汉民族关系研究	余厚洪	丽水学院	国家社科基金项目	2022年9月30日
22BZS156	古巴华人华侨记忆与文献研究	许素香	丽水学院	国家社科基金项目	2022年9月30日
22CMZ026	畲族中华民族共同体意识形成的历史逻辑与当代实践研究	邱开玉	丽水学院	国家社科基金项目	2022年9月30日
22NDYD029YB	文旅融合助推乡村共同富裕的浙江经验及其推广策略研究	王发龙	丽水学院	省社科规划课题	2022年6月23日
22WH22ZD	青田华侨华人文献整理与研究	王　赳	丽水学院	省社科规划课题	2022年9月9日
22WH22-1Z	青田华侨华人文献汇编：家族史料（旅美卷）	韦丹辉	丽水学院	省社科规划课题	2022年9月9日
22WH22-2Z	青田华侨华人文献汇编：家族史料（旅荷卷）	余厚洪	丽水学院	省社科规划课题	2022年9月9日
无	青田华侨华人文献汇编：商业文书（博览会卷）	王　赳	丽水学院	省社科规划课题	2022年9月9日
22WH22-3Z	青田华侨华人文献汇编：族谱辑要（山口卷）	王闰吉	丽水学院	省社科规划课题	2022年9月9日
22WH22-4Z	青田华侨华人文献汇编：族谱辑要（阜山卷）	吴冬红	丽水学院	省社科规划课题	2022年9月9日
22WH22-5Z	青田华侨华人文献汇编：族谱辑要（油竹卷）	黄巧玲	丽水学院	省社科规划课题	2022年9月9日
22WH22-6Z	青田华侨华人文献汇编：革命专题	李　岩	丽水学院	省社科规划课题	2022年9月9日
22WH22-7Z	青田华侨华人文献汇编：契约文书（司法文书卷）	赵宝靖	丽水学院	省社科规划课题	2022年9月9日
22WH22-8Z	青田华侨华人文献汇编：契约文书（经济文书卷）	林源西	丽水学院	省社科规划课题	2022年9月9日
22WH22-9Z	青田华侨华人文献汇编：报刊史料专题	王明生	丽水学院	省社科规划课题	2022年9月9日
22WH22-10Z	青田华侨华人文献汇编：口述史	吴稼稷	丽水学院	省社科规划课题	2022年9月9日
无	刘基传	吕立汉	丽水学院	省社科规划课题	2022年9月9日
22WH22-11Z	青田华侨华人文献汇编：家族史料（旅德卷）	周　峰	青田县华侨联合会	省社科规划课题	2022年9月9日
22CCG20	习近平生态文明思想视域下协同推进共同富裕的理论与实践问题研究	郑海友	丽水学院	省社科规划课题	2022年8月5日
22FNSQ28YB	龙泉市打造山区县跨越式高质量发展新增长极的经验启示与对策建议	黄艳娴	丽水学院	省社科规划课题	2022年9月6日
22FNSQ18YB	加快推进生态产品价值实现助力龙泉共同富裕的对策建议	刘克勤	丽水学院	省社科规划课题	2022年9月6日
21ZK99Z	丽水农民收入增幅"十二连冠"的经验与启示	周宏芸	丽水学院	省社科规划课题	2022年1月28日
23NDJC313YB	婺剧"踏八仙"仪式研究	汪普英	丽水学院	省社科规划课题	2022年9月26日
23NDJC314YB	高丽青瓷刻纹饰绘录研究	翁妙妙	丽水学院	省社科规划课题	2022年9月26日
23NDJC315YB	青田民国时期的华侨经济活动与乡土建筑营造研究	陈贤生	丽水学院	省社科规划课题	2022年9月26日
23NDJC316YB	图像学视角下浙江明清版画刊刻群像的数字研判与整理	朱志欣	丽水学院	省社科规划课题	2022年9月26日
23NDJC425YBM	《共同富裕视域下浙江省"未来乡村"旅游产业高质量发展路径研究》	尚　妃	丽水职业技术学院	省社科规划课题	2022年9月
2023N150	华侨家书中的优良家风研究	顿德华	丽水学院松阳校区（丽水中专）	省社科联研究课题	2022年7月

《绿色新丽水“两山”新境界——2021年“两山”高端论坛暨碳达峰碳中和丽水论坛综述》。11月25日，刊发《龙泉青瓷：千年宋韵中走来翩翩君子》。12月27日，刊发《以“三个出来”重要要求做好公安工作》。

【国家、省社科系列课题申报】 2022年，市社科联组织指导各县（市、区）社科联、各院校社科联（科研处）、各学会（协会、研究会），申报全国哲学社会科学工作办社会科学基金项目、省哲学社会科学规划办规划课题、省社科联研究课题及科普课题。至年底，已获立项的课题有国家社会科学基金项目3项，省哲学社会科学规划办课题24项，省社科联研究课题1项。

【市哲学社会科学重点课题公布】 2022年，市哲学社会科学课题分重点课题、常规课题、专项课题三大类别，每类再划分为A类、B类、C类，分别给予1500元、1000元资助及立项不资助。2022年，已公布立项的重点课题有：3月29日，市老年科协教育委员会朱德飞的“关于‘双减’背景下加强我市‘家校合育’机制建设的建议”，浙江外国语学院“重要窗口”研究所张跃西的“创建‘茶咖舞’融合体，打造文创体验新模式，加快助推丽水建设共同富裕‘重要窗口’”，浙江工商大学公共管理学院邵彬彬、黄美玲、薛瑞、林涛的“生态文明视域下百山祖国家公园创建路径研究”；4月27日，市档案馆吴利明的“浙西南苏维埃史”；5月11日，浙江工商大学公共管理学院邵彬彬的“绿色新丽水‘两山’新境界——2021年‘两山’高端论坛暨碳达峰碳中和丽水论坛综述”“习近平生态文明思想在丽水的实践与探索研究”；5月16日，浙江外国语学院“重要窗口”研究所张跃西的“打造世界侨乡高质量发展‘重要窗口’的对策建议”；10月12日、11月7日，丽水学院廖峰的“坚持创新引领，加快‘丽水山耕’地方立法的再建议”“关于助力‘丽水山耕’可持续发展的‘三步走’战略思考”等9项课题。

【市哲学社会科学常规课题申报、研究】 2022年9月2—30日，组织全市社科工作者申报2023年度市哲学社会科学常规课题，研究重点及参考选题有：习近平新时代中国特色社会主义思想研究，学习宣传贯彻中共十九届六中全会精神及省第十五次党代会、市第五次党代会精神研究，全面建设绿水青山与共同富裕相得益彰的社会主义现代化新丽水研究，弘扬践行浙西南革命精神研究，打造丽水瓯江文化品牌，推进丽水历史文化与特色文化研究，社科赋能山区跨越式高质量发展研究，推进新型智库建设研究，“红绿融合”发展研究，人大制度、政协制度理论和实践问题研究。至9月30日，收到申报课题214项。经评委会评审，评出100项。12月9日，市社科联发文予以公布。完成历年常规课题结题58项、专项课题结题41项、重点课题结题8项。

【市哲学社会科学专项课题申报、研究】 2022年，在开展市哲学社会科学重点课题、常规课题申报、研究的同时，根据实际需要适时开展哲学社会科学专项课题研究，采取与丽水学院、丽水职业技术学院、丽水中专（丽水学院幼儿师范学院）等院校合作方式，开展主题不一的市哲学社会科学专项课题研究。3月1日，开展市第五次党代会精神研究专项课题申报，4月20日，公布市第五次党代会精神研究专项课题70项；3月4日，公布“宋韵文化”专项课题50项；3月29日，与丽水职业技术学院、浙江大花园建设研究院开展“大花园研究”专项课题申报；5月10日，与丽水学院高等教育研究所公布市高等教育研究专项课题10项；5月26日，公布“大花园研究”专项课题10项；9月9日，公布省第十五次党代会精神研究专项课题30项；9月9日，与丽水学院幼儿师范学院联合开展“儿童教育研究”专项课题申报，12月6日，联合公布“儿童教育研究”专项课题10项；12月6日，公布“融媒体研究”专项课题1项。（杨金花）

党史工作

【概况】 2022年，全市党史系统始终牢记“存史、资政、育人”使命，围绕全面建设绿水青山与共同富裕相得益彰的社会主义现代化新丽水这一目标，接续团结奋进、勇毅担当前行，丽水党史事业获得新发展、取得新成果。获评全省党史和文献部门数字化改革工作成绩突出单位；遂昌县党史和地方志研究室、松阳县党史和地方志研究室获评全省党史和文献部门先进集体，全市4名党史干部获评全省党史和文献部门先进个人。

【党史著作编写】 2022年1月，《中国共产党在丽水百年纪事》出版发行。5月，《浙西南革命精神研究文集》（一）、（二）公开出版。指导完成庆元、缙云、龙泉3个县（市）党史二卷史稿评审，基本完成全市党史二卷编写任务。明确党史三卷下延至2012年，确定纲目编数，重新组建编写团队，倒排时间，开展丽水党史三卷编写工作。关注启动较早的松阳县、云和县党史三卷编写进程，指导莲都区、景宁县、缙云县三地启动党史三卷专题编写。举办丽水市地方党史编研业务培训班，召集全市党史部门主要负责人、分管领导、业务骨干等50余人，在市委党校开展为期3天的封闭式培训，并邀请省直和杭州、宁波、嘉兴等地党史领导、专家作专题讲座，全力提速丽水全域《中国共产党丽水历史》第三卷编写。

【资政辅政】 2022年，市委党史研究室起草《丽水市2021—2025年党史和文献工作规划》，谋划党史工作“编研出精品、资政有作为、宣教有成果、改革有突破、事业出人才”五项目标。开展“资政辅政”课题调研工作，制定《关于开展“资政辅政”专项行动的方案》，明确《丽水革命老区振兴发展与红色价值转化的思考》等4个课题，分组到9个县（市、区）开展调研，取得资政辅政较好成效。按照省委党史和文献研究室部署，组织市本级和各县（市、区）撰写《一张蓝图绘到底——忠实践行“八八战略”全纪录》（丽水篇）。加强与市文物部门联系，严格按照《丽水市革命遗址保护条例》规定，对接贯彻落实条例有关实质内容，共同做好第一批革命遗址保护名录的认定和保护工作。多次参加市委宣传部、市社科联、市文广旅体局、市农业农村局等召开的座谈会、论证会，深度参与编制《浙西南革命精神弘扬和红色资源价值转化规划》，参与审读《红色浙西南》《峥嵘百年——中国共产党在丽水百年的奋斗历程》等书稿，分别就红色主题新闻、红旅融合和红色乡村建设等工作提供建设性意见。

【“风展红旗如画”国旗巡展活动】 2022年，市委党史研究室以编号2019—0063号国旗落户丽水为契机，彰显该面国旗于2019年6月19日在天安门广场升挂过的特殊意义，在全市组织“风展红旗如画”国旗巡展，谋划实施“国旗知识展陈+地域特色活动+爱国主义教育”系列活动。会聚全市49名年轻干部组建国旗知识讲解团，配套图文展览，全面讲解展现国旗之史、国旗之姿、国旗之法和国旗之仪。搭建龙泉城市文化客厅、童话云和展示馆等10个丽水特色红色场馆载体，创设“我向国旗敬个礼”“我在国旗下成长”“我与国旗合个影”等特色亮点活动。创作《风展红旗如画》《童心向党，奔赴远方》《我喜欢红色》等一批红色朗诵作品，组织少先队员、各族群众代表向国旗敬礼、献词，并用普通话、畲语共唱《我和我的祖国》，进一步赓续红色血脉、弘扬爱国主义精神。短视频《风展红旗如画！天安门飘扬过的红旗“落户”丽水》在“美丽丽水”平台推出，并被“美丽浙江”等平台录用，仅4天全网阅读量600万余人次，获5万余名丽水人民的自豪点赞和全国网友的正面热评。

【全市党史工作会议】 2022年，省第十次党史工作会议召开后，市委党史研究室第一时间召开室务会议研究筹备全市党史工作，快速制订会议方案，全力以赴承办全市党史工作会议。仅用20天制作出让市委认可的高质量宣传片《以党史之光照亮挺进之路》。负责起草并推动中共丽水市委《关于进一步加强新时代地方党史和文献工作的实施办法》的发文，推行加强地方党史和文献工作的“四大行动”，建立健全“四大机制”。9月20日，全市党史工作会议召开，省委党史和文献研究室主任刘芸到会并致辞，市委书记胡海峰在会议讲话中特别点赞全市党史系统干部，并提出要在弘扬践行革命精神上展现新作为，在党史编研阐释上展现新作为，在巩固拓展党史学习教育成果上展现新作为，在红色资源价值转化上展现新作为，同心协力书写新时代丽水党史事业发展的新篇章的工作要求。

【数字化改革】 2022年，市委党史研究室围绕省委赋予丽水“创建革命老区共同富裕先行示范区”的崭新定位。运用《丽水市革命遗址保护条例》在全省先发优势，集思广益、辩证处理革命遗址依法保护、合理利用、数字智治的关系，深度谋划并实施“红立方”革命遗址数字智治应用，以海量党史资料数据化，对接物联感知系统，运用三维建模等多种展陈手段，

2022年，红立方驾驶舱　　（廖依敏　提供）

倾心打造“基因库”“瞭望哨”“红旗谱”“初心墙”4个子场景，把项目功能融合并拓展至全市革命老区所在乡镇，以法律规范助力基层压实保护责任。达到由线下管理转为算力主导、由线下参观到线上线下展陈形式多样化的改革新突破。在全国率先实现革命遗址管理保护系统集成、制度重塑和流程再造，实现0到1的创新性突破；推进革命遗址保护领域数字智治与依法治理的相辅相成、协同并进、良性互动，实现活化条例立足本土实际的创新性改革。

【浙西南革命根据地纪念馆建设】 2022年，浙西南革命根据地纪念馆发挥党史教育基地作用，全年纪念馆接待团队781批次，客流量19.08万人次，线上宣传活动点击量超600万次，服务工作受到一致好评。在常规讲解接待的同时，宣教工作有声有色，亮点突出。3月26—27日，联合FM106.9丽水交通音乐广播在龙泉市屏南镇车盘坑村开展“春雨梨花”赏春诵读会暨红色文化进乡村活动，直播总点击量超11600人次。清明节期间，开展线上祭英烈活动，通过纪念馆微信端口等途径，方便市民开展云祭扫。6月19日，纪念刘英烈士牺牲80周年专题展陈开展，取得继承和发扬革命先辈忠诚使命、求是挺进、植根人民的浙西南革命精神实效。9月，联合市老干部志愿者协会、莲都区消防救援大队、莲都区老干部志愿者协会等单位及社会团体组织代表，举行“铭记历史•缅怀先烈•追思敬仰•英雄不朽”烈士纪念日公祭仪式。聚焦中部战区赠予丽水的一辆59式坦克这一特殊载体，在浙西南革命根据地纪念馆广场举办59式坦克落户纪念馆专题实物展陈，吸引大量市民热议与参观，丽水在线、《处州晚报》等市级媒体平台同步宣发坦克视频，并推送丽水在线抖音账号，获省政府抖音账号《美丽浙江》采用，总点击量超12万人次。（廖依敏）

地方志

【概况】 2022年，丽水市地方志研究室聚焦资政辅政，把服务中心大局作为地方志工作的出发点和落脚点，贡献方志力量。全面完成全市二轮修志扫尾工作，出版发行《丽水市志》《龙泉市志（1989—2010）》《缙云县志（1993—2010）》。出版发行《丽水年鉴（2022）》。4月2日，制定丽水市方志工作“十四五”规划，出台《丽水市人民政府办公室关于加快地方志事业高质量发展的实施意见》。启动丽水市方志馆建设项目，初步选址好溪楼。用好一刊一网，《丽水史志》期刊品质再提升，“丽水史志网”网站内容更丰富。协办完成市政协提案10件，其中主办提案4件，协办提案6件。

【《丽水市志》出版】 2022年12月，《丽水市志》由方志出版社出版。《丽水市志》是全省所有地级市中唯一一部重修的市级志书，设48篇318章1101节，640万余字，印刷3000套，记述自然、经济、政治、文化、社会方面的发展成就，上溯事物开端，下限及2010年。在志首设序言、凡例、专记、总述、大事记，志末置索引、编后记，辑录地图7幅、照片128帧、专记4篇。该志突出丽水林业大市的特点，把林业升格为篇记述；突出丽水作为山区市的特点，在经济综合管理篇下设“扶贫开发”章，专门记述丽水从经济相对落后的历史现实到全面建成小康社会时期全面脱贫的时代跨越。

【市、县两级编纂成果】 2022年，丽水市地方志研究室加强修志督查指导，市、县两级取得优秀成果。9月，丽水市财税志编纂委员会编纂的《丽水财税志（1991—2018）》由方志出版社出版。12月，丽水市金融志编纂委员会编纂的《丽水金融志》由方志出版社出版。《丽水科技志》《之江监狱志》完成编印。县级层面，《龙泉市志（1989—2010）》《缙云县志（1993—2010）》出版发行。开展乡（镇）志、村（居）志试点先行，2022年，青田县《龙现村志》被列入中国名村志文化工程；青田县《龙现村志》和《邵山村志》被列入浙江省“双语”村志文化工程；莲都区《丽新畲族乡志》被列入浙江省名镇志试点。

2022年12月，《丽水市志》出版发行　　（市地方志研究室　提供）

【《丽水年鉴(2022)》出版】 2022年12月，中共丽水市委、丽水市人民政府主办，丽水市地方志编纂委员会负责编纂的《丽水年鉴(2022)》由方志出版社出版。自1996年创刊以来每年编纂出版一卷，《丽水年鉴(2022)》为第27卷。设38个类目，分目254个，条目1510个，随文图片122张，图表37个，记述时限从2021年1月1日至12月31日，计102.6万字。年鉴全面、真实、系统地记载2021年丽水市政治、经济、文化、社会、生态等方面基本情况和重大活动，为社会各界了解和研究丽水提供基础资料。（吕露莹）

档案工作

【概况】 2022年，丽水市档案局、档案馆落实省档案部门各项重点任务，持续推进档案治理、资源、利用、安全"四个体系"建设，进一步推动档案工作改革创新。健全完善档案局、馆协同运行机制，9个县(市、区)党委均将档案工作纳入年度考核内容。市档案馆着眼于建设专业型复合型"两型"干部队伍和提升档案工作规范化水平，开展"学标准、促规范、强业务"学习实践活动。全市档案部门累计对全市658家机关单位、国有企业、乡镇(街道)开展"双随机"执法检查、档案安全专项检查、档案安全和保密工作联合检查等，及时排查风险，强化监督整改，落实档案安全措施。全市各级档案馆为社会各界提供档案利用2.99万人次，6.52万卷(件)次。

【重特大事件档案工作】 2022年初，市档案馆制定2022年重大活动和突发事件档案工作清单，提前介入市党代会、市两会、东旭高端光电半导体材料项目、百山祖国家公园创建等重大会议、活动和项目，开展档案收集整理指导服务。根据市委"红绿金"融合协调发展战略部署，谋划"红绿金"专题档案数据库建设，至年底，完成全市域范围内红色档案资源调查摸底。持续开展脱贫攻坚档案归集。

【档案资政材料编发】 2022年，市档案馆编发档案资政材料《革命历史档案中的青年元素》《从档案看宪法与法律常识的宣传教育》等送市领导参阅，实现档案资政材料零的突破，得到市委书记胡海峰批示："充分发挥存史、鉴今、育人、资政的服务、赋能发展的特殊功能和作用"肯定。云和县等5个县共向当地党委政府报送档案资政材料8篇。

【调研指导档案工作】 2022年11月16—17日，省档案馆馆长余杰带队到丽水开展"三服务"活动并调研指导档案馆业务工作。余杰一行先后到丽水市档案馆和龙泉市档案馆、龙泉司法档案博物馆等走访调研，并在丽水市档案馆组织召开座谈会，听取丽水市档案馆及各县(市、区)档案馆关于近年来档案工作特色做法、档案数字化改革、基层档案馆基本情况及存在困难等情况汇报，对各地提出的业务工作需求进行现场解答与指导服务。

【主题摄影与档案文献展】 2022年9月30日至10月27日，丽水市档案馆、丽水摄影博物馆联合举办"幸福是奋斗出来的"主题摄影与档案文献展。该展览以摄影作品与档案文献、实物、视频等形式，展现中国共产党领导丽水人民以奋斗创造幸福美好生活的生动鲜活实践。展出档案文献实物近100件，有见证抗美援朝的奖章，记录各时期劳动模范风采的证书、笔记，还有反映丽水改革开放进程的档案。如丽水第一批个体户的工商登记证，丽水第一家咖啡馆的档案、丽水土地使用权拍卖第一槌的照片等众多见证"丽水第一"的档案文献。为让更多市民观

2022年9月30日，青年学生在丽水摄影博物馆参观"幸福是奋斗出来的"主题摄影与档案文献展（周　率　提供）

看展览，市档案馆将该展览搬到网络，推出手机版和电脑版的网上展厅。其中，在“学习强国”丽水平台上所发的展览信息点击量16万人次，点赞数6289个。

【档案技术保护】 2022年，市档案馆成功申报全省档案技术保护试点（档案消毒）工作课题项目。11月，完成题为《等离子臭氧消毒方法优化和实证研究》的课题报告，具体细致呈现本次课题在研究背景、研究方案、研究结果上的工作结论和成果取得。至年底，完成馆藏和新接收文书、业务、会计、科技等档案共计75万卷（件）的消毒工作。（李岘闻）

非物质文化遗产保护

【概况】 2022年，丽水市非遗工作立足生态文化，弘扬地方特色，传承文明薪火，保护与利用并重，诠释丽水地域文化内核、激发非遗传承活力，通过跨界融合的艺术形式完成从“保护”到“传播”并重的情感表达，使非遗创新性转化成为实现乡村振兴和共同富裕的有效载体。

【非遗传承保护】 2022年，遂昌布衣拳、莲都鱼跃酱油酿制技艺、龙泉黄粿制作技艺、青田温溪传统刻字技艺、缙云爽面制作技艺、遂昌长粽制作技艺、莲都南山中医骨伤科、云和瓯江水上蛟龙节、缙云地母庙会、松阳竹溪食品祭10个项目入选第六批省级非遗代表性项目名录。完成11名国家级非遗代表性传承人的评估考核及9名第六批国家级非遗代表性传承人的申报推荐工作。开展4家省级非遗旅游经典景区和7家民俗文化村的复核工作。对12家省级非遗传承教学基地和丽水学院省级非遗研究基地进行评估；完成全市17个省级非遗代表性项目和7名代表性传承人的实地评估抽查；完成21个国家级非遗代表性项目保护单位的评估与审核；完成青田石雕项目申报国家级非遗生产性保护示范基地推荐；开展丽水“石榴红”民族非遗传承基地评审。“2022·年浙里年味——非遗年俗短视频大赛”中4个项目获优秀奖。“古村探秘芒种开犁”松阳云和乡村非遗之旅、“一‘剑’钟情，从‘瓷’开始——龙泉青瓷宝剑之旅”2条线路入选首批浙江省非遗主题旅游线路。在第五届“少年非遗说”浙江传说故事讲述大赛中，缙云县王芊之、李函睿获特等奖，青田县殷若宁获二等奖。

【非遗展示展演活动】 2022年，市文广旅体局以线下和线上相结合的方式开展丰富多彩的活动，在元宵、端午等传统节日及文化和自然遗产日，举办多彩非遗闹元宵、端午传统习俗体验、非遗知识宣传推广、全民艺术普及资源建设、“云旅店”展示体验、非遗直播购物节等系列活动，其中，全市非遗购物节有80余场活动同期进行，86家店铺入驻电商平台。组织丽水提线木偶戏、陈十四传说等项目走进社区养老院幼儿园、处州板龙进校园、畲族医药（痧症疗法）进企业等非遗“六进”系列展示展演活动。

【非遗宣传交流】 2022年，丽水市“多彩非遗乡村行”先后在云和县、莲都区、青田县举行。组织青田石雕、松阳高腔等非遗项目参加2022年浙江·四川文化旅游交流会，龙泉青瓷、缙云剪纸参加全省“百县千艺”非遗技艺活化展示活动。推荐青田鱼灯舞、百鸟灯舞和景宁九龙鱼灯参加“非遗薪传”传统舞蹈展演展评活动，其中，青田鱼灯舞获“薪传奖”，青田百鸟灯舞、景宁九龙鱼灯获“优秀展演奖”。青田百鸟灯舞与龙泉青瓷烧制技艺参加央视《非遗里的中国》拍摄活动。缙云施氏髹漆参加浙江省传统工艺大展。组织作品参加“锦绣华章”2022长三角民间艺术文创大展，共入选作品18件，其中5件

2022年10月，丽水提线木偶戏进丽华幼儿园展演活动现场 （何俊华 提供）

作品获优秀奖。（何俊华）

文物保护和博物馆

【概况】 2022年，丽水市贯彻落实省、市文化、文物工作会议重要部署，始终以文物安全工作为主线，用好“问史借力”“跨山统筹”“创新引领”三把金钥匙，拥抱青年发展型城市，在建设绿水青山与共同富裕相得益彰的社会主义现代化新丽水进程中展现文物工作的担当。

【文物安全治理新模式】 2022年，市文广旅体局深入贯彻落实省两办《关于开展全省文物安全大排查大整治大提升攻坚行动的意见》，围绕“文物安全整治年”重点任务，结合文物火灾隐患整治和消防能力提升三年行动，建立文物安全联席制度。推动文物安全纳入市政府常务会议重要议题，面向市、县政府及组成部门开设《文物保护与安全监管》专题讲座。组织举办全基层文保员培训班，夯实基层文物保护力量。联合消防、公安、执法等部门，结合台汛期、百日攻坚“除险保安”行动、文物建筑消防安全专项检查等节点，开展文物安全专项联合行动，全年检查文物博物馆单位714家次，发现问题250处，督促整改250处。加快实施文物平安工程，重点推进按照省文物平安工程三年计划实施的省级以上文物保护单位、木结构类文物建筑、革命文物建筑等的2022年计划完成10个项目的建设。推进国保浙江大学龙泉分校旧址、通济堰堰头村古民居、省保碧湖建筑群、西溪乡土建筑、叶溥故居、青云塔、西三蔡氏民居、王村口镇宏济桥、市县保单位湖山奕山朱氏宗祠等一批修缮项目。推进丽水市博物馆可移动文物数字化保护项目建设。组织开展第八批浙江省省级文物保护单位推荐。

【革命文物保护利用】 2022年，市文广旅体局贯彻落实《丽水市革命遗址保护条例》，开展丽水首批革命遗址认定工作，组建专家委员会，针对全市占比80%以上的未定级、非文物革命遗址，组织研究建议名单、确定产权关系、划定保护范围，经县（市、区）人民政府推荐公示后，丽水市人民政府核定公布第一批革命遗址227处。打造“律师护宝团”，策划开展普法宣传季及《中华人民共和国文物保护法》《丽水市革命遗址保护条例》等相关法律法规普法宣传活动。开展革命文物资源专项调查，范围涵盖见证社会主义建设时期、改革开放时期和新时代重大改革、重大成就等的革命印记。开展革命历史档案资源调查，全市国有博物馆初步摸底相关档案资料97份。搭建丽水革命文物数字地图，完善革命遗址保护利用现代化手段。

【考古发掘与研究】 2022年，全市申请考古调查勘探项目29项，开展考古发掘项目8项。围绕“十四五”规划和宋韵文化工程，配合国家遗产线路海上丝绸之路建设，组织参加2022年度海上丝绸之路保护和联合申遗城市联盟联席线上会议，谋划大窑龙泉窑遗址考古发掘工作，大窑龙泉窑遗址亭后窑址主动性考古发掘工作获国家文物局批准并启动，与省文物考古研究所、故宫博物院联合开展对大窑龙泉窑遗址的考古调查工作，全面系统地认识整个龙泉窑核心产区（遗址公园范围）的基本面貌，助力大窑龙泉窑国家考古遗址公园建设。在省考古所、北大考古文博学院的大力支持下，云和县系统开展史前文明考古勘探工作，发现马鞍山、青龙山等44处新石器时代—夏商周时期遗址，填补丽水地区这一时期的历史空白，对研究浙南西周时期文明起到重大推动作用。

2022年4月，门前山遗址考古勘测现场（何俊华　提供）

【文物数字监管】 2022年，市文广旅体局推进丽水“数字文化”文脉传承跑道应用场景工作，完善“红立方——革命遗址数字智治应用”平台建设，推动“‘拯救老屋’场景应用项目”等重点应用平台项目和“数字化视觉算法应用场景项目”等新应用平台的建设，深入谋划博物馆场景应用提升，推进“一云三馆”建设和“文化丽水”信息平台建设。抓好省级文物安全智慧监管平台数据完善与推广使用工作，完成102家文物博物馆单位的信息完善及332家次文物安全检查情况、111家主体责任单位自查情况录入。完成宋代文物专项调查并录入省宋代文物系统，其中，可移动文物5043件、不可移动文物175处。全市9家国有博物馆11个场馆全面实现全国居民社保卡“一卡通”和花园码“一码通”功能，推进博物馆公共服务融入长三角生态文化旅游圈。

【博物馆品质提升】 2022年，市文广旅体局推进县级博物馆全覆盖建设，逐步实现“县县都有国有博物馆”目标，青田县文物馆完成基础装修，陈列布展工程实施中；云和县博物馆持续推进项目主体工程建设；遂昌县博物馆完成项目主体工程建设；莲都区通济堰博物馆建筑设计方案通过国家文物局审批，初步完成展陈概念性方案。市区瓯江文苑民办博物馆群土建已完工，组织编制瓯江文苑民办博物馆群策划方案，规划博物馆群体主题，串珠成链形成文化聚合效应，帮扶办馆人挖掘主题文化特色，梳理展示框架，提升展览品质。实施博物馆质量提升“一十百千”计划，8月，缙云县博物馆完成提升改造工程并对外开放；遂昌县工农红军挺进师纪念馆完成陈列布展。开展“浙文惠享”民生实事工程建设，全年创成浙江省乡村博物馆57家。推出“在浙‘丽’，跟着博物馆去旅游”乡村博物馆游系列路线和打卡明信片，借势省、市、县媒体平台宣传推广，构建以文化力量推动社会全面进步新格局，探索文化+的融合发展模式推动乡村共同富裕。突出宋韵文化博物馆建设，举办“从宋朝出发——龙泉窑的前世今生”“梦回大宋——士人生活日记”等展览，策划宋韵四部曲社教活动，将点茶、宋乐、礼仪等元素融入活动，打造处州宋歌、宋韵考古盲盒等系列文创产品。丽水市博物馆联动四川泸州等地策划举办“红旗漫卷泸丽相连——红军挺进浙西南革命文物泸州展”等红色展览，与上海韩天衡美术馆联合举办“梦回大宋——士人生活日记”特展。龙泉市博物馆与故宫博物院、拉斯海马酋长国古物考古部协商合作，在故宫博物院、龙泉举办“拉斯海马朱尔法遗址考古成果展”。 （何俊华）

广播电视监管

【概况】 2022年，围绕“保安全、强执法、创精品”的目标，全市广电系统各单位严守底线思维，不断夯实安全播出基础。加大行政执法力度，非法卫星电视接收设施整治工作深入推进。立足讲好丽水故事，广播电视作品佳作频现，在全省各类评选中取得丰硕成果。

【广电安全播出】 2022年，市文广旅体局构建扎实稳固、全天候的广播电视安全保障体系，接收各单位报送的零报告1008份，向省局上报零报告36份，向各监管局、广播电视台、华数公司播发安全播出预警信息11753人次。重点完成中共二十大、省十五次党代会及北京冬残奥会等10个重要保障期、4个重要节日共70天安全播出保障任务。完成全市广播电视行业安全播出大检查，督促整改问题187个，下发整改通知单12份，组织开展丽水市迎接中共二十大丽水市广播电视安全播出应急演练。开展“黑广播”专项监测工作，开展自动监测3153.6万轮次、人工辅助监测1095轮次，到各县（市、区）开展移动监测58次。

【地卫专项治理】 2022年，市文广旅体局深化非法卫星电视接收设施整治和境外卫星电视监管，加大对网络传播境外电视非法行为的整治打击力度。全年发出整改通知书157份、宣传相关政策法规385次、联合执法25次，立案1起，取缔非法销售点2个，自行拆除非法境外卫星电视接收设施412座，强制拆除45座。

【广电作品创优】 2022年，市文广旅体局组织全市广播电视优秀作品评选工作，全市各级播出机构选送作品193件，其中，广播新闻作品57件、电视新闻作品89件、纪录片（服务类节目、内参等）和新媒体类作品47件。评出优秀作品103件，其中，一等奖22个、二等奖33个、三等奖48个。29件作品获全省广播电视新闻奖，其中，《瓯越芝田》《一粒种子背后的危与机》2件作品获一等奖，9件作品获二等奖，18件作品获三等奖。14件作品获金潮奖，其中一等奖2件、二等奖4件、三等奖8件。 （何俊华）

融 媒 体

综 述

【新闻宣传】 2022年，全市新闻媒体围绕市委、市政府重大决策部署及中心工作，聚焦中心、服务大局，全媒体、全平台联动加强重大主题宣传策划，着眼中共二十大、省第十五次党代会、市第五次党代会、经济稳进提质、创建革命老区共同富裕先行示范区、“双招双引”、数字化改革等主题，开设“奋进新征程 建功新时代——贯彻党代会精神 喜迎二十大召开”“稳进提质在行动”等专题专栏，创作推出一批有深度、有温度、有新意的新闻报道，为各项工作有序推进营造良好氛围。组织开展“挺进新丽水 共富看变迁”大型全媒体新闻行动，做好2022世界摄影大会、轩辕黄帝祭祀大典等重大活动报道，在国家和省级媒体共刊发重点报道494余篇。坚持“三贴近”，倡导“短实新”，持续推出新媒体爆款作品，其中《00后女枪王成为抗疫战士》，先后被《人民日报》、央视新闻、新华社等100余家媒体转载，全网播放量破2亿人次；新闻摄影作品《“诚信奶奶”十年还清2077万元债务》获第32届中国新闻奖三等奖。

【媒体融合改革】 2022年，丽水市按照中央、省委统一部署，加快推进市级媒体融合改革，组织开展学习调研、调查摸底、筹备启动、动员部署，起草《丽水市新闻传媒中心(传媒集团)组建实施方案》，稳步推进市级媒体融合。依托全省舆论引导在线应用平台，运用媒体融合指数评价体系，推动市县媒体深度融合，提高全媒生产传播能力。创新开设《每日一图》《每日新闻要览》等栏目，开展“主播带你看车间”沉浸式直播，推动丽水正能量元素不断“出圈”，推出阅读量超亿作品16件、1000万人次作品77件、100万人次作品958件、10万人次作品1530件；“金蝉视频”抖音号粉丝量突破100万人次，话题登上抖音全平台热榜第一位3次。

2022年10月4日，壬寅(2022)年中国仙都祭祀轩辕黄帝大典在缙云举行

（市文广旅体局 提供）

【新闻业务管理】 2022年，市委宣传部加强新闻业务管理，用好浙江省专业技术职务任职资格申报与评审管理服务平台，开展2022年新闻专业职称评审工作，评出记者15人、编辑10人、助理记者6人、助理编辑10人，推荐主任记者4人、主任编辑6人。定期召开新闻通气会，完成市级媒体2021年度目标绩效考核工作，制定市级媒体2022年度目标绩效考核办法。开展2022年度“四优三品牌”评选，评选优秀记者5人、优秀编辑5人、优秀主持人2人、优秀网络评论员10人、品牌栏目3个、品牌活动2

个、品牌新媒体3个。（陈芷茵）

丽水传媒事业

【概况】 2022年，丽水日报报业传媒集团加大主题报道宣传力度，为全面建设绿水青山与共同富裕相得益彰的社会主义现代化新丽水和“两个先行”的丽水实践提供思想保证、精神动力、舆论支持。强化深度意识，做好省市党代会精神贯彻落实报道和共富主题报道，刊发纸媒稿件1000余篇、新媒体报道1295条。聚焦社会热点，全方位做好疫情防控宣传报道，刊发纸媒稿件72篇，专版38个，新媒体报道656条，本土阅读量超过1000万人次，获市委宣传部通报嘉奖。提升服务理念，围绕深化全国文明城市创建、第十一届“智汇丽水”人才科技峰会、2022世界摄影大会、缙云黄帝祭祀等重要活动、节庆、节点组织报道，营造浓厚的宣传氛围，当好党和人民的耳目喉舌，刊发新闻内参10篇，其中6篇获市领导批示，推动政府工作、促进矛盾解决。把牢导向凝聚人心，讲述丽水好故事，开设“助企纾困在行动”和“稳进提质在行动”专栏，深入解读阐释中央和省市密集出台的一批稳企业稳经济稳发展的政策，推动各项助企纾困政策落实落细落到位，刊发稿件180余篇。做好民生服务类报道，提升新闻舆论公信力，“问政直通车”架起服务桥梁，总点击量1533万人次，收到并回复提问件2252件，回复率100%，切实解决一批民生问题；接到市民热线400余条，为其答疑解惑、排忧解难，寻求部门对接解决方案，刊发稿件580余篇；持续开展“丽水帮帮团公益联盟2022年专项助学行动”，帮助10余名优秀困难学子圆大学梦。加强融媒体报道，提升新闻舆论传播力，创作“10万+”作品1094件，“100万+”作品202件，“1000万+”作品8件，“超亿”作品3件。其中，短视频《“要等我呀！我要回家！”》，在“丽水日报”新媒体抖音号9小时阅读量破1亿人次，人民网等媒体转发，全网总阅读量超过4亿人次。

转变经营方式，寻求新盈利增长点，全年经营收入1.2亿元，比上年增长4.35%，且在近五年（2018—2022年）连续减亏的基础上，首次实现扭亏为盈。广告方面，文化传播公司紧盯考核指标，细分业务构成，拓展基层业务，在保质增量上下功夫，全年营收2651万元；网络传媒公司完成新媒体业务签约量470万余元，拓展政府网站、公众号、视频号代运营业务，完成人才峰会、丽水侨联等宣传片拍摄，申报2022年第二批浙江省科技型中小企业认定，为下一步争取科技企业补助资金打下基础。发行方面，报刊发行公司完成日报征订60513份，晚报征订32588份，两报到款3244万元；物流公司完成营收1200万元，提升投递质量，投诉同比下降近八成。印刷方面，印务公司在守好生产安全、报印安全底线的基础上，拓展对外经营业务，共完成对外销售收入602.82万元；推进印刷设备数字化提升改造，投资2100万元的丽水日报印刷厂改造工程被列入2022年市本级投资计划项目，消除新闻出版安全隐患的同时，也为进一步提升党报出版质量打下坚实的装备基础。其他版外经济方面，文旅公司深化三服务，独家承办市里助企纾困、惠民促消费工程“秀山丽水·文旅一卡通”发行工作，通过深耕市内、外拓全省，办卡超过2万张，专户资金超过1100万元，取得助企惠民阶段性成果；开展全市文旅单位、百山祖国家公园创建办、世界摄影大会等系统化合作，实现营收超700万元，比上年增长58%。丽报集团办公室开展办公用房对外租赁业务，全年收取租金及物业费1127万元，针对丽水青年报报社旧址拆建事宜，对接有关部门，获征收补偿款555万元。

【媒体融合发展】 2022年，丽水日报报业传媒集团推进媒体深度融合，升级浙报天目云系统，做好《处州晚报》停刊工作，优化传播平台，实现转型升级；完善丽水日报报业传媒集团有限公司顶层设计，优化公司治理结构，强化利润导向，合理配置生产资源，撤并和注销庆元全媒体公司、丽水日报智汇文化发展有限公司和丽水日报智汇培训有限公司，分流相关人员；进一步推进集团数字化改革，在浙政钉上线差旅费报销、出省出市报告审批等线上审批程序，提高员工办事效率；发行公司继2021年年底开通发行电子开票系统及订阅系统后，引入报款统计核对方面新方法，搭建浙政钉对账平台，在减少内部环节、优化流程方面取得良好的效果；在报纸征订环节推出“扫码收费”，不仅便利读者，也提高发行站、投递员的工作效率，封堵资金管理漏洞；完善相关制度，修订《丽水日报社工作人员差旅费开支规定》《丽水日报报刊发行有限公司发行站站长岗位职责》《丽水日报报刊发行有限公司报款管理办法》等内部制度，促进各项管理工作的专业化、规范化、标准化，做到用制度管人、按程序办事。

【中共二十大主题宣传】 2022年，丽水日报报业传媒集团以学习宣传贯彻中共二十大精神为主线，全方位、多角度、深层次推进报道走深走心走实，以媒体宣传带动社会宣传，引导全市广大党员干部群众坚定信心、埋头苦干、奋勇前进。及时开设“中共二十大时光”“学习贯彻中共二十大精神”专栏，转载中央主要媒体重要稿件，做好新一届中央领导机构宣传报道和市委学习贯彻中共二十大精神系列重要举措的宣传报道，刊发报道1800余篇、专版40余个，相关新媒体稿件总阅读量200余万人次；在《丽水日报》理论版面、《处州晚报》的《杂谈•念白勺》版面刊发理论文章35篇；推出“党代表在基层”“中共二十大精神在基层”系列稿件，报道各地各部门、社会各界学习宣传贯彻中共二十大精神情况，刊发报道128篇。

【红色宣传联盟丽水行】 2022年，丽水日报报业传媒集团为聚焦丽水践行“绿水青山就是金山银山”理念的成果，集中宣传丽水弘扬践行浙西南革命精神成效。6月17—20日，2022全国弘扬践行革命精神红色宣传联盟“红绿融合 共同富裕”视觉大赛暨丽水行活动在丽水举办，新华社、中国网、“学习强国”学习平台等央级主流媒体及全国36家媒体单位近80名记者参加。此次采风以党媒矩阵推出铺天盖地的融合宣传，迅速在全国掀起一股唱响“红色浙西南”高歌“绿色新丽水”的宣传风潮，在各地引发强烈反响，为迎接中共二十大献上一份厚礼。收到全国各媒体报道80余篇，专版18个，阅读量累计2500万余人次。

【新闻创优】 2022年，在第32届中国新闻奖评选中，丽水日报社新闻摄影作品《“诚信奶奶”十年还清2077万元债务》获三等奖，填补30年来丽水新闻界冲击中国新闻奖的空白，也实现丽水新闻摄影中国新闻奖零的突破。2022年，丽水日报报业传媒集团获2021年度浙江新闻奖9件。其中，一等奖2件、三等奖7件。获2021年度中国地市报新闻奖10件。其中，一等奖2件、二等奖4件、三等奖及优秀奖4件。获2021年度中国城市党报新闻奖8件。其中，一等奖1件、二等奖3件、三等奖4件。

【新专栏开辟】 2022年4月，丽水日报报业传媒集团依托“指尖丽水”客户端开辟两个专栏，《丽水今日新闻要览》集中刊播每日丽水重大新闻报道；《秀山丽水•每日一图》组建16人的制作团队，自筹资金，每天配文推出一张以“秀山丽水”为主题的美图，通过反映丽水各地特色的自然风光、风土人情、特色产业、美食特产、各行各业发展成就等方面的摄影图片，以及富有文化底蕴的文字和权威翔实的成就数据，进一步拓宽丽水宣介的平台和模式。两个融媒拳头栏目于4月初在“指尖丽水”客户端上线以来，丽水的新鲜事和风光美景得到广泛传播，为外界了解丽水提供新的窗口，受到各方好评。（朱 剑）

2022年6月19日，“红绿融合 共同富裕”视觉大赛暨丽水行采风活动举行

（朱 剑 提供）

丽水广播电视事业

【概况】 2022年，丽水市广播电视总台（丽水广播电视集团）在2021年度浙江省新闻奖、省广播电视政府奖、省广播电视节目技术质量金鼎奖等评选中，获奖作品34件。其中，《基于uni-app技术自研的多生态融合新闻客户端建设》等2件作品获一等奖，《重磅！丽水发现了全球新物种！刷新世界纪录！》《鹰缘30年》等14件作品获二等奖。获2021年度全省广播电视新闻融合传播协作新媒体新闻协作市级先进集体一等奖，排名全省第二。全年经营收入10298万元，同比增长13.5%。全年广告信用指数100分，列全省市级广播电视第一名。全年3个电视频道晚间时段平均收视率9.95%、收视份额23.07%；3个广播频率平均收听率3.38%、收听份额75.1%。

【媒体深度融合】 2022年，丽水市广播电视总台发挥全媒体新闻中心宣传主引擎作用，在原有平台重构、系统重塑的基础上，突出移动优先，持续推进媒体深度融合。湿地萤火虫视频、“主播带您探车间”系列视频的推出以及“美丽丽水”“金蝉视频”工作等得到市领导的批示肯定。重点打造时政外宣融媒品牌集群、社区时尚融媒品牌集群、交通生活融媒品牌集群；推出“邓开工作室”“腾飞工作室”“天晟山居工作室”等工作室品牌集群，初步构建起有广电专业音视频生产优势的全网全媒体品牌矩阵。全台新媒体爆款持续不断，吸粉能力明显增强。全年新媒体矩阵总粉丝数500万余人次，全网阅读量上亿人次的作品30件、千万人次作品248件、百万人次作品2066件、十万人次作品2254件。其中，独家策划全网首推的“宋代古莲‘复活’开花”慢直播和短视频，受到央视新闻、《人民日报》、人民网、中国新闻网等主流媒体关注和推送，全网总阅读量2亿余人次；短视频《“昙花一现”云许愿，开播1小时引来10万人！等你见证9岁昙花开花瞬间！》抖音平台阅读量2.5亿人次，点赞数454.8万人次，《见证“昙花一现”》抖音直播间单场观看突破2000万人次，话题登上抖音热榜第一位。

【主题宣传报道】 2022年，丽水市广播电视总台加强主题宣传策划，组织开展中共二十大、省第十五次党代会、市第五次党代会、创建革命老区共同富裕先行示范区、“文兴丽水、挺进共富”等重大主题宣传和先进典型宣传。在全市高水平巩固国家卫生城市工作中获市政府嘉奖；在中共二十大、2022世界摄影大会宣传引导工作中获市委宣传部嘉奖。做好中共二十大和省、市党代会等重大活动的新闻宣传。开设“奋进新征程 建功新时代——贯彻党代会精神 喜迎二十大召开”“二十大时光”“数说丽水‘浙’十年”等专栏，开展中共二十大精神学习宣传贯彻主题采访报道。做好省、市党代会相关重要活动议程报道，首次在市党代会报道中推出“党代表通道”6场特别直播节目，制作28个系列短视频全网推送。做好创建革命老区共同富裕先行示范区主题报道。《丽水新闻》推出“弘扬践行浙西南革命精神”“共同富裕新征程”等专栏，播出报道40余篇；新媒体平台推出相关报道70余篇，总阅读量50万余人次。开展首届革命老区好物节暨丽水市人才科技好物节现场直播，总观看60万余人次。做好“文兴丽水、挺进共富”报道。《丽水新闻》、《丽广新闻》、“丽水在线”网站等平台开设“文兴丽水、挺进共富”专栏，报道丽水市文化领域的先进典型和经验做法，播出报道180余篇，阅读量200万余人次。开展“挺进新丽水 共富看变迁”大型全媒体新闻行动，推出融媒直播8场，全媒体新闻产品152个，总阅读量600万余人次。做好2022浙西南革命精神论坛新闻报道。“无限丽水”客户端、“丽水新闻”、“丽水在线”等平台转发推文30篇；人民日报客户端、新华网客户端等平台共推送浙西南革命精神论坛相关内容20条。其中，《风展红旗如画！天安门飘扬过的红旗“落户”丽水》短视频全网阅读量600万余人次。做好市委文化工作会议、“‘浙’十年”丽水市委专题新闻发布会、首届全球重要农业文化遗产大会、2022中国仙都缙云祭祀轩辕黄帝大典等重要活动宣传报道。

【舆论监督】 2022年，丽水市广播电视总台构建全媒体建设性舆论监督工作体系，以《每周聚焦》《百姓热线》等品牌栏目为龙头，发挥建设性舆论监督作用。《每周聚焦》针对重大火灾隐患点整改、合用场所消防安全隐患、危旧房安全隐患、户外广告安全隐患等领域开展系统全面调查，推出系列报道40篇。多期节目在全市安全生产应急现场会等会议上播出，促进全社会各领域关心重视除险保安工作，推动整改具体问题141个，整改率100%。《百姓热线》坚持“走出去、请进来”，采用线上线下全媒体互动立体式播出，上线直播部门90个，涉及答复民生问题150个。全年报送《内部参考》71篇，其中《我市合用场所消防安全隐患调查》《我户外广告安全隐患调查（六）》《“后备箱夜市”该怎么管理和引导？》等5篇《内部参考》得到市领导批示。

【对外宣传】 2022年，丽水市广播电视总台强化与各县（市、区）融媒中心外宣资源整合，加强部门协同协作，打造全方位、多渠道、宽领域的大外宣新格局。全年在中央媒体播出电视报道55条（其中《新闻联播》8条，包含头条1条），广播用稿11条；在浙江卫视播出452条（其中《浙江新闻联播》头条12条），《浙江之声》录用171条。与央视浙江总站记者合作完成大型融媒新闻行动《走进老区看新貌（浙西南篇）》，在央视新闻频道以1小时的直播时长播出，并在央视《新闻联播》播发单条报道，此项工作得到中央广电总台和浙江总站的一致肯定，并获市委宣传部嘉奖。与央视浙江总站记者合作完成《走进县城看发展》直播行动；自采的《浙江丽水：推进山水林田湖草沙一体化治理 守护绿水青山美丽家园》，在央视《新闻联播》和央视新闻频道《解码十年》专题中播出；与浙江卫视记者合作完成《中国共产党为什么能》第十八季、第十九季的节目。《他们在“一带一路”沿线国家做生意》《绿水青山 一台大戏唱出丽水之美》等7条专稿被中央广播电视总台华语环球节目中心《全景中国》节目和浙江广播电视集团海外中心(国际频道)《今日浙江》栏目录用;《立夏》等短视频被中国黄河台采用。在“美丽浙江”融媒体月度录用排名中,“美丽丽水”连续19个月排名第一。《宋代古莲“复活”开花慢直播》入选央视新闻24小时常态慢直播。

【广播电视栏目创新】 2022年3月28日,丽水市广播电视总台交通音乐广播开设三档新栏目,《1069早高峰》是集资讯、娱乐于一体的综合类节目,节目宣传语“新闻娱乐全都有,出行路上真放松”,周一至周五07:30—09:00播出;《1069晚高峰》是集新闻、资讯于一体的服务类双播节目,内容涵盖日常生活的方方面面,适合不同受众群体的收听需求,周一至周五16:30—18:00播出;《行家里手好生活》是一档生活服务类直播节目,内容涵盖即时气象、节气与保健信息、本地百姓生活相关的民生资讯、本地建设动态、装修知识普及等,周一至周五11:00—12:00直播。

【媒体产业经营】 2022年,丽水市广播电视总台按照“稳增长,调结构,促进可持续发展”的思路,一手抓现有板块巩固挖潜,一手抓关联产业培育拓展,营收总量逆势增长、结构调整不断优化。全年经营收入10298万元,比上年增长13.5%。电视中心通过承办活动、制作宣传片、汇报片、直播等方式,填补常规宣传合作缩减缺口,新增客户合同金额1000万余元。广播中心通过开发利用节目资源、联合栏目增加创收、为职能部门量身打造共同富裕、乡村振兴等题材营销方案拓展经营。新媒体中心在继续加强部门合作的基础上,向县(市、区)拓展合作。各平台活动承办能力和水平不断提升,承办浙江省返乡入乡大赛、金融知识进乡村、重大项目开竣工推进会、“风展红旗如画”县(市、区)巡展等大型活动。谋划运营新业态与发展方向,与市城投下属智慧城市公司建立合作,鼓励员工进行岗位创业,引进生物无害化处理化粪池、隔油池项目,餐饮业实现年经营收入近500万元。

【“活力广电”品牌】 2022年,丽水市广播电视总台以党建美学为载体,以文化广电为基石,顺应青年发展型城市建设趋势,打造丽水广电活力青年品牌。开展“喜迎二十大 永远跟党走 奋进新征程”“坚毅笃行‘丽水之干’ 争做广电‘活力青年’”等6场主题活动,组织团员青年前往浙西南革命根据地,接受爱国主义教育;走访慰问抗美援朝老兵,聆听革命老前辈讲述烽火记忆。“丽水广电青年宣讲团”以党课宣讲、微视频宣讲、互动宣讲、知识问答、公益活动等多种形式,走进万象书院、青田县舒桥乡洪巷村、龙泉市屏南镇车盘坑村等地开展宣讲20余场次。发挥工会、团委连心桥作用,先后举行“活力广电”职工悦读分享沙龙、“她悦读”经典诵读、活力广电休闲节、“文艺星火赋美·活力广电”第23个记者节雅集等活动;加强书画、电影文学、运动形体等俱乐部建设,关心关爱职工身心健康。开展广电青年活力指数考评管理,开展年度先进集体和先进个人表彰、“活力广电”系列表彰等,挖掘宣传先进典型事迹,激励全台干部职工奋进新征程、建功新时代。

【广播电视安全播出和技术保障】 2022年,丽水市广播电视总台严格执行各项安全播出管理制度,落实各岗位安全播出主体责任,强化安全播出运行维护和日常管理,定期开展各系统巡检维护、应急演练,提升安全播出保障能力。为确保中共二十大重要保障期广播电视安全播出,广播、电视、发射、融媒体技术平台等各技术系统相继开展针对性实战化演练5次,提升应急处置能力。完成3个电视频道、3个广播频率的制作、播出

2022年9月16日,丽水市广播电视总台举办玫瑰书香 活力广电“她悦读”经典诵读活动 (黄晶晶 提供)

技术保障任务，完成中国之声、浙江之声和 2 个 DTMB 电视频道以及本台县（市）调频覆盖网的安全转播发射任务，完成中共二十大等 8 个安全播出重要保障期共 37 天的安全播出保障任务，全年无重大安全事故发生。

【广播电视高清化改造】 2022 年，丽水市广播电视总台在完成技术迭代升级的基础上，做好广播电视高清化改造第一期项目建设的收尾工作。3 月 28 日，新建广播融合制播系统上线播出。"630 演播厅系统改造"项目、"广播电视融合直播系统"项目、"260 演播室全媒体高清化改造"项目、"5G+4K 全媒体直播车建设"项目、"非线性高清精编制作系统（技术系统）"项目和"演播室群全媒体高清化改造"项目相继完成终验且运行稳定。"南明山无线数字广播电视发射中心建设工程"完成可研、初设及概算的招标和编制工作，"广播电视设备无人仓储管理系统"完成项目招标。 （黄晶晶）

【丽水广播电视报】 2022 年，《丽水广播电视报》全年发行 50 期，每期 20 版。加强主题宣传报道，组织记者深入基层报道青田县高市乡南方山村"娃娃滑雪队"、松阳县"松古灌区"入选（第九批）世界灌溉工程遗产名录、"穿越"千年宋代古莲在丽水首次绽放等新闻事件，进一步提升报纸影响力和社会美誉度。在全市开拓壮大广电小记者队伍，至年底，全市有小记者 3500 余人，进一步提升广电小记者品牌知名度。全年刊发公益广告 65 个整版，内容包括节约粮食、尊老爱幼、文明礼仪等，弘扬社会美德，传递社会正能量，营造和谐文明新风尚。 （汤　颖）

新闻团体

【概况】 2022 年，丽水市新闻工作者协会（简称市记协）围绕市委、市政府中心工作，重点做好学习贯彻落实中共二十大精神，贯彻落实省、市党代会精神，深化全国文明城市创建、2022 世界摄影大会、缙云黄帝祭祀等新闻宣传报道工作。开展"共同富裕示范区建设一周年"主题报道新闻阅评工作。参与"只此江南•浙里行"迎接浙江省第十五次党代会全省晚报融媒体走基层特别行动、第九届"好记者讲好故事"活动、中共二十大报道融创精品案例的征集工作、上网观看学习"好记者讲好故事"活动、"奋进快乐媒体人"主题微视频征集展播活动、"十年一瞬•重访现场——浙江女记者话共富"新闻行动、浙江省第二届长三角蹲点采风暨全媒体技能大赛、全省新闻界庆贺中国记者节暨学习中共二十大精神记者报告会等。组织全市新闻工作者参加中国记协、省记协开展的各类业务交流和培训。组织人员参与中国记协融媒精品创作系列线上直播培训工作、新媒体内容建设负责人培训班（线上），以及"融媒创新运营"专题线上直播培训；组织人员参与省记协举办的数字化背景下新闻思想传承与实践创新高级研修班。

【年度新闻奖评选】 2022 年，在第 32 届中国新闻奖评选中，丽水日报社新闻摄影作品《"诚信奶奶"十年还清 2077 万元债务》获三等奖，填补 30 年来丽水新闻界冲击中国新闻奖的空白，实现丽水新闻摄影中国新闻奖零的突破。市记协做好 2021 年度浙江新闻奖推荐和报送工作。2021 年度丽水市获浙江新闻奖的作品共22 件，一等奖 2 个、二等奖 3 个、三等奖 17 个，其中，丽水日报社作品《丽水一年有 23 万朵"云"销往 52 个国家和地区》获消息类作品一等奖、丽水日报社作品《丽水农民率先全国当上"卖碳翁"》获新媒体类作品一等奖。做好 2021 年度丽水市新闻奖评选工作。2021 年度丽水市新闻奖评奖项目和标准与浙江新闻奖基本一致，报纸、广播电视、新媒体和区域报分类进行评选。产生 2021 年度市新闻奖的获奖作品报纸作品 73 件，广播电视作品 74 件，新媒体作品 70 件，区域报作品 26件。

【新媒体实务操作培训】 2022 年 6 月 30 日，市记协联合丽水日报报业传媒集团，开展以手机视频拍摄与剪辑为培训内容的 2022 丽水市新媒体实务操作培训，全市 130 余名从事新媒体、全媒体、融媒体的采编及运营骨干参与培训。通过丽水市 2 名优秀记者结合自身实践授课，全面增强丽水市采编人员的业务本领，提升融媒产品的生产能力，促进全市媒体深度融合发展。

【"非凡十年看变迁"短视频创作大赛】 2022 年 10 月，在第 23 个中国记者节来临之际，为进一步提升全市新闻工作者短视频制作能力和水平，丽水市举办全市新闻系统"非凡十年看变迁"短视频创作大赛。全市广大新闻工作者踊跃参与，报送作品 114 件。评选出一等奖 3 件、二等奖 5 件、三等奖 7 件、优秀奖 10 件。 （郑亚伟）

卫生健康　医疗保障

综　述

【医疗卫生建设】 2022年，全市有医疗卫生机构1751家。其中，医院66家(综合性医院24家、中医医院9家、专科医院30家、护理院3家)，社区卫生服务中心(站)44家，卫生院183家，村卫生室800家，诊所、卫生所、医务室、门诊部617家，疾病预防控制中心10家，妇幼保健院(所、站)9家，采供血机构2家，卫生监督所(中心)10家，计划生育技术服务机构1家，医学在职培训机构1家，其他卫生机构8家。

全市有病床位15808张，拥有卫生人员27818人，卫生技术人员23773人，其中，执业(助理)医师9516人、注册护士10270人，药师(士)1285人，技师(士)(含检验师)1431人，卫生监督员138人，其他(含见习医师)1133人。按常住人口251.5万人，全市每千人床位数、卫生技术人员数、执业(助理)医师数、注册护士数分别为6.29张、9.45人、3.78人、4.08人；按户籍人口269.30万人，全市每千人床位数、卫生技术人员数、执业(助理)医师数、注册护士数分别为5.87张、8.83人、3.53人、3.81人。

全市卫生事业收入43.51亿元(其中基本建设资金8.29亿元)，比上年增长19.42%，同期财政支出增长11.25%，卫生事业投入占财政支出比例7.17%，中医事业费占卫生事业费比例1.75%。全年市本级卫生事业投入下降21.77%，同期财政支出增长11.74%，卫生事业投入占同级财政支出比例9.39%，市本级中医事业费占卫生事业费比例3.36%。 (何群英)

【行政审批和政务服务】 2022年，全市办理各类卫生政务服务事项9826件。市本级卫生窗口办理各类卫生政务服务事项3084件。其中，办理公卫类许可491件，医疗机构执业许可218件，中医诊所备案4件、注销4件，省下放事项1178件(涉水产品生产企业卫生许可105件、消毒产品生产企业卫生许可7件、护士执业注册1037件、医疗广告审批25件、职业病诊断医师许可4件)，医师执业许可778件，医疗机构使用麻醉药品、第一类精神药品许可6件，放射诊疗卫生许可47件，放射诊疗建设项目卫生审查24件，可感染人类的高致病性病原微生物菌(毒)种或样本运输审批260件，食品安全企标备案36件，母婴保健专项技术服务许可1件，母婴保健服务人员资格认定23件，病媒生物预防控制服务单位备案3件，消毒产品卫生安全评价报告备案8件，职业病健康检查机构备案1件，职业卫生技术服务机构资质认可2件。深化卫生健康领域“放管服”改革，持续优化审批方式，打造法治营商环境。全面推进电子化注册管理改革，进一步提高医疗卫生领域许可事项审批效率。开展放射诊疗许可、公共场所卫生许可、医疗机构使用麻醉药品第一类精神药品许可、消毒产品生产企业卫生许可等政务服务事项告知承诺制，做好事中事后监管，强化信用约束机制。开展无证明事项改革工作，通过直接取消、数据查询、部门核验等方式实现“无证明”办理，进一步推进减证便民。

【卫生法治建设】 2022年，丽水市卫生健康委全面执行重大行政执法决定法制审核、行政执法公示和行政执法全过程记录“三项制度”，严格落实重大行政决策程序、合法性审查、公平竞争审查制度，加强行政规范性文件管理，组织开展执法案卷自查及评查工作，进一步推进行政执法规范化建设。丽水市卫生健康委作出重大行政执法决定案件6件、新签订行政机关合同59份。制定《丽水市卫生健康系统法治宣传教育第八个五年规划(2021—2025年)》，组织开展公共场所卫生普法、《中华人民共和国职业病防治法》宣传周、《中华人民共和国传染病防治法》宣传、生活饮用水宣传周、“护航二十大 普法在行动”、“宪法和卫生健康”等主题普法宣传活动，开展公民法治素养提升专项行动，组织学习习近平法治思想及《中华人民共和国医师法》《中华人民共和国行政处罚法》《中华人民共和国民法典》等法律法规的普法宣传，推进普法责任制落实，开展“以案释法”工作。在全市县级以上公立医院实施丽水市绿谷分“信易医”信用就医应用场景，为患者构建“医后付”支付场景。开展卫生健康领域信用分级分类监管，“双随机”检查信用规则应用率100%。

【“三医联动”“六医统筹”】 2022年，丽水市通过省级、国家级竞争性评审，成为全国15个公立医院改革与高质量发展示范项目实施市之一，系江浙沪唯一入选城市，获中央5亿元、省1亿元资金支持。出台《丽水市国家公立医院改革与高质量发展示范项目实施方案（2022—2024）》，持续深化医药卫生体制改革，全面推进公立医院高质量发展。全年全市公立医院医疗收入比上年增长3.62%；三级公立医院出院患者四级手术占比19.6%，增加7.6个百分点；平均住院天数8.44天，同比缩短0.56天；医疗服务收入占比36.05%，同比增加1.63个百分点，超全省均值1.17个百分点；县域就诊率91.59%，同比增加0.41个百分点；全市公立医院门急诊和住院均次费用增幅低于5%。 （凌如娟）

医政医管

【概况】 2022年，国家公布的2021年度国家三级公立医院绩效考核，丽水市4家三级公立医院再创佳绩，其中丽水市中心医院、丽水市中医院、丽水市第二人民医院3家医院跻身全国前10%。在全国1358家综合医院中，丽水市中心医院排名第113名，比2020年度上升12名，等级A+；丽水市人民医院排名第214名，等级A。在全国532家中医医院中，丽水市中医院排名第52，比2020年度上升2名，等级A。在全国117家精神专科医院中，丽水市第二人民医院排名第10，比2020年度上升5名，等级A。

【学科建设】 2022年，丽水市中心医院心血管内科入选2022年国家临床重点专科项目。开展省市共建学科创建工作，通过市级初评、省级评审，丽水市有6个学科入围第一批省市共建医学重点学科建设计划，不仅实现省级共建重点临床专科零的突破，而且突破不超过5个的上限。市中医院中医妇科、针灸科、传染病科、治未病科、护理学5个“十三五”浙江省中医药重点专科通过省级验收。市中医院、松阳县中医院2个“十三五”省级重点学科通过省卫生健康委验收。庆元县人民医院骨外科学、云和县人民医院泌尿外科学、松阳县人民医院神经外科3个学科被列入省级山区海岛县医学龙头学科建设计划。联合市科技局印发《丽水市医学类重点学科建设管理办法（2022年版）》，成立丽水市医学类重点学科建设管理领导小组，组织开展2022—2024医学类重点学科评审工作，评选出市级重点学科17个、市级重点扶持学科19个、创新学科（青年扶持学科）10个、县域龙头学科31个。加快推进学科建设，推进研究型医院建设，制定印发《丽水市高峰学科培育实施方案》。 （刘 永）

【县级强院建设】 2022年，市卫生健康委推进医院等级“登攀”工程建设，制定“一院一策”计划，举办丽水市综合医院（中医医院）等级评审专家培训班，培训班邀请省质评办、浙二医院、丽水市中心医院、丽水市中医院等医院评审方面专家授课，各级医院专家250余人参加培训班。通过培训培养1支政治素质高、专业技术过硬的专家队伍，指导推动各级医院高质量发展。组织县级医院主要负责人到长兴县、淳安县学习交流医院等级创建工作。根据《浙江省医院评审办法》，市卫生健康委成立29名市、县专家组成的丽水市医院评审专家委员会，依托专家委员会对医院评审政策、措施、评审办法和程序等提出建议，具体组织实施医院评审工作并提出评审结论建议。依托省“山海”提升工程，9个县（市、区）均已建成胸痛、卒中、创伤三大救治中心和检验、影像、病理三大共享中心，全市县域就诊率91.59%。9个县（市、区）在全省32个山区海岛县中率先完成“救治中心、共享中心和临床专科建设”项目验收。9家受援医院中，有5家达到国家县级医院医疗服务能力推荐标准。

【城市医联体】 2022年，丽水市5家城市医联体网格服务人口总数55.98万人，覆盖莲都区和丽水经开区5个乡、4个镇、6个街道，235个村。成员单位接待门诊、急诊831472人次，比上年增长12.91个百分点；成员单位转诊上转人次数3581人次，增长50.08个百分点；成员单位均实现医学检验检查互认共享，互认调阅率94%；成员单位“优质服务基层行”基本标准通过10家，占比66.67%（部分规模较小的非创建单位除外），推荐标准通过4家，占比26.67%；

莲都区县域就诊率(以莲都区为统筹区域,含丽水经开区)90.40%,与2021年度持平,基层就诊率(剔除市直医疗机构)83.16%,较2021年度增长0.43个百分点。牵头医院协助成员单位开展专家会诊1044次;牵头医院接受成员单位进修培训(时长3个月以上)人数25人;"师带徒"培养计划累计培养人数26人;牵头医院到成员单位开展专家坐诊、业务讲座、教学查房等指导9449人次;成员单位发热门诊(诊室)开设率100%,均与牵头医院建立新冠感染转诊机制;牵头医院帮助成员单位开展新技术47项,新项目23项;报送分级诊疗、城市医联体典型案例11个;城市医联体工作被国家媒体报道2次。

【智慧流动医院】 2022年,丽水市智慧流动医院累计出车5547次,行驶23.65万千米,出诊医生9483人,诊疗人次65610人次,开具处方36503张,提供中医服务19196人次,慢病随访26384人次,实现移动医保结算215.5万元,实现偏远山村覆盖率100%。12月8日,市卫健委制定印发《关于"智慧流动医院"巡回诊疗车全面开展"发热门诊"巡回诊疗的通知》,全市46辆"流动发热门诊",实现日均20辆车在巡回提供发热诊疗服务。"智慧流动医院"案例登上央视大型电视专题片《领航》,影片中播放丽水市巡回诊疗车到偏远山区为群众看病就医的画面,便捷的就医过程、完善的医保制度等服务内容,让山区群众有更强的安全感、幸福感。 (周恺麟)

【医疗质量安全】 2022年,市卫生健康委聚焦医疗质量和医疗机构服务能力提升,全面开展医疗质量控制和评价体系建设。加强丽水市医疗质量控制与评价体系建设,促进医疗质量和服务能力全面持续提高,11月23—25日,市质评办联合组织病历质量控制中心、医疗设备质量控制中心、医院感染管理质量控制中心、内镜(腔镜)质量控制中心、康复医学质量控制中心等15个质控中心16名专家对全市县级以上公立医院进行联合检查。

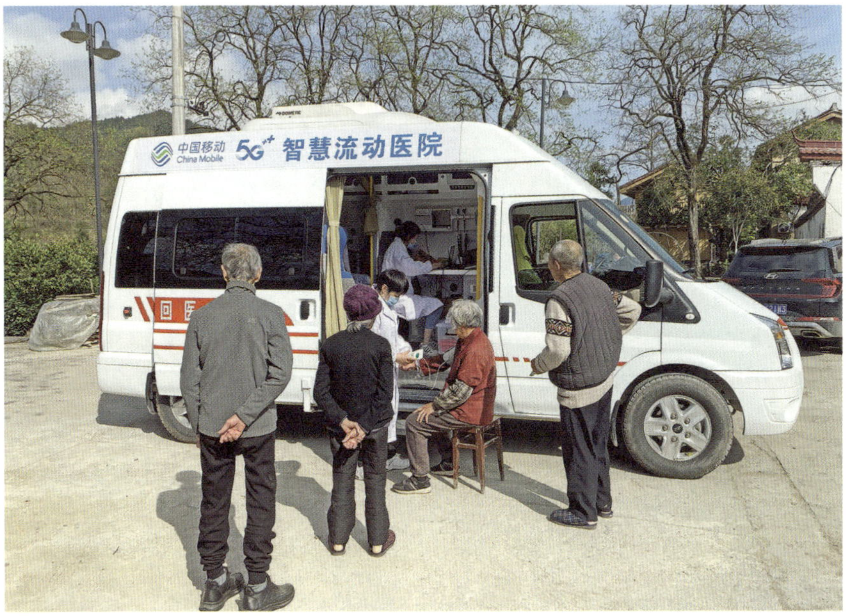

2022年3月18日,智慧流动医院 (陈晓华 提供)

【医师资格考试】 2022年,市卫生健康委有序组织开展各类考试共有4324人参加医学考试。其中,参加医师资格考试的考生1048人,护士执业资格考试530人,卫生专业技术资格考试2733人,生殖健康教育技术专业考试13人。丽水市通过医师资格考试470人,通过率44.85%;通过护士资格考试500人,通过率94.34%;通过卫生专业技术资格考试1820人,通过率66.59%。 (胡培忠)

【院前急救体系建设】 2022年,市"120"指挥中心呼入电话44186个,急救派车12785次。平均摘机时间2.25秒,平均派车用时1分9秒,10秒摘概率99.82%,急救呼叫满足率99.82%;平均出车用时44秒,平均到达现场用时11分36秒,主城区平均反应用时11分51秒,非主城区平均反应用时16分21秒,GPS按键率99.11%,急救呼叫满足率99.82%,群众满意率96.91%。开工新建丽水市急救中心项目,完成省、市民生实事项目26个医疗急救服务点建设任务并实行24小时运行,完成缙云县、云和县、景宁县、庆元县、龙泉市5个"120"急救指挥中心建设任务并运行。举办全市基层医疗机构急救知识技能培训和基层急诊复苏关键技术提升班,从事院前急救工作的驾驶员、医护人员参加培训组织。全市选派20名调度员参加全省院前医疗急救调度岗位技能培训班培训,选派9名院前急救人员参加全省院前医疗急救人才培养技能培训班培训。全市调度平台与高速管理中心报警平台实现联动,完成听障人士"无障碍急救平台"建设,完成"浙里急救"接口2.0迭代升级,支持上车即入院和院前急救电子病历上传省"120"急救云调度平台。 (毛友南)

【血液供应和安全】 2022年，全市无偿献血采集40670人次，无偿献血量11747升（11.75吨），其中，采集全血37131人次，全血量10801升，分别比上年增长6.45%和7.06%；机采血小板3539人次，机采量4731.3治疗量，分别增长3.97%和2.57%。全市千人口献血率16.22%，上升6.2%，其中街头献血61.85%。临床用血量10401升，无偿献血量占临床用血量的113%，实现血液供需平衡。丽水市卫生健康委与省血液中心达成战略合作关系，助力实现丽水市无偿献血三年行动计划落地转化；丽水市十度蝉联全国无偿献血先进市，连续21年实现临床用血100%来自自愿无偿献血和安全供血“零”事故目标。丽水市县级献血屋建设实现全覆盖，位列全省第二。（王培怡）

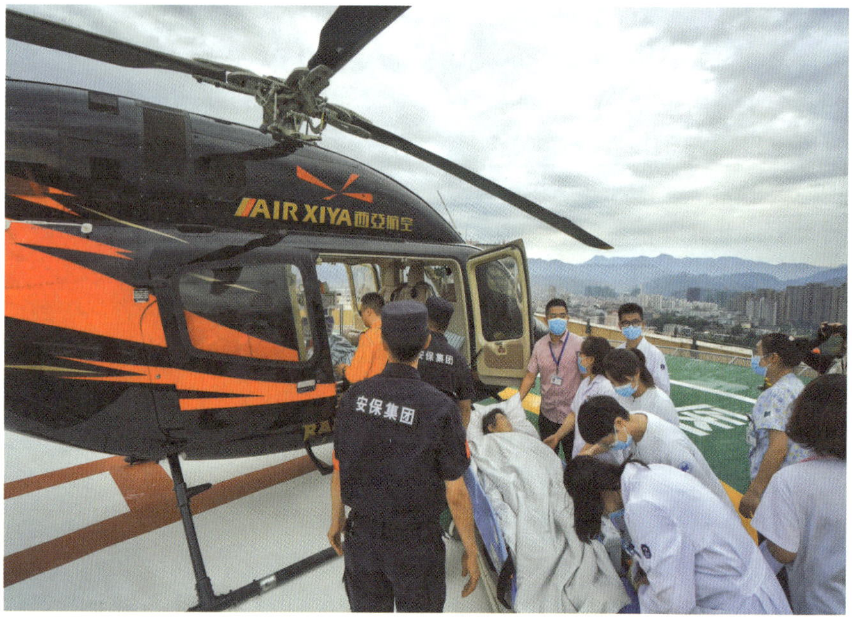

2022年7月27日，空中救援行动（陈泳伟　提供）

【医学检查检验共享互认】 2022年，丽水市实现228家医疗机构（22家公立医院、212家基层医疗机构）116项医学检验和320项医学检查结果实现互认共享，对接诊环节互认流程进行优化升级，做好新增120项影像和23项检查互认项目对码工作，推进基层医疗机构检查检验互认共享改革工作，实现全市基层医疗机构医学检查互认共享全覆盖。联合市财政局、市医疗保障局印发《关于进一步深化医疗机构间医学影像检查资料和医学检验结果互认共享工作的通知》，落实保障措施，进一步推动互认工作落实落细。全年全市二级以上医院累计调阅检查检验结果116.96万项次，互认结果39.62万项次，节省费用963.47万元。

【“救在丽水”应用场景】 2022年，市卫生健康委立足丽水山区实际，聚焦群众看病就医的“急难愁盼”问题，强化“医改”和“数改”联动，创新打造“救在丽水”场景应用。管理端实现“一屏全览”。整合全市228家医疗机构、127辆院前急救车、46个流动医院、524台AED等资源，打通卫健、公安、医保等8个部门数据壁垒，集成双向定位、上车即入院等19个信息模块和1121个数据项目，应用管理端实现急救关键数据“一屏全览”，强化重大事故突发多部门救援资源共享及应急联合处置能力。服务端实现“一网统救”。构建“身边救”“同步救”“精准救”“全域救”“全程救”5个子场景，形成医疗急救闭环服务体系，实现“一网统救”。构建多跨协同、高效便捷的山区医疗急救服务新模式，破解偏远山区急救短板，打通山区群众“生命通道”。全年执行急救任务45614次，急救服务半径从32千米缩小至8千米，平均急救反应时间从34分钟减少至18分钟，群众满意度由89.27%提高到97.89%。改革突破成效明显，被省卫生健康委评为2022年浙江省卫生健康数字化改革基层创新实践及优秀案例，入选浙江省数字社会最佳案例（第九批），被评为省数字社会系统2022年度“最佳应用”。《浙江政务信息专报》第688期刊登《丽水市强化“院前+院内”急救能力建设全力保障山区群众“生命通道”》，介绍“救在丽水”应用得到副省长成岳冲批示肯定，获评省数字社会系统2022年度“最优理论”。先后获人民网、中国新闻网、《健康报》、健康浙江、《丽水日报》等主流媒体相继点赞。（刘　永）

中医药工作

【概况】 2022年，全市中医药事业发展经费7603万元，比上年下降43.58%；公立医院中医药业务收入4.63亿元，比上年增长13.48%；中医门诊158.94万人次，增长35.46%；中药饮片收入2.20亿元，下降2.65%；中医非药物治疗收入1.43亿元，增长10.85%；中医类别执业（助理）医师1835人，增长5.89%；备案新增中医类诊所12家，备案变更中医类诊所13家。编制印发《丽水市中医药事业发展“十四五”规划》，出台《丽水市促进中医药传承创新发展实施方案》，为下阶段持续推进中医药发展提供顶层设计和政策保障。省卫健委中医药管理局同意松阳县建设浙江省中医药综合改革先行区。

【基层中医药服务】 2022年，全市县级医院中医门诊人次66.71万人，比上年增长0.11%；中医药业务收入1.63亿元，增长17.27%；中药饮片收入0.86亿元，增长1.18%。基层医疗机构中医药业务收入1.17亿元，增长12.5%；基层中医门诊人次184.8万人，增长54.37%。全市100%的社区卫生服务中心和乡镇卫生院能提供中医药服务，其中93.4%的社区卫生服务站和村卫生室能提供中医药服务。全市新建中医馆12家，至年底，全市建成中医馆181家。

【中医医疗质量】 2022年，全市县级医院中药饮片帖均费用24.83元，比上年下降13.2%；市本级医院中药饮片帖均费用30.43元，下降2.1%。全市中医医院全年入径总例数16.6万例，入径例数占出院病例数的48.04%，较2021年提升13.98个百分点。

【中医药人才科教】 2022年，全市备案传统医学师承人员29人，考核通过1人。新增全国名老中医药专家传承工作室2家，开展第七批全国老中医药专家学术经验继承工作，倪京丽专家学术继承人2人。开展中青年临床名中医和省中医护理优秀人才培养对象跟师培养工作、2018年浙江省中医护理优秀人才项目结业考核工作。全市新立项省部级项目7项，市厅级项目54项，县局级项目17项。市中医院“浙江省畲医药传承创新和开发应用中医药重点实验室”入选“省级重点实验室（培育）”和市级重点实验室。“浙江省老年肺结核诊治中医药多学科交叉创新团队”入选“省级科技创新团队（培育）”。

【中医药文化宣传】 2022年，全市举办中医药宣讲活动315场，发放宣传资料32931份，受益28674人次，开展义诊251场，受益21170人次。丽水市中医院全年参加录制电视台“养生谈”节目26期，举办“绿谷养生大讲堂”37期，利用微信公众号推出百草团之畲药科普系列内容26期。龙泉市泉灵谷生物科技有限公司、松阳县上田乡村振兴开发有限公司、浙江蜂皇谷农业开发有限公司被评为2022年浙江省中医药文化养生旅游示范基地。 （吴昀燕）

卫生人才

【概况】 2022年，市卫生健康委制定出台《关于在实施“示范项目”中加快新时代卫生健康人才科技跨越式高质量发展的意见》和《丽水市卫生健康系统百千青年博硕成长计划》，与《关于进一步加强卫生健康人才队伍建设的实施意见》构成丽水市卫生健康系统人才科技政策体系。全年全市卫生健康系统引进各类人才1463人，“新增卫健人才指数”排名由2021年列全省第八位上升至第三位，其中，博士研究生4人、硕士研究生124人，柔性引进学术副院长2人。招收定向培养生205人，其中本科、专科层级分别招收172人、33人，新增针灸推拿专业。开展基层卫生健康人员培养培训，社区护士岗位培训32人，乡村医生注册培训466人。继续组织实施医共体模式下基层医生临床能力提升培训项目，采取线上线下培训相结合，开展基层全科医生开展模块化培训，1086名基层全科医生完成线上培训课程，167名基层骨干医生参加临床能力提升实践技能培训。开展全科（助理全科）医生规范化培训、全科转岗培训多渠道培养全科医生70人，至年底，全市注册全科（助理全科）医生1592人，每万常住人口全科医生数6.33人，列全省第一位。新增博士生导师3人（市人民医院邵初晓、市中心医院蔡学礼、卢陈英），硕士生导师新增17人；新入选省“‘551’卫生高层次人才”16人，其中，创新人才3人，医坛新秀13人；入选首批“绿谷英才”特支计划领军人才9人，占全市领军人才总数的23%；评选出新一届绿谷医坛新秀121人。

【卫生职称评审】 2022年，全市参加初中级卫生专业技术资格考试2733人，参加护士执业资格考试530人，初中级专业达到国家合格标准人员1820人（其中，初级士97人、初级师716人，中级1007人），合格率66.59%，护士执业资格合格人员501人，合格率94.53%。全市参加2022年度卫生高级专业实践能力考试1073人。全市自主评聘范围为市属三级医院及牵头医院为二甲（含）以上的县域医共体，17家实行自主评聘，其中市直属4家，分别为丽水市中心医院、丽水市人民医院、丽水市中医医院、丽水市第二人民医院；县级13家，分别为龙泉市人民医院医共体、青田县人民医院医共体、青田县中医院医共体、庆元县人民医院医共体、庆元县中医院医共体、缙云县人民医院医共体、缙云县中医院医共体、遂昌县人民医院医共体、遂昌县中医院医共体、松阳县人民医院医共体、松阳县中医院医共体、云和县医疗健康集团、景宁畲族自治县人民医院县域医共体。全市参加自主评聘单位评审对象720人（其中，正高190人、副高530人），评审通过370人（其中，正高111人、副高259人），通过率51.39%。其中，参加市属自主评聘单位评审对象384人（其中，正高98人、副高286人），评审通过187人（其中，正高51人、副高136人），通过率48.70%；参加县域医共体单位评审对象336人（其中，正高92人、副高244人），评审通过183人（其中，正高60人、副高123人），通过率54.46%。除自主评聘以外的医疗卫生单位卫生高级资格评审工作，由市卫生高级专业技术职务任职资格评审委员会评审，经个人申报、单位、县级审核推荐、市级资格审查，参加市卫生高评委评审74人（其中，正高18人、副高56人），评审通过65人（其中，正高17人、副高48人），通过率87.84%。（刘伟美）

【医教科研】 2022年，全市住院医师规范化培训工作正常开展，全市招录住院医师237人（含助理全科46人），其中，妇产科、儿科、急诊科、全科、麻醉科、临床病理科等紧缺专业共招收61人，比上年增加27.08%；招录中医住院医师44人，其中中医全科24人。全市住院医师规范化培训结业考核合格142人，理论考核合格率96.08%，居全省地市排名第四位；中医住院医师结业合格39人，理论考核合格率95.12%。加强师资队伍建设，提升教学质量，参加浙江省住培、中医住培年度业务水平测试，丽水市中心医院基地、丽水市中医院基地成绩均列浙江省第三位。全年全市卫生健康系统科技立项数273项，其中国家级3项、省部级14项、厅局级256项，较上年增幅37.88%；4月，实施“示范项目”以来，科研项目立项、奖励经费支持力度加大。获省级科研项目立项补助769万元、科研奖励经费480万元。丽水市中心医院纪建松团队作为第二个参与单位完成的“天然产物调控氧化还原稳态抗肿瘤的药理机制和结构优化”项目、丽水市中医院雷后兴领衔的“畲药的传承创新应用和产业化前景”项目分别获浙江省自然科学奖二等奖和浙江省科学技术进步奖三等奖。不断加强知识产权工作，全年授权专利270项，其中，发明专利17项，实用新型专利214项，计算机软件著作权39项，同比增幅39.9%（2021年授权193项）。转化成果5项，转化金额14.4万元，增幅44.0%（2021年转化金额10.0万元）。实验室生物安全常态化管理，开展实验室生物安全大检查，深入开展实验室生物安全风险隐患排查整治，提高风险预警和防范处置能力，遏制实验室生物安全事件发生。加强实验室生物安全备案工作，至年底，全市备案二级生物安全实验室230个、一级14个。举办2022年丽水市病原微生物实验室生物安全技术和管理培训班、管理骨干培训班各1期，培训220人。丽水市人民医院获批省级实验室生物安全培训基地。推进生物安全在线“生安眼”部署。加强继续医学教育项目和学分管理，继续医学教育覆盖率100%。国家级继续医学教育项目（含备案）立项27项，省级继教项目（含备案）立项58项，市级继教项目审批245项，累计培训2.2万人次，“浙卫培”学习平台累计培训7657人次，覆盖率80.70%。关怀抗疫一线人员，468名抗疫一线医护人员免修学分。开展初级卫技人员继续医学教育，全市护理、药学、检验等8个专业的1917名初级卫技术人员参加培训，考试合格率97.47%。（黄莺）

基层卫生

【概况】 2022年，全市累计建立城乡居民电子健康档案人数207.8万人，电子健康档案建档率88%；档案中有动态记录的档案145.05万份，健康档案使用率69.8%；居民规范化电子健康档案覆盖人数170.98万人，居民规范化电子健康档案覆盖率72.41%；65岁及以上老年人城乡社区规范健康管理服务率67.44%；高血压患者基层规范管理服务率78.53%，管理人群血压控制率77.46%；糖尿病患者基层规范管理服务率76.36%，血糖控制率62.04%。

【基层片区医疗中心建设】 2022年，市卫生健康委将优质服务基层行活动与基层片区医疗中心建设有机结合，将基层片区医疗中心建设纳入公立医院改革与高质量发展示范项目。完成县级评价并提交到市级复核的基层机构41家。其中，新创建基本标准机构17家、推荐标准机构10家，“回头看”的基本标准机构8家、推荐标准机构6家。通过市级评价的基本标准机构8家、推荐标准机构6家。通过省级评价的推荐标准机构5家。至年底，30家基层片区医疗中心已达到基本标准21家、推荐标准4家。

【村级医疗机构建设】 2022年，丽水市新改扩建村卫生室（社区卫生服务站）60个，至年底，全市有村级医疗机构854个。其中,村卫生室812个,占比95.08%;社区卫生服务站42个,占比4.92%。已实行乡村卫生服务一体化管理村级医疗机构757个,占比87.7%。其中,基本型乡村一体化管理118个,占比15.6%,分别为莲都区65个、云和县21个、庆元县11个、缙云县20个、丽水市经济开发区1个;紧密型乡村一体化管理639个,占比84.40%,分别为莲都区14个、龙泉市128个、青田县98个、云和县9个、庆元县35个、缙云县135个、遂昌县96个、松阳县68个、景宁县50个、开发区6个。继续发挥46辆智慧流动医院(巡回诊疗车)的作用,实现偏远山村医疗卫生健康服务全覆盖。

【家庭医生签约服务】 2022年,市卫生健康委以2家浙江省家庭医生签约服务培训基地和18家示范点建设单位为引领,组建全、专科医生联合示范团队,带动全市和县域加快家庭医生签约服务提质扩面,对低收入农户、残疾人、退役军人优抚对象等重点人群优先签约、应签尽签,为居民提供灵活多样的签约服务周期,开展在线签约和续约。至年底,全市常住人口家庭医生签约117.29万人,超额5.2%完成年度任务,常住人口签约率49.67%,全市十类重点人群总数98.22万人,十类重点人群规范签约总数84.63万人,十类重点人群签约率86.17%,其中,65岁及以上常住居民签约覆盖率86.39%、高血压患者签约覆盖率94.01%、糖尿病患者签约覆盖率93.59%。

【参保城乡居民健康体检】 2022年,市卫生健康委将参保城乡居民健康体检工作纳入漠视侵害群众利益问题专项治理、高质量发展建设共同富裕示范区重大改革清单。协调丽水市和莲都区的财政、医疗保障等部门对丽水市区常住居民要回原户籍地参加参保城乡居民免费健康体检"痛点"问题进行研究并形成《关于丽水市区参保城乡居民免费健康体检有关问题专题会议纪要》,议定2022年试行对已参加丽水市城乡居民基本医疗保险人员的丽水市区(指莲都区、丽水经济技术开发区)常住人员,可以在市区享受免费城乡居民健康体检。丽水市区基层医疗卫生机构(体检机构)产生的参保城乡居民健康体检经费按照市区现行社保资金分担机制结算。全年全市参保城乡居民健康体检任务数53万人,全市完成参保城乡居民健康体检76.09万人,完成率超额43.57%。

【基层卫生队伍建设】 2022年,市卫生健康委完成乡村卫生人员骨干全科医生线下培训。完善村级医疗机构多渠道补偿机制,落实村卫生室实施基本药物制度和提供基本公共卫生服务补助资金,不断拓宽乡村医生收入来源,稳定村级卫生人员队伍。举办第二届丽水市基层全科医生全科技能竞赛,对获竞赛个人前三名的选手,经市总工会核准后授予"丽水金蓝领"称号。问海借力,持续开展山海协作帮扶,组织丽水市10家基层医疗卫生机构与宁波市10家基层医疗卫生机构结对开展2022年度基层卫生"山海协作"交流活动。

【"两慢病"改革工作推进】 2022年,市卫生健康委在遂昌县全省试点的基础上,以县(市、区)为单位加强高血压糖尿病全周期健康管理推进分级诊疗改革,8个县(市、区)如期按要求完成基线调查工作,市、县两级均制定"两慢病"全周期健康管理推进分级诊疗改革实施方案,推进慢性病一体化门诊规范化建设,目标任务18个,建成24个,完成率超额33.33%。

【基层健康服务】 2022年,市卫生健康委发挥基层医疗卫生机构哨点作用,提供常态化基层健康服务。开展健康调查,建立健康状况信息库,重点提高农村地区65岁及以上老年人家庭医生签约服务覆盖面。乡镇卫生院和社区卫生服务中心开设健康服务救助热线,提供24小时在线咨询服务;家庭医生向签约居民发放《家庭医生告社区居民书》,公布家庭医生联系电话,确保在必要时能够及时取得联系,及时回应签约居民的健康咨询和问题。 (叶增日)

疾病控制

【概况】 2022年,全市报告法定传染病30764例,报告发病率1225.15/10万。其中:甲类传染病无报告;乙类传染病报告4519例,报告发病率179.97/10万,比2021年上升11.50%,报告死亡病例23例;丙类传染病报告26245例,报告发病率1045.19/10万,比2021年上升100.94%,无死亡病例报告。全市甲、乙类传染病报告发病数居前五位病种依次为:梅毒(985例,发病率39.23/10万,较2021年同期发病率下降10.37%)、乙肝(906例,发病率36.08/10万,较2021年同期发病率下降5.43%)、肺结核(899例,发病率35.80/10万,较2021年同期发病率下降4.16%)、新型冠状病毒感染（716例，发病率28.51/10万）、淋病（501例，发病率19.95/10万，较2021年同期发病率下降24.89%）。加强疾病监测数据分析利用，编制《2022年度丽水市公众健康报告》，为健康政策制定提供参考。

【免疫规划】 2022年，全市规范开展麻疹、脊髓灰质炎等免疫针对性疾病监测，全年无乙脑、麻疹病例报告，报告15岁以下儿童非脊灰AFP病例13例，报告发病率3.25/10万；疑似预防接种异常反应报告发生率7.27/万剂。开展蚊媒乙脑病毒带毒率监测，全市蚊子乙脑病毒核酸检测阳性率16.83%。开展市民生实事"丽水市户籍60周岁以上老年人免费接种1针23价肺炎疫苗并建立长效机制"项目，全市接种流感疫苗65464人、23价肺炎疫苗64608人。全年无狂犬病病例报告，报告处置一犬伤多人事件1起（龙泉市），狂犬病暴露处置24366例，疫苗接种率99.38%，Ⅲ级暴露者联合使用狂犬病疫苗和免疫球蛋白比例27.71%。继续维持疫苗高接种率，全市免疫规划疫苗以乡镇为单位单苗单剂次接种率90%以上，其中麻类、脊灰疫苗接种率95%以上。

【重点传染病防治】 2022年，市卫生健康委持续推进艾滋病扩大检测工作，全市累计检测74.72万人次，达到常住人口的29.80%，报告新诊断HIV/AIDS病例118例，较2021年同期下降20.27%。完成艾滋病病人随访管理、抗病毒治疗、哨点监测等各项工作，全市现存活病例抗病毒治疗覆盖率95.30%、新确证病例抗病毒治疗覆盖率92.86%。完成《遏制艾滋病传播实施方案（2019—2022年）》终期评估工作，并提交评估报告。牵头召开市教育局、市民政局、市公安局、市医保局等部门参加的艾滋病、结核病部门联防、联控工作会议，印发《丽水市性病规范化诊疗服务工作实施方案》《关于进一步开展性病就诊者艾滋病、梅毒检测工作的通知》，进一步规范全市性病诊疗服务，推动性病就诊者的艾滋病、梅毒筛查检测工作。与市科技局等9个部门联合印发《丽水市消除丙型肝炎公共卫生危害行动实施方案（2022—2030年）》，进一步完善丽水市丙肝防治体系的建设，同时设置莲都区为丙肝监测哨点县，丽水市中心医院、丽水市人民医院为丙肝监测哨点医院。全年报告肺结核（含结核性胸膜炎）病例899例，报告病例数较2021年同期下降4.16%，报告肺结核和疑似肺结核患者的总体到位率99.33%、到位确诊肺结核患者登记率98.59%、肺结核患者管理率97.98%、普通肺结核成功治疗率91.93%、耐药肺结核患者成功治疗率70.83%、肺结核患者病原学阳性率79.27%、学校肺结核患者密切接触者筛查率100%、病原学阳性患者耐药筛查率95.08%。推动落实《关于进一步加强肺结核防治工作的若干意见》，将肺结核病人传染期住院隔离治疗、肺结核病人自付抗结核治疗相关医疗费用补助政策、新生入学及65岁以上老年人结核病筛查工作纳入健康丽水个性化考核内容。完成《遏制结核病行动计划（2019—2022年）》终期评估工作，并提交评估报告。

【慢病防控】 2022年，市卫生健康委加强死因、慢病监测工作，完善卫健、民政、公安3个部门数据季度比对机制，开展数据收集、质量控制、分析利用，编写死因和慢性病监测年度报告，为决策提供参考。规范开展慢性病高危人群健康管理工作，高危人群规范管理率全省排名第一。规范开展高血压、2型糖尿病患者健康管理工作，两慢病规范管理率全省排名第一，高血压患者血压控制率全省排名第一。拓展慢病管理病种，庆元县开展血脂异常健康管理试点、缙云县开展慢阻肺患者健康管理试点。加强慢病患者管理工作培训、指导、适宜技术试点。青田县、松阳县、遂昌县、庆元县、龙泉市通过省级慢病综合防控示范区复审，其中，庆元县将中医药文化融入慢性病防控，受到省卫生健康委表扬。

【学校卫生健康监测】 2022年，全年丽水市儿童青少年常见病（近视）监测工作共调查中小学校47所和幼儿园18所，筛查学生19104人，检出近视10211人，近视率53.45%。全市学生健康体检322所学校，体检学生283861人，其中，小学生141048人、初中生79450人、高中生39010人、职高24353人，全市中小学生常见病的患病率顺序依次为视力不良60.60%、恒牙龋齿14.06%、肥胖11.46%、营养不良8.09%、贫血6.31%、沙眼0.15%。全市开展27所学校教学环境监测，全市学校饮用水各检测项目均达到标准，空气质量合格率均100%；全年丽水市学生常见病防治督导工作覆盖率100%，学校总数322所，督导学校数322所。

【食品安全风险检测和评估】 2022年，全市食品污染及食品中有害因素监测采样2901份，完成食品安全风险监测样本量1.15份/千人。通报食品安全风险隐患2起，完成食品安全企业标准备案36件，推进国家居民营养监测、国家特定健康问题哨点监测、总膳食调查、农村义务教育学生营养健康状况监测等项目。继续开展集中消毒餐饮具大肠杆菌、洗消剂残留和致病菌指标的检测，全市对10家消毒餐饮具抽检样品1081批次，其中合格1075份，合格率99.44%。全市餐饮具消毒企业行政处罚案件4起(其中，庆元县1件、缙云县2件、龙泉市1件)。

【安全生产】 2022年，市卫生健康委通过签订责任书等方式压实各地各单位主体责任，联合成立市直医疗卫生健康单位安全生产专家指导组，组建全市卫生健康系统安全生产专家库。开展以燃气、危化品、自建房和高层建筑等为重点的“除险保安”系列专项检查及“安全生产月”活动，全面完成本系统安全生产专项整治三年行动“2+4”工程的收官工作及“一贯彻一落实”2个专题和“三整治一建设”4个方面专项行动的目标任务。围绕节假日及迎两会、中共二十大等重点时段，通过会议部署、培训学习、督导检查、交叉检查、约谈提醒、问题交办等方式抓好安全生产和消防安全。全市组织学习电视专题片139次、安全教育培训211场，开展应急演练343场，检查医疗卫生健康单位3957家次，发现问题2092个，整改1668个，其余问题督促及时整改到位。完成市政府对市卫生健康委的首次安全生产巡查工作。

【省、市民生实事】 2022年，市卫生健康委推进7个省、市民生实事项目，均超年度任务量完成。其中，“三免三惠”健康行动重点人群免费重点疾病筛查项目：完成慢性阻塞性肺疾病免费筛查25336人，肺功能检查7423人，超额完成年度任务48.46%；完成重点人群结直肠癌筛查59077人，结肠镜检查2936人，超额完成年度任务11.68%；完成70岁以上人群流感疫苗免费接种65464人，超额完成年度任务0.4%。“一老一小”明眸皓齿工程：全市完成老年困难群众白内障免费筛查4950人，白内障免费手术785人，超额完成年度任务13.77%；完成适龄儿童牙齿窝沟封闭62358颗，超额完成年度任务171.12%。民生实事长效机制项目：完成低保人群胃癌免费筛查1941人，胃镜检查424人，超额完成年度任务18.50%；完成60岁以上人群23价肺炎疫苗免费接种64608人，超额完成年度任务0.57%。 (胡守水)

卫生应急

【概况】 2022年，全市报告突发公共卫生事件相关信息22起，主要涉及新冠病毒、诺如病毒感染、流行性感冒、水痘、手足口病、发热伴血小板减少综合征等，所有事件均得到及时规范有效处置，及时报告率、原因查明率均100%。

【卫生应急体系建设】 2022年，市卫生健康委推进《关于健全完善公共卫生应急管理体系的若干意见》落实落地，缙云、龙泉等6个县(市)设立公共卫生总师，除莲都区外其他8个县(市)二级以上医疗机构设立公共卫生中心，遂昌县疾控中心高级岗比例增加；各县(市、区)乡镇(街道)公共卫生专干、乡镇卫生院(社区卫生服务中心)公共卫生专技人员配备基本到位。推进“一带三区”疾病预防控制能力体系建设，全市卫生健康系统组建流调队伍76支490人、医学专业流调后备队伍249人(省定标准690人)。多部门联合举办全市慢性病监测、免疫规划、急性传染病处置、新冠病毒核酸检测和精神卫生防治五项技能竞赛。寄生虫病监测、自然疫源性基地谋划推进。丽水“康养600”特色食品健康评估中心建设获省医药卫生科技项目、丽水市科技局公益性科技项目各1项，监测技术报告获浙江省食品安全风险监测优秀分析报告三等奖1项、丽水市食品安全监管专题调研报告一等奖1项。 (李羽敏)

卫生监督

【概况】 2022年，全市有监督管理对象9833家(市本级2111家)。其中，公共场所4598家、医疗机构1743家、放射诊疗单位196家、职业病危害企业2670家、学校334所、餐饮具集中消毒单位12家、消毒产品生产企业17家、职业健康检查机构17家、职业病诊断机构2家、持有有效卫生许可证的集中式供水单位35家、二次供水单位57家、涉水产品生产企业13家、涉水产品经营单位102家、病媒生物预防控制服务单位37家。全市办结各类行政处罚案件1804件，其中，一般程序案件1078件，简易程序案件726件，涉及罚没款5万以上及吊证等大案要案135件，移送公安案件3件，罚没总额1031.43万元。全市受理投诉举报151件，立案查处44件，立案处理率29.14%。全市办理各类卫生政务服务事项9984件。全市开展“双随机”检查任务数406个，应用信用规则率100%，检查对象2131家，所有任务均在规定期限内完成，

2022 年 7 月 18 日，市卫生监督所到松阳开展涉水产品生产企业许可审查

（胡守水　提供）

任务完成率 100%，其中发现问题户次数 750 家，问题发现率 35.19%。市本级全年任务数 50 个，检查 350 家，发现问题数 62 家，问题发现率 17.71%。

【医疗卫生执法】 2022 年，全市查处有证医疗机构各类医疗卫生违法案件 133 起，罚没款 160.2 万元，查处非法行医案件 129 起，罚没金额 440.3 万元。开展医疗美容行业整治。与市市场监管局、综合执法局联合开展医疗美容行业突出问题专项治理工作，开展联合检查 14 次，出动执法人员 126 人次，检查生活美容类主体 236 家，发现违法行为线索 7 条次。开展医疗乱象专项治理行动，全面推进医疗机构多元化监管，对全市 1681 家医疗机构完成医疗乱象专项自查，集中治理阶段立案 153 起，吊销诊疗科目 1 起，各部门罚没金额1236.69 万元。

【传染病卫生监督执法】 2022 年，市卫生监督所有效落实疫情防控及传染病防控监管工作，对医疗机构疫情防控情况开展巡查，全市检查医疗机构 8178 家次，查处违反疫情防控案件 451 件，责令关停整顿医疗机构 39 家次，出具卫生监督意见书 475 份，出动执法人员 11561 人次。开展隔离场所疫情防控监督检查，全市出动卫生监督员 1436 人次，开展集中隔离场所监督检查 681 家次，发现问题并上报 1109 条。支援全国各地疫情防控工作。做好重大活动疫情防控卫生监督保障，全市累计参与保障 969 场次，出动监督员 1208 人次。开展集中消毒餐饮具企业监督抽检和综合评价，全年抽检样品 1081 批次，合格率 99.44%，综合评价优秀单位 4 家，全市办理餐饮具消毒企业行政处罚案件 4 起。开展消毒产品生产企业监督检查，按照国家监督抽查计划检验项目对 6 家消毒产品生产企业开展国家“双随机”检查，随机抽检消毒产品 13 个，检测结果均为合格。对消毒产品生产企业违法行为实施行政处罚 1 起，罚款 1600 元。开展医疗卫生机构传染防治分类监督综合评价，全年开展综合评价单位 473 家，其中，一级及以上医院、疾病预防控制机构和采供血机构全部被纳入综合评价范围，25%的未定级医疗机构被纳入综合评价范围，综合评价完成率 100%。经省质控中心评价，优秀单位 206 家，优秀率 44%；合格单位 237 家，合格率 50%；重点监督单位 30 家，重点监督单位比例 6%。开展医疗机构医疗废物管理监督检查，查处违反医疗废物管理行为 61 起，其中属于未规范分类收集的案件 28 起，罚款总额 3.62 万元。

【公共场所卫生监督执法】 2022 年，全市办结公共场所卫生行政处罚案件 768 起，实施量化分级管理公共场所 3887 家，量化率 91.5%，罚款金额 83.44 万元。对全市 1144 家取得卫生许可证的公共场所经营单位进行全覆盖检查。推行游泳、住宿等行业场景运用，践行公共场所领域数字化改革。全市游泳场所正常经营 69 家，接入省“游泳场所水质卫生智能监管平台”68 家，开通短信预警功能，向水质管理员、企业负责人发送监测异常短信 1370 余条，全面推行游泳者健康承诺电子化申报。全市接入省“住宿场所透明保洁智能监管系统”256 家，其中，卫生信誉度等级 A 级宾馆旅店 10 家，政府定点接待宾馆酒店 87 家，营业面积≥1 万平方米的宾馆旅店 22 家。推进公共场所自查系统使用，全市游泳场所自查 64 家，自查率 92.7%；住宿场所自查 644 家，自查率 80.4%。落实洗浴、美容美发等重点场所疫情防控措施，对 8 类重点场所督查指导 4052 家次，发送宣传短信 1.2 万余条，发现并督促整改问题隐患 3699 处，约谈 109 家次，抄送公安 6 家。

【饮用水卫生监督执法】 2022年，市卫生监督所完成涉及饮用水行政处罚案件9起，其中，处罚集中式供水单位6家、二次供水单位3家，罚款17724元。继续推进集中式供水单位量化分级管理，审核通过集中式供水单位A级3家，B级3家，C级4家。对持有卫生许可证的集中式供水单位每季度开展监督检查，全年累计监督检查128家次，监督率100%。加强供水卫生管理，建档立卡二次供水单位57家，对二次供水、城市及农村集中式供水单位出厂水、水源水、管网末梢水等指标进行监督抽检。开展农村供水卫生安全巡查，监督检查在用小型集中式供水设施的乡镇89个，协管巡查乡镇132个，协管巡查供水单位854家。开展涉水产品卫生安全百日攻坚专项行动，完成监督检查183家次，检查涉水产品生产企业15家、卫生许可批件85件，整治8家企业；检查线下实体销售单位167家，涉水产品批件185件，整治经营单位42家；检查线上电商1家，涉水产品批件13件。做好水质在线监测和公示，监测用户龙头水337份，合格337份，合格率100%，监测结果均在当地政府网站上按季度公开，累计公开信息38次。对新办理的涉水产品生产企业签订承诺书，公开承诺不生产和销售无证产品等其他违法经营行为。

【学校卫生监督执法】 2022年，市卫生监督所为保证全市中高考顺利进行，有效预防突发公共卫生事件的发生，对生活饮用水卫生及教学环境卫生情况等进行专项监督检查，完成14所高考考点学校、51所中考考点学校的保障工作，出具卫生监督意见书26份。全面督促落实春秋季学校卫生隐患自查工作，自查率100%。全面实施教学环境监督抽检，全市抽取167所学校开展“双随机”及专项检查，行政处罚39所。做好校园及其周边环境整治，开展校园周边住宿场所专项检查，没有发现不合格场所。开展全国“爱眼日”宣传活动，全市出动卫生监督员47人，向学生发放爱眼护眼宣传手册1100余份，开展科普宣教讲座9场，接受护眼健康咨询820余人次。

【职业和放射卫生监督执法】 2022年，全市依法查处用人单位职业卫生违法案件200起。其中，简易程序案件75起，一般程序案件125起，罚款308万元。开展职业卫生风险排查治理和“双随机”执法工作。全年全市抽取职业卫生“双随机”执法用人单位412家，执法检查完成率100%；全市对合成革、矿山、建材、竹木等行业133家用人单位开展风险评估和专项治理工作，依法立案查处存在严重违法行为的用人单位22家。至年底，全市用人单位职业病危害项目申报数3045家，较2021年度同比增长109.7%；委托实施工作场所职业病危害因素检测评价和组织开展劳动者职业健康检查的用人单位均为2630家，占申报建档用人单位数的86.37%。以全国第20个职业病防治法宣传周为载体，开展普法宣传和职业健康培训，共举办普法培训班40期，培训用人单位1286家，向劳动者发放宣传资料13926份。加强放射工作人员培训，全市在线报名学习的放射工作人员1128人，考试合格并取得培训合格证书的放射工作人员745人。全市执法检查放射诊疗机构62家，出动卫生监督员200余人次，查处放射卫生违法案件25起，已结案26起，罚款4.9万元，出具监督意见书33份。7—9月，对全市开展专项执法工作督查，并随机抽取二级以上医疗机构和用人单位进行现场检查，发现漏洞隐患30余条，均当场告知医疗机构与用人单位进行整改，并上报属地卫生健康部门进行后续跟进。

【卫生许可审批】 2022年，全市办理各类卫生政务服务事项9984件。其中：办理公卫类许可1985件，办理医疗机构执业许可1848件，中医诊所备案11件、注销6件，办理省下放事项2867件（涉水产品生产企业卫生许可105件、消毒产品生产企业卫生许可7件、护士执业注册2702件、医疗广告审批49件、职业病诊断医师许可4件），办理医师执业许可2597件，办理医疗机构使用麻醉药品、第一类精神药品许可23件，办理放射诊疗卫生许可134件，办理放射诊疗建设项目卫生审查79件（预评价36件、竣工验收43件），可感染人类的高致病性病原微生物菌（毒）种或样本运输审批255件，食品安全企标备案35件，母婴保健专项技术服务许可86件，病媒生物预防控制服务单位备案7件，消毒产品卫生安全评价报告审核8件，职业病健康检查机构备案3件，集中式供水单位卫生许可8件，乡村医生再注册32件。

【卫生法制稽查】 2022年，市卫生监督所对9个县（市、区）开展稽查，出具稽查意见书9份，督促各地整改落实。组织开展年度“十大案件”“办案标兵”等评选活动，评选出“何某非医师行医案”等为2022年度丽水市卫生行政执法“十大案件”，其中“何某非医师行医”被评为2022年全省卫生行政执法十大典型案例，评选出“遂昌某美妆店未取得医疗机构执业许可证擅自执业案”等为2022年度丽水市卫生行政执法“优秀案件”，评选2022年度丽水市卫生行政执法“办案标兵”10人，评选2022年度丽水市卫生行政执法“办案能手”10人并予以通报表彰。

【卫生监督执法能力建设】 2022年，市卫生监督所继续承办省级公共场所实训基地，举办实训1期，40余名业务骨干参加培训。至年底，累计承办实训10期，受训监督员400余人次，拍摄教学片6部。组织各专业骨干、新进监督员到省培训基地接受培训，聘请省卫健委、宁波市卫生监督所专家10余人到丽水授课，受训监督员500余人次。举办以行政执法为主题的丽水市第七届卫生监督应急演练暨技能竞赛，胡林旻作为技能竞赛个人一等奖获得者被授予“丽水金蓝领”称号，刘林锋、邵凯被授予“丽水市技术能手”称号。

【卫生监督信息化建设与信息宣传】 2022年，市卫生监督所开展放心住宿“一件事”集成改革试点，聚焦“放心住”的民生领域“小切口”，创新推出的健康民宿服务数字化应用平台，入选浙江省《数字社会最佳案例集（第十批）》。继续推进使用消毒餐饮具智慧监管数字化改革系统并实现全覆盖，全市11家企业均接入系统，监督管理从业人员149人，建立餐饮单位电子档案1091家，监测集中消毒餐饮具964.21万套，上传样品自检数据4.59万条，完成企业自查10家次，累计违规预警433条。继续推广口腔诊疗机构智能监管平台，2022年度通过风险监测智能监管平台推送产生异常事件393条，推送执法事件55条，违法行为发现率14%。全年开展主题普法活动6次，发布以案释法案例，编写职业卫生、消毒管理、医疗质量管理等方面的卫监普法直通车专题宣传案例20期，“丽水卫生监督”微信公众号累计推送信息113条。（洪　璐）

妇幼保健

【概况】 2022年，全市活产数12087人，较2021年同期（13705人）减少1618人，同比下降11.80%；无孕产妇死亡；5岁以下儿童死亡率3.97‰（死亡48例），婴儿死亡率2.32‰（死亡28例），新生儿死亡率1.41‰（死亡17例），均控制在目标范围内。

【高危孕产妇管理】 2022年，市卫生健康委严格执行高危孕产妇周通报、月通报制度，及时掌握全市高危孕产妇动态变化情况，对在案管理的高危因素进行分析，提出管理意见，指导各地严格按照五色管理，动态追踪，指导及时就医，确保母婴安全。全年在案管理红、橙、紫色孕产妇6179人，其中，红色154人，橙色3847人，紫色2325人（部分紫色同时合并红色或橙色），每例高风险者均规范实行市县联管，加强异常对象的干预随访，将孕产妇风险降到最低。举办孕产妇安全管理、高危妊娠的规范管理等省级、市级培训班，为提升产科救治能力，培训班邀请省、市专家进行授课，为各单位间搭建一个相互学习交流的平台，为进一步推进全市母婴安全奠定基础。开展县级危重孕产妇、儿童和新生儿救治中心考核评估工作，组织市级产科和新生儿科专家对8个县综合医院开展指导和评估验收，并现场开展危重孕产妇和新生儿抢救应急演练，通过考核评估、演练等形式提升县级医院危重孕产妇、危重儿童和新生儿救治能力。

【妇幼健康公共卫生项目】 2022年，全市产妇人数11916人，系统管理人数11720人，系统管理率98.36%；早孕建册人数11748人，早孕建册率98.59%；产前检查人数11910人，产检率98.54%；产后访视人数11876人，产访率98.25%。全年全市3岁以下儿童系统管理率96.68%，7岁以下儿童健康管理率98.50%，新生儿访视率99.57%，全市0—6岁儿童眼保健和视力检查136978人，眼保健覆盖率96.59%，其中6岁组儿童视力检查22693人，检出视力不良1511人，视力不良率6.66%，均给予有效转诊和进一步诊治建议。

【出生缺陷综合防控】 2022年，市卫生健康委加强一级预防，关口前移，减少出生缺陷发生。各级妇幼保健机构利用婚检、孕检、早孕建册等机会，做好免费增补叶酸项目的宣传，推进叶酸免费增补项目，全年发放叶酸7470人，有效降低出生缺陷发生率。规范二级预防，减少缺陷儿出生。按省“出生缺陷防控方案”要求，所有孕妇落实免费产前筛查，高风险孕妇给予免费产前诊断。全市户籍产妇省内分娩11916人，产前筛查率97.99%，筛查结果高风险2.57%。全院产前筛查11293人，产前诊断569人，通过染色体核型分析确诊染色体异常92例，引产29例；超声筛查发现异常胎儿57例。继续实施“可疑胎儿免费开展心脏超声检查”“0—12月龄婴儿免费开展耳聋基因筛查”两项市级民生实事长效机制。完成可疑胎儿产前诊断心脏超声检查1314例，检出胎儿室间隔缺损、主动脉弓缩窄等阳性病例58人，阳性孕妇开展随访中。完成0—12月龄婴儿耳聋基因筛查9458人，检出阳性携带者445例(4.7%)，其中药物性耳聋携带者37例(0.39%)。开展新生儿疾病筛查12506人，筛查率99.46%。开展新生儿先天性心脏病筛查项目，筛查先天性心脏病11762人，筛查率93.54%。通过各项措施的落实，为有效降低出生缺陷发生率、提高出生人口素质提供保障。

【3岁以下婴幼儿照护服务】 2022年，省委、省政府和市委、市政府分别将“新增20个乡镇街道建有托育机构和新增1900个托位”列为省、市十方面民生实事，市卫生健康委以此为抓手，推进3岁以下婴幼儿照护工作。根据民生实事建设任务要求，各地迅速开展排查，综合0—3岁常住儿童等因素，对符合条件新建机构的乡镇进行排查摸底，第一时间明确建设乡镇并开展建设。建立民生实事周通报机制，督促各地民生实事快速落地见效。7月13日，丽水市全面完成民生实事57个点位建设任务，成为全省第一个完成新增托位建设任务的地市。联合教育等部门，对备案的托育机构统一规范管理，加强跟踪监管。6月，市卫生健康委与教育部门一同开展托育机构专项检查工作，通过县(市、区)交叉检查和市级抽查、实现县(市、区)所有机构全覆盖。督促落实各项工作要求，推进托育机构安全、规范开展婴幼儿照护服务，保障婴幼儿健康成长。确定人员定期对“浙有善育”系统进行维护跟踪，定期通报各机构数据维护情况，对未及时准确录入系统数据的机构定期提醒做好数据更新和维护。为提升托育机构入托率，进一步加大民生实事点位宣传力度，全市通过微信、网站、宣传栏、新闻媒体等渠道开展全方位集中宣传。对外详细公布“浙有善育”民生点位详细地址、托位数、收费标准、机构咨询电话、管理部门投诉电话等信息，实现民生实事所在乡镇、村宣传栏通告张贴全覆盖，并结合儿童体检、预防接种、家庭医生签约等形式，针对0—3岁儿童家庭建立常态化宣传机制，不断提升群众知晓率和参与度。全年新增21个乡镇(街道)建有托育机构，新增托位2092个，千人托位数3.73个。

【避孕药具服务】 2022年，全市实施避孕节育优质项目，保障人民群众生殖健康。做好各级药具质量和仓储管理。通过微信、板面宣传避孕知识，提高群众对药具知识的知晓率。全年完成市级避孕药具调拨63.4万元。全年全市有避孕药具发放网点1506个，其中发放机服务网点265个，公立医疗机构避孕药具自助发放机均配备到位。

【妇女儿童健康素养教育】 2022年，市卫生健康委继续采取各项有效措施，加强妇幼健康教育工作，提升广大妇女、儿童和家长的健康知识和健康素养。疫情期间，全市妇幼保健计划生育中心开展线上直播课程，利用网络云课堂，宣传妇幼保健知识，建立微信群，开通义诊咨询平台，及时为妇女、儿童家长解决需求。全年开设直播课79期，3.5万名群众在线观看直播。 (应丽芬)

爱国卫生

【概况】 2022年，市卫生健康委以健康丽水行动为抓手，持续推动高品质健康丽水建设，全方位、全周期保障居民健康，健康浙江群众满意度“五连冠”，蝉联全国健康城市建设样板市。市本级及9个县(市、区)均获2021年健康浙江考核优秀，市本级位列全省第四。启动健康浙江行动市级示范样板建设，遴选确定覆盖28项行动的34个市级示范样板，将健康丽水纳入市委、市政府年度综合考核和督查计划。邀请世界围棋冠军柯洁等3人担任健康丽水行动形象大使，举办第3届“大花园•大健康”全民健康活力赛，组织“健康达人”、健康大讲坛、健康家庭评选、全民健身等活动，全社会参与健康建设氛围日益浓厚。《云和县完善“1+2+3+N”模式 积极推进合理膳食行动》《景宁600以高质量健康农产品，助力产业价值实现》《创新“莲宿码”场景应用 以“数字化+健康”打造“丽水山居”金名片》3个案例入选2022年度健康浙江示范样板和优秀案例，《云和县发布环境空气质量健康指数 拓宽“两山”转化通道》案例入选第二批健康中国行动典型案例，“健康知识助力精准扶贫”案例入选2022健康中国创新实践案例创新潜力类别板。

【卫生创建】 2022年，市爱卫办组织修订《丽水市高水平巩固国家卫生城市督查考核工作方案》，落实国家卫生城市(县城)巩固工作，对9个县(市、区)开展国家卫生城市(县城)国卫巩固综合评估工作，提升各县(市、区)卫生创建能力和巩固质量，龙泉市和云和县通过国家卫生城市(县城)复审，龙泉市宝溪乡、岩樟乡等60个已命名乡镇通过省级卫生乡镇复审。至年底，丽水市142个乡镇中已命名国家级卫生乡镇60个，通过省级复审64个，剩余18个乡镇均向市级申报创建国家卫生乡镇。丽水市获评“2021年度健康城市建设样板市”（地级及以上市）。

【病媒生物防制】 2022年，市爱卫办组织开展病媒生物防制培训，对龙泉市病媒生物密度水平进行了评估。以县为单位开展除四害消杀工作。集中开展春季灭鼠活动，对车站、医院、农贸市场、学校、“六小行业”重点单位等重点场所开展消杀和卫生指导。丽水市新增除四害村25个，遴选出龙泉市住龙镇住溪村、青田县方山乡龙现村等7个建设质量优秀村，被推荐确认为省级除四害样板村。

【健康教育】 2022年，丽水市居民健康素养水平37.53%，较2021年度提升3.51个百分点。继续实施健康中国行和公众健康素养促进行动，培育健康生活指导师18485人，新创建健康家庭46904户，全市总数70937户，其中示范家庭户2999户。全市1230家农村文化礼堂开展健康素养“三进”活动，覆盖率100%。开展公众健康科普工作，全年累计发放健康礼包66种36906个，举办健康讲座2608场，开展健康活动1250场，提供健康服务1706次，开展中医药活动1439次，累计受益36.72万人。常年在丽水广播电台FM94频道《文馨说养生》栏目对《健康素养66条》进行详细解读，发布微信推文近300篇，点击率10万余人次。开展健康细胞创建工作，全市创成健康促进金牌学校68所、银牌学校95所、铜牌学校134所，健康促进学校覆盖率99.33%，金银牌比例54.52%；健康促进医院覆盖率100%。全面推进健康促进县（区）建设。推进无烟党政机关创建，实现市本级党政机关全覆盖，各县（市、区）创建率均100%。开展公众控烟知识宣传，干预效果明显，15岁以上成人吸烟率19.50%。举办第三届“大花园•大健康”丽水市健康生活方式养成暨“60%行动”推进计划全民健康活力赛，全市设置134个健身打卡点，累计吸引团队1386个，47697人参加，累计步数101.33亿步。 （潘佳楠）

人口家庭发展

【概况】 2022年，市卫生健康委推动实施三孩生育政策及配套支持措施，制定出台《丽水市优化生育政策促进人口长期均衡发展的十条措施》，从生育、养育、教育等各环节提出生育促进政策，优化和完善生育配套措施。更名市人口与计划生育领导小组为市人口均衡发展领导小组并优化调整成员单位，发挥人口均衡发展工作领导组织协调作用。全市报表上报出生人口13740人，较2021年下降3438人，减幅20.01%。其中，一孩出生7484人，下降5.9%；二孩出生5256人，下降5.18%；三孩出生900人，增长3.48%；多孩出生1857人，增长5.54%；国家人口监测报表出生人口性别比106.78（女=100），继续控制在正常范围。

【生育服务管理】 2022年，市卫生健康委开展全员人口信息库清查工作，推进人口基础信息库建设，提升全员人口、生育登记、奖励扶助、母婴服务信息等基础数据质量，实现人口基础信息互通共享，全员人口信息覆盖率、准确率90%以上。全面落实生育登记制度，全年全市通过线上办理生育登记11352件。

【公共场所母婴设施建设】 2022年，市卫生健康委通过民生实事抓手，实现新增20家四星级及以上母婴室并投入使用。至年底，丽水市在汽车站、火车站、医疗机构、星级旅游景区、大型超市等人流量较大公共场所已建成母婴室129家。其中，三星级母婴室72家，四星级母婴室50家，五星级母婴室7家，基本实现公共场所母婴室100%全覆盖。

【生育扶助】 2022年，市卫生健康委落实农村奖扶制度，将双女户纳入奖扶享受对象范围，全市奖励扶助对象42544人，特别扶助对象1877人，新增奖励扶助对象23327人，特别奖励扶助对象154人，其中奖励扶助双女户18578人，当年发放补助资金4036.94万元。 （程　苗）

计划生育协会工作

【概况】 2022年，全市有市、县、乡、村计生协会组织2192个，其中，市级1个、县级10个、乡级173个、村级2008个，组建志愿者队伍1459支，拥有志愿者11361人。市、县两级11个计生协会中，入序10个、参公10个、“三定”10个，设有内设机构的10个。市本级、9个县（市、区）完成计生协机构改革工作。12月29日，召开丽水市计划生育协会第四届四次理事会，总结四届三次理事会召开以来取得的工作成绩，分析面临的形势和挑战，部署下一阶段工作，并审议调整部分理事、常务理事及专职副会长、常务副会长。吴郁郁任常务副会长，章晓斌任专职副会长。

【青春健康教育】 2022年，新增省级青春健康教育基地1个(庆元县第二中学)、市级青春健康教育基地1个(丽水第二高级中学)。组织市本级和莲都区青春健康骨干师资到松阳二中、遂昌中学的青春健康基地考察学习。开展青春健康教育工作，送教2所小学、11所中学，覆盖107个班级3900余名学生。

【群众性宣传教育】 2022年，丽水市计划生育协会围绕贯彻落实中央《中共中央国务院关于优化生育政策促进人口长期均衡发展的决定》精神，创新形式，深入开展三孩生育政策社会倡导和群众性宣传服务活动，倡导新型婚育文化，传播优生优育优教知识，为调整实施新的生育政策营造良好的舆论氛围。 (徐蔚芳)

医疗保障

【概况】 2022年，丽水市医疗保障系统贯彻落实上级重大决策部署，全面履行部门职责，推动全市医疗保障事业高质量发展，取得明显成效。市医疗保障局被省委、省政府授予改革创新成绩突出集体称号，"浙丽保"先后获2022年度浙江省改革突破奖及全国最受欢迎惠民保、浙江省数字化改革最佳应用等称号，并入选2022年度全省综合医改"十佳典型案例"。

【全民健康补充医疗保险(浙丽保)】 2022年，"浙丽保"参保率93.3%，全年近70.5万人次享受"浙丽保"报销待遇，报销总额1.82亿元，单笔最高报销97.3万元。其中，"浙丽保"报销金额50万元以上、10万元—50万元、5万元—10万元的参保人员，综合保障率分别提高54%、31%和23%。持续深化清单管理制度，对高值药品和诊疗服务项目分别采用谈判准入和专家评审机制，进行动态调整，清单总共涵盖905个自费药品和服务项目及符合相关管理规定的自费医用材料，进一步增强参保群众的幸福感、获得感。起草全省统一的商业补充医疗保险工作方案，经省委深改委会议研究后通过，为全省由点到面开展惠民型商业补充保险提供可复制、可借鉴的工作经验。

【"雷锋式"医保服务】 2022年，市医疗保障局加强"经办服务示范年"建设，景宁县医保中心、市中心医院分别获浙江省第一批省级医疗保障服务窗口示范点、省级医疗保障定点医疗机构示范点称号。提升就医便捷度，基本医疗保险参保信息变更等6项政务服务事项已实现"跨省通办"，政务服务2.0事项"网上办""掌上办"可办率100%，办结率稳定在90%以上。医保电子凭证全市激活218万人，激活率91.5%，月度结算率49.58%，全市二级及以上定点医疗机构已实现医保电子凭证就医服务全流程使用。不断完善"四位一体"服务体系，已实现县、乡、村三级医保员队伍全覆盖，医保服务事项的办理权限已全部下放到全市173个乡镇(街道)、215个基层医疗机构和196个农商银行网点。不断优化异地就医管理，提前实现高血压、糖尿病等5个门诊慢特病跨省直接结算，全市有431家开通医疗机构异地就医门诊费用直接结算，其中，医疗机构425家、双通道零售药店6家，跨省异地就医定点医疗机构开通率65%，为长住丽水市的异地参保人提供就医便利。

【全面夯实医保防贫机制基础】 2022年，市医疗保障局不断强化基本医保、大病保险、医疗救助三重保障体系，做到医疗救助政策落实符合条件困难群众资助参保两个100%。全年全市困难人员资助参保11.48万人，医疗救助待遇结算96.9万人次，救助资金支出1.16亿元，困难群众综合保障率88%；推进社会力量参与多层次保障体系建设，破解制度统筹问题，市医疗保障局主动对接市慈善总会，推动出台《丽水市慈善总会大病救助实施办法》，对各类保障后仍负担较重的全市困难人员和因病致贫人员，通过社会力量给予救助，全年全市救助368人，救助资金624.2万元。在建立健全防范和化解因病致贫返贫长效机制方面取得明显成效，被省医疗保障局作为巩固拓展医疗保障脱贫攻坚成果联系点向国家医保局推荐。

【医保基金综合监管省级试点】 2022年，市医疗保障局推进综合监管制度体系建设，出台《关于进一步推进医疗保障基金综合监管制度体系建设的意见》，制定年度工作任务清单，明确基金综合监管体系的目标和路径；联合公安等部门开展骨科耗材、篡改基因检测报告、冒用死亡人员医保卡等专项整治行动；开展定点医药机构全覆盖检查，组织实施全市医保基金监管交叉检查；组织定点医药机构开展自查自纠，推动落实定点医药机构医保基金使用主体责任。全年检查1140家定点医药机构，追回医保基金2740.28万元，处理违规定点医药机构517家，行政处罚28件，向司法机关移送案件5件。发挥市、县、乡、村医保监管服务体系，开展基金监管集中宣传月活动。强大外伤核查工作力度，完善第三方外伤核查协作模式，全面实现外伤核查“全覆盖、一站式、无纸化、零次跑”。全年核查外伤案件3.39万件，防止医保基金流失近7255万元。

【基本医保市级统筹】 2022年，丽水市统一全市居民医保的个人缴费和财政补助标准、市县缺口的分担机制、全市生育保险费率、职工医保个人账户额度，统一规范乙类药品和诊疗服务项目的自理比例，同时全面清理各地不统一的差异政策，全年全市上划归集基金3.7亿元；落实基金统筹统支的要求，统一基金征收主体，调整基金收入级次；统一基金收支管理，规范收入划转使用和支付管理；统一建立预付周转金制度，全年向全市22家定点医疗机构拨付医保周转金2.8亿元；统一基金预决算支付，由市级统一编制全市基金预决算方案。落实管理服务一体的要求，规范全市医保基金业务经办规程和管理制度，印发《丽水市基本医疗保险基金市级统筹经办规程》，规范丽水市基本医疗保险基金市级统收统支工作。在全省率先全面做实职工医保个人账户。全市户籍人口基本医保参保率99.72%，实现3年连升。

【医保数字化改革】 2022年，市医疗保障局成立工作专班，以数字化改革为引领，开展技术攻坚，建成“1+2+6”数字化架构的“浙丽保”综合应用场景（1个驾驶舱，浙政钉和浙里办2个应用，便利参保、快捷报销等6个场景应用），数字赋能多层次医疗保障制度改革，实现事前精准匹配、事中即时结算、事后智能分析。“浙丽保”场景应用先后参加由省委发改委、省委改革办和省委办公厅组织的数字化改革应用演示评比，经过三轮路演，“浙丽保”被推荐作为数字社会系统唯一设区市典型，由市委书记胡海峰在全省数字化改革推进会上现场演示，先后2次受到省委书记袁家军点名表扬。“浙丽保”综合应用被评为全省数字化改革“最佳应用”，并入选浙江省《数字社会案例集》。（支艺霖）

体　育

群众体育

【概况】 2022 年，市体育发展中心举办 150 人次以上群众体育赛事活动 68 场。8 月 8 日，举办全民健身日活动，市本级和各县（市、区）共举办赛事活动 36 场，参与人数 7300 余人。组队参加十七届省运会群众体育部 3 个大项 7 个分项的比赛，群众体育类项目获金牌 13 枚（赛会金牌 12 枚、群众体育贡献奖励金牌 1 枚），位列全省第三。全市国民体质监测合格率 94%、经常参加体育锻炼的人数比例为 43.2%、人均体育场地面积 2.82 平方米，全市符合开放条件的公共体育设施和学校体育场地开放率 100%。

【基层体育设施建设】 2022 年 7 月，经省体育局批复，松阳县被列入第二批（2022—2024 年）体育现代化县创建名单，加快丽水市体育现代化创建进程。全年全市新增基层体育场地设施 72 个，其中，百姓健身房 36 个、社区多功能运动场 25 个、足球场（笼式足球场）6 个、村级全民健身广场 3 个、体育公园（体育设施进公园）2 个。

【科学健身指导】 2022 年，全市建有各类体育社会组织 658 个，超过省定要求 546 个，其中市本级体育协会 43 个，AAA 级以上 24 个。全年市本级开展国民体质监测工作，监测 2109 人次。市级医疗机构和体育部门各有 1 家机构开展运动促进健康“体医融合”服务。

竞技体育

【概况】 2022 年，丽水市持续加大竞技体育后备人才培养的投入力度，强化“以人为本”的理念，提高后备人才培养的科学化水平，完善业余训练和运动员输送奖励政策，依托各种力量共同培养竞技体育后备人才。丽水市教育局、丽水市体育发展服务中心联合发布《丽水市少年儿童业余体育运动学校 2022 年招生管理办法》，对招生管理工作提出新要求，就招生项目、招生对象、招生计划、录取办法和程序等方面的内容作出统一规范。市少体校义务教育阶段布局人数 497 人，市少体校高中布局学校每年计划招生人数在 95 人以内。高中阶段学校每年招生人数根据市发改委、市教育局、市体育发展服务中心下达的招生计划执行。

【省级以上赛事参加情况】 2022 年，丽水市代表团派出 785 名运动员参加十七届省运会竞技体育部 19 个大项 22 个分项的比赛，参加群众体育部 3 个大项 7 个分项的比赛，获金牌 62.5 枚（含竞技体育、群众体育贡献奖励金牌），其中，群众体育类项目金牌 13 枚（赛会金牌 12 枚、群众体育贡献奖励金牌 1 枚），位列全省第三；竞技体育类项目金牌 49.5 枚（赛会金牌 21.5 枚、竞技体育贡献奖励金牌 28 枚）位列全省第九。金牌总数（62.5 枚）、奖牌总数（144.25 枚）、团体总分（1506.75 分）均创下丽水市参加省运会历史新高，获“体育道德风尚奖”称号，取得运动成绩和精神文明双丰收。

体育产业

【概况】 2022 年 6 月 26 日，丽水市出台《丽水市体育行业稳进提质政策实施细则（试行）》，支持本市体育企业加快恢复发展。7 月 11 日，出台《丽水市新建居住区体育设施配建标准指引》，细化明确新建居住区体育设施配建标准。8 月 17 日，出台《丽水市体育类校外培训机构准入指引（试行）》，规范校外体育培训发展。编制完成《丽水山路系列篇之环丽步道系统规划》，完成环浙步道（丽水段）主线贯通，构建环丽步道网。

【体育产业重要指标情况】 2022年，丽水市体育产业总产出76.6亿元，全市体育产业增加值27.39亿元，占地区生产总值的比重为1.5%，比2021年现价增长10.3%，列全省各市第四位。分行业看，体育制造业增加值11.98亿元，增长12.5%；体育服务业增加值10.07亿元，增长7.7%；体育批零业增加值4.96亿元，增长10.3%；体育建筑业增加值0.38亿元，增长1.4%。2022年，丽水市本级体育类政府投资完成4.19亿元，为年度投资计划的110.6%，超额完成年度投资任务。新增专项债贷款8000万元，其中生态体育公园累计发行专项债5.6亿元，并获中央预算内投资2000万元。

【体育产业项目及平台创评】 2022年，浙江金棒运动器材有限公司获评国家级体育产业示范单位。松阳双童山（飞拉达）—大木山（骑行）—七沐山（滑草）—青龙湖皮划艇（皮划艇）入选省级运动休闲旅游精品线路。缙云猛峰尖汽车越野项目、缙云黄龙景区彩弹射击项目、缙云羊上航空飞行营地无动力滑翔伞项目、云和湖仙宫垂钓项目4个项目入选省级运动休闲旅游优秀项目。江南丙察察入选中国体育旅游精品项目“精品线路”、龙泉市入选中国体育旅游精品项目“十佳目的地”。青田汽车自驾运动营地、松阳双童山山地生态运动休闲基地入选“长三角地区体育旅游精品项目”。发布专属普惠金融产品“健体贷”，举办暑期体育公益课，助力体育经济复苏。

【体育彩票销量7.55亿元】 2022年，全市体彩销售总量7.55亿元，比上年增长22.77%，市场占有率65.38%。市体育发展中心组织开展“新春送福、公益助学、夏季送清凉、公益一瓶水”等进社区、进学校、进影院活动近20场，关爱人群覆盖户外工作者、困难群众、贫困学子、残障人士等，受惠群众近4万人次。联合《丽水日报》、市少体校，创新推出“暑期公益课堂”，为100名小学生送上跆拳道公益课，得到学生欢迎和家长一致好评。

品牌赛事

【概况】 2022年，丽水市体育发展中心创新举办全国唯一全程实景赛道丽水超级马拉松线上赛，举办全国航海模型锦标赛、全国赛艇锦标赛两项全国顶级赛事，两项水上赛事综合效益1585万元。在大型品牌赛事举办过程中全力保障赛事安全，建立常态化安全隐患排查治理机制，建立赛事安全风险防控与评估机制，确保竞赛安全有序。

【丽水市全民健身日舞操大赛】 2022年8月8日，丽水市体育发展服务中心、丽水市总工会、丽水市体育总会主办，丽水市排舞广场舞协会承办的“全民健身共奔富·喜迎党的二十大”中国体育彩票2022年丽水市全民健身日舞操大赛在丽水市体育中心体育馆举行。参加大赛活动的队伍来自市直各机关单位和经开区，市单项体育协会参与展示活动，300余人参加。丽水市交通运输局代表队、中共丽水市委统一战线工作部代表队、中国工商银行丽水分行代表队获一等奖，经开区管委会代表队、丽水市汽车运输集团股份有限公司代表队、丽水市科技局代表队、中国农业银行丽水分行代表队、中共丽水市委老干部局代表队获二等奖。

【中国·丽水第六届体育舞蹈（国标舞）公开赛】 2022年8月13日，丽水市体育发展服务中心、丽水市体育总会主办的中国·丽水第六届体育舞蹈（国标舞）公开赛和丽水市体育发展服务中心、丽水市教育局主办的丽水市第十一届青少年体育舞蹈锦标赛在丽水市体育中心体育馆举行，来自省内51支代表队参加。赛事设职业组、A组、青少年组、少儿组、精英组等多个组别，按体育舞蹈表现形式设置个人、双人、集体、六人组比赛形式，分211个场次进行，每场次参赛选手总量控制在50人次之内，并分A、B、C三个场地同时进行。此次公开赛参赛选手年龄最小的6周岁，最大的75周岁。

【浙江省青少年无线电测向锦标赛】 2022年7月18日，浙江省青少年无线电测向锦标赛在丽水市举行。此次比赛是由浙江省体育总会主办，浙江省模型无线电运动协会、丽水市体育发展服务中心联合承办，杭州市模型无线电定向运动协会、莲都区文化和广电旅游体育局协办。无线电测向运动又被称为无线电“猎狐”，在旷野、山丘的丛林或近郊、公园等优美自然环境中，事先隐藏好数部信号源，定时发出规定的电报信号。参赛者手持无线电测向机，测出隐蔽电台的所在方向，采用徒步方式，奔跑一定距离，迅速、准确地逐个寻找出这些信号源，以在规定时间内找满指定电台台数、使用时间少者为优胜。此次锦标赛的举办，帮助青少年在无线电测向运动中感受快乐、健康成长，同时为国家选拔优秀体育人才。（肖冬丽）

人力资源和社会保障

人　事

【概况】 2022年，市人力资源和社会保障局聚焦事业单位公开招聘和岗位管理难点堵点，不断优化创新，提升工作效能，事业单位人事管理不断规范。完善事业单位工资制度，全面开展“数字工资”应用推广，严格落实医务人员激励保障政策，深化推进公立医院薪酬制度改革，逐步建立激发创新活力、知识价值导向、管理规范有效、保障激励兼顾的薪酬制度。始终把牢人事考试高质量发展的目标和要求，持续优化考试组织管理模式，完善考试安全工作体系，不断提升考试能力和服务水平。

【事业单位人事管理】 2022年，市人力资源和社会保障局持续优化事业单位职业生涯全周期“一件事”协同平台，共办结7个“一件事”业务10229件。创新岗位管理模式，印发《丽水市县以下事业单位专业技术高级岗位周转池管理办法（试行）》，在全省首创设立专业技术高级岗位周转池，破解岗位比例控制与刚性需求之间的矛盾，5人被列入周转池使用名单。以标准化和数字化促进事业单位队伍建设提升和公共服务水平提高，《事业单位人事管理“一件事”联办服务规范》被列入浙江省地方标准制修订计划。会同市委组织部做好面向世界一流大学引进150名优秀毕业生（党政储备人才）工作。指导县级推进首轮事业单位管理岗位职员等级晋升工作，畅通等级晋升渠道，有效激发基层事业干部干事创业。首批晋升人员880人，其中，晋升6级0人，晋升7级20人，晋升8级836人，晋升9级24人。开展事业单位专业技术二级、三级岗位聘期届满人员考核暨聘任人选申报评审工作，通过委托省级及外市专家，确定30名为2022年丽水市事业单位专业技术二、三级岗位聘任人选，90名为聘期届满二、三级岗位考核合格人员。组织开展2022年度全市中小学教师专业技术二级、三级岗位评审工作，确定二级岗聘任1人、三级岗聘任1人；完成事业单位岗位聘用变动（晋升）审核工作，审核岗位变动276批次1504人。结合“双招双引”战略先导工作和疫情形态，持续规范和优化事业单位事业人员公开招聘工作，创新线上招考等招聘新模式，全市通过公开招聘新进事业单位工作人员2172人，其中博士研究生43人、硕士研究生413人。

【工资福利】 2022年，市人力资源和社会保障局继续深化“数字工资”场景应用，在景宁县试点推进事业单位工作人员身后“一件事”改革，将事业单位工作人员和退休人员死亡后涉及的人员减员、出编、一次性抚恤金、遗属困难补助、养老保险关系终止及个账领取、医疗保险关系终止及个账领取、公积金账户冻结及个账领取、户口注销8个事项整合成一件事。完成市直事业单位2022年度绩效工资总量核定。完成2021年事业单位工资年报统计工作。根据省人力资源和社会保障厅要求，调整精减退职困难补助、遗属生活困难补助费等标准。完成机关事业单位基本工资调标兑现工作。会同市委组织部、市财政局确定市本级机关事业单位基础绩效奖和年度考核奖政策，并完成发放结算。根据省人力社保、财政、卫健委关于新冠疫情防治一线医务人员薪酬待遇落实政策，向医疗卫生机构核增一次性绩效工资总量，总额6296.66万元。牵头完成非营利性服务行业劳动工资总额半年度和前三季度增幅阶段性目标任务。完成年度市、县评比表彰和通报表扬申报项目审核、推荐、上报工作。组织开展高水平巩固国家卫生城市工作行政奖励、丽水市第十届见义勇为行为行政奖励、瓯江源头区域山水林田湖草沙一体化保护和修复工程申报工作行政奖励、丽水市公安系统维护社会稳定保平安工作行政奖励、丽水市司法公正感受度提升工作行政奖励、丽水援沪部分医疗队支援上海抗疫人员行政奖励6项行政奖励审批工作。

【人事考试】 2022年，市人力资源和社会保障局组织实施公务员考录（遴选）、事业单位招考（选聘）、人才引进、编外人员招聘、专业技术人员职业资格等考试53场，服务考生11.3万人次。针对其中完成筹备但因故延期举行的18场次考试，在考前均开展个性化研判、风险性评估，同时对1.7万名延期考试的考生做好政策解释和安抚工作。考试院申报的《人事考试智慧考点建设规范》入选省人力资源和社会保障厅人社标准研制工作试点。在总结本土经验及创新工作的基础上，经过专家研讨及多轮修改论证，形成《人事考试智慧考点建设规范（草案）》，并通过省标准化立项专家评审。同时为配合省标创建工作，以在松阳试点，计划2023年底前将建成适配多种人才测评模式的标准化考场75个。丽水市面试考官管理系统上线运行，包含面试考官数据收集、日常管理、抽签通知、分组采集四大应用场景，弥补考官星级评价基础数据采集环节的缺失，实现面试考官的全周期闭环管理，提升面试组织能力和人才测评的公平公正性。全年采集考官评分数据15980条，考官抽签数据记录1623条，提供星级评价数据1028条。

人　才

【概况】 2022年，市人力资源和社会保障局升级新一轮人才科技新政，探索出台人才购房补贴前置发放办法。举办第三届全国大学生双选会。开展最美高校毕业生、引才示范单位选树。举办缩小人力差距全域能力提升培训班。全年引进高校毕业生6.59万人，完成年度目标的131.8%；新设立博士后工作站13家，招收博士后人员34人；2人入选省青年拔尖人才，实现历史性的突破；“城市95后人才吸引力”进入全国前五十强。

【人才开发】 2022年，市人力资源和社会保障局牵头做好人才新政的研究和制定工作，会同市委人才办出台《丽水市加强新时代人才科技跨越式高质量发展的实施意见》和《人才科技“十四五”规划》等政策文件，研究制定相应的实施细则。加强丽水市人才的供需状况以及产业集群发展所需的紧缺人才的调研分析，委托第三方机构开展新一轮《丽水市重点产业紧缺人才目录》编制工作，研究提出紧缺人才类别、能力需求、学科专业、学历（学位）等具体要求。开展各类国家、省重点人才计划申报工作。1人入选省海外引才创业项目，2人入选省高层次人才特殊支持计划青年拔尖人才，1人入选省有突出贡献中青年专家。根据《关于加强企业骨干人才队伍建设的意见》《丽水市企业骨干人才遴选认定管理办法（试行）》，遴选认定丽水市第三批企业骨干人才400人，其中：“绿谷企业英才”100人、“绿谷企业新秀”300人。根据《丽水市“首席专家”选聘与管理办法（试行）》，完成丽水市第二批“首席专家”考核工作。根据《中共丽水市委办公室丽水市人民政府办公室关于加快集聚高层次科技创新创业人才推动高质量绿色发展的意见》和《丽水市人民政府办公室关于加强引进高校毕业生工作的若干意见》，进一步促进高校毕业生在丽水就业创业，推动企业引进和培养高校毕业生，做大人才“蓄水池”，确定青山钢铁等10家企业为“引进高校毕业生示范企业”，“最美高校毕业生”10人，“最美高校毕业生”提名奖10人。完成188名“138”人才工程培养人员2020—2021年度跟踪考核及培养期满人员综合考核评估。举办丽水市人力资源服务业人才高级研修班、缩小人力差距全域能力提升培训班。在全市人社系统开展“百名干部联千企 服务企业渡难关”活动，对全市100家企业开展包括助企纾困政策宣传、企业用工服务保障、支持和鼓励企业稳定劳动关系等方面组团式服务。全市22家次企业被列入《浙江省人力资源服务业发展白皮书（2022）》榜单。全市新增人力资源服务机构40家，总数达到255家，行业从业人员1701人，建立人力资源市场网站19个，设立固定招聘场所61个，建立人力资源服务网站19个。

【专业技术和留学人员管理】 2022年，市人力资源和社会保障局完善出台《丽水市博士博士后倍增计划实施办法》，提高政策含金量，集聚一批高层次人才。新设立省级博士后科研工作站13家，新招收博士后研究人员34人；丽水市中心医院、宇恒电池有限公司2家单位获批国家级博士后科研工作站；获批省博士后科研项目择优资助一等资助1项、二等资助2项；博士后科研工作累计解决技术难题81个，承担科技项目70个，申请或取得专利授权168个，获科研成果奖12个，带动经济效益4.46亿元。实施“智聚山海·助力共富”专家服务工程，开展“博聚浙西南·智汇共富路”百名博士丽水行、甬丽“智汇山海·才助共富”宁波专家丽水行、嘉兴与湖州等地“山海协作”等系列活动，全市开展各类专家服务活动34场，服务专家672人次，惠及15397人。深入实施“双百”人才计划，连续7年开展“百博入乡镇”“百博入百企”活动，新选派82名博士专家到64家企业、15家乡镇挂职，帮助企业解决技术难题192个，申报科技项目104个，申请或取得专利授权94项，获科研成果奖34项，争取各级补助资金2788万元，培训科技应用人才2444人，带动经济效益2.39亿元。开展“双百”人才典型事迹主题宣传活动，考核评定优秀挂职人才19人，“双百”人才计划作为浙西南革命老区振兴发展、山区26个县高质量发展、全国乡村人才振兴促进共同富裕等典型案例报送，得到《中国组织人事报》、《浙江日报》、浙江电视台“党建好声音”栏目等主流媒体的广泛宣传。

【职称制度改革】 2022年，全市取得职称资格16894人。其中，高级1402人、中级5335人、初级10157人。完善丽水市中级职称“直通车”评审机制，评定首批55名专业技术人才取得中级职称；设立丽水市汽车零部件工程技术人员职称中评委并实施第一年评审计划，为丽水市职称社会化评价体系建设、行业职称评审委员会的组建进行探索；增设林业工程中评委会，为百山组国家公园建设和乡村振兴培育林业技术人才；修订市工艺美术中初级职称评价条件，市人力资源和社会保障局推荐的14人获评全省首批正高级工艺美术师，占全省总数三分之一，有效引领带动3万余名工艺美术从业者和人才队伍发展。开展年度职称改革督查复审工作，以单位自查、行业巡查和重点抽查相结合的方式，对全市各级评委会进行职称督查复审。推进各系列职称评审工作，推动职称证书电子化、评审信息化，持续优化继续教育平台建设，指导丽水学院获评省级专业技术人员继续教育基地周期评估优秀基地。组织申报国家级、省级专业技术人才和现代服务业高级研修项目24个，获批国家级高级研修项目1个、省级高级研修项目7个，遴选市级高级研修项目6个。

【职业能力建设】 2022年，市人力资源和社会保障局深入实施十万技能人才共富能力大提升行动，打造新时代技能人才集聚高地，相关做法受到市长吴舜泽批示肯定。全年累计培训7.11万人次，完成目标任务129%；新增技能人才3.5万人，同比增长191%，其中，高技能人才1.4万人，同比增长344%。实施技工教育提质增量五年行动，丽水技师学院稳定招生，实现技工院校县（市、区）全覆盖。机械装备智造等3个专业入选“省级高水平专业群”建设项目。推动龙泉青瓷、宝剑和青田石雕3个职业技能等级纳入国家职业大典。开发云和木玩、电光源制造工等省级职业技能标准2个。开发缙云烧饼制作、火腿切片、龙泉青瓷拉坯和刻花等省级专项职业能力考核规范27项。设立全国技工学校首家全产业链半导体工匠学院——“中欣晶圆半导体工匠学院”。重点培育高技能精英人才队伍，新增“浙江工匠”21人、“浙江青年工匠”75人，遴选高技能精英20人。构建具有丽水特色的“大师结对带高徒”培养机制，举办“技能宝贵 匠心铸魂”丽水技能大赛，进一步完善职业技能竞赛体系。举办“技能夜市嘉年华”活动，营造“弘扬工匠精神、崇尚技能技艺”氛围。

【人才引进与服务】 2022年，市人力资源和社会保障局引进各类高校毕业生和丽水市急需紧缺人才。全年举办线上线下招才引智活动909场次，引进高校毕业生6.59万人，其中博士研究生2345人、硕士研究生2841人。11月，举办“好年华·聚丽水”第三届全国大学生双选会（丽水）活动。活动组织1000家用人单位，精准邀约1万名全国大学生开展线上线下招聘洽谈活动。活动线下接收简历6841个，其中博士研究生11人、硕士研究生368人，当场达成意向1788个；线上招聘会及直播带岗关注度35万人次，报名应聘人数17552人，投递简历12141人。活动成果连续被《浙江日报》、《中国组织人事报》、《中国劳动保障报》、浙江电视台等媒体报道。全面升级人才服务。开展高层次人才服务、档案服务、招才引智、人力资源服务产业园等业务的数字化改革，推进人才服务集成化、便捷化、智能化、高效化。迭代升级“丽水人才码”，上线人才津贴、房票补贴、子女入学、青聚浙丽实习平台、人才重新认定等高频应用，实现人才购房租房补贴一键兑付；全年累计为5701名人才兑现政策资金2891.98万元，审核通过人才公寓申请316人。办理管理流动人员人事档案4261件，其中，“跨省通办”和“跨国境”办理2743件；数字化电子影像数据3万余份。

劳　动

【概况】 2022年，市人力资源和社会保障局完成国务院保障农民工工资支付考核实地核查，得到国务院检查组肯定。深化“丽水无欠薪”行动，全省率先开展“无欠薪”标准化试点，

"无欠薪"县(市、区)实现全覆盖。全年受理投诉案件163起,为1900余名劳动者追回工资3366万余元,结案率100%;受理劳动人事争议2316件,结案率97.7%。

【劳动关系】 2022年,市人力资源和社会保障局牵头召集市总工会、市工商联召开三方会议,推进落实劳动关系和谐同行行动。通过企业劳动用工体检、劳动关系协调员培训、劳动关系和谐企业(园区)创建、金牌劳动关系协调组织评选、推广电子劳动合同平台应用等活动全面提升劳动关系工作能力和工作效能,推进丽水市劳动关系治理体系和治理能力建设。累计为1292家企业进行用工体检,劳动关系协调员培训3042人,其中,1270人取得劳动关系协调员职业技能等级证书,选树60名劳动关系协调员为"丽水市金牌劳动关系协调员"、丽水市商贸联合会等24家组织为"丽水市金牌劳动关系协调组织"、浙江中广电器集团股份有限公司人民调解委员会等16家组织为"丽水市金牌劳动人事争议调解组织"。组织全市企业进行电子劳动合同平台适用,录入劳动合同23261份。开展薪酬调查,发布《2022年度丽水市人力资源市场工资价位》,指导用人单位与劳动者合理确定工资水平;确定2021年度市管企业负责人平均薪酬上限、发布国企工资指导线,推进市管企业负责人薪酬制度和国有企业工资决定机制改革工作;会同市总工会、市工商联联合印发《关于开展以"健全产业工人薪酬激励机制"为主要内容的集体协商要约行动的通知》,引导企业建立完善产业工人成长的薪酬激励机制。劳动关系处优化劳务派遣许可审批程序,年度审批许可劳务派遣单位1家,审批特殊工时39件涉及23家企业。

【劳动保障监察】 2022年,市人力资源和社会保障局全面深入推进"丽水无欠薪"行动,加强防处能力建设、完善制度机制保障、强化考核督查,狠抓工作落实。全市劳动保障监察机构主动巡查用人单位5367户,开展"双随机、一公开"检查169户次,385人次。全年办理各类欠薪线索件6409件,涉及人数1.68万人,清欠金额2.94亿元,部、省转办欠薪线索1993件,其中,立案处理163起,为1908名劳动者追回工资3366万余元,结案率100%;非立案协调处理4460件,欠薪案件实现动态清零。通过法院开展集中执行活动解决欠薪案件538件,涉及634人5458.89万元。欠薪集中接访174件1489人2963.21万元,现场处置108件1017人2259.21万元。行政处罚案件数32件,行政罚款43.43万元。

开展清理整顿人力资源市场秩序专项行动、女职工权益保护专项行动、职工带薪年休假情况专项行动、根治欠薪专项行动等治理行动。印发《市本级根治欠薪集中攻坚工作组工作方案》《市本级根治欠薪集中攻坚工作机制》,组建由市政府副秘书长黄伟君任组长的集中攻坚工作组,抽调政法委、信访、公安、人社、建设和司法等职能单位业务骨干,对重大欠薪风险隐患和信访事项分片包干,逐个事项集中攻坚。市领导重视保障农民工工资支付工作,5月,市委书记胡海峰、市长吴舜泽对丽水市保障农民工工资支付工作先后作出批示。4月,丽水市召开全市迎接国务院保障农民工工资考核工作部署会,全面启动迎检准备,召开全市工作推进会3次,排查整改25类9176个问题,全面梳理规范2021年度全市687条国务院欠薪线索处置台账;7月,丽水市完成国务院保障农民工工资考核工作。加强治欠队伍建设,营造良好社会氛围。参加省组织劳动监察师培训1期,监察员培训1期,全市召开各级根治欠薪培训会13期、500余人次,召开劳资专管员、劳资协调员培训会议9期、655人次。通过入企宣传、点位宣传、单位及项目部大屏幕滚动播放等形式宣传六项长效机制,发放《保障农民工工资支付条例》《中华人民共和国劳动法》《中华人民共和国劳动合同法》等法律法规宣传知识手册、宣传彩页、宣传海报5000余份。向农民工和项目负责人分别发送维权温馨提示和规范项目用工等提醒短信28.08万余条,张贴各类宣传海报8000余份,开展线上解答咨询4000余次。利用报刊、广播电视、政府服务网等受众广泛的主流媒体并依托市、县两级人社微信公众号,拍摄制作接地气宣传短视频,在微信公众号、抖音等平台推广传播。落实首问负责制和一案双查工作机制,及时处置欠薪投诉、国务院和省级欠薪线索、信访平台等渠道反映的欠薪问题,组织各部门及时化解处置。重点打击恶意欠薪、虚假讨薪等违法犯罪行为,完善拒不支付劳动报酬案件刑事司法衔接机制,加大部门联合惩戒力度,保持对违法犯罪行为的高压态势。

【劳动人事争议调解仲裁】 2022年,市人力资源和社会保障局应对新业态劳动关系等因素引发的劳动人事纠纷,加强形势分析研判,加大劳动人事争议案件处理力度,以"效能仲裁、数字仲裁、标准仲裁、素质仲裁"为重点,加强纠纷源头预防、多元化解、综合治理,提升争议处理效能,优化维权服务,不断提升全市劳动人事争议仲裁办案质量。

加强在全市推广“智慧仲裁”应用网络平台。通过迭代升级仲裁办案系统、建立健全网络监控指挥系统、开发优化网络服务平台和浙里办“调解仲裁”应用三大体系，推动劳动人事争议调解、仲裁、诉讼、强制执行环节无缝衔接，实现劳动维权从“最多跑一次”到“一次不用跑”仲裁服务新模式。仲裁开庭审理异地全同步。丽水市4家试点机构均已完成庭审系统升级，实现仲裁异地庭审，双方当事人不受空间地域限制，异地参加仲裁庭审，有效解决劳动者维权奔波诉累，方便当事人在线维权。

加大“线上线下”宣传力度，倡导用人单位规范用工、职工理性维权，提高用人单位调解组织预防劳动争议的能力水平；以乡镇街道调解组织多元化解机制建设为重点，加强源头预防，坚持执法普法相结合，常态化开展劳动争议大排查、矛盾纠纷大化解、维权帮扶大关爱活动，在调解和案件审理过程中加强普法，提高劳动者依法维权意识，促进企业依法用工。实行仲裁员下沉基层服务模式，定期定点服务社区、企业、劳动者。完善内部调解机制建设，构建以企业、基层劳动人事调解组织为主体，集摸排、服务、调解等多功能于一体的劳动人事争议预防体系，织密“乡镇+街道+社区+企业”的劳动争议预防调解组织网，实现劳动争议调解组织全覆盖，使争议能就地、就近、及时化解。全市立案受理劳动人事争议案件2316件，当期审结2280件，涉及劳动者2349人，结案率97.7%，调解率86%，网办率68.6%，结案金额8350.65万元。打造具有丽水特色的“老干部+老娘舅”调解模式，特选30余名调解经验丰富、乐于奉献的退休老干部进驻仲裁院丽水市“夕阳红”劳动人事争议调解工作室，作为中立第三方主持调解，协调劳资双方通过自愿协商达成协议解决争议。推进合作共建，与长三角区域签订合作共建框架协议，推动长三角区域调解仲裁工作一体化发展，不断优化跨区域办案。先后开展长三角联合视频培训、案例研讨、党建联学等共建活动，在2022年首批省劳动人事争议仲裁业务骨干库，推荐1名优秀仲裁员聘为培训师资库人员，参与双方疑难复杂劳动人事争议案件处理讨论。市人力资源和社会保障局获评2022年度全省劳动人事争议案件处理工作优秀等次单位；组织仲裁员选手参加全省劳动人事争议仲裁练兵比武活动，市人力资源和社会保障局在2022年全省劳动人事争议仲裁练兵比武活动中获优秀组织奖。

就　业

【概况】 2022年，丽水市出台促返岗保用工助力“开门红”政策，省外劳动力春节留岗率较上年度提高近6个百分点。迭代升级创业担保贷款政策，发放贷款超亿元，“丽创荟”公共创业服务品牌获全国大赛二等奖。培育推送项目获三项省级创业大赛一等奖，实现历史性的突破。擦亮特色劳务品牌，推动成立商超联合会，丽水超市代表入选全国最具特色劳务品牌形象代言人。

【春节稳岗留工】 2022年春节期间，市人力资源和社会保障局会同有关部门开展稳岗留工专项行动，联合相关部门出台《关于春节期间鼓励企业留员工稳生产的政策意见》，制定《关于促返岗保用工助力“开门红”的政策意见》及实施细则，推出包车返岗补贴、自行返岗补贴、推荐就业奖励、来丽就业补助、用工调剂补贴等政策，春节后2周内全市返岗率超过98%。开展春节“送培训”活动，推出新春“丽创荟”线上培训班，联合泸州市人力资源和社会保障局共同加强新职业人才培养，为近1100名学员提供免费培训和对口岗位推介服务。

【促进就业】 2022年，全市城镇新增就业30499人，完成目标任务152.5%；城镇登记失业率1.12%，控制在3%的目标之内；全市失业保险参保36.03万人，较2021年末增长7%。促进城乡居民增收，城镇常住居民人均可支配收入55784元，同比增长4.7%，增速居全省第三位。发挥就业创业工作领导小组作用，牵头组织领导小组会议，研究部署稳就业保民生工作。围绕人社事业在高质量发展建设共同富裕示范区中的职责定位，大力实施人社助力乡村振兴专项行动。根据省人力资源和社会保障厅关于贯彻落实《浙江省失业保险条例》有关工作的通知精神，自8月1日起，将失业保险金发放标准调整为最低工资标准的90%，为1656元/月，失业补助金发放标准按是否缴费满12个月，分别调整为828元/月和331.2元/月。

【公共就业服务】 2022年，市人力资源和社会保障局做好失业保险稳岗返还工作，全市兑现失业保险稳岗返还资金10006.95万元，惠及企业1.62万家、职工22.34万人。继续实施失业保险单位缴费比例下调政策，失业保险单位费率由1%降为0.5%，个人费率仍按0.5%执行，全年全市减征企业失业保险费2.19亿元。将服务企业用工摆在突出位置，推行夜市招聘、直播带岗等新途径，持续开展送岗下乡活动，组织各类招聘活动312场，发布岗位9.8万余个(次)，达成意向1.79万人。举办“春风送岗•十城联动”网络招聘会，在媒体平台开设“云聘汇”专栏和区域招聘专场，组织招聘单位756家，提供岗位2.5万余个，求职点击量9.5万人次。

【重点群体就业】 2022年，市人力资源和社会保障局把高校毕业生等青年就业作为重中之重，促进高校毕业生多渠道就业。年内共对4913名高校毕业生进行帮扶，年末有790个高校毕业生见习基地(单位)2898个见习岗位，在岗见习950人。推动“浙里就业创业”和“重点群体就业帮扶”落地使用，覆盖全市9个县(市、区)、173个乡镇(街道)、2028个村(社区)，实现市、县、乡、村四级全贯通。全年全市开展重点群体帮扶3.72万人次，服务就业困难人员等重点群体2.77万人，实现就业2.5万人。持续开展公益性岗位托底安置工作，全市有公益性岗位1705个，在岗人员1256人。至年底，全市累计建成高质量就业社区(村)779个，帮扶困难人员再就业2307人，失业人员再就业累计12985人。

【创业服务】 2022年，市人力资源和社会保障局与市发改委等部门联合出台《丽水市人力资源和社会保障局等17部门关于支持多渠道灵活就业的实施意见》，将重点人群中的高校毕业生从毕业5年内放宽到毕业10年内，将创业担保贷款限额从50万元提高到80万元，全年新发放创业担保贷款1.12亿元，发放贴息补助532.34万元。连续8年举办“奇思妙想，创赢绿谷”创业创新大赛，承办浙江省首届返乡入乡合作创业大赛暨项目对接会，云上平田民宿综合体项目获浙江省首届返乡入乡合作创业大赛一等奖、航空航天金属精密导管智能制造系统项目获2022年“奇思妙想浙江行”创业大赛一等奖、数字化还原技术的应用和产业化项目获第五届“中国创翼”创业创新大赛浙江省决赛服务业组一等奖，实现历史性突破。引进知名培训机构华普亿方，与丽水电大共建丽水创业创新学院，累计开展创业培训8480人次。开展创业服务系列活动112场，扶持创业1904人，带动就业5927人。延伸高校服务触角，丽水学院大学生创业园获评省级创业孵化示范基地，连续合作举办14届职业生涯规划和创业大赛。举办“浙丽创业 技绽人生”技能夜市嘉年华暨“丽创荟”创业成果展，进一步提升“丽创荟”创业品牌影响力。承办2022中国(丽水)超市创业创新高峰论坛暨丽水市商超联合会成立大会，选举产生丽水市商超联合会第一届理事会成员，朱继坤当选会长。现场开设高峰论坛，开展“丽水山耕”“丽水山泉”“青田洋货”产品线上推介，发布丽水超市产业金融方案和“商超惠保”等项目。

【东西部就业帮扶】 2022年，市人力资源和社会保障局会同市发改委、市财政局、市农业农村局联合发布《关于进一步加强东西部就业帮扶巩固拓展脱贫攻坚成果助力乡村振兴的通知》，明确探索创新帮扶长效机制、建立健全帮扶工作机制、夯实帮扶工作抓手、健全完善帮扶政策、深化开展省际劳务合作等工作。落实新一轮东西部协作工作部署，持续与泸州市展开劳务协作对接，累计与8个省45个地市建立劳务协作关系，建立劳务合作站24个。持续开展跨省招工，到贵州、四川、云南等地举办专场招聘会17场，推出就业岗位1.2万余个，全年推送就业岗位2.3万余个。至年底，3.27万名中西部脱贫人员在丽水就业。

社会保障

【概况】 2022年，市人力资源和社会保障局牵头构建共富型大社保体系，平稳实现企业职工基本养老保险全国统筹。连续18年提高退休人员基本养老金，惠及退休人员32.03万人。城乡居民基本养老保险基础养老金保障水平位于全省前列。推进全民参保计划，实现参保扩面3.71万人，完成目标任务140%。全市市本级、景宁县、遂昌县、庆元县、青田县、龙泉市等6个统筹区获评省企业职工基本养老保险年度考核优秀，占全省的30%。深入开展社会保险基金管理提升年行动和社保政策落实不到位及行风方面问题专项治理，确保基金安全、平稳、高质量运行。

【社会保险参保情况】 2022年，市人力资源和社会保障局深入实施全民参保计划，提高企业职工基本养老保险参保率，健全完善困难人员参保代缴机制，推动城乡居民基本养老保险应保尽保，持续扩大社会保险覆盖面。年末，全市基本养老保险参保人数196.6万人，较2021年末新增2.5万人；工伤保险参保人数88.6万人；失业保险参保人数36万人。

【社会保险政策】 2022年12月，市人力资源和社会保障局、市财政局联合出台《关于浙江省征地补偿和被征地农民基本生活保障办法废止后有关待遇调整工作的通知》规范性文件，对市区被征地农民基本生活保障待遇核定和调整工作进行规范，自2021年7月1日起执行，基本生活保障金调整与全市最低生活保障标准调整同步执行。其基本生活保障金标准以三档、二档、一档缴费分别执行当期全市最低生活保障标准的100%、80%、60%（按四舍五入取整数）。同月，市人力资源和社会保障局、市财政局联合印发《关于2022年提高城乡居民基本养老保险基础养老金最低标准的通知》，自2022年7月1日起，全市城乡居民基本养老保险基础养老金最低标准从每人每月225元提高至每人每月255元。同月，市人力资源和社会保障局、市财政局联合印发《被征地农民参加基本养老保险死亡待遇业务处理口径》，对被征地农民参加基本养老保险后的死亡待遇进行规范。市人力资源和社会保障局、市民政局制定《困难人员参加城乡居民基本养老保险业务操作细则》，推进社会保险制度与最低生活保障制度、社会救助制度有效衔接，健全完善困难群众参保和代缴机制。

【社会保险经办管理服务】 2022年，市人力资源和社会保障局开展5个特困行业、17个扩围行业及困难中小微企业申请缓缴社会保险费受理经办工作，全年点对点政策服务告知企业3103家，发送短信39.1万条，为192家企业缓缴社会保险费2500万元。完成全市2022年度机关事业、企业职工基本养老保险、工伤保险、失业保险缴费基数申报工作，其中，涉及全市企业用人单位6535家。实施全民参保计划，聚焦灵活就业人员、新业态从业人员、工伤参保人员、私营企业和个体工商户从业人员等重点人群分类施策，扩大参保覆盖面，参保率99.08%。做好养老保险转移接续和退休业务经办，全年市本级办理企业职工基本养老保险跨省转移接续1270人（其中，转出767人、转入503人）、退休审批3621件。完成2022年度机关事业单位及企业退休人员基本养老金调整工作，全市惠及退休人员32.41万人，企业退休人员人均月增资108元，短信点对点告知6.68万条。建设社会保险驾驶舱，打造机关养老、企业养老、城乡居保、工伤保险、退休无忧等8个板块，展示界面19个，归集整理数据11亿余条，完成指标设计157项，搭建社保经办智治体系。全力打造“退休无忧”应用场景，入围丽水市十大民生实事。重构退休人员档案预审和退休流程，为全市退休人员提供集数据智配、退休预审、自助办理、无感认证于一体的便捷服务。优化社保待遇资格认证模式，实现社保待遇领取资格无感认证，全年办理认证59.04万人、认证率99.2%，其中，智能无感认证39.37万人，占总认证人数的66.14%。《“一件事”退休退职联办服务规范》被列入省人力资源和社会保障厅标准化研制试点项目成功立项，完成内部研讨、专题汇报、实地调研、专家研讨、征求意见等工作并形成送审稿。发文《关于规范市本级涉刑人员业务办理流程的通知》，完善参保人员和退休人员定期核查及处理机制，升级优化数据比对方式，全面排查并整改涉刑人员参保与待遇领取、死亡后多发待遇、重复享受待遇等问题。平稳解决被征地农民基本生活保障个人专户余额支付、机关保清算、涉刑人员疑点数据等问题，未发生信访投诉事件。实行全员培训，印发《中心工作人员学习培训工作方案》，建立涵盖业务、礼仪、心理、信息等内容的综合性培训体系。出台《关于建立全市社保经办协调推进工作机制的通知》，加强全市社保经办机构统筹协调，提升全市社保经办队伍综合素质。

【社会保险基金监督】 2022年，市人力资源和社会保障局根据省人力资源和社会保障厅工作部署，组织开展社保基金管理提升年行动、岗位权限管理专项检查、社保政策落实不到位及行风方面问题专项治理、违规申报套取社保基金问题排查、城乡居民基本养老保险基金风险排查、社保基金安全评估、社保基金第三方审计等各项社保基金监督检查活动，共发现问题136个，所有问题全部采取措施推进整改。全市上报普通要情18起30人，涉及金额124.5万元，未发现重大要情和涉及社保工作人员要情。组织开展主题为“以案促改、防控风险”的“警示教育月”活动，通过典型案例通报、开展学习研讨、开展谈话提醒等举措，教育广大干部职工履好职、守底线，全市组织开展警示教育活动126场，参与人员5293人次。持续推进“浙江省社保基金行政监督数字化平台”应用，核查疑点数据1256条，疑点核查整改率100%。制订全年内控检查计划，有序开展专项稽核业务。开展社保基金管理提升年行动、违规申报套取社保基金问题排查、疑点数据专项核查、工伤保险协议机构专项检查等工作，配合做好社保基金管理提升年行动省内互查和第三方审计，全年全市核查疑点数据1152条，整改问题数据722条，疑点核实率和问题整改率均为100%。

【企业职工基本养老保险全国统筹信息系统建设】 2022年，市人力资源和社会保障局深入贯彻落实中央、国务院和省委、省政府关于企业职工基本养老保险全国统筹工作的决策部署，第一时间成立工作专班，先后组织专题研究6次，召开专项推进会议9次，及时协调解决问题。制定系统切换工作方案，细分工作任务60项。组织培训3场次298人次，做到人人政策经办“一口清”。实行挂图作战，完成数据整理4轮、系统测试3轮，核实和处置规范缴费记录7.1万条，清理规范待遇项目1704个，分析整改数据1.38亿条，检验事项模块215个，测试记录2100余笔，高质高效推进系统平稳切换。5月，企业职工基本养老保险全国统筹系统上线。

【大厅窗口制度改革】 2022年，市人力资源和社会保障局出台《关于加强综合柜员管理若干问题的通知》，推进综合柜员制标准化建设，打破市、区业务经办壁垒，推行市、区经办窗口无差别受理。健全窗口运行服务工作机制，建立并优化“前台综合受理、后台分类审批、窗口统一出件”的经办服务模式。改变市本级窗口原有分功能区块办理的形式，优化整合咨询窗口、综合窗口和退休窗口，形成咨询台和综合办事窗口2个区域，实现窗口真正无差别受理。开发智能经办辅助系统，迭代升级智能化设备，推广掌上办、网上办、自助办，市本级大厅总办件量24.2万件，“一网通办”率98.85%，高频事项网办率95.72%。推进企业职工退休经办流程改革，在市本级试点推动档案预审“前置跑”、部门协作“提级跑”、群众办事“精准跑”经办机制，优化重构企业职工退休经办流程。编印《柜员业务经办操作规程》，通过加强业务、服务培训以及组织考试等形式，提升综合柜员业务素养和服务水平。开展处室与综合柜员双向选择竞聘上岗，在综合窗口设置组长1人，并实行竞聘上岗。制定《综合柜员考核办法》，通过“差异化”收入分配机制强化激励，调动工作积极性，营造良好的工作氛围。

【社会保障卡】 2022年，市人力资源和社会保障局优化以社会保障卡为载体的居民服务“一卡通”建设，在社会保障卡实现人力社保、数据、教育、公安、民政、财政、交通、文旅、卫健、医保10个领域应用的基础上，进一步扩大社会保障卡在各类政府公共服务领域的应用范围，社会保障卡居民服务“一卡通”专班成员由原有10个部门，增加至22个部门，实现交通出行、文化体验、景区入园、待遇发放、身份认证、就医购药、窗口办事、酒店住宿、就业登记、社保查询等120项便捷服务入卡。全市新增社会保障卡4.4万余张，实际累计持卡288.2万张，其中，第三代社保卡63.8万张，签发电子社保卡157.17万张。全面完善服务网点线上线下信息，对接全国社保卡服务平台，匹配435家线上线下服务网点和渠道的基础信息。扩大社会保障卡在各类政府公共服务领域的应用范围，社会保障、教育、财政、民政、卫健等部门均实现待遇入卡达到745万人次、金额87亿元。打造医疗保障升级版，已接入三级医院4家，二级医院18家，一级以下医疗机构617家，489药店家服务就医购药1297.37万人次，涉及金额101.4亿元；打造文化旅游升级版，将社会保障卡的应用建设与生活类服务场景有机融合，探索社会保障卡在旅游观光、文化体验等方面惠民服务生态圈。全市23家景区，9家博物馆（11个场馆）、10家图书馆、130余个城市书房，都已实现实体社保卡或电子社保卡入馆（园）、办证、购票、图书借阅等功能。在交通领域，凭第三代社会保障卡（市民卡）可以在全市范围内县（市、区）乘坐公交车，同时还能在北京、上海、杭州等300余个互联互通城市的公共交通（公交、地铁）上使用；突破创新，建设丽水居家养老“一卡通”体系，10月，在全省率先上线居家养老“一卡通”，打造全生命周期、全闭环智慧居家养老服务保障体系。

【信息化建设】 2022年，农民工服务保障在线、居家养老“一卡通”、人力资源产业协同（青瓷）3个项目入选全省人社系统数字化改革试点项目并全面建成，其中居家养老“一卡通”项目在全省数字社会系统会议路演。退休退职“一件事”联办工作规范、事业单位工作人员职业生涯全周期管理“一件事”改革业务规程（离职后）、人事考试考务管理工作规范、劳动保障信用评价规范4个项目入选2022年全省人社系统标准化试点项目，其中，退休退职“一件事”和事业单位人事管理“一件事”入选省级地方标准制订计划。“退休无忧”便民服务场景建设成为全市十大民生实事之一的“完善养老助老服务体系”的重要内容。迭代升级“丽水人才码”，推出“一码汇通、智控专享”人才专属服务。牵头建设“每日民生”驾驶舱，全景呈现放心消费、社会参保、“菜篮子”价格等12个部门43个指标运行状况。建设人社智慧大厅，政务服务“一网通办率”96.86%，办件量34.3万件，占市本级总量的47.3%。居民服务“一卡通”应用省级对口部门评价，列全省第三位。（吴松平）

社会生活

民政工作

【概况】 2022年，丽水市城乡低保对象64670人。其中，城镇低保对象2346人，农村低保对象62324人。年度支出低保补助资金5.83亿元，比上年增长8.16%。全市实施临时救助4837户次9143人次，累计发放救助金1823.08万元，人次均救助1994元。全市有特困人员3172人，全年支出供养资金5510万元。全年全市及时救助生活无着人员1399人次。其中，未成年人9人次，精神病或智力障碍患者917人次。完成接护送返乡37人次，其中跨省护送15人次。

全市运营养老机构73家。其中，公办公营3家、公建民营39家、民办31家。全市运营床位9345张、护理型床位6109张、护理型床位占比65.37%，新建11家智慧养老院和20家康养联合体，新增认知障碍照护专区床位592张，全市保留运营的20家敬老院均达到国家二级以上养老机构标准。

丽水市民政局牵头开展市级界线“浙闽线”联检工作，指导县（市、区）开展“台丽线”“云龙线”“庆景线”“庆龙线”“景龙线”和“遂松龙”界线联检。开展丽水市区道路命名工作，启动“爱丽水，请您来取路名”活动，激发市民参与热情，宣传地名文化，共拟命名135条在建和规划道路名称。开展国家地名信息库审核，指导县（市、区）完成《国家标准地名志》等编纂审核和《莲都区地名志》编印。全年全市火化区内火化遗体18718具，火化率100%；全市办理结婚登记16210对，其中国内居民16146对；办理离婚登记3948对，其中国内居民3930对；补发结婚证19448件，补发离婚证520件。全市登记在册社会组织3227家。其中，社会团体2049家，民办非企业单位1167家，基金会11家。 （吴杭轩）

【福利彩票】 2022年，全市销售福利彩票4亿元。其中，电脑票2.89亿元，即开票销量1.11亿元。筹集福彩公益金1.21亿元，其中市、县级公益金3321万元。全市中出双色球一等奖2注、二等奖40注，七乐彩一等奖1注，快乐8（选十）一等奖2注、（选七）一等奖1000注；刮刮乐一等奖6个。“福彩暖万家·‘浙里有福’公益行”“福彩暖万家·温暖同行”“福彩暖万家·情暖夕阳”等公益活动内容形式各异，龙泉市彩票站点组织开展爱心义卖活动，用义卖款慰问单亲妈妈困难家庭；庆元县彩票站点在县城水灾后自发捐款，用于灾后救济；莲都区、云和县彩票站点自发募集善款慰问困难家庭、

表29

2022年丽水市城乡低保一览表

地区	低保人数（人）	提标前低保标准（元）	提标后低保标准（元）	累计支出低保补助资金（万元）
市本级	450	910	1035	452.5924
莲都区	9342	910	1035	8501.281
龙泉市	7715	910	1035	7014.443
青田县	12956	910	1035	12630.5958
云和县	3110	910	1035	2851.6076
庆元县	5561	910	1035	4571.7524
缙云县	9860	910	1035	8551.1098
遂昌县	5459	910	1035	4593.8398
松阳县	5727	910	1035	5021.4159
景宁县	4490	910	1035	4123.5542
合　计	64670	—	—	588312.1919

（袁娇娇）

留守儿童；青田县、遂昌县彩票站点心系孤困老人，入户为老人送去温暖。全年154个丽水福彩站点志愿者参与到公益福彩志愿活动，自发筹集善款20830元，慰问偏远山区的孤寡老人、困难家庭、留守儿童等共计77人。（翁婷婷）

【厅市养老合作备忘录签订】 2022年11月29日，丽水市人民政府与浙江省民政厅签署《关于共同推进“浙丽长寿•山区颐养”行动合作备忘录》，标志着丽水市成为全省唯一山区养老创新试点市和厅市养老合作地级市。市长吴舜泽出席签约仪式，省民政厅副厅长方仁表与副市长叶伯军现场签署协议。《关于共同推进“浙丽长寿•山区颐养”行动合作备忘录》明确，在3年合作期内，省民政厅支持丽水市开展山区养老“十大红色小镇”结对帮扶行动、山区养老“十大公益创投”项目支持行动、山区养老“百个区域平台”转型提升行动、山区养老“百辆流动帮帮车”巡回服务行动、山区养老“千户困难老年人”善居工程行动、山区养老“千名养老管家”人才培养行动六大行动，促进丽水城乡基本养老服务均衡覆盖。（陈豪杰）

【《丽水市未成年人救助保护工作指引》出台】 2022年3月21日，丽水市未成年人保护工作委员会办公室出台《丽水市未成年人救助保护工作指引（试行）》（简称《工作指引》）。《工作指引》用于指导全市各级未成年人救助保护组织为困境儿童、留守儿童以及其他需要救助保护的未成年人开展服务。《工作指引》明确未成年人救助保护工作的工作体系、基本要求、制度管理要求、服务流程及要求，构建市、县两级未成年人救助保护机构、乡镇（街道）未成年人保护工作站、村（居）民委员会未成年人保护工作岗四级工作网络，为全市未成年人救助保护提供指导性强、规范化、可操作的工作指引，推进全市未成年人救助保护规范化建设，提升未成年人救助保护工作质量与效率。（杨婷婷）

【两项纾困补贴发放】 2022年8月17日，丽水市民政局、丽水市财政局联合下发《关于增发困难群众一次性生活补贴工作的通知》，向全市66987名在册低保对象和3160名特困供养人员，按照人均800元的标准发放困难群众一次性生活补贴，合计5612万元。7月，全省低收入居民基本生活费用价格总水平同比上涨3.1%，全省居民消费价格指数中的食品价格同比上涨5.7%，依据市社会救助保障标准与物价上涨挂钩机制，丽水市民政局启动价格补贴联动机制，向全市低保对象、特困供养人员、孤困儿童、“三老”人员、支宁返丽人员发放物价补贴人均57元，向低保边缘户发放物价补贴人均29元，合计496万元。（袁娇娇）

【新增省级示范慈善分会和省级示范慈善工作站】 2022年12月6日，浙江省慈善联合总会公布第三批省级示范慈善分会、示范慈善工作站名单，丽水市缙云县新建分会被评为省级示范慈善分会，庆元县百山祖镇三堆工作站、荷地镇石洋工作站、江根乡坝头工作站以及缙云县新建镇笕川工作站、新建镇洋山工作站、新建镇新合工作站、新建镇新建工作站被评为省级示范慈善工作站。至此，全市有慈善分会117个，其中乡镇（街道）级分会99个，村（社区）建立慈善工作站314个，各级分会、工作站已筹集善款1.02亿元。（李慧强）

移民工作

【概况】 2022年，丽水市移民工作笃定“护航二十大•助力共富裕”主题，围绕“红色基因领航、共同富裕领先、数字改革领跑、移民工作领头”四个目标，实施“红耀绿谷情系移民、美好生活共建共享、整体智治全员奔跑、重大改革样板添彩”四大行动，实现库区移民和谐融入发展、美丽移民村建设成果逐步显现、在建水利水电工程移民安置工作推进。丽水市移民工作获全省考核第一名，实现“六连冠”（2017—2022年）。

【滩坑移民共富】 2022年，市移民服务中心以习近平总书记考察滩坑水电站坝址20周年为契机，开展《牢记习近平同志对水库移民工作重要指示 奋力续写水库移民工作“重要窗口”新篇章》专题研究。联合丽水新闻综合频道连续推出10期系列报道《喜迎二十大——移民村里话共富》，反映20年来滩坑库区和移民发生的喜人变化。建成滩坑水电站建设展示馆、松阳黄南水库移民纪念馆、滩坑移民水下故园展示馆，建成全市移民村红色地标“云地图”，实现111个红色地标图片和历史介绍在线展示，推动线上线下红色阵地双向互动。

【移民动迁安置】 2022年，全市移民管理机构服务于市委、市政府“华东绿色能源基地核心区”和“浙西南大中型水库群”建设战略，完成涉及1.6万人移民的安置任务，完成移民前期审查审核17项、竣工终验1项，松阳县、景宁县、庆元县抽蓄、紧水滩混合式抽蓄获核准。其中，松阳县抽水蓄能电站移民安置前期创下23天完成向省政府请示到下达“封库令”的全省最快速度；景宁县抽水蓄能电站移民安置前期创下53天完成省政府下达移民安置规划大纲批复的全省最快速度。丽水市初自验合并进行、简易程序验收这2条移民安置经验做法被纳入省民政厅“服务保障稳经济兜民生底线20条措施”，为全省民生发展提供丽水经验。

【移民共同富裕】 2022年，市移民服务中心出台《丽水市高质量发展建设共同富裕示范区水库移民工作实施方案(2022—2025)》，全年下达移民资金2.8亿元，安排移民后扶项目490个，移民人均可支配收入为28400元，比上年增长8.5%，达到当地农村居民平均水平的98.7%。印发《新时代美丽移民村建设行动方案(2021—2025年)》，全年建成新时代美丽移民村40个、精品村10个，全市684个移民村经营性收入全部在10万元以上，经营性收入在50万元以上的移民村有177个，占全市总数的41%。

【平安库区建设】 2022年，全市移民管理机构开展“入千村、访万户、话家常、办实事”活动，了解掌握移民动态，收集移民诉求。全年全市走访移民村1056个次、移民群众7948人次，帮扶移民村739个次、移民群众9724人次。（蓝　天）

宗教工作

【概况】 2022年，丽水市五大宗教齐全，有佛教、道教、伊斯兰教、天主教、基督教。现有经批准合法登记宗教活动场所532个，纳入登记编号管理的民间信仰活动场所890处。宗教活动场所数和民间信仰场所数在11个地级市中分别列第六位和第五位，是浙江省宗教工作任务比较重的地级市之一。

9月23日，丽水市第九届汉传佛教讲经交流会在青田县真宁净寺举办，11月22—23日，承办2022浙江省汉传佛教讲经交流会和省佛协对外交流专委会研习班，成立佛教文化对外交流中心并举办“之江问道，侨遇世界——佛教中国化对外交流论坛”，形成优秀讲经讲道文稿50篇。

【平安创建】 2022年，市委统战部(市民宗局)按照管理规范、人员安全、活动安全、食品安全、消防安全、建筑安全、财务安全、财产安全的指标体系，开展平安宗教活动场所创建工作。做好元旦、春节、“五一”、清明等节假日和佛诞节、开斋节等重要宗教节日以及汛期、台风等节点的安全生产工作，定期开展安全隐患排查和风险化解工作。市委常委、统战部部长徐光文带队到遂昌县、松阳县宗教活动场所督查除险保安工作。联合扫黄打非、消防救援等部门组成3个检查组，分别到9个县(市、区)和丽水经开区开展宗教领域除险保安“百日攻坚”联合检查，明察暗访宗教场所30处，现场指导问题整改115个，收缴销毁非法宗教出版物书籍3700余册、音像制品1400余个。设立宗教领域“除险保安”晾晒榜，累计编发通报2期，相应问题全部限时完成整改。

【宗教活动场所消防安全】 2022年6月16—17日，全市除险保安工作现场推进现场会在缙云县召开，推广云和县设立每年12万元“宗教领域公共安全治理经费”、缙云县探索“智慧消防”探索第三方监管模式和教职人员担任消防公益宣传大使等经验做法，推动平安宗教场所特别是消防安全标准化建设稳进提质，在全市51处重点场所建成微型消防站。加强平安宗教建设，丽水市仁寿寺、龙泉市龙泉山龙祥观等10处宗教活动场所获评2021年省级平安宗教活动场所，缙云县壶镇镇九松寺、莲都区城关基督教堂等10处场所获评省级消防安全标准化管理“百优争创”优秀单位。组队参加全省宗教活动场所消防安全大比武，获宗教活动场所队二等奖、“五教”同行队三等奖，连续3届取得优异成绩。

【宗教建筑安全】 2022年，市委统战部(市民宗局)部署开展宗教和民间信仰活动场所房屋安全扫楼攻坚行动，协同建设部门把宗教场所全部纳入城镇房屋安全系统动态化管理。对554栋宗教领域经营性自建房开展核查，其中77栋不属于宗教和民间信仰活动场所。对8处C、D级危房按照“一房一策”建立清单，实行销号管理。开展宗教和民间信仰活动场所陈列物排查工作，健全陈列物管理机制。

【宗教普法工作】 2022年，市委统战部(市民宗局)继续实施“十百千万”普法工程，创建省级宗教普法示范点1处和省级宗教普法教育基地10处。加强普法宣传，根据“十百千万”普法工程的部署，全市开展宗教界“法治宣传教育进场所”和坚持我国宗教中国化方向“四走”(往实里走、往深里走、往心里走、往基层走)主题教育，举办政策法规宣讲活动123场次，参与人员7161人。

【宗教领域行政执法】 2022年，市委统战部（市民宗局）推进“大综合一体化”行政执法改革工作，加强与综合行政执法部门协调配合，编制《宗教领域行政执法案件移送工作指引》，全年立案涉宗案件6起。配合综合行政执法部门制定《丽水市乡镇（街道）分类赋权事项基础目录库》，把易发现、易处置、易承接的10项民宗行政执法事项纳入基准库，统一指导赋权乡镇执法。

【宗教智治】 2022年，市委统战部（市民宗局）贯彻落实省、市数字化改革要求，贯通使用“浙江掌上宗教”“浙里宗教智治”等应用场景。推广应用“浙里民宗快响”，发起快响事件804件，处理完成731件，完成率90.92%。落实《互联网宗教信息服务管理办法》，4个宗教团体、14个宗教场所获得互联网宗教服务行政许可。（赵伟胜）

民族工作

【概况】 丽水是浙江省民族工作重点市，辖有景宁畲族自治县，7个民族乡镇（占全省18个民族乡镇的39%），161个民族村（占全省382个民族村的42%）。丽水市贯彻落实中央、省委、市委民族工作会议精神，推动民族地区奔赴共同富裕，少数民族农民人均可支配收入28358元，增幅连续17年高于全市农村居民平均水平。

4月1日，市委民族工作会议在丽水召开，市委书记胡海峰出席会议并讲话，市领导李锋、陈瑞商、任淑女等出席，郎文荣主持，以视频会议形式召开，各县（市、区）设分会场，主会场100余人参加。4月16日，第二十八届“竹柳新桥”三月三畲族云歌会在松阳县举办，首次以“云在线”的形式在全网直播，得到全网56万余人次“云友”好评。11月3日，丽水市第二届原生态畲族山歌大赛在遂昌县举办，22支队伍、76名歌手参加。联合市文广旅体局、市教育局开展丽水市首批民族文化项目命名工作，评出丽水市“石榴红”民族非物质文化遗产传承基地21个、丽水市“石榴红”民族文化社会实践基地16个。

【承办浙江省第七届民族传统体育运动会】 2022年11月24—27日，第七届民族传统体育运动会在景宁县举办，12个代表团参赛，设有珍珠球、蹴球、秋千等竞赛项目10个，有竞技类、技巧类、综合类“三大类”表演项目。丽水代表团以34个一等奖和91块奖牌，分别位列一等奖总数第一和奖牌总数第一。景宁县作为唯一组队参赛的县级代表团，获8个一等奖和50块奖牌，分别位列一等奖总数第四和奖牌总数第三。

【民族团结进步创建】 2022年，丽水市莲都区万象派出所获评第十一批全国民族团结进步示范单位，19家单位入选第五批省级民族团结进步创建重点培育单位，莲都区老竹民族学校被评为第二批浙江省民族团结进步教育基地。景宁畲族自治县民宗局获评全省民族宗教工作成绩突出单位。推进“之江同心·浙丽石榴红”品牌建设，成立“石榴红”民族团结图书室，开通“浙丽同心·民族团结号”公交线路，培育“石榴红”家园、驿站、工作室、宣讲团、志愿服务队共79个。承办浙江省铸牢中华民族共同体意识专家研讨活动、“之江同心·石榴红宣讲团”中共二十大精神大宣讲活动启动仪式。贯彻执行民族政策法规，办理民族成分变更审核51人，审核少数民族学生中高考加分372人。举办面向全市民族干部、少数民族实用人才、民族传统手工艺人的专题培训3期，培训150余人。

【民族地区共同富裕】 2022年，丽水市委统战部制定出台《丽水市民族团结进步事业“十四五”规划》《丽水市民宗系统助力高质量发展建设共同富裕示范区实施方案》。推进民族乡村振兴工作，共创成全省各民族共同富裕团结进步精品带1条、省级民族乡村共同富裕示范点10个、省级民族乡村振兴试点4个。召开全市民族乡村振兴现场推进会和云景聚落发展区块推进会，举办全市民族网红直播带货争霸赛，其间，完成线上产品交易1968单，销售金额20.48万元。承办中国（义乌）森林产品博览会“民族风物馆”相关展销工作，组织民族特色农林产品企业参展。（叶青峰）

老龄工作

【概况】 2022年，按户籍人口统计，至年底，全市总人口269.30万人，全市60周岁及以上老年人口58.31万人，占总人口的21.65%；老年人口与上年同期相比增长1.02%。老龄化程度最高的为遂昌县，老年人口占总人口的比重为25.47%；其次是云和县，老年人口占总人口的比重为22.72%；再次是缙云县，老年人口占总人口的比重为22.64%。老龄化程度最低的为青田县，老年人口占总人口的比重为19.49%。全市65周岁及以上老年人口43.77万人，70周岁及以上老年人口27.63万人，80周岁及以上老年人口9.39万人，90周岁及以上老年人口1.51万人，100周岁及以上老年人口194人。

【老年健康服务体系建设】 2022年，市卫生健康委围绕满足老年人健康服务需求，制订《“浙里康养”健康支持体系建设工作方案(2022—2025年)》，推进医养结合工作，牵头发布由11个单位联合出台规范性文件《关于深化医养结合工作的实施意见》。推动老年医学科、康复科和治未病科建设，全年丽水市二级及以上综合性医院老年医学科的设置比例为95%，新创建老年友善医疗机构112家，2年(2011—2012年)创建全市老年友善医疗机构177家，约89%的医疗机构创成老年友善医疗机构。由市二院牵头，成立丽水市老年医学专科联盟，加强老年医学学科建设和人才培养，做好国家老年医学人才培训项目、国家医养结合机构服务质量提升行动网络培训班、省卫生健康安宁疗护培训等工作。围绕“改善老年营养，促进老年健康”主题，全市开展老年健康宣传周活动314场，参加4113人次(其中副高以上专家182人)，服务群众3.5万人次，投入经费20.6万元。根据省统一部署，全市开展老年人“光明”“口福”“营养改善”“失智老人关爱”和健康服务“智慧助老”五大行动，完成老年人口腔健康评估7207人，营养不良风险评估7164人，阿尔茨海默病筛查3598人(其中阳性186人)，全市老年糖尿病患者眼底筛查2281人。推进老年健康和医养结合公卫项目，全年服务64867人，其中完成2次医养结合服务49569人。确定莲都区丽阳社区为丽水市2022年度国家心理关爱项目点。

【老年宜居环境建设】 2022年，市卫生健康委(市老龄办)组织老龄委成员单位、浙里康养专班成员在全省老龄工作暨“浙里康养”推进会分会场参会，市长吴舜泽代表丽水市到主会场参会并作《打响“中国长寿之乡”品牌打造全国一流的老年宜居之城》交流发言。推进老年宜居环境建设，召集会议协调全市辖区公交站点无障碍改造事宜，市老年宜居环境建设领导小组办公室印发相关会议纪要，推进改造项目实施。开展全国示范性老年友好型社区申报、实地评估、推荐工作，缙云县洋山村在全省实地核查社区中总分排名居第一位，并被推荐在全国示范性老年友好型社区创建总结会上作典型经验交流，青田县吴坑乡大仁村、缙云县新建镇洋山村、庆元县濛洲街道同济社区、遂昌县妙高街道城中社区这4个社区被命名为2022年全国示范性老年友好型社区，优选推荐7个社区为丽水市2023年全国示范性老年友好型社区培育单位。牵头开展丽水市卫生健康系统养老诈骗专项整治行动，制订行动方案，成立领导小组，部署开展专项整治工作，公布各地惩治养老诈骗专项行动涉医违法行为线索举报方式，创编宣传语、设计宣传海报、编印宣传三折页、开设老年人反诈课堂等，开展养老机构养老诈骗实地督查，全市累计出动执法人员942人次，累计排查养老机构219家次，医养结合机构74家次，全市查处违法涉医行为2例。

【丽水“中国长寿之乡”品牌建设】 2022年，丽水市履行长寿之乡绿色发展区域合作联盟秘书处职责，加强丽水“中国长寿之乡”品牌建设，推动丽水长寿之乡标准体系建设4项，“2022年丽水市长寿养生村、长寿之乡养生产品获评企业品牌建设能力提升班”在丽水广播电视大学举办，在北京卫视拍摄并播放2集《活过100岁》栏目丽水长寿之乡专题片。联盟组织完成《长寿之乡传统特色产品认定管理办法》制定工作，完成第六批中国长寿之乡服务业示范城市、康养示范基地、乡情体验基地、乡贤人物、养生名优产品等品牌认定。联盟作为协办单位，首次组织浙江云和、缙云，江苏启东、如东、东台，安徽金寨、谯城7个长三角地区长寿之乡15家企业参加老长三角国际健康养老产业交易会(苏州)，宣传推介长寿之乡健康养生项目、传统特色产品、保健食品以及健康老年产品。推进与中国农业电影电视中心、广东省居家养老协会、中康长寿文化传媒(惠州)有限公司、《浙江老年报》等合作洽谈。设立联盟企业家委员会粤港澳大湾区办事处，主要负责向粤港澳大湾区推介长寿之乡康养旅居和名特优产品。在丽水召开联盟企业家委员会分会会议，共商分会建设和发展，浙江丽水、江苏溧阳、安徽谯城、福建柘荣、河南夏邑、封丘6个长寿之乡分会会长、秘书长及合作单位负责人参加会议。组织举办“长寿之乡首届推文制作大赛”“2021年度长寿之乡品牌建设十大亮点工作评选”“绿色发展与健康长寿漫画大赛”等宣传活动，“丽水市启动长寿之乡建设标准体系建设工作”入围“2021年度长寿之乡品牌建设十大亮点工作”。出版发行《中国长寿之乡发展报告(2021)》，谋划编写《中国长寿之乡发展报告(2023)》、启动“长三角地区长寿之乡的发展和主要经验”课题研究，编印《2016—2021年中国养生名优产品手册》《第五批中国长寿之乡特色服务业示范城市等品牌宣传画册》，与湖北长寿文化研究所联办《长寿探秘》杂志，刊出12期。完成联盟网站网络安全等级保护二级测评及联盟网站改建工作，提升联盟网站和微信公众号宣传质效，全年累计发布“中国寿乡联盟”微信公众号信息1310条、联盟网站信息1365条，每日推送各长寿之乡的风土民情、文化旅游、生态产业等信息，不定时推出“长寿之乡集锦”“专家话长寿”“长寿之乡品牌展播”“百岁名人故事”等专栏。

【“敬老月”活动】 2022年，市老龄办协同老龄委各成员单位开展人口老龄化国情省情市情宣传及敬老爱老宣传、涉老反诈防骗宣传、推进“智慧助老”行动、市直老年人趣味运动老年文体、为老服务等各项活动。推动老年木玩进养老康复、老年教育活动等场所，与省卫生健康委（老龄办）对接，11月22—24日，共同富裕与健康老龄化研讨会暨首届省老年木玩比赛在云和县承办，组织11个地市的老年队伍参加，活动被人民网、《环球报道》、《浙江新闻》等国家、省级媒体报道。丽水市各县（市、区）同步组织开展由四套班子领导带队的高龄、困难、空巢老人走访慰问活动，慰问全市高龄、困难、空巢老人25800余人，发放慰问金约336万元、慰问品价值约134万元。

【老年活动中心】 2022年，市老年活动中心年活动量为91296人次，开展省、市级以及市本级各类活动34场，其中，选送优秀节目参加省老年活动中心的省老年时装大赛，获团体金奖及4项个人奖；老年朗诵班学员参加全市朗诵比赛获老年组金奖。联合市人民医院、市第二人民医院、市中医院等单位开展为老服务日活动8场，服务老年人1000余人次；持续开展“教爸妈玩转手机”培训和送课活动。

【老年电视大学】 2022年，全市老年电视大学开设乡镇、社区、养老机构、村等教学点611个，征订省老年电视大学教材7万册。全市老年电视大学开展实体化办学，办班172个，招收学员9985人次，开展智能手机培训207场次，开展“健康共富路 银龄反诈行”培训123场次。探索老年活动、老年教育和云和木玩的融合点，举办丽水市第二届老年木玩比赛。提升办学水平，丰富教学内容，市老年电视大学组织全市辅导员、市本级教学骨干等培训，邀请省、市专家到各教学点开展送文化、送健康活动9场，全年开办实体化办班51个，招收学员2000人次，开展开学典礼、优秀学员和志愿者表彰、研学等教学活动。 （周星汝）

县（市、区）概览

莲都区

【概况】 2022年，莲都区总面积1493平方千米，辖4个镇、5个乡、5个街道、198个村、34个社区。至年末，总人口60.04万人，户籍人口42.68万人，流动人口17.36万人。

实现地区生产总值483.18亿元，按可比价计算，比2021年增长4.3%。其中，第一产业实现增加值23.68亿元，增长4.4%；第二产业实现增加值164.69亿元，增长8.7%；第三产业实现增加值294.81亿元，增长2.1%。三次产业结构比例为4.9:34.1:61.0。

实现财政总收入95.26亿元，下降7.7%。一般公共预算收入59.90亿元，扣除留抵退税因素后增长4.2%；一般公共预算支出155.22亿元，增长11.8%。居民人均可支配收入53078元，增长5.3%，扣除价格因素增长3.3%。按常住地分，城镇常住居民和农村常住居民人均可支配收入分别为58908元和36602元，名义增长分别为4.5%和8.4%，扣除价格因素分别增长2.6%和6.4%。

固定资产投资增长16.5%；年末，金融系统本外币存款余额1667.24亿元，增长23.0%；本外币贷款余额1572.76亿元，增长13.5%。推进国有企业市场化改革，加速国有资产确权划转，建立国企投资风险控制机制，区属国企总资产增长96.8%，新增融资授信额度135.3亿元。全年实施建设项目135个，其中入选省重点项目5个、“4+1”项目6个、省市县长工程2个、省集中开工项目7个，完成投资97.9亿元，交通投资增长85.2%，生态环保、城市更新和水利设施投资增长75.9%。争取到地方政府债券资金12.8亿元、各类省级补助资金15.5亿元，建设用地指标142.8公顷。盘活再利用各类闲置低效建设用地105.47公顷，完成国有建设用地供应207.13公顷，其中出让工业用地41.13公顷，是2021年出让面积的11倍。

全区农林牧渔业增加值为24亿元，总产值32.84亿元，分别增长4.4%、4.6%，农民增收和低收入农户增收增速均列丽水市第三位。整治优化粮食生产功能区413.33公顷，全年粮食播种面积8513.33公顷，总产量4100万公斤，水稻全产业链生产模式被列为丽水市“粮食增收”最佳实践案例。创成浙江省首批“肥药两制”改革综合试点县、省级畜牧业“机器换人”高质量发展先行县。国家级分子育种中心项目入选全国农作物品种展示基地、省级重点农业项目。深化农村产权制度改革，创新农村产权流转交易网络竞价合作模式。深化“共富123行动”乡镇试点建设，建成“共富工坊”70个，实现城镇新增就业1.6万人，城镇登记失业率1.14%，低收入农户人均可支配收入增长17.3%，全区所有行政村实现村总收入20万元且经营性收入10万元以上。碧湖—大港头片区创成“古堰画乡·诗画田园”县域风貌样板区，碧湖镇创成美丽城镇建设省级样板镇。7个社区、3个村分别被列入省级未来社区、省级未来乡村创建名单。启动自然村通班车工作，新增班车线路19条。衢丽铁路莲都段隧道、桥梁工程进入主体施工阶段，洪渡互通至黄村农村道路改造提升工程（仙渡至黄村段）全线贯通。

全年全区完成规模以上工业产值98.32亿元，增长16.6%，完成规模以上工业增加值20.43亿元，增长6.9%，实现工业投资增长17.4%，制造业投资增长1.4%，技改投资增长1.6%。集成出台经济稳进提质34条措施，联动出台工业、商贸、消费、金融、文旅、建筑业等领域一揽子惠企利企“政策包”，推出“周一纾困解难日”、大莲都经济运行监测分析机制、市区重点企业“一企一员一提示”工作机制等举措，开展“三级干部大走访”“百名干部助百企”等活动，为企业减负6.14亿元，完成增值税留抵退税11.49亿元，兑付涉企政策性补助补贴资金4.09亿元。统筹抓好“两稳一促”，实现外贸出口增长52.6%，实际使用外资增长232.8%，发放消费券9769万元，带动消费8.4亿元。启动新一轮制造业“腾笼换鸟、凤凰涅槃”攻坚行动，深化“亩均论英雄”改革，整治高耗低效企业20家，新增规模以上工业企业24家，区本级规模以上工业亩均税收22.76万元，增长38.1%。加快产业数字化转型，支持电气、阀门等优势传统产业改造升级，完成工业机器人推广应用51台，规模以上企业自动化、数字化、智能化改造21家。恒大电气入选国家级专精特新“小巨人”企业名单。“推动工业稳增长和技术改造，加快传统制造业转型升级，培育‘单项冠军’企业”工作获省政府督查激励。

按照“高大上、链群配”的设计定制，重点围绕半导体、大健康、新能源、数字经济等产业，开展专业化、精准化招商，全年引进项目31个，合同投资额160.56亿元，增长258%，实现半导体产业、新能源产业和10亿元级单体制造业项目招引三个零的突破，招商引资考核获评丽水市优秀等次。深化与义乌市、宁波江北区的山海协作，成立宁波江北·丽水莲都高新产业协同发展中心，莲都—义乌山海协作产业园高新科创企业加速中心落地开工，义乌—莲都“产业飞地”2个产业项目开工建设，累计完成投资14.33亿元。与意大利奥拉市建立友好交流城市关系。

全年接待游客326.2万人次，实现旅游总收入37.8亿元。古堰画乡被列入国家级旅游度假区意向名单和山区26个县“造月工程”培育名单，古堰画乡文化产业园、古堰画乡艺术中心、九龙湿地萤火虫文旅项目等开工建设。创成省AAAA级景区城，东西岩风景区被评为省生态文明教育基地，九龙国家湿地公园被评为省中小学研学实践教育基地，括苍古道入选第二批省大花园耀眼明珠，新治河绿道入选浙江省最美绿道。

出台“科技新政10条”，全年直兑科技政策资金2479.84万元、增长41.92%；出台一揽子人才科技新政，兑现人才科技专项政策经费8196万元，增长448.2%，惠及人才3000余人。首次入选国家级海外引才计划2人、国家高层次科技创业领军人才1人；获评“浙江工匠”1人。与丽水职业技术学院合作共建“莲都工匠学院”，“古堰画乡·院士之家”成为丽水市首家“浙江院士之家”。“青年人口态势”和“青年职业发展”两个指标获省级青年发展综合指数优秀等次。研究与试验发展(R&D)经费投入强度2.5%，首次超过全国平均水平，技术创新指数进步位居浙江省第一。新增国家高新技术企业17家、省级高新技术企业研发中心5家、省科技型中小企业50家。建立浙西南地区最大的国家科技进步奖一等奖成果“节水抗旱稻”标准化示范基地。推进“绿谷精英·创新引领行动计划”，入选项目24个。市区首个科创孵化平台——莲都科创大楼投入运营，白桥双创中心开工建设。

全区有幼儿园55所，小学17所，初中13所，成人教育培训中心1个，区域中心成技校6所。有中小学专任教师3908人，幼儿园专任教师1042人，正高级教师2人，省特级教师6人。城西学校初中部和金周园、中骏园2所公办幼儿园投入使用，新增初中学位1200个，幼儿园学位630个。出台碧湖新城基础教育提质“五年行动”方案，碧湖小学被纳入大洋路小学教育集团，碧湖中学与丽水学院开启院校共建办学新模式。花园中学启动民转公改制工作，与括苍中学组建花园学校教育集团。《莲都区创新“社会监督”机制助力校外培训治理》案例入选全国“双减”工作优秀案例，是浙江省入选的三个案例之一。

全区户籍人口基本医疗保险参保率99.76%，全民健康补充医疗保险“浙里惠民保”参保率91.21%，困难群众资助参保和医疗救助政策实现两个100%，全区医保电子凭证医药机构接入率100%。城乡低保标准提高至每人每月1035元，特困供养标准提高至每人每月1662元，完成低保户“善居工程”改造70户，新增认知障碍照护床位120张，“浙丽保”惠及9.75万人次。儿童福利院改造项目、桑垵安置公墓三期项目投入使用。入选省第二批婚俗改革实验区，“德不孤——事实孤儿成长关爱志愿服务项目”获省慈善奖。

莲都区生态环境状况级别为优，生态环境公众满意度总分90.71分。市区环境空气质量综合指数2.55，在全国168个重点城市排名第七，空气环境优良率(AQI)为96.7%，$PM_{2.5}$平均浓度19微克/立方米。设立蓝喉蜂虎繁殖栖息地保护区。

【碧湖新城建设】 2022年，碧湖新城发展工作领导小组和委员会成立，丽水工业园区提档升级为省级经济开发区。碧湖新城建设规划城镇建设用地面积增至15.92平方千米。推进40.25万平方米房屋征收，完成土地清场85.33公顷，增长218%；完成土地流转100.73公顷，增长1118%。碧湖镇等4个乡镇全域土地综合整治项目入选浙江省首批试点。实施“大搬快聚富民安居”工程，签约搬迁人口选择安置碧湖新城6972人，魏村安置小区一期、二期项目有序推进，新城房地产网签面积27.81万平方米，增长399%。谋划实施项目107个，完成年度投资67.24亿元，碧湖平原水系综合治理工程（一期）、采桑未来社区、碧湖污水处理厂改扩建项目、石郎线改造提升工程、桃碧线改造提升工程（S222连接线段）等61个项目开工建设，万洋区块基础设施PPP项目、碧湖西生活区块开发项目、丽水电大莲都学院新建工程等46个项目完工，新城首个居家养老服务中心运营。

【“三区三线”划定成果获批启用】 2022年9月30日，莲都区“三区三线”划定成果通过自然资源部确认启用。全区划定生态保护红线269.58平方千米，占莲都区面积的18%；划定永久基本农田1.08万公顷，比上一轮土地利用总体规划减少1473.33公顷；全区规划新增建设用地面积1726.67公顷，其中碧湖新城规划新增建设用地面积约453.33公顷。

【“节水抗旱稻”标准化示范基地】 2022年5月4日，浙西南千亩“节水抗旱稻”标准化示范基地开播，实现规模化、机械化种植。8月29日，上海市农业生物基因中心与莲都区人民政府签署“浙西南节水抗旱稻”战略合作协议，明确“368”研究及产业化推广体系。“节水抗旱稻”在莲都区推广种植面积400余公顷，均获丰收。《莲都区着力推进“节水抗旱稻”产业化》一文在《浙江信息》刊发。

【领源现代农业示范园开工建设】 2022年10月28日，丽水市领源乡村振兴现代农业示范园项目开工建设，项目位于莲都区碧湖新城，总投资15亿元，占地面积约46.67公顷，其中44.67公顷作为农业种植用地，分三期实施，重点打造集生产、生活、生态于一体，种植、仓储、销售、采摘、旅游、餐饮、民宿等业态齐发展的示范性现代农业综合体，建设内容包括蔬菜数字化农业生产区、种植试验基地、农业科普教育接待中心、仓储冷链物流区、展示接待中心等，为全市最大农业单体项目。项目建成后年产值4亿元以上，综合纳税额超2000万元。

【丽水·莲都“云”丰收节】 2022年10月，莲都区牵头举办丽水·莲都“云”丰收节活动，采取线下镰庆丰收活动、线上“三农”论坛互动、助农直播带货“三线推进”，以莲都区为中心向外辐射农民丰收的喜悦和乡村振兴的信号，打破农产品销售地域限制，当日线上观看量突破50万人次，带动线上线下消费超25万元。 （李倩倩）

2022年10月10日，2022年丽水·莲都“云”丰收节进行助农直播，推介莲都特色农产品

（莲都区农业农村局 提供）

龙泉市

【概况】 2022年，龙泉市总面积3044平方千米，辖4个街道、8个镇、7个乡、28个社区、214个行政村。年末，户籍人口28.66万人。

全年实现地区生产总值170.32亿元，比2021年增长3.1%。其中，一产、二产、三产分别实现增加值18.09亿元、59.63亿元和45.56亿元，分别增长4.5%、1.5%和2.1%。三次产业结构为10.6:35:54.4；社会消费品零售总额83.82亿元，增长3.5%；城镇、农村常住居民人均可支配收入分别为57331元、30424元，分别增长4.4%、7.2%。获省科技进步目标责任制考核优秀等次及省乡村振兴战略实绩考核优秀县、美丽浙江建设考核优秀县、新时代美丽城镇建设考核优秀县称号，获“五水共治”大禹鼎“银鼎”。

全年实现农林牧渔业增加值18.24亿元，增长4.6%。全市粮食播种面积1.21万公顷，粮食总产量0.77亿千克。创成国家林业产业示范园区，入选省农业“双强”行动赛马激励县，兰巨现代农业园区获评“省十佳”园区。获评省农村文化礼堂建设示范县，8个乡镇完成省美丽城镇创建验收。

全年实现规模以上工业增加值

25.34亿元，增长2.1%；高新技术产业、战略性新兴产业增加值分别增长3.9%、6.0%。固定资产投资79.92亿元，增长13.0%。实施省生产制造方式转型示范项目6个，为丽水最多；实施数字化、智能化改造项目46个，创成丽水首家省级“未来工厂”，入选丽水“未来工厂”培育企业2家；建成省级智能工厂（数字化车间）3家，省级首台（套）产品和产业链上下游共同体实现零的突破，丽水首家工程机械整车生产企业试生产。统筹谋划“六大区块”空间开发，完成土地征收233.33公顷，新增工业用地41.27公顷。推进“腾笼换鸟、凤凰涅槃”攻坚行动，开展“两高一低”企业、“用而未尽”土地等专项整治，盘活低效闲置用地71.93公顷。

创建省级龙泉青瓷文化传承生态保护区，入选全国县域旅游综合实力、发展潜力“双百强县”。出台推进剑瓷产业高质量发展新政，发布全国首个刀剑产业链标准体系，剑瓷规模以上产值、税收分别增长11.3%、16%。剑瓷工场、龙泉陶溪川等非遗电商直播基地投入运营，入驻电商300余家，全市剑瓷电商销售额增长44.1%。“龙泉青瓷宝剑之旅”入选省首批非遗主题旅游路线，“西街宿集”项目签约，完成文旅“微改造”示范点30个，入选全国十佳体育旅游目的地，系浙江省唯一。

系统构建“一江两岸、一核四区”城市格局，城东综合体双子楼顺利结顶，瓯江北岸基础设施改造工程全线完工，欧冶大道全线贯通，中山东路、东茶路、凤起路等城市道路完成改造提升，华楼街东延一执中大桥、322国道安仁段开工建设，城市文化客厅、旅游集散换乘中心、火车站场商贸圈等加快建设。宋韵西街项目获评省“十佳拆改示范典型”，“烟雨瓯江·古城新韵”传统风貌样板区入选浙江省首批“新时代富春山居图城市样板区”，系丽水唯一。引进产业项目50个，其中大项目17个，与吉利集团旗下厚同资本签订战略合作协议，组建规模10亿元的汽车科技产业投资基金，实际利用市外内资23.6亿元，全社会R&D经费支出占GDP的比重为2.22%，引进硕士及以上人才508人。

出台支持青年创业创新政策“十二条”，搭建年轻创客“创业园”，孵化创业实体31家，“青年发展环境”和“青年社会参与”指数均获浙江省优秀等次。建成“共富工坊”60家，完成职业技能培训8000余人次，“就业快递”模式获评省就业服务案例优胜奖，实现“零就业”家庭动态清零，城镇登记失业率1.22%，低收入农户人均可支配收入增长15.1%。构建“1+4+N”教育综合改革政策体系，全市第一所九年一贯制学校开学招生，新增义务教育学位2920个、公办幼儿园学位780个，设立丽水职业技术学院龙泉分院，填补龙泉高等教育空白。推进中医院迁建工程、公共卫生应急救治中心、综合服务中心等项目建设，携手浙大二院共建医疗“山海提升工程”，县域就诊率提升3.84个百分点，医疗服务水平提升，健康浙江考核实现“三连优”。完成社区规模调整，22个城中村完成“村改居”。

【“从戎之剑”赠剑仪式】 2022年3月22日上午，浙江省2022年春季新兵欢送暨“从戎之剑”赠剑仪式主会场活动在龙泉举行。浙江省人民政府征兵办公室、丽水市、丽水军分区和龙泉市领导依次向新兵赠送刻有入伍批准书编号的“从戎之剑”。龙泉首创的新兵欢送暨“从戎之剑”赠剑仪式，网上点击量2.1亿人次，人民网、央广网、新华社等主流媒体及退役军人事务部、浙江省退役军人事务厅等机关单位网站等40余家新媒进行报道。

【第三届中国（龙泉）灵芝大会暨龙泉人才科技峰会】 2022年11月13日，第三届中国（龙泉）灵芝大会暨龙泉人才科技峰会在龙泉大剧院开幕。大会围绕“龙泉的灵芝 道地的灵芝 世界的灵芝”以及“天下龙泉 青年创谷 共富先行”两大主题开展3项主体活动、6项灵芝产业类活动和4项人才科技类活动。大会发布《2022中国灵芝区域品牌价值榜单》龙泉灵芝和龙泉灵芝孢子粉品牌分别以30.47亿元和14.49亿元的价值列第二位和第六位，并获“中国道地灵芝核心产区”称号。

【龙泉宝剑小镇·风情街开街】 2022年11月2日，龙泉宝剑小镇·风情街开街仪式举行。中国工艺美术协会驻会副会长王志杰，市委副书记、代市长王国锋等出席并致辞。龙泉宝剑小镇位于龙泉市城区西南隅，规划面积3.7平方千米，计划总投资35亿元，被命名浙江省第六批省级特色小镇，龙泉宝剑小镇锚定宝剑产业和宝剑文化的传承与创新，实施“文化传承区、旅游休闲区、经典产业园”两区一园功能布局，打造“宝剑锻造技艺传承地、宝剑文化创意集散地、宝剑文化旅游休闲区、宝剑产业集聚发展区”为一体的高品质特色小镇。小镇风情街开街，助力推广“龙泉宝剑”品牌、带动特色文化创意产业发展、增添文旅市场新活力。龙泉宝剑小镇成为国家AAA级旅游景区、东阳市玉蟾影视有限公司影视拍摄取景地。（李骋熙）

青田县

【概况】 2022年，青田县总面积2477平方千米，辖10个镇、18个乡、4个街道，363个行政村。年末户籍总人口56.8万人。全县实现生产总值279.4亿元，比2021年增长3.1%，一般公共预算收入22.2亿元，增长10.7%。城乡居民人均可支配收入分别为56673元、32613元，增长3.7%、6.9%。

农业增加值增长4.6%。新增农田宜机化改造400公顷，新建高标准农田1333.3公顷。建立片区联盟促共富机制，完成大搬快聚搬迁6244人，351个行政村经营性收入15万元，低收入农户收入增长15%。全球重要农业文化遗产大会在青田县召开，建设全球首个农遗公园，举办首届农遗良品展销会，稻鱼综合种养生态修复工程亮相联合国《生物多样性公约》第15次缔约方大会，稻鱼米种植基地获出口备案，“稻鱼文化”赋能乡村振兴入选浙江省十佳案例。获评浙江省新时代美丽乡村工作优胜县，新增全国乡村旅游精品线路1条、省级美丽乡村示范乡镇2个、市级精品花园乡村5个，山口石雕小镇创成省级特色小镇，温溪镇获评省小城市培育优秀单位，方山乡龙现村创成省级未来乡村。推进“农业双强”行动，开工建设海溪粉干乡愁产业园、杨梅补光示范基地等项目。

规模以上工业增加值增长1.0%。全年出让工业用地67.9公顷，规模以上工业企业培育发展至223家。实施新一轮“腾笼换鸟、凤凰涅槃”攻坚行动，亩均税收5万元以下低效企业实现动态清零，盘活低效用地67.8公顷、闲置厂房7.3万平方米，规模以上工业企业亩均税收突破28万元。推进六大产业链发展，入选省产业链山海协作工作先行区。实施“双招双引”战略性先导工程，建立“1+5+6+N”招商模式，组建“双招双引”服务中心，打造华侨总部、青创大厦、县外“飞楼”三大招商平台，落地20亿元级爱玛新能源智慧出行重大制造业项目，全年新招引落地大项目26个，引进总部企业70家。举办人才科技峰会，引进急需紧缺人才3500人，全县人才总量5.2万人。

服务业增加值增长4.0%。推进华侨经济文化合作试验区建设，与宁波经开区合作共建“保税飞仓”，开工建设平湖—青田“产业飞地”数字经济产业园，完成东西部协作各项任务。实施青田洋货新消费工程，推出“青田有意式”沉浸式体验，创成丽水市首个省级智慧商圈、夜间经济样板城市、现代服务业创新发展区。

全年投入校建资金5亿元，新改建中小学11所，义务教育全面推行均衡编班，中小学学科竞赛获奖人数、绿谷名教师获评人数均居丽水市第一，高考上线人数实现“九连增”。

青田县在全市率先实现医学查验互认共享，入选山区26个县唯一的药事服务共享先行示范项目，通过国家卫生县城省级复审，“健康青田”建设丽水市第一。实施“文兴青田、挺进共富”十大工程，举办第九届石雕文化节，青田石文化入选浙江省首批“浙江文化标识”培育名单，浙江省华侨历史博物馆落户青田，稻鱼共生博物馆获评浙江省最美公共文化空间，成为丽水唯一的浙江省文化和旅游促进青年群体精神富有试点县。服务“一老一小”，新增婴幼儿托位390个，建成丽水市体量最大的老年认知障碍照护专区。启动生态旅游高质量发展“三区联创”，举办首届全国桨板瑜伽锦标赛等系列活动，咖啡之窗、千帆驿站成为浙江省首批一级旅游驿站。

完成省市县三级民生实事。财政民生支出增长10%。新增城镇就业岗位4883个，帮助困难人员就业551人，城镇登记失业率1.06%。率先实施“扩中提低”行动方案，低保标准提高至每人每月1035元，“浙丽保”参保率93%。开展除险保安百日攻坚、夏季治安打击整治、常态化扫黑除恶等行动，完成第二轮安全生产综合治理三年行动，全县有效警情和道路交通事故死亡人数分别下降15.5%、14.6%。创成省级食品安全示范县。妥善防范处置金融、房地产等领域风险，省级信访积案实现动态清零，涉侨纠纷多元化解“青田样板”入选全国社会治理创新项目。

完成第二轮中央生态环境保护督察、国家林草局涉林垦造问题整改，推进秸秆禁烧、扬尘治理、砂石料行业整治提升，完成温溪、船寮、腊口“污水零直排区”创建，断面水质达标率100%，创成省级资源循环利用示范城市，入选浙江省减污降碳协同试点创建名单，连续两年夺得大禹鼎“银鼎”。

获评丽水市唯一的省全面深化改革优秀等次，“聚才共富”“数智侨务”“数智砂管”“六房合一”等一批特色应用迭代升级，“燃气安全一网智防”成为浙江省数字化改革最佳应用。“大综合一体化”行政执法改革效能指数居丽水市第一位。新增AA评级国企2家、总量5家，国企资产规模突破400亿元，发行山区26个县首单自贸区离岸债券。连续3年获评浙江省美丽城镇建设优秀县，创成新时代富春山居图县域样板区，城镇社区公共服务能力评价指数丽水市居第一。制订老城区修建性详细规划，开展历史文化保护利用工作，老城核心区一期房屋基本完成腾空，华侨饭店、老水厂、总工会等区块启动改造，完成老旧小区改造提升24.3万平方米。新增“微改造、精提升”城市景观20处、城市口袋公园2个、环太鹤湖绿道20千米，芝竹社区创成丽水市首批省级未来社区，连续两年推出闪亮侨乡新年工程。制订实施南北上山路网规划，打通季庄路、景山路等断头路，新增城区公共停车位623个。新增G637、G638两条规划国道，浙西南江海联运中心港一期落地建设，三溪口大桥建成通车，新建和改造提升农村公路150千米。启动城乡公交一体化改革，完成城乡客运资源整合，公车公营，票价惠民。

【“世界华侨（中国青田）国际税收服务e站”和“侨乡微税厅”揭牌仪式】 2022年2月9日，青田县举行“世界华侨（中国青田）国际税收服务e站”和“侨乡微税厅”揭牌仪式。“国际税收服务e站”为青田县海外侨胞提供“点对点+面对面”和“线上咨询+线下代办”的一站式服务，助力更多“走出去”的纳税人了解境外税收争端解决机制和协定待遇的相关内容，帮助纳税人防范化解税收、经营风险；“侨乡微税厅”通过植入银行网点，搭建便民、惠民、利民的“微税厅”，以便捷的办税操作和精准的咨询辅导提供智慧纳税服务。“国际税收服务e站”和“侨乡微税厅”的上线，延伸为侨服务触角，推进数字化服务转型、政务服务便利化改革，助力高质量建设共同富裕的世界青田。

【山口镇石雕抖音基地建设】 2022年3月2日，青田县山口镇石雕抖音基地建设项目竣工验收，系全国首个石雕类抖音电商直播基地。该基地围绕青田县石雕特色产业，发展直播带货、数智雕刻等新型业态，以数字赋能推动石雕产业链的系统性重塑。项目总建设面积4733.79平方米，入驻商户500家。青田县按照“线上电商、线下文创”产业转型模式，实施电商孵化园、板石文创园、抖音直播基地等项目，推广国石之家、顽石艺拍等线上平台，推动三维五轴雕刻机规模化生产，实现石雕产业量质并进，走出石旅融合、电商文创的新路子。山口镇山口村成为全国首个微拍堂村，网络年销售额突破4亿元大关。

2022年2月9日，世界华侨（中国青田）国际税收服务e站成立。图为工作人员为青田县华侨提供税收咨询服务（青田县委办 提供）

【南京—青田联合创新赋能中心项目】 2022年6月7日，南京—青田联合创新赋能中心项目签约。NVIDIA南京创新赋能中心是全球唯一基于DGX-A100建成并对外开放赋能的计算中心，首期超算集群上线，单台AI算力达到每秒5000万亿次浮点运算，多台性能叠加AI峰值算力达到4亿亿次。南京—青田联合创新赋能中心由AI算力调度中心、NVIDIA展示体验中心、Omniverse数字协同综合产业平台、“产业+AI”创新赋能平台、学习培训中心及AI教育竞赛中心组成，NVIDIA指定运营方江苏谷梵智能科技有限公司负责运营，面向全球用户提供技术赋能和合作，打造以元宇宙和人工智能产业为核心的数字经济公共技术平台，向全球元宇宙和人工智能企业和研发人员发布该平台享有的尖端技术和领先能力。项目为丽水市乃至浙江省高端人才科技项目提供赋能服务。

【2022年度“双招双引”签约大会】 2022年4月25日，青田县举行2022年度“双招双引”签约大会。大会旨在动员和引导各企业结合青田发展优势，牵线搭桥，以商引商、基金招商，助力青田县引进一批补链、强链、延链的大项目、好项目，实现互利共赢。大会现场签约项目20个，囊括数字经济、新能源装备制造、时尚产业、中小企业专精特新培育等诸多领域，涉及重大合作平台、六大产业链、科创基金等类别，总投资额224亿元，预计产后年产值超330亿元。

【“青易办”上线“浙里办”城市频道】 2022年5月13日，青田县在全市率先上线“浙里办”城市频道“青易办”。

全省有15个区县作为浙里办县级频道建设试点，青田县是丽水唯一入选的试点县。“青易办”依托“浙里办”App，聚焦便民惠企刚需服务，结合本地特色和创新实践，综合集成全县各类优秀场景，打造数字改革“服务端”青田样板。“浙里办”青田频道综合集成各领域创新服务，推动服务领域由政务服务向城市生活、未来社区、数字乡村等领域延伸，全面融合便民惠企高频刚需服务，实现一端集成、全县共享。

【青田与古蔺东西部协作首个项目完工】 2022年5月31日，青田与古蔺两地首个共建的龙山镇农特产品中心项目主体完成建设。该项目于2021年8月动工建设，项目总投资4000万元，占地面积3600平方米，是集仓储、冷藏、加工、包装于一体的大型农产品集散基地。项目资金来源有东西部协作资金和社会资本，建成后将带动龙山镇及周边乡镇农业产业发展，完善农业产业“种植—加工—运输—销售”全产业链，加速农业产业现代化，推动特色农业产业由“粗产出”向“深加工”方向发展，预计年产值可达4000万余元。（叶沛志）

云和县

【概况】 2022年，云和县总面积989.6平方千米，辖4个街道、3个镇、3个乡，有社区15个、行政村71个。年末，户籍人口11.26万人，常住人口12.74万人。

实现财政总收入13.81亿元，比2021年下降2.5%；一般公共预算收入8.8亿元，增长0.1%；完成固定资产投资43.4亿元，增长15.3%；城镇居民人均可支配收入52841元，增长3.4%；农村居民人均可支配收入26078元，增长6.2%。

农业增加值5.94亿元，增长2.8%，提升改造高标准农田133.33公顷，实施云和雪梨产业创新集成发展三年行动，完成雪梨种植122.17公顷，与中国农科院合作共建“东南丘陵梨试验站”，注册云和雪梨地理标志证明商标。发布“梯田三白”品牌和云和湖有机鱼“康养指数”，东部现代农业园区入选省级创建名单。

规模以上工业总产值153.63亿元，下降21.7%，实施“零地技改”项目18个，整治高耗低效企业25家，盘活工业用地6.8公顷。完成“个转企”44家、“小升规”9家。新增国家高新技术企业6家、省专精特新中小企业4家、省创新型中小企业14家、省科技型中小企业38家、省高企研发中心2家、省级企业研究院1家，实现省“领雁”项目零的突破。完成企业数字化改造32家，木玩产业大脑纳入省级创建名单，入选全省首批中小企业数字化改造试点县。成立全国首个木制玩具类知识产权联盟，木玩产业基地被纳入全省内外贸一体化改革试点培育名单。

服务业增加值44.84亿元，增长2.9%，举办省山水旅游节暨梯田开犁节活动，云和梯田入选山区26个县首批“造月工程”，获评省示范级文旅融合IP，“十一”假期旅游收入稳居全市同等级景区首位。童话小镇地标建筑主体工程结顶，云缦康养度假区酒店投入运营，佛儿岩游客中心完工，梅源村获评省AAA级景区村，新增省高等级民宿5家。发放消费券749万元，带动消费6000万元，全年新增规上限上服务业企业19家，社会消费品零售总额增速高出全市4.3个百分点，位列全市第二。引入中国银行、台州银行。

全县有普通中学5所，招生1680人，在校生5277人，毕业生1716人；职业中学1所，招生524人，在校生1723人，毕业生603人；小学10所，招生1153人，在校生7851人，毕业生1246人。年末，有幼儿园14所，入园幼儿949人，在园幼儿4168人，离园幼儿1213人。全县有教职工1825人，在编人员1148人。年末，省三级以上幼儿园覆盖率96.67%，中小学标准化学校比例100%；小学、初中入学率100%。出台“县中崛起”系列新政，与慈溪中学开展实质性合作办学，实验小学分校、大坪小区幼儿园投入使用，县职技校获全省职业教育发展考核一类地区第一名，“家校共育体系改革”入选省深化新时代教育评价改革试点，通过全国义务教育优质均衡发展县省级评估。

全县有医疗卫生机构17个（不含村卫生室、门诊部、诊所、卫生所、医务室），其中，医院6个、卫生院6个、社区卫生服务中心2个、专业公共卫生机构3个。年末，全县医院实有床位561张，全社会卫生技术人员（不含村卫生室、门诊部、诊所、卫生所、医务室）913人，其中执业医师和助理医师375人。在全市率先完成60岁以上老人防疫包发放工作，应对疫情感染高峰。

小徐未来社区开工建设，大坪社区创成全市首批省级未来社区，浮云溪绿道样板段街区获评省“高品质示范街区”，木玩童话小镇获省级特色小镇考核优秀。全年新增公共停车位163个、绿地2万平方米、天然气管道3千米，新改建城市污水管网5.6千米。获评省年度“无违建县”、省“十佳控违示范典型”。

编制《云和县公园乡村建设研究报告》，创建“十里云河”省级县域风貌样板区，浮云街道、安溪乡获评新时代美丽城镇建设省级样板，元和街道创成省美丽乡村示范乡镇；小顺创成省级未来乡村，黄家畲、沈村获评省级美丽宜居示范村优秀村庄，金山下获评省级优秀历史文化村落。云龙公路建成通车，全年新建和提升农村公路130千米，完成城乡客运公交一体化改造线路5条，实施农村饮用水提升改造27处、农村生活污水治理设施建设15个，农村规模化供水工程覆盖率65.97%、生活污水治理行政村覆盖率84.71%。

云和梯田生态修复工程亮相联合国生物多样性公约第15次缔约大会。新增百万亩国土绿化59.53公顷，新增光伏装机2.81万千瓦，崇头镇及庄前等5个村入选全省低(零)碳试点。城市污水处理厂清洁排放技术改造项目、生活垃圾资源化处置利用中心、病死动物无害化处理中心投入使用。入选省级“绿水青山就是金山银山”实践创新基地储备库，获评美丽浙江建设工作优秀县，通过中国“天然氧吧”复评。

开发低收入农户公益性岗位61个，城乡低保标准年人均突破1.2万元，低收入农户收入增长16%，经营性收入15万元以上行政村占比94.3%。发放就业创业补贴1400万元，新增城镇就业1254人，“零就业家庭”保持动态清零。基本养老保险参保率99.05%，城乡居民医疗保险参保率99.67%，“浙丽保”参保率93.49%。“大搬快聚富民安居”岗头安置小区交付使用，全年完成搬迁1421人。

全年引进大项目5个，其中10亿元以上制造业大项目2个，实际利用市外内资13.4亿元、外资303万美元。出台高校毕业生引才新政，举办云和县首届技能大赛，全年新增技能人才1916人，引进高校毕业生1296人，落地“绿谷精英”项目5个。北云飞创现代产业园成为全省首家投产运营的“产业飞地”，全年实施“山海协作”产业合作项目23个、到位资金13.11亿元。深化央地合作，与中铁建达成战略合作协议。

【云和县入选全省强村富民乡村集成改革实践试点名单】 2022年9月2日，浙江省强村富民乡村集成改革工作专班公布强村富民乡村集成改革实践试点名单，云和县入选宅基地改革+乡村建设试点名单，系丽水地区唯一。自云和县提出“小县大城”发展战略以来，坚持以“两山”理念为指引，深化生态产品价值实现机制、户籍管理制度、农村集体产权制度、农村金融等改革，全国率先将村经济合作社改组为股份经济合作社，全省率先完成“城乡统一”的户籍管理制度改革试点，全国首创农村产权抵押融资免担保模式，探索走出欠发达山区发展的“云和模式”。

【云和县流动供销致富车项目入选《全国农业社会化服务典型》】 2022年7月15日，农业农村部举办2022年全国农业社会化服务典型发布会活动。云和县流动供销致富车项目入选《全国农业社会化服务典型》30个案例之一，系全市唯一，浙江省仅2例入选。云和县重视山区低收入农户共同富裕问题，推进流动供销致富车项目，通过“浙丽销”“浙丽供”“浙丽产”致富车系列服务，破解山区群众公共服务、生产销售存在“盲区”等现实困难，助力山区群众致富增收。

【云和县入选全省首批“无废城市”建设名单】 2022年7月8日，在全省建设新时代美丽浙江推进大会暨生物多样性保护大会上，公布全省首批“无废城市”建设名单，云和县入选，系全市首个、山区26个县唯一。云和县将“无废城市”建设作为打造全国山区县域新型城镇化共富样板的重要抓手，完成33项创建指标，创新打造“无废城市”数字化管理系统，建成市级以上“无废城市细胞”20个，组建以“老李帮忙团”为核心的“无废城市建设志愿者”，推动县域高质量绿色发展。

【云和县“街乡共治”管理模式】 2022年11月7日，农业农村部办公厅会同国家乡村振兴局综合司联合发布第四批全国乡村治理典型案例，全国入选31个案例，云和县首创的农民流入地和流出地共同服务进城农民“街乡共治”管理模式入选，系全市唯一。该模式可破解人口聚集带来的融入难、管理难、致富难等问题，构建起共建共治共享的山区县城乡融合共富格局，提升基层社会治理水平。

【浙江云和雪梨栽培系统入选省级重要农业文化遗产资源名单】 2022年11月29日，浙江省农业农村厅公布第一批省级重要农业文化遗产资源名单，浙江云和雪梨栽培系统入选。云和雪梨素有“中华名果”之称，有560余年的栽培历史，云和县推广雪梨的先进栽培技术和优良品种，遴选优质品种植株进行种植，有效提升雪梨品质。（詹恩怀）

庆元县

【概况】 2022年，庆元县总面积1898平方千米，辖3个街道、6个镇、10个乡，11个社区、192个行政村。年末，全县户籍总人口19.98万人。

全县地区生产总值 92.7 亿元，比 2021 年增长 5.9%；固定资产投资增长 16.2%；财政总收入 8.6 亿元，其中一般公共预算收入 5.9 亿元；城镇、农村居民人均可支配收入分别为 49433 元和 23759 元，增长 5.1%和 5.3%。创成百山祖国家公园县域风貌样板区，创成美丽城镇省级样板乡镇 2 个、国家 AAA 级景区镇 4 个、新时代美丽乡村达标村 30 个、花园乡村 16个、未来乡村 1 个、省级美丽河湖 2 条、省级高标准农村生活垃圾分类示范村 4 个。

农林牧渔业增加值 8.3 亿元，增长 4.1%。粮食畜牧产能稳中有升,完成耕地“非粮化”整治 1393.33 公顷、“非农化”整治 216.33 公顷，新增耕地 320 公顷，调整优化粮食功能区 3426.67 公顷，实现粮食播种面积 6064.67 公顷，生猪出栏 4.55 万头。开发荒野茶园 400 公顷，甜橘柚产业共富案例获评省级最佳实践。12 月 16 日，庆元成为全省首批、全市唯一入选浙江省林业共同富裕试点县的地区，获 6000 万元以上省补资金。“庆元香菇”被纳入国家地理标志产品保护示范区筹建名单，“庆元甜桔柚”获批国家地理标志证明商标。竹口镇农村产业融合发展示范园入选第四批省级创建名单。

实现规模以上工业增加值 13.2 亿元，增长 6.1%。完善工业强县“3+1”产业体系，工业投资增长 47.2%，申报省千亿技术改造投资工程项目 15 个，简创家居、新之助家居等 11 个项目建成投产。开工建设香菇小镇工业区块，竣工投用生物科技产业园标准厂房，申报屏都综合新区省级特色生态产业平台，矿地综合利用项目通过市级“十四五”规划评审。实施“腾笼换鸟、凤凰涅槃”行动，完成低效企业整治 15 家，新增规模以上工业企业 7 家、“专精特新”企业 5 家。高新技术产业投资增长 13.1%，培育国家高新技术企业 3 家、省级科技型中小企业 40 家，新增“浙江制造”标准 1 项，方格药业入围省级重点农业企业研究院创建名单。

实现服务业增加值 52.6 亿元，增长 6.2%。举办香菇文化节、廊桥越野赛等系列活动，催生户外露营、房车旅行等新业态，实现四星级旅游饭店零的突破，完成省级全域旅游示范县创建验收。培育数字经济，招引落地贝讯科技、竹唯梦等优秀电商企业，香菇数字贸易发展区入围省级现代服务业创新发展区名单，实现网络零售总额 56.1 亿元，增长 40.4%。金融服务实体经济能力增强，新增制造业贷款 4.51 亿元，无还本续贷余额 13.48 亿元。实现社会消费品零售总额 51.3 亿元，增长 4.1%。

全县城乡居民基本医保参保率 99.98%。成立丽水市首支“大病救治暨高额医疗费用帮扶化解慈善基金”，城乡居民低保年标准突破 1.2 万元，发放各类社会救助资金 7155.46 万元。城镇登记失业率逐步下降，新增就业 1085 人，妥善化解劳动人事争议案件 187 件。新建公办智慧养老院 1 家、儿童之家 7 个、乡镇未成年人保护工作站 8 个、残疾人之家 1 个，改造无障碍公共场所 10 个。发布“大爱菇乡”慈善品牌，依托“善行庆元”十大行动，帮扶困难群众 1.23 万人次。

全县幼儿园 22 所（公办园 13 所），在园幼儿 4014 人；小学 17 所，在校学生 8174 人；初中 8 所（九年一贯制学校 4 所），在校学生 4817 人；普通高中 2 所，在校学生 2621 人；职业高中 1 所，在校学生 1846 人；特殊教育学校 1 所，在校学生 26 人；成职（技）校 4 所，成人农民高中 1 所。创成教育质量发展“五星级学校”2 所、教育质量发展“进步学校”2 所。屏都幼儿园、五都幼儿园、松源幼儿园投入使用，启动实验幼儿园迁建、职业高中扩建政策处理。

全县医疗卫生机构 162 家。其中，医院 3 家，卫生院 17 家、社区卫生服务中心（站）7 家，村卫生室 72 家，门诊部 1 家，诊所（医务室）34 家，疾病预防控制中心 1 家，妇幼保健机构 1 家，卫生监督所 1 家，其他医疗机构 25 家。医疗卫生机构编制床位数 679 张，实有床位数 690 张，全县卫生技术人员 1323 人，其中执业（助理）医师 597 人，注册护士 505 人。

推进“蓝天、碧水、净土、清废”行动，深化环境综合治理，落实竹木、铅笔行业有机废气源头替代项目 8 个，省委环保督察反馈问题全面整改到位。全域“污水零直排区”创建通过省级复核验收，出境断面水质连续 21 年 100%达标，$PM_{2.5}$ 平均浓度 17 微克/立方米，空气环境、水环境质量均排名浙江省第一。建成浙江省首批生物多样性体验地，入选生物多样性价值转化省级试点，获评“美丽浙江十大样板地”，生态环境公众满意度排名浙江省第二、丽水市第一。

【衢宁铁路庆元站货运开通】 2022 年 12 月 28 日，衢宁铁路庆元站货运开通，标志着庆元进入铁路货运时代。衢宁铁路自浙江省衢州市沪昆铁路衢州站引出，经龙游县、遂昌县、松阳县、龙泉市、庆元县、松溪县、政和县、建瓯市、屏南县、周宁县至宁德市杭深铁路宁德站，线路全长 379 千米，线路于 2020 年通车。其中，庆元站货场占地面积约 5.33 公顷，拥有货物线 2 条，配有 45 吨正面吊 1 台，可同时容纳 33 辆货车作业，可办理整车和

2022 年 12 月 28 日，衢宁铁路庆元站货运开通仪式举行　　（吴慧珍　提供）

集装箱货物到发业务以及超长超限货物运输。衢宁铁路庆元站货运的开通，为庆元食用菌、竹制品和铅笔三大产业发展带来新机遇，促进庆元物流业加快发展，推动庆元深度融入长三角一体化发展。

【庆元县获授“两山”实践创新基地称号】 2022 年 11 月 19 日，生态环境部举行中国生态文明论坛南昌年会，表彰命名全国“绿水青山就是金山银山”实践创新基地（简称“两山”实践创新基地），举办生态文明建设论坛等系列活动。庆元县获授“两山”实践创新基地称号，系丽水市首个入选的县（市、区）。“两山”实践创新基地是全国生态环境工作最高、最综合的荣誉之一，是探索“绿水青山就是金山银山”实践路径典型做法和经验的重要载体，在生态文明建设上具有重要的示范引领作用。

【“浙江庆元林—菇共育系统”被认定为全球重要农业文化遗产】 2022 年 11 月 4 日，全球重要农业文化遗产科学咨询小组在意大利罗马召开会议，专家一致认为“浙江庆元林—菇共育系统”符合全球重要农业文化遗产（GIAHS）评选标准。会后，联合国粮食及农业组织网站公布，“浙江庆元林—菇共育系统”被认定为“全球重要农业文化遗产”。“浙江庆元林—菇共育系统”是全球首个食用菌领域的重要农业文化遗产，填补全球食用菌领域遗产类型的空白。

【庆元百花岩风电场开工】 2022 年 11 月 2 日，庆元百花岩风电场开工，为庆元第二个风电项目，项目总投资 19 亿元，总装机规模 250 兆瓦，建设工期 2022—2025 年。庆元百花岩风电场项目建设单位为浙江庆元中能绿电风电有限公司，主要建设单机容量 5.0 兆瓦风电机组 50 台及相关配套道路，同步配套建设两座 220 千伏升压站，新建 1 回 220 千伏线路接入电网。项目建成后，将成为浙江省单体规模最大的陆上风电项目。百花岩风电场项目是浙江省落实国家能源建设项目，践行“3060 碳达峰、碳中和”发展战略，促进能源结构调整，减少环境污染。项目的开工加快风力资源开发利用，催生高山露营、旅游步道、生态民宿等“风电+旅游”新业态，为推动庆元乡村振兴增添动力强劲的“绿色引擎”。　　（吴慧珍）

缙云县

【概况】 2022 年，缙云县总面积 1503 平方千米，辖 7 个镇、8 个乡、3 个街道，253 个行政村。年末，全县户籍总人口 46.66 万人。在 2021 年度山区 26 个县高质量发展实绩考核中，缙云县获评优秀，达成“六连优”，获山区 26 个县首座省“科技创新鼎”。黄帝文化被写入 2022 年 6 月省第十五次党代会报告，成为省委着力打造的浙江重要文化标识，并入选省示范级文化和旅游 IP。

常住居民人均可支配收入 42292 元，比 2021 年增长 5.9%。其中，城镇常住居民人均可支配收入 54407 元，增长 4.1%，农村常住居民人均可支配收入 28721 元，增长 8.7%。城乡居民人均可支配收入比值为 1.89，缩小 0.09。全县居民人均生活消费支出 32714 元，增长 7.4%。城镇常住居民和农村常住居民人均生活消费支出为 40408 元和 24095 元，分别增长 6.0%和 9.3%。

实现财政总收入 31.78 亿元，其中一般公共预算收入 21.35 亿元，按自然口径增长 6.8%，扣除留抵退税因素后增长 14.4%。一般公共预算支出 74.19 亿元，增长 11.1%。全年实现城镇新增就业 3343 人，失业人员再就业 2039 人，城镇登记失业率 1.1%。

全县实现地区生产总值（GDP）301.51 亿元，按可比价格计算，增长 5.2%，分产业看，第一产业增加值 13.63 亿元、第二产业增加值 146.91 亿元、第三产业增加值 140.97 亿元，分别增长 4.7%、6.0%和 4.4%，三次产业结构为4.5:48.7:46.8。人均地区生产总值74355元（按年平均汇率折算为11055美元），增长5.2%。

全年粮食播种面积8873公顷，增长0.4%；油料种植面积635公顷，增长6.3%；蔬菜种植面积7140公顷，增长3.0%；中草药材种植面积643公顷，增长6.8%。全年实现粮食总产量4809.1万千克，下降3.2%；肉类总产量1049.1万千克，增长8.3%，新建高标准农田276公顷，整治优化“非粮化”1146.67公顷、“非农化”106.53公顷。全县有农业龙头企业省级3家、市级25家、县级33家，家庭农场1072家、农民专业合作社479家、农创客501人。获评2022年度浙江省深化“千万工程”建设新时代美丽乡村（农村人居环境提升）工作优胜县、浙江省农村生活垃圾分类处理工作优胜县。全县农村生活垃圾回收利用率60%以上、资源化利用率100%、无害化处理率100%。开设首批共富学堂教学点42个，选拔首批共富学堂讲师6人，全年开展各类农民培训18254人次。新培训缙云烧饼师傅239人次，累计11219人次，新增高级烧饼师傅112人、中级23人，分别累计392人、273人。

工业增加值120.94亿元，增长5.0%。其中，规模以上工业增加值75.67亿元，增长6.1%。全年完成规模以上工业总产值404.94亿元，增长1.0%。规模以上工业企业销售产值379.14亿元，下降5.0%，其中出口交货值95.82亿元，下降7.6%。高新技术产业、装备制造业、战略性新兴产业增加值分别增长4.7%、13.6%、12.4%。十七大重点传统制造业增加值增长8.6%。全县27个工业行业大类中17个行业实现正增长，增长63.0%；11个行业实现两位数增长。实现建筑业增加值26.00亿元，占GDP的比重为8.6%。全年建筑安装工程投资增长29.2%。全年资质以上建筑业完成总产值60.78亿元，增长7.5%。

固定资产投资增长20.0%，其中国有投资增长21.0%，占比40.2%，非国有投资增长19.2%，占比59.8%。交通投资、生态环保城市更新和水利设施投资、高新技术产业投资和民间投资分别增长53.1%、37.2%、26.3%和16.2%。全年房地产开发投资增长17.2%，其中住宅投资增长24.3%。商品房销售面积20.50万平方米；商品房销售额28.82亿元。

全年连续4次获省投资“赛马”激励，实现“全年红”，山区26个县唯一。投资总量增长稳健，连续24个月实现两位数增长；省、市重点建设项目分别完成年度投资计划的127%、129%，3个省市县长项目工程实现100%落地，新碧至壶镇天然气次高压管道工程建成通气，棠溪水库项目前期全面启动；争取到位各类竞争性项目资金以及各类奖补资金22.5亿元、盘活存量建设用地35.47公顷、消化批而未供土地233.87公顷、新增建设用地指标185.13公顷；项目招引强劲发力，全年引进亿元以上大项目46个，其中亿元以上制造业项目42个、10亿元以上项目4个，招引亿元以上制造业项目数超前三年总和。

实现社会消费品零售总额120.12亿元，增长8.6%。限额以上社会消费品零售总额20.20亿元，增长24.0%。年末，登记商品交易实体市场12个，交易额8.59亿元，其中1亿元级市场2个。完成进出口总额113.74亿元，下降2.7%，其中出口总额112.39亿元，下降2.2%。引进亿元以上大项目46个，实际利用外资1355万美元，实际利用内资33.2亿元。

交通运输、仓储和邮政业实现增加值7.08亿元，增长0.7%。实现公路货运量73亿千克，货物周转量113808万吨千米；公路客运量22万人，旅客周转量2452万人千米。铁路旅客运输量58.71万人，下降29.1%；铁路货物运输量8.471亿千克，下降25.0%。全年邮电业务总量7.35亿元，增长9.7%。

全县幼儿园68所，在园幼儿13522人；小学41所，在校学生26886人；初中11所，在校学生15394人；普通高中4所，在校学生8240人；职业高中2所，在校学生4622人；特殊教育学校1所，在校学生39人。幼儿园专任教师948人，小学专任教师1732人，初中和普通高中专任教师1860人，职业高中专任教师362人。

新认定高新技术企业46家，累计158家。新培育科技型中小企业87家，累计271家。全年专利授权数2450件，其中发明111件，实用新型1501件，外观设计838件。财政一般公共预算支出中科技支出1.89亿元，增长15.3%。

全年文化馆组织各类文化活动182场次，常态化推出全民艺术普及、“艺”门好课等线上活动346场次。图书馆接待读者64.66万人次；文献外借18.79万册次，数字资源访问量168.33万次。图书馆开展读者活动398场，20.64万人次参与。全县广播人口覆盖率100%，电视节目综合人口覆盖率98%。新建社区多功能运动场3个，百姓健身房4个，体育设施进公园项目1个。新增体育场地11572平方米，人均体育场地面积3.52平方米。国民体质监测合格率94%。

年末，全县卫生机构301家，其中医院11家，乡镇卫生院15家、社区卫生服务中心3家，村卫生室174家，诊所（医务室）88家。全县实有卫生机构床位数2163张，卫生技术人员数 3104 人，其中医生 1241 人、注册护士 1309 人、其他医技人员 554 人。

全社会用电量 25.02 亿千瓦时，下降 0.4%。全年规模以上工业能耗总量下降 7.1%，单位工业增加值能耗降低率 12.4%。全年新增百万亩国土绿化造林 133.6 公顷，建设美丽林相 7760 公顷，完成中央财政森林抚育面积 666.67 公顷；完成 5 个“一村万树”示范村创建工作。全县义务植树 68.84 万株，参与 19.34 万人次。全县森林覆盖率 78.36%。

【330 国道西移工程建成通车】 2022 年 12 月 23 日，330 国道缙云东渡至永康交界段改建工程举行通车仪式，项目全线实现通车。330 国道缙云东渡至永康交界段改建工程项目是缙云县交通运输史上首个 PPP 项目，总投资 17.3 亿元，总里程 23.276 千米，全线采用四车道一级公路技术标准设计，线路沿途经过东渡镇、五云街道、七里乡、新建镇、新碧街道 5 个乡镇 18 个行政村。该工程是缙云“六纵四横”公路网布局中关键“一纵”的最重要路段，是缙云交通史上单体投资最大、线路最长、沿线乡镇（村）以及受益人数最多的交通项目。

2022 年，330 国道缙云东渡至永康交界段改建工程通车后部分路段

（郭雨函　提供）

【缙云经济开发区更名为丽水高新技术产业园区】 2022 年 3 月 14 日，浙江省人民政府批复同意浙江缙云经济开发区更名为丽水高新技术产业园区，在国家高新技术产业开发区升级成功前，保留浙江缙云经济开发区牌子。开发区于 2003 年开始规划建设，2006 年获批省级工业园区，核准面积 4.16 平方千米；2015 年整合提升为省级经济开发区，核准面积 7.06 平方千米。2019 年获评浙江省数字化示范园区、浙江省美丽园区示范园区，运动休闲文化产业入选 2020 年省开发区产业链“链长制”试点单位，2022 年获评省级循环化改造试点园区。园区形成以短途交通、新材料、机械装备、智能家电等为主的产业体系，其中亿元企业 23 家，上市企业 2 家。全年实现规上工业产值 148.3 亿元，增长 1.0%；完成规上工业增加值 28.3 亿元，增长 4.9%；完成制造业投资 9.3 亿元，增长 54.4%；实现税收收入 4.5 亿元，增长 2.5%；完成外贸出口 49.8 亿元，占据全县外贸出口总额的 44.3%。

【缙云抽水蓄能电站上水库大坝填筑到顶】 2022 年 7 月 18 日，浙江缙云抽水蓄能电站上水库大坝填筑到顶，为水库蓄水奠定坚实的基础。缙蓄电站装机容量 180 万千瓦，由上水库、下水库、输水系统和地下厂房等建筑物组成，主要分布于方溪乡和大洋镇境内。项目总投资 103.89 亿元，是丽水市首个单体投资超百亿项目，是国网新源公司在建抽蓄电站移民数量最多的项目，主体工程于 2020 年 8 月 20 日开工。上水库大坝长 214 米，最大坝高 59.2 米，于 2021 年 8 月 31 日开始填筑，上水库计划于 2023 年 7 月开始蓄水，2025 年首台机组投产发电。电站建成后，每年节约系统耗煤量约 23 万吨，减少二氧化碳排放 46 万吨。上下库区将与大洋山秀丽的风景融为一体，成为避暑纳凉、养生休闲的生态旅游胜地。

【丽缙高新区成立十周年工作大会】 2022 年 12 月 10 日，丽缙高新区成立十周年工作大会在缙云县召开，会上宣读 2021 年度先锋企业名单，表彰丽缙高新区成立十周年特别奖企业，举行浙江理工大学研究院、浙江科技学院浙西南研究院签约，重大项目、人才引进，缙云财金人才科技共富基金等签约仪式，以及“丽缙高新区 2023—2032 新十年征程”启动仪式。丽缙高新区全称为丽缙智能装备高新技术产业园区，其前身是浙江丽缙五金科技产业园，是丽水市委、市政府根据浙江省委、省政府对低丘缓坡开发利用试点工作的总体要求打造的全市低丘缓坡开发利用先行区和示范区，是丽水生态产业集聚区的重要片区。2016 年 11 月，获批创建丽水首家省级高新技术产业园，系全市唯一一家省级高新区，规划总面积 10.4 平方千米。园区有企业 361 家，其中规上企业 52 家，全年实现规上工业总产值 75 亿元，各项考核指标均实现稳步增长。

【缙云“茭鸭共生”模式亮相联合国大会】 2022 年 12 月 13 日，联合国对全球 10 项开创性工作进行表彰，缙云“茭鸭共生”模式作为中国山水工程典型案例，在联合国生物多样性公约第 15 次缔约方大会（COP 15）颁奖典礼上进行展示。缙云素有“中国茭白之乡”“中国麻鸭之乡”之称，有悠远的茭白种植史与麻鸭养殖史，通过世代劳作与改进，形成独特的适应本地气候的茭白麻鸭共生模式，入选第六批中国重要农业文化遗产新增名录。 （丁斌伦）

遂昌县

【概况】 2022 年，遂昌县总面积2539 平方千米，辖 2 个街道 7 个镇 11 个乡、201 个行政村、9 个城市社区。年末，户籍人口总户数 8.44 万户，户籍人口 22.63 万人，常住人口 19.4 万人，人口自然增长率-4.02‰。少数民族 32 个，少数民族人口 1.71 万人，其中畲族 1.53 万人。

地区生产总值 172.75 亿元，比 2021 年增长5.9%。其中，第一产业增加值 14.35 亿元，增长 4.7%；第二产业增加值 72.49 亿元，增长 4.6%；第三产业增加值 85.91 亿元，增长7.2%；三次产业结构为 8.3∶42.0∶49.7。人均生产总值88819 元，按年均汇率折算为 1.32 万美元，增长 5.9%。

财政总收入 23.32 亿元，增长 6.8%，其中一般公共预算收入 15.28 亿元，增长 17.1%。社会消费品零售总额 75.28 亿元，增长 4.6%；城乡常住居民人均可支配收入分别为 57837 元、27073 元，分别增长 3.8%和 7.9%。

农林牧渔业增加值 14.49 亿元，增长 4.7%。农业“双强”效益明显，新增农机具 3488 台，主要农作物综合机械化率提升 5 个百分点，申报果韵飘香省级现代农业园区。农业主体培育壮大，新增省级农业龙头企业、数字农业工厂各 1 家，浙南箬叶市场投入使用，长粽年产值突破 2 亿元。粮食安全根基逐步夯实，“非农化”“非粮化”整治全面推进，建成高标准农田 1133.3 公顷。和美乡村更具魅力，创成省级美丽城镇样板乡镇 2 个、省级美丽乡村特色精品村 3 个、未来乡村 3 个，获评省建设新时代美丽乡村工作优胜县、省数字乡村“金翼奖”十佳县、“四好农村路”省级示范县。新建农村供水站 40 个，惠及群众 1.72 万人。

工业增加值 60.31 亿元，增长 3.4%，其中规模以上工业增加值增长 4.6%。以“链长制”为抓手，加快推动产业转型升级、提质增效。市场主体不断壮大，新增规模以上工业企业 19 家、亿元以上企业 8 家、省级专精特新中小企业 9 家，元立集团入选省“雄鹰行动”培育企业，凯恩特材成为全县首家省级“隐形冠军”企业，永上特材、荣凯科技入选国家级专精特新“小巨人”企业，宇恒电池进入上市辅导期，元立高速棒材、爱高新材料等 15 个项目建成投产，实现制造业投资增长 34%。产业效益不断提升，开展新一轮制造业“腾笼换鸟、凤凰涅槃”攻坚行动，淘汰落后产能企业 7 家，整治“低散乱”企业 36 家，盘活闲置用地 23.47 公顷，完成制造业企业智能化改造 12 家，规模以上工业亩均增加值 136.82 万元/亩，列丽水市第一位。工业空间不断拓展，启动云峰成片土地和矿地综合开发利用等项目，新增工业用地 108.73 公顷，省级化工园区从 126.20 公顷扩大到 200.67 公顷，经开区创成省级绿色低碳工业园区。“双招双引”工作丽水市考核优秀，招引落地大项目 21 个，其中 10 亿元以上项目 4 个，总投资 63.69 亿元，出让标准地 66.39 公顷。年产 12 万吨风电材料省级重大产业项目落地桐乡—遂昌“产业飞地”。宇恒储能电池、弘利新材料项目入选省市县长工程。

服务业增加值 85.91 亿元，增长 7.2%。招引服务业企业 8 家，新增营业收入 42.2 亿元。“文兴遂昌”有序推进，新增“15 分钟品质文化生活圈”57 个、农村文化礼堂 16 个、乡村博物馆 8 个、城市书房 2 个；“遂昌以音乐筑梦赋能乡村振兴”案例入选全国农村公共服务建设优秀成果名单，汤显祖纪念馆、昆曲茶艺分别入选浙江省首批公共文化国际交流基地和项目。入选山区 26 个县旅游业“造月工程”景区名单 1 家，新增全国乡村旅游精品线路、省休闲农业与乡村旅游线路各 1 条，新增五星级旅游饭店 1 家。承办浙江省乡村旅游高质量发展大会，创成省文旅产业融合试验区。

完成固定资产投资 73.1 亿元，增长 17%。遂昌县深化三色亮牌督办及重点项目月会机制，27 个省市重点项目、76 个县重点项目全部超额完成年度投资任务，衢丽铁路（衢松段）、科创培训中心、清水源水库引水工程等一批项目开工建设；528 国道、遂江公路、古院梅溪安置房等一批项目进度超前；腾龙小区三期、飞鹤家园、王村口 AAAAA 级旅游景区镇整体提升等一批项目完工。建立常态化项目谋划机制，全年谋划项目134个，总投资468.84亿元。安排7000万元资金成立项目前期经费银行。向上争取各类资金51.43亿元，增长18.1%。冷链物流城项目获6100万元政策性开发性金融工具支持。新增建设用地指标75.53公顷。累计保障29个项目11.3万吨标准煤用能指标，增长138%。

城市建设资金投入48.5亿元，增长29%。完成老茶厂区块城市设计、老城区控规修编和西街公园路重要地段修建性详规。城市更新加快实施，完成房屋征收1433户27.4万平方米、土地征收145.05公顷，改造老旧小区28万平方米，369户拆迁户喜提新房。“大搬快聚”扎实推进，5109人完成选房交房。新建改造城区道路网16.3千米，开工建设三溪口区块路网、梅溪路网一期、后江路网三期等项目，完成后江路网二期、龙谷路改造、洋浩大桥连接线等项目。新增省级未来社区创建项目3个，完成源口社区中心、滨水城市客厅、渡客公寓二期等项目。开工建设110千伏古院变，完成220千伏汤公变场平工程。完善城市燃气管网，新建中压管道13千米，覆盖居民2771户。新建绿道、游步道13.86千米，完成城区“增花添彩”绿化改造6900平方米。出台城市道路占用挖掘管理机制，新增停车位4156个，缓解群众出行难、停车难。

空气质量优良率98.1%，$PM_{2.5}$年均浓度下降至18微克/立方米，空气质量综合指数2.26，全域断面水质达标率实现“三个100%”，实现美丽浙江考核“五连优”，夺得“五水共治”大禹鼎银鼎，连续3年获评省农村生活垃圾分类处理工作优胜县，入选省级资源循环利用示范城市。获评2021年度国家重点生态功能区生态环境保护管理较好的县域城市，系全省唯一，九龙山自然保护区入选浙江省第二批名山公园名单。各交接断面、饮用水水源地水质100%达标，创成省级“城镇全域污水零直排区”。全面推行“林长制”，新增百万亩国土空间绿化578.93公顷，完成千万亩森林质量精准提升工程5186.67公顷。

全县有学校60所。其中，幼儿园32所、小学19所、初中3所、九年一贯制学校1所、普通高中1所、完全中学1所、职业中专1所、特殊教育学校1所、成人文化技术学校1所。学生总数25160人。其中，幼儿园4956人、小学9455人、初中5561人、普高3075人、职业中专2071人，特殊教育42人。“学在遂昌”品牌持续打响，推进腾龙小学、示范幼儿园改扩建等工程；通过全国义务教育优质均衡发展县省级督导评估，高水平大学录取人数连创新高。

全县有医疗卫生机构172家。其中：二级甲等综合性医院1家，二级甲等中医医院1家，直属医疗卫生单位5个，精神专科医院1家，乡镇卫生院（社区卫生服务中心）21家，卫生服务站17家，诊所、医务室、卫生室123家，民营医疗机构3家。有卫生专业技术人员1573人，每千人医生数3.43人，每千人护士数3.3人。医疗机构实际开放床位数901张。实施医疗卫生“山海”提升工程，全科医生培养基地被列入全国示范项目，县人民医院迁建工程主体完工，遂昌康复医院投入使用；国家卫生县城复审、省示范文明县城创建工作扎实推进，健康浙江考核实现“四连优”。

全县有银行业机构11家、保险机构17家、证券机构2家，年末，金融机构本外币各项存贷款分别为337.71亿元和334.65亿元，分别增长11.98%和40.03%，不良贷款率下降至0.26%，全年保险业实现保费收入4.87亿元，增长14.32%。

数字政府综合评价排名丽水市前三，新增省厅级试点37个，开发迭代“搬迁无忧”等应用36个。助企服务全生命周期改革不断推进，创新集成项目协同管理、企业投资项目高效审批、部门联系企业投资项目“四个一”“助企服务员”等机制，实现工业项目拿地即开工、开工促投产、投产促达效全链条管理。国资国企改革持续深化，县经投集团、县建投公司获AA主体信用评级。推进“大综合一体化”行政执法改革，实现乡镇（街道）赋权全覆盖。生态产品价值实现路径持续拓宽，新增“生态贷”1.43亿元、“两山信用贷”1.39亿元。“三区三线”划定完成，国土空间规划加快完善，新增城镇发展空间368公顷。成为省高质量发展建设共同富裕示范区第二批试点、省强村富民乡村集成改革实践试点。

【元立集团入选省“雄鹰行动”培育企业】 2022年，元立集团入选省“雄鹰行动”培育企业。元立集团在水力发电、光伏发电等清洁能源领域深化拓展，遂昌高棒生产线、顺康公司盘扣、电工新材料等生产线相继投产。集团再次迈进中国企业500强行列。全年整个集团实现销售收入401亿元，出口创汇3778万美元，上缴税收15.5亿元。其中，集团遂昌本部实现销售收入130亿元，上缴税收2.72亿元。

【衢丽铁路（衢州至松阳段）在遂昌县开工】 2022年底，衢丽铁路（衢州至松阳段）项目开工仪式在遂昌县新路湾镇新溪村举行，项目开工标志着遂昌县结束不通高铁的历史。该项目由浙江交通集团主导投资建设，正线长94.8千米，设计时速200千米，

遂昌网易联合创新中心　　（摄于 2022 年，王慧菁　提供）

计划于 2026 年建成通车。项目建设对实现遂昌融入"1 小时杭州都市圈"，推动遂昌加速高质量发展具有重要意义。

【阿里云创新中心(丽水遂昌)基地、遂昌网易联合创新中心】 2022 年 12 月，阿里云创新中心（丽水遂昌）基地、遂昌网易联合创新中心被认定为 2022 年浙省级众创空间。全年两个平台引进数字产业企业 44 家，推动中通服、万达信息、拼格文化等数字基建、数字文旅头部企业落地，新增"绿谷精英"人才项目 4 个，数字产业限上服务业企业 2 家，入驻企业营收超 2 亿元，举办网易 CITC 大赛、阿里云创学院等赛事活动，"数字绿谷"创新创业影响力提升。

【《遂昌县企业投资项目高效审批实施办法(试行)》出台】 2022 年，《遂昌县企业投资项目高效审批实施办法（试行）》出台实施，推行简易投资项目 15 天、一般投资项目 30 天、特殊投资项目 60 天的全流程审批模式，力争实现一般工业类项目"拿地即开工"预审批方法常态化运用。浙江振高汽车科技有限公司项目从正式确定在遂昌投资到开工建设，仅花费 36 天，跑出项目建设"加速度"。　（赖宇哲）

松阳县

【概况】 2022 年，松阳县总面积1401 平方千米，辖 3 个街道、5 个镇、11 个乡、203 个行政村、12 个社区，总人口 23.83 万人。地区生产总值 142.98 亿元，增长 7.3%，增速居山区 26 个县第一、浙江省第二。松阳县获评"省智慧交通产业发展试点县"。

实现地区生产总值 142.98 亿元，比 2021 年增长 7.3%。财政总收入 15.30 亿元，其中一般公共预算收入 10.03 亿元，增长 12.3%。固定资产投资 66.11 亿元，增长 15.1%。出口总额 9.50 亿元，增长 60.2%。社会消费品零售总额 63.35 亿元，增长 7.3%。城乡居民人均可支配收入分别为 49911 元、25324 元，分别增长 6.1%、8.2%，城乡居民收入倍差首次小于 2，缩小至 1.97。低收入农户人均可支配收入增长 16%。

完成 3333.33 公顷粮食生产功能区"非粮化"整治优化，建成高标准农田 926.67 公顷，落实粮食播种面积 7753.33 公顷，总产量 0.385 亿千克，建成农产品加工点 22 个。连续五年入选中国茶业百强县域，茶叶全产业链产值 135 亿元，举办第十五届中国茶商大会·松阳云上香茶节，培育有机茶基地面积 286.67 公顷。香榧、油茶面积分别为 5893.33 公顷、7333.34 公顷，巩固推广"一亩山万元钱"示范基地 1640 公顷，完成香榧特色产业示范县项目建设。松古盆地农村产业融合发展示范园入选首批省级农村一二三产业融合发展示范园。成为全国传统村落集中连片保护利用示范县。明清老街入选全国非遗旅游街区。

全年招引项目 36 个，其中制造业大项目 18 个，总投资 77.6 亿元。工业投资、制造业投资分别增长 62.6% 和 61.5%，规模以上工业企业亩均税收增长 10.13%。新增省级专精特新中小企业 8 家、产值超亿元企业 6 家，新上规、小升规企业 9 家。不锈钢产业成为松阳县首个百亿级工业产业。"自动驾驶和智慧交通助推山区共同富裕创新示范项目"被列为省交通强国试点项目，百度 Apollo 智能交通生态联盟创新中心实质化运行，成为浙江省首个智慧交通产业发展试点县。入选省中小企业数字化改造试点县培育名单，启动规模以上制造业企业数字化改造 55 家，新增数字经济核心产业规模以上制造业 2 家。制定"浙江制造"团体标准 1 项，"品字标浙江制造"认证企业 5 家。建筑业产值 43.12 亿元，增长 16.8%。康佳数字经济总部和数字经济双创基地落地松阳。康恩贝复方鱼腥草合剂项目成果获省科技进步二等奖，实现省级科学技术奖零的突破。

松阳县成为浙江省首批县域商业体系建设试点县，争取列中央服务业发展专项资金 1000 万元。发放各类消费券 330 万元，带动消费 1042 万元。松阳老街创成省级夜间文化和旅游消费集聚区。入选全国县市电商竞争力百佳样本，实现网络零售额70.69亿元，增长36.3%。陈家铺村入选年度省最佳实践案例，上田村入选全国乡村旅游重点村名单、获评省级“中医药文化养生旅游示范基地”。明清老街入选全国非遗旅游街区。创成省级运动休闲旅游精品线路1条，获评浙江文旅助力探索共同富裕新路径十佳县。出台金融支持民宿业健康发展政策，杨家堂村、桃野民宿等5个点位入选山区26个县百佳网红打卡点，成为省“百县千宿”试点县。

新增省级数字化改革试点32项。“司法网拍”“拯救老屋”“茶叶在线”分别入选国家、省市优秀应用场景，“采茶工服务一件事暨灵活用工服务平台”入选省级典型平台，“上上德胜AI-EHS智慧安全管理系统”获评省级人工智能典型应用场景。“大综合一体化”行政执法改革、国企二轮改革稳步推进。推行“综合查一次”，涉企执法检查频次缩减83.3%。“拿地30天开工”落地实施，最短审批项目14天开工。加强事中事后监管工作成效获省政府督查激励。争取中央革命老区项目、浙江省首批跨乡镇全域土地综合整治试点项目，获评农产品产地冷藏保鲜整县推进试点县。完成松阴溪湿地碳汇基础性研究，成为“浙江省湿地资源管理一张图”试点县。建立全国首个茶园碳汇合作研究中心。“两山贷”“生态贷”余额分别为3.79亿元、32.68亿元，发放首笔排污权抵押贷款960万元。

企业诉求“135”限时办结率100%。全年在册市场主体增长11.7%。新增国家高新技术企业9家、省级高新技术企业研究开发中心3家，培育省级企业研究院1家、省级高新技术企业研究开发中心2家；兑现科技政策奖补资金1194万元。“茶一肉制品加工产业化应用关键技术研发与示范”获评省科技厅“尖兵”“领雁”竞争性项目，新增科技示范基地68个。新增注册商标756件，发明专利授权23件。出台青年发展新政，“青松向阳”入选团中央优秀案例。举办人才科技峰会，引进各类人才5725人，新增高技能人才964人，评选“松阳工匠”48人。

开展水域监管“一件事”改革，推进浙江省幸福河湖试点县建设，新增省级美丽河湖4条，出境水质常年保持Ⅱ类水标准，新建农村生活污水处理设施36个。完成不锈钢企业退火油烟改造提升46家，丽水市首个VOCs治理活性炭“绿岛”项目落地松阳。古市镇入选浙江省低(零)碳创建试点乡镇，全链推进废弃物资源化利用案例入选省绿色低碳转型典型案例。完成中央、省委生态环保督察问题整改，办理环境违法案件11件，环境污染投诉案件下降34.1%。

全年民生类支出40.39亿元，占一般公共预算支出74.16%。全面完成省市县民生实事项目。“生长型”民宿助力共同富裕的松阳实践入选浙江省十大县域高质量发展优秀案例。城乡供水一体化率81.4%。户籍人口基本医保、“浙丽保”和基本养老保险参保率分别为99.76%、95.6%及98.7%。开展职业技能培训7281人次，新增技能人才2542人，新增城镇就业2191人，城镇登记失业率0.97%。象溪民族安置小区开工建设，完成搬迁3200人。落实公共租赁住房767户。古市医院医养中心等一批养老项目推进。建成残疾人之家12个，完成公共场所和家庭无障碍改造72个(户)，异地分散安置残疾人就业147人。乡村共享无障碍建设被列入省级标准化试点。

安全生产形势稳中向好，未发生较大以上安全生产事故。成立县社会治理服务中心，创成“无信访积案县”，实现行政村(社区)应急管理员全覆盖。侦破全国首例入侵金融机构话务系统实施电信诈骗案、倒卖文物案等一批大要案，连续26年实现命案全破。解决劳资纠纷603起，涉及金额3129万元。完成国防动员体制改革，承办浙江省征兵“一个过程”规范化建设现场观摩活动。创成省食品安全示范县。

【松阳松古灌区入选2022年度世界灌溉工程遗产名录】 2022年10月6日，第九批世界灌溉工程遗产名录公布，浙江省松阳松古灌区入选2022年度世界灌溉工程遗产名录，是丽水市继通济堰后第二个入选世界灌溉工程遗产名录的工程。松古灌区是特色鲜明的灌溉工程遗产“活态博物馆”，是中小流域古代灌溉工程典范。自汉代开始，先民因地治水，在松阴溪流域依势筑堰建渠，分片“开圳引水”，逐步建成以松阴溪主支流为水源，堰堤密布、圳渠交错的灌溉网络。灌区工程体系在明清时期臻于完善，至明末清初，境内有古堰120处，灌溉的古塘、古井百余处，仍灌溉着松阴溪两岸1.11万公顷良田。数百年来，松古灌区先民以榜文、碑刻、文选等形式，翔实记录“七三法”立项选址、“借地建圳”，采用“人字形”坝体结构等建设机制，以及“汴石分水”“定期轮灌”“圳田制”“堰董制、圳董制”“水权管理”等创造性的灌区管理机制。

【松阳县获评2022年全国传统村落集中连片保护利用示范县】 2022年4月，住房和城乡建设部、财政部联合下发《住房和城乡建设部 财政部关于做好2022年传统村落集中连片保护利用示范工作的通知》，松阳县获评2022年传统村落集中连片保护利用示范县。松阳县境内保有100余座格局完整的古村落，其中有78个中国传统村落，高山阶梯式、平谷式、傍水式和客家古村落在松阳的山水间交相辉映，数量位居浙江第一、华东第二，是中国农耕文明形态保留最完整、乡土文化传承最好的地区之一。松阳县践行“绿水青山就是金山银山”发展理念，保护发展传统村落，探索文化引领乡村振兴实践，被国家部委列为全国传统村落保护发展示范县、中国传统村落保护利用试验区、“拯救老屋行动”整县推进试点县。（吴颖俊）

景宁畲族自治县

【概况】 2022年，景宁畲族自治县总面积1950平方千米，辖2个街道、4个镇、15个乡、136个行政村。年末，常住人口11.02万人，户籍人口16.72万人，其中畲族人口1.85万人，占11%。

地区生产总值93.24亿元，比2021年增长4.0%，三次产业结构调整为7.8:22:70.2。一般公共预算收入15.9亿元，增长16.1%；全社会固定资产投资增长11%；实现全社会消费品零售总额36.6亿元，增长1.7%；城乡常住居民人均可支配收入分别为47807元和26139元，分别增长4.9%和8.6%，城乡收入比缩至1.83:1。

全年粮食播种面积6487.88公顷，粮食总产量3676.48万千克（含马铃薯），食用菌产量0.51万千克，蔬菜总产量8448.83万千克，水果总产量571.84万千克。茶叶总产量3324.2吨，生态茶园累计新建提升700公顷，总投资4.5亿元的惠明茶文化园区启动建设。药材种植面积6000公顷。全年肉类总产量469.74万千克，其中猪肉340万千克。招引中国畲药谷、金包山综合种养基地等亿元重大项目，与“福鼎六妙白茶”达成战略合作，累计招引落地农业项目51个，总投资6.1亿元。

实现规模以上工业产值25亿元，增长17.6%，新增规模以上工业企业11家，规模以上工业增加值6.6亿元，增长5.3%。民族创业园深化幼教木玩“链长制”试点，新引进、新投产链节企业12家，规模以上工业产值突破3亿元。丽景园深耕电气机械等精密制造业，新投产企业6家，新开工企业7家，规模以上工业产值突破15亿元。总投资21亿元的特色产业平台一期工程破土动工，丽景园新增工业用地20公顷。新增国家级高新技术企业7家、专精特新“小巨人”企业2家，工业企业实现国家级荣誉零的突破，战略性新兴、装备制造等产业增加值分别增长30%以上。

11月22日，景宁畲族自治县召开全域旅游高质量发展大会，景宁畲族风情国家级旅游度假区创建工作启动，成立景宁文旅宣推联盟。承办浙江省山区海岛县文旅投融资大会，完成10个重大文旅项目签约。畲族风情旅游度假区入选山区26个县“造月工程”。全年创成国家甲级旅游民宿1家、省级银桂品质饭店1家、省级采摘旅游体验基地1个、景区镇8个、景区村22个。年末，全县有国家AA级旅游景区1个，国家AAA级旅游景区3个，国家AAAA级旅游景区2个。

全年新引进实体大项目14个，增长2.5倍，其中制造业项目占比超70%，实际到位内资10亿元。沪特精密机械装备制造项目落地民族创业园，推动总投资120亿元的富乐德半导体产业园项目落地丽景园。出台人才新政3.0，成立人才发展中心、人才科技公司，举办人才科技周，引进高校毕业生2593人，其中博士14人、硕士56人，落地“绿谷精英”项目6个，新增省级博士后科研工作站1家。

出台教育“新十条”，设立专项资金4000万元。景宁中学一流大学、一流学科、省重点建设高校录取率丽水市第一，职业高中本科上线人数首次丽水市第一。标溪、大地、景南3所乡镇小规模学校调整优化。景宁畲族自治县与浙大一院帮扶合作建成标准化“三大救治中心”“三大共享中心”，骨科建成浙江省县级龙头学科，县域就诊率91%以上、基层就诊率52%以上。“一老一小”服务不断健全，改造困难家庭居住环境60户，完成县老年医养综合服务中心主体工程。新建提升托育服务机构3家，新增托位100个，被列入浙江省首批普惠托育试点。

承办浙江省首届返乡入乡合作创业大赛，新提供就业岗位8600余个，新增就业4097人，技能人才占从业人员比重31.81%。城镇登记失业率0.84%。落实“一户一策一干部”机制，发放“政银保”小额贴息贷款1.2亿元，低收入农户人均可支配收入增长17%。实现集体经济收入30万元以上、经营性收入15万元以上行政村全覆盖。推动高山远山人口转移，完成6个乡镇安置小区基础设施提升，新启动3个安置小区建设，全年完成搬迁安置1159户、4226人。

推进共同富裕基本单元建设。完成首轮美丽城镇建设三年行动，累计创成省级样板乡镇2个（东坑镇、大漈乡），“山区26个县”美丽县城2个（红星街道、鹤溪街道），达标乡镇14个。实施城乡风貌整治提升行动，创成“畲乡之窗”省级县域风貌样板区，建成3个美丽宜居示范村。完成5个老旧小区提升改造工程，浮丘未来社区启动征迁工作，团结未来社区、城南未来社区被列入省级创建名单。

深化省级低碳试点县建设，探索建立多元生态补偿机制，建设低零碳试点乡（村）7个，登记森林经营碳汇碳减排量0.15亿千克以上，推动碳汇交易。改善重点行业能效水平，营造绿色低碳社会风尚。生态环境状况指数持续走在浙江省前列。加强省级低碳试点县建设，建设低零碳试点乡（村）7个，登记森林经营碳汇碳减排量0.15亿千克以上，推动碳汇交易。改善重点行业能效水平，营造绿色低碳社会风尚。启动浙江省首个生物多样性产学研用试点县建设，建成生物多样性主题展馆2个，完成节水型社会国标创建，建成省级全域污水零直排区。生态环境公众满意度排名浙江省第三位。

承办省第七届民族传统体育运动会、省"共富杯"26个县篮球联赛、省广场舞锦标赛等品牌赛事。畲族元素亮相《味道》《奔跑吧》等全国知名栏目。创成省级民族团结进步重点培育单位2家、省级"五畲"系列品牌11个。

【省政府出台《支持景宁县走山区县高质量发展共同富裕特色之路实施方案》】 2022年，省委、省政府把景宁作为浙江省唯一的山区县样本，9月24日，出台《支持景宁县走山区县高质量发展共同富裕特色之路实施方案》，市委、市政府同步出台支持政策，赋予景宁走山区县高质量发展共同富裕特色之路的重大使命。对标省实施方案，景宁县委、县政府系统制定20个三年行动方案，统筹推进79项重点举措、56个重点项目、64个标志性成果。共富特色之路探索获2022年度浙江省改革突破铜奖，被列入省共同富裕示范区第二批县域综合类试点。

【浙江景宁抽水蓄能电站项目开工建设】 2022年11月2日，浙江省稳进提质金融工具重大项目集中开工活动在景宁县梧桐乡举行，景宁抽水蓄能电站项目是全省72个集中开工项目之一。该电站总装机140万千瓦，总投资92亿元。该项目被列入浙江省2023年重点建设项目、省能源局"4+1"抽蓄项目和国家能源局《抽水蓄能中长期发展规划（2021—2035）》重点实施项目库。建成后，该电站主要承担浙江电网的调峰、填谷、储能、调频、调相和备用等任务，推动新能源及旅游业发展。

【景宁三艺家庭农场的"华浙优223"获全国稻鱼综合种养优质渔米银奖】 2022年12月，中国首届稻渔综合种养科技创新与产业发展大会上公布2022全国稻渔综合种养优质渔米评比结果，景宁三艺家庭农场选送的华浙优223渔米获籼米组银奖，系全市唯一。景宁县以打造"景宁600"区域公共品牌为核心，发挥生态和气候的独特优势，以科学化、集成化的思路推进农业供给侧结构性改革。至年末，建成"景宁600"基地12.23万亩，累计完成"景宁600"加盟主体62家，完成建设"丽水山耕·景宁600"示范化合作基地88家，培育"丽水山耕·景宁600"农产品七大类120款。

【全省山区海岛县文旅投融资大会】 2022年11月22日，浙江省山区海岛县文化和旅游产业投融资对接大会在景宁县召开。大会吸引全省10余家金融机构、40余家投资机构、140余家企业以及省市县文旅产业工作负责人参加。会上，举行政企合作项目、文旅共富基金合作项目、政银企合作项目和文旅投资项目签约仪式，达成意向合作签约金额48.8亿元、授信金额256亿元。大会举办山区海岛县文旅高质量发展圆桌论坛，围绕如何打造具有浙江气派、浙江辨识度的文旅融合产品等话题展开对话，探索山区海岛县文旅的发展趋势。

【畲族风情旅游度假区入选山区26个县"造月工程"】 浙江省文化和旅游厅公布浙江第一批山区26个县"造月工程"名单，景宁畲族风情旅游度假区名列其中。该度假区涵盖草鱼塘森林公园和环敕木山畲族聚居区，主体为"一心一轴三区十寨"，"一心"即畲族文化体验中心，"一轴"即畲族人文山水景观轴，"三区"即畲族山水人居景观区、环敕木山畲族生活体验区、草鱼塘森林公园生态体验区，"十寨"即旱塔、周湖、东弄、惠明寺、敕木山、大张坑、金丘、际头、包凤、双后岗等畲族村寨。集畲族文化体验、森林康养度假、山地运动休闲、避暑疗养等功能于一体。景宁畲族风情旅游度假区为省级旅游度假区，是"长三角"唯一的少数民族文化生态休闲旅游度假区。

【景文高速建成通车】 2022年12月，景文高速建成通车。该项目是江苏溧阳至福建宁德高速公路在浙江省境内的最后一段，是浙江省全面推进大通道建设的重大标志性工程，也是连接长三角经济圈和海峡西岸经济区的关键段高速公路。项目起于丽水市景宁县，终于温州市文成县，投资总额137亿元，全长68.045千米，其中景宁段长33.498千米，文成段长34.547千米。项目通车后，将从西向东串联起沿线9个乡镇街道、39个村以及17个自然人文景区。（潘健挺）

人物　荣誉

全国五一劳动奖章获得者 浙江省劳动模范

【汤丽芳】 女，1981年9月出生，汉族，浙江丽水人，中共党员，大专学历，浙江航兴电机有限公司支部委员、工会主席、创新攻坚组组长，采购部经理。2020年，她打造“红色航星”党支部，深化党工共建，获评丽水市党工共建示范点。创作编导的《一只古木箱》获区两新党建好故事比赛第一名，并在《绿谷先锋》《丽水发布》发表。体现红色家风传承的微视频《脐带》登上“学习强国”学习平台、浙江新闻等各级媒体。作为一名农民工，扎根航兴公司18年，组织技术攻关，引领企业绿色发展。2022年，公司取得专利知识产权30项，“数字道闸驱动总成”产品获批“浙江制造”团体标准并发布实施。2022年4月，获全国五一劳动奖章，同时被授予“浙江省劳动模范”称号。

【叶如平】 男，1961年5月出生，汉族，浙江丽水人，中共党员，硕士研究生学历，现任浙江万地旅游集团董事长，丽水万地爱心儿童福利院名誉院长，浙江省第十二、十三届人大代表。1999—2022年，他经过二十余年的努力，形成以旅游服务业为主的多业态发展的投资集团企业，旗下员工2000余人，解决就业1万余人，酒店经营与管理发展成为丽水市的标杆。投身助学、助困、乡村振兴、五水共治等慈善活动，累计捐资1亿余元。新冠疫情期间，坚持企业不裁员、不降薪，主动减免租金、物业费等近2000万元，为丽水成功抗疫做出贡献。2022年4月，获全国五一劳动奖章，同时被授予“浙江省劳动模范”称号。

2023年，丽水灵山未来社区　　（李晓晓　提供）

浙江省五一劳动奖状

【丽水大家未来社区项目建设有限公司】 丽水大家未来社区项目建设有限公司项目位于丽水市莲都区丽阳街东，实施单元总用地面积近22公顷总建筑面积近83万平方米，总投资63亿元，涵盖住宅、商业、教育、医养、运动、商务等多业态功能。丽水灵山未来社区是全省首批24个未来社区试点之一，也是丽水首个未来社区。社区通过83万平方米未来生活共同体的打造，将推动城市人居的升级与迭代，添彩新时代花园城市，擦亮“绿水青山就是金山银山”的金名片。为攻克项目难关，公司10余名专业技术人员集中研究攻坚，有效解决渗透的技术难题。防渗透技术创新将给未来的住户带来更安全舒适的居住体验。2021年12月，丽水大家未来社区项目被丽水市总工会、丽水市发改委评为2020—2021年度“建设大花园”重点工程立功竞赛优秀项目。2022年4月，丽水大家未来社区项目建设有限公司获浙江省五一劳动奖状。

（董　方）

2022年度丽水市获正高级专业技术资格人员一览表

表30

序号	姓名	性别	出生年月	工作单位	正高级专业技术资格名称	取得资格时间
1	刘　伟	男	1971年2月	丽水市森林资源保护管理总站	正高级工程师	2022年12月5日
2	李泽建	男	1982年3月	华东药用植物园科研管理中心	正高级工程师	2022年12月5日
3	汤以胜	男	1969年6月	丽水市国土空间规划测绘研究院（丽水市自然资源信息中心）	正高级工程师	2022年12月31日
4	沈春玲	女	1968年2月	丽水市水文管理中心	正高级工程师	2022年11月23日
5	刘建文	男	1963年1月	缙云县水务投资有限公司	正高级工程师	2022年11月23日
6	张东北	男	1967年9月	庆元县实验林场	正高级工程师	2022年12月5日
7	吕森伟	男	1968年9月	丽水生态环境监测中心	正高级工程师	2022年12月31日
8	金哲宇	男	1971年9月	宇恒电池有限公司	正高级工程师	2022年6月10日
9	王建武	男	1967年3月	浙江处州建设管理有限公司	正高级工程师	2022年9月30日
10	林维山	男	1969年12月	丽水市教育教学研究院	正高级教师	2022年12月31日
11	王碧峰	女	1972年8月	青田县教育局教研室	正高级教师	2022年12月31日
12	程希文	男	1975年3月	遂昌育才小学	正高级教师	2022年12月31日
13	陈建茂	男	1979年7月	莲都外国语学校	正高级教师	2022年12月31日
14	郑爱芬	女	1974年1月	龙泉市实验小学教育集团	正高级教师	2022年12月31日
15	吴月圆	女	1981年8月	景宁畲族自治县红星小学	正高级教师	2022年12月31日
16	陈碎娇	女	1976年7月	云和县云和中学	正高级教师	2022年12月31日
17	徐茂林	男	1968年8月	丽水市实验学校	正高级教师	2022年12月31日
18	吴雯岚	女	1968年1月	庆元县教育教学研究中心	正高级教师	2022年12月31日
19	徐丽芳	女	1975年4月	景宁畲族自治县景宁中学	正高级教师	2022年12月31日
20	温新娟	女	1968年4月	松阳县第一中学	正高级教师	2022年12月31日
21	田耀军	男	1968年5月	缙云县实验中学	正高级教师	2022年12月31日
22	徐艳芳	女	1973年11月	缙云县机关幼儿园	正高级教师	2022年12月31日
23	翁建明	男	1972年11月	丽水市莲都区囿山小学教育集团	正高级教师	2022年12月31日
24	胡军华	男	1969年8月	丽水市莲都区教师进修学校	正高级教师	2022年12月31日
25	廖凤标	男	1972年2月	遂昌县教育研究室	正高级教师	2022年12月31日
26	林鉴强	男	1975年5月	遂昌中学	正高级教师	2022年12月31日
27	王伟珍	女	1977年9月	青田县伯温中学	正高级教师	2022年12月31日
28	蒋吉林	男	1975年12月	龙泉市第一中学	正高级教师	2022年12月31日
29	王柳娟	女	1971年4月	云和县中等职业技术学校	正高级讲师	2022年12月31日
30	周爱飞	男	1978年5月	中共丽水市委党校	教授	2022年12月23日
31	邱东萍	女	1975年11月	丽水职业技术学院	教授	2022年12月17日
32	李三波	男	1965年1月	丽水职业技术学院	教授	2022年12月17日
33	钭志斌	男	1974年12月	丽水职业技术学院	教授	2022年12月17日
34	余厚洪	男	1976年8月	丽水学院	教授	2022年12月30日
35	吴慧伶	女	1981年6月	丽水学院	教授	2022年12月30日
36	雷凌华	男	1972年9月	丽水学院	教授	2022年12月30日
37	季忠苑	男	1975年1月	丽水学院	教授	2022年12月30日

续表30

序号	姓名	性别	出生年月	工作单位	正高级专业技术资格名称	取得资格时间
38	陈　昕	女	1968年1月	丽水学院	教授	2022年12月30日
39	樊晓丽	女	1978年2月	丽水学院	正高级实验师	2022年12月30日
40	胡　飞	男	1966年11月	丽水日报报业传媒集团(现为丽水市新闻传媒中心)	高级编辑	2022年12月31日
41	陈伟红	女	1969年9月	庆元县文化馆	研究馆员	2022年12月31日
42	郭福俊	男	1976年5月	松阳县文化馆	研究馆员	2022年12月31日
43	宋子军	男	1973年12月	松阳县博物馆	研究馆员	2022年12月31日
44	蓝月相	男	1964年10月	云和县数字农业科教服务中心(云和县农业干部培训学校)	农业技术推广研究员	2022年1月13日
45	王声淼	男	1965年2月	庆元县农业产业服务中心(庆元县水产技术推广站、庆元县鱼种场)	农业技术推广研究员	2022年1月13日
46	刘建平	男	1965年8月	景宁畲族自治县茶产业发展中心	农业技术推广研究员	2022年1月13日
47	邓建平	男	1968年3月	缙云县农作物与种子管理站	农业技术推广研究员	2022年1月13日
48	胡惜丽	女	1964年6月	缙云县经济作物管理站	农业技术推广研究员	2022年1月13日
49	王碧林	男	1962年12月	丽水市莲都区农业特色产业发展中心	农业技术推广研究员	2022年1月13日
50	吴学平	男	1975年4月	遂昌县农作物技术推广中心	正高级农艺师	2022年1月13日
51	卢伟孙	男	1962年10月	龙泉市子芦瓷坊	正高级工艺美术师	2022年7月1日
52	陈爱明	男	1962年12月	龙泉大窑瓷文化研究中心	正高级工艺美术师	2022年7月1日
53	林观博	男	1962年7月	青田县石雕行业协会	正高级工艺美术师	2022年7月1日
54	张海政	男	1969年1月	青田县乐善石雕有限公司	正高级工艺美术师	2022年7月1日
55	徐伟军	男	1977年12月	青田县徐伟军石雕艺术馆	正高级工艺美术师	2022年7月1日
56	陈显林	男	1964年6月	龙泉市中艺瓷厂	正高级工艺美术师	2022年7月1日
57	胡兆雄	男	1965年10月	龙泉市天工青瓷厂	正高级工艺美术师	2022年7月1日
58	徐　凌	男	1973年10月	龙泉市朝兴苑	正高级工艺美术师	2022年7月1日
59	陈永德	男	1977年10月	龙泉市君德青瓷厂	正高级工艺美术师	2022年7月1日
60	周正武	男	1968年4月	龙泉市正武刀剑有限公司	正高级工艺美术师	2022年7月1日
61	胡小军	男	1977年4月	龙泉剑村艺术品有限公司	正高级工艺美术师	2022年7月1日
62	徐建新	男	1969年5月	龙泉市寸土文化创意有限公司	正高级工艺美术师	2022年7月1日
63	吴建春	男	1976年3月	龙泉市建春青瓷厂	正高级工艺美术师	2022年7月1日
64	周康有	男	1964年1月	龙泉市千字号剑铺	正高级工艺美术师	2022年7月1日
65	钭晓珍	女	1971年10月	丽水市莲都区白云街道社区卫生服务中心	主任医师	2022年12月25日
66	施敏伟	女	1972年10月	缙云县妇幼保健计划生育服务中心	主任医师	2022年12月25日
67	柳媛芬	女	1976年4月	龙泉市中医医院(龙泉市中医院医共体)	主任医师	2022年12月25日
68	钟艳红	女	1978年3月	龙泉市妇幼保健计划生育服务中心	主任医师	2022年12月25日
69	何娅琴	女	1978年3月	丽水市水阁卫生院(水阁社区卫生服务中心)	主任医师	2022年12月25日
70	丁嘉乐	女	1974年1月	缙云县田氏伤科医院	主任医师	2022年12月25日
71	雷泽宝	男	1977年10月	丽水市莲都区人民医院	主任医师	2022年12月25日
72	王俊霞	女	1975年12月	丽水市莲都区疾病预防控制中心	主任医师	2022年12月25日
73	刘淑锋	女	1977年1月	松阳县疾病预防控制中心	主任医师	2022年12月25日
74	叶水福	男	1973年8月	遂昌县疾病预防控制中心	主任医师	2022年12月25日
75	桑叶红	女	1976年8月	丽水市莲都区联城街道社区卫生服务中心	主任医师	2022年12月25日

续表30

序号	姓名	性别	出生年月	工作单位	正高级专业技术资格名称	取得资格时间
76	王泽华	女	1978年4月	丽水市妇幼保健院（丽水市计划生育技术服务指导中心、莲都区妇幼健康服务中心）	主任医师	2022年12月25日
77	吴佳丽	女	1981年9月	青田县妇幼保健计划生育服务中心	主任技师	2022年12月25日
78	陈玉珍	女	1976年2月	龙泉市中医医院（龙泉市中医院医共体）	主任技师	2022年12月25日
79	王炳洪	女	1975年8月	丽水市莲都区岩泉街道社区卫生服务中心	主任护师	2022年12月25日
80	郭玉萍	女	1973年2月	缙云县第二人民医院（缙云县第二人民医院医共体管理中心）	主任护师	2022年12月25日
81	赖英映	女	1973年10月	丽水市中心血站	主任技师	2022年12月25日
82	高　威	女	1978年5月	丽水市第二人民医院	主任医师	2022年12月29日
83	吴坤贵	男	1969年11月	丽水市第二人民医院	主任医师	2022年12月29日
84	张尊敬	女	1979年4月	丽水市中医院	主任中医师	2022年12月28日
85	潘　铨	男	1980年5月	丽水市中医院	主任中医师	2022年12月28日
86	兰火连	女	1973年9月	丽水市中医院	主任护师	2022年12月28日
87	何建群	女	1980年7月	丽水市中医院	主任护师	2022年12月28日
88	樊晓明	男	1976年5月	丽水市中医院	主任医师	2022年12月28日
89	田晋嗣	男	1975年9月	丽水市中医院	主任医师	2022年12月28日
90	陶丽群	女	1973年6月	丽水市中医院	主任医师	2022年12月28日
91	徐丽霞	女	1977年2月	丽水市中医院	主任技师	2022年12月28日
92	林　群	女	1974年9月	丽水市中医院	主任技师	2022年12月28日
93	蓝　艳	女	1978年2月	丽水市中医院	主任中药师	2022年12月28日
94	陈朝晖	男	1972年7月	丽水市中心医院	主任医师	2022年12月22日
95	蒋　芬	女	1978年1月	丽水市中心医院	主任医师	2022年12月22日
96	孙　蕾	女	1976年4月	丽水市中心医院	主任医师	2022年12月22日
97	徐爱花	女	1979年3月	丽水市中心医院	主任医师	2022年12月22日
98	曾婷婷	女	1982年2月	丽水市中心医院	主任医师	2022年12月22日
99	姚丽莉	女	1980年12月	丽水市中心医院	主任医师	2022年12月22日
100	楼　建	男	1982年1月	丽水市中心医院	主任医师	2022年12月22日
101	叶　方	男	1980年8月	丽水市中心医院	主任医师	2022年12月22日
102	黄玲聪	女	1965年3月	丽水市中心医院	主任医师	2022年12月22日
103	张　坤	男	1983年6月	丽水市中心医院	主任医师	2022年12月22日
104	吴伟东	男	1979年11月	丽水市中心医院	主任医师	2022年12月22日
105	王传光	男	1981年12月	丽水市中心医院	主任医师	2022年12月22日
106	吴志军	男	1982年4月	丽水市中心医院	主任医师	2022年12月22日
107	毛卫波	男	1978年4月	丽水市中心医院	主任医师	2022年12月22日
108	姚奏英	女	1976年11月	丽水市中心医院	主任中医师	2022年12月22日
109	胡晓蕾	女	1983年4月	丽水市中心医院	主任技师	2022年12月22日
110	张晓梅	女	1975年12月	丽水市中心医院	主任技师	2022年12月22日
111	张霞燕	女	1987年7月	丽水市中心医院	主任药师	2022年12月22日
112	章美芬	女	1977年6月	丽水市中心医院	主任护师	2022年12月22日

续表30

序号	姓名	性别	出生年月	工作单位	正高级专业技术资格名称	取得资格时间
113	武珏瑛	女	1979年1月	丽水市中心医院	主任护师	2022年12月22日
114	叶健晓	女	1976年1月	丽水市中心医院	主任护师	2022年12月22日
115	刘丽霞	女	1971年1月	丽水市中心医院	主任护师	2022年12月22日
116	叶剑芳	女	1977年11月	丽水市中心医院	主任护师	2022年12月22日
117	陈　沂	女	1979年8月	丽水市中心医院	主任护师	2022年12月22日
118	叶东花	女	1972年12月	丽水市中心医院	主任护师	2022年12月22日
119	吕丽华	女	1976年12月	丽水市中心医院	主任护师	2022年12月22日
120	李　红	女	1976年2月	丽水市中心医院	主任护师	2022年12月22日
121	邓华东	男	1981年2月	丽水市人民医院	主任医师	2022年12月27日
122	官常荣	女	1982年1月	丽水市人民医院	主任医师	2022年12月27日
123	胡晓薇	女	1976年6月	丽水市人民医院	主任医师	2022年12月27日
124	马柏强	男	1979年7月	丽水市人民医院	主任医师	2022年12月27日
125	汪笑秋	男	1981年8月	丽水市人民医院	主任医师	2022年12月27日
126	王小飞	男	1972年7月	丽水市人民医院	主任医师	2022年12月27日
127	闫俊杰	男	1979年7月	丽水市人民医院	主任医师	2022年12月27日
128	陈旭高	男	1978年11月	丽水市人民医院	主任技师	2022年12月27日
129	叶国伟	男	1981年7月	丽水市人民医院	主任技师	2022年12月27日
130	缪小红	女	1975年9月	丽水市人民医院	主任护师	2022年12月27日
131	吴素平	女	1978年1月	丽水市人民医院	主任护师	2022年12月27日
132	项英美	女	1976年1月	丽水市人民医院	主任护师	2022年12月27日
133	应则贵	男	1963年3月	缙云县人民医院	主任医师	2022年12月18日
134	夏伟群	女	1972年2月	缙云县人民医院	主任护师	2022年12月18日
135	张岳凤	女	1968年12月	缙云县人民医院	主任药师	2022年12月18日
136	李　瑛	女	1973年3月	缙云县人民医院	主任护师	2022年12月18日
137	李继婉	女	1976年1月	缙云县人民医院	主任技师	2022年12月18日
138	徐建爱	女	1972年6月	缙云县中医医院	主任医师	2022年12月24日
139	洪遂丽	女	1971年8月	缙云县中医医院	主任护师	2022年12月24日
140	陶昌琼	女	1982年9月	庆元县人民医院	主任医师	2022年12月4日
141	吴利锋	男	1979年3月	庆元县人民医院	主任医师	2022年12月4日
142	徐红建	男	1982年9月	庆元县人民医院	主任医师	2022年12月4日
143	胡世梅	女	1979年9月	庆元县人民医院	主任护师	2022年12月4日
144	张丽燕	女	1980年1月	庆元县人民医院	主任护师	2022年12月4日
145	吴良姿	女	1972年2月	庆元县中医院	主任医师	2022年12月4日
146	吴新琼	女	1974年11月	庆元县中医院	主任医师	2022年12月4日
147	吴晓美	女	1980年11月	庆元县中医院	主任护师	2022年12月4日
148	赵丽敏	女	1977年1月	景宁畲族自治县人民医院（县域医共体）	主任护师	2022年12月28日
149	赵坚峰	男	1982年3月	景宁畲族自治县人民医院（县域医共体）	主任医师	2022年12月28日
150	陆永海	男	1976年7月	青田县中医医院	主任医师	2022年12月31日

续表30

序号	姓名	性别	出生年月	工作单位	正高级专业技术资格名称	取得资格时间
151	余微静	女	1971年11月	青田县中医医院	主任医师	2022年12月31日
152	程伯溪	男	1966年3月	温溪中心分院	主任医师	2022年12月31日
153	邹胜俊	男	1977年1月	温溪中心分院	主任中医师	2022年12月31日
154	余国香	女	1975年4月	鹤城中心分院	主任医师	2022年12月31日
155	叶珠英	女	1973年6月	腊口中心分院	主任医师	2022年12月31日
156	邹小兵	男	1971年6月	腊口中心分院	主任医师	2022年12月31日
157	张光丽	女	1979年2月	温溪中心分院	主任医师	2022年12月31日
158	季献微	女	1980年5月	鹤城中心分院	主任药师	2022年12月31日
159	应徐燕	女	1980年9月	青田县中医医院	主任护师	2022年12月31日
160	姚旭东	男	1980年11月	青田县中医医院	主任医师	2022年1月15日
161	季雪伟	女	1979年12月	青田县中医医院	主任医师	2022年1月15日
162	张素芬	女	1977年2月	青田县中医医院	主任药师	2022年1月15日
163	吴　骏	男	1977年4月	青田县人民医院	主任医师	2022年12月18日
164	叶桂梅	女	1981年9月	青田县人民医院	主任护师	2022年12月18日
165	王建军	男	1978年9月	青田县人民医院	主任医师	2022年2月13日
166	江伟春	男	1976年1月	青田县人民医院	主任医师	2022年2月13日
167	陈昭心	男	1979年11月	青田县人民医院	主任中医师	2022年2月13日
168	黄丽芬	女	1976年1月	青田县人民医院	主任护师	2022年2月13日
169	吴松平	男	1981年12月	青田县人民医院东源中心分院	主任中医师	2022年12月18日
170	叶伟玲	女	1977年6月	青田县人民医院油竹中心分院	主任医师	2022年12月18日
171	徐燕芬	女	1981年5月	青田县人民医院山口中心分院	主任药师	2022年12月18日
172	汤　强	男	1982年12月	云和县人民医院	主任医师	2022年12月24日
173	赵　军	男	1977年1月	云和县人民医院	主任医师	2022年12月24日
174	刘伟仙	女	1973年5月	云和县人民医院	主任护师	2022年12月24日
175	刘少琴	女	1972年5月	龙泉市人民医院	主任护师	2022年12月24日
176	陈奕梅	女	1971年1月	龙泉市人民医院	主任护师	2022年12月24日
177	吴线玲	女	1972年9月	龙泉市人民医院	主任医师	2022年12月24日
178	毛秋香	女	1978年9月	龙泉市人民医院	主任中药师	2022年12月24日
179	周裕清	男	1976年1月	龙泉市人民医院安仁分院	主任医师	2022年12月24日
180	余旭红	女	1969年12月	龙泉市人民医院龙渊分院	主任医师	2022年12月24日
181	傅绍辉	男	1975年11月	遂昌县人民医院	主任医师	2022年12月29日
182	雷素英	女	1976年1月	遂昌县人民医院	主任医师	2022年12月29日
183	洪利明	男	1978年6月	遂昌县人民医院	主任医师	2022年12月29日
184	周淑平	女	1970年8月	遂昌县人民医院	主任护师	2022年12月29日
185	黄丽球	女	1967年12月	遂昌县妙高中心卫生院	主任药师	2022年12月29日
186	傅金兰	女	1997年1月	遂昌县中医院	主任药师	2022年12月30日
187	王忠美	女	1974年1月	松阳县人民医院	主任药师	2022年12月25日
188	姜浩翔	男	1975年1月	松阳县人民医院	主任医师	2022年12月25日

续表30

序号	姓名	性别	出生年月	工作单位	正高级专业技术资格名称	取得资格时间
189	张燕玲	女	1976年12月	松阳县人民医院	主任医师	2022年12月25日
190	叶慧林	女	1972年6月	松阳县人民医院	主任医师	2022年12月25日
191	周　斌	男	1970年5月	松阳县人民医院	主任医师	2022年12月25日
192	阙建云	男	1974年1月	松阳县人民医院	主任中医师	2022年12月25日
193	钟文亮	男	1982年2月	松阳县人民医院	主任中医师	2022年12月25日
194	王芝芬	女	1971年2月	松阳县人民医院	主任护师	2022年12月25日
195	何永龙	男	1976年1月	松阳县中医医院	主任医师	2022年12月24日
196	黄伟飞	男	1976年1月	松阳县中医医院	主任医师	2022年12月24日
197	阙琦宏	男	1974年6月	松阳县中医医院	主任医师	2022年12月24日
198	徐菊琴	女	1976年12月	松阳县中医医院	主任医师	2022年12月24日
199	郭兴化	男	1967年4月	松阳县中医医院	主任中医师	2022年12月24日

（张妙婕）

逝世人物

【陈家毛】（1929—2022）男，汉族，浙江省浦江县人，1945年3月参加革命工作，1946年6月加入中国共产党。历任班长、副排长、排长，浦江县公安局政保股股长，城关区区长，浦江县公安局副局长、局长、副县长，遂昌县副县长、副书记、县长，青田县委副书记、书记，丽水地区农业局党组书记、局长，农业委员会党组副书记、副主任、主任，丽水地委政法委副书记、书记、政法领导小组副组长、地区公安处党组书记等职。1989年由组织批准离休。于2022年1月21日在丽水逝世，享年94岁。

【田有祺】（1929—2022）男，汉族，山东省惠民县人，1947年3月参加革命工作，1948年9月加入中国共产党。历任山东省惠民县归化区人武部文书、县青杨店区粮库会计，浙江省云和县小顺区民政助理、区财粮助理兼粮库主任、副区长、区长、县委秘书、赤石区委副书记、区委书记、县委办公室主任，龙泉县委办公室主任，温州地委宣传部办公室主任、专署文教局局长、宣传科科长，丽水地委宣传部宣传科科长，龙泉县山区建设领导小组组长，丽水地区化肥厂党支部委员，教育局局长，丽水地委宣传部副部长，丽水地区行政公署副专员，省政协丽水地区联络员、联络组组长等职。1990年由组织批准离休。于2022年8月8日在丽水逝世，享年94岁。

【陶谷宝】（1932—2022）男，汉族，浙江省武义县人，1949年3月参加革命工作，1953年9月加入中国共产党。历任浙东人民游击队六支队九大队战士，武义县公安局办事员、副股长、协理员、副局长、局长，永康县公安局局长，金华地区中级人民法院司法科科长，丽水地区中级人民法院刑庭负责人，党组成员、刑庭负责人，党组副书记、副院长、党组书记、院长，省高级人民法院咨询委员会委员等职。1993年由组织批准离休。于2022年12月29日在杭州逝世，享年91岁。（蓝巧玲）

附　　录

全面学习贯彻党的二十大精神以永做新时代“挺进师”的奋斗实干　奋力推进中国式现代化的丽水探索与实践

——在中共丽水市委五届三次全体（扩大）会议上的报告（摘要）

（2022年12月26日）

中共丽水市委书记　胡海峰

这次会议的主要任务是：以习近平新时代中国特色社会主义思想为指导，全面学习贯彻党的二十大精神，总结市委五届一次全会以来的工作，审议通过《中共丽水市委关于全面学习贯彻党的二十大精神以永做新时代“挺进师”的奋斗实干全面建设社会主义现代化新丽水的决定》，动员全市上下大力弘扬践行浙西南革命精神，坚毅笃行“丽水之干”，全面系统落实“八个必须坚持”，以永做新时代“挺进师”的奋斗实干奋力推进中国式现代化的丽水探索与实践，开创社会主义现代化新丽水建设新局面。

一、市委五届一次全会以来的主要工作

市委五届一次全会以来，新一届市委常委会不忘初心、牢记使命，认真贯彻落实中央和省委重大决策部署，团结带领全市人民坚毅笃行“丽水之干”，推动市第五次党代会各项决策部署落地落实，实现全面建设社会主义现代化新丽水的良好开局。

近一年来，市委常委会在统筹推进各项工作的同时，突出在影响深远、丽水特色鲜明的三项工作上重点推进。

一是系统谋划部署创建革命老区共同富裕先行示范区。立足老区所需、丽水所能、群众所盼，以及丽水作为全国重点革命老区之一浙西南革命老区所在地和全省唯一的全国革命老区重点城市所应尽的责任担当，着眼于服务全省高质量发展建设共同富裕示范区和打造“重要窗口”大局，郑重向省委提出建议创建革命老区共同富裕先行示范区，得到省委充分肯定和正式批准。省第十五次党代会明确赋予丽水创建革命老区共同富裕先行示范区的崭新定位。市委第一时间召开五届二次全会进行专题研究部署、作出重要决议，号召全市上下以高度的政治责任感和历史使命感，全力以赴开展示范创建，努力为全国革命老区实现共同富裕和推进中国式现代化率先探路、打造示范。随后市委成立高规格领导小组，高标准编制实施方案，组织党员干部扎实推进“六个先行示范”，带动形成全市干部群众以积极参与、气势如虹的全“丽水之干”投入全域示范创建的生动局面。

二是以超常规非一般力度坚定不移推进“双招双引”战略性先导工程。牢固树立“不干则已、干则必成”的雄心壮志，坚决将“双招双引”作为事关丽水未来发展全局的头等大事，确立为加快跨越式高质量发展的首要战略举措。连续第二年将“双招双引”作为全年经济工作的中心任务，以“姊妹篇”形式召开市委经济工作——招商引资战略性先导工程再推进大会和市委人才科技工作——招才引智战略性先导工程再推进大会，聚焦“三新一高”赛道部署开展招引大会战，首创重大产业项目招引“一票评优”机制，招引工作在经济深陷困境之年逆势挺进，取得显著成绩。到10月底，“双招双引”各项年度目标任务均已超额完成，实现招引落地百亿级先进制造业项目、引进国家海外引才计划专家、培养国家高层次人才特殊支持计划专家“三个重大突破”，创造招引大项目数、10亿元以上制造业项目数、科技型大项目数、高校毕业生数、博士硕士研究生数“五项历史新高”。

三是启动建设青年发展型城市。城市因青年而兴，因青春而活。为顺应跨越式高质量发展对大量优秀青年的迫切需要，以及丽水对青年群体

吸引力和凝聚力不断增强的良好态势，市委在市第五次党代会上正式提出建设青年发展型城市的全新构想。继而在市委五届二次全会上作出重要决定，从总体要求、主要任务、推进机制等多个方面作出具有针对性的系统部署，突出强调青年是丽水市加快跨越式高质量发展、推动“两个先行”创新实践的新生代“挺进师”和中坚力量；促进青年更快进步、更好成长是事关丽水市长远发展的基础性、战略性希望工程；全市上下要践行“青年重点发展”理念，把青年发展摆在全局工作更加突出的战略位置，纳入城市发展总体布局，推动青年与城市双向奔赴、青年发展与城市发展互促共进。这一系列决策正当其时，符合现阶段丽水经济社会发展客观要求，得到全市干部群众积极响应和坚决拥护。现在，“青年重点发展”理念已成共识，促进青年发展的各项行动举措正陆续展开，“青年丽水”正在成为我们这座千年古城新时代的闪亮名片。

近一年来，市委常委会围绕全面建设社会主义现代化新丽水的总奋斗目标，全力推进其他各个方面的工作。

（一）突出创新引领，奋力推动经济迈上跨越式高质量发展轨道。市委常委会认为，创新是丽水加快跨越式高质量发展的必由之路也是制胜之路，必须坚定“老区也能搞创新、山区共同富裕更须搞创新”的自信和决心，坚定不移把经济发展的主要着力点放在“创新引领”上，加快实现从要素驱动到创新驱动的跃迁。

面对错综复杂的宏观经济形势和疫情多发散发的严峻考验，我们坚决贯彻“疫情要防住、经济要稳住、发展要安全”总要求，高效统筹疫情防控和经济社会发展。严格落实“外防输入、内防反弹”总策略和“动态清零”总方针，迭代建立疫情精准防控和应急处置七大机制，高效处置多起本土突发疫情，牢牢守住不发生规模性疫情底线。市委常委会专题研究经济稳进提质工作，采取措施、出台政策有效对冲疫情影响。按照全省“一盘棋”要求开展稳进提质八大攻坚行动，有力有效稳住经济大盘，实现经济企稳回升向好。前三季度，全市生产总值同比增长3.7%，分别高于全国、全省0.7个、0.6个百分点；固定资产投资增幅位居全省第二、一般公共预算收入增幅位居全省第三，均明显高于全省平均水平；累计兑现惠企政策47.9亿元，为企业减负72.4亿元，惠及市场主体131.4万家次。

我们把建设长三角地区特质鲜明的创新型活力城市确立为发展目标，提出丽水不仅要作为长三角区域的“生态绿心”，更要成为创新驱动发展的“后起之秀”。确定实施人才科技强市战略，全新发布新一轮人才科技新政38条，编制实施产业发展人才科技支撑规划，启动创建丽水国家高新区，推动浙西南科创产业园等重大科创平台落地建设，与高校合作新建4家实体化研究院、33个创新载体，国家级创新载体实现零的突破。建立人才科技服务十件实事机制，建设“人才之家”、设立省内首个人才科技保障法庭等各项实事件件有成效。成功举办第十一届人才科技峰会、首届革命老区好物节暨丽水市人才科技好物节。今年以来，全市“绿谷精英”入选项目97个，同比增长54%；新增国家级专精特新“小巨人”企业14家、国家高新技术企业184家、省级科技型中小企业522家，均创历年新高。缙云县率先捧得省“科技创新鼎”。

我们坚定“工业强市”方向不动摇，深入实施生态工业发展倍增行动。深化平台“二次创业”，新增工业供地346.67公顷，丽水开发区特色半导体产业平台入选全省“万亩千亿”新产业培育平台，莲都、云和工业园区升格为省级开发区，实现省级开发区县级全覆盖。开展新一轮制造业“腾笼换鸟、凤凰涅槃”攻坚行动，以“链长+链主型企业+专家团队”牵引五大主导产业集群提升工程，重点培育17条特色标志性产业链，有3个项目入选省引领性重大产业项目、8个项目入选省实施类重大产业项目，均创历年新高。开展数字产业化和产业数字化示范试点，1—9月，数字经济“三园一基地”营收总额同比增长38%。前三季度，全市制造业投资同比增长37.1%，位居全省第二；规上工业增加值同比增长4.6%，其中五大主导产业产值同比增长12.3%。

我们持续推进变生态优势为经济优势的创新实践。在品质农业、旅游产业、水经济的基础上，今年进一步提出把文化产业、林业产业打造成为富民强市的重点支柱产业。我们高规格首次召开市委林业工作会议，提出加快从“林业大市”向“林业强市”迈进跨越的目标，极大提升全市推进林业振兴的信心和士气。深入实施乡村振兴“三化”战略，开展科技强农、机械强农全面推进农业高质量发展行动，打造“一县一业、一县一品”现代品质农业。坚决落实耕地“两非”整治，超额完成粮食生产任务。前三季度，全市农林牧渔业总产值同比增长5.8%，位居全省第一。坚持把有效应对旅游业发展困难与同步促进内涵式发展统一起来，抓项目、铸精品，跨界融合育业态。前三季度，全市旅游业投资同比增长39.9%；4家景区入选省首批“造月”工程名单，数量为全省最多；缙云仙都石宕、景宁“天空之城”成为引领旅游风尚的爆款项目。致力于把绿色能源产业培育成为新的经济增长点，抢抓机遇谋划打造华东绿色能源基地，松阳、景宁抽水蓄能电站和庆元百花岩风电场等重大项目顺利开工建设。

（二）深化改革开放，以变革重塑激发区域发展澎湃动能。市委常委会认为，全面深化改革、持续扩大开放，是充分激发区域发展动能、培塑体制机制新优势的关键之招，必须更加注重战略统筹和系统集成，推进改革开放挺进纵深、协同突破。

我们召开五届市委全面深化改革委员会第一次会议，系统部署推进数字化改革、“大综合一体化”行政执法改革、“县乡一体、条抓块统”等重大改革攻坚。全市改革进一步形成多点突破、全面发力、纵深推进、系统集成的良好态势。生态产品价值实现机制改革获2022年度全省重大改革突破奖，“浙丽保”、龙泉“益林共富”等3项成果获评2022年全省数字化改革“最系列”成果，6项应用入围省“一地创新、全省共享”清单。新增7项省级以上改革试点，成为国家普惠金融服务乡村振兴改革试验区。国企改革三年行动圆满收官，国企整体实力显著跃升。前三季度，全市国企营业总收入和利润总额同比分别增长82.0%和83.5%。

我们扎实推进“跨山统筹”市域一体化改革试点。在全省率先探索永久基本农田保护任务市域统筹，合理调整“三区三线”，为科学编制国土空间总体规划、促进市域“跨山统筹”奠定基础。大力推进中心城市扩能升级，编制完成瓯江新区建设方案，全面启动碧湖新城建设，“一脉三城”格局加快形成。推进“一带三区”交通大畅联工程，丽水机场加快建设，衢丽铁路二期先行段顺利开工，景文高速公路建成通车，2条省道升格为国道，建成9条“四好农村路”精品示范线，龙泉市成为2022年“四好农村路”全国示范县创建单位。创新建立新增建设用地计划指标、重大招商项目资源和急需紧缺人才“跨山统筹”调剂机制，促进政策、项目、人才、资源要素等优化配置。

我们积极推动以产业合作为重点的“问海借力”高水平对外开放。抓住国家出台革命老区重点城市对口合作政策的机遇，以先行示范的更高要求推进与宁波对口合作和新一轮山海协作，进一步打开两地多领域开放合作新格局，前三季度累计实施合作项目52个，到位资金29亿元。积极融入长三角一体化发展，加快建设12个人才科创飞地、9个产业飞地，各领域交流合作深化拓展。建设浙江自贸区丽水联动创新区和中国（丽水）跨境电商综合试验区，实施外贸主体培育195行动，招引落地外贸企业69家，新增跨境电商出口主体50家。前三季度，全市实际利用外资增长120.3%，位居全省第一。启动创建华侨经济双循环发展试验区，招引涉侨项目10个，资金总额121.3亿元。

（三）践行民主法治，积极发展全过程人民民主。市委常委会认为，民主法治是社会主义现代化的显著标志，两者相辅相成，才能相得益彰。要大力加强民主法治建设，积极践行全过程人民民主，不断巩固发展民主团结、生动活泼、安定和谐的政治局面。我们协调召开市五届人大一次会议，圆满完成市人大以及“一府一委两院”换届选举。支持市人大及其常委会依法履职，推进《丽水市居家养老服务条例》等地方立法，开展地方性法规执法检查三年行动。推动市人大就设立“丽水农业文化遗产保护日”、加强国有资产管理情况监督等作出决议决定，对“双减”背景下中小学校教师队伍建设、退役军人事务管理等情况开展工作监督。积极打造践行全过程人民民主基层单元，探索推进开发区人大工作。

我们协调召开市政协五届一次会议，圆满完成市政协换届选举。支持市政协打造“红耀绿谷·同心向党”品牌，完善政协协商民主体系，加强“请你来协商”、委员会客厅、民生议事堂等特色协商平台建设。推动市政协就“积极推进中国碳中和先行区创建”“推动山区26县跨越式高质量发展的丽水路径”等重点提案开展专题协商，就中小企业惠企助企政策落实情况、数字化改革推进情况等重要事项开展专项监督。

我们召开市委统一战线工作领导小组会议，积极构建大统战工作格局。支持各民主党派、工商联和无党派人士参政议政、民主监督、参加政治协商，推动致公党省直丽水市总支部升格为致公党省直丽水市基层委员会，成立丽水市欧美同学会。召开市委民族工作会议暨全市宗教工作会议，编制实施民族团结进步事业发展“十四五”规划，支持景宁县高水平承办浙江省第七届民族传统体育运动会。

我们召开市委全面依法治市委员会第四次会议暨创建全国法治政府建设示范市工作推进会，部署开展创建大会战。在全省率先出台基层法治建设三年行动计划，全域推进县乡村三级法治建设，开展“法助共富、法护平安”专项行动，创成全国法治政府建设示范市。

（四）打造文化强市，高质量建设新时代文化丽水。市委常委会认为，文化是社会主义现代化建设不可或缺的重要组成部分和深沉持久的力量源泉。必须坚持以文化人、以文塑城、以文赋能，激发文化创新创造活力，推动文化繁荣兴盛。

我们高规格召开市委文化工作会议，就新发展阶段丽水文化建设作出重要部署，明确提出要高质量建设新时代文化丽水，打造具有鲜明精神气质、独特人文品格、蓬勃生机活力的文化强市。市委专门出台文件部署实施“文兴丽水、挺进共富”工程，组织开展红色文化铸魂、传统文化传承等十大行动，推动全市文化建设不断展现新气象新担当新作为。

我们常态化长效化开展党史学习教育，召开全市党史工作会议，出台加强新时代地方党史和文献工作的实施办法、加快地方志事业高质量发展的实施意见，编制实施党史和文献工作规划。推动弘扬践行浙西南革命精神活动走深走实，举办2022浙西南革命精神论坛、纪念刘英烈士牺牲80周年、“风展红旗如画”国旗巡展等系列活动，促进红色文化深入人心、广泛传承。

我们坚持文化惠民，积极推动文化事业繁荣发展。高质量承办全球重要农业文化遗产大会；庆元林菇共育系统最新入选全球重要农业文化遗产名录。松阳松古灌区成功入选世界灌溉工程遗产名录。成功举办壬寅(2022)年中国仙都祭祀轩辕黄帝大典、世界摄影大会、首届丽水文化艺术节等活动。推出影视剧《春风又绿江南岸》、越剧舞台剧《绿水青山》等精品力作。启动创建全国文明典范城市，提升新时代文明实践点2822个，新建城市书房18家、农村文化礼堂335家、乡村博物馆57家，建成752个“15分钟品质文化生活圈”，选树“丽水好人”68人。

(五)促进价值转化，生态文明建设向纵深推进。市委常委会认为，建设现代化新丽水，既要以顶格标准坚决守住生态底线，更要不断拓宽生态产品价值实现路径，在更高水平上达到发展与保护有机统一的目标，加快实现从生态保护到价值转化的跃迁。

我们召开高水平推进美丽丽水建设暨生物多样性保护引领区创建大会。编制实施创建行动方案，发布生物多样性保护管理办法，扎实推进各项工作任务，建成首批生物多样性体验地。深入推进瓯江源头区域山水林田湖草沙一体化保护和修复工程，相关实践得到自然资源部和财政部充分肯定。开展环境健康风险管理试点，空气、水环境质量持续提升，省级清新空气示范区实现县级全覆盖。丽水市获批成为国家生态文明建设示范区，庆元县成为国家“绿水青山就是金山银山”实践创新基地。

我们召开市碳达峰碳中和工作领导小组第一次会议，部署启动中国碳中和先行区创建工作，探索开展温室气体自愿减排交易试点，已完成森林碳汇交易10笔。丽水市成为首批国家林业碳汇试点市、国家气候投融资试点市。开展多层次低(零)碳试点，龙泉市成为省林业增汇试点县，景宁县成为省低碳试点县，青田县、丽水开发区成为省减污降碳协同试点单位，5个乡镇(街道)、58个村列入省级低(零)碳乡镇、村试点名单。

我们坚持以“立足百年做今天的事”的历史情怀打造大花园最美核心区。提前两年完成五年国土绿化造林任务，累计造林1.69万公顷。实施“增花添彩”工程，新建花园大道19条、浪漫花海34个、美丽林相4.4万公顷、美丽河湖15条(个)。精致建设新时代山水花园城市和花园乡村，实施16个省级城乡风貌样板区试点，建成花园乡村205个。新增3个项目入选省第二批大花园“耀眼明珠”。云和县、景宁县成为第二批省大花园示范县。

(六)增进民生福祉，努力创造人民幸福美好生活。市委常委会认为，必须始终坚持以人民为中心，把跨越式高质量发展同满足人民美好生活需要紧密结合起来，顺应人民对美好生活新期待，加快实现从全面小康到共同富裕的跃迁。

我们积极构建以共同富裕为导向的持续增收机制，聚焦十类群体精准实施“扩中”“提低”行动方案。开展稳就业惠民生攻坚行动、十万技能人才共富能力提升行动，新增城镇就业2.64万人，新增技能人才3.1万人。建立五级书记抓乡村振兴责任清单，开展“共富123行动”乡镇试点，开展村级集体经济巩固提升行动，全市行政村集体经济收入有望均达到20万元以上且经营性收入达到10万元以上。“大搬快聚富民安居”工程入选省高质量发展建设共同富裕示范区最佳实践，新搬迁农民3.02万人。前三季度，城乡居民人均可支配收入持续增长，增幅保持全省前列。

我们始终把教育摆在优先发展位置，教育提质三年行动取得显著成效。教育资源短缺问题有效得到缓解，全市累计新建学校77所，引进北师大、华师大附校等名校资源，新增学位49930个，9个县(市、区)全部创成省教育基本现代化县。教师队伍建设取得重大突破，教师收入全面达到公务员平均水平，新培养省特级教师23人、正高级教师17人，实现国家级教学名师零的突破。教学质量显著跃升，高考总录取率超过全省平均水平，高水平大学录取人数连创新高，学科竞赛实现全国金牌零的突破。丽水学院成为硕士学位授予单位，丽水职业技术学院入选省高水平高职院校建设名单。

我们用心用情为民办实事。健康丽水建设再创佳绩，成功争取到全省唯一的国家公立医院改革与高质量发展示范项目，丽水国际医学中心、丽水口腔医院开工建设，市人民医院东城院区建成投用，市区4家三甲医院在公立医院绩效考核中均达A+或A等次，其中3家跻身全国前10%之列，国家临床重点专科实现零的突破。丽水市连续两年成为全国健康城市建设样板市。深入实施全民健身计划，成功承办全国赛艇、航海模型锦标赛等大型体育赛事。在全省率先出台“一老一小”整体解决方案，统筹推进儿童友好和“浙丽康养”工作，社保、助残、慈善、住房保障等各领域民生工作稳步加强。

我们统筹发展与安全，召开全市建设平安丽水暨市域社会治理现代化试点工作推进会，建设更高水平的平安丽水。开展除险保安百日攻坚行动，专项整治养老诈骗违法活动，推进信访积案动态清零，圆满完成党的二十大维稳安保任务。迭代升级“141”基层治理体系，推进应急体系和能力现代化，扎实做好防汛防台、抗旱保供等防灾减灾工作。丽水市实现省级平安市17连冠。

（七）推进自我革命，加强党的全面领导和全面从严治党。市委常委会认为，打铁必须自身硬。全面建设社会主义现代化新丽水，必须坚持和加强党的全面领导，坚定不移全面从严治党，以高质量党建为现代化建设提供坚强保障。

我们健全以“七张问题清单”为牵引的党建统领机制。市委常委会专题听取市人大常委会、市政府、市政协和法检两院党组工作汇报。严格落实意识形态工作责任制，将意识形态工作纳入市委常态化巡察。指导市总工会、团市委、市妇联等群团组织顺利完成换届。召开全市党管武装工作会议、市委议军会议，成立市委全民国防教育工作领导小组。召开市委财经委、国安委、编委、网信委、审计委、外事委、军民融合委及对台工作领导小组、退役军人事务工作领导小组等会议，把党的全面领导落实到各领域各方面。

我们召开全市基层党建工作会议，启动实施“红耀绿谷、强基共富”工程，建设十大红绿党建矩阵，开展十大强基行动，打造新时代山区党建统领高地。遂昌县成为中组部党建引领山区乡村治理试点。以党建统领网格智治推进现代社区建设，两新党建、机关党建、国企党建等全面加强；建设“共富工坊”580家，带动4.6万名群众在家门口就业致富。围绕缩小人力资源差距，开展公职人员入口质量提升行动，完成省级干部立体考核试点，推进县乡换届回头看和选人用人问题起底清零，落实容错纠错、“两个担当”、关心关爱机制，干部队伍素质能力有效提升。

我们召开市纪委四届七次全会，全方位推进全领域深化清廉丽水建设。率先发布廉洁文化建设指南、清廉村居建设地方标准。常态化机制化开展正风肃纪“月亮”行动。制定实施新一届市委五年巡察工作规划，高质量完成五届市委第一轮巡察。以零容忍态度反腐惩恶，开展“保生态、护正气”专项行动和招投标领域突出问题专项整治，进一步巩固和扩大反腐败斗争成果。

市委常委会高度重视加强自身建设，拥护“两个确立”，做到“两个维护”，学深悟透习近平新时代中国特色社会主义思想，坚持民主集中制，坚毅笃行“丽水之干”，认真执行中央八项规定精神和廉洁自律准则，以自身良好形象为全市党员干部作出表率，勠力同心推动丽水各项事业发展。

二、全面学习贯彻党的二十大精神，以永做新时代“挺进师”的奋斗实干推进中国式现代化的丽水探索与实践

党的二十大指出，新时代新征程党的中心任务就是团结带领全国各族人民全面建成社会主义现代化强国、实现第二个百年奋斗目标，以中国式现代化全面推进中华民族伟大复兴。刚刚闭幕的省委十五届二次全会明确提出以“两个先行”打造“重要窗口”奋力谱写中国式现代化浙江篇章的要求，为我们进一步抓好党的二十大精神学习贯彻提供遵循。

为更好地贯彻中央和省委的部署，市委明确强调全面学习贯彻党的二十大精神最关键的还是在于奋斗实干这一根本要求，指出任何事业都是靠脚踏实地奋斗、一点一滴实干成就的。唯有奋斗实干才是最真实的，才是最有所获的，才能得胜利。我们要完整准确全面学习把握党的二十大精神，切实把党的二十大精神转化为奋斗实干的实践指引，对标落实以中国式现代化全面推进中华民族伟大复兴的中心任务及系统部署，以永做新时代“挺进师”的奋斗实干，谱写全面建设社会主义现代化新丽水的新篇章。

这次提交市委全会审议的《决定》，突出“奋斗实干”鲜明导向，就全面学习贯彻党的二十大精神作出部署，强调以永做新时代“挺进师”的奋斗实干奋力推进中国式现代化的丽水探索与实践，进一步明确全面建设社会主义现代化新丽水的总体要求和奋斗目标，作出开展“十大行动”的任务部署。我们要系统把握、全面统筹，抓住关键、重点突破。

（一）坚持把共同富裕作为推进中国式现代化丽水探索与实践的首要目标，全力创建革命老区共同富裕先行示范区。党的二十大指出，中国式现代化是全体人民共同富裕的现代化。我们要按照省委赋予丽水创建革命老区共同富裕先行示范区的崭新定位，更好满足老区人民对幸福美好生活的殷切期待。

一要发掘“革命老区”的独特优势。深刻认识革命老区所代表的政治内涵以及赋予共同富裕的重要历史和现实意蕴，继承和发扬老区和老区人民的光荣传统，大力弘扬践行浙西南革命精神，充分发掘利用老区所独有的物质资源和精神资源优势，努力在探索红色资源价值转化机制、构建“红绿金”融合协调发展新格局上取得突破性进展，在以革命精神化育城市精神气质、建设老区人民共同精神家园上开展变革性实践，蹚出革命老区物质文明和精神文明相协调、老区人民物质生活与精神生活需求同满足的现代化新路。

二要把握“共同富裕”的核心要义。深刻认识共同富裕的实质是关于发展和改革的重大命题，坚持以高质量发展为基石，以改革创新为动力，正确处理好效率和公平的关系，在全力“做大蛋糕”的同时合理“分好蛋糕”。要清醒立足于丽水市发展不平衡不充分问题仍然较为突出的实际，坚定不移以跨越式高质量发展为使命和路径，想尽一切办法、竭尽一切所能、团结一切力量推动经济社会发展向着更高质量、更加均衡、更可持续的高阶形态迈进，为历史性解决三大差距问题奠定坚实的物质基础，为加快形成橄榄型社会结构提供有力支撑。

三要用好“先行示范”的战略方法。深刻认识“先行示范”是创建工作的基本要求，是丽水服务全国革命老区振兴发展和全省“两个先行”大局所肩负的使命任务，也是推进中国式现代化丽水探索与实践的重要战略方法。要本着实践至上的精神和态度，以重点领域先行突破带动全局示范创建，集中力量在“六个先行示范”上求是挺进，加快形成具有辨识度和标志性的创建成果，打造全国革命老区共同富裕和现代化建设的鲜活样板。

（二）坚持把跨越式高质量发展作为推进中国式现代化丽水探索与实践的历史使命，着力打造全省新发展格局中的新增长极。党的二十大指出，高质量发展是全面建设社会主义现代化国家的首要任务。丽水作为加快发展地区，要高举发展的行动旗帜，坚持把发展作为解决一切问题的基础和关键，切实把跨越式高质量发展作为新的历史使命，推动经济在高质量发展前提下实现必要适度的高速度增长，加快成为全省新发展格局中的新增长极。

一要以全域“跨山统筹”深刻重塑发展格局。强化“全市一盘棋、市域共同体”理念，紧扣建设百万级人口现代化城市这一长远目标追求、构建“一带三区”发展新格局这一重大战略任务，突出“聚人兴业、以业强城”这个重点，推动“跨山统筹”从平台、交通、项目等“有形”层面向政策、规划、机制等“无形”层面拓展。“有形”层面，要以平台化、项目化、载体化为特征，打破行政区划限制，整合全域资源要素，集中力量谋划建设一批能够重塑生产力布局、带来增长极效应的大平台大交通大项目，锻造区域增长极关键支柱。“无形”层面，要加大改革创新力度，以政策协同、规划融合、机制变革破除影响市域统筹的政策、制度障碍，消除阻碍生产要素高效配置的壁垒，构筑形成促进“跨山统筹”实践的强劲体制机制内驱力。

二要以全力振兴产业厚植经济增长动能。产业振兴是构筑区域增长极的根本之道。这些年通过积极推进“生态经济化、经济生态化”变革性实践，现代化生态经济体系业已形成“5+5”发展总体格局，即根植于生态人文特色资源禀赋的品质农业、文化产业、旅游产业、林业产业、水经济等五大富民强市支柱产业，以创新驱动为显著特征的半导体全链条、精密制造、生物医药、时尚产业、数字经济等五大生态工业主导产业。未来要聚力于做大做优做强“5+5”现代产业集群，以产业跨界融合、全链条、未来化发展为导向，打造规模效应明显、带动能力强劲和特色竞争优势鲜明的产业增长极。尤其要坚定“工业强市”方向不动摇，以超常规非一般力度坚定不移、持之以恒推进“双招双引”战略性先导工程和平台“二次创业”，全力以赴招引更多重大产业项目，奋力实现平台扩能跃阶、产业提质跃变。

三要以全面扩大开放增强区域发展活力。以服务国家战略为根本，以全面融入长三角一体化发展为导向，推进以产业引育为重点的全方位开放发展。要坚持“软件”“硬件”一起抓：“硬件”方面，要在培育高能级开放平台上形成关键突破。以高水平建设浙江自贸区丽水联动创新区、申报综合保税区为重点，构建以国家和省级开发区、高新区为骨干，以跨境电商综试区、山海协作产业园、人才科创飞地、公共海外仓等为有机组成部分的开放平台体系，推动平台开放程度和综合能级显著跃升。“软件”方面，要在扩大制度型开放上迈出实质性步伐。以市场主体感受为第一标准，主动接轨国际市场通行规则，着力解决制约市场主体活力和社会创造力的深层次问题，为市场主体投资兴业营造更加稳定公平透明可预期的友好环境。

（三）坚持把教育、科技、人才作为推进中国式现代化丽水探索与实践的战略支撑，努力建设长三角地区特质鲜明的创新型活力城市。党的二十大前所未有地把教育、科技、人才三项工作合而为一，突出摆在高质量发展这个首要任务后进行专章部署，强调教育、科技、人才是全面建设社会主义现代化国家的基础性、战略性支撑。这充分体现教育、科技、人才之于中国式现代化的极端重要性，反映我们党对教育、科技、人才三者之间既相对独立又相互联系、相互促进的内在规律和发展逻辑的科学把握。我们要深刻领会和全面贯彻这一全新战略部署，切实把教育、科技、人才摆在全局工作的核心战略位置，建立一体推进的有效机制，使其更好地为现代化建设提供战略支撑。

一要推进教育发展新跨越。三年多教育提质行动的实践充分表明，一个地方的教育发展水平，既与当地的经济社会发展水平相关，但也不完全与之画等号。作为一项战略工程，在一定的社会条件和人的主观努力共同作用下，教育不仅能够实现自身跨越式发展，而且会对区域经济社会发展产生深远影响。踏上现代化新征程，我们必须更加坚定“强市必先强教、育人必先兴学”的信念，增强“山区也能办好教育”的信心，乘胜前进、接续奋斗，以百年树人的责任情怀扛起立德树人根本任务，以勇攀高峰的志向实施“教育跃阶攀高行动”，推动教育再启新征程、跃上新台阶。要坚持“质量导向”抓基础教育，大力推进基础教育优质均衡发展，在实现教育发展主要指标全面达到全省中等位次以上目标的基础上，集中力量在丽水市有基础率先突破、有条件实现跃升、有可能创出亮点、有优势塑造特色的领域重点攻坚，打造具有丽水辨识度的教育品牌，带动教育发展整体跃阶升级。要突出“应用导向”抓高等教育，支持丽水学院加快建设高水平应用型大学、丽水职业技术学院升格本科院校，统筹高等教育、职业教育、继续教育协同创新，推进职普融通、产教融合、科教融汇，努力为丽水市跨越式高质量发展培养更多高素质应用型人才。

二要建设国家创新型城市。当前，丽水市科学进步和技术创新持续加快，创新驱动发展的势头已然形成。我们要巩固和拓展来之不易的阶段性发展成果，向着国家创新型城市的更高目标挺进，推动科技创新不断迈开大步、结出硕果。要聚力打造重大科创平台，攥指成拳建设浙西南科创中心，创建国家高新区，推进“十子连珠”科创平台建设，引育更多实体化研究院、省级重点实验室等新型研发机构，锻造区域增长极的强大科创“硬核”。要聚力增创壮大科创主体，深入实施国家高新技术企业和省级科技型中小企业三年倍增行动，着力培育一批创新能力强、引领作用大的科技领军企业，带动更多市场主体勇攀科技高峰、争当创新尖兵，形成各类科创主体百舸争流、各种创新成果不断涌现的新格局。

三要打造新时代人才强市。通过这些年超常规非一般努力，丽水市人才外流状况明显扭转、量质齐升势头有效巩固，但人才总量不足、结构不优的问题仍然突出。我们必须以更高站位、前瞻眼光优化升级人才科技新政，贯彻“以产业定位科技、以科技索引人才”理念，敞开胸怀欢迎各类人才逐梦丽水、共创未来。要秉持“聚天下英才而成就之”的理念，聚焦人才施展才华、成就事业的核心关切，深化人才科技放权赋能改革，保障用人主体尤其是企业引才、用才和人才评价自主权，促进人尽其才、才尽其用。要着眼于营造“以人才为本、让人才有感”的最优生态，注重靠政策更靠服务、比真金更比真心，加快构筑全周期全要素人才服务体系，推动更多政策直达快享，用心用情办好人才“关键小事”，让人才在丽水更有归属感获得感荣誉感成就感。

（四）坚持把人与自然和谐共生作为推进中国式现代化丽水探索与实践的鲜明特色，加快建设诗画浙江大花园最美核心区。党的二十大提出，中国式现代化是人与自然和谐共生的现代化，要坚定不移走生产发展、生活富裕、生态良好的文明发展道路。我们要高水平推进生态文明建设，对标世界一流护绿添彩建设最美生态，坚持先验示范深化改革拓宽“两山”转化通道，让“绿水青山与共同富裕相得益彰”成为现代化新丽水的最显著标识。

一要以建设全国生物多样性保护引领区推动生态环境保护迭代升级。紧扣生物多样性这个核心、保护增值这个重点，推进生物多样性保护的创新实践，以标志性成果为全国提供示范引领。要抓紧系统性保护，完善以国家公园为主体的自然保护地体系，开展森林、水、土壤等重点生态系统保护修复行动，提升动植物群落完整性、生境连通性，实现生态系统、生物物种、生物遗传资源有效保护。要抓好可持续利用，加快建立政府、企业、社会组织和公众等多方参与的保护与开发模式，建设生物多样性体验地，打造生物多样性品牌，积极发展生物资源利用特色产业，实现生物多样性保护增值“双丰收”。

二要以建设全国生态产品价值实现机制示范区引领“两山”理念探索实践。建立生态产品价值实现机制是事关全面拓宽“两山”转化通道、深层次破解发展与保护之间矛盾的核心关键改革。推进这项改革，不仅要有“十年磨一剑”的历史耐心，更要有为全国开路先行的现实紧迫感，既不能因为眼下取得一点成绩就沾沾自喜、急于求成，也不能因为短期结果还不够理想、需要解决的问题较多而信心受挫、停滞不前。要锚定GDP和GEP“两个较快增长”这一核心目标，扭住产业化、市场化这两条关键路径，突出经营开发主体培育、市场交易机制建设这两个重点，因地制宜、分类施策推进全域示范创建和重点领域纵深突破，允许试错、宽容失败推动政策机制创新试验，打造具有鲜明丽水特色的创新性、引领性、示范性改革成果，实现理论成果系统展现、实践成果亮点纷呈、制度成果形成示范。

三要以建设中国碳中和先行区推进经济社会发展全面绿色转型。遵循绿色发展客观规律和市场经济运行逻辑，坚持一切从实际出发，迟干不如早干，早干方能领先，既积极主动又稳妥有序推进先行区建设。要一手抓碳吸收端的“增汇”，在保护生态、护林扩绿基础上，开展碳汇方法学和碳汇交易规则研究，积极探索参与全国碳排放交易市场建设，加快培育区域性碳汇交易市场，通过引入市场机制彰显碳汇的经济属性，实现碳汇的经济价值。要一手抓碳排放端的“减排”，统筹生产减碳、生活低碳各方面工作，促进各领域持续有效降碳。要科学把握减碳与发展之间对立统一关系，坚决防止“一刀切”和运动式减碳，做到以减碳促进高质量发展，以高质量发展减少碳排放。

（五）坚持把党的建设作为推进中国式现代化丽水探索与实践的根本保证，积极构筑新时代山区党建统领高地。党的二十大指出，全面从严治党永远在路上，党的自我革命永远在路上。我们要弘扬伟大建党精神，坚定不移全面从严治党，深入推进新时代党的建设新的伟大工程，以党的自我革命引领社会革命。

一要以党建统领提升领导力。全面落实各级党委（党组）主体责任，加强党的政治建设，完善党中央重大决策部署落实机制，把拥护“两个确立”、做到“两个维护”转化为听党指挥、为党尽责的实际行动。要健全总揽全局、协调各方的党的领导制度体系，迭代升级以“七张问题清单”为牵引的党建统领工作机制，加快形成上下贯通、县乡一体的党建统领整体智治格局。坚持以高质量党建引领高质量发展，增强党组织统合各类组织、各种资源、各方力量作用，不断提高围绕中心抓党建的实效性。

二要以质量建设提升组织力。着力锻造堪当现代化建设重任的高素质干部队伍，从把好公职人员入口质量关抓起，创新“丽水之干”“1+N”干部工作体系，组织实施“一把手”战略储备、年轻干部千锤百炼等系列计划，着力缩小人力资源差距，提高选人用人质量，激励广大干部永做新时代“挺进师”。要着力推进基层党建质量整体跃升，深化“红耀绿谷、强基共富”工程，健全“跨山多联”党建联建机制，推进“党群连心、网格走亲”，统筹加强各领域党的建设。

三要以自我革命提升战斗力。以深化清廉丽水建设为载体，完善全面从严治党责任体系，推进政治监督具体化精准化常态化，完善权力监督制约机制，促进各类监督贯通协调，增强对“一把手”和领导班子监督实效。要以严的基调强化正风肃纪，锲而不舍落实中央八项规定精神，大力弘扬新风正气，持续深化纠治“四风”，严肃整治群众身边腐败和不正之风。要以零容忍态度整治重点领域关键环节腐败，加强新时代廉洁文化建设，一体推进“三不腐”，让清廉成为全社会的自觉和习惯。

同志们，以中国式现代化全面推进中华民族伟大复兴的时代征程已经开启。让我们始终高扬“丽水之干”的行动奋斗旗帜，大力弘扬践行浙西南革命精神，以永做新时代“挺进师”的奋斗实干，积极投身中国式现代化的丽水探索与实践，精彩书写全面建设社会主义现代化新丽水的时代答卷。

丽水市人民代表大会常务委员会工作报告

——在丽水市第五届人民代表大会第三次会议上

（2023年2月27日）

丽水市人大常委会主任　李　锋

过去一年主要工作

过去一年，在中共丽水市委的坚强领导下，市人大常委会以习近平新时代中国特色社会主义思想为指导，坚持党的领导、人民当家作主、依法治国有机统一，围绕中心、服务大局、履职尽责。一年来，召开常委会会议10次、主任会议14次，常委会听取和审议专项工作报告23个，制定地方性法规1部，作出决议决定7项，提出审议、视察、评议意见28个。圆满完成市五届人大一次会议确定的目标任务，主要体现在以下十个方面：

一、坚持党对人大工作的全面领导。高举习近平新时代中国特色社会主义思想伟大旗帜，深刻领悟“两个确立”的决定性意义，增强“四个意识”、坚定“四个自信”、做到“两个维护”。充分发挥市人大常委会党组、机关党组的政治保证作用，坚决贯彻党中央和省委、市委的决策部署，不折不扣执行市委对人大工作的指示和要求。严格执行请示报告制度，就贯彻省人大工作部署、立法计划调整、执法检查实施、代表名额分配等重要事项向市委请示报告26次。配合市委开展中央人大工作会议精神和相关文件贯彻落实情况的专项督查，以及“党领导人大工作”绩效考核。

二、系统加强理论学习。建立常委会会前学习制度，完善月度集中学习制度，深学笃行党的二十大精神，习近平法治思想、习近平总书记关于坚持和完善人民代表大会制度的重要思想，以及中央人大工作会议、省市党代会精神，做到理论学习中心组系统学、主题党日集中学、领导干部带头学、党员干部自觉学。坚持理论学习与业务工作相结合，通过会前学法、专题辅导、交流研讨、理论征文，提高政治站位、找准工作定位、狠抓责任到位，3篇论文获省人大工作研究会优秀论文奖。全年组织召开理论学习中心组学习会12次，推动理论学习经常化、制度化、规范化。

三、助力经济稳进提质。坚决贯彻“疫情要防住、经济要稳住、发展要安全”总要求，全面融入、全力推动经济稳进提质。连续7年监督政府重大投资项目计划与执行，持续9年探索财经监督推进开发区改革发展，听取和审议计划、预算、审计以及政府重大投资建设项目实施情况等报告，促进经济平稳运行。贯彻落实市委“双招双引”战略举措，组织实施大好高项目招引情况专项监督。开展节约能源法“一法一办法”执法检查，加强节能管理、促进转型升级。积极开展“六访六促”主题活动以及“四级人大八万代表助力八大攻坚行动”，召开经济界、企业界代表座谈会，开展丽水机场、开发区半导体产业园等重点项目代表视察活动，激励代表在助力经济稳进提质中担当作为、争当先锋。

四、依法作出决定任免。依法作出设立丽水农业文化遗产保护2日的决定，动员全市人民积极参与农业文化遗产发掘保护和传承利用。作出加强国有资产管理情况监督的决定，推进国有资产管理全面规范公开透明。加强对财政预算执行、决算及政府债务的审查监督，依法作出批准2021年度市本级财政决算的决议和批准市本级2022年新增地方政府债务预算调整方案的决议，持续推进财政管理提质增效。贯彻新修改地方组织法，及时作出废止荣誉市民称号授予办法的决定。坚持党管干部与人大依法任免相结合，规范任免程序，全年任免国家机关工作人员181人次。

五、加强和改进地方立法工作。进一步扩大群众有序参与立法，让“立法装满民意”。换届后重新确定20个单位为新一届静态基层立法联系点，科学编制市五届人大常委会立法调研项目库。完成《丽水市居家养老服务条例》立法任务。就水井保护管理条例开展立法调研，及时作出议案答复。紧扣做好法规实施的后半篇文章，制定地方性法规执法检查三年行动计划，强化执法检查和立法后评估，就南明湖保护管理条例、物业管理条例、文明行为促进条例开展执法检查，对南明湖保护管理条例、物业管理条例开展立法后评估。弘扬法治精神，组织开展“12•4”国家宪法日活动，严格落实宪法宣誓制度，增强国家机关工作人员、各级人大代表对宪法法律的尊崇，切实强化依法履职的意识。

六、依法有效开展监督。坚持“依照法定职责、限于法定范围、遵守法定程序”的原则，正确处理监督与支持的关系，加强人大监督和其他监督贯通协调，合力提升监督质效，使监督成为推动工作的共同意愿和有力举措。紧盯社会民生关切，让百姓有感。连续6年在市人代会上审议全市年度环境状况和环境保护目标完成情况的报告。听取和审议花园乡村建设情况专项报告。围绕退役军人事务管理、3岁以下婴幼儿照护服务体系建设、“双减”背景下全市中小学校教师队伍建设、林业产业发展、旅游产业发展、“三位一体”农合联改革、家庭农场发展、《浙江省综合行政执法条例》和《浙江省华侨捐赠条例》实施等情况进行监督。举行市区贯彻落实《丽水市物业管理条例》、“双减”背景下中小学校教师队伍建设情况专题询问会。联动开展《浙江省综合行政执法条例》执法检查。紧扣依法行政、公正司法，为履职助力。听取和审议市政府防范和打击电信网络诈骗工作情况、市法院司法公正感受度提升工程开展情况等报告，听取法治政府建设、控告申诉检察工作情况等汇报。进一步加强新时代检察机关法律监督工作，创新建立市人大代表建议与公益诉讼检察建议双向衔接转化工作机制。加强任后监督，遵循“由人大产生、对人大负责、受人大监督”的宪法精神，修订政府工作部门负责人履职评议办法，开展对7个政府部门负责人履职工作评议。加强和改进备案审查工作，全年审查规范性文件38件，首次对监委文件开展备案审查，实现“一府一委两院”规范性文件备案审查全覆盖。扎实做好人大信访工作，依法受理人民群众来信来访。

七、支持和保障代表履职。在市委统一领导下，统筹推进市、县、乡人大换届选举工作，做好丽水市出席省十四届人大一次会议代表的选举工作。组织新任代表培训，提升履职能力。推动各承办单位落实代表建议办理“一把手责任制”，市五届人大一次会议340件代表建议全部得到办理。完善代表服务管理机制，健全市人大代表履职登记通报、“一府一委两院”情况通报制度，落实主任会议成员和常委会委员直接联系代表、专工委对口联系代表制度。深化民生实事人大代表票决制工作，助推民生实事“好事办好、实事办实”。按照省人大的统一部署，积极探索开发区人大工作，建立健全领导小组，指导理顺工作机制，制定工作实施方案，依法开展法律监督和工作监督，有序开展代表工作。

八、全面推进全过程人民民主基层单元建设。运用“统筹、整合、联动”理念，认真梳理需求清单、问题清单、责任清单，收集使用需求，找准问题短板，落实具体责任。紧盯功能标准化、不盲目追求硬件高端化，坚持市、县、乡三级共建共享，在党建统领下，采用嵌入式、组团式等多种模式与基层治理四个平台深度融合，推进173家代表联络站迭代升级。通过发挥专委会、代表专业小组、专家咨询组的作用，把人大核心业务下沉、贯通到基层单元，助推各项履职工作提质增效。深化教育科技文化卫生“心连心”代表工作室建设，“民聚浙丽”人大代表e矩阵管理模式，覆盖市、县、乡三级人大和人大代表。市人大的“基层单元建设推进山区民生实事显成效”、松阳人大的“架好代表群众连心桥 打造民情民意直通车”、景宁人大的“‘三专议事厅’激发基层单元民主活力”获全省基层单元最佳实践案例。

九、统筹开展数字化改革。坚持“管用、实用、好用”目标，按照省、市数字化改革总体要求，部署打造全流程监督系统、法治政府监督系统，上线运行人大驾驶舱、代表履职登记管理系统，9600余名市、县、乡三级代表激活应用，推动人大数字化改革赋能、增效。重点开发的代表履职一键通，整合基层单元、直通平台、履职应用等场景，打造集社情民意征集、分析、研判、推送、处理的闭环链条。改革成果获省人大第三届与时俱进通报表彰优秀奖，遂昌人大的“政府（国企）重大投资项目应用场景”获特别奖，松阳人大的“松智汇应用”获提名奖。

十、切实加强自身建设。准确把握“四个机关”建设的定位要求，厚植敬重岗位、尊重同事的团队文化，营造讲政治、讲担当，讲情义、讲情怀的干净干事氛围。以换届为契机，进一步优化人大常委会组成人员结构。以省人大办文、办会、办事为标杆，修订市人大常委会党组工作规则，健全完善党组会议、主任会议、常委会会议议事规则，开展全市人大系统规范化公文评比活动，有效提高工作的规范化水平。以媒体融合为抓手，做好微信公众号全年推送，办好《丽水人大》《人大关注》《人大聚焦》专刊专栏。举行“学习先进树典型·实干奋进开新局”全市人大工作会议、党史学习教育总结会议、新进干部迎新会、履职纪念牌颁发仪式等一系列活动，增强全市人大代表、全体人大干部的凝聚力。

这一年，我们在人大工作高质量发展新征程上迈出坚实步伐，归根结底，得益于习近平新时代中国特色社会主义思想的指引，得益于市委的坚强领导，得益于全市各级人大、全体市人大代表、常委会组成人员、各专门委员会和机关工作人员的勤勉履职，得益于市人民政府、市监察委员会、市中级人民法院、市人民检察院的密切配合，得益于市政协委员、各民主党派、无党派人士、各人民团体、社会各界和全市人民的大力支持。在此，我谨代表市五届人大常委会，向所有关心、支持人大工作的同志们、朋友们表示衷心的感谢！

这一年，我们深入学习领悟党的二十大报告关于人大工作的重要论述，全面贯彻落实中央人大工作会议精神，更加坚定建设“四个机关”的信心和决心，深刻体会到：

政治机关的定位，要求人大必须始终坚持讲政治、讲规矩、讲大局，把政治自觉与战略自觉、使命自觉、定位自觉融会贯通起来，不断提高政治判断力、政治领悟力、政治执行力。人大工作是党和国家事业的重要组成部分。一年来，我们认真贯彻执行市委决策部署，充分发挥人民代表大会制度的功效，依法行使决定权、任免权，确保党通过国家政权机关实现对本行政区域的领导。实践启示我们，做好新时代人大工作，必须突出人大工作的政治性，把党建统领作为一切工作的总抓手，推动人大工作与中心工作同心同向、同频共振。党的领导坚持得越好，人民代表大会制度优越性就越能得到彰显。

国家权力机关的定位，要求人大必须始终坚持用法治的方式保障人民当家作主，推进民主法治建设，维护宪法尊严和权威，确保法律法规得到有效实施。一年来，我们围绕市第五次党代会提出的“建设治理规范高效的社会主义现代化新丽水”的目标，以法治实践推动基层治理和民主政治建设，保障人民群众行使民主权利。有效开展地方立法，深化对“一府一委两院”的工作监督、法律监督，组织法律法规实施情况检查，开展法治宣传教育，努力推动各领域各方面工作法治化水平提升。实践启示我们，做好新时代人大工作，必须突出人大工作的法治性，牢固树立法治思维，大力弘扬法治精神，充分彰显法治担当，更好发挥法治固根本、稳预期、利长远的支撑保障作用。

代表机关的定位，要求人大牢固树立宗旨意识，始终同人民群众保持密切联系，为人民用权、为人民履职、为人民服务；尊重代表主体地位，充分发挥代表作用，服务好保障好代表依法履职，维护好、实现好、发展好最广大人民群众的根本利益。一年来，我们贯彻省第十五次党代会提出的“打造全过程人民民主实践高地”的部署，有序推进基层单元建设，深入实施市、县、乡民生实事项目票决制，有序扩大代表对人大工作的参与，办好代表建议意见，推动解决人民群众急难愁盼问题。实践启示我们，做好新时代人大工作，必须突出人大工作的人民性，坚持依靠代表、发展民主，确保人大工作深深植根于人民。

工作机关的定位，要求人大始终坚持系统观念、守正创新，不断推动人大工作与时俱进，全面担负起宪法法律赋予的各项职责。一年来，我们更加重视人大系统整体功效的发挥。全市人大系统在党建统领、基层单元建设、数字化改革、开发区人大工作等领域不断探索实践，亮点纷呈。莲都人大打造“红耀人大•众行先锋”党建品牌，实现党组织对党员代表管理全覆盖，代表钉钉提升履职新成效；龙泉人大建设西街街道“尚邻里”基层民主微单元，探索打通全过程人民民主“最后一公里”；青田人大深化基层单元“联侨站点”功能向海外拓展，积极推动华侨、归侨和侨眷参与推进全过程人民民主建设；云和人大在全市首个开展对开发区人大工作的探索，加强和推进工业园区民主法治建设；庆元人大探索“微询问”做法，有效提升人大监督刚性；缙云人大探索推进“一代表联十户群众”联系机制，进一步密切代表与人民群众的联系；遂昌人大与龙游跨区域联合开展环境监督，影响大成效好；松阳人大开办电视栏目《代表在监督》，着力推进一批社会关注度高、关系群众切身利益的民生问题得到解决；景宁人大创新推行“三码三地”亮码模式，开展“代表夜访”等工作，让代表工作呈现出浓浓畲乡味。实践启示我们，做好新时代人大工作，必须突出人大工作的实效性，一体推进理论创新、实践创新、制度创新，不断拓展履职的广度和深度，使人大工作更好体现时代性、把握规律性、富于创造性。

这一年，面对市第五次党代会确定的发展主题、践行全过程人民民主的时代命题、推进中国式现代化的丽水探索与实践的重大考题，我们清醒认识到：市人大常委会服务中心大局的力度还需进一步加大，立法还需更加精准管用，监督还需更加有力有效，同人大代表、人民群众的联系还需更加紧密，自身建设还需进一步加强，等等。我们将虚心听取代表和各方面意见建议，始终高扬“丽水之干”的行动奋斗旗帜，踔厉奋发、勇毅前行，推动新时代丽水人大工作再上新台阶。

今年工作主要任务

各位代表，2023 年是全面贯彻落实党的二十大精神的开局之年，“八八战略”实施 20 周年，做好今年工作意义重大。今年市人大常委会工作总体要求是：在中共丽水市委的坚强领导下，以习近平新时代中国特色社会主义思想为指导，全面贯彻落实党的二十大精神，深入学习贯彻习近平法治思想、习近平总书记关于坚持和完善人民代表大会制度的重要思想、中央人大工作会议精神，认真贯彻落实党中央和省委、市委的决策部署，大力弘扬践行浙西南革命精神，坚定厉行“丽水之干”，不断发展全过程人民民主，切实履行人大法定职责，着力提升人大工作质量和水平，以永做新时代“挺进师”的奋斗实干，为奋力推进中国式现代化的丽水探索与实践作出人大努力、贡献人大力量。

一、始终把坚持党的全面领导作为最高政治原则，在忠诚拥护“两个确立”坚决做到“两个维护”上提升新境界

各位代表，习近平总书记指出，坚持党的领导、人民当家作主、依法治国有机统一，核心是坚持党的领导。坚持党的全面领导，既是最高政治原则，也是人大工作沿着正确方向发展、保持旺盛生命力的根本保证。

我们要坚持用习近平新时代中国特色社会主义思想凝心铸魂，自觉运用贯穿其中的立场观点方法，把党的二十大精神落实到人大工作的全过程，把坚持党的全面领导体现在人大工作的各方面，忠诚拥护“两个确立”，坚决做到“两个维护”。坚持将习近平法治思想、习近平总书记关于坚持和完善人民代表大会制度的重要思想、中央人大工作会议精神作为理论学习和干部培训的重要内容，自觉做到紧跟总书记、奋进新征程、建功新时代。站位全市发展大局，紧扣中心工作节奏，保证人大履职与市委同心、同向、同步。聚焦全面建设社会主义现代化新丽水的新任务，谋划生成更具针对性的履职项目，推动市委决策部署落地见效。协助开好市委人大工作会议，逐项抓好重点任务

的落实。继续开展“党领导人大工作”绩效考核，指导基层人大主动融入中心工作，确保在党建统领下，人大工作与各项中心工作同谋划、同部署、同落实。

二、始终把贯彻落实市委重大决策部署作为头等大事，在依法决定任免上展现新担当

各位代表，习近平总书记指出，要善于使党的主张通过法定程序成为国家意志，善于使党组织推荐的人选通过法定程序成为国家政权机关的领导人员，善于通过国家政权机关实施党对国家和社会的领导，维护党和国家权威、维护全党全国团结统一。有效行使决定权和任免权，依法保证党的决策和意图顺利实现，充分体现人民代表大会制度的重要原则和制度设计的基本要求。

我们要聚焦市委贯彻落实党中央和省委决策部署的重大事项，围绕省委实施数字经济创新提质“一号发展工程”、营商环境优化提升“一号改革工程”、“地瓜经济”提能升级“一号开放工程”，紧扣市委提出全力创建革命老区共同富裕先行示范区，着力打造全省新发展格局中的新增长极，努力建设长三角地区特质鲜明的创新型活力城市，加快建设诗画浙江大花园最美核心区等方向性、根本性、全局性问题，抓住“一府一委两院”提请审议的重要工作，加强调查研究，依法及时作出决定决议。切实把市委推进中国式现代化的丽水探索与实践的决策部署，通过法定程序转化为全市人民的共同意志、转化为各级各部门抓落实的具体行动。做好人事任免工作，保证党组织推荐的人选依照法定职权、通过法定程序成为国家机关工作人员。加强对任命的国家工作人员任后监督，不断增强被任命人员的宪法意识和法治意识。

今年的工作重点是，围绕“跨山统筹”市域一体化工作、山区26个县高质量发展政策落地、建设青年发展型城市等课题开展专题调研，适时作出决定决议，助力革命老区共同富裕示范区创建和青年发展型城市建设。作出关于加强经济工作监督的决定。修订任免国家机关工作人员办法、任前法律知识考试办法。

三、始终把增强监督实效作为根本导向，在推进中国式现代化的丽水探索与实践上发挥新作为

各位代表，习近平总书记指出，在我国政治体制中，人大对于“一府一委两院”具有监督作用，推动各国家机关形成工作合力。人大监督是党和国家监督体系的重要组成部分。国家权力机关和国家行政机关、监察机关、审判机关、检察机关虽然职责分工不同，但目标是完全一致的，都要在党的统一领导下依法履行职责、服务中心大局。

我们要用好宪法法律赋予的监督职权，贯彻市委不断增强监督刚性和实效的要求，围绕中心、服务大局、突出重点，综合运用好法定监督方式，完善监督工作闭环链条，实行正确监督、有效监督、依法监督，推动“一府一委两院”依法高效行使职权，推动市委重大决策部署不折不扣落实到位。围绕跨越式高质量发展的核心领域，紧盯创新引领、工业强市、聚人兴业等重点，有针对性地提出意见建议，推动制约发展的难题得到破解。抓住人民群众普遍关注的生态环境、教育医疗、养老服务、社会保障、基层治理等重点民生问题，持续开展跟踪监督，推动解决群众最关心、最直接、最现实的实际问题。围绕管好“钱袋子”，强化财政预算、决算、审计等审查监督，进一步提升财政资金使用效益。坚持全口径、全覆盖，依法全面有效履行国有资产监督职责，进一步探索国有资产监督管理的新办法、新对策。围绕推动乡村振兴战略有效实施，紧盯农业产业发展、乡村环境治理，强化监督检查，促进农民增收、农业增效、农村增值。加强对司法工作监督，推动解决影响司法公正、制约司法能力的突出问题。深入开展执法检查，特别是对丽水市制定的地方性法规实施情况的监督检查，推动“谁执法、谁普法”责任制落实。加强规范性文件备案审查，切实维护法治统一。

今年的工作重点是，聚焦革命老区共同富裕先行示范区建设，听取和审议“十四五”规划纲要实施情况中期评估报告，重点关注综合交通发展等规划的实施情况，以及市域一体化发展、“双招双引”、特色产业链培育等领域。听取和审议丽水市国土空间总体规划、计划执行、预算执行、审计工作、审计查出问题整改、全市2022年地方金融企业国有资产管理等情况报告。全方位深入探索对开发区经济社会发展计划、预算决算、国资管理、政府重大投资项目等的审查监督。听取和审议农业“双强”行动工作情况等报告。组织代表视察民族乡村振兴示范带建设等工作。专题调研侨资企业在丽发展情况。省、市、县联动对民营企业发展促进和促进中小微企业发展条例执行情况进行检查。持续跟进督办民生实事票决项目，加强项目实施全过程监督，推动民生实事项目更好惠及群众。聚焦青年发展型城市建设，专题调研县级强院（医院）建设、实施教育跃阶攀高行动推动县中崛起、社会组织建设等工作。听取和审议推进民间对外交流和国际友城交往情况等报告，开展华侨新生代走进人大活动。省、市、县联动对全民健身条例执行情况进行检查。

聚焦大花园最美核心区建设，听取和审议全市环境状况和环境保护目标完成情况报告，配合省人大开展湿地保护"一法一条例"执法检查，专题调研农业文化遗产保护工作、国家气象公园试点建设等情况，组织代表视察主城区"口袋公园"建设管理、市区物业管理、南明湖保护与管理情况等工作。

四、始终把扛起厉行法治责任作为重要职责，在强化共富示范法治保障上取得新成效

各位代表，习近平总书记指出，要通过人民代表大会制度，弘扬社会主义法治精神，依照人民代表大会及其常委会制定的法律法规来展开和推进国家各项事业和各项工作，保证人民平等参与、平等发展权利，维护社会公平正义，尊重和保障人权，实现国家各项工作法治化。人大在推进全面依法治国、保证宪法法律实施中，肩负着特殊使命、具有独特优势，发挥着不可替代的重要作用。

我们要紧扣大局、着眼急需，深入推进科学立法、民主立法、依法立法，为全方位推动高质量发展提供坚强法治保障。要完善党委领导、人大主导、政府依托、各方参与的立法工作格局，强化立法能力建设，拓宽民主参与渠道，最大限度地凝聚共识和智慧。要发挥好地方立法在国家法律体系中的实施性、补充性、试验性作用，继续探索"小切口"立法，把题目切小、把内容切细、把特色切准、把措施切实，持续提高立法质效。重视做好立法的"后半篇文章"，继续开展地方性法规执法检查三年行动计划，开展立法质效评估，通过各种举措来促进法规实施。

今年的工作重点是，围绕实施教育、科技、人才核心战略，建立一体推进的有效机制，制定《丽水市人才科技融合发展促进条例》。开展城乡网格化服务管理条例、"稻鱼共生"系统文化遗产保护利用条例、促进生态产品价值实现条例立法前期调研。审议2022年度法治政府建设情况，听取市法院"出清执行案件终本库，提升司法公正感受度"专项攻坚行动工作情况汇报。围绕优化营商环境，专题调研行政执法综合查一次工作情况。紧扣法律规定、突出法律责任，对城市养犬管理规定、大窑龙泉窑保护管理条例、烟花爆竹经营燃放管理规定等地方性法规开展执法检查，跟踪监督文明行为促进条例审议意见的落实情况，并就城市养犬管理规定贯彻实施情况开展专题询问，对大窑龙泉窑保护管理条例和城市养犬管理规定开展立法后评估工作，推动法律法规有效实施。

五、始终把保障代表履职作为重要任务，在践行全过程人民民主上实现新发展

各位代表，习近平总书记指出，人民当家作主是社会主义民主政治的本质和核心，发展社会主义民主政治就是要体现人民意志、保障人民权益、激发人民创造活力，用制度体系保证人民当家作主。人民代表大会制度是实现我国全过程人民民主的重要制度载体，代表是践行全过程人民民主的主力军，代表人民依法参加行使国家权力。

我们要尊重代表主体地位，强化为代表服务的意识，提升服务保障工作水平，让代表工作进一步实起来、活起来、强起来。按照市委提出的"突出人民主体，开展民主政治促进行动"的部署要求，进一步发展全过程人民民主，发挥数字化改革牵引撬动作用，推进场景贯通、数据共享，迭代建设全过程人民民主基层单元，健全完善人大的民主民意表达平台和工作机制，最大限度地吸纳民意、汇集民智。深化代表主题活动，密切同代表、人民群众的联系，拓展民主民意表达平台载体，扩大代表参与常委会工作渠道，扩大人民群众有序参与人大工作，切实保障人民群众的知情权、参与权、表达权和监督权。增强议案建议办理质效，推进代表建议及办理情况向社会公开，努力实现议案建议的内容高质量、办理高质量。加强代表履职服务保障和管理监督，统筹开展代表履职培训和专题学习，提升代表政治素质、法治意识、履职能力。规范代表履职管理，充分发挥各级代表的主体作用，激励代表在各自岗位上建功立业、奋发有为。

今年的工作重点是，协助市委出台关于加强践行全过程人民民主基层单元建设的指导意见，加强基层单元架构体系建设，全面建成市、县两级代表联络总站，丰富代表联络总站枢纽性功能和基层代表联络站的基础性功能，实现"一府一委两院"国家机关工作人员常态化进站活动，人大核心业务贯通下沉至基层一线，充分发挥基层单元人民当家作主的前哨阵地和一线窗口作用。认真组织开展省人大代表丽水中心组培训视察活动。加强乡镇（街道）人大工作，完善街道居民议事等制度，拓宽群众利益诉求表达途径和渠道，推动解决群众身边急难愁盼问题，把各项工作做到群众的心坎上，把工作实绩体现到群众的笑脸上。

六、始终把"四个机关"建设作为基础工程，在全面加强自身建设上呈现新气象

各位代表，习近平总书记指出，各级人大及其常委会要全面加强自身建设，成为自觉坚持中国共产党领导的政治机关、保证人民当家作主的国家权力机关、全面担负宪法法律赋予的各项职责的工作机关、始终同人民群众保持密切联系的代表机关。“四个机关”是新时代加强人大自身建设的新定位、新目标、新抓手。

我们要把党的政治建设摆在首位，持续深化拓展党史学习教育成果，作出贯彻党的二十大精神加强自身建设的相关决定，认真履行全面从严治党主体责任，支持派驻人大常委会机关纪检监察组工作，抓好党风廉政建设，推动党的建设和人大履职同频共振、互促共进，不断彰显政治机关高站位、国家权力机关高效能、工作机关高水平、代表机关高标准。要进一步加强作风建设，不断深化调查研究，着力解决实际问题。深入贯彻落实中央八项规定精神及其实施细则，力戒形式主义、官僚主义。要进一步加强制度建设，对标对表新要求，梳理完善人大常委会议事规则和工作程序，推动人大工作制度与时俱进、完善发展。要进一步增强履职本领，制定完善机关学习计划，每年定期召开全市人大工作总结会，统筹发挥“专委会委员、专业小组代表、咨询组专家”作用，组织开展“三专人员”大调研活动、履职能力大提升活动、吸纳民意大进站活动、联系连心大走访活动，完善项目化、清单化、责任化抓落实机制，优化人力资源配置，打造适应新时代人大工作要求的履职团队。要进一步强化数字赋能，推动流程再造，倒逼制度重塑，提升履职行权的精准化、智治化水平。要进一步讲好人大故事，坚持“走出去”与“请进来”相结合，进一步密切与海内外丽水乡亲乡贤的联系，讲好民主故事、发展故事、代表故事，推动人民代表大会制度深入人心。要进一步夯实基层基础，强化上下级人大工作协同，加强乡镇（街道）人大工作，继续探索开发区人大工作，不断提升新时代人大工作整体水平。

各位代表，奋斗创造奇迹、力量源于团结。让我们更加紧密地团结在以习近平同志为核心的党中央周围，在中共丽水市委的坚强领导下，踔厉奋发、笃行不怠，勠力同心、勇毅前行，以永做新时代“挺进师”的奋斗实干，为奋力推进中国式现代化的丽水探索与实践作出人大应有的贡献！

政府工作报告

——在丽水市第五届人民代表大会第三次会议上

（2023 年 2 月 26 日）

丽水市人民政府代市长　吴舜泽

一、2022 年主要工作回顾

2022 年是本届政府的起始之年，也是丽水发展史上极不寻常、极不平凡的一年。百年变局和世纪疫情交织叠加，需求收缩、供给冲击、预期转弱“三重压力”持续增大，我市经济社会发展面临超预期因素的冲击和挑战。全市上下坚持以习近平新时代中国特色社会主义思想为指导，紧紧围绕迎接党的二十大胜利召开、学习宣传贯彻党的二十大精神，在省委、省政府和市委坚强领导下，坚毅笃行“丽水之干”，求是挺进、锐意拼搏，稳中求进、难中求成，牢牢把握了跨越式高质量发展的主动权。

我们坚持“疫情要防住、经济要稳住、发展要安全”，围绕既定发展目标紧盯不放、紧抓不偏，干出了全市发展承压向好、逆势上扬的良好态势，实现了全面建设社会主义现代化新丽水的良好开局。全市生产总值 1830.87 亿元，增长 4%、全省第四，18 项 GDP 核算主要基础指标有 10 项增速排名全省前三、其中 4 项全省第一。规上工业增加值增长 5%、达到 399.58 亿元，规上工业产值首次突破 2000 亿元。服务业增加值首破千亿大关、增速全省第一。固定资产投资增长 16%、连续 12 个月保持全省前二。一般公共预算收入增长 4.2%、全省第二。城乡居民人均可支配收入分别为 55784 元和 28470 元，增长4.7%、7.9%。十方面民生实事全面落地见效，财政民生支出达到 444.06 亿元、增长 9.9%，占一般公共预算支出的 73.1%。生态环境状况指数连续 19 年全省第一，空气、水环境质量均保持全国前十。

我们立足群众所盼、丽水所能，奋力推动全国革命老区共同富裕先行示范区创建实现良好开局。农民收入增速连续 14 年、低收入农户收入增速连续 7 年全省第一，城乡居民收入倍差持续缩小，村集体经济年收入 20 万元以上且经营性收入 10 万元以上的行政村实现全覆盖。人均可支配收入与全省设区市最高倍差从上年 1.61 缩小到 1.58，县域间人均可支配收入最高最低倍差从上年 1.49 缩小到 1.46，莲都城乡居民收入比连续 5 年排名山区 26 县第一。省市县协同推进景宁高质量发展共富特色之路山区县试点，缙云经济总量迈进山区 26 县十强，松阳生产总值增速跃居山区 26 县首位。经争取纳入国家级和省级规划重大项目 175 个，获得革命老区转移支付资金 1.75 亿元。最令人振奋和自豪的是，我们高水平承办全球重要农业文化遗产大会，习近平总书记发来贺信并作出重要指示。

主要做了以下工作：

（一）聚力稳进提质优环境，全力突破短期稳增长与长期优结构“双重困难”。集成政策服务兜牢了“稳”的基础。召开企业家座谈会55次、经济调度会71次，实施企业诉求“135”限时办结制度。开通国务院稳经济33条、省38条、市32条集成落地“直通车”，叠加实施专项政策51项，累计兑现惠企政策资金超95亿元、惠及市场主体2.4万家，为企业减负90.6亿元，企业中长期贷款增长32.6%。狠抓项目投资强化了“进”的动能。协同推进基础设施项目增速、重大项目提速、专项债项目倍速三大攻坚，提前开工重大项目109个、扩量新增投资114.22亿元，实现实施类省引领性重大产业项目零的突破。新增政府债券额度187.27亿元、占全省份额7.3%，投放政策性开发性金融工具26.3亿元、占全省份额5.5%。景文高速建成通车，丽水机场航站区、衢丽铁路二期、景宁和松阳抽水蓄能电站、庆元百花岩风电场、大溪治理提升改造工程开工，庆景青、遂江等省道提升为国道，杭丽铁路成立省级项目前期研究小组并加速推进。激励争先创优提升了“变”的能力。建立以贡献度+速度为核心的激励机制，专项开展复工复产复市、“双招双引”、项目推进、要素争取、营商环境优化五大晾晒比拼。全市一盘棋统筹8000万元财政资金、450亩土地指标设立奖励池，鼓励各级政府“奋进快跑”，缙云实现全省投资赛马四连优、全年胜，4个县经济总量在山区26县实现进位。

（二）聚力“双招双引”增动能，加快构筑跨越式高质量发展“双引擎”。聚焦“三新一高”赛道开展招引大会战。首创重大产业项目招引“一票评优”机制，市县党政“一把手”挂帅走出去招商357次。招引工作逆势挺进，全市首个百亿级制造业项目东旭光电半导体落地丽水开发区，实现当年开工、当年投产；引进10亿元以上项目28个、亿元以上制造业项目165个，上市企业、百强企业、行业隐形冠军项目24个。加快构建全链条人才发展体系。推出人才科技新政，建立人才科技服务十件实事机制，新增技能人才3.54万人、增长97%，其中高技能人才1.5万人、增长342%，国家海外引才计划专家引进数超历史总和。迭代优化创新生态。设立半导体工匠学院、滚动功能部件产业学院，签约落地杭电丽水研究院等实体化研究院5家。与省内外17家大院名校共建创新载体33个，8个项目获省科学技术奖，实现省级新型研发机构、省级科技领军企业、省“尖兵”项目、首版次软件产品零的突破，研发投入强度预计可达2.2%左右。缙云捧回山区26县首个“科技创新鼎”。

（三）聚力产业升级强支撑，着力提升产业核心竞争力。以“链长制”走深走实牵引提升产业链发展水平。完善“产业—科技—人才—政策—服务”五位一体工作体系，实现“一链一基金”全覆盖，聘请5位院士担任五大主导产业首席科学家，新增省级产业大脑建设试点2个。组织开展产业链专题调研43次、“一链一专题”对接活动9场，促成18家雄鹰企业参与产业补链延链项目，对接订单65亿元、融资45亿元。纳爱斯生态资源研究转化、爱玛新能源智慧出行、广芯微电子、宇恒新能源等一批产业链引领性项目开工，带动制造业投资增长39.6%、增速全省第二。中欣晶圆等223个制造业项目投产，缙云竞技骑行装备产业群入选省级“新星”产业群培育名单，17条特色标志性产业链规上工业产值增速高于面上3.1个百分点。联动推进平台建设、主体培育。丽水开发区特色半导体产业平台入选省“万亩千亿”新产业培育平台，实现省级开发区县（市、区）全覆盖。入围中国民营企业500强2家，再添国家级专精特新“小巨人”企业14家、“雄鹰企业”1家、上市企业1家、规上企业257家，龙泉三田创成省级“未来工厂”。加快推进农文旅产业跨界融合发展。设立丽水农业文化遗产保护日，庆元林菇共育系统新入选全球重要农业文化遗产，松阳松古灌区入选世界灌溉工程遗产名录。“丽水山耕”获评新时代区域农业品牌十年•卓越影响力品牌，“供销致富车”项目获评全国农业社会化服务典型案例，莲都国家级分子育种中心入选全国农作物品种展示基地，省级示范家庭农场数量居全省第一。“丽水山居”田园民宿入选全国旅游产品创新八大典型案例，“丽水山景”乡村旅游入选全省文化和旅游共同富裕最佳实践案例，景宁创成AAAAA级景区城，4家景区被纳入山区26县旅游业“造月工程”培育名单，文旅投资增长45.6%。深度激发商贸服务业发展活力。入选省现代服务业创新发展区3个。建成直播电商产业带5个，电商主体突破1万家，网络零售总额增速高于全省平均15.6个百分点。累计发放各类消费券1.56亿元、直接拉动消费19.5亿元，开展“浙丽来消费”等线上线下促消费活动超100场次、实现销售额超20亿元。

（四）聚力改革开放添活力，着力激发区域发展澎湃动能。改革攻坚持续深化。数字化改革6项应用入围“一地创新、全省共享”清单，3项成果获评全省“最系列”成果。成为国家气候投融资试点市、林业碳汇试点市，生态产品价值实现机制改革再获全省重大改革突破奖，丽水生态产品交易中心启动运营。获批国家普惠金融服务乡村振兴改革试验区，个人结汇便利化改革试点落户青田，国企改革三年行动以净资产总额、营收、资信等级均有较大提升圆满收官，“大综合一体化”、“县乡一体、条抓块统”等重大改革向纵深推进。“跨山统筹”多点突破。市县联动完成“三区三线”划定，新增城镇发展空间7.25万亩。市县统筹建立1000亩耕地占补平衡指标池保障重大战略性项目，建立土地指标市域统筹管理机制，全省率先开展永农保护市域统筹。创新重大招商项目资源、急需紧缺人才“跨山统筹”机制，促进资源要素优化配置。“问海借力”扩面升级。启动创建华侨经济双循环发展试验区，引进涉侨项目19个、总投资128.32亿元。实际利用外资增长38.6%，招引落地外贸企业69家。积极融入长三角一体化发展，落地“山海协作”产业合作项目196个、到位资金307.8亿元。丽甬结对振兴发展革命老区，对口工作有序推进。

（五）聚力城乡统筹促融合，彰显山水花园城市新形象。稳步推进诗画浙江大花园最美核心区建设。完成省大花园建设重大项目年度投资150.76亿元，新增省大花园示范县2个，创成省大花园耀眼明珠3个，入选新时代富春山居图样板区3个，成为唯一获省政府大花园建设专项督查激励的设区市。建成美丽林相80.46万亩，打造“增花添彩”规模化成果260个。大力推动城市能级品质“双提升”。编制完成瓯江新区建设方案，全面启动碧湖新城高水平开发建设。江滨商务中心等城市地标项目建成开业，历史街区改造、邻里中心建设等项目顺利推进。全市新建省级绿道308公里，开工改造城镇老旧小区39个，新增未来社区3个，完成城市品质提升“五个一”项目投资131.26亿元。践行“青年重点发展”理念，推动青年与城市双向奔赴，青年发展与城市发展互促共进。协同推进新型城镇化和乡村振兴。统筹推进“小县大城”、“大搬快聚”等变革型实践，新搬迁3.8万人。完成城乡客运公交一体化改造线路45条，新改建农村公路650.88公里，农村规模化供水覆盖人口比例达60.1%。松阳成为全国首批传统村落集中连片保护利用示范县，龙泉宝剑小镇、青田石雕小镇、缙云机床小镇入选第六批省级特色小镇。建成花园乡村205个、未来乡村17个，入选全国乡村旅游重点村2个，丽水的乡村更加美丽宜居。

（六）聚力生态提标亮底色，深入推进绿色低碳循环发展。以国家公园创建牵引建设全国生物多样性保护引领区。成为国家生态文明建设示范区，成功争取百山祖国家公园纳入全国国家公园空间布局方案，以瓯江源头区域为典型的“中国山水工程”获评十大世界生态恢复旗舰项目。完成市域生物多样性本底调查，发现全球新物种8个，建成首批生物多样性体验地，发布生物多样性、古树名木保护管理办法。积极创建中国碳中和先行区。实施碳中和重点任务38项，完成首批水电“国际绿证”交易，成为全国首批绿色出行城市。基本建立能源平衡方案，清洁能源装机容量列全省首位，建成投运丽西500千伏输变电工程。森林蓄积量达1.1亿立方米，初步测算森林植被碳储量达6155.99万吨。联动打好蓝天碧水净土清废环境治理组合拳。一体推进第二批中央、省委生态环保督察交办件整改工作，整改完成率分别达98.6%、95.3%。“五水共治”再夺“大禹鼎”，全域首次实行统一禁渔，河（湖）长制工作获国务院督查激励。遂昌获评全国生态保护管理较好的县域城市，云和创成全省首批“无废城市”，省级清新空气示范区实现县域全覆盖。

（七）聚力美好生活惠民生，切实增进民生福祉。统筹抓好稳就业、强社保。发放创业担保贷款1.12亿元，帮扶困难人员就业2307人，城镇新增就业3.05万人。平稳实现企业职工基本养老保险全国统筹，全面做实基本医保市级统筹。“浙丽保”参保率达93.3%。财政增支1.16亿元提标城乡低保、城乡医保、城乡基础养老金。统筹抓好优服务、促共享。高水平大学录取人数连创新高，引进北师大附中等名校资源，新增基础教育学位1.67

2022年，遂昌县生态环境　　（徐　萍　提供）

万个，民办义务教育在校生占比降至3.9%，丽水学院获批首个省级重点支持现代产业学院。连续两年获评全国健康城市建设样板市，成功争取全省唯一国家公立医院改革与高质量发展示范项目，国家临床重点专科实现零的突破，县级以上综合医院五大中心建设实现全覆盖，丽水国际医学中心开工建设，新增院前急救服务站26个，实现青少年近视综合防控视觉环境改造“应改尽改”。成功入选全国积极应对人口老龄化重点联系城市，敬老院均达到国家二级以上养老机构标准，建成康养联合体20家，创成省级“一老一小”服务场景20个，公办园在园幼儿比例提高6个百分点。消除无物业管理小区115个。启动“文兴丽水、挺进共富”工程，新建成“15分钟品质文化生活圈”752个、农村文化礼堂335个，新增省级乡村博物馆57家、城市书房18家、文化驿站9家，“仙都黄帝祭典”、世界摄影大会、首届丽水艺术节成功举行，全国赛艇、航模锦标赛及省第七届民族运动会在我市举办，参加省运会取得历史最好成绩。统筹抓好保平安、促和谐。成功护航党的二十大。全面完成地质灾害“整体智治”三年行动，消除公共安全领域隐患5.27万个，生产安全事故起数、死亡人数分别下降38.8%、24.1%。创成全国法治政府建设示范市，信访服务和12345政务服务热线等工作机制更加健全，一批信访积案和突出问题得到解决。大力支持国防和军队建设，军民融合扎实推进。与此同时，民族宗教、审计统计、史志档案、外事侨务、港澳台等工作得到加强，工会、青少年、妇女儿童、老龄、红十字、慈善、残疾人、关心下一代等事业取得新成效。

过去一年，我们始终坚持人民至上、生命至上，迭代升级“平急一体”指挥长制度和应急处置“七大机制”，精准高效、及时稳妥处置莲都“4•9”、云和“4•26”等本土疫情，最大限度降低疫情对经济社会发展的影响。因时因势优化调整疫情防控措施，全力推进发热门诊扩容、定点医院建设和重症救治资源配置，完善农村地区疫情防控机制，加强疫苗接种，落实关心关爱医务人员激励保障政策。目前，已取得疫情防控重大决定性胜利，平稳进入“乙类乙管”常态化防控阶段。这是三年来各地各部门特别是广大医务工作者、基层干部、各界人士和全市人民共同努力、勇毅坚守、无私奉献的结果。

回顾走过的路，我们深刻认识到：政府工作干得好不好要让老百姓来评判。只有始终坚持民之所望、政之所向，时刻牢记政府前面“人民”二字，才能真正干好人民满意的事业。我们深刻认识到：发展中的问题要靠发展的办法来解决。只有始终坚持以经济建设为中心，时刻保持“没有门就从窗户爬进去”的韧劲，拉高标杆、跨越赶超，才能加速实现跨越式高质量发展。我们深刻认识到：高效实干的政府团队是干净干事干成事的重要保证。只有始终坚持刀刃向内、自我革命，时刻按照“整体政府”理念系统闭环抓落实，才能更好实现政府有为、市场有效、社会有序、治理有方。

各位代表，一年来政府取得的成绩，是省委、省政府和市委坚强领导的结果，是市人大、市政协监督支持的结果，也是全市广大干部群众奋力拼搏的结果。在此，我代表市人民政府，向辛勤奋战在各个领域各个岗位的全市人民，向各位人大代表、政协委员，各民主党派、各人民团体和各界人士，向驻丽部队、武警官兵、省部属驻丽各单位，以及所有关心支持丽水现代化建设的华侨华人、海内外朋友，表示衷心的感谢，并致以崇高的敬意！

我们也清醒地看到，对标建设社会主义现代化新丽水，发展中还存在不少问题和短板：现代化生态经济体系特别是生态工业底子薄，改革开放创新的活力激发还不够充分，缩小“三大差距”仍然任重道远；绿水青山与共同富裕如何相得益彰仍需攻坚，“跨山统筹”尚未取得根本性突破；教育、医疗优质资源不充分不平衡问题依然存在，民生保障还不能完全满足群众需求；防范化解各领域风险的责任有待压实，本质安全水平有待提升；政府效能建设和干部干事本领仍需加强。我们一定高度重视这些问题，采取更加有力举措，尽快加以解决。

二、2023年主要工作安排

2023年是全面贯彻落实党的二十大精神开局之年，也是“八八战略”实施20周年、“十四五”规划承上启下的重要一年，做好各项工作意义重大。政府工作的总体要求是：高举中国特色社会主义伟大旗帜，以习近平新时代中国特色社会主义思想为指导，全面贯彻落实党的二十大精神及省第十五次党代会、市第五次党代会的决策部署，深入实施“八八战略”，以“两个先行”打造“重要窗口”，以省委三个“一号工程”引领创新深化、改革攻坚、开放提升，大力弘扬践行浙西南革命精神，坚毅笃行“丽水之干”，全面系统落实“八个必须坚持”，把跨越式高质量发展作为新的历史使命，把创建全国革命老区共同富裕先行示范区作为基本定位，把缩小“三大差距”作为主攻方向，以永做新时代“挺进师”的奋斗实干奋力推进中国式现代化的丽水探索与实践，全面建设绿水青山与共同富裕相得益彰的社会主义现代化新丽水。

综合考虑各方面因素，建议今年经济社会发展的主要预期目标为：生产总值增长6%以上，高质量前提下能快则快；规上工业增加值增长8%，研发投入强度达到2.3%；固定资产投资增长10%，社会消费品零售总额增长5%，外贸出口增长5%；城乡居民收入增速保持全省领先、农民收入增速快于城镇居民；一般公共预算收入与经济增长基本同步；居民消费价格涨幅控制在3%以内；城镇新增就业、节能减排降碳完成省定任务。

实现上述目标，既要看到我国经济长期向好基本面没有变，随着存量政策、增量政策叠加发力以及疫情防控措施的优化调整，经济运行有望实现逐步回升；更要正视宏观经济恢复的基础尚不牢固，"三重压力"仍然较大、经济发展面临多重约束，丽水自身发展处于"船到中流浪更急、人到半山路更陡"关键阶段带来的新挑战。必须始终坚持以拼促进、以干图强，时刻准备付出更为艰苦更为艰巨、"人一之我十之"的百倍努力，以自身工作的确定性战胜前进道路上的不确定性。必须始终保持战略定力，进一步用好跨山统筹、创新引领、问海借力"金钥匙"，坚定"工业强市"方向不动摇，在坚持发展实体经济上跑出加速度、拼出贡献度、干出新高度。必须聚焦"双五双十双百双千"行动主线，持续抓好产业、招商、项目等发展重点，持续放大生态、华侨、金融等发展优势，持续强化交通、土地、用能等发展保障，持续夯实民富民安、国资国企、财源税源等发展基础，全力推动经济运行尽早实现整体好转。重点抓好六方面工作：

（一）全力以赴拼经济稳增长促发展

立足产业组链成群抓实"双招双引"。实施招商引资"百千"行动，每年招引亿元以上制造业项目100个，带动未来五年制造业投资1000亿元以上。紧盯"中字头、国字号、500强"推动招大引强再上新高，力争引进20亿级项目不少于12个、50亿级项目不少于2个，努力实现百亿级重大产业项目接二连三再突破，莲青缙松遂龙要在50亿级、云庆景要在20亿级项目招引上取得突破。围绕产业链聚合创新链、构建人才链、重塑招商链，引进产业链项目100个以上，其中"一县一品"产业链项目不低于50%。与专业招商机构、投资公司、咨询公司等广泛开展合作，探索中介招商，继续推进"飞地招商"，鼓励行业协会、在外商会、广大乡贤发挥优势抓招商，打造更有战斗力的驻外招商"桥头堡"。持续抓好"一把手"五亲招商，优化招商赛马晾晒比拼机制，把"人人都是招商员"和"全市一盘棋" 工作理念落实到全年任务上、传导到责任链条上。做实"双招双引"主题基金，更好发挥政府产业基金引导作用，助力招强引优蓄动能。动态完善市域统筹招商项目信息库，实行签约项目盯引落地清单制度，健全落地项目达产达效评估机制。着眼提高招商引资"含智量"和招才引智"含金量"，以产业为基进一步打通"双招双引"考核体系，探索人才订单式、一站式、团队式引进。深入推进"绿谷"系列人才引育计划，深化"智汇丽水·发展同行"系列引才活动。深入实施技能人才共富能力提升、技工教育提质增量两项行动，开展"金蓝领"、"农三师"、职业教育等共同富裕能力提升培训14万人次以上，新增技能人才2万人。

"项目为王"狠抓有效投资。实施扩大有效投资"百千"行动，精准对接全省扩大有效投资"千项万亿"工程，每年滚动推进建设10亿元以上重大项目100个，带动有效投资1000亿元以上，确保制造业、高新技术产业投资增长15%以上，水利、能源等结构性投资指标增速快于面上投资增速。完善项目全过程管理机制，市县统筹安排6亿元以上做实做细政府投资重大项目前期，扎实抓好400个年度重点建设项目。狠抓要素保障深度破题，争取更多专项债券项目、政策性开发性金融工具项目，争取更多上级用地保障指标，争取市域能耗统筹试点，集中优势要素保重点，决不能因为要素保障不力影响重大项目推进。努力为重大项目建设提供个性化、保姆式服务，加强多跨协同、专班运作、集成攻坚，确保新建项目一季度开工率达30%、二季度达60%、三季度达85%。我们要坚持以项目建设为大、为要、为尊、为首，一切为项目建设让路开道。

"一链一对策"提升五大生态工业主导产业。着眼补齐短板弱项、凸显自身优势，更高水平组链成群，加快打造"浙南硅谷"，加速晶睿电子、同创特材等特色半导体产业链重点项目达产达效。着眼转型升级与规模扩大并重，高起点导入精密制造新产业新业态，争创龙泉汽车空调、丽水开发区滚动功能部件省级 "新星"产业群。着眼打造浙江现代中医药大健康产业新高地、长三角中医药康养目的地、全国植物提取科创高地，启动实施中医药大健康产业发展三年行动，重点加快丽水开发区健康医药产业园、莲都美丽健康产业园、庆元生物科技产业园、龙泉灵芝产业园、遂昌石练健康产业园等一批园区建设，抓二产带一产促三产，推动灵芝、三叶青、黄精、铁皮石斛等"处州本草丽九味"全链条融合发展。着眼提质发展，以丽水开发区时尚产业、青田休闲鞋服、庆元竹木家居等为重点，打造时尚产业生态圈。把数字经济创新提质“一号发展工程”作为弯道超车、换道超车的重点，用好“三园一基地”、“天工之城”等平台，持续推进数字产业化、产业数字化，确保数字经济核心产业增加值增长12%以上；深入实施中小企业数字化改造行动，建成木玩、剑瓷、钢铁产业大脑，规上企业智能化技术改造覆盖面达70%以上；积极引育元宇宙、智慧交通、新型储能、区块链等未来产业，争创青田省级元宇宙产业发展县域试点，抓好松阳省级智慧交通产业发展试点。我们要以“链长制”为主抓手抓好产业培育，持续推进生态工业发展倍增行动，加快实现千亿级产业平台、千亿级产业集群、千亿级工业强县零的突破。

“一业一方案”培育五大富民强市支柱产业。实施农业主导产业发展行动，建立农业全产业链“链长制”，跨县统筹培育茶叶、食用菌等6条农业全产业链，加快推进雾耕产业基地、领源现代农业示范园等农业重大项目，“一县一品”培育缙云茭白、庆元甜桔柚、云和雪梨、遂昌长粽等“丽水山耕”拳头产品，加快构建“市域全品+县域单品+企业精品”协同发展格局。以瓯江山水诗路为纽带推进文旅深度融合，转化山水优势构建“丽水山景”旅游服务体系、提升“丽水山居”示范项目，力争云和梯田成功创5A，加快创建丽水瓯江风情、景宁畲族风情国家旅游度假区，加快打造世界一流生态旅游目的地和中国山地休闲度假目的地。加快培育数字影像、剑瓷、石雕、木玩、文体用品五大百亿文化产业集群，文化产业增速保持全省前列。深入推进林业振兴，以国家储备林项目投融资撬动金融、社会资本“上山入林”，实施森林康养发展专项行动和高效笋竹、木本粮油、珍贵树种与大径材“接二连三”专项行动，全链融合打造百亿现代林业产业集群。大力发展水经济，市县联动实施共富水网、健康水业、绿色水电、幸福水旅、产业平台“五个百亿工程”，进一步打造“丽水山泉”优质饮用水品牌，让更多人一想喝水就想喝“丽水山泉”，一喝“丽水山泉”就能够想到“秀山丽水”。我们要根植于丽水特色资源禀赋牵引生态产业大招商大培育大发展，以“生态+”赋能“农遗+”、“文化+”、“旅游+”、“互联网+”，活一方水土，富一方百姓。

加快推动内外贸一体化发展。高水平建设中国（丽水）跨境电子商务综合改革试验区、浙江自贸区丽水联动创新区，积极申报综合保税区。开展万宗产品销全球行动，推进“店开全球”计划，实施“百名全球商贸大使、百个全球贸易基地”培育工程，邀请千名采购商、千名投资商来丽水商务考察，组织国际贸易对接活动20场以上、企业参加境内外国际性展会300家次以上，助力企业“走出去”拓市场、抢订单。以外贸保稳提质带动产业转型升级，深化中德丽水、缙云国际产业合作园建设。组织百场活力消费促内需、“畅链助企拓市场”活动，精准发放消费券2亿元以上，拉动消费超百亿。推动世界红酒中心、全国咖啡集散中心建设，打造2个百亿级电商产业，新增3个省级县域商业体系试点，积极培育“处州万象宴”等特色消费品牌。

（二）全力以赴保民生优服务促共富

扎实推进革命老区共同富裕先行。用好全国革命老区振兴发展现场会成果，坚持巩固拓展脱贫攻坚成果与全面推进乡村振兴有机衔接，着力构建“红绿金”融合协调发展新格局。全链条促进农民农村共同富裕，推动农民收入跨越3万元大关。开展“扩中”“提低”行动，落实开发式扶持举措，让更多劳动者通过自我发展实现稳定增收、进入中等收入群体。深入谋划城乡居民增收新变量，盘活农村资源要素激发财产性收入潜力，创新“租金+薪金+分红”利益联结机制，在提高收入水平、缩小收入差距上加快形成丽水示范。畅通城乡要素流动，新建“共富驿站”610个、“共富工坊”150个，新增流动供销致富车山区服务线路25条。绘就“大搬快聚”共富新图景，做好搬后富民安居后半篇文章，完成新搬迁3万人。深入推进共同富裕现代化基本单元建设，新增未来社区3个、创建未来乡村15个。实施“红耀绿谷、强基共富”工程，落实“一县一团、一村一组、一户一策”新型帮共体制度，深化“共富123”行动乡镇试点，推动强村公司高质量发展，确保村集体经济年经营性收入50万元以上行政村达到360个。

突出抓好就业、社保、健康三件民生大事。围绕抓好就业民生之本，强化就业优先政策，完善灵活就业综合保障体系，提升“丽创荟”创业服务品牌影响力，积极推动创业带动就业，确保就业创业规模持续扩大。统筹发布工作岗位3万个，新增创业担保贷款1亿元，实现离校未就业高校毕业生帮扶全覆盖。围绕抓好社保民生之要，着力构建共富型大社保体系，深入实施全民参保计划，持续扩大社会保险覆盖面，强化基本医疗保险、大病保险和医疗救助三重保障功能，推进“浙里惠民保”增设长期护理责任，实施村卫生室智慧医保互联互通覆盖工程；加强住房保障，坚持“房住不炒”，支持刚性和改善性住房需求，加大保障性租赁住房筹集力度，扎实做好保交楼、保民生、保稳定各项工作；推动慈善事业高质量发展。围绕抓好健康民生之基，加快建设高品质健康丽水，深入实施“健康60”行动，创成省级健康促进县3个；推进国家公立医院改革与高质量发展示范项目攻坚，推动“221”高水平市级医院建设，实施县级公立医院等级“登攀”工程，推动缙云、青田县级医院申报创建三级医院；完善基层医疗卫生服务体系，为街道社区卫生服务中心、重点村卫生室增配医疗设施，新增一体化健康小站100台以上，新改扩建规范化村级医疗机构40家，努力让群众看大病重病少出市、一般疾病不出县、日常小病不出村。

优化“一老一小”服务。扎实推进全国积极应对人口老龄化重点联系城市试点，落实《丽水市居家养老服务条例》，着力破解山区农村养老难题。深入实施“浙丽长寿•山区颐养”厅市合作专项行动，打造乡镇（街道）康养联合体100个，建设示范型城市社区银发助餐点20个，建成养老机构“阳光厨房”25家，推进新、旧住宅小区居家养老服务用房按标准配建。全面推进老年健康专项行动，创建老年友好型卫生健康服务环境，推动各级中医医院发挥中医优势参与老年疾病预防、治疗和康复，新增认知障碍照护专区床位300张。落实生育支持政策，新增托育机构4个、普惠性婴幼儿托位300个，构建全周期善育服务链。关爱农村留守儿童，康复援助孤独症儿童300人。

为青年圆梦提供宜创宜业宜居贴心服务。平台为青年重塑，联动建设“青年丽水”科创园、青年人才创业孵化基地，打造青年创业创新服务综合体，构建“创业园+孵化基地+导师”青年创业孵化体系，支持青年乡村创业项目100个。实施大学生留丽计划，推进产教融合、校区合作，打造“专业—就业—产业”最短通道，力争在丽高校毕业生留丽率达到33%。政策向青年倾斜，推出“青创贷”、“电商贷”等更多符合青年实际需求的普惠性金融产品，青年人才入选市重点人才工程比例不低于50%。环境为青年营造，推动构建青年发展型城市视觉形象系统，建设十大潮玩基地、百家青年名店，打造“青创市集”主题街区；建设一批“拎包入住”青年公寓、服务来丽求职青年的青年人才驿站，关注青年交友交流等各类公共服务需求，最大限度集聚“丽水发展合伙人”。

（三）奋力提升内生发展驱动力

强化现代化建设科教支撑。坚定“强市必先强教，育人必先兴学”的信念，增强“山区也能办好教育”的信心，全面实施教育跃阶攀高行动。突出质量导向抓基础教育，加快推进教育项目“双百亿”工程，新增学位1.48万个；加快实施“县中崛起”工程，实现一县一所普通高中与省内优质高中结对合作全覆盖；狠抓义务教育优质均衡，鼓励城区优质学校集团化办学，确保符合条件的义务教育段随迁子女100%在家长常住地入学；优化学前教育资源供给，进一步提高公办园在园幼儿比例。突出应用导向抓高等教育，支持丽水学院加快建设高水平应用型大学、丽水职业技术学院专业升本和“中高本企”一体化改革先行，统筹职业教育、高等教育、继续教育协同创新。深入实施“来浙丽、育新人”绿谷名教师引育工程，招引教师中研究生占比达30%，正高级教师等名优教师比例提高到全省平均水平。力争科技企业倍增提质计划“十四五”目标提前完成，新培育国家高新技术企业150家、省级科技型中小企业480家。聚焦主导产业“卡脖子”技术瓶颈，组织实施市级重点攻关项目20项以上，推荐申报“尖兵”“领雁”攻关项目30项以上，力争国家重点研发计划项目零的突破，全域推广科技成果“先免费试用、后付费转化”模式。实施“两清零一提高”专项行动，逐步实现产值1亿元以上制造业企业无研发活动清零，5亿元以上制造业企业无研发机构清零，确保规上工业企业中开展研发活动企业比重达50%以上。我们要坚持把创新作为引领发展的第一动力，努力成为全省创新驱动发展的“后起之秀”。

推动生态产业平台与科创开放平台互促共进。实施平台提质“双十”行动，集中优势要素、优势资源赋能产业发展。持续落实“整合、转型、赋能、开放、改制”十字方针，深入推进十大生态产业平台“二次创业”行动。着眼培育“千亿级规模、百亿级税收”高能级产业主平台，组织开展市级部门专项对接服务活动，强力助推丽水开发区加快向全国50强迈进。加大旗帜性产业项目招商力度，强“芯”延“链”培育青田、缙云、遂昌等500亿级产业平台。统筹打好布局优化、空间拓展、产业引育、腾笼换鸟组合拳，加快实现百亿平台县（市、区）全覆盖。实施十大科创开放平台提能升级行动。加快打造浙西南科创中心，完成产业园主体工程建设，力争实现国家级众创空间零的突破。争取丽水高新区纳入国家高新区创建名单。着力推动上海张江生物医药科创飞地项目在丽实现产业化，推动杭州数字经济科创飞地视觉AI、新能源智慧出行产业链加快成型，推动宁波智造科创飞地起好步。统筹抓好杭电丽水研究院、中国药科大学中医药科创发展中心、浙大萧龙科创中心等创新平台建设。推动浙江（青田）华侨经济文化合作试验区结出更多硕果，抢抓金丽温开放大通道建设机遇，谋项目、畅通道、兴产业、促发展。

积极培育高质量市场主体。启动实施财税固本强基行动，分批次分行业建立高质量高成长企业培育清单，“一业一策”支持生物医药等优质税源行业做大做强。深入推进新一轮小微企业三年成长计划，落实小微企业“六税两费”减免政策，加大普惠小微企业贷款投放，实现县域小微企业园区专业运营机构全覆盖，切实为小微企业打造更好成长空间。打好企业梯度培育、上规上限增量攻坚组合拳，联动实施“雏鹰”、“雄鹰”、“凤凰”行动，大力培育创新型中小企业、隐形冠军和专精特新“小巨人”企业、单项冠军企业、上市企业，力争新入选国家级省级“专精特新”中小企业60家以上，新增上市企业2家、省级以上“隐形冠军”企业2家、规上企业115家。实施进一步提振市场信心推动经济运行整体好转一揽子政策体系，压缩一切不必要财政开支，整合资金18亿元以上，实打实支持企业稳产保链、提质发展。

（四）奋力提升城市综合竞争力

立足百年打造大花园最美核心区。以争取设立百山祖国家公园为龙头，建设全国生物多样性保护引领区，打造新时代生态文明建设典范。发布生物多样性指数，建设国家级生物多样性综合观测站，完成瓯江山水工程中期评估。聚焦城乡风貌提升、幸福河湖、未来乡村等关联载体，迭代升级大花园旗帜性工程，确保创成省大花园示范县、耀眼明珠各2个，建设美丽林相65万亩以上。完善生态环境质量监测、评价、预警、响应机制，深入推进污染防治攻坚战，全域深化“污水零直排区”“无废城市”建设，突出抓好扬尘、秸秆焚烧、餐饮油烟等大气污染源管控，扎实推进生态环保督察、长江经济带警示片、“保生态、护正气”专项巡察反馈问题整改。我们要深刻认识“生态是最大优势”也就意味着“生态风险是最大风险”，高标准推进生态环境保护从环境要素治理向生态系统修复转变，全域打造万山滴翠、层林尽染、鱼翔浅底、繁星闪烁的最美生态。

推动城乡建设协调共进。着眼增强高端要素、高端产业、高端功能集聚能力和人口承载能力，谋划推进北城联城路湾、开发区白岩四都、莲都区碧湖白桥“三江口”协同发展区综合开发，推进路湾大桥等基础设施先行项目，统筹抓好白岩创智谷、白桥双创园等重点项目，加快打造高铁新城、空港园区。实施城市基础设施补短提升项目34个，开工建设创新金融中心一期，加快建设鲜花公园、科技公园、自然科普文化基地。加快推进海潮河老旧小区改造暨历史街区改造项目，申报城市更新省级试点片区（项目）2个，开工改造城镇老旧小区26个，新建改造城市口袋公园20个，全域推进城乡无障碍环境建设。迭代升级“小县大城”战略，实施县城综合承载能力提升项目58个，扎实推进缙云县城新型城镇化国家试点，加快推动壶镇、温溪、碧湖达到小城市培育标准。以“千万工程”实施20周年为新起点建设宜居宜业和美乡村，全方位开展“十带风情、百镇景区、千村花园”示范创建，新增城乡风貌样板区4个以上，新建花园乡村200个。我们要画好“山水画”、念好“山字经”、写好“田园诗”，塑造开窗见彩、花满处州、全域美丽的崭新形象。

全面启动新一轮综合交通攻坚大会战。健全“铁公水空”统筹谋划、协同推进机制，实行专班化运作、清单化管理、节点化攻坚，大干快上重大交通项目，力争综合交通投资增长30%以上。开工丽水机场跑道工程，完成航站楼主体工程建设。全线开工衢丽铁路二期，力争杭丽铁路完成可研审查、温武吉铁路完成工可批复、丽云宁铁路纳入国家中长期铁路网规划，深化金南铁路研究。开工义龙庆高速、528国道龙泉段、638国道景庆段，加快完成青文高速工可批复、合温高速缙云段工可审查等重大项目前期。实施“红绿金”融合共富农村路创建三年行动，新改建农村公路370公里。我们要坚定实施交通先行战略，加快构建“311”综合交通圈，深入推进高水平交通强市建设，奋力推动丽水交通从全省末梢向区域枢纽跨越，让可持续交通成为现代化开路先锋。

加快提升城市开放度。实施“地瓜经济”提能升级“一号开放工程”，与时俱进推进新时代华侨要素回流工程，大力推进人才回乡、智力回归、资金回流、企业回移、项目回迁。加快落地华侨创业基金，积极布局海外华侨投资贸易平台，切实做大华侨总部经济，加快青田进口商品城、海外仓发展。争创华侨经济双循环发展试验区，用好世界丽水人大会、侨博会等平台载体，既引消费又引外资，既重进口又重出口，既重三产更重二产，打造更多华侨经济文化合作标志性成果。规范提升小超市、小宾馆、小水电“三小”产业，促进丽水经济与市外丽水人经济融合发展。着力打造“问海借力”升级版，主动接轨国际市场通行规则，在扩大制度型开放上迈出实质性步伐。深度融入长三角一体化发展，以革命老区重点城市对口合作、山海协作、接轨上海和东西部协作等为抓手，以产业引育为重点推进

2022年10月31日,第五届世界青瓷大会展厅　（龙泉市人民政府办公室　提供）

合作共赢。实施山海协作产业合作项目100个以上、到位资金100亿元以上,建设山海协作乡村振兴示范点,深化拓展教育、医疗、文旅等领域合作。进一步探索在深圳等地布局新的飞地、飞楼。我们要强化“沿海意识”,倒逼打开“脑门”、走出“山门”、敞开“大门”,让开放成为丽水最澎湃的动力。

加快提升城市软实力。塑造城市品牌,加快建设宜居之城、畅通之城、清洁之城、绿色之城、花园之城、书香之城。化育城市精神气质,以深入弘扬践行浙西南革命精神为推动,守好“红色根脉”,实施“德润处州”行动,打造“诚信丽水”,深化文明典范城市创建。深耕城市文化,新建“15分钟品质文化生活圈”200个、城市书房15家、乡村博物馆22家、文化驿站8家、省级基层体育场地设施74个,争创红绿融合发展国家文物保护利用示范区。扩大城市影响力,办好“仙都黄帝祭典”、丽水摄影节、世界青瓷大会、中国畲乡“三月三”、丽水马拉松等大型活动。我们要以更加扎实的工作提升软实力,让丽水城市的精彩更有辨识度、美誉度。

(五)着力推进更深层次改革攻坚

实施营商环境优化提升“一号改革工程”。持续增强企业发展信心,坚持“两个毫不动摇”,依法保护民营企业产权和企业家权益,用法治为企业安心创业保驾护航。持续优化产业、金融、物流生态,用好“双链长+专家团+服务专员”产业链服务团工作机制,扩大首贷、信用贷、无还本续贷规模,新增制造业贷款110亿元以上,促进企业融资综合成本稳中有降。持续打造“丽即兑——政策找企业”服务品牌,直达快享为企业降本减负70亿元以上,常态化开展营商环境政商恳谈活动,与企业沟通,为企业解难。深化企业全生命周期服务管理集成改革,加强营商环境“无感监测”,设立营商环境“市长热线”;持续推进更多涉企政务事项“一件事一次办”,做实企业投资项目极简审批、“拿地即开工”,进一步推动“全程帮办”服务向企业设立和竣工验收两端延伸;全面推行“综合查一次”联合执法,完善企业信用修复机制,落实首违不罚、轻微免罚等柔性执法制度,审慎监管平台经济、总部经济,让企业既感受到“有力度的执法”更感受到“有温度的服务”。招商兴产业,安商利长远。全市各级政府都是服务机关,要真心实意优服务、真金白银给支持、真抓实干解难题,以“亲商利商兴商”的全优环境“安商稳商留商”。

深化生态产品价值实现机制改革。拓宽生态产品价值转化路径,做实项目级GEP核算及应用,不断拓展GEP核算及应用领域。组建市级生态资源资产运营公司,培育壮大“两山合作社”等市场主体,拓宽生态权益市场化交易通道,推动各县(市、区)至少完成2个品类生态资源收储、10宗交易。建立生态保护补偿“一本账”,建设生态保护补偿数字化平台。以建设中国碳中和先行区为重要载体,持续深化林业碳汇试点,实施森林固碳增汇强基行动,争取丽水碳汇产品参与杭州亚运会碳中和交易,深化温室气体自愿减排交易省级试点,充实完善气候投融资试点项目库,持续深化“碳效贷”等新型金融产品创新,加快重组华东林交所。我们要更好推动生态产品价值倍增、高效转化,让百姓家门口的“绿水青山”成为致富圆梦的“最大靠山”。

持续推进“跨山统筹”改革赋能。研究出台“一带三区”市域一体化协同发展政策包,在产业共育、平台共建、服务共享、环境共创上加快突破。完善腊西区块跨区域联动机制,推动遂昌云峰—松阳赤寿跨县域产业平台、云景同城化取得实质成果。提档升级市域一体化“双招双引”合作机制,按市场化原则加强重大招引项目市域统筹安排,探索跨区域利益分配模式。完善“共富基金”市域一体化统筹运营机制,推进融资担保市域一体化县域全覆盖。探索人才跨区域跨层级跨所有制流动机制,最大限度发挥人才效用。协同深化跨乡镇土地综合整治工程、新一轮制造业“腾笼换鸟、凤凰涅槃”攻坚行动，抓好整村搬迁项目谋划、宅基地复垦、“一户多宅”和低效工业用地整治、城镇低效用地再开发，加快实施莲都、云和、松阳跨乡镇土地综合整治省级试点工程，盘活存量用地4000亩以上、新增工业供地6000亩以上。坚持一切砂石资源属国家所有，市县协同推动砂石行业走上绿色环保、布局科学、供需平衡、价格合理、优质高效的高质量绿色转型发展之路。

打造更具辨识度、影响力的改革成果。着眼急用先行、实战实效深化数字化改革，强化基层智治、场景应用、工作体系综合集成，推动平台、数据、应用全面贯通。全面建设普惠金融服务乡村振兴改革试验区，构建多层次普惠金融银行服务体系、广覆盖农村保险体系，争取涉农贷款余额达到2200亿元。加快创建全国农村改革试验区，推进标准地改革+品质农业、宅基地改革+花园乡村等集成改革。实施新一轮国资国企改革，做大国企盘子，提升自我发展能力。深化“大综合一体化”改革，加快构建全覆盖整体政府监管体系、全闭环行政执法体系。着眼扩大改革成果应用面，省市政策同向发力促进景宁探索高质量发展新路子，深入推进莲都村级议事协商国家级创新实验点建设，支持云和深化农业人口市民化改革、庆元探索生态“一件事”综合集成改革、青田在涉侨改革上多点突破，巩固深化龙泉“益林共富”、松阳“拯救老屋”、缙云“缙情帮”、遂昌“搬迁无忧”等改革成果。

（六）着力推进更高水平安全发展

防范化解风险挑战。贯彻总体国家安全观，建立健全大安全构架，更好统筹发展和安全。防范化解经济金融风险，加强产业链供应链、金融、房地产等领域风险的监测、排查、预警和处置。加强生物安全风险防控，力争实现松材线虫病疫点数量、疫情面积、病死树数量“三下降”。严格落实粮食安全责任制，做实耕地保护“田长制”，确保粮食播种面积稳定在110.4万亩以上、总产量稳定在8.26亿斤以上。抓实抓细新冠病毒感染“乙类乙管”，建强卫生健康服务体系，最大程度保护人民生命安全和身体健康。

筑牢公共安全防线。纵深推进“除险保安”大排查大整治行动，深化危化品、工矿商贸、道路交通等领域安全专项整治，突出抓好高层建筑、经营性自建房等消防高风险场所隐患排查治理，做到隐患即知即改、动态清零。完成城市防涝、环卫、住房专项“体检”，保障燃气管道、供水管道等“城市生命线”安全运行。着力提升山区气象灾害监测预警能力，全面建设浙西南综合雷达探测网，切实做好地质灾害防治、防汛防台抗旱、森林防火等防灾减灾工作。深入推进国家食品安全示范城市创建，构建“浙食链+丽水溯源”智治体系，加强全链条药品闭环监管。强化社会治安立体化防控体系建设，依法严厉打击电信网络诈骗、“黄赌毒”等群众反映强烈的违法犯罪。

提高社会治理水平。奋力创成全国首批市域社会治理现代化合格城市，全力夺取全省首批二星“平安金鼎”，打好杭州亚运会、亚残运会维稳安保攻坚战。深化“枫桥经验”，完善三级矛调体系，推动基层治理“141”体系强功能强服务。加强和改进信访工作，深化诉源、警源、访源三源治理。深化“幸福共生·丽享家园”现代社区建设，开展“365天不打烊”、“爱心系列”服务。支持工会、共青团、妇联、红十字会等人民团体广泛参与社会治理和公共服务，扎实做好民族宗教、外事侨务、档案、保密等工作。

各位代表！今年我们继续按照“群众提、大家定、政府办”的理念，通过多渠道征集、多方对接协商，筛选出13个民生实事候选项目提交审议。经本次人代会票决后，我们将把所有民生实事项目点位统一纳入数字化平台，抓好闭环管理，努力把实事办好、办到群众心坎上。我们要继续发展妇女儿童、残疾人事业，做好退役军人服务保障和“双拥”工作，关爱环卫工人队伍、快递外卖小哥等新业态群体，让丽水城市变得更有温度。关爱你我他，温暖千万家，只要我们持之以恒、用心用力，广大市民的笑容就一定能汇聚成城市最美的市容！

各位代表！接续奋进新征程，我们将在坚定捍卫“两个确立”、坚决做到“两个维护”中筑牢忠诚之基，建设为民政府换来群众有感，建设整体政府实现高效协同，建设务实政府促进担当有为，建设清廉政府推动干净干事。我们将加强法治政府建设，依法接受人大监督，自觉接受政协民主监督，主动接受社会和舆论监督，抓严抓实审计监督、统计监督，不断提高政府工作的透明度和公信力。

抓落实是政府工作最鲜明的特征、最本质的要求，作出的部署就要善作善成，作出的承诺就要说到做到。新的一年，全市政府系统将组织开展“奋斗实干，担当争先”效能建设活动。重点指向“争先劲头不足、破题担当不够、协同效率不优、专业水平不高、风险意识不强、工作作风不实”六类问题，实施好差评案例定期复盘通报机制，深化争先进位大比拼、遗留问题大销号、进村入企大服务。重点整顿清理非必要论坛活动仪式、非必要调研发文会议、非必要统计报表，集中精力办好打基础、惠民生、增动能、画句号、利长远的实事要事。我们也将进一步完善容错纠错、澄清保护机制，旗帜鲜明为担当者担当，为干事者撑腰，让干部敢为、地方敢闯、企业敢干、群众敢首创。

各位代表！时间的长河奔涌向前，奋斗的脚步永不停歇。让我们更加紧密地团结在以习近平同志为核心的党中央周围，在省委、省政府和市委的坚强领导下，自信自强、守正创新，踔厉奋发、勇毅前行，以永做新时代"挺进师"的奋斗实干，携手谱写中国式现代化丽水新篇章！

中国人民政治协商会议第五届丽水市委员会常务委员会工作报告

——在政协第五届丽水市委员会第二次会议上

（2023年2月25日）

政协丽水市委员会主席　任淑女

一、2022年主要工作回顾

2022年是党和国家历史上极为重要的一年。中共二十大胜利召开，全党全国各族人民迈上全面建设社会主义现代化国家新征程，向第二个百年奋斗目标进军。浙江坚定不移沿着习近平总书记指引的道路奋勇前进，"两个先行"实现良好开局。中共丽水市委团结带领全市人民，坚毅笃行"丽水之干"，全国革命老区共同富裕先行示范区创建迈出关键性步伐，"双招双引"战略性先导工程取得历史性成绩，青年发展型城市拥抱创新、满帆启航。置身其间，全市政协组织和广大政协委员怀揣奋斗之魂，昂扬进取之志，赓续人民政协光荣传统，牢牢把握团结和民主两大主题，充分发挥专门协商机构作用，躬身入局"丽水之干"，全力以赴推动政协事业取得新进步，为丽水市跨越式高质量发展作出新努力。

（一）"红耀绿谷·同心向党"统领发力，党的领导得到新加强

"五一口号"穿越时空，光芒永照政协初心。党的领导是政协工作的主心骨和指南针。我们坚持党建原则要求与政协统战规律相结合，围绕"四大红色矩阵"，聚焦"三个突出"，系统推进"红耀绿谷·同心向党"政协党建工程，被评为全省政协系统创新案例，省政协主要领导专门批示肯定。

突出把牢思想政治方向盘。健全市政协党组保障"两个维护"的制度机制。健全《丽水市政协学习制度》，重塑线上线下相结合、9种学习教育形式相贯通的"括苍学堂·书香政协"学习读书平台。以"喜迎二十大""学习贯彻二十大精神"为主题主线，市政协召开党组理论学习中心组、主席会议、主席暑期读书会、常委会会议等学习活动16场次，编印资料12册55万字；市县政协开展"习近平浙江足迹""奋进新征程，委员话履职"等集体读书活动183场次，参与委员9000余人次；市县政协主席和政协理论宣讲团深入基层宣讲447场次，以学习在先、宣讲在先、引领在先，凝聚共识，团结奋进，扎实推动全市政协系统深刻领悟"两个确立"的决定性意义，增强"四个意识"、坚定"四个自信"、做到"两个维护"，切实发挥政协统战凝心聚力强大法宝作用。

突出做实政协党建两个全覆盖。哪里有党员哪里就有党的组织，哪里有委员哪里就有党的工作，这是基层政协党建的重点，也是难点。我们立足党的组织全覆盖，率先成立市政协委员履职党委，形成"市政协党组—委员履职党委—专委会委员履职党支部"三级委员履职党建工作体系。立足党的工作全覆盖，将党建工作融入政协全会、调研视察、界别活动等十种委员履职场景，明确党支部在十种委员履职场景中的不同功能定位，设定党支部"做什么""怎么做"的制度机制安排。丽水市政协党建创新实践被《浙江省政协系统党的组织架构图和设置情况表》采纳推广。

突出建强党员委员先锋队。出台《关于进一步发挥中共党员委员先锋模范作用的意见》，要求党员委员做到"五讲五强"当模范，在落实"疫情要防住、经济要稳住、发展要安全"总要求和急难险重、应急处突等工作中，党员委员冲锋一线、扎根一线、奉献一线，用"关键少数"模范行动团结凝聚广大委员，影响带动界别群众积极投身气势如虹的"丽水之干"。驰而不息加强作风建设，落实党风廉政建设主体责任，支持市纪委监委派驻市政协机关纪检监察组依法履职，以党的自我革命、自我净化，亭亭净植先进性、纯洁性和示范性。松阳县推进"同心向党·三味政协"特色党建工作，以党员委员"三比三看"营造干事创业、争先进位的浓厚氛围。

（二）"建言资政·凝聚共识"双向发力，服务中心彰显新作为

立足专门协商机构性质定位和职能，市县政协共开展常委会专题议政19场次、请你来协商77场次，组织委员进行调研视察和民主监督166场次，提出提案2197件，大会发言314篇；市县两级党政领导出席政协

各类协商活动344场次，具有丽水特色、时代内涵的协商民主站上新的更高起点。

围绕深化改革聚共识、献良策。先后邀请全国政协副主席兼秘书长李斌、全国政协文化文史和学习委副主任陈宝生带队赴丽开展“推动完善生态产品价值实现机制”“加强传统村落的保护和利用”调研；参加全国政协副主席汪永清主持召开的“强化绿色低碳发展的制度保障”线上视频协商，扩大丽水创新实践“绿水青山就是金山银山”理念在全国的影响力。组织住丽省政协委员赴湖北神农架考察，以他山之石建言百山祖国家公园创建，助力打好诗画浙江大花园最美核心区建设的组合拳。市政协“积极推进中国碳中和先行区”“无废城市创建”等请你来协商，莲都区政协《打造青年发展型城市的建议》，遂昌县政协“新型城镇化”论坛，始终紧扣“三个跃迁”“六个先行示范”，科学判断新阶段，准确把握新特征，充分认清新要求，致力推动“红绿金”融合协调发展，助力丽水实现发展路径的关键跃升。

围绕跨越发展聚共识、建真言。准确把握省委赋予丽水创建全国革命老区共同富裕先行示范区的崭新定位，自觉运用“三把金钥匙”，紧扣“深化营商环境改善”“推动山区26县实现跨越式高质量发展”“扩大中等收入群体”“促进民族地区共同富裕”举办常委会专题议政和请你来协商，龙泉市政协举办“做大产业扩大税源行动”专题协商，聚焦聚力革命老区共富先行，助推助力在经济困难中稳企纾困、逆势奋进。鼓励经济界、工商联界委员和港澳台侨代表人士担任“双招双引”大使，为点燃创业创新主引擎，打造全省新发展格局中的新增长极同时发力、同向发力、同频共振。

围绕民生改善聚共识、出实招。人民对美好生活的向往就是我们的奋斗目标，这是新时代人民政协为人民的履职情怀，也是政协工作之道。“构筑老年人医疗护理体系”“推动学前教育普及普惠”“新冠疫情下提升为侨政务服务能力”等请你来协商，着手助推党委政府对民生关键小事决策部署的落地落实，着眼革命老区生活富裕富足、精神自信自强、公共服务普及普惠献策出招。创新“五下乡”形式，实现从乡镇到县域、从单一到综合、从“一锤子”到“一揽子”转变。丰富“双千双促”内容，全市1700余名委员联系帮扶320个行政村，推动项目落地391个，绿我涓滴，会顷澄碧，以绵薄之力，久久为功，致力持续提升乡村能级，还原乡村价值，重塑乡村魅力。

（三）“完善机制·履职链接”贯通发力，协商议政形成新格局

严格以《中国共产党政治协商工作条例》《中国人民政治协商会议章程》为遵循，提升“1+2+6+X”协商议政新格局，推进制度化协商平台拓展提升，打通委员履职链，使政协工作覆盖面更广、开放度更高、凝聚力更强，坚决摒弃委员“重挂名、轻出征”的思想误区，坚定走出“年委员、季常委”的履职误区。

“请你来协商”贯通工作体系。坚持守正创新，首次召开年度重点协商议题总结分析会，率先出台《市政协重点协商课题操作实务规范10条（试行）》，明晰协商职责，规范程序机制，强化协商质效。推动组织形式创新，“加快水经济发展”请你来协商，首次将会场搬到龙泉市查田镇“丽水山泉”生产车间现场，开展情景式、沉浸式协商，为推广丽水“山”字系公共品牌、促进生态颜值向生态价值转化鼓与呼。推动机制创新，青田县政协创新“请你来协商·省市县三级齐会商”机制，有效破解330复线建设用地指标瓶颈。庆元县政协牵头建立浙闽边界请你来协商机制，打通两省四县政协履职链，促进革命老区经济社会协同高质量发展。

“委员会客厅”贯通界别。落实“四个新”的功能定位，全市10家委员会客厅获评五星级1家、四星级5家，高等级委员会客厅建设走在全省前列。丽水山耕委员会客厅贯彻落实习近平总书记致全球重要农业文化遗产大会贺信精神，聚焦“农业文化遗产的保护传承与发展”进行视察调研，赋能全球重要农业遗产的丽水范式。缙云创客空间委员会客厅突出“科创兴工”，全年共开展各类活动7场次，界别群众参与1000余人次，以青创科创为主题，广泛团结非公有制经济、新的社会阶层人士，有效延伸和加强联谊的臂长和臂力。全市创建委员工作室118家。庆元县兴业共富委员工作室“五四三”工作法，探索形成可推广可复制的联系服务界别群众的制度机制。景宁、云和两地政协跨山统筹共建委员工作室，帮助在云和的景宁人解决“子女入学难”“防疫包发放”等“操心事”，赢得政协“行事合民心”的赞誉。

“数字政协”贯通时空。围绕全省三级政协应用覆盖、数据贯通、履职赋能，丽水数字政协建设突出“六大在线”应用场景实战实效，打造“指尖上的协商民主”，增强政协工作的开放度、活跃度和融合度，拓展协商民主的新时空。市县政协通过数字政协平台联动开展网络学习、网络议政57场次，委员们热情参与，提出建议、发表心得3.5万条次。市政协应用“同心在线”邀请联合国环境规划署、国家应对气候变化战略研究和国际合作中心等单位专家参与线上协商，有力赋能专门协商机构的专业化水平。云和县政协携手吴兴区政协开展“山海协作”话共富线上协商，推动木玩和童装两大特色产业优势互补。松阳数字政协应用平台实现党建阵地“全入驻”、政协云“全上线”、民生议事堂“全覆盖”。

（四）“三位一体·融入治理”求是发力，基层协商实现新拓展

创造性落实省政协工作部署，全市共建“三位一体”民生议事堂177个，实现乡镇（街道）全覆盖，建设“协商驿站”1512个，占行政村（社区）总数的75%。首次以庆元现场会形式推进民生议事堂建设，率先出台《民生议事堂星级评定办法》，有效形成“15663”运行机制和“真协商·不一样”基层协商民主氛围，省政协主要领导对此作出批示肯定。

民生议事堂构建基层协商的“主阵地”。“不建机构建机制”的民生议事堂彰显新时代人民政协协商于民、协商为民的初心和使命。全年开展民生议事堂协商375场次，参与委员2200余人次，提出建议意见2724条次，党政领导作出批示147件次。缙云县“共富合伙人”协商，助推大洋镇茭白特色田园综合体建设。云和县“长汀逐梦共富”协商，做强长汀沙雕抖音基地。庆元县全媒体直播“甜桔柚产业扩面提质”、松阳县“红色玉枫菇香柿溢”等民生议事堂活动，红绿融合促蝶变，助力革命老区自信自强、共富先行。

民生议事堂架起服务群众的“连心桥”。民生议事堂使基层协商与最广大人民群众零距离、零盲区、零时差、零障碍，使民主协商更接地气、更有底气。广大委员通过“三位一体”的民生议事堂，以百姓心为心，共收集社情民意1300余篇；全市有300余名委员通过《委员视点》为民发出好声音。“一老一少门诊配药”“异地工伤农民工便捷维权”等一批事关群众切身利益的问题得到妥善解决。青田县举办“家门口的公交”协商，促成温溪片区乡镇公交线路开通。遂昌县“偏远乡镇留守老人养老”协商，促成西畈乡与企业签订居家养老服务协议。

民生议事堂成为社会治理的“好帮手”。民生议事堂制度化创新平台增强基层协商治理的规范性、开放性、公平性，其阵地功能优化资源整合及时性、可及性和有效性，特别是扩大人民群众有序的政治参与，彰显人民政协作为国家治理体系重要组成部分的职能定位，促进基层治理共建共治共享新格局的巩固和扩大。景宁县澄照乡民生议事堂积极配合法院破解执行难案件；龙泉市溪头村通过“村里事，商量办”提升社会治理水平；莲都区黄泥墩村把选举民主与协商民主结合起来，在“阳光票决”前进行充分协商，成为全国基层社会治理典型案例。

（五）“改革创新·开放提升”联动发力，自身建设展现新气象

创新无止境，改革开放导潜能、聚动能、汇势能，政协事业高质量发展基于此，政协也将依此走向更加美好的明天。

致力激发履职情怀。政协“两支队伍”，代表性、结构性、开放性强，其行业、地域和组织管理貌似形散，实质神聚，是源于政协委员始终牢记总书记谆谆教诲的岗位责任要求，胸怀统战法宝传承人和新时代协商民主建设者的使命情怀和时代重任。勤于搭台、善于搭台，勇于求同、善于化异，守正创新、与时俱进，着力推动大会发言、提案“清单式办理”、青田县政协公共外交、遂昌县政协提案办理“再回头”等工作品牌底色更亮、成色更足。模拟提案走在前列，在广大青少年心里种下协商民主的种子，具体做法在团中央和中国政法大学作经验交流。莲都区政协“协同联动一线督导，助力中心任务落实”被评为全省政协系统创新案例。

致力增强履职动能。聚焦市县政协的主要工作方式是搭台，聚力压实参加单位和界别的责任，创新出台《加强对政协参加单位联系指导的实施意见（试行）》《委员小组组长履职评价办法（试行）》，使党派合作更加

中国人民政治协商会议第五届丽水市委员会第二次会议召开（洪一方　提供）

深化，界别工作更加扎实。加强常委会自身建设，强化常委会领导机构、决策机构和议事机构功能，发挥常委示范引领作用，建立常委晾晒履职“成绩单”机制。政协是个大舞台，也是个大家庭，我们紧密联系委员，深入开展“走进委员单位，走近委员心里”活动，加强沟通、增进了解，赋能引领“两支队伍”双向奔赴。评选市级“最美政协人”20人，1名委员被评为省级“最美政协人”。

致力提升履职效能。在增进团结和发扬民主中寻求最大公约数，是人民政协协商之道，做好政协工作必须敞开大门、开放提升。我们以开放胆识争取全国和省政协支持，助力将“中国仙都祭祀轩辕黄帝大典”打造成为海内外中华儿女的精神高地。我们以开放视野加强政协“第三支队伍”建设，聘请市外高端智库专家11人，市县政协聘请应用型智库专家186人、政协文史专员82人。我们以开放形式探索文化政协建设和政协文化建设，加快推进“凝聚文化力量、整合历史文化资源”的丽水文史研究馆建设。我们以开放自信展示委员履职风采，学习强国、《人民政协报》等各大媒体报道800余篇。我们以开放姿态喜迎八方来客，热情接待全国政协和12个省的政协考察交流代表团69批次，有效扩大丽水的知名度和美誉度。

各位委员、同志们，一年来政协取得的成绩，是省政协精心指导和中共丽水市委坚强领导的结果，是市人大常委会、市政府真诚帮助的结果，是各有关部门和各县（市、区），老领导、老同志以及社会各界热情支持的结果，也是市政协各参加单位、各县（市、区）政协、广大委员和政协机关干部实干奋斗的结果。

在此，我代表市政协常委会，向所有关心支持政协工作的同志们、朋友们，表示衷心的感谢，并致以崇高的敬意！

在肯定成绩的同时，我们也清醒认识到，工作还存在很多不足，政协协商民主体系还不够健全，专门协商机构制度化规范化程序化等功能建设还需进一步加强；人民政协民主监督和委员联系界别群众制度机制还不够完善，团结联谊的范围和渠道还需进一步拓展；机关运行和服务保障水平还需进一步提升，等等。请大家多提批评意见，我们将切实加以改进。

二、2023年重点工作安排

2023年是全面贯彻中共二十大精神的开局之年，是“八八战略”实施20周年，中共浙江省委推进三个“一号工程”，以“两个先行”打造“重要窗口”。中共丽水市委对标新时代新征程党的使命任务，奋力推进中国式现代化的丽水探索与实践，全面建设绿水青山与共同富裕相得益彰的社会主义现代化新丽水。全体委员要增强历史主动精神，自觉贯通政治逻辑、理论逻辑和实践逻辑，把奋斗实干贯穿政协履职全过程，不断淬炼“忠诚使命”的思想灵魂，不断砥砺“求是挺进”的奋进风骨，不断夯实“植根人民”的实践基础，把初心使命、自信自强、团结奋斗书写在“丽水之干”的行动奋斗旗帜上。

今年市政协工作的总体要求是：高举中国特色社会主义伟大旗帜，以习近平新时代中国特色社会主义思想为指导，全面贯彻中共二十大精神，坚定落实习近平总书记关于加强和改进人民政协工作的重要思想，坚持党的领导、统一战线和协商民主有机结合，充分发挥专门协商机构作用，按照省第十五次党代会、市第五次党代会和市委五届二次、三次全会战略部署，大力弘扬践行浙西南革命精神，坚毅笃行“丽水之干”，全面系统落实“八个必须坚持”，以永做新时代“挺进师”的奋斗实干，进一步打造政协党建新高地，进一步完善协商议政新格局，进一步架设联系群众新渠道，进一步搭建凝心聚力新矩阵，进一步构建制度机制新体系，为推进中国式现代化的丽水探索与实践，开创社会主义现代化新丽水建设新局面贡献政协智慧和力量。

（一）奋斗实干，政治引领要有更高站位。涓涓不塞，是为江河；源源不断，是为奋斗。站在新的历史起点，越是风高浪急，越要旗帜引领、思想凝聚；越是求是挺进，越要民主团结、汇聚磅礴伟力。要充分挖掘中共二十大的精神“富矿”，在学思践悟和激励烛照上下功夫，汇聚奋斗实干的不竭动力。要增强政治自觉。健全党的全面领导制度，始终在政治立场、政治方向、政治原则、政治道路上同以习近平同志为核心的党中央保持高度一致，坚定不移做“两个确立”忠诚拥护者、“两个维护”示范引领者。要增强思想自觉。理论武装越深刻，真理光芒越耀眼。要充分发挥“括苍学堂·书香政协”学习平台和体系作用，推动理论武装送达指尖、呈现眼前、传到耳边、浸润心田。要坚定制度自信自强，充分认识中国式民主是最广泛、最真实、最管用的民主，满腔热情地在“全面发展协商民主”“发展全过程人民民主”中担大任、挑大梁，让“侨乡丽水”“畲乡丽水”这一叶中国式民主的小舟悄然驶向中华民族伟大复兴的星辰大海。要增强行动自觉。深入开展“同心跟党走，奋进新征程，建功新时代”系列活动，把握好习近平新时代中国特色社会主义思想的世界观、方法论，在革命老区共富先行示范中探索联动协商实践，着力推进数字党建、委员培训教育基地建设，研究委员履职党支部战斗堡垒指数和党员委员先锋指数，以秀山丽水别样红持续擦亮“红耀绿谷·同心向党”政协党建品牌。

（二）奋斗实干，履职尽责要有更优质效。要胸怀“国之大者”，心谋“市之大计”，锚定建设社会主义现代化新丽水的奋斗目标、全国革命老区共同富裕先行示范区的首要目标、全省新发展格局中的新增长极的历史使命、长三角地区特质鲜明的创新型活力城市的战略支撑和诗画浙江大花园最美核心区的鲜明特色，全力助推“双五双十双百双千”行动，以干图强。做到民主协商有高度。聚力“实施地瓜经济提能升级‘一号开放工程’”“青年发展型城市”“产业链再提升”“双碳战略实施”“品质农业”等重大课题开展请你来协商，举办“经济稳进提质”常委会专题议政，为丽水跨越式高质量发展列车踩油门、增动能。建立“请你来协商”联动机制，就“全国革命老区共同富裕先行示范区”“生态产品价值实现机制”等重点课题开展联合协商。做到民主监督有力度。聚力“营商环境优化提升‘一号改革工程’”“深化千万工程，建设美丽乡村”“七张问题清单整改”等联动课题，在协商中监督，在监督中协商，助力党政决策部署开花结果、落地见效。完善跨层级、跨系统的各类监督要素衔接机制，加快形成“同频共振、同向聚合”监督新格局，致力增强民主监督的针对性、实效性。做到参政议政有深度。聚力“数字经济创新提质‘一号发展工程’”“中医药大健康产业全链条融合发展”等重点课题，贯通调研视察、提案、大会发言等履职链，跟踪深化和成果转化。要发挥政协联系广泛的优势，主动投身“双招双引”招大引强大会战，奋蹄扬鞭“新赛道”，各显神通“新蓝海”。进一步深化和拓展高端智库建设，既为政协建言献策借智借力，也为丽水市经济社会发展柔性引才。

（三）奋斗实干，民主团结要有更宽视野。时代的画卷，底色是人心，关键是力量。要不断丰富凝心聚力工作矩阵，努力使每项工作成为团结的载体、每个界别成为团结的纽带、每个委员成为团结的因子。要持续打响“世界丽水人”品牌，致力把“侨乡丽水”“畲乡丽水”建设成为海内外中华儿女团结奋斗和民族团结进步的“重要窗口”。要在广泛凝聚共识上下功夫。切实发挥“三个重要作用”，通过政协制度的有效运行和民主程序，把党的主张转化为社会各界共识。要准确把握凝聚共识的深刻内涵，在协商中，各党派团体、各族各界群众接受党委政府的主张是凝聚共识，党委政府采纳并集中大家的意见建议，也是凝聚共识。要在加强合作共事上下功夫。发挥好新型政党制度优势，进一步研究政协参加单位和界别在政协平台履职的权利和义务。健全与党外知识分子、非公有制经济人士、新的社会阶层人士的经常性联系机制。组织“以中华优秀文化浸润宗教，推进宗教中国化方向”委员视察，引导宗教与社会主义社会相适应，在促进社会和谐上发挥积极作用。支持政协之友社、政协诗书画社、企业家之友社、摄影之友活动组开展丰富多彩的团结联谊活动。要在打好“侨牌”“台球”上下功夫。“侨”“台”是建设现代化新丽水的重要力量，是传播中国好声音的重要渠道，“侨”见“重要窗口”，“台”连两岸亲情血脉，广大华侨华人、台胞台属，怀揣拳拳赤子之心、浓浓爱乡之情，他们不仅是现代化新丽水的建设者和贡献者，还是中国式民主实践的积极参与者和传播者。问海借力，举办“华侨助力乡村振兴促进共同富裕”请你来协商，协同推进“同心培根工程”，以仙都黄帝祭典不断凝聚海内外中华儿女力量，助力“双招双引”，真心真金吸引“世界丽水人”和他们的“朋友圈”雁阵归来。

丽水市政协五届二次会议第二组讨论会场 （洪一方 提供）

（四）奋斗实干，植根人民要有更深情怀。人民政协为人民根植于人民政协制度设计之中，与生俱来、同根同生，其广泛、多层、制度化发展，以特有形式和独特优势，使协商民主成为全过程人民民主的一种日常，因此植根人民才能使政协履职实至名归。要坚持密切联系群众。完善委员联系界别群众的制度机制，深化委员会客厅、委员工作室建设，创新厅室联通、扩面提质，持续推动政协工作重心下移、委员资源力量下沉，有效串连书香政协、协商议事、反映社情民意等委员履职链，打通委员密切联系群众的"神经末梢"。要坚持协商为群众。举办"推动全民健身，打造健康丽水"常委会专题议政，组织"县中崛起"等专题调研。聚焦文化丽水的关键变量，开展"瓯韵•传统文化村落保护和利用""丽水山风•非遗传承和发展"调研视察。建好丽水文史研究馆和协商中心。完善民生议事堂"三位一体"平台制度机制建设，大事小事"一起议"、聚智聚力"一起干"，让民生议事堂成为反映民意的好窗口、服务群众的好桥梁、基层民主协商的好平台。要坚持真情服务群众。以群众观点、实践观点转变履职作风，走近基层、贴近群众，实事求是、求真务实，竭智尽力惠民生、暖民心、解民忧。抓实抓好"五下乡""双千双促"活动，用心用情用力关切好群众急难愁盼问题，只要有利于群众的事，我们都要群策群力把它办好。

（五）奋斗实干，自身建设要有更实举措。立足发展全过程人民民主的历史自信和时代使命，坚持党的领导、统一战线、协商民主的有机结合，必须致力推动自身建设新跃升。要提升制度建设的生命力。加强专门协商机构的制度化规范化程序化等功能建设，完善协商于决策之前和决策实施之中的落实机制，健全协商成果运用和反馈制度，做到"协商就要真协商"。要提升政协队伍的战斗力。做到"懂政协、会协商、善议政"，牢记知责于心、担责于身、履责于行，更好把报国之志、为民之心和履职之能结合起来，用新时代政协情怀谱写高质量履职答卷，展现政协委员新担当。贯彻省政协"排头兵""三个一流""五型机关"的要求，推动政协工作呈现全员竞奔新气象。要提升协商文化的涵养力。中华民族自古就倡导"民惟邦本、本固邦宁""和而不同、美美与共"的民主精神和文明观，丽水在南宋时期就有"木马择匠"的协商典故。要深耕中华优秀传统文化沃土，不断厚植协商民主文化。扎实推进协商民主理论"四进"活动，让"有事好商量、遇事多商量"自信自觉成为一种领导方式、决策方式和工作方式，让"真协商•不一样"成为一种最广泛、最真实、最管用的基层协商和社会风尚，让协商民主不断汇聚诸葛之智、魏徵之勇、将相之和的智慧和力量，不断提高深度协商互动、意见充分表达、广泛凝聚共识的水平，使协商民主有根、有源、有生命力。

各位委员，同志们！中共二十大吹响奋进新征程号角，这是充满光荣和梦想的伟大远征。让我们更加紧密地团结在以习近平同志为核心的党中央周围，在中共丽水市委的坚强领导下，自信自强、守正创新，踔厉奋发、勇毅前行，以永做新时代"挺进师"的奋斗实干，为奋力推进中国式现代化的丽水探索与实践而团结奋斗！质量发展道路上奋勇向前的新时代"挺进师"，为全面建设绿水青山与共同富裕相得益彰的社会主义现代化新丽水而勇毅奋斗，以优异成绩迎接中共二十大和中共浙江省第十五次代表大会的胜利召开！

新任市领导

【吴舜泽】男，汉族，1970年10月生，籍贯湖北潜江，出生地湖北云梦，1992年7月参加工作，2007年12月加入中国共产党，哈尔滨建筑大学市政环境学院环境工程专业毕业，研究生学历，工学博士。历任生态环境部环境与经济政策研究中心主任、党委书记，衢州市委副书记（保留正厅长级）、政法委书记，丽水市委副书记，市政府代市长、党组书记等职务。2022年4月，在丽水市第五届人民代表大会第一次会议上当选为丽水市政府市长。十五届省委委员。

【任淑女】女，汉族，1965年10月生，籍贯浙江磐安，出生地浙江磐安，1985年8月参加工作，1995年9月加入中国共产党，省委党校马克思主义哲学（社会发展方向）专业毕业，省委党校研究生学历。历任丽水市政府副市长、党组成员，丽水市委常委、统战部部长、市社会主义学院院长、宣传部部长，丽水市政协主席候选人、党组书记等职务。2022年4月，在中国人民政治协商会议第五届丽水市委员会第一次会议上当选为丽水市政协主席。五届丽水市委委员。

【张　赟】男，汉族，1974年10月生，籍贯浙江慈溪，出生地浙江慈溪，1997年7月参加工作，1996年10月加入中国共产党，北京大学政府管理学院政治学理论专业毕业，研究生学历，法学硕士。历任省委办公厅综合二处处长、省委督查室主任、省委办公厅副主任等职务。2022年5月，任丽水市委副书记、政法委书记，市法学会会长。

【徐光文】 男，汉族，1966年11月，籍贯浙江遂昌，出生地浙江遂昌，1986年8月参加工作，1985年5月加入中国共产党，省委党校区域经济专业毕业，省委党校研究生学历。历任丽水市委副秘书长（保留正处级），市政府副市长、党组成员，市委常委、莲都区委书记等职务。2022年2月，任丽水市委统战部部长，市政协党组副书记，市社会主义学院院长。三届、四届、五届丽水市委委员。

【傅智超】 男，汉族，籍贯浙江浦江，出生地浙江浦江，1970年2月生，1992年7月参加工作，1991年5月加入中国共产党，北京大学经济法专业，大学学历，法学硕士。历任省农业农村厅党组成员、派驻纪检监察组组长，丽水市委常委、纪委书记，市监委代主任等职务。2022年4月，在丽水市第五届人民代表大会第一次会议上当选为丽水市监察委员会主任。十五届省纪委委员。

【楼志坚】 男，汉族，1973年1月生，籍贯浙江诸暨，出生地浙江诸暨，1994年8月参加工作，1998年11月加入中国共产党，西南交通大学工商管理专业毕业，研究生学历，工商管理硕士。历任省地方税务局办公室主任、人事教育处（基层工作处）处长、国家税务总局浙江省税务局考核考评处处长，市政府副市长、党组成员等职务。2022年2月，任丽水市委常委。

【李一波】 女，汉族，1970年1月生，籍贯浙江龙泉，出生地浙江龙泉，1991年8月参加工作，1991年6月加入中国共产党，省委党校行政管理专业毕业，省委党校研究生学历。历任云和县委常委、宣传部部长、组织部部长、常务副县长，莲都区委常委、常务副区长，青田县委副书记、政法委书记、县长、县委书记，浙江丽缙五金科技产业园管委会主任、党工委书记，丽水市委副秘书长（保留正处长级）等职务。2022年2月，任丽水市委常委、宣传部部长。四届丽水市委委员。

【张壮雄】 男，汉族，1975年5月生，籍贯浙江诸暨，出生地浙江诸暨，1996年8月参加工作，1997年10月加入中国共产党，中央党校法律专业毕业，中央党校大学学历。历任绍兴市委组织部副部长、市委新经济与新社会组织工作委员会书记，绍兴市上虞区委副书记、区长，遂昌县委书记、莲都区委书记等职务。2022年2月，任丽水市委常委。五届丽水市委委员。

【沈根花】 女，汉族，1964年11月生，籍贯浙江丽水，出生地浙江丽水，1983年8月参加工作，1989年6月加入中国共产党，省委党校政治经济学专业毕业，省委党校研究生学历。历任丽水市妇联主席、党组书记，丽水市委政法委副书记（正处级，主持工作），丽水市政协副主席、党组成员，丽水市人大常委会副主任、党组成员等职务。2022年4月，任丽水市人大常委会党组副书记。一届、二届丽水市政协常委，二届丽水市委委员、丽水市二届人大常委会委员。

【杨秀清】 男，汉族，1966年3月生，籍贯浙江松阳，出生地浙江松阳，1984年8月参加工作，1988年4月加入中国共产党，中央党校行政管理专业毕业，中央党校大学学历。历任松阳县委常委、副县长，莲都区委常委、副区长，市国土资源局局长、党委副书记、党委书记，莲都区委副书记、副区长、区长，缙云县委书记，丽水市政府副市长，市政府党组成员等职务。2022年4月，在丽水市第五届人民代表大会第一次会议上当选为丽水市人大常委会副主任。四届丽水市委委员。

【蓝伶俐】 女，畲族，1976年2月生，籍贯浙江云和，出生地浙江云和，1995年8月参加工作，1995年4月加入中国共产党，省委党校政治经济学专业毕业，省委党校研究生学历。历任龙泉市委常委、宣传部部长，共青团丽水市委书记、党组书记，市青联主席，景宁县委副书记、副县长、代县长、县长，庆元县委书记，丽水市委副秘书长（保留正处长级）等职务。2022年4月，在丽水市第五届人民代表大会第一次会议上当选为丽水市人大常委会副主任。第十二届全国人大代表，丽水市二届人大常委会委员、二届丽水市政协常务委员、三届、四届丽水市委委员。

【叶旭勇】 男，汉族，1969年2月生，籍贯浙江丽水，出生地浙江丽水，1989年8月参加工作，1992年1月加入中国共产党，省委党校区域经济专业毕业，省委党校研究生学历。历任共青团丽水市委副书记、党组成员，市政协常委，市青联主席，省青联常委，庆元县委常委、组织部部长、副书记、政法委书记、党校校长，云和县委副书记、副县长、代县长、县长，丽水市交通运输局局长、党委书记，市交通运输综合行政执法队队长等职务。2022年4月，在丽水市第五届人民代表大会第一次会议上当选为丽水市人大常委会副主任。三届、四届丽水市委委员。

【潘碧武】 女，汉族，1967年8月生，籍贯浙江青田，出生地浙江青田，1987年8月参加工作，2020年2月加入民革，省委党校政治经济学专业毕业，省委党校研究生学历。历任青田县副县长，丽水市人民检察院副检察长、调研员，丽水市人民政府金融工作办公室主任，民革丽水市委会副主委（兼），民革丽水市委会主委等职务。2022年4月，在丽水市第五届人民代表大会第一次会议上当选为丽水市人大常委会副主任。四届丽水市政协常委。

【邹向阳】 男，汉族，1969年1月生，籍贯浙江青田，出生地浙江青田，1988年9月参加工作，1993年6月加入中国共产党，省委党校区域经济学专业毕业，省委党校研究生学历。历任丽水市卫生局副局长、党组成员，缙云县副县长、常委、副县长（常务），丽水市发展和改革委员会副主任、党组副书记、调研员，丽水市审计局党组书记、局长等职务。2022年4月，在丽水市第五届人民代表大会第一次会议上当选为丽水市人大常委会副主任。

【朱　磊】 男，汉族，1975年5月生，籍贯浙江温岭，出生地浙江温岭，2001年5月参加工作，1995年6月加入中国共产党，南京大学城市与资源学系人文地理学专业毕业，研究生学历，理学硕士。历任省发展改革委发展规划处处长、国民经济综合处处长、办公室主任，省委全面深化改革委员会办公室（省最多跑一次改革办公室）副主任。2022年2月，在丽水市第四届人民代表大会常务委员会第三十六次会议上决定任命为丽水市政府副市长。五届丽水市委委员。

【叶伯军】 男，汉族，1969年3月生，籍贯浙江青田，出生地浙江青田，1986年8月参加工作，1993年8月加入中国共产党，省委党校政治经济学专业毕业，省委党校研究生学历。历任莲都区委常委、碧湖工委书记、碧湖镇党委书记、宣传部部长，丽水市教育局副局长、党委委员，云和县委副书记、代县长、县长、县委书记，丽水市委副秘书长（保留正处长级）等职务。2022年4月，在丽水市第五届人民代表大会第一次会议上当选为丽水市政府副市长。四届、五届丽水市委委员。

【李汉勤】 男，汉族，1972年4月生，籍贯浙江丽水，出生地浙江丽水，1991年9月参加工作，1993年8月加入中国共产党，省委党校政治经济学专业毕业，省委党校研究生学历。历任缙云县副县长、县委常委、组织部部长，丽水市委副秘书长（正处级）、政策研究室主任，市社科联副主席（兼），松阳县委副书记、副县长、代县长、县长、县委书记，丽水市委副秘书长（保留正处长级）等职务。2022年4月，在丽水市第五届人民代表大会第一次会议上当选为丽水市政府副市长。四届、五届丽水市委委员。

【王顺发】 男，汉族，1965年8月生，籍贯浙江景宁，出生地浙江庆元，1988年8月参加工作，1990年10月加入中国共产党，浙江师范大学政教系政教专业毕业，大学学历，哲学学士。历任庆元县副县长、常委、副县长（常务）、县委副书记、政法委书记，丽水市交通局副局长、党组副书记，丽水市安全生产监督管理局局长、党组书记，丽水市委副秘书长（兼），市委政法委员会副书记（正处级，主持工作），龙泉市委书记，丽水市政协副主席、党组成员等职务。2022年4月，任丽水市政协党组副书记。四届丽水市委委员。

【邵祥军】 男，汉族，1970年2月生，籍贯浙江淳安，出生地浙江淳安，1992年8月参加工作，2017年4月加入致公党，杭州大学政治系中国革命史专业毕业，大学学历，法学学士。历任致公党浙江省委会宣传处副处长、处长，致公党浙江省委会常委、秘书长，致公党丽水市总支部主委等职务。2022年4月，在中国人民政治协商会议第五届丽水市委员会第一次会议上当选为丽水市政协副主席。2022年10月，任致公党省直丽水市基层委主委。

【周和平】 男，汉族，1972年10月生，籍贯浙江云和，出生地浙江云和，1994年8月参加工作，1996年6月加入中国共产党，省委党校马克思主义哲学（社会发展方向）专业毕业，省委党校研究生学历。历任丽水市人口和计划生育委员会副主任、党组成员，庆元县委常委、组织部部长、党校校长，缙云县委常委、纪委书记、县委副书记、政法委书记，青田县委副书记、副县长、代县长、县长、县委书记，丽水市委副秘书长（保留正处长级）等职务。2022年4月，任丽水市发展和改革委员会党组书记，并在中国人民政治协商会议第五届丽水市委员会第一次会议上当选为丽水市政协副主席。2022年5月，在丽水市第五届人民代表大会常务委员会第二次会议上决定任命为丽水市发展和改革委员会主任。三届丽水市纪委委员，四届丽水市委委员。

【张颖洁】 女，汉族，1966年2月生，籍贯浙江景宁，出生地浙江云和，1984年12月参加工作，2004年10月加入九三，浙江工业大学建筑工程教育专业毕业，大学学历。历任缙云县副县长，九三学社丽水市委会副主委（兼），丽水市人民政府办公室副主任，丽水市城市建设投资有限责任公司董事、总经理，丽水市自然资源和规划局局长，九三学社丽水市委员会主委等职务。2022年4月，在中国人民政治协商会议第五届丽水市委员会第一次会议上当选为丽水市政协副主席。 （管佳颖）

2022年市和县（市、区）机构及负责人名录

【中国共产党丽水市委员会】

书　记：胡海峰

副书记：吴舜泽

　　郎文荣（至2022年4月）

　　张　赟（2022年5月始）

常　委：杜兴林

　　王小荣（至2022年2月）

　　徐光文　傅智超　戴平辉

　　徐海宁

　　楼志坚（2022年2月始）

　　李一波（女，2022年2月始）

　　张壮雄（2022年2月始）

副秘书长：刘云华　李世超　叶建利

　　徐来来（2022年2月始）

　　陈志斌

　　邱文锋（至2022年2月）

　　王　峰（2022年2月始）

　　吴新伟（2022年2月始）

　　蓝伶俐（女，至2022年4月）

　　叶伯军（至2022年4月）

　　李汉勤（至2022年4月）

　　李一波（女，至2022年2月）

　　周和平（至2022年4月）

【丽水市人民代表大会常务委员会】

主　任：李　锋

副主任：陈建波（至2022年4月）

　　朱继坤（至2022年4月）

　　戚永远（至2022年4月）

　　沈根花（女）

　　杜光旻（至2022年4月）

　　邹培书（至2022年4月）

　　郑力平（至2022年4月）

　　杨秀清（2022年4月始）

　　戴邦和（2022年4月始）

　　蓝伶俐（女，2022年4月始）

　　叶旭勇（2022年4月始）

　　潘碧武（女，2022年4月始）

　　邹向阳（2022年4月始）

党组书记：李　锋

党组副书记：陈建波（至2022年4月）

　　朱继坤（至2022年4月）

　　沈根花（女，2022年4月始）

秘书长：上官国明

副秘书长：张金禄（至2022年4月）

　　吴一平

　　颜小云（至2022年4月）

　　郑永清（至2022年4月）

　　蔡培新（至2022年4月）

　　何　灵（女，2022年4月始）

　　潘利军（2022年4月始）

　　王　剑（2022年4月始）

人大常委会办公室

主　任：张金禄（至2022年4月）

副主任：任正东

人大常委会机关党组

党组书记：上官国明

党组副书记：张金禄（至2022年4月）

人大常委会研究室

主　任：吴一平

副主任：潘利军（至2022年4月）

人大常委会代表与选举任免工作委员会

主　任：叶加荣（至2022年4月）

　　潘林珠（女，2022年4月始）

副主任：张延福

　　陈剑荣（2022年11月始）

人大常委会法制工作委员会

主　任：张云高（至2022年4月）

　　陈仰勇（2022年4月始）

副主任：陈仰勇（至2022年4月）

　　何俏俐（女，2022年4月始）

人大常委会监察和司法工作委员会

主　任：夏国海（至2022年4月）

　　周光洪（2022年4月始）

副主任：蓝益平

人大常委会财政经济工作委员会

主　任：谢志伟（至2022年4月）

　　刘海明（2022年4月始）

副主任：陈吉英（女）

人大常委会农业与农村工作委员会

主　任：许　浩（至2022年4月）

　　蓝金水（2022年4月始）

副主任：陈逸龄（至2022年4月）

人大常委会城乡建设与环境资源工作委员会

主　任：沈明温（至2022年4月）

　　詹百松（2022年4月始）

副主任：徐晓峰（至2022年4月）

人大常委会教育科技文化卫生工作委员会

主　任：任韩高（至2022年4月）

　　刘崇民（2022年4月始）

副主任：汪羽中（2022年4月始）

人大常委会民族宗教华侨外事工作委员会

主　任：姚朝阳

人大常委会社会建设工作委员会

主　任：张少荣（至2022年4月）

　　叶加荣（2022年4月始）

【丽水市人民政府】

市　长：吴舜泽（2022年4月始）

市长候选人：吴舜泽（至2022年4月）

副市长：杜兴林　楼志坚

　　卢彩柳（女）

　　杨秀清（至2022年4月）

　　毛建国

　　朱　磊（2022年2月始）

　　戴邦和（至2022年4月）

　　叶伯军（2022年4月始）

李汉勤（2022年4月始）
秘书长：沈世山
副秘书长：周劲松
刘海明（至2022年4月）
叶建光（至2022年3月）
蔡毓良（2022年4月始）
黄伟君（2022年5月始）
王　峰（2022年5月始）
叶龙标（2022年5月始）
王震宇（女，2022年6月始）
胡献如（至2022年3月）
饶钦英（女，至2022年4月）
张民杰
霍　光（至2022年6月）
王　凡（女，至2022年3月）
吴志林（2022年3月始）
何子儋（2022年3月始）

【中国人民政治协商会议丽水市委员会】

主　席：任淑女（女）
副主席：韦铁民（至2022年4月）
金爱武（至2022年4月）
陈瑞商（至2022年4月）
王顺发　汤家友　丁岳清
高　波（女）　郑利剑　何卫宁
饶鸿来（至2022年4月）
邵祥军（2022年4月始）
周和平（2022年4月始）
张颖洁（女，2022年4月始）
党组书记：任淑女（女）
党组副书记：王小荣（至2022年2月）
徐光文（2022年2月始）
王顺发（2022年4月始）
秘书长：郑利剑（至2022年4月）
柳向阳（2022年4月始）
副秘书长：王亚民（至2022年4月）
李伟立（2022年4月始）
聂陈杰
傅旭蓉（女，2022年4月始）
徐兼明（女，至2022年4月）
周智飞（至2022年4月）
蓝财兴（2022年4月始）
罗斯尹（女，2022年9月始）
王　奕（女，至2022年4月）
吴　敏　俞豪锋（女）
邱旭平　毛伟华
张德勇
吕志充（2022年4月始）

政协办公室

主　任：王亚民（至2022年4月）
李伟立（2022年4月始）
副主任：谢小燕（女，至2022年4月）
奚慧平
吴伟松（2022年4月始）

政协机关党组

党组书记：郑利剑（至2022年1月）
柳向阳（2022年1月始）
党组副书记：王亚民（至2022年3月）
李伟立（2022年3月始）

政协研究室

主　任：聂陈杰

政协提案委员会

主　任：沈丽珺（女，2022年4月始）
副主任：陈祖军（至2022年4月）
沈亚平（女，2022年12月始）
南林玲（女，至2022年4月）
罗斯尹（女，2022年9月始）
王　奕（女，至2022年4月）
吴　敏　俞豪锋（女）
邱旭平　毛伟华　张德勇

政协委员工作委员会

主　任：林宇清
副主任：吴　燕（女）
应勇军（2022年4月始）
李邦生（至2022年4月）
张卫英（女，2022年4月始）
徐丽勇
王提操（至2022年4月）

政协经济委员会

主　任：姚志强（至2022年4月）
周智飞（2022年4月始）
副主任：罗江军（至2022年4月）
钟善德（2022年4月始）
蓝先芬（女，至2022年4月）
吕志充（2022年4月始）
舒杨胤（2022年4月始）

政协农业和农村委员会

主　任：李伟立（至2022年4月）
钟小松（2022年4月始）
副主任：蓝小明（2022年4月始）
徐国跃（至2022年4月）
胡晓红（女，至2022年4月）
沈元东（2022年4月始）
吴积雷（2022年4月始）

政协人口资源环境委员会

主　任：吴洵麒（至2022年4月）
徐兼明（女，2022年4月始）
副主任：吴　康
蒋正鸿（2022年4月始）
徐礼琼（女，2022年4月始）
叶胜红（女，2022年4月始）

政协教育科技卫生体育委员会

主　任：蓝宁虹（女）
副主任：陆亚东（2022年4月始）
杨　薇（女）
林　莉（女，至2022年4月）
廖旭青（女，2022年4月始）
陈国微（2022年4月始）
叶伟勇（2022年4—6月）

政协社会法制和民族宗教委员会

主　任：蓝跃慧（至2022年4月）
程定飞（2022年4月始）
副主任：雷金松（至2022年4月）
潘志强（2022年4月始）
朱小刚（至2022年4月）
李　浩（女，2022年4月始）
吴守成

政协港澳台侨和外事委员会

主　任：项云芳（女）
副主任：邢长勇（至2022年4月）
叶群力（2022年4月始）
单　炜
邹浙清（2022年4月始）

政协文化文史和学习委员会

主　任：朱玉康
副主任：雷华英（女，至2022年4月）

邱文锋(2022 年 4 月始)
洪锦木(至 2022 年 4 月)
余群勇(2022 年 4 月始)
蓝财兴(至 2022 年 4 月)
王培权(2022 年 4 月始)

【中国共产党丽水市纪律检查委员会、丽水市监察委员会】

纪律检查委员会

书　记:傅智超
常务副书记:柳向阳(至 2022 年 1 月)
　　钟海燕(2022 年 2 月始)
副书记:程巧琴(女)
　　钟海燕(女,至 2022 年 2 月)
　　郑绍周(2022 年 2 月始)
常　委:郑绍周(至 2022 年 2 月)
　　周　龙　刘云刚　黄梯王
　　尚文勇(至 2022 年 3 月)

监察委员会

主　任:傅智超(2022 年 4 月始)
代主任:傅智超(至 2022 年 4 月)
副主任:柳向阳(至 2022 年 2 月)
　　郑绍周(2022 年 3 月始)
　　程巧琴(女)　钟海燕(女)
委　员:黄梯王
　　尚文勇(至 2022 年 4 月)
　　陈永军(至 2022 年 7 月)
　　叶龙标(至 2022 年 5 月)
　　朱熙亮(2022 年 7 月始)
　　潘铭军(2022 年 9 月始)

派驻纪检组

派驻市委办纪检监察组
组　长:宋珍花(女)
副组长:吴茂才(2022 年 1 月始)
派驻市人大机关纪检监察组
组　长:叶云妹(女)
副组长:陈丽伟(至 2022 年 2 月)
　　陈新贤(2022 年 2 月始)
派驻市府办纪检监察组
组　长:雷春梅(女,至 2022 年 12 月)
副组长:吴筱珺(女)
派驻市政协机关纪检监察组
副组长:孙文喜
派驻市委组织部纪检监察组
组　长:李　萌(女)
副组长:管雪伟
派驻市委宣传部纪检监察
组　长:朱峻峰
副组长:姚建峰
派驻市委统战部纪检监察组
组　长:陈银龙(至 2022 年 12 月)
副组长:管君友(至 2022 年 6 月)
派驻市法院纪检监察组
组　长:阙建平
派驻市检察院纪检监察组
组　长:章志林
派驻市公安局纪检监察组
组　长:陈永军(2022 年 6 月始)
副组长:徐东平
派驻市发改委纪检监察组
组　长:刘君龙
派驻市经信局纪检监察组
组　长:张树芳
派驻市教育局纪检监察组
组　长:陆咸玲(女,2022 年 6 月)
派驻市财政局纪检监察组
组　长:季飞云
派驻市自然资源局纪检监察组
组　长:罗高阅(至 2022 年 9 月)
　　金　健(2022 年 9 月始)
派驻市生态环境局纪检监察组
组　长:陆咸玲(女,至 2022 年 6 月)
　　徐　嵘(女,2022 年 6 月始)
派驻市交通运输局纪检监察组
组　长:季巧峰
派驻市农业农村局纪检监察组
组　长:周　杰
派驻市卫生健康委纪检监察组
组　长:童晓彬(至 2022 年 9 月)
　　丁　莉(女,2022 年 12 月始)
派驻市国资委纪检监察组
组　长:管焕欣
派驻丽水生态产业集聚区(丽水经济技术开发区)管委会纪检监察组
组　长:李家正(至 2022 年 1 月)
派驻丽水经济技术开发区纪检监察工作委员会
纪检监察工委书记:
　　李家正(2022 年 1 月始)
市委直属机关纪检监察工委书记:
　　孙丽芬(女)

【市委工作部门】

办公室

主　任:刘云华
副主任:吴新伟(至 2022 年 2 月)
　　王振军　王志平

组织部

部　长:戴平辉
常务副部长:何卫宁(至 2022 年 4 月)
　　陈科强(2022 年 4 月始)
副部长:陈科强(至 2022 年 4 月)
　　徐丽勇(至 2022 年 3 月)
　　刘新民
　　金志红(2022 年 4 月始)
　　尚勇庆(至 2022 年 4 月)
　　雷华英(女,2022 年 4 月始)
　　潘晓泉　吴守成
部务会议成员、两新工委专职副书记:
　　潘林珠(女,至 2022 年 3 月)
部务会议成员、市委人才办专职副主任:
　　李　斐(2022 年 6 月始)

两新工委

书　记:陈科强(至 2022 年 4 月)
副书记:潘林珠(女,至 2022 年 3 月)
　　金志红(女,2022 年 9 月始)
　　罗叶中(2022 年 9 月始)
　　何乐君
　　杨　杰(2022 年 9 月始)
　　李信华(2022 年 9 月始)
　　王　炜(至 2022 年 9 月)

宣传部

部　长:李一波(女,2022 年 2 月始)
常务副部长:李志伟
副部长:张卫英(女,至 2022 年 3 月)
　　王培权　蓝　海

社会主义精神文明办公室
主　任:陈昱龙
统战部
部　长:王小荣(至 2022 年 2 月)
　　　徐光文(2022 年 2 月始)
常务副部长:张卫英
　　　(女,2022 年 3 月始)
副部长:杨伟业
　　　金伟庆(至 2022 年 6 月)
　　　王松龙
　　　管君友(2022 年 6 月始)
　　　王　炜(至 2022 年 9 月)
　　　罗叶中(2022 年 9 月始)
市委社会建设委员会
专职副主任:李　俊(女,2022 年 9 月始)
政法委员会
书　记:郎文荣(至 2022 年 5 月)
　　　张　赟(2022 年 5 月始)
副书记:毛建国　陈志斌　罗　明
　　　关勇刚(至 2022 年 2 月)
　　　瞿茂贤(2022 年 3 月始)
　　　毛伟林(2022 年 12 月始)
政治部主任:毛伟林(至 2022 年 12 月)
　　　饶军飞(2022 年 12 月始)
政策研究室
主　任:刘云华(至 2022 年 2 月)
　　　叶鑫垚(2022 年 2 月始)
副主任:叶鑫垚(至 2022 年 2 月)
　　　徐来来(至 2022 年 2 月)
　　　徐林周
全面深化改革委员会办公室(丽水市最多跑一次改革办公室)
常务副主任:叶祖平
副主任:刘光利(2022 年 12 月始)
　　　王　剑(至 2022 年 3 月)
　　　陈晓珍(女)
　　　兰秉强(2022 年 12 月始)
中共丽水市委网络安全和信息化委员会办公室
主　任:蓝　海
副主任:胡　坚(2022 年 12 月始)
　　　魏荣坤　吴泽华

市委编制机构委员会办公室
主　任:尚勇庆(至 2022 年 4 月)
　　　雷华英(女,2022 年 4 月始)
副主任:饶　胜(至 2022 年 4 月)
　　　周晓林　赵　华
台湾工作办公室
主　任:沈丽珺(女,至 2022 年 2 月)
　　　潜春红(2022 年 2 月始)
副主任:潜春红(至 2022 年 2 月)
　　　单　炜
　　　赵　红(2022 年 2 月始)
市委直属机关工作委员会
书　记:戴平辉
常务副书记:朱芝贵(至 2022 年 9 月)
副书记:施东胜　雷徐东　杨　杰
巡察工作领导小组办公室
主　任:郑绍周(至 2022 年 3 月)
　　　周　龙(2022 年 3 月始)
副主任:黄绍刚　张雪红(女)
巡察组
第一巡察组
组　长:叶锦伟
副组长:蓝　雄
第二巡察组
组　长:郑建青(2022 年 1 月始)
副组长:郑建青(至 2022 年 1 月)
　　　程鹰飞
第三巡察组
组　长:陈锡星
副组长:王伟进
第四巡察组
组　长:潘仲珏
副组长:张夏菁(女)
第五巡察组
组　长:鲍福平
副组长:金海波
市委、市政府信访局
局　长:叶建利(至 2022 年 2 月)
　　　王　峰(2022 年 2 月始)
副局长:徐　雄　褚志坚
　　　瞿茂贤(至 2022 年 3 月)
　　　陈　丰
　　　罗　俊(2022 年 3 月始)
信访督查专员:陈殷新
老干部局(关工委机关)
局　长:潘晓泉
副局长:留丽萍(女,2022 年 2 月始)
　　　黄永伟(至 2022 年 2 月)
　　　方松红(女,2022 年 3 月始)

【人民团体和群众团体】
总工会
主　席:郑力平(至 2022 年 5 月)
　　　杨秀清(2022 年 5 月始)
副主席:叶　青
　　　何　灵(女,至 2022 年 5 月)
　　　王金焱(至 2022 年 5 月)
　　　程浙军
　　　吴松松(2022 年 5 月始)
　　　曾于兰(女,2022 年 5 月始)
　　　梅振伟
　　　叶晓龙(女,2022 年 7 月始)
　　　邢伟勇(2022 年 7 月始)
　　　汤丽芳(女,2022 年 7 月始)
党组书记:叶　青
中国共产主义青年团丽水市委员会
书　记:徐菊珍(女,2022 年 1 月始)
副书记:麻伟强　孔雀屏(女)
　　　高　磊(2022 年 5 月始)
　　　吴韵洁(至 2022 年 5 月)
　　　林　伟(至 2022 年 5 月)
　　　吴祥柱(至 2022 年 5 月)
　　　朱　恒(2022 年 5 月始)
　　　刘思威
　　　江　媛(女,2022 年 5 月始)
　　　章夏益(2022 年 5 月始)
妇女联合会
主　席:管伟春(女)
副主席:陈霞斌(女)
　　　章燕虹(女)
　　　鲍　艳(女,2022 年 6 月始)
　　　叶　芬(女,2022 年 6 月始)
　　　纪旭红(女,至 2022 年 6 月)
　　　杨丽佳(女,至 2022 年 6 月)

柯文静(女,2022 年 6 月始)
林曼群(女)
党组书记:管伟春(女)

科学技术协会

主 席:潘志强(至 2022 年 2 月)
邝时忠(2022 年 2 月始)
副主席:叶旭彪 徐 瑛(女)
王善刚 戴一仁 徐象华
张向东 陈荣昌 林伟明
党组书记:潘志强(至 2022 年 2 月)
邝时忠(2022 年 2 月始)

社会科学界联合会

主 席:张卫英(女,至 2022 年 10 月)
王培权(2022 年 10 月始)
副主席:余群勇(至 2022 年 12 月)
周 平(2022 年 12 月始)
端木迅远(2022 年 12 月始)
汪亚明 周显荣
刘建荣(至 2022 年 2 月)
叶鑫垚 邵彬彬

文学艺术界联合会

主 席:程定飞(至 2022 年 2 月)
林 莉(女,2022 年 2 月始)
副主席:吴积云 洪勇华 许卫东
潘力峰 蔡志蔚
尹晓泉(至 2022 年 11 月)
党组书记:程定飞(至 2022 年 2 月)
林 莉(女,2022 年 2 月始)

残疾人联合会

理事长:王 军(2022 年 4 月始)
副理事长:吴锦华 王国军
陈旭亮(至 2022 年 12 月)
吕建军(至 2022 年 12 月)
刘杰伟(至 2022 年 12 月)
张 立(2022 年 12 月始)
王昌雄(2022 年 12 月始)
党组书记:王 军(2022 年 1 月始)

归国华侨联合会

主 席:邹浙清
副主席:傅旭蓉(女) 王 俊
方湛鑫 叶先平
叶 芬(女) 叶建毅
叶毅青(女) 吕 侃
孙雄标 纪建松
李 丰 何晓娟(女)
邹建兵 陈海华
项建福 施海平
章利民 周 勇
党组书记:邹浙清

关心下一代工作委员会

名誉主任:戴平辉 卢彩柳(女)
主 任:吴炳全
专职副主任:
留丽萍(女,至 2022 年 6 月)
潘旺峰(2022 年 6 月始)
副主任:张春法 陈翠仙(女)
刘云华 王 凡(女)
潘晓泉 陈昱龙 吴郁郁
郭海光 徐青清 胡 飞
王国荣 徐建新 邹春平
童少锋 吴泽民 方向荣
林成高 孔建民 雷木森

计划生育协会

会 长:戚永远
常务副会长:吴郁郁
副会长:王 峰(至 2022 年 12 月)
章晓斌(2022 年 12 月始)

红十字会

会 长:卢彩柳(女)
副会长:蓝金水
舒荟荟(女,2022 年 2 月始)
王 凡(女,2022 年 2—6 月)
王 峰(2022 年 6 月始)
王 平
胡晓红(女,2022 年 2 月始)
潘建青 吴郁郁
杨金跃(2022 年 2 月至 9 月)
陈旭东
郑丽华(女,至 2022 年 6 月)
王世强(至 2022 年 6 月)
张 妍(女,至 2022 年 6 月)
党组书记:蓝金水

体育总会

主 席:潘智慧
马莹华(2022 年 9 月始)

老龄工作委员会

主 任:卢彩柳(女)
副主任:王 峰(2022 年 10 月始)
陈科强(2022 年 10 月始)
李志伟(2022 年 10 月始)
吴守成(2022 年 10 月始)
潘晓泉
胡晓红(女,2022 年 10 月始)
吴郁郁
何卫宁(至 2022 年 10 月)
任韩高(至 2022 年 10 月)
陈立新(至 2022 年 10 月)
叶水源(至 2022 年 10 月)
周一红(女,至 2022 年 10 月)
办公室主任:周一红
(女,至 2022 年 10 月)
吴郁郁(2022 年 10 月始)

法学会

会 长:郎文荣(至 2022 年 8 月)
张 赟(2022 年 8 月始)
常务副会长:陈志斌
专职副会长:胡太顺
副会长:丁文伟 叶华松 李光耀
陈江风 陈仰勇 柳启东
赵延光 徐荷生 蓝跃慧
秘书长:程建枝(女)

工商业联合会(总商会)

主 席(会长):陈 频(女)
副主席(副会长):王 炜 张 奇
吕志充
党组书记:王 炜(至 2022 年 9 月)
罗叶中(2022 年 9 月始)

市人民对外友好协会

会 长:戴邦和(至 2022 年 6 月)
朱 磊(2022 年 6 月始)
常务副会长:刘崇民(至 2022 年 6 月)
王 凡(女,2022 年 6 月始)
陈 频 陈乃科
副会长:刘光利
徐文杰(至 2022 年 6 月)
蓝跃军(2022 年 6 月始)

应　鹏　刘建云　施永平
季永灵
秘书长:吴娜妮(女)

【丽水市中级人民法院】
院　长:张军斌(2022年4月始)
代院长:张军斌(至2022年4月)
副院长:张军斌(至2022年4月)
柳启东　吴林雄　罗　沛
徐蓓姿(女)
政治部主任:陈雪平(女)

【丽水市人民检察院】
检察长:吕　献(2022年4月始)
代检察长:吕　献(至2022年4月)
副检察长:吕　献(至2022年4月)
叶珍华
揭　萍(女,至2022年9月)
李栽标　吴剑锋
党组书记:吕　献
党组副书记:叶珍华
政治部主任:孙苏平

【市级民主党派】
中国国民党革命委员会丽水市委员会
主　委:潘碧武(女)
副主委:罗斯尹(女,2022年11月始)
王　奕(女,至2022年11月)
虞海雄　叶伟兰(女)
张如一(女)
中国民主同盟丽水市委员会
主　委:汤家友
副主委:周贤华　吴　敏　廖旭青
范庆伟
中国民主建国会丽水市委员会
主　委:高　波(女)
副主委:任文红(女)　李　浩(女)
俞豪锋(女)　刘　坤
中国民主促进会丽水市委员会
主　委:卢彩柳(女)
副主委:邱旭平　胡晓红(女)
叶春晓(女)
郑丽丹(女)
中国农工民主党丽水市委员会
主　委:丁岳清
副主委:毛伟华　徐兼明(女)
郭巧燕(女)
季巧英(女)
九三学社丽水市委员会
主　委:张颖洁(女)
副主委:张向东　何登伟　张德勇
徐礼琼(女)

【市人民政府工作部门】
办公室
主　任:周劲松
副主任:吴志林(至2022年3月)
吴成钢(至2022年3月)
林仲远(2022年5月始)
叶　飞(2022年5月始)
党组书记:沈世山
党组副书记:周劲松
发展和改革委员会
主　任:饶鸿来(至2022年5月)
周和平(2022年5月始)
副主任:张春根　张民杰
赵丽群(女)　董王军
陈洪军(2022年1月始)
党组书记:饶鸿来(至2022年4月)
周和平(2022年4月始)
经济和信息化局
局　长:翁伟荣(至2022年3月)
胡献如(2022年3月始)
副局长:刘　坤(至2022年1月)
舒杨胤　周再荣
潘祝平(2022年7月始)
党组书记:翁伟荣(至2022年2月)
胡献如(2022年2月始)
教育局
局　长:王　平(至2022年2月)
范寿仁(2022年2月始)
副局长:陈战耕(至2022年1月)
王伟平(女)　桑文勇
谢瑞波(2022年12月始)
朱叶青(2022年12月始)
党委书记:王　平(至2022年1月)
范寿仁(2022年1月始)
党委副书记:叶伟勇(至2022年6月)
副总督学:马佩华(女)
科学技术局
局　长:翁伟荣(2022年3月始)
副局长:廖旭青(女)
邝时忠(至2022年3月)
杜永明
沈一峰(2022年7月始)
戴美松(2022年1月始)
党组书记:翁伟荣(2022年2月始)
公安局
局　长:毛建国
常务副局长:丁文伟
副局长:颜华荣　林　锋　邹海亮
陈积林　吴新志
政治部主任:李继仁(至2022年10月)
罗高阅(2022年10月始)
党委书记:毛建国
党委副书记:丁文伟
民政局
局　长:胡晓红(女)
副局长:李信华(2022年7月始)
陈冬生(至2022年12月)
洪中勇(至2022年7月)
党组书记:蓝小明(至2022年3月)
徐丽勇(2022年3月始)
司法局
局　长:蒋世懿(至2022年3月)
陈江风(2022年3月始)
副局长:夏逸敏　邓伦透
李　浩(女)
陈江风(至2022年3月)
张建强(2022年4月始)
党组书记:蒋世懿(至2022年2月)
陈江风(2022年2月始)
党组副书记:陈江风(至2022年2月)
政治部主任:杨必松
财政局
局　长:潘建青

副局长:魏叶华(女,至2022年7月)
叶芳儿(至2022年1月)
张 栋(至2022年5月)
阎家骥(2022年1月始)
阮美莲(女)
李 蕾(女,2022年12月始)
孙海敏(2022年12月始)
总会计师:孙海敏(至2022年12月)
丁硕科(2022年12月始)
党组书记:潘建青

人力资源和社会保障局

局 长:吴守成
副局长:王旭彪
雷剑锋
姚廷贵(2022年3月始)
饶庆勤(至2022年3月)
党组书记:吴守成

自然资源和规划局

局 长:张颖洁(女)
副局长:周乐均(至2022年12月)
丁勇方 洪勇杰 陈喜民
总规划师:徐礼琼(女)
专职副总督察:
柯平松(2022年7月始)
党委书记:邢志行(至2022年3月)
潘惠健(2022年3月始)

生态环境局

局 长:雷金松
副局长:虞伟鈜 周国伟 何小仁
陈 雨
晏利扬(2022年12月始)
总工程师:陈灵敏
党委书记:雷金松
党委副书记:虞伟鈜

生态环境保护综合行政执法队

队 长:雷金松
副队长:蓝木申

住房和城乡建设局

局 长:钟小松(至2022年3月)
叶建光(2022年3月始)
副局长:陈建伟(2022年3月始)
叶荣林(至2022年12月)
蓝叶培(2022年12月始)
顾华洛(至2022年12月)
吴新立
总工程师:潘雪珍(女)
党组书记:钟小松(至2022年2月)
叶建光(2022年2月始)

交通运输局

局 长:叶旭勇(至2022年5月)
罗孝林(2022年5月始)
副局长:高向东(至2022年12月)
陈晓敏(至2022年7月)
刘 军 夏国章
总工程师:叶青华
党委书记:叶旭勇(至2022年4月)
罗孝林(2022年4月始)

交通运输行政执法队

队 长:叶旭勇(至2022年5月)
罗孝林(2022年5月始)
副队长:龚启贤(至2022年7月)
蒋华春(2022年7月始)

水利局

局 长:李见阳
副局长:王礼军 卓观园 张映辉
封 亮
曾 甄(2022年1月始)
总工程师:占勇民
党组书记:李见阳
党组副书记:王礼军

农业农村局

局 长:黄力量
副局长:吕晓东
郑建强(至2022年7月)
沈元东
何子儋(至2022年3月)
黄永伟(2022年3月始)
王永伟
楼碧田(2022年10月始)
总农艺师:胡丽红(女)
党组书记:黄力量

农业综合行政执法队

队 长:黄力量
副队长:金 立

乡村振兴局

局 长:黄力量(2022年5月始)

商务局

局 长:潘娅红(女)
副局长:张志军
常晶静(女)
周 贇(2022年3月始)
彭新幸(2022年12月始)
总经济师:伏 勇
党组书记:潘娅红(女)

文化和广电旅游体育局

局 长:吴飞飞(女)
副局长:胡其岳(至2022年1月)
樊甫敏 周益敏 吴立华
许卫东
王 峰(至2022年3月)
谢小燕(女,2022年4月始)
党组书记:吴飞飞(女)

文化市场行政执法队

队 长:吴飞飞(女)
副队长:魏秀慧(女)

卫生和健康委员会

主 任:吴郁郁
副主任:陈国微 季长友
王 峰(至2022年5月)
周国海(2022年7月始)
章晓斌(2022年10月始)
党委书记:吴郁郁
党委副书记:
林 莉(女,至2022年2月)
公共卫生总师:
季巧英(女,2022年3月始)

退役军人事务局

局 长:蒋正鸿(至2022年3月)
关勇刚(2022年3月始)
副局长:蓝先芬(女)
吴端钱
张恩成(2022年4月始)
党组书记:蒋正鸿(至2022年2月)
关勇刚(2022年2月始)

应急管理局

局 长:杨金跃(至2022年9月)

副局长：李雄平　严伟平　周大春
潘新雄
总工程师：陈叶长
党组书记：杨金跃（至 2022 年 9 月）
陶军友（2022 年 12 月始）

审计局

局　长：邹向阳（至 2022 年 5 月）
尚勇庆（2022 年 5 月始）
副局长：邱学明（至 2022 年 4 月）
阎家骥（至 2022 年 1 月）
方伟英（女）
温小运（2022 年 11 月始）
总审计师：朱　姝（女）
党组书记：邹向阳（至 2022 年 5 月）
尚勇庆（2022 年 5 月始）

外事办公室

主　任：刘崇民（至 2022 年 3 月）
王　凡（女，2022 年 3 月始）
副主任：刘光利（至 2022 年 12 月）
蓝跃军
党组书记：刘崇民（至 2022 年 2 月）
王　凡（女，2022 年 2 月始）

国有资产监督管理委员会

主　任：杨　雷
副主任：叶时扬（至 2022 年 5 月）
蒋仲胜　高天河
祝雪山（2022 年 1 月始）
党委书记：杨　雷
党委副书记：陈　巍

市场监督管理局

局　长：王世强（2022 年 5 月始）
副局长：叶时扬（2022 年 5 月始）
李和达
饶庆勤（2022 年 3 月始）
周仓俊（至 2022 年 3 月）
胡雪强（至 2022 年 7 月）
宋小军（至 2022 年 12 月）
李泉清（至 2022 年 3 月）
周纪荣　何乐君
总工程师：刘松钢（2022 年 3 月始）
党组书记：王世强（2022 年 5 月始）
党组副书记：叶时扬（2022 年 4 月始）

市场监管综合执法队

队　长：王世强（2022 年 5 月始）
副队长：赵伟杰

市政府金融工作办公室

主　任：潘碧武（女，至 2022 年 5 月）
张　栋（2022 年 5 月始）
副主任：范庆伟（2022 年 1 月始）
金雄鸥（至 2022 年 1 月）
李　斐（至 2022 年 7 月）
叶海明（女，2022 年 7 月始）
叶　峰（2022 年 10 月始）
党组书记：陆亚东（至 2022 年 3 月）
张　栋（2022 年 4 月始）

统计局

局　长：李建军
副局长：郑兰富（2022 年 1 月始）
陈建斌
谢永平
叶庆顺（2022 年 7 月始）
总统计师：童健（2022 年 1 月始）
党组书记：李建军

社会经济调查队

队　长：朱卫莉（女，至 2022 年 4 月）

医疗保障局

局　长：吴筱琳（女）
副局长：毛时薛　张如一（女）
周建雄　盛奎华
党组书记：吴筱琳（女）

人民防空办公室（2022 年 12 月撤销）

主　任：詹百松（至 2022 年 4 月）
尚文勇（2022 年 4 月始）
副主任：徐明福（至 2022 年 5 月）
朱建伟
总工程师：朱建伟
党组书记：詹百松（至 2022 年 3 月）
尚文勇（2022 年 3—12 月）

民防局

局　长：詹百松（至 2022 年 4 月）
尚文勇（2022 年 4 月始）
副局长：徐明福（至 2022 年 6 月）

国防动员办公室（2022 年 12 月建立）

党组书记：尚文勇（2022 年 12 月始）

综合行政执法局

局　长：周光洪（至 2022 年 4 月）
饶钦英（女，2022 年 4 月始）
副局长：杨晓春　郑丽君（女）
饶伟贞　程　军
党组书记：周光洪（至 2022 年 3 月）
饶钦英（女，2022 年 3 月始）

大数据发展管理局

局　长：刘　坤（2022 年 2 月始）
副局长：吴雄飞　杜　战
朱国群（女）

林业局

局　长：廖永平
副局长：黄文松　胡　敏

钱江源—百山祖国家公园百山祖管理局

局　长：廖永平
副局长：徐怀坤　李先顶　王伟松
潘利海

丽水市林业局、钱江源—百山祖国家公园百山祖管理局

党组书记：廖永平

生态产业集聚区（经济开发区）管理委员会（2022 年 1 月撤销）

主　任：刘志伟（至 2022 年 1 月）
常务副主任：潘惠健（至 2022 年 1 月）
副主任：郑兰富（至 2022 年 1 月）
朱剑成（至 2022 年 1 月）
陈　磊（至 2022 年 1 月）
周　伟（至 2022 年 1 月）
总工程师：陈志勇（至 2022 年 1 月）
党工委书记：刘志伟（至 2022 年 1 月）
党工委副书记：潘惠健（至 2022 年 1 月）

丽水经济技术开发区管理委员会（2022 年 1 月建立）

主　任：刘志伟（2022 年 1 月始）
常务副主任：潘惠健（2022 年 1—4 月）
刘高深（2022 年 12 月始）
副主任：朱剑成（2022 年 1 月始）
刘高深（2022 年 1—12 月）
陈　磊（2022 年 1 月始）
周　伟（2022 年 1 月始）

党工委书记:刘志伟(2022 年 1 月始)
党工委副书记:
　　潘惠健(2022 年 1—3 月)

供销社

主　任:汤碧荣
副主任:吴积雷　吴利平
党委书记:汤碧荣

【市属事业单位】

党　校

校　长:戴平辉
常务副校长:周显荣
副校长:叶国勇
　　柳一珍(女,2022 年 2 月始)
　　陈建伟(至 2022 年 2 月)
　　罗桂方
教育长:柳一珍(女,至 2022 年 2 月)
　　赵剑红(女,2022 年 2 月始)

行政学院

院　长:杜兴林
常务副院长:周显荣
副院长:叶国勇
　　陈建伟(至 2022 年 3 月)
　　罗桂方　吴　敏
　　柳一珍(女,2022 年 3 月始)

社会主义学院

院　长:王小荣(至 2022 年 2 月)
　　徐光文(2022 年 2 月始)
常务副院长:周显荣
副院长:叶国勇
　　陈建伟(至 2022 年 2 月)
　　罗桂方
　　柳一珍(女,2022 年 2 月始)

党史研究室(地方志研究室)

主　任:雷华英(女,至 2022 年 12 月)
　　余群勇(2022 年 12 月始)
副主任:邱理平　项　啸(女)

档案馆

馆　长:邱文锋(至 2022 年 2 月)
　　吴新伟(2022 年 2 月始)
副馆长:汪羽中(至 2022 年 3 月)
　　朱悦华(至 2022 年 5 月)
　　丁广钊(2022 年 9 月始)

丽水日报报业传媒集团(丽水日报社)

副社长:胡　飞　胡建金
总编辑:胡　飞
副总编辑:施龙有(至 2022 年 3 月)
　　陈　安(2022 年 6 月始)
　　王文勇
党委副书记:胡　飞

丽水日报报业传媒集团

副总经理:柳　华

行政服务中心

主　任:陈茂荣
副主任:饶连祥(至 2022 年 5 月)
　　蓝叶培(至 2022 年 12 月)
　　沈利文
　　饶　胜(2022 年 5 月始)
　　麻岳勇
　　张晓峰(2022 年 12 月始)
党组书记:陈茂荣

广播电视总台(丽水广播电视集团)

台　长(总裁):徐青清
副台长(副总裁):
　　谢雅贞(女)
　　叶　筠
总工程师:宋欣欣
副总编辑:赵　刚
党委书记:徐青清
党委副书记:谢雅贞(女)

市政府驻北京联络处

副主任:叶荣林(2022 年 12 月始)
　　胡春江　李　璞(女)
　　陈　丰

市政府驻上海办事处

主　任:王井泉
副主任:王绍金

市政府驻杭州办事处

主　任:褚志坚
副主任:郑　翀

机关事务服务中心

主　任:王　栋
副主任:叶莰茂(至 2022 年 4 月)
　　杨起恳　占国伟
　　郭晓波(2022 年 7 月始)
　　范清华(2022 年 7 月始)
党组书记:王　栋

大花园建设发展中心

主　任:周海忠
副主任:雷绍丽(女)　李瑞华
　　余后荣
党组副书记:周海忠

生态林业发展中心

主　任:叶胜红(女)

全域旅游发展中心

副主任:徐　晖　叶祥深　叶光炳
　　洪中勇(2022 年 7 月始)
总工程师:蔡　伟(女)

体育发展服务中心

主　任:洪勇华
副主任:潘智慧(至 2022 年 1 月)
　　徐晨虹(女)　管志华
党组书记:洪勇华
体育总会专职副主席:
　　马莹华(2022 年 9 月始)

市政府土地和房屋征收研究指导中心

副主任:张晓红(女,主持工作)
　　叶仪俊　叶　东

农林科学研究院

院　长:金爱武(至 2022 年 2 月)
副院长:程文亮　徐象华
　　王立新
　　何卫中(2022 年 10 月始)
党组书记:林　远

移民服务中心

主　任:留　洁(女)
副主任:徐云飞　吴建国
党组书记:留　洁(女)

住房公积金管理中心

主　任:林开武
党组书记:林开武

丽水市教育教学研究院

院　长:戴一仁
党支部书记:戴一仁

养老保险服务中心

主　任:练少芳(女)

党支部书记：练少芳（女）

就业服务中心

主　任：金丽芬（女）

党支部书记：金丽芬（女）

公路港航与运输管理中心

主　任：蒋华春（至2022年7月）
　　　　施碧清（2022年10月始）

党委书记：蒋华春（至2022年6月）
　　　　施碧清（2022年9月始）

畜牧发展中心

主　任：程苏亮（至2022年3月）
　　　　王建锋（2022年4月始）

疾病预防控制中心

主　任：季巧英（女）

党委书记：王　斌（2022年1月始）

城市管理监督指挥中心

主　任：林仲远（至2022年5月）
　　　　陈　刚（2022年7月始）

党支部书记：林仲远（至2022年5月）
　　　　陈　刚（2022年6月始）

公共资源交易中心

主　任：蓝叶培（至2022年12月）
　　　　张晓峰（2022年12月始）

高铁站综合管理中心

主　任：陈江涛

党组书记：陈江涛

千峡湖青田县保护与开发管理中心

主　任：尹爱华

党组书记：尹爱华

千峡湖景宁县保护与开发管理中心

主　任：刘爱忠

党组书记：刘爱忠

【学校、医院】

丽水学院

院　长：李俊杰

副院长：蒋黎红　汪亚明
　　　　周一红（女，至2022年7月）
　　　　彭　兵

党委书记：王利琳

党委副书记：郭献进　叶华松

纪委书记：鲁剑伟

丽水职业技术学院

院　长：梁伟样

副院长：潘洪峰（至2022年5月）
　　　　张　奇　汤书福
　　　　刘　铭（2022年12月始）

党委书记：梁忆南（至2022年7月）
　　　　周一红（女，2022年7月始）

党委副书记：梁伟样（至2022年7月）
　　　　刘建荣（至2022年2月）

纪委书记：张继南

丽水广播电视大学（2022年6月更名为丽水开放大学）

校　长：杨云峰（至2022年5月）

副校长：洪耀辉（至2022年7月）
　　　　陈继理（至2022年3月）
　　　　徐建明（2022年3—7月）

党委书记：杨云峰（至2022年4月）

丽水开放大学

校　长：叶伟勇（2022年7月始）

副校长：洪耀辉（2022年7月始）
　　　　徐建明（2022年7月始）

党委书记：叶伟勇（2022年6月始）

丽水中等专业学校（丽水艺术学校）

校　长：胡锋吉

副校长：舒福才（至2022年4月）
　　　　杨　英（女）　池积善
　　　　陈铭霞（女，2022年7月始）

党委书记：胡锋吉

党委副书记：舒福才（至2022年3月）

纪委书记：吴王文

丽水中学

校　长：范寿仁（至2022年1月）
　　　　陈战耕（2022年1月始）

党总支书记：范寿仁（至2022年9月）
　　　　潘惠刚（2022年11月始）

丽水第二高级中学

校　长：朱一平

党总支书记：陈仕恩（至2022年6月）
　　　　朱一平（2022年11月始）

丽水市职业高级中学

校　长：李立金

党总支书记：李立金

丽水学院附属高级中学

校　长：应之宁

党总支书记：应之宁

中心医院

院　长：韦铁民

副院长：陈美芬（女）　郑荣宗
　　　　涂韶松　曾春来　黄亦良
　　　　纪建松（至2022年7月）

党委书记：邵初晓（至2022年1月）
　　　　纪建松（2022年6月始）

党委副书记：纪建松（至2022年6月）
　　　　陈美芬（女，2022年6月始）

纪委书记：陈一军

人民医院

院　长：黄　刚（至2022年2月）

副院长：楼天正（至2022年11月）
　　　　江银华　方国美（女）
　　　　梅映台（女）

党委书记：王　军（至2022年1月）
　　　　邵初晓（2022年1月始）

党委副书记：黄　刚（至2022年1月）
　　　　楼天正（至2022年11月）

纪委书记：施海勇

中医院

院　长：邱文伟

副院长：张尊敬（女）　陈礼平

党委书记：邹新花（女）

党委副书记：邱文伟

第二人民医院

党委书记：吴绍长

院　长：叶世伟

党委副书记：叶世伟　梁　涌

丽水市妇幼保健院

院　长：张向东

党委书记：雷　强

【市属企业】

丽水市城市建设投资有限责任公司

董事长：吴小华（至2022年10月）
　　　　叶　茂（2022年10月始）

总经理：罗叶中（至2022年10月）
　　　　顾华洛（2022年12月始）

副总经理:梅明华(2022 年 1 月始)
施　波　金　萍(女)
总经济师:王爱华(女)
党委书记:吴小华(至 2022 年 9 月)
叶　茂(2022 年 9 月始)
党委副书记:罗叶中(至 2022 年 9 月)
顾华洛(2022 年 12 月始)
纪委书记:陈向阳

丽水文化旅游投资发展有限公司

董事长:何炯伟(2022 年 10 月始)
副董事长:何炯伟(至 2022 年 10 月)
副总经理:何炯伟(至 2022 年 10 月)
季泉泉　王　荷(女)
书　记:何炯伟(2022 年 9 月始)
纪委书记:叶于明
总工程师:王泽锋(2022 年 3 月始)

丽水农业投资发展有限公司

总经理:郭巧燕(女)
副总经理:沈　力(2022 年 1 月始)
胡海明(2022 年 10 月始)
范庆伟(至 2022 年 1 月)
杨文海(至 2022 年 7 月)
赵建勇(至 2022 年 12 月)
纪委书记:周启荣

丽水交通投资发展有限公司

董事长:陶军友(至 2022 年 12 月)
副总经理:陈妙根　卢利森
蔡朱彬(2022 年 3 月始)
总工程师:苏　欣
总经济师:张肖肖(女,2022 年 1 月始)
党委书记:陶军友(至 2022 年 12 月)
纪委书记:周建平

丽水数字经济发展有限公司

副董事长:陈　杰
总经理:陈　明
副总经理:黄志民　钦红杰
林一玲(女)
吴　毅(2022 年 10 月始)
纪委书记:方　昕(2022 年 9 月始)

丽水经济技术开发区实业发展集团有限公司

副董事长:叶　茂(至 2022 年 9 月)
刘高深(至 2022 年 1 月)
吴小波(2022 年 10 月始)
副总经理:刘高深(至 2022 年 1 月)
吴群良(2022 年 1 月始)
鲍玖青
姚建波(2022 年 4 月始)
副书记:吴小波(2022 年 9 月始)
纪委书记:卢　健(女)

丽水市金融投资控股有限责任公司

董事长:吴小波(至 2022 年 10 月)
总经理:吴小波(至 2022 年 10 月)

丽水政策性融资担保公司

董事长:胡荣炎(至 2022 年 12 月)
总经理:胡荣炎(至 2022 年 12 月)

丽水汽车运输集团

董事长:黄伟君(至 2022 年 4 月)
杨文海(2022 年 6 月始)
总经理:黄伟君(至 2022 年 4 月)
杨文海(2022 年 6 月始)

丽水水阁产业平台运营有限公司

董事长:陈金勇(2022 年 10 月始)
总经理:陈金勇(2022 年 10 月始)

【莲都区】

中国共产党莲都区委员会

书　记:张壮雄
副书记:张　妍(女)
朱芝贵(2022 年 9 月始)
王国锋(至 2022 年 7 月)
常　委:雷　成　曹永跃
王　成　陈永超
蔡　昱(女)　江　山
陶旭峰　骆美祥
王东华

莲都区人民代表大会常务委员会

主　任:陈元龙(至 2022 年 2 月)
陈立新(2022 年 2 月始)
副主任:张继芳　雷勇军
陈鲁军(至 2022 年 2 月)
俞丽威(2022 年 2 月始)
卢　进
沈建祖(2022 年 2 月始)
周贤华(至 2022 年 6 月)

莲都区人民政府

区　长:张　妍(女,2022 年 2 月始)
代区长:张　妍(女,至 2022 年 2 月)
副区长:张　妍(女,至 2022 年 2 月)
曹永跃
王　成(2022 年 2 月始)
蔡毓良(至 2022 年 4 月)
管兴标(至 2022 年 2 月)
周贤华(2022 年 6 月始)
潜伟峰(2022 年 2 月始)
陈　勇(至 2022 年 10 月)
龚淑娟(女)　张小平
孙　苗(女)
周亚军(2022 年 2 月始)
莫乐平(2022 年 12 月始)

中国人民政治协商会议莲都区委员会

主　席:陈立新(至 2022 年 2 月)
李邦生(2022 年 2 月始)
副主席:翁伟标(2022 年 2 月始)
叶晓东　任文红(女)
虞海雄
沈建祖(至 2022 年 2 月)
陈岳波(至 2022 年 2 月)
叶春晓(女,2022 年 2 月始)

中国共产党莲都区纪律检查委员会、莲都区监察委员会

纪委书记:蔡　昱(女)
监委主任:蔡　昱(女)

莲都区人民法院

院　长:黄玉香(女,2022 年 2 月始)
代院长:黄玉香(女,至 2022 年 2 月)

莲都区人民检察院

检察长:蔡建彧

【龙泉市】

中国共产党龙泉市委员会

书　记:王忠宝
副书记:翁志鸿(至 2022 年 5 月)
王国锋(2022 年 7 月始)
李　舜
常　委:黄国勇　雷　蕾(女)

廖卫民　刘道华　徐锡宏
孔金峰　厉亚萍(女)
潘光明

龙泉市人民代表大会常务委员会

主　任:叶砺仙
副主任:叶学明(至 2022 年 2 月)
陈有南
陈惠锋(2022 年 2 月始)
杨洪斌(2022 年 2 月始)
卢士俊(2022 年 2 月始)
李　力(2022 年 2 月始)
张长山(至 2022 年 2 月)
叶伟玲(至 2022 年 2 月)
何登新(至 2022 年 2 月)

龙泉市人民政府

市　长:翁志鸿(至 2022 年 6 月)
代市长:王国锋(2022 年 7 月始)
副市长:厉亚萍(女)　孔金峰
余华明(至 2022 年 10 月)
杨摄智　余盛全
金伟君　王晓燕(女)
全开林
吴华军(2022 年 2 月始)
丁　杰(2022 年 12 月始)

中国人民政治协商会议龙泉市委员会

主　席:刘赤波
副主席:雷丽亚(女,至 2022 年 2 月)
童巧隽
卢士俊(至 2022 年 2 月)
徐东华(至 2022 年 2 月)
付建伟
林先龙(2022 年 2 月始)
卢劲松(2022 年 2 月始)
郑夏来(2022 年 2 月始)

中国共产党龙泉市纪律检查委员会、龙泉市监察委员会

书　记:刘道华
监委主任:刘道华

龙泉市人民法院

院　长:叶爱英(女)

龙泉市人民检察院

检察长:周　翔

【青田县】

中国共产党青田县委员会

书　记:林　霞(女)
副书记:潘　伟　许积标
常　委:季高峰　童森军
周　雄
金志红(女,至 2022 年 4 月)
陈　兵　周立军
王　峰
练如库(2022 年 4 月始)
刘　骅　陆　翔

青田县人民代表大会常务委员会

主　任:季力华(至 2022 年 2 月)
郑家彪(2022 年 2 月始)
副主任:邹春平(至 2022 年 2 月)
钟秋亳(至 2022 年 2 月)
徐新平(至 2022 年 2 月)
高金华(至 2022 年 2 月)
吴胜军(2022 年 2—9 月)
朱秀雄(2022 年 2 月始)
张晓军(2022 年 2 月始)
朱国强(2022 年 2 月始)
杨炳甫　赖军政

青田县人民政府

县　长:潘　伟
副县长:周立军
刘　骅(2022 年 2 月始)
朱秀雄(至 2022 年 2 月)
尹世锋(至 2022 年 2 月)
吴胜军(至 2022 年 2 月)
李巧勇
洪飞云(至 2022 年 11 月)
李剑光(至 2022 年 3 月)
杨军伟　叶宇飞(女)
胡涌杰
叶灵智(2022 年 2 月始)
张小文(2022 年 3 月始)
陆水军(2022 年 12 月始)

中国人民政治协商会议青田县委员会

主　席:李飞林(至 2022 年 2 月)
陈　铭(2022 年 2 月始)
副主席:尹世锋(2022 年 2 月始)
詹文亮　刘新青　徐啸放
林伟标(2022 年 2 月始)
王海伟(2022 年 2 月始)
张晓军(至 2022 年 2 月)
徐永丽(女,至 2022 年 2 月)
赵玉鸣(至 2022 年 2 月)

中国共产党青田县纪律检查委员会、青田县监察委员会

纪委书记:陆　翔
监委主任:陆　翔

青田县人民法院

院　长:周小兰(女,2022 年 2 月始)
代院长:周小兰(女,至 2022 年 2 月)

青田县人民检察院

检察长:曹莉芳(女)

【云和县】

中国共产党云和县委员会

书　记:李忠伟
副书记:周鸿飞　陈　卿
常　委:胡　坚(至 2022 年 12 月)
周　坚　黄伟杰　孙开用
傅雅涛　许文金　赖小文
舒坚阳　梅　华
谢岩伟(2022 年 12 月始)

云和县人民代表大会常务委员会

主　任:叶晓勇
副主任:林建文(2022 年 2 月始)
陈伟忠(2022 年 2 月始)
叶长火(2022 年 2 月始)
刘伟玲(女,2022 年 2 月始)
柳成东(2022 年 2 月始)
林志龙(2022 年 2 月始)
黄文伟(至 2022 年 2 月)
柳春华(至 2022 年 2 月)
谢云生(至 2022 年 2 月)
彭招平(至 2022 年 2 月)
叶晓伟(至 2022 年 2 月)
魏启勤(至 2022 年 2 月)

云和县人民政府

县　长:周鸿飞(2022 年 2 月始)
代县长:周鸿飞(至 2022 年 2 月)

副县长：傅雅涛
胡　坚（2022 年 2 月始）
谢岩伟（2022 年 2 月始）
孙开用　周　坚　缪磊磊
颜　韬　江　静
蓝利明
李爱勇（2022 年 2 月始）

中国人民政治协商会议云和县委员会

主　席：王新荣（至 2022 年 2 月）
章作飞（2022 年 2 月始）
副主席：王沿伟（至 2022 年 2 月）
徐志雄（2022 年 2 月始）
陈　岑
叶长火（至 2022 年 2 月）
刘伟玲（女，至 2022 年 2 月）
吕　明（2022 年 2 月始）

中国共产党云和县纪律检查委员会、云和县监察委员会

纪委书记：舒坚阳
监委主任：舒坚阳（2022 年 2 月始）
监委代主任：舒坚阳（至 2022 年 2 月）

云和县人民法院

院　长：郭　俊

云和县人民检察院

检察长：陈　乐（女，2022 年 2 月始）
代检察长：陈　乐（女，至 2022 年 2 月）

【庆元县】

中国共产党庆元县委员会

书　记：蔡　昉
副书记：田健晖　佘晓君
常　委：王　鹏　胡显平
李　鹏　吴秋标
金　业　周立飞
黄丽芬（女）　叶伟林

庆元县人民代表大会常务委员会

主　任：吴青松
副主任：王林生（至 2022 年 2 月）
阎昌远（2022 年 2 月始）
吴建华
刘义平（至 2022 年 2 月）
黄立飞（2022 年 2 月始）
叶　武
林高平（至 2022 年 2 月）
项邦宝（2022 年 2 月始）

庆元县人民政府

县　长：田健晖（2022 年 2 月始）
代县长：田健晖（至 2022 年 2 月）
副县长：李　鹏　吴秋标
黄卫剑（至 2022 年 9 月）
朱惠汉　张延洪　李　颖（女）
赵世杰（2022 年 2 月始）
熊　焕　王伟啸
姜　骏（2022 年 12 月始）
胡显平（至 2022 年 1 月）

中国人民政治协商会议庆元县委员会

主　席：洪起平
副主席：王林生（2022 年 2 月始）
吴小军（2022 年 2 月始）
吴新清（2022 年 2 月始）
叶华伟（2022 年 2 月始）
罗　艳（女，2022 年 2 月始）
林昌富（至 2022 年 2 月）
吴先武（至 2022 年 2 月）
夏家天（至 2022 年 2 月）
吴新清（至 2022 年 2 月）
项邦宝（至 2022 年 2 月）

中国共产党庆元县纪律检查委员会、庆元县监察委员会

纪委书记：王　鹏
监委主任：王　鹏

庆元县人民法院

院　长：黄　明

庆元县人民检察院

检察长：丁　丰（2022 年 2 月始）
代检察长：丁　丰（至 2022 年 2 月）

【缙云县】

中国共产党缙云县委员会

书　记：王正飞
副书记：王　益　郑伟坚
常　委：周瑞琛
童晓彬（2022 年 9 月始）
潘巧玲（女）　陈帅锋
潘铭军（至 2022 年 9 月）
闵　柯　李　宣
黄浩峰（至 2022 年 12 月）
张爱明
张　君（2022 年 12 月始）

缙云县人民代表大会常务委员会

主　任：赵建铭（2022 年 2 月始）
副主任：吕唐镇
李潘良（至 2022 年 2 月）
胡伟忠
陈庆源（至 2022 年 2 月）
楼锦游（至 2022 年 2 月）
柯国华　刘洁阳
陈银根（2022 年 2 月始）
徐乐新（2022 年 2 月始）

缙云县人民政府

县　长：王　益（2022 年 2 月始）
代县长：王　益（至 2022 年 2 月）
副县长：王　益（至 2022 年 2 月）
周瑞琛
刘洁阳（至 2022 年 1 月）
潘巧玲（女，至 2022 年 1 月）
陈帅锋（2022 年 2 月始）
张　捷（2022 年 2 月始）
王　晶（2022 年 4 月始）
楼伟明　何海龙
邱　琳（女）　张宗渭
陈伟健（至 2022 年 9 月）
杨国志（至 2022 年 2 月）
朱　平（2022 年 12 月始）

中国人民政治协商会议缙云县委员会

主　席：刘旭标（至 2022 年 2 月）
付勇斐（2022 年 2 月始）
副主席：陈湘钟（至 2022 年 2 月）
胡锦伟（至 2022 年 2 月）
李汝东（2022 年 2 月始）
钭旭彬（女）
蒋根阳
姚月林（至 2022 年 2 月）
柯建伟
陈珏丽（女，2022 年 2 月始）
卢永钢（2022 年 2 月始）

中国共产党缙云县纪律检查委员会、缙云县监察委员会

纪委书记：潘铭军（至2022年9月）
童晓彬（2022年9月始）

监委主任：潘铭军（至2022年9月）

监委代主任：童晓彬（2022年9月始）

缙云县人民法院

院　长：林　伟（2022年2月始）

代院长：林　伟（至2022年2月）

缙云县人民检察院

检察长：高德清

丽缙智能装备高新技术产业园区管理委员会

主　任：王　益

常务副主任：李　宣

副主任：陈新贤（至2022年2月）
李祖荣
潘祝平（至2022年6月）
赵　昳　杨长青

党工委书记：王　益

党工委副书记：李　宣

纪委书记：潘铭军（2022年1—9月）
童晓彬（2022年9月始）

浙江丽缙五金科技产业开发有限公司总经理：虞晓雄

【遂昌县】

中国共产党遂昌县委员会

书　记：胡　刚

副书记：李　锋　顾奕滨

常　委：孙培莲（女）
熊国权（2022年6月始）
谭国庆　苏中山
梁　成
练如库（至2022年4月）
季晓立
张志东（2022年2月始）
潘吉文　徐　清

遂昌县人民代表大会常务委员会

主　任：尹建中（至2022年2月）
罗运乾（2022年2月始）

副主任：鲁子钗（女，至2022年2月）
蓝献民（至2022年2月）
赵文明（至2022年2月）
张少啸
张仪辉（至2022年2月）
吴建华（2022年2月始）
周黎平（2022年2月始）
吴维宏（2022年2月始）

遂昌县人民政府

县　长：李　锋（2022年2月始）

代县长：李　锋（至2022年2月）

副县长：谭国庆
季晓立（2022年2月始）
张志东　王向荣　王　庆
李军杰（2022年2月始）
叶祥根　瞿宗囡
严少君（2022年12月始）
孙闽红（至2022年9月）

中国人民政治协商会议遂昌县委员会

主　席：华治武（至2022年2月）
王立武（2022年2月始）

副主席：林成高（至2022年2月）
马翔华（至2022年2月）
郭劲松（2022年2月始）
李建霞（女，2022年2月始）
姜雄伟　潘堂根
周黎平（至2022年2月）

中国共产党遂昌县纪律检查委员会、遂昌县监察委员会

纪委书记：练如库（至2022年4月）
熊国权（2022年6月始）

监委主任：练如库（至2022年6月）

监委代主任：熊国权（2022年8月始）

遂昌县人民法院

院　长：陈裕琨

遂昌县人民检察院

检察长：易远明

【松阳县】

中国共产党松阳县委员会

书　记：莫　靓

副书记：梁海刚　陈建广

常　委：张尚军　诸跃波
叶海霞（女）　潘永水
李　巍　练　斌
张继森　徐文杰
刘坚强

松阳县人民代表大会常务委员会

主　任：徐为民

副主任：黄德慧　毛胜法
杨水文（至2022年2月）
叶向东（2022年2月始）
阙晓明　刘金理

松阳县人民政府

县　长：梁海刚（2022年2月始）

代县长：梁海刚（至2022年2月）

副县长：张尚军（2022年2月始）
潘永水（2022年2月始）
诸跃波
彭　敏（女）
章　哲（2022年12月始）
温小运（至2022年12月）
梅显云
杨健勇（2022年2月始）
林嘉栋（2022年2月始）
卢丁方（至2022年1月）
涂　扬（至2022年2月）
王　钦（2022年12月始）

中国人民政治协商会议松阳县委员会

主　席：廖宝云

副主席：周永龙（至2022年2月）
叶向东（至2022年2月）
廖卫民（至2022年2月）
潘力平（2022年2月始）
杨水文（2022年2月始）
叶伟兰（女）
卢丁方（2022年2月始）
陈忠华（2022年2月始）

中国共产党松阳县纪律检查委员会、松阳县监察委员会

纪委书记：叶海霞（女）

监委主任：叶海霞（女）

松阳县人民法院

院　长：陈伟平（2022年2月始）

代院长：陈伟平（至2022年2月）

松阳县人民检察院

检察长:汪　兴

【景宁畲族自治县】

中国共产党景宁畲族自治县委员会

书　记:王世强(至 2022 年 5 月)

　　　翁志鸿(2022 年 5 月始)

副书记:蓝景芬(女)　熊勇军

常　委:王　乐　毛华庆

　　　马　盈(女)　夏雪松

　　　吴建明　任小松

　　　仲建锋　傅春霞(女)

　　　张纪恩

　　　何京扬(2022 年 12 月始)

景宁畲族自治县人民代表大会常务委员会

主　任:严轶华(至 2022 年 2 月)

　　　雷应江(2022 年 2 月始)

副主任:夏培玲(女,至 2022 年 2 月)

　　　吴昌亮(至 2022 年 2 月)

　　　杨唐珠(女,至 2022 年 2 月)

　　　余晓军

　　　沈秀慧(女,2022 年 2 月始)

　　　严伟华(2022 年 2 月始)

　　　叶玉琪

　　　钟利海

　　　林　敏(2022 年 2 月始)

景宁畲族自治县人民政府

县　长:蓝景芬(女,2022 年 2 月始)

副县长:王　乐

　　　毛华庆(至 2022 年 2 月)

　　　马　盈(女,至 2022 年 2 月)

　　　夏雪松(2022 年 2 月始)

　　　仲建锋

　　　何京扬(2022 年 12 月始)

　　　吴海东　张　濂

　　　曹刚毅

　　　柏　彬(女)

中国人民政治协商会议景宁畲族自治县委员会

主　席:张　峰

副主席:叶金堂(至 2022 年 2 月)

　　　尤建平(至 2022 年 2 月)

　　　沈秀慧(女,至 2022 年 2 月)

　　　季建标(2022 年 2 月始)

　　　刘德灵

　　　吴　勤(2022 年 2 月始)

　　　叶毅青(女,2022 年 2 月始)

中国共产党景宁畲族自治县纪律检查委员会、景宁县畲族自治县监察委员会

纪委书记:吴建明

监委主任:吴建明(2022 年 2 月始)

景宁畲族自治县人民法院

院　长:刘文斌(2022 年 2 月始)

景宁畲族自治县人民检察院

检察长:林　巍(2022 年 2 月始)

(施晶晶)

2014—2022年丽水市社会经济主要指标统计表

表31

指标	单位	2014年	2015年	2016年	2017年	2018年	2019年	2020年	2021年	2022年
一、年末总人口(户籍)	万人	265.65	266.38	268.03	269.27	270.19	270.77	270.74	269.97	269.30
#城镇人口	万人	45.49	84.37	85.20	80.11	82.45	85.06	88.11	89.92	93.40
乡村人口	万人	220.16	182.00	182.83	189.17	187.74	185.70	182.63	180.05	175.90
二、生产总值(当年价格)	亿元	1000.12	1038.63	1134.13	1215.42	1354.22	1480.96	1527.75	1724.75	1830.87
第一产业	亿元	83.93	86.01	89.44	92.53	93.85	99.97	104.61	110.13	117.71
第二产业	亿元	452.97	443.62	470.40	474.18	529.44	565.34	550.17	660.53	705.91
第三产业	亿元	463.23	509.00	574.30	648.71	730.93	815.66	872.97	954.09	1007.25
人均生产总值(常住)	元	44263	45138	48364	50939	55867	60214	61318	68688	72812
三、农业										
主要农产品产量										
粮食	吨	384905	361388	337843	340341	358478	361992	374977	417699	413060
油料	吨	18326	18674	5757	6247	6676	7542	9037	9455	8368
#油菜籽	吨	4573	4073	3379	3779	4180	4552	5006	5534	5919
茶叶	吨	29913	30553	31619	33836	35273	35807	37004	40196	43232
蔬菜	万吨	121.76	123.39	124.8	127.33	124.12	120.82	120.48	115.23	119.25
水果	吨	422318	415677	331971	349320	342483	332653	338092	335524	335856
#柑橘	吨	185901	178162	103313	107085	99797	86484	84609	87547	86797
畜禽肉	吨	73079	66275	65342	66545	67786	46643	59033	63657	71908
禽蛋	吨	12319	10664	11772	12902	13883	14141	12054	10884	12687
水产品	吨	18639	20146	21086	21900	24661	25411	26715	27775	29702
生猪年末存栏数	万头	42.09	38.55	35.85	35.46	36.86	32.83	44.13	51.33	64.36
四、旅客运输量	万人	4629	4183	3831	3652	3306	3611	2322	1900	1367
旅客周转量	万人千米	222432	210319	149826	122800	107201	107578	65045	57183	50201
货物运输量	万吨	5248	5325	5205	5409	5411	5733	5793	6389	6214
货物周转量	万吨千米	722225	726575	744559	784433	824618	826355	835488	917215	903054
邮电业务收入	万元	236485	247319	272336	284706	308379	333648	359865	400031	458478
五、固定资产投资增速	%	16.6	13.0	12.0	11.5	3.0	11.5	6.7	15.1	16.0
#制造业投资增速	%	-3.2	5.4	2.7	8.6	42.7	17.5	-12.0	20.1	39.6
#房地产开发投资增速	%	32.6	0.4	5.9	13.6	6.2	6.5	26.8	21.3	3.5
六、内外贸易										
社会消费品零售总额	亿元	454.88	494.33	544.88	605.61	673.61	730.29	727.48	772.87	804.84
出口总额	万美元、亿元	263696	314419	208.73	205.00	225.91	267.37	300.71	287.37	289.26
实际利用外资额	万美元	17838	21886	22130	21665	10691	12079	6005	8429	11873
七、财政总收入	亿元	135.02	151.60	164.87	180.46	211.18	228.13	240.15	270.91	280.29
#一般公共预算收入	亿元	80.96	94.51	103.57	112.91	130.01	139.83	143.86	163.97	170.86
一般公共预算支出	亿元	217.27	279.33	341.67	378.64	432.02	526.50	527.10	545.69	607.10
八、全社会就业人员	万人	133.14	133.85	135.93	135.69	135.11	137.86	140.58	142.02	141.61
#第一产业	万元	36.77	33.21	29.35	25.62	21.67	18.12	14.47	14.47	14.42

续表31

指标	单位	2014年	2015年	2016年	2017年	2018年	2019年	2020年	2021年	2022年
第二产业	万元	41.78	43.45	44.99	46.77	48.31	49.88	50.61	50.92	50.8
第三产业	元	54.59	57.19	61.59	63.3	65.13	69.86	75.5	76.63	76.39
九、商品零售价格总指数(市区)	—	100.8	99.4	100.9	101.7	102.5	102.8	100.9	102.3	102.6
居民消费价格总指数(市区)	—	102.6	101.2	101.7	101.5	102.5	103.6	102.0	101.8	101.9
十、城乡居民收入										
城镇常住居民人均可支配收入	元	30413	32875	35968	38996	42557	46437	48532	53259	55784
农村常住居民人均可支配收入	元	13635	15000	16459	18072	19922	21931	23637	26386	28470
十一、在校学生数										
高等学校	人	39738	37614	36724	37359	39908	36887	39369	44940	52367
普通中学	人	109958	106802	108057	111968	116919	118927	120523	122625	122776
职业中学	人	29885	29898	29964	29305	28060	28404	29913	30818	26426
小学	人	166329	169261	166534	162436	160734	158298	156552	153529	150861
十二、卫生机构数(不含诊所)	个	342	344	333	322	326	332	331	333	334
#医院、卫生院	个	238	239	243	241	244	242	245	246	249
床位数	张	10999	11957	12754	13256	13472	14314	14290	15321	15808
#医院、卫生院	张	10724	11635	12383	12905	13181	14000	13960	14873	15363
卫生技术人员	人	16086	17237	18401	19104	19679	20475	21345	22402	23773
#医生	人	6200	6815	7271	7914	8032	8318	8569	9045	9516

说明：1. 2014年及以前，户籍人口口径为非农业人口和农业人口；2015年开始口径调整为城镇人口和乡村人口

2. 出口总额指标2016年起使用人民币为计量单位

（宋李英）

索　引

说　明:

1. 本索引依照《地方志索引编制规则》(GB/T36070—2018)的相关规则编制。

2. 本索引分正文索引和图表索引。

3. 索引按标目词第1个字的汉语拼音音序排列(同音按声调),音调相同的按第2个字母音序排列,以此类推。数字开头的标目按数字0—9排列。标目后的数字表示内容所在页码,数字后的拉丁字母a、b、c表示版面的左、中、右栏。

4. 图表索引按序号排列,仅标注所在页码。

主题索引

0—9

A

B

C

D

F

G

H

J

K

L

M

N

O

P

Q

R

S

T

W

X

Y

Z

图表索引